近代漢語研究文献目録

李 漢燮【編】

東京堂出版

序

――『近代漢語研究文献目録』の刊行を祝って――

このたび、長年にわたって李漢燮教授が編集に苦心されていた『近代漢語研究文献目録』がいよいよ刊行されることになった。

日本の漢語研究はこれまで十分に進んでいなかった。現在日本で一番大きな日本語辞典である『日本国語大辞典』の第二版で、李漢燮教授にも御手伝い頂いた語誌欄の編集に際しても、漢語についてはなお思うにまかせぬところが多かった。漢和辞典は中国の古典語が中心となっており中国語の語誌には不十分なところがある。日本に入ってきた漢語の用法が中国の使い方と異なっているものも多い。日本で作られた漢語（和製漢語という）もある。日本で使われている漢語にはいつ日本で使われるようになったか、中国出自のものか日本出自のものかなど分からないものが多い。それらのことを明らかにするためには、漢語一つ一つについてどこまで明らかになっているか、その語について触れた文献にどのようなものがあるかを知る必要がある。本書には日本の近代に日本で形成された新しい語彙や概念について記した文献、延べで約8,200件、異なりで約4,500件が収録されているという。本書こそ日本近代の言語・文化について知りたい人が、最初に参照すべき本なのである。

李漢燮教授は1981年大阪大学大学院に入学して以来、日韓の語彙の対照研究を行い、1986年には「韓国語に入った日本語に関する歴史的研究」によって学術博士を授与されている。一方、日本近代語の基本資料である『和英語林集成』などの語彙を研究し、韓国近代語の資料である『西遊見聞』などの語彙を研究しておられる。その後も近代語の研究を続けておられ、そのための基礎資料とするために集めた文献目録を基として自分のためだけでなく誰にも使えるものとしたのである。真に喜ばしいことである。

「アイ（愛）」という漢語は本書では20以上の文献が挙げられている。『日本国語大辞典』の第二版語誌欄では、この語が日本に入ってから日本でどのように使われてきたかを概括しているが、本書の文献に当たって更に調べ直せば、おそらく新たな知見が得られるであろう。本書の刊行によって新しい漢語研究の時代が始まったように思われる。

本書が多くの方々によっていろいろな目的で利用されることを願って、推薦の辞とする。

2009年12月10日

大阪大学名誉教授　前 田 富 祺

はしがき

この本は、近代の漢語語彙研究文献を調査し、目録集としてまとめたものであります。思えば、私が日本語の語彙の文献を調べて見たいと思うようになったのは25年前のことです。1981年3月から私は大阪大学大学院に留学し、前田富祺先生のもとで日本語の語彙の勉強を始めました。

最初は自分が読みたい文献を中心に調べることから始めましたが、ある時からは将来の研究のためには調査の範囲を広げた方がいいと思い、徐々に範囲を拡大していきました。当時日本語の研究文献を調べる時はまず『国語年鑑』や『国文学年鑑』などを調べるのが普通で、私も先輩に教えてもらった通りにこれらの年鑑類などを１冊ずつ調べる方法をとりました。とりあえずこれらの年鑑から語彙関連文献をリストアップし、次に該当の実際の文献に当たる方法を取りましたが、調査が終わったものを調査カードに書き写しました。今なら当然パソコンを使ったでしょうが、当時はまだパソコン使用が一般的ではなく、普通の人と同じようにカードを使うしかなかったのです。しかし、ある時から目録を当てにして研究文献を調べる方法には問題があるということが分かりました。つまり『国語年鑑』などには単行本に収められた論文がほとんど漏れていて、『国語年鑑』などからは単行本に載っている文献は調査が難しいということが分かったのです。そこで考えたのが、図書館に置いてある単行本を片っ端から調べていく方法でした。

1987年に留学生活を終え、韓国に帰りました。文献の調査は何とか少しずつ続けられましたが、もともと外国で日本語の研究文献を調べるということは最初から不可能に近い作業でありました。そこで、私は休みを利用して日本の研究機関で調査をすることにし、1995年からは各大学の図書館や国立国語研究所などを訪問して資料を収集しました。1997年8月からは運良く１年間在外研究の機会に恵まれ、大阪大学に戻って調査を続けることができました。また、2004年には京都の国際日本文化研究センターに外国人客員教員として来日し、調査を続けました。2005年2月に韓国に帰国する時にはある程度のデータがまとまり、これらの目録を2007年の末、国際日本文化研究センターのホームページ上に公開することにしました（http://gainen.nichibun.ac.jp/）。これらのデータを見たある友人から、書籍化を勧められました。最初はこのようなものが本になるのかと躊躇しましたが、少しでも皆さんのお役に立てればと思い本にすることにしました。

データはまず近代漢語語彙に絞り、2008年から2009年までの2年をかけて増補作業を進め、2009年9月には延べ約8,200件の文献を集めることができました。始めは個人的に使う目的で集めていた日本語の語彙研究文献がこのような事情で本になったわけであります。考えてみれば調査を始めてから20年以上もかかった長い作業でありました。

この『近代漢語研究文献目録』は、以上のような経緯で皆様方にお見せできるようになりましたが、まだまだ補わなければならないことが多々あると思われます。まず問題として挙げられるのは、漏れている文献があるかもしれないということです。自分なりに調査に力を入れたつもりではありますが、怠慢ゆえに拾えなかった文献も多いかと思います。そしてもう一つの気がかりは、必要のない文献まで載せているのではないかということです。少しでも研究者の方々のお役に立てればと思い幅広く文献を収集しましたが、実際にはあまり役に立たないものまで含まれているかも知れません。この目録集を利用する際には、このような問題点に十分留意しながら使っていただきたいと思います。今後、もし増補版を出す機会がありましたら、必ずこれらの問題点を改め、補っていきたいと思います。

この本を出版するに当たっては、諸先生方に多くのご教示とご協力をいただきました。恩師の前田富祺先生からは目録集が出来るまで励ましていただき、身に余る序文まで書いていただきました。初めてこの本の出版を勧めてくれたのは成城大学の陳力衛先生です。陳先生にはデータ収集への協力のみならず、出版社まで紹介していただきました。国際日本文化研究センターの鈴木貞美先生及び新井菜穂子先生からも、データの調査や図書館の利用などで大いにご協力をいただきました。また、収録データの最後の確認作業をするため、国立国語研究所の図書館を訪問した際には、山崎誠氏や図書館の加藤論子氏を始め多くの方々にお世話になりました。北京大学の孫建軍先生には中国の文献について教えていただいており、これら中国文献の日本語訳は北京外国語大学の朱京偉先生にお世話になりました。もう一方、御礼を申し上げたい方がいます。東京堂出版の菅原洋一氏からは本書の企画の段階から色々とアドバイスをしていただき、目録データの修正や編集などにも大いにお世話になりました。また、校正や索引の作成には松本真さんや酒井かをりさん、尹棨珉君など高麗大学の大学院生の皆さんに手伝ってもらいました。これらの方々のご教示や助けがなかったら、この本は世に出ることができなかったと思います。ここに記して感謝の意を表したいと思います。

2010年1月吉日

李　漢燮

凡 例

1. 収録文献の性格、およびその掲載方式について

本書は、近代漢語語彙研究文献を調査し、目録としてまとめあげたものである。

明治以降日本で使われるようになった漢語語彙を見出しに立て、その見出しのもとに、当該漢語の成立及び由来・出自・概念・意味について考察をおこなっている文献を収録した。収録文献の数は約8,200件（延べ）である。

2. 収録対象および範囲

(1) 本書の収録対象は、原則的に1945年から2008年までに発表された文献が中心であるが、1945年以前または2009年のものであってもこれまでの調査で見つかったものは収録することにした。

(2) 収録する語の語種は原則として漢語に限る。ただし、「株式」や「身分」「瓦斯」「倶楽部」などのように、和語や混種語、外来語の場合も中国語や韓国語に入り、漢語として認識されるものは収録の対象とした。

例）かぶシキ【株式】渡辺萬蔵「株式」『現行法律語の史的研究』, 萬理閣書房, 1930年12月, 209頁

ガス【瓦斯】斎藤静「瓦斯」『日本語に及ぼしたオランダ語の影響』, 篠崎書林, 1967年8月, 63頁

(3) 収録する文献の種類は、単行本と学術論文が中心であるが、その他のものも含まれている。

①単行本：主に研究書やそれぞれの本に収録された文献を拾ったが、『明治のことば辞典』（惣郷正明・飛田良文編）などの漢語研究辞書類や事物起源事典類（『明治事物起源』（石井研堂編）など）、語源辞典類に出ている関連項目も必要に応じて入

れることにした。

②論文類：漢語の語彙の成立や出自、概念、意味、漢字文化圏における交流問題などを研究した文献を収録の対象とした。

③その他：本格的な論文ではないが、ある程度②の類に近い雑誌記事なども載せたものがある。また、科学研究費の研究報告書や博士論文の場合も、必要によっては載せた場合もある。

(4) 研究分野は制限を設けないことにした。日本語学以外の分野の文献であっても見つかったものは積極的に取り入れることにした。

例) セイケイゲカ【整形外科】小川鼎三「整形外科と形成外科」『医学用語の起り』, 東京書籍, 1983年1月, 160-163頁

ヒョウガ【氷河】岩田修二「「氷河」という訳語の由来」『雪氷』62—2, 日本雪氷学会, 2000年3月, 129-136頁

(5) 筆者（著者）の国籍や刊行地域は問わない。収録文献のほとんどは日本人研究者によるものであるが、韓国や中国、台湾、欧米の研究者が現地で発表した文献の場合も調査されたものに限っては収録することにした。

例) ボウエキフウ【貿易風】荒川清秀「日中学术用语的创制和传播—以地理学用语为主」(日中学術用語の創生と伝播—地理学用語を中心に)『语义的文化变迁』, 武汉大学出版社, 2007年10月, 95-96頁

テツガク【哲学】馮天瑜『新語探源』, 中華書局, 2004年10月, 411-413頁

ネッタイ【熱帯】宋敏「熱帯・温帯・冷帯'의 出現」(熱帯・温帯・冷帯の出現)『새국어생활』11—4, 韓国国立国語研究院, 2001年冬, 89-94頁

3. 掲載方法

(1) 文献の表記は原則的にもとの文献に書いてある通りにしたが、旧漢字の場合は使用者の便宜を考えて常用漢字の字体に直して示した。ただし、戦前の人名など旧漢字を使う必要のあるものはもとの形を尊重した。韓国語や中国語の文献はそれぞれ原語のまま収録して日本語訳をつけた。

(2) 見出しの漢語は五十音順配列である。同一見出し中に複数の文献を挙げた場合は、

発表年度の古い順に並べた。なお、ある見出しをもとにして作られた複合語の見出しの場合は、五十音順と関係なくその見出しの次に配置することにした。

例）ホウケン【封建】馮天瑜『新語探源』, 中華書局, 2004年10月, 579-586頁

ホウケンシャカイ【封建社会】冯天瑜「"封建" 概念辨析」(「封建」という概念についての考察)『社会科学战线』2006年5期, 吉林省社会科学院, 2006年5月, 251-255頁

ホウケンセイド【封建制度】渡辺萬蔵「封建制度」『現行法律語の史的考察』, 萬理閣書房, 1930年12月, 41頁

(3) 同音異語の見出しの配列順は、語頭の画数の少ない方を先にあげた。

(4) それぞれの文献は、見出し（カタカナ、ただし字訓の部分はひらがな)、漢字表記、筆者（著者）名、論文の題、収録誌名、出版社名、出版年月、収録ページの順序で示した。副題がある場合は副題も表示した。なお、中国や韓国で発表された論文の場合は日本語訳を示しておいた。

例）シャカイ【社会】石井研堂「社会という熟字の始」『増補改訂明治事物起源』上巻, 春陽堂書店, 1944年11月, 74-75頁

シャシン【写真】宋敏「「寫眞」과「活動寫眞」「映畵」(「写真」と「活動写真」「映画」)『새국어생활』11—2, 韓国国立国語研究院, 2001年8月, 101-107頁

ジユウ【自由】章清「"国家" 与 "个人" 之间—略论晚清中国对 "自由" 的阐述」(「国家」と「個人」の間—清末中国における「自由」の意味概念)『史林』2007年第3期, 《史林》编辑部, 2007年3月, 9-189頁

(5) 巻数と号数が示されている雑誌の場合は、次に示すように簡略化して示した。

例）第55集2号　→　55—2

また出版年度や号数を示す漢数字はアラビア数字に直して示した。

(6) 論文と単行本は次のような記号を使って区別することにした。

論文・雑誌記事：「　」　　単行本：『　』

目 次

近代漢語研究文献目録

ア

アイ【愛】　大野晋『日本語の年輪』，新潮文庫，1966年5月，99-102頁

新村出「「愛」という言葉」『新村出全集』11，筑摩書房，1971年7月，88-91頁

松下貞三「愛という語の受入れ」『国語国文』41―11，京都大学国語学国文学研究室，1972年1月，1-18頁

佐竹昭広「意味の変遷」『岩波講座　日本語9』，岩波書店，1977年6月，232-237頁

宮地敦子「漢文・欧文との交渉―「愛す」の系譜」『身心語彙の史的研究』，明治書院，1979年1月，155-186頁

大野透「「愛」「愛す」に就て」『国語学』126，国語学会，1981年9月，102-92頁

松下貞三「「愛」という漢字が和語を表記している場合の「愛」の意味・用法」『漢語愛とその複合語・思想から見た国語史』，あぽろん社，1982年9月，19-39頁

山内育男「「愛国」という語」『参考書誌研究』31，日本図書館協会，1986年3月，1-11頁

惣郷正明・飛田良文「愛」『明治のことば辞典』，東京堂出版，1986年12月，3頁

杉本つとむ「〈愛〉と〈ラブlove〉の真髄」『語源の文化誌』，創拓社，1990年4月，180-189頁

金井清光「キリシタンと仏教語」『清泉女子大学紀要』41，清泉女子大学，1993年12月，1-26頁

鈴木広光「漢訳聖書に於けるagapeの翻訳について」『名古屋大学文学部研究論集』118，名古屋大学文学部，1994年3月，53-62頁

原島正「明治のキリスト教―LOVEの訳語をめぐって」『日本思想史学』29，日本思想史学会，1997年，62-84頁

佐藤亨「明治期の「愛」「恋」とその類義語」『国語語彙の史的研究』，桜楓社，1999年5月，320-338頁

佐藤亨「上代・中古の「愛」「恋」とその類義語」『国語語彙の史的研究』，桜楓社，1999年5月，259-277頁

佐藤亨「中世・近世における「愛」「恋」とその類義語」『国語語彙の史的研究』，桜楓社，1999年5月，278-319頁

高橋一郎「愛」『ことばコンセプト事典』，第一法規出版，1999年12月，2-9頁

柳父章『愛』〈一語の辞典〉，三省堂，2001年5月

寺澤芳雄「欽定英訳聖書AVにおける“愛”の訳語について」『Aurora』6，岐阜女子大学，2002年7月，19-23頁

杉本つとむ「愛」『語源海』，東京書籍，2005年3月，21頁

鈴木範久「日本語を変えた聖書語」『聖書の日本語』，岩波書店，2006年2月，209-213頁

朴修鏡「日本語「愛」の概念化の様相」『日語日文學』31，大韓日語日文學會，2006年8月，39-56頁

佐藤亨「愛」『現代に生きる幕末・明治初期漢語辞典』，明治書院，2007年6月，2頁

アイガン【愛玩】　松下貞三「愛玩するの義」『漢語愛とその複合語・思想から見た国語史』，あぽろん社，1982年9月，185-187頁

アイキョウ【愛敬】　西尾実「道元の「愛敬」」『言語生活』148，筑摩書房，1964年1月，25-29頁

犬塚旦「「愛敬」考」『王朝美的語詞の研究』，笠間書院，1973年9月

原田芳起「漢語の表記をめぐる問題」『平安時代文学語彙の研究　続編』，笠間書房，1973年11月，564頁

松下貞三「転義的意味・用法」『漢語愛とその複合語・思想から見た国語史』，あぽろん社，1982年9月，176-184頁

佐藤亨「漢語の意味の変遷と類義語・多義語1中世・近世を中心に」『日本語学』5―9，明治書院，1986年9月，22-33頁

佐藤亨「漢語の多義語―「愛敬」を中心に」『近代語の成立』，桜楓社，1992年12月，200–204頁

アイゴ【愛護】 佐藤亨「愛護」『現代に生きる幕末・明治初期漢語辞典』，明治書院，2007年6月，2–3頁

アイコク【愛国】 山内育男「「愛国」という語」『参考書誌研究』31，日本図書館協会，1986年3月，1–11頁

佐藤亨「愛国」『現代に生きる幕末・明治初期漢語辞典』，明治書院，2007年6月，3頁

전동현「대한제국시기 중국 양계초를 통한 근대적 민권개념의 수용–한국언론의 신민新民과 애국愛國 이해」(大韓帝国時期梁啓超を通して受容した民権概念)『近代啓蒙期知識概念의 受容과 그 変容』，소명出版，2008年6月，393–435頁

アイコクシン【愛国心】 中村佳昭「愛国心」『ことばコンセプト事典』，第一法規出版，1992年12月，10–17頁

佐藤亨「愛国心」『現代に生きる幕末・明治初期漢語辞典』，明治書院，2007年6月，3–4頁

アイコッカ【愛国家】 佐藤亨「愛国家」『現代に生きる幕末・明治初期漢語辞典』，明治書院，2007年6月，3頁

アイサツ【挨拶】 鈴木修次「国語漢語と中国語」『漢語と日本人』，みすず書房，1978年9月，212–213頁

田島毓堂「挨拶，応答，問答」『講座日本語の語彙 ⑨』，明治書院，1983年1月，1–5頁

アイジャク【愛惜】 惣郷正明・飛田良文「愛惜」『明治のことば辞典』，東京堂出版，1986年12月，3–4頁

アイジャク【愛着・愛著】 惣郷正明・飛田良文「愛着・愛著」『明治のことば辞典』，東京堂出版，1986年12月，4頁

アイジン【愛人】 西村亨「愛人・妻・姉妹―いろごのみ事典四」『芸能』4―10，芸能学会，1962年10月

半沢洋子「恋人，愛人，情人，色」『講座日本語の語彙 ⑩』，明治書院，1983年4月，41–47頁

惣郷正明・飛田良文「愛人」『明治のことば辞典』，東京堂出版，1986年12月，4–5頁

Wang Han Shan「愛人・訳語・疲労回復」『外国文学』48，宇都宮大学，1999年3月，173–180頁

舒志田「日中同形意義漢字語の研究―「愛人」の意味変化をめぐって」『文献探究』37，文献探索研究会，1999年3月，80–67頁

佐々木瑞枝「アイジン」『女と男の日本語辞典』上巻，東京堂出版，2000年6月，49–52頁

大野敏明「「愛人」は愛人にあらず」『日本語と韓国語』，文藝春秋，2002年3月，215–225頁

佐藤亨「愛人」『現代に生きる幕末・明治初期漢語辞典』，明治書院，2007年6月，4頁

近藤崇晴「愛妻・愛夫・愛人の記(上)」『法曹』697，法曹会，2008年11月，2–15頁

近藤崇晴「愛妻・愛夫・愛人の記(下)」『法曹』698，法曹会，2008年12月，2–14頁

アイソウ【愛想】 松井栄一「愛想」『国語辞典にない語』，南雲堂，1983年4月，217–218頁

アイブ【愛撫】 松下貞三「愛撫する」『漢語愛とその複合語・思想から見た国語史』，あぽろん社，1982年9月，189–190頁

佐藤亨「愛撫」『現代に生きる幕末・明治初期漢語辞典』，明治書院，2007年6月，5頁

アイマイ【曖昧】 森田良行「曖昧」『基礎日本語3』，角川書店，1984年10月，1–3頁

アエン【亜鉛】 佐藤亨「亜鉛」『現代に生きる幕末・明治初期漢語辞典』，明治書院，2007年6月，6頁

あおジャシン【青写真】 樺島忠雄・飛田良文・米川明彦「青写真」『明治大正新語俗語辞典』，東京堂出版，1984年5月，5頁

あかジ【赤字】 樺島忠雄・飛田良文・米川明彦「赤字」『明治大正新語俗語辞典』，東京

堂出版，1984年5月，6頁
あかセン【赤線】 稲垣吉彦・吉沢典男監修「赤線」『昭和ことば史60年』，講談社，1985年10月，262頁
大泉志郎・大塚栄寿・永沢道雄「赤線」『現代死語事典』，朝日ソノラマ，1993年11月，10-12頁
米川明彦「赤線」『明治・大正・昭和の新語・流行語辞典』，三省堂，2002年1月，166頁
井上章一他「赤線」『性の用語集』講談社現代新書，講談社，2004年12月，302-308頁
あかブドウシュ【赤葡萄酒】 斎藤静「赤葡萄酒」『日本語に及ぼしたオランダ語の影響』，篠崎書林，1967年8月，213頁
アク【悪】 杦浦勝「「悪―」熟語の系譜」『国語語彙史の研究』12，和泉書院，1992年7月，67-82頁
中村雄二郎「悪」『術語集２』(岩波新書)，岩波書店，1997年5月，1-5頁
アクサイ【悪妻】 佐々木瑞枝「悪妻」『女と男の日本語辞典』上巻，東京堂出版，2000年6月，56-58頁
アクシュ【握手】 張志淵「握手」『萬國事物紀原歴史』，皇城新聞社，1909年8月，102頁
惣郷正明・飛田良文「握手」『明治のことば辞典』，東京堂出版，1986年12月，5-6頁
福井淳子「近代語の様相―明治期における「握手」について」『かほよとり』2，武庫川女子大学大学院，1995年3月，1-12頁
福井淳子「近代語の様相―明治期における「握手」再考」『かほよとり』5，武庫川女子大学大学院，1997年12月，80-85頁
佐藤亨「握手」『現代に生きる幕末・明治初期漢語辞典』，明治書院，2007年6月，6頁
アクジョ【悪女】 中村桃子「日本語の中の二人の悪女」『言語の世界』5―1，言語研究学会，1987年6月，21-30頁
紀田順一郎「悪女」『近代事物起源事典』，東京堂出版，1992年9月，19-20頁
アクセイ【悪性】 佐藤亨「悪性」『現代に生きる幕末・明治初期漢語辞典』，明治書院，2007年6月，7頁
アクチシキ【悪知識】 佐藤喜代治「悪知識」『日本の漢語』，角川書店，1979年10月，218頁
アクドウ【悪童】 佐々木瑞枝「悪童」『女と男の日本語辞典』上巻，東京堂出版，2000年6月，58-59頁
アクトクシンブン【悪徳新聞】 樺島忠雄・飛田良文・米川明彦「悪徳新聞」『明治大正新語俗語辞典』，東京堂出版，1984年5月，8頁
アクニン【悪人】 佐々木瑞枝「悪人」『女と男の日本語辞典』上巻，東京堂出版，2000年6月，60-62頁
アクマ【悪魔】 春山行夫「近代用語の系統6」『言語生活』185，筑摩書房，1967年2月，65-66頁
長谷川明・山崎浩一・渡部直己「悪魔の辞典 戦後用語版」『朝日ジャーナル』，朝日新聞社，1986年8月，14-19頁
惣郷正明・飛田良文「悪魔」『明治のことば辞典』，東京堂出版，1986年12月，6頁
平松哲司「天使・悪魔」『ことばコンセプト事典』，第一法規出版，1992年12月，1214-1223頁
尊田佐紀子「明治期日本語訳聖書における訳語「悪魔」について」『語文研究』91，九州大学国語国文学会，2001年6月，47-38頁
加藤早苗「明治期和訳聖書における聖書用語―「悪魔」と「鬼」[in Japanese]」『岐阜聖徳学園大学国語国文学』28，岐阜聖徳学園大学国語国文学会，2009年3月，122-105頁
アコク【亜国】 荒尾禎秀「米国，亜米利加，米利堅，亜国」『講座日本語の語彙 ⑪』，明治書院，1983年6月，199-203頁
アジア【亜細亜】 黄東蘭「中国における「亜細亜」概念の受容」『東アジア近代史』11，東アジア近代史学会，2008年3月，6-25頁

アジサイ【紫陽花】 陳力衛「あじさい≠紫陽花？」『月刊しにか』，大修館書店，2001年1月，98-105頁

アシュウ【亜州】 黄東蘭「“亚洲”的诞生—近代中国语境里的“亚洲”概念」(アジア州の誕生—近代中国語の中の「アジア州」の概念)『新史学』第二巻概念・文法・方法，中華書局，2008年5月，27-46頁

アッカン【悪漢】 佐々木瑞枝「悪漢」『女と男の日本語辞典』上巻，東京堂出版，2000年6月，63-64頁

アッシュク【圧縮】 佐藤亨「圧縮」『現代に生きる幕末・明治初期漢語辞典』，明治書院，2007年6月，8頁

アッセイ【圧政】 高野繁男「『明六雑誌』の語彙」『近代漢語の研究—日本語の造語法・訳語法』，明治書院，2004年11月，179頁

アッセイ【圧制】 槌田満文「圧制」『明治大正新語・流行語』，角川書店，1983年6月，72-73頁

佐藤亨「圧制」『現代に生きる幕末・明治初期漢語辞典』，明治書院，2007年6月，8-9頁

アッセン【斡旋】 惣郷正明・飛田良文「斡旋」『明治のことば辞典』，東京堂出版，1986年12月，7-8頁

アッパク【圧迫】 佐藤亨「圧迫」『現代に生きる幕末・明治初期漢語辞典』，明治書院，2007年6月，9頁

アツリョク【圧力】 佐藤亨「『玉石志林』の語彙(二)」『幕末・明治初期語彙の研究』，桜楓社，1986年2月，306-307頁

佐藤亨「圧力」『現代に生きる幕末・明治初期漢語辞典』，明治書院，2007年6月，10頁

アフリカ【亜非利加・亜弗利加】 王敏東「外国地名の漢字表記について—アフリカ」を中心に」『語文』58，大阪大学国語国文学会，1992年4月，12-34頁

アヘン【阿片】 杉田克生「「阿片」の語源となったAfyonを訪ねて」『日本医事新報』4446，日本医事新報社，2009年7月，96-98頁

アメリカ【亜米利加・美国・米国】 荒尾禎秀「米国，亜米利加，米利堅，亜国」『講座日本語の語彙 ⑪』，明治書院，1983年6月，199-203頁

孫建軍「アメリカの漢字表記「米国」の成立をめぐって」『アジア文化研究』25，国際基督教大学，1999年3月，143-167頁

谢贵安「对西方列强的认知过程」(西欧列強に対する認知過程)『语义的文化变迁』，武汉大学出版社，2007年10月，145-173頁

アモン【衙門】 谷口知子「『海国図志・四洲志』に見られる新概念の翻訳—原書との対照を通して」『或問』14，近代東西言語文化接触研究会，2008年7月，92-93頁

アリュウサン【亜硫酸】 高野繁男「近代語彙研究の概略と課題」『近代漢語の研究—日本語の造語法・訳語法』，明治書院，2004年11月，10頁

アレイ【亜鈴】 惣郷正明・飛田良文「亜鈴」『明治のことば辞典』，東京堂出版，1986年12月，9頁

沈国威『近代日中語彙交流史—新漢語の生成と受容』，笠間書院，1994年3月，276-277頁

アンケン【案件】 佐藤亨「『大美聯邦志略』の語彙」『幕末・明治初期語彙の研究』，桜楓社，1986年2月，81-82頁

佐藤亨「案件」『現代に生きる幕末・明治初期漢語辞典』，明治書院，2007年6月，11頁

アンサツ【暗殺】 槌田満文「暗殺」『明治大正新語・流行語』，角川書店，1983年6月，66-67頁

佐藤亨「『西洋事情』の語彙」『幕末・明治初期語彙の研究』，桜楓社，1986年2月，402-403頁

アンジ【暗示】 岡戸伴助「言語表現における明示と暗示」『関東短期大学紀要』5，東短期大学，1960年2月，9-18頁

樺島忠雄・飛田良文・米川明彦「暗示」『明治

大正新語俗語辞典』，東京堂出版，1984年5月，19-20頁

惣郷正明・飛田良文「暗示」『明治のことば辞典』，東京堂出版，1986年12月，9頁

高野繁男「『哲学字彙』の訳語」『近代漢語の研究—日本語の造語法・訳語法』，明治書院，2004年11月，58頁

佐藤亨「暗示」『現代に生きる幕末・明治初期漢語辞典』，明治書院，2007年6月，11頁

アンシツ【暗室】 樺島忠雄・飛田良文・米川明彦「暗室」『明治大正新語俗語辞典』，東京堂出版，1984年5月，20頁

沈国威「近代日中語彙交流史概説」『漢字文化圏近代言語文化交流研究』(国際シンポジウム予稿集，天津外国語大学)，漢字文化圏近代言語文化交流研究会，2009年3月，70頁

アンゼン【安全】 飛田良文「安全という言葉〈コピー〉」『安全』34—10，全日本産業安全連合会，1983年10月，32-33頁

アンゼンダイイチ【安全第一】 樺島忠雄・飛田良文・米川明彦「安全第一」『明治大正新語俗語辞典』，東京堂出版，1984年5月，21頁

アンゼンチタイ【安全地帯】 樺島忠雄・飛田良文・米川明彦「安全地帯」『明治大正新語俗語辞典』，東京堂出版，1984年5月，21-22頁

アンソク【安息】 佐藤亨『近世語彙の研究』，桜楓社，1983年6月，34頁

佐藤亨「安息」『現代に生きる幕末・明治初期漢語辞典』，明治書院，2007年6月，12頁

アンソクび【安息日】 佐藤亨「『徳国学校論略』の語彙」『幕末・明治初期語彙の研究』，桜楓社，1986年2月，214-216頁

惣郷正明・飛田良文「安息日」『明治のことば辞典』，東京堂出版，1986年12月，10-11頁

沈国威『近代日中語彙交流史—新漢語の生成と受容』，笠間書院，1994年3月，163頁

佐藤亨「安息日」『現代に生きる幕末・明治初期漢語辞典』，明治書院，2007年6月，12頁

アンドン【行燈】 坂梨隆三「アンドンとアンドゥ」『近代語研究』5，近代語研究会，1977年3月，257-282頁

前田富祺「語彙の変遷」『岩波講座　日本語9』，岩波書店，1977年6月，133-172頁

アンナイ【案内】 渡辺萬蔵「案内」『現行法律語の史的考察』，萬理閣書房，1930年12月，132頁

佐藤喜代治「案内」『日本の漢語』，角川書店，1979年10月，141-144頁

アンバイ【按排・塩梅】 進藤咲子「漢語か和語か」『言語生活』169，筑摩書房，1965年10月，58-60頁

アンラクシ【安楽死】 中村雄二郎「安楽死」『術語集 2』(岩波新書)，岩波書店，1997年5月，16-20頁

イ

イ【医】 今里智晃「医」『ことばコンセプト事典』，第一法規出版，1992年12月，18-25頁

イ【胃】 宮地敦子「和語「い脾」と漢語「イ胃」—身体語彙史研究の一環」『人文論究』37—1，関西学院大学，1987年7月，1-15頁

イイン【医院】 佐藤亨「訳語病院の成立」『近世語彙の歴史的研究』，桜楓社，1980年10月，385頁

小川鼎三「医院」『医学用語の起り』，東京書籍，1983年1月，37-40頁

佐藤亨『近世語彙の研究』，桜楓社，1983年6月，47頁

佐藤亨「医院」『現代に生きる幕末・明治初期漢語辞典』，明治書院，2007年6月，13頁

イエキ【胃液】 佐藤亨『近世語彙の歴史的研究』，桜楓社，1980年10月，287頁

イオウ【硫黄】 竹本喜一・金岡喜久子「元素名のルーツを訪ねる」『化学語源ものがた

り』，東京化学同人，1986年3月，10頁

イカ【医科】 沈国威『近代日中語彙交流史―新漢語の生成と受容』，笠間書院，1994年3月，114頁

Federico Masini「医科」*The Formation of Modern Chinese Lexicon and its Evolution toward a National Language*(李廷宰訳)，소명出版，2005年11月，161頁

佐藤亨「医科」『現代に生きる幕末・明治初期漢語辞典』，明治書院，2007年6月，14頁

イガク【医学】 沈国威『近代日中語彙交流史―新漢語の生成と受容』，笠間書院，1994年3月，134頁

イギョウ【偉業】 山田忠雄「余説」『私の語誌』1，三省堂，1996年10月，56–58頁

イクジ【育児】 小林美恵子「「子育て」雑考―新聞投稿欄に見る「子育て」と「育児」」『ことば』5，現代日本語研究会，1984年11月，43–53頁

佐藤亨「育児」『現代に生きる幕末・明治初期漢語辞典』，明治書院，2007年6月，16頁

イクジイン【育児院】 石井研堂「育児院の始」『増補改訂　明治事物起源』上巻，春陽堂書店，1944年11月，7頁

イクシュ【育種】 生井兵治「「育種」という用語の由来に関する歴史的考察1「育種そだてぐさ」から「育種いくしゅ」までの変遷」『育種学研究』5―4，日本育種学会，2003年12月，161–168頁

生井兵治「「育種」という用語の由来に関する歴史的考察2「三田育種場」開場の背景」『育種学研究』6―1，日本育種学会，2004年3月，21–27頁

生井兵治「「育種」という用語の由来に関する歴史的考察3：用語「育種」にまつわる前田正名と横井時敬の関係」『育種学研究』6―2，日本育種学会，2004年6月，71–79頁

イケン【意見】 Federico Masini「意見」*The Formation of Modern Chinese Lexicon and its Evolution toward a National Language*(李廷宰訳)，소명出版，2005年11月，166頁

イコウ【意向】 佐藤亨「意向」『現代に生きる幕末・明治初期漢語辞典』，明治書院，2007年6月，17頁

イコク【異国】 鈴木英夫「仮名垣魯文の語彙」『講座日本語の語彙 ⑥』，明治書院，1982年2月，84頁

イサン【遺産】 佐藤亨「『万国公法』の語彙」『幕末・明治初期語彙の研究』，桜楓社，1986年2月，166頁

イシ【意志】 樺島忠雄・飛田良文・米川明彦「意志」『明治大正新語俗語辞典』，東京堂出版，1984年5月，25–26頁

惣郷正明・飛田良文「意志」『明治のことば辞典』，東京堂出版，1986年12月，11頁

文化庁「「意志」と「意思」の使い分け」『言葉に関する問答集』，大蔵省印刷局，1995年3月，10–11頁

イシ【意思】 渡辺萬蔵「意思」『現行法律語の史的考察』，萬理閣書房，1930年12月，46–47頁

惣郷正明・飛田良文「意思」『明治のことば辞典』，東京堂出版，1986年12月，11–12頁

文化庁「「意志」と「意思」の使い分け」『言葉に関する問答集』，大蔵省印刷局，1995年3月，10–11頁

吉田裕清「「意思表示」」『翻訳語としての日本の法律用語』，中央大学出版局，2004年11月，43–55頁

イジ【意地】 森本哲郎「意地」『日本語　表と裏』，新潮社，1985年3月，181–188頁

イシキ【意識】 佐藤喜代治「漢語の源流―『万法精理』の訳語について」『国語語彙史の歴史的研究』，明治書院，1971年11月，323頁

鈴木修次「禅文化とまつわる漢語」『漢語と日本人』，みすず書房，1977年9月，61–62頁

樺島忠雄・飛田良文・米川明彦「意識」『明治大正新語俗語辞典』，東京堂出版，1984年5

月，26頁

イシュク【萎縮】 佐藤亨「萎縮」『現代に生きる幕末・明治初期漢語辞典』，明治書院，2007年6月，19頁

イショウ【意匠】 渡辺萬蔵「意匠」『現行法律語の史的考察』，萬理閣書房，1930年12月，9頁

惣郷正明・飛田良文「意匠」『明治のことば辞典』，東京堂出版，1986年12月，12-13頁

樋口孝之・宮崎清「日本における漢語「意匠」の受容と解釈：日本におけるデザイン思考・行為をあらわす言語概念の研究(2)」『デザイン学研究』50—5，日本デザイン学会，2004年1月，1-10頁

前田富祺監修「意匠」『日本語語源大辞典』，小学館，2005年4月，121頁

樋口孝之・宮崎清「明治中期に公布された意匠条例に用いられた「意匠」概念6」『デザイン学研究』54，日本デザイン学会，2008年1月，45-54頁

イジョウ【異状】 文化庁「「異常」と「異状」の使い分け」『言葉に関する問答集』，大蔵省印刷局，1995年3月，12頁

イジョウ【異常】 文化庁「「異常」と「異状」の使い分け」『言葉に関する問答集』，大蔵省印刷局，1995年3月，12頁

イシン【維新】 惣郷正明・飛田良文「維新」『明治のことば辞典』，東京堂出版，1986年12月，13-14頁

前田富祺監修「維新」『日本語語源大辞典』，小学館，2005年4月，123頁

イジン【異人】 宮口しづえ「異人さん」『言語生活』166，筑摩書房，1965年3月，64-66頁

池田弥三郎「ことばのことば　異人さん」『言語』7-9，大修館書店，1978年9月，10頁

鈴木英夫「仮名垣魯文の語彙」『講座日本語の語彙 ⑥』，明治書院，1982年2月，84頁

惣郷正明・飛田良文「異人」『明治のことば辞典』，東京堂出版，1986年12月，14-15頁

梅屋潔「「妖怪」と「異人」」『講座日本の民俗学』2，雄山閣，1998年1月，119-137頁

イスパニア【西班牙】 春山行夫「近代用語の系統　11」『言語生活』190，筑摩書房，1967年7月，74-79頁

イセイ【異性】 樺島忠雄・飛田良文・米川明彦「異性」『明治大正新語俗語辞典』，東京堂出版，1984年5月，26頁

惣郷正明・飛田良文「異性」『明治のことば辞典』，東京堂出版，1986年12月，15頁

佐藤亨「異性」『現代に生きる幕末・明治初期漢語辞典』，明治書院，2007年6月，20頁

イセン【緯線】 佐藤亨「『地球説略』の語彙」『幕末・明治初期語彙の研究』，桜楓社，1986年2月，122-123頁

荒川清秀「『六合叢談』の地理学用語」『『六合叢談』の学際的研究』，白帝社，1999年11月，49-71頁

イソウ【位相】 菊沢季生「国語位相論」『国語科学講座』，明治書院，1933年7月，3-67頁

真田信治「位相という用語について」『国語学』154，国語学会，1988年9月，89-90頁

工藤力男「語彙論の術語〈位相〉考」『成城文芸』155，成城大学，1996年7月，23-40頁

イゾン【異存】 佐藤亨「『西洋事情』の語彙」『幕末・明治初期語彙の研究』，桜楓社，1986年2月，422頁

イタイジ【異体字】 中原尚道「異体字の概念と実態—付〔資料〕JIS漢字異体字表」『言語』20—3，大修館書店，1991年3月，62-69頁

イタク【委託・依託】 文化庁「「委託」か「依託」か」『言葉に関する問答集』，大蔵省印刷局，1995年3月，143-144頁

イタン【異端】 春山行夫「近代用語の系統　6」『言語生活』185，筑摩書房，1967年2月，65頁

イチ【位置】 佐藤喜代治『国語語彙の歴史的研究』，明治書院，1971年11月，262頁

佐藤喜代治「位置」『日本の漢語』，角川書店，1979年10月，370頁

イチイタイスイ【一衣帯水】 一海知義「一衣帯水」『漢語の知識』，岩波書店，1981年7月，162-165頁

イチエン【一円】 蒋歩青「陳述副詞「一円」の変遷について」『国語語彙史の研究』12，和泉書院，1992年7月，115-132頁

イチコジン【一個人】 柳原丈広「ことばの変化―備後から伊予に移った一個人について」『国語研究』35，愛媛国語研究会，1960年11月，97-105頁

佐藤喜代治『国語語彙の歴史的研究』，明治書院，1971年11月，359頁

斉藤毅「第6章　個人という語の成立」『明治のことば』，講談社，1977年11月，229-249頁

佐藤喜代治「一個人」『日本の漢語』，角川書店，1979年10月，437-439頁

遠藤好英「個人，一個人，私人，個人個人」『講座日本語の語彙 ⑩』，明治書院，1983年4月，63-69頁

佐藤亨「一個人」『現代に生きる幕末・明治初期漢語辞典』，明治書院，2007年6月，25頁

イチジ【一時】 林美一「一刻と一時」(上)『放送朝日』234，朝日放送，1973年11月，64-67頁

林美一「一刻と一時」(下)『放送朝日』235，朝日放送，1973年12月，68-71頁

イチジョウ【一定】 佐藤武義「一定」『講座日本語の語彙 ⑨』，明治書院，1983年1月，56-60頁

朴在換「「一定」小考」『湘南文学』28，東海大学，1992年4月，113-120頁

イチダン【一段】 関口智恵子「漢語副詞「いちだん(一段)」の史的変遷」『和漢語文研究』2，京都府立大学国中文学会，2004年11月，67-77頁

イチョウ【胃腸】 佐藤亨「『西説医範提鋼釈義』の訳語」『近世語彙の歴史的研究』，桜楓社，1980年10月，340-341頁

佐藤亨『近世語彙の研究』，桜楓社，1983年6月，343頁

イチョウ【銀杏】 柴田松太郎「銀杏イチョウの語源：研究の歴史と現状」『地学教育と科学運動』43，地学団体研究会，2003年7月，33-40頁

イッキ【一揆】 惣郷正明・飛田良文「一揆」『明治のことば辞典』，東京堂出版，1986年12月，15-16頁

イッコウ【一向】 鈴木修次「禅文化とまつわる漢語」『漢語と日本人』，みすず書房，1978年9月，78-79頁

蒋歩青「漢語「一向」について―日中対照言語史的考察」『奈良教育大学国文研究と教育』16，奈良教育大学国文学会，1993年3月，47-57頁

山田潔「抄物における副詞「一向ニ」の諸相」『学苑』683，昭和女子大学，1997年1月，116-127頁

イッコク【一刻】 林美一「一刻と一時」(上)『放送朝日』234，朝日放送，1973年11月，64-67頁

林美一「一刻と一時」(下)『放送朝日』235，朝日放送，1973年12月，68-71頁

イッサクジツ【一昨日】 遠藤好英「記録体における時の表現―『後二条師通記』の夜に関する語について」『国語語彙史の研究』1，和泉書院，1980年5月，103-124頁

イッシュ【一種】 松尾良樹「平安朝湊文学と唐代口語」『国文学解釈と鑑賞』55―10，至文堂，1990年10月，26-44頁

イッシュウカン【一週間】 佐藤亨「一週間」『現代に生きる幕末・明治初期漢語辞典』，明治書院，2007年6月，26-27頁

イッショ【一所】 鳴海伸一「漢語「一所」の受容と意味変化」『言語科学論集』10，東北大学大学院文学研究科言語科学専攻，2006年12月，48-37頁

イッショウケンメイ【一所懸命・一生懸

命】 五十郎「日本語横丁10―一所懸命」『国文学解釈と鑑賞』37―3，至文堂，1972年3月，196-197頁

鈴木則郎「一生懸命，一所懸命，懸命」『講座日本語の語彙 ⑨』，明治書院，1983年1月，61-65頁

隣人編集部「特集・一所懸命か一生懸命か―頑張り方の考現学」『隣人』16―9，1986年9月，20-27頁

阪下圭八「一所懸命と一所不在」『歴史のなかの言葉』，朝日新聞社，1989年6月，60-61頁

文化庁「「一所懸命」か「一生懸命」か」『言葉に関する問答集』，大蔵省印刷局，1995年3月，33頁

前田富祺監修「一生懸命」『日本語語源大辞典』，小学館，2005年4月，135頁

鳴海伸一「一所懸命から「一生懸命」へ」『国語学研究』46，東北大文学部『国語学研究』刊行会，2007年3月，130-118頁

イッシン【一新】 惣郷正明・飛田良文「一新」『明治のことば辞典』，東京堂出版，1986年12月，16-17頁

イッセキニチョウ【一石二鳥】 杉本つとむ「近代訳語を検証する15―翻訳のことわざ2　一石二鳥 命は短く芸は長し」『国文学　解釈と鑑賞』69―11，至文堂，2004年11月，209-217頁

杉本つとむ「一石二鳥」『語源海』，東京書籍，2005年3月，87頁

イッセンジョウキ【一銭蒸気】 湯本豪一「一銭蒸気」『図説明治事物起源事典』，柏書房，1996年11月，316-317頁

イッパン【一般】 鈴木修次「禅文化とまつわる漢語」『漢語と日本人』，みすず書房，1978年9月，78-80頁

惣郷正明・飛田良文「一般」『明治のことば辞典』，東京堂出版，1986年12月，17-18頁

松尾良樹「平安朝漢文学と唐代口語」『国文学解釈と鑑賞』55―10，至文堂，1990年10月，26-44頁

江藤裕之「「普遍」と「一般」の差異について―語源から考える」『桐朋学園大学研究紀要』21，桐朋学園大学音楽学部，1995年，117-129頁

陳力衛「「普通」と「一般」」『和製漢語の形成と展開』，汲古書院，2001年2月，378-383頁

イッペントウ【一辺倒】 日置昌一「一辺倒の語源」『ものしり事典』言語篇，河出書房，1952年11月，29頁

大泉志郎・大塚栄寿・永沢道雄「一辺倒」『現代死語事典』，朝日ソノラマ，1993年11月，25頁

米川明彦「一辺倒」『明治・大正・昭和の新語・流行語辞典』，三省堂，2002年1月，175頁

杉本つとむ「一辺倒」『語源海』，東京書籍，2005年3月，88頁

前田富祺監修「一辺倒」『日本語語源大辞典』，小学館，2005年4月，137頁

イッポウ【一方】 森田良行「一方」『基礎日本語2』，角川書店，1980年6月，415頁

イテン【移転】 文化庁「「移転」と「転居」と「移住」」『言葉に関する問答集　総集編』，大蔵省印刷局，1995年3月，285-286頁

イデン【遺伝】 杉本つとむ「近代訳語を検証する 12　遺伝／生理」『国文学　解釈と鑑賞』69―8，至文堂，2004年8月，181-187頁

佐藤亨「遺伝」『現代に生きる幕末・明治初期漢語辞典』，明治書院，2007年6月，28-29頁

イデンシ【遺伝子】 本田久夫「翻訳語「遺伝子」を再点検する」『兵庫大学論集』5，兵庫大学，1999年3月，71-81頁

イド【緯度】 佐藤亨『近世語彙の研究』，桜楓社，1983年6月，69頁

佐藤亨「緯度」『現代に生きる幕末・明治初期漢語辞典』，明治書院，2007年6月，29頁

イドウ【移動】 佐藤亨『近世語彙の研究』，

桜楓社，1983年6月，241頁

イニン【委任】 関川桂作「「委任」ということば―法律調査会における民法修正案作成を中心として」『志学館法学』1，志学館大学，2000年3月，51-72頁

イニンジョウ【委任状】 石井研堂「委任状の始」『増補改訂　明治事物起源』上巻，春陽堂書店，1944年11月，230-231頁

イホウジン【異邦人】 佐藤亨「『地球説略』の語彙」『幕末・明治初期語彙の研究』，桜楓社，1986年2月，108頁

イミ【意味】 橋口稔「翻訳における意味」『英語青年』109―3，研究社，1963年3月，25頁

横尾信男「「意味」の意味」『東京家政大学研究紀要』30―1，東京家政大学，1990年2月，15-21頁

イミン【移民】 石井陽一「移民と移住者の概念　用語の変遷とその歴史的背景」『人文研究』60，神奈川大学人文学会，1974年11月，79-110頁

佐藤亨「『経済小学』の訳語」『幕末・明治初期語彙の研究』，桜楓社，1986年2月，325-326頁

大泉志郎・大塚栄寿・永沢道雄「移民」『現代死語事典』，朝日ソノラマ，1993年11月，28-29頁

湯本豪一「移民」『図説明治事物起源事典』，柏書房，1996年11月，14-15頁

柳水晶「「臣民」と「不逞鮮人」―今村栄治「同行者」に見る民族・移民・帝国」『日本語と日本文学』42，筑波大学国語国文学会，2006年2月，56-70頁

佐藤亨「移民」『現代に生きる幕末・明治初期漢語辞典』，明治書院，2007年6月，30-31頁

イモンぶくろ【慰問袋】 石井研堂「慰問袋の始」『増補改訂　明治事物起源』下巻，春陽堂書店，1944年12月，1082頁

日置昌一「慰問袋の由来」『ものしり事典 風俗篇上』，河出書房，1952年11月，30頁

大泉志郎・大塚栄寿・永沢道雄「慰問袋」『現代死語事典』，朝日ソノラマ，1993年11月，29頁

イヤク【意訳】 瀬尾裕「原文訳と重訳・逐語訳と意訳」『国文学解釈と鑑賞』18―9，至文堂，1953年9月，16-20頁

朱牟田夏雄・竹内実・グロータース・溝口歌子「座談会直訳・意訳の語源」『言語生活』197，筑摩書房，1968年2月，4-20頁

森岡健二「翻訳における意訳と直訳」『言語生活』197，筑摩書房，1968年2月，21-31頁

惣郷正明・飛田良文「意訳」『明治のことば辞典』，東京堂出版，1986年12月，19-20頁

飛田良文「第４章　東京語研究の資料」『東京語成立史の研究』，東京堂出版，1992年8月，91頁

藤田昌志「日中対照表現論　意訳日→中について 1」『三重大学留学生センター紀要』1，三重大学留学生センター，1999年3月，25-34頁

藤田昌志「日中対照表現論　意訳日→中について 2」『三重大学留学生センター紀要』2，三重大学留学生センター，2000年3月，1-10頁

いりぐち【入口】 沈国威『近代日中語彙交流史―新漢語の生成と受容』，笠間書院，1994年3月，60頁

イワカン【違和感・異和感】 文化庁「「違和感」か「異和感」か」『言葉に関する問答集』，大蔵省印刷局，1995年3月，165-169頁

インガ【因果】 佐竹昭広「意味の変遷」『岩波講座　日本語9』，岩波書店，1977年6月，237-242頁

小野正弘「「因果」と「果報」の語史―中立的意味のマイナス化とプラス化」『国語学研究』24，東北大文学部『国語学研究』刊行会，1984年12月，24-34頁

インゴ【隠語】 惣郷正明・飛田良文「隠語」『明治のことば辞典』，東京堂出版，1986年

12月，20頁

杉本つとむ「〈隠語〉と〈センボウ〉の集団」『語源の文化誌』，創拓社，1990年4月，95-112頁

インコウ【淫行】 最上勝也「〈ことば・言葉・コトバ〉淫行ということば」『NHK放送研究と調査』36—2，ＮＨＫ放送文化研究所，1986年2月，27頁

インサツ【印刷】 鈴木敏夫「英学の周辺—洋式印刷技術の導入」『日本の英学一〇〇年〔明治編〕』別巻，日本の英学一〇〇年編集部編，1969年10月，3-17頁

矢作勝美「明治活版印刷の成立と美華書館の影響」『文学』49—11，岩波書店，1981年11月，149-160頁

佐藤亨「『米欧回覧実記』の語彙」『幕末・明治初期語彙の研究』，桜楓社，1986年2月，446-447頁

惣郷正明・飛田良文「印刷」『明治のことば辞典』，東京堂出版，1986年12月，20-21頁

富田仁「印刷」『舶来事物起源事典』，名著普及会，1987年12月，26-29頁

湯本豪一「印刷」『図説明治事物起源事典』，柏書房，1996年11月，304-305頁

佐藤亨「印刷」『現代に生きる幕末・明治初期漢語辞典』，明治書院，2007年6月，33頁

インシ【印紙】 佐藤亨「『西洋事情』の語彙」『幕末・明治初期語彙の研究』，桜楓社，1986年2月，397-398頁

河越龍方・河越圭子「切手と印紙」『はがき考雑俎』，私家版，1991年8月，42-46頁

沈国威『近代日中語彙交流史—新漢語の生成と受容』，笠間書院，1994年3月，121頁

佐藤亨「印紙」『現代に生きる幕末・明治初期漢語辞典』，明治書院，2007年6月，34頁

インジュン【因循】 惣郷正明・飛田良文「因循」『明治のことば辞典』，東京堂出版，1986年12月，21-22頁

インジュンコソク【因循姑息】 槌田満文「因循姑息」『明治大正新語・流行語』，角川書店，1983年6月，28-30頁

インショウ【印章】 渡辺萬蔵「印章」『現行法律語の史的研究』，萬理閣書房，1930年12月，222頁

インショウ【印象】 横井博「印象，感銘，感得，思慮」『講座日本語の語彙 ⑨』，明治書院，1983年1月，77-80頁

樺島忠雄・飛田良文・米川明彦「印象」『明治大正新語俗語辞典』，東京堂出版，1984年5月，31頁

惣郷正明・飛田良文「印象」『明治のことば辞典』，東京堂出版，1986年12月，22頁

飛田良文「印象」『明治生まれの日本語』，淡交社，2002年5月，90-98頁

佐藤亨『現代に生きる幕末・明治初期漢語辞典』，明治書院，2007年6月，35頁

インショク【飲食】 土井忠生「「飲食」の読み」『日本国語大辞典ことばのまど』12，小学館，1974年11月

奥村悦三「土佐日記—三つのことば」『叙説』20，奈良女子大学文学部国語国文学研究室，1992年12月，55-68頁

インゼイ【印税】 樺島忠雄・飛田良文・米川明彦「印税」『明治大正新語俗語辞典』，東京堂出版，1984年5月，32頁

惣郷正明・飛田良文「印税」『明治のことば辞典』，東京堂出版，1986年12月，23頁

佐藤亨「印税」『現代に生きる幕末・明治初期漢語辞典』，明治書院，2007年6月，35頁

インネン【因縁】 一海知義「因縁」『漢語の知識』，岩波書店，1981年7月，18-20頁

堀畑正臣「平安時代の公家日記における「因縁」について」『国語語彙史の研究』11，和泉書院，1989年12月，255-276頁

堀畑正臣「「因縁」追考」『国語国文　研究と教育』37，熊本大学，1999年2月，3-16頁

インリョウ【飲料】 佐藤亨『近世語彙の研究』，桜楓社，1983年6月，257頁

佐藤亨「飲料」『現代に生きる幕末・明治初期漢語辞典』，明治書院，2007年6月，36頁

インリョク【引力】 佐藤亨「『西洋事情』の語彙」『幕末・明治初期語彙の研究』，桜楓社，1986年2月，422-423頁
荒川清秀「『六合叢談』の地理学用語」『『六合叢談』の学際的研究』，白帝社，1999年11月，49-71頁
高野繁男「『哲学字彙』の訳語」『近代漢語の研究―日本語の造語法・訳語法』，明治書院，2004年11月，63頁
沈国威「蘭学の訳語と新漢語の創出」『19世紀中国語の諸相』，雄松堂出版，2007年3月，243頁
佐藤亨「引力」『現代に生きる幕末・明治初期漢語辞典』，明治書院，2007年6月，37頁

ウ

ウ【右】 下谷和幸「右・左」『ことばコンセプト事典』，第一法規出版，1992年12月，1592-1601頁
ウケイ【右傾】 佐藤亨「右傾」『現代に生きる幕末・明治初期漢語辞典』，明治書院，2007年6月，37頁
ウチュウ【宇宙】 一海知義「宇宙」『漢語の知識』，岩波書店，1981年7月，59-63頁
松本宙「宇宙，天下，世界」『講座日本語の語彙 ⑨』，明治書院，1983年1月，88-91頁
楚翠生「漢語往来25　〈宇宙〉考」『高校通信東書国語』235，東京書籍，1983年12月，22-23頁
惣郷正明・飛田良文「宇宙」『明治のことば辞典』，東京堂出版，1986年12月，24-25頁
荒川清秀「『六合叢談』の地理学用語」『『六合叢談』の学際的研究』，白帝社，1999年11月，49-71頁
前田富祺監修「宇宙」『日本語語源大辞典』，小学館，2005年4月，179頁
ウチョウテン【有頂天】 中村元編「有頂天」『仏教語源散策』，東京書籍，1977年4月，63-65頁
ウツユウ【鬱憂】 惣郷正明・飛田良文「鬱憂」『明治のことば辞典』，東京堂出版，1986年12月，25頁
ウドン【饂飩】 荒俣宏「饂飩」『事物珍起源』，東洋文庫，1989年10月，93-95頁
うば【乳母】 川畑智美「乳母の名称の変遷」『日本語研究センター報告』1，大阪樟蔭女子大学，1992年3月，33-42頁
うばぐるま【乳母車】 富田仁「乳母車」『舶来事物起源事典』，名著普及会，1987年12月，37頁
塩田丸男「乳母車」『死語読本』，白水社，1994年7月，56頁
湯本豪一「乳母車」『図説明治事物起源事典』，柏書房，1996年11月，142-143頁
ウム【有無】 玉村禎郎「「有無」の語史―副詞用法発生前史」『杏林大学外国語学部紀要』20，杏林大学外国語学部，2008年3月，41-49頁
ウヨク【右翼】 樺島忠雄・飛田良文・米川明彦「右翼」『明治大正新語俗語辞典』，東京堂出版，1984年5月，37頁
惣郷正明・飛田良文「右翼」『明治のことば辞典』，東京堂出版，1986年12月，25-26頁
うらがき【裏書】 渡辺萬蔵「裏書」『現行法律語の史的研究』，萬理閣書房，1930年12月，256頁
ウロン【胡乱】 鈴木修次「禅文化とまつわる漢語」『漢語と日本人』，みすず書房，1978年9月，82-83頁
ウンエイ【運営】 佐藤喜代治「漢語の源流―『万法精理』の訳語について(三)」『国語語彙史の歴史的研究』，明治書院，1971年11月，362頁
惣郷正明・飛田良文「運営」『明治のことば辞典』，東京堂出版，1986年12月，27頁
浅野敏彦「江戸時代翻訳医学書にみえる一漢語―「運営」の語史をたずねて」『大阪成蹊女子短期大学研究紀要』28，大阪成蹊女子短

期大学，1991年3月，1-7頁
浅野敏彦「運営」『国語史の中の漢語』，和泉書院，1998年2月，251-263頁
ウンガ【運河】 佐藤亨「『六合叢談』の語彙」『幕末・明治初期語彙の研究』，桜楓社，1986年2月，136-137頁
惣郷正明・飛田良文「運河」『明治のことば辞典』，東京堂出版，1986年12月，27頁
ウンコウ【運行】 惣郷正明「ことばの散歩15 運転，運動，運行」『言語生活』375，筑摩書房，1983年12月，53頁
惣郷正明・飛田良文「運行」『明治のことば辞典』，東京堂出版，1986年12月，27-28頁
惣郷正明「運転・運動・運行」『日本語開化物語』，朝日新聞社，1988年8月，9-11頁
ウンジョウショ【運上所】 湯本豪一「運上所税関」『図説明治事物起源事典』，柏書房，1996年11月，4-5頁
ウンセイ【運勢】 惣郷正明・飛田良文「運勢」『明治のことば辞典』，東京堂出版，1986年12月，28頁
ウンソウ【運送】 浅野敏彦「運輸と運送」『国語史の中の漢語』，和泉書院，1998年2月，145-161頁
ウンテン【運転】 惣郷正明「ことばの散歩15 運転，運動，運行」『言語生活』375，筑摩書房，1983年12月，53頁
惣郷正明・飛田良文「運転」『明治のことば辞典』，東京堂出版，1986年12月，28-29頁
惣郷正明「運転・運動・運行」『日本語開化物語』，朝日新聞社，1988年8月，9-11頁
ウンテンシュ【運転手】 長野賢「運転士・運転手・運転者」『にっぽん語考現学』，明治書院，1965年9月，41-42頁
NES「〈言語社会時評〉タクシーの運転手・運転士」『言語生活』239，筑摩書房，1971年8月，12頁
惣郷正明・飛田良文「運転手」『明治のことば辞典』，東京堂出版，1986年12月，29-30頁
ウンドウ【運動】 槌田満文「運動―スポーツというより散歩」『明治大正風俗語典』，角川書店，1979年11月，293-294頁
高野繁男「運動，体操」『講座日本語の語彙⑨』，明治書院，1983年1月，101-104頁
惣郷正明「ことばの散歩15 運転，運動，運行」『言語生活』375，筑摩書房，1983年12月
惣郷正明・飛田良文「運動」『明治のことば辞典』，東京堂出版，1986年12月，30-32頁
惣郷正明「運転・運動・運行」『日本語開化物語』，朝日新聞社，1988年8月，9-11頁
沈国威『近代日中語彙交流史―新漢語の生成と受容』，笠間書院，1994年3月，134頁
南谷直利・北野与一「身体「運動」の語誌的研究：医学的分野を中心に」『北陸大学紀要』21，北陸大学，1997年3月，271-282頁
南谷直利・北野与一「身体「運動」の語誌的研究：教育分野・軍事関係分野を中心に」『北陸大学紀要』22，北陸大学，1998年3月，385-396頁
浅野敏彦「漢語「運動」の語義変化―日本漢語の語義変化と明清俗語」『国語語彙史の研究』17，和泉書院，1998年10月，315-345頁
高野繁男「『哲学字彙』の訳語」『近代漢語の研究―日本語の造語法・訳語法』，明治書院，2004年11月，61頁
朱京偉「明治期における社会主義用語の形成」『19世紀中国語の諸相』，雄松堂出版，2007年3月，203頁
ウンドウカイ【運動会】 井上敏夫「国語読本拾穂帖11完　読本に見る「遊歩」「運動場」「運動会」」『月刊国語教育研究』166，日本国語教育学会，1986年3月，33-36頁
惣郷正明・飛田良文「運動会」『明治のことば辞典』，東京堂出版，1986年12月，32頁
紀田順一郎「運動会」『近代事物起源事典』，東京堂出版，1992年9月，22-24頁
沈国威『近代日中語彙交流史―新漢語の生成と受容』，笠間書院，1994年3月，114頁
湯本豪一「運動会」『図説明治事物起源事典』，柏書房，1996年11月，360-361頁

浜野兼一「小学校の運動会に関する史的考察：運動会の萌芽期にみる事例分析を通して」『早稲田大学大学院教育学研究科紀要』12—1，早稲田大学大学院教育学研究科，2004年9月，59–68頁

前田富祺監修「運動会と運動場」『日本語語源大辞典』，小学館，2005年4月，203頁

佐藤亨「運動会」『現代に生きる幕末・明治初期漢語辞典』，明治書院，2007年6月，39頁

ウンドウジョウ【運動場】 井上敏夫「国語読本拾穂帖11完　読本に見る「遊歩」「運動場」「運動会」」『月刊国語教育研究』166，日本国語教育学会，1986年3月，33–36頁

惣郷正明・飛田良文「運動場」『明治のことば辞典』，東京堂出版，1986年12月，32頁

佐藤亨「運動場」『現代に生きる幕末・明治初期漢語辞典』，明治書院，2007年6月，40頁

ウンパン【運搬】 佐藤亨「『米欧回覧実記』の語彙」『幕末・明治初期語彙の研究』，桜楓社，1986年2月，454–456頁

高野繁男「『百科全書』の訳語」『近代漢語の研究—日本語の造語法・訳語法』，明治書院，2004年11月，104頁

佐藤亨「運搬」『現代に生きる幕末・明治初期漢語辞典』，明治書院，2007年6月，40–41頁

ウンメイ【運命】 惣郷正明・飛田良文「運命」『明治のことば辞典』，東京堂出版，1986年12月，32–33頁

渡辺昇一「運命」『ことばコンセプト事典』，第一法規出版，1992年12月，78–85頁

ウンメイロンシャ【運命論者】 樺島忠雄・飛田良文・米川明彦「運命論者」『明治大正新語俗語辞典』，東京堂出版，1984年5月，37–38頁

ウンユ【運輸】 惣郷正明・飛田良文「運輸」『明治のことば辞典』，東京堂出版，1986年12月，33–34頁

浅野敏彦「運輸と運送—明治初期における漢語の革新」『大阪成蹊女子短期大学研究紀要』26，大阪成蹊女子短期大学，1989年3月

浅野敏彦「運輸と運送」『国語史の中の漢語』，和泉書院，1998年2月，145–161頁

ウンヨウ【運用】 惣郷正明・飛田良文「運用」『明治のことば辞典』，東京堂出版，1986年12月，34–35頁

エ

エイエン【永遠】 佐藤亨『近世語彙の研究』，桜楓社，1983年6月，178頁

エイガ【映画】 田中純一郎『日本映画発達史』，中央公論社，1957年

広田栄太郎「活動写真から映画へ」『近代訳語考』，東京堂出版，1969年8月，141–157頁

永瀬治郎「映画，活動写真，キネオラマ」『講座日本語の語彙 ⑨』，明治書院，1983年1月，104–106頁

松井栄一「映画」『国語辞典にない語』，南雲堂，1983年4月，97–98頁

樺島忠雄・飛田良文・米川明彦「映画」『明治大正新語俗語辞典』，東京堂出版，1984年5月，38–39頁

富田仁「映画」『舶来事物起源事典』，名著普及会，1987年12月，38–39頁

金田一春彦編「映画」『ことばの生い立ち』，講談社，1988年2月，151頁

紀田順一郎「映画」『近代事物起源事典』，東京堂出版，1992年9月，24–25頁

志子田祥子「「活動写真」から「映画」へ」『東京女子大学言語文化研究』5，東京女子大学，1996年1月，127–131頁

湯本豪一「映画」『図説明治事物起源事典』，柏書房，1996年11月，214–215頁

佐藤武義「映画」『日本語の語源』，明治書院，2003年1月，45頁

豊原正智「映画が「芸術」になる時」『日本における「芸術」概念の誕生と死』，研究報告書平成11—14年度科学研究費補助金，2003年

3月
上田学「近代日本における視覚メディアの転換期に関する一考察―日露戦争期京都の諸団体による幻燈及び活動写真の上映活動を中心に」『アート・リサーチ』4，立命館大学アート・リサーチセンター，2004年3月，109-119頁
前田富祺監修「映画」『日本語語源大辞典』，小学館，2005年4月，207頁
佐藤亨「映画」『現代に生きる幕末・明治初期漢語辞典』，明治書院，2007年6月，42頁

エイガク【英学】 惣郷正明・飛田良文「英学」『明治のことば辞典』，東京堂出版，1986年12月，35頁

エイキョウ【影響】 高野繁男「えいきょう影響かんか感化」『講座日本語の語彙 ⑨』，明治書院，1983年1月，106-110頁
惣郷正明・飛田良文「影響」『明治のことば辞典』，東京堂出版，1986年12月，35-36頁
沈国威「近代語彙体系における訳語の造出と借用―「影響」を中心として」『国語語彙史の研究』12，和泉書院，1992年7月，155-180頁
沈国威『近代日中語彙交流史―新漢語の生成と受容』，笠間書院，1994年3月，246-268頁
馮天瑜「影響」『新語探源』，中華書局，2004年10月，370頁

エイギョウ【営業】 渡辺萬蔵「営業」『現行法律語の史的研究』，萬理閣書房，1930年12月，224頁
Federico Masini「営業」*The Formation of Modern Chinese Lexicon and its Evolution toward a National Language*(李廷宰訳)，소명出版，2005年11月，166頁
佐藤亨「営業」『現代に生きる幕末・明治初期漢語辞典』，明治書院，2007年6月，43頁

エイゴ【英語】 佐藤亨「『西学考略』の語彙」『幕末・明治初期語彙の研究』，桜楓社，1986年2月，242-243頁
紀田順一郎「英語」『近代事物起源事典』，東京堂出版，1992年9月，26-27頁
佐藤亨「英語」『現代に生きる幕末・明治初期漢語辞典』，明治書院，2007年6月，44頁

エイコウ【栄光】 惣郷正明・飛田良文「栄光」『明治のことば辞典』，東京堂出版，1986年12月，36頁

エイコク【英国】 谢贵安「对西方列强的认知过程」(西欧列強に対する認知過程)『语义的文化变迁』，武汉大学出版社，2007年1月，145-173頁
佐藤亨「英国」『現代に生きる幕末・明治初期漢語辞典』，明治書院，2007年6月，44頁

エイジ【嬰児】 高橋巌「幼児，新生児，乳児，嬰児，幼児，稚児，小児」『講座日本語の語彙 ⑪』，明治書院，1983年6月，324-327頁

エイセイ【衛生】 渡辺萬蔵「衛生」『現行法律語の史的研究』，萬理閣書房，1930年12月，21頁
半沢洋子「衛生，養生，健全」『講座日本語の語彙 ⑨』，明治書院，1983年1月，110-115頁
惣郷正明・飛田良文「衛生」『明治のことば辞典』，東京堂出版，1986年12月，36-37頁
沈国威『近代日中語彙交流史―新漢語の生成と受容』，笠間書院，1994年3月，115-120頁
ジグラー・ポール「森鷗外の西洋思想の受容を巡って―衛生学と文学の政治性」『研究紀要』34，淑徳短期大学，1995年2月，177-189頁
이승원「20세기 초 위생담론과 근대적 신체의 탄생」(20世紀初めごろの衛生と近代的身体の誕生)『문학과경계』(文学と境界) 1，文学と境界社，2001年1月，300-317頁
阿部安成「養生から衛生へ」『岩波講座近代日本の文化史』4，岩波書店，2002年2月，47-78頁
飛田良文「衛生」『明治生まれの日本語』，淡交

社，2002年5月，126-134頁
박윤재「양생에서 위생으로—개화파의 의학론과 근대 국가 건설」(養生から衛生へ—開化派の医学論と近代国家建設)『사회와역사』63, 한국사회사학회, 2003年5月, 30-50頁
馮天瑜『新語探源』，中華書局，2004年10月，599-601頁
冯天瑜「侨词来归与近代中日文化互动—以“卫生”“物理”“小说”为例」(逆輸入の用語と近代中日の文化交渉—「衛生」「物理」「小説」を例に)『武汉大学学报哲学社会科学版』2005年1期，2005年1月，33-39頁
Federico Masini「衛生」*The Formation of Modern Chinese Lexicon and its Evolution toward a National Language*(李廷宰訳)，소명出版，2005年11月，162頁
杉本つとむ「衛生」『気になる日本語の気になる語源』，東京書籍，2006年12月，78-84頁
钟少华「略论中国近代卫生观念与卫生事业的起源」(中国近代の衛生観念と衛生事業の起源についての略論)『自然辩证法通讯』第29巻，中国科学院研究生院，2007年2月，68-75頁
佐藤亨「衛生」『現代に生きる幕末・明治初期漢語辞典』，明治書院，2007年6月，46頁
고미숙「『독립신문』에 나타난 위생 담론의 배치」(『独立新聞』に現れる衛生について)『近代啓蒙期 知識概念의 受容과 그 変容』，소명出版，2008年6月，305-329頁

エイセイガク【衛生学】

惣郷正明・飛田良文「衛生学」『明治のことば辞典』，東京堂出版，1986年12月，37頁
沈国威「漢語を育てた近代日本語—西学東漸と新漢語」『国文学』41—11，関西大学国文学会，1996年9月，80-86頁
大塚美保「特集：森鷗外の問題系　衛生学の二つの顔—日本における近代衛生学と森鷗外」『国文学』50—2，学燈社，2005年2月，52-57頁
钟少华「略论中国近代卫生观念与卫生事业的起源」(中国近代の衛生観念と衛生事業の起源についての略論)『自然辩证法通讯』第29巻，中国科学院研究生院，2007年2月，68-75頁
沈国威「近代日中語彙交流史概説」『漢字文化圏近代言語文化交流研究』(国際シンポジウム予稿集，天津外国語大学)，漢字文化圏近代言語文化交流研究会，2009年3月，73-74頁

エイセイタイ【衛生隊】

惣郷正明・飛田良文「衛生隊」『明治のことば辞典』，東京堂出版，1986年12月，37頁

エイセイ【衛星】

「科学用語の訳語　ミサイル・人工衛星など」『ことば』58，現代日本語研究会，1958年2月
荒川清秀「『六合叢談』の地理学用語」『『六合叢談』の学際的研究』，白帝社，1999年11月，49-71頁
杉本つとむ「連載；近代訳語を検証する 40 地動説／惑星＝遊星 衛星」『国文学　解釈と鑑賞』71—12，至文堂，2006年12月，187-195頁
佐藤亨「衛星」『現代に生きる幕末・明治初期漢語辞典』，明治書院，2007年6月，47頁

エイゾウ【映像】

樺島忠雄・飛田良文・米川明彦「映像」『明治大正新語俗語辞典』，東京堂出版，1984年5月，39頁
沈国威『近代日中語彙交流史—新漢語の生成と受容』，笠間書院，1994年3月，134頁
佐藤亨「映像」『現代に生きる幕末・明治初期漢語辞典』，明治書院，2007年6月，47頁

エイブン【英文】

佐藤亨「『西学考略』の語彙」『幕末・明治初期語彙の研究』，桜楓社，1986年2月，242-243頁
佐藤亨「英文」『現代に生きる幕末・明治初期漢語辞典』，明治書院，2007年6月，48頁

エイユウ【英雄】

宮地崇邦「研究ノート「英雄」の意味について」『国学院雑誌』80—8，国学院大学，1979年8月，54-57頁
田中建彦「英雄」『ことばコンセプト事典』，第一法規出版，1992年12月，86-93頁

佐々木瑞枝「英雄」『女と男の日本語辞典』上巻，東京堂出版，2000年6月，70-76頁
이헌미「대한제국의 '영웅' 개념」(大韓帝国の「英雄」概念)『근대한국의 사회과학 개념 형성사』(近代韓国における社会科学関連概念の形成史)，創批，2009年4月，362-406頁
エイヨウ【栄養】 額田淑「栄養考」『国語学』61，国語学会，1965年6月，52-60頁
国民栄養対策協議会編『日本語栄養―その成り立ちと語意』，第一出版，1975年3月，5-59頁
佐藤亨『近世語彙の歴史的研究』，桜楓社，1980年10月，287-288頁
惣郷正明・飛田良文「栄養」『明治のことば辞典』，東京堂出版，1986年12月，37-38頁
馮天瑜『新語探源』，中華書局，2004年10月，371頁
前田富祺監修「栄養」『日本語語源大辞典』，小学館，2005年4月，209頁
佐藤亨「栄養」『現代に生きる幕末・明治初期漢語辞典』，明治書院，2007年6月，49頁
沈国威「近代日中語彙交流史概説」『漢字文化圏近代言語文化交流研究』(国際シンポジウム予稿集,天津外国語大学),漢字文化圏近代言語文化交流研究会,2009年3月,77-80頁
エイヨウフリョウ【栄養不良】 大泉志郎・大塚栄寿・永沢道雄「栄養不良」『現代死語事典』，朝日ソノラマ，1993年11月，37頁
エイレイ【英霊】 三國一朗「英霊」『戦中用語集』，岩波書店，1985年8月，86-89頁
エキ【駅】 真田信治「地域とのかかわり―交通と通信の外来語」『英米外来語の世界』飛田良文編，南雲堂，1981年10月，92-126頁
飛田良文「ステーションから駅へ」『日本文化会議』159，日本大学芸術学研究会，1982年9月
真田信治「駅，うまや，駅路，駅路，ステーション，停車場」『講座日本語の語彙 ⑨』，明治書院，1983年1月，115-118頁
村田信行「駅」『ことばコンセプト事典』，第一法規出版，1992年12月，94-101頁
飛田良文「駅」『明治生まれの日本語』，淡交社，2002年5月，48-57頁
佐藤武義「駅」『日本語の語源』，明治書院，2003年1月，48頁
小林光考「日中両語における「Station」の訳語考」『大東文化大学外国語学研究』4，大東文化大学大学院外国語学研究科，2003年3月，30-47頁
前田富祺監修「駅」『日本語語源大辞典』，小学館，2005年4月，211頁
エキチョウ【駅長】 渡辺萬蔵「駅長」『現行法律語の史的研究』，萬理閣書房，1930年12月，10頁
エキデン【駅伝】 沈国威『近代日中語彙交流史―新漢語の生成と受容』，笠間書院，1994年3月，107頁
前田富祺監修「駅伝競走」『日本語語源大辞典』，小学館，2005年4月，213頁
朝日新聞校閲部「駅伝」『まっとうな日本語』，朝日新聞社，2005年9月，65-66頁
エキデンキョウギ【駅伝競技】 樺島忠雄・飛田良文・米川明彦「駅伝競技」『明治大正新語俗語辞典』，東京堂出版，1984年5月，40頁
エキベン【駅弁】 紀田順一郎「駅弁」『近代事物起源事典』，東京堂出版，1992年9月，27-29頁
朝倉治彦・安藤菊二・樋口秀雄・丸山信「駅弁」『新装版　事物起源辞典衣食住編』，東京堂出版，2001年9月，35頁
エキベンダイガク【駅弁大学】 稲垣吉彦・吉沢典男監修「駅弁大学」『昭和ことば史60年』，講談社，1985年10月，102-103頁
エキタイ【液体】 沈国威『近代日中語彙交流史―新漢語の生成と受容』，笠間書院，1994年3月，33頁
蘇小楠「日中学術用語交渉の一試論―訳語「固体・気体・液体」の由来について」『名古屋

大学国語国文学』96，名古屋大学国語国文学会，2005年7月，86-70頁

エン【縁】 松下貞三「縁という語の受け入れ」『漢語受容史の研究』，和泉書院，1987年10月，42-87頁

エン【炎】 陳生保「～炎」『中国と日本―言葉・文学・文化』，麗沢大学出版会，2005年5月，22頁

エンエキ【演繹】 広田栄太郎「訳語あれこれ」『近代訳語考』，東京堂出版，1969年8月，305-326頁

鈴木修次「「命題」「演繹」「帰納」」『日本漢語と中国―漢字文化圏の近代化』，中央公論社，1981年9月，106-123頁

樺島忠雄・飛田良文・米川明彦「演繹」『明治大正新語俗語辞典』，東京堂出版，1984年5月，46-47頁

惣郷正明・飛田良文「演繹」『明治のことば辞典』，東京堂出版，1986年12月，39-40頁

金田一春彦編「演繹」『ことばの生い立ち』，講談社，1988年2月，140頁

佐藤亨「演繹」『現代に生きる幕末・明治初期漢語辞典』，明治書院，2007年6月，51頁

エンエキホウ【演繹法】 惣郷正明・飛田良文「演繹法」『明治のことば辞典』，東京堂出版，1986年12月，40頁

荒川清秀「日本漢語の中国語への流入」『日本語学』17―5，明治書院，1998年5月，39-46頁

馮天瑜『新語探源』，中華書局，2004年10月，360頁

エンカ【円貨】 石井研堂「円貨の始」『増補改訂　明治事物起源』下巻，春陽堂書店，1944年12月，823-826頁

エンカツ【円滑】 惣郷正明・飛田良文「円滑」『明治のことば辞典』，東京堂出版，1986年12月，40頁

エンキ【延期】 佐藤亨「『西洋事情』の語彙」『幕末・明治初期語彙の研究』，桜楓社，1986年2月，413頁

エンキ【塩基】 高野繁男「『百科全書』の訳語」『近代漢語の研究―日本語の造語法・訳語法』，明治書院，2004年11月，139頁

杉本つとむ「連載；近代訳語を検証する48 元素，炭素，窒素，玉水，電池，還元法，親和力，塩基，ウラウム」『国文学　解釈と鑑賞』72―8，至文堂，2007年8月，187-195頁

エンギ【演技】 沈国威『近代日中語彙交流史―新漢語の生成と受容』，笠間書院，1994年3月，277-278頁

佐藤亨「演技」『現代に生きる幕末・明治初期漢語辞典』，明治書院，2007年6月，53頁

エンギ【縁起】 野村耀昌「縁起」『仏教のことば』奈良康明編，日本放送出版協会，1978年10月，148-181頁

中村元編「縁起」『仏教語源散策』，東京書籍，1998年7月，14-16頁

エンゲイ【園芸】 沈国威『近代日中語彙交流史―新漢語の生成と受容』，笠間書院，1994年3月，134頁

エンゲイ【演芸】 惣郷正明・飛田良文「演芸」『明治のことば辞典』，東京堂出版，1986年12月，40頁

エンゲキ【演劇】 永嶋大典「英和辞書の訳語―明治前期の文学用語をめぐって」『講座日本語の語彙 ⑥』，明治書院，1982年2月，52-53頁

佐藤亨「『六合叢談』の語彙」『幕末・明治初期語彙の研究』，桜楓社，1986年2月，137-138頁

山田俊雄「しばいと演劇」『詞苑間歩』上，三省堂，1999年9月，343-346頁

杉本つとむ「演劇」『語源海』，東京書籍，2005年3月，126頁

佐藤亨「演劇」『現代に生きる幕末・明治初期漢語辞典』，明治書院，2007年6月，54頁

エンゲキガク【演劇学】 永田靖「日本近代における諸芸術学分野の研究史演劇学」『芸術学の日本近代―その歴史と展望』，研究報告書平成12―13年度科学研究費補助金，

2003年3月，75-81頁
エンザ【縁座】 渡辺萬蔵「縁座」『現行法律語の史的研究』，萬理閣書房，1930年12月，116頁
エンザイ【冤罪】 紀田順一郎「冤罪」『近代事物起源事典』，東京堂出版，1992年9月，29-30頁
高野繁男「『明六雑誌』の和製漢語」『『明六雑誌』とその周辺』神奈川大学人文学研究所編，お茶の水書房，2004年3月，185頁
高野繁男「『明六雑誌』の語彙」『近代漢語の研究—日本語の造語法・訳語法』，明治書院，2004年11月，177頁
エンサン【塩酸】 斎藤静「塩酸」『日本語に及ぼしたオランダ語の影響』，篠崎書林，1967年8月，287頁
佐藤亨「塩酸」『現代に生きる幕末・明治初期漢語辞典』，明治書院，2007年6月，55頁
エンサンカリ【塩酸加里】 斎藤静「塩酸加里」『日本語に及ぼしたオランダ語の影響』，篠崎書林，1967年8月，287頁
エンシュウ【演習】 佐藤喜代治「『提綱答古知幾』の語彙」『国語学』123，国語学会，1980年12月，1-9頁
惣郷正明・飛田良文「演習」『明治のことば辞典』，東京堂出版，1986年12月，40-41頁
エンシュツ【演出】 樺島忠雄・飛田良文・米川明彦「演出」『明治大正新語俗語辞典』，東京堂出版，1984年5月，48頁
前田富祺監修「演出」『日本語語源大辞典』，小学館，2005年4月，217頁
Federico Masini「演出」*The Formation of Modern Chinese Lexicon and its Evolution toward a National Language*（李廷宰訳），소명出版，2005年11月，157頁
佐藤亨「演出」『現代に生きる幕末・明治初期漢語辞典』，明治書院，2007年6月，55頁
エンショウ【炎症】 丸山健一郎「「焮衝」と「炎症」1「焮衝」をめぐる語彙史」『同大語彙研究』8，同志社大学大学院日本語学研究会，2006年3月，35-48頁
佐藤亨「炎症」『現代に生きる幕末・明治初期漢語辞典』，明治書院，2007年6月，56頁
エンシンリョク【遠心力】 斎藤静「遠心力」『日本語に及ぼしたオランダ語の影響』，篠崎書林，1967年8月，151頁
林伝一郎「遠心力という語の使い方」『物理教育』41—4，日本物理教育学会，1993年12月，421-424頁
エンセイ【遠征】 惣郷正明・飛田良文「遠征」『明治のことば辞典』，東京堂出版，1986年12月，41-42頁
エンセイカン【厭世観】 樺島忠雄・飛田良文・米川明彦「厭世観」『明治大正新語俗語辞典』，東京堂出版，1984年5月，49頁
エンゼツ【演説・演舌】 石井研堂「演説の始」『増補改訂　明治事物起源』上巻，春陽堂書店，1944年11月，1-6頁
石井満「明治初期の演説について」『言語生活』99，筑摩書房，1959年12月，46-53頁
高木健夫「演説の変遷上—明治百年，首相の演説を考える」『言語生活』182，筑摩書房，1966年11月，25-33頁
広田栄太郎「訳語あれこれ」『近代訳語考』，東京堂出版，1969年8月，305-326頁
久世善男「演説」『言葉のなづけ親—翻訳に見る文明開化』，朝日ソノラマ，1975年11月，8-11頁
斎藤毅「学術と政治の発達に貢献した演説」『明治のことば』，東京堂出版，1977年11月，386-402頁
杉本つとむ「五　訳語の起源と検証」『日本語講座6　外国語と日本語』，桜楓社，1980年3月，131-135頁
塩沢和子「演説の語彙」『講座日本語の語彙⑥』，明治書院，1982年2月，149-174頁
末広美代子「演説」『講座日本語の語彙 ⑨』，明治書院，1983年1月，130-136頁
槌田満文「演説」『明治大正新語・流行語』，角川書店，1983年6月，67-70頁

樺島忠雄・飛田良文・米川明彦「演説」『明治大正新語俗語辞典』，東京堂出版，1984年5月，49-50頁
惣郷正明・飛田良文「演舌・演説」『明治のことば辞典』，東京堂出版，1986年12月，42-43頁
金田一春彦編「演説」『ことばの生い立ち』，講談社，1988年2月，144頁
荒俣宏「演説」『事物珍起源』，東洋文庫，1989年10月，26頁
杉本つとむ「〈演説〉と〈経済〉の検証」『語源の文化誌』，創拓社，1990年7月，124-134頁
湯本豪一「演説」『図説明治事物起源事典』，柏書房，1996年11月，54-55頁
小森陽一「日本語の発見」『日本語の近代』，岩波書店，2000年8月，32-40頁
木村一「漢字の履歴―演説」『月刊しにか』13―8，大修館書店，2002年7月，62頁
杉本つとむ「演説」『語源海』，東京書籍，2005年3月，126頁
佐藤亨「演説」『現代に生きる幕末・明治初期漢語辞典』，明治書院，2007年6月，56頁
洪淳愛「近代啓蒙期 演說의 미디어 體驗과 受容」(近代啓蒙期における演説メディアの体験と受容)『語文研究』135，韓国語文教育研究会，2007年9月，267-291頁

エンゼツカイ【演説会】 惣郷正明・飛田良文「演説会」『明治のことば辞典』，東京堂出版，1986年12月，43頁

エンソ【塩素】 竹本喜一・金岡喜久子「元素名のルーツを訪ねる」『化学語源ものがたり』，東京化学同人，1986年3月，11頁

エンソク【遠足】 惣郷正明・飛田良文「遠足」『明治のことば辞典』，東京堂出版，1986年12月，43-44頁
前田富祺監修「遠足」『日本語語源大辞典』，小学館，2005年4月，219頁

エンダイ【演題】 惣郷正明・飛田良文「演題」『明治のことば辞典』，東京堂出版，1986年12月，44頁

エンダカ【円高】 稲垣文男「流行語昭和史21 円高」『放送文化』33，日本放送協会，1978年5月，22-29頁

エンチョウ【園長】 佐藤亨「園長」『現代に生きる幕末・明治初期漢語辞典』，明治書院，2007年6月，58頁

エンピツ【鉛筆】 張志淵「鉛筆」『萬國事物紀原歴史』，皇城新聞社，1909年8月，46頁
石井研堂「鉛筆」『増補改訂　明治事物起源』下巻，春陽堂書店，1944年12月，1487-1488頁
石井研堂「鉛筆製造の始」『増補改訂　明治事物起源』下巻，春陽堂書店，1944年12月，924-926頁
久世善男「鉛筆」『言葉のなづけ親―翻訳に見る文明開化』，朝日ソノラマ，1975年11月，12-15頁
佐藤亨「『徳国学校論略』の語彙」『幕末・明治初期語彙の研究』，桜楓社，1986年2月，210-211頁
沈国威「特集；近・現代語の語源―「鉛筆」」『日本語学』12―6，明治書院，1993年6月，59-65頁
沈国威『近代日中語彙交流史―新漢語の生成と受容』，笠間書院，1994年3月，167-182頁
湯本豪一「鉛筆」『図説明治事物起源事典』，柏書房，1996年11月，148-149頁
朝倉治彦・安藤菊二・樋口秀雄・丸山信「鉛筆」『新装版　事物起源辞典衣食住編』，東京堂出版，2001年9月，41頁
馮天瑜『新語探源』，中華書局，2004年10月，365-366頁
杉本つとむ「近代訳語を検証する17　鉛筆／瓦斯灯」『国文学　解釈と鑑賞』70―1，至文堂，2005年1月，217-222頁
杉本つとむ「鉛筆」『語源海』，東京書籍，2005年3月，126-127頁
佐藤亨「鉛筆」『現代に生きる幕末・明治初期漢語辞典』，明治書院，2007年6月，60頁

エンビフク【燕尾服】 富田仁「燕尾服」『舶来事物起源事典』，名著普及会，1987年12月，46-47頁

前田富祺監修「燕尾服」『日本語語源大辞典』，小学館，2005年4月，220頁

エンポン【円本】 稲垣吉彦・吉沢典男監修「円本」『昭和ことば史60年』，講談社，1985年10月，16-17頁

エンユウカイ【園遊会】 槌田満文「園遊会」『明治大正新語・流行語』，角川書店，1983年6月，158-159頁

エンリョ【遠慮】 岩淵悦太郎「遠慮 勉強 馳走」『語源散策』，毎日新聞社，1974年10月，33-34頁

欒竹民「「遠慮」の通時態」『国文学攷』174，広島大学国語国文学会，2002年6月，1-15頁

李薇「現代日中同形異義語について―「遠慮」・「応酬」をめぐって」『上智大学国文学論集』36，上智大学国文学会，2003年1月，79-96頁

オ

オウ【王】 渡辺昇一「王・帝／天皇」『ことばコンセプト事典』，第一法規出版，1992年12月，102-117頁

オウイ【応為】 見坊豪紀「明治前期の用語「応為」「応有」について前」『国語学』44，国語学会，1961年3月，84-96頁

オウカ【謳歌】 佐藤喜代治「謳歌」『日本の漢語』，角川書店，1979年10月，258頁

欒竹民「「謳歌」の意味について」『鎌倉時代語研究』23，武蔵野書院，2000年10月，622-640頁

オウカクマク【横隔膜】 斎藤静「横隔膜」『日本語に及ぼしたオランダ語の影響』，篠崎書林，1967年8月，156-157頁

オウゴンジダイ【黄金時代】 樺島忠雄・飛田良文・米川明彦「黄金時代」『明治大正新語俗語辞典』，東京堂出版，1984年5月，51-52頁

オウシュウ【欧州】 佐藤亨「『大美聯邦志略』の語彙」『幕末・明治初期語彙の研究』，桜楓社，1986年2月，87-88頁

佐藤亨「欧州」『現代に生きる幕末・明治初期漢語辞典』，明治書院，2007年6月，61頁

オウダン【横断】 佐藤亨「横断」『現代に生きる幕末・明治初期漢語辞典』，明治書院，2007年6月，62-63頁

オウトウ【応答】 田島毓堂「挨拶，応答，問答」『講座日本語の語彙 ⑨』，明治書院，1983年1月，1-5頁

オウブン【横文】 惣郷正明・飛田良文「横文」『明治のことば辞典』，東京堂出版，1986年12月，45頁

オウボウ【横暴・押妨】 石井みち江「横暴，押妨」『講座日本語の語彙 ⑨』，明治書院，1983年1月，137-141頁

杦浦勝「「押」から「横」へと「妨」から「暴」へ―「横柄」「横領」「横暴」への用字変化」『国語文字史の研究』3，和泉書院，1996年6月，85-95頁

オウヨウ【応用】 鈴木修次「禅文化とまつわる漢語」『漢語と日本人』，みすず書房，1978年9月，65-66頁

オウリョウ【横領】 佐藤喜代治「横領」『日本の漢語』，角川書店，1979年10月，266頁

杦浦勝「「押」から「横」へと「妨」から「暴」へ―「横柄」「横領」「横暴」への用字変化」『国語文字史の研究』3，和泉書院，1996年6月，85-95頁

前田富祺監修「横領」『日本語語源大辞典』，小学館，2005年4月，227頁

オクジョウニオク【屋上屋】 久保忠夫「屋上に屋を架する」『三十五のことばに関する七つの章』，大修館書店，1992年4月，131-156頁

オクナイ【屋内】 佐藤亨「『地球説略』の語彙」『幕末・明治初期語彙の研究』，桜楓社，

1986年2月，123頁

オショク【汚職】 斎賀秀夫「当用漢字表と語彙」『講座日本語の語彙⑦』，明治書院，1982年11月，223-226頁

文化庁「「汚職」か「瀆職」か」『言葉に関する問答集』，大蔵省印刷局，1995年3月，284頁

オックウ【億劫】 野澤勝夫「漢字の履歴―億劫」『月刊しにか』13―8，大修館書店，2002年7月，63頁

オン【恩】 松下貞三「恩という語の受け入れ―語史から文体史をめざして」『漢語受容史の研究』，和泉書院，1987年10月，23-41頁

宮田正晴「恩」『ことばコンセプト事典』，第一法規出版，1992年12月，142-149頁

オンイン【音韻】 亀井孝「「音韻」の概念は日本語に有用なりや」『国文学攷』15，広島大学国語国文学会，1956年3月，1-11頁

オンガク【音楽】 惣郷正明・飛田良文「音楽」『明治のことば辞典』，東京堂出版，1986年12月，47-48頁

佐藤治夫「音楽」『ことばコンセプト事典』，第一法規出版，1992年12月，150-157頁

前田富祺監修「音楽」『日本語語源大辞典』，小学館，2005年4月，289頁

オンキュウ【恩給】 渡辺萬蔵「恩給」『現行法律語の史的研究』，萬理閣書房，1930年12月，179頁

惣郷正明・飛田良文「恩給」『明治のことば辞典』，東京堂出版，1986年12月，48-49頁

オンケツドウブツ【温血動物】 ロゲルニスト「温血動物と冷血動物」『言語』7―1，大修館書店，1978年1月，43頁

オンシツ【温室】 富田仁「温室」『舶来事物起源事典』，名著普及会，1987年12月，50-51頁

湯本豪一「温室」『図説明治事物起源事典』，柏書房，1996年11月，398-399頁

オンシン【音信】 惣郷正明・飛田良文「音信」『明治のことば辞典』，東京堂出版，1986年12月，49-50頁

オンセン【温泉】 槌田満文「温泉」『明治大正新語・流行語』，角川書店，1983年6月，48-50頁

紀田順一郎「温泉」『近代事物起源事典』，東京堂出版，1992年9月，31-32頁

加藤秀俊・熊倉功夫「温泉」『外国語になった日本語の事典』，岩波書店，1999年7月，25-29頁

高橋昌彦「『温泉考』―翻字と解題」『雅俗』9，雅俗の会，2002年1月，229-246頁

杉本つとむ「近代訳語を検証する 47 海水浴・蘇吧，清涼剤・酒石酸・舎利別・里没奈垤」『国文学解釈と鑑賞』72―7，至文堂，2007年7月，228-237頁

オンタイ【温帯】 荒川清秀「「熱帯」の期限は『職方外記』か」『近代日中学術用語の形成と伝播―地理学用語を中心に』，白帝社，1997年10月，32-76頁

宋敏「熱帯・温帯・冷帯'의 出現」(熱帯・温帯・冷帯の出現)『새국어생활』11―4，韓国国立国語研究院，2001年冬，89-94頁

沈国威「訳語は如何に継承されたのか：「熱帯，温帯，寒帯」再考」『関西大学東西学術研究所紀要』35，関西大学東西学術研究所，2002年3月，39-53頁

佐藤亨「温帯」『現代に生きる幕末・明治初期漢語辞典』，明治書院，2007年6月，65頁

荒川清秀「日中学术用语的创制和传播―以地理学用语为主」(日中学術用語の創出と伝播―地理学用語を中心に)『语义的文化变迁』，武汉大学出版社，2007年10月，91-94頁

オンチ【音癡】 山田俊雄「オンチと音癡」『詞苑間歩』上，三省堂，1999年9月，46-49頁

オンド【温度】 佐藤亨「『西洋事情』の語彙」『幕末・明治初期語彙の研究』，桜楓社，1986年2月，423-424頁

佐藤亨「温度」『現代に生きる幕末・明治初期漢語辞典』，明治書院，2007年6月，66頁

オンドケイ【温度計】 富田仁「温度計」『舶来事物起源事典』，名著普及会，1987年12月，149頁

梶原滉太郎「「温度計」の語史」『研究報告集』14，国立国語研究所，1993年3月，81-137頁

オンヤク【音訳】 沈国威「蘭学の訳語と新漢語の創出」『19世紀中国語の諸相』，雄松堂出版，2007年3月，236頁

オンワ【温和】 文化庁「「温和」と「穏和」の使い分け」『言葉に関する問答集』，大蔵省印刷局，1995年3月，112-113頁

カ

カ【家】 阪倉篤義・浅見徹『家』〈一語の辞典〉，三省堂，1996年3月

～カ【～家】 杉村博文「特集・接辞　～書，～家」『日本語学』5—3，明治書院，1986年3月，92-96頁

沈国威『近代日中語彙交流史—新漢語の生成と受容』，笠間書院，1994年3月，67頁

朱京偉『近代日中新語の創出と交流—人文科学と自然科学の専門語を中心に』，白帝社，2003年10月，93頁

～カ【～化】 水野義道「接尾的要素「～性」「～化」の日中対照研究」『待兼山論叢 日本学』19，大阪大学大学院文学研究科，1985年3月，3-19頁

田窪行則「特集・接辞—化」『日本語学』5—3，明治書院，1986年3月，81-84頁

加納千恵子「漢字の接辞的用法に関する一考察２—「化」の品詞転換機能について」『文芸言語研究言語編』18，筑波大学文芸・言語学系，1990年3月，69-78頁

沈国威『近代日中語彙交流史—新漢語の生成と受容』，笠間書院，1994年3月，61頁

山下喜代「字音接尾辞「化」について」『紀要』44，青山学院大学文学部，2002年3月，119-132頁

朱京偉『近代日中新語の創出と交流—人文科学と自然科学の専門語を中心に』，白帝社，2003年10月，73頁

陳生保「～化」『中国と日本—言葉・文学・文化』，麗沢大学出版会，2005年5月，22頁

カイ【快】 陳力衛「近代における二字漢語の語構成の一問題—その出典例とのかかわりをめぐって」『文教大学国文』23，文教大学国文学会，1994年3月，42-50頁

～カイ【～界】 沈国威『近代日中語彙交流史—新漢語の生成と受容』，笠間書院，1994年3月，61頁

朱京偉『近代日中新語の創出と交流—人文科学と自然科学の専門語を中心に』，白帝社，2003年10月，75頁

陳生保「～界」『中国と日本—言葉・文学・文化』，麗沢大学出版会，2005年5月，23頁

カイアク【改悪】 惣郷正明・飛田良文「改悪」『明治のことば辞典』，東京堂出版，1986年12月，50頁

カイイン【会員】 高野繁男「『哲学字彙』の訳語」『近代漢語の研究—日本語の造語法・訳語法』，明治書院，2004年11月，58頁

Federico Masini「会員」*The Formation of Modern Chinese Lexicon and its Evolution toward a National Language*（李廷宰訳），소명出版，2005年11月，162頁

ガイエン【外延】 惣郷正明・飛田良文「外延」『明治のことば辞典』，東京堂出版，1986年12月，51頁

高野繁男「『哲学字彙』の訳語」『近代漢語の研究—日本語の造語法・訳語法』，明治書院，2004年11月，68頁

カイカ【開化】 石井研堂「開化と旧弊」『増補改訂　明治事物起源』上巻，春陽堂書店，1944年11月，14頁

惣郷正明・飛田良文「開化」『明治のことば辞典』，東京堂出版，1986年12月，51-52頁

張興權『조선어，한어，일본어 현대어휘와 그 변이에 대한 대비연구』（現代朝鮮語・中

国語・日本語の語彙とその変化についての比較研究)，民族出版社(北京)，1999年8月，502頁
前田富祺監修「開化」『日本語語源大辞典』，小学館，2005年4月，295頁
金栄作「朝鮮朝末期の西欧受容と伝播様相に関する実証研究」『日韓共同研究叢書16「文明」「開化」「平和」』，慶応義塾大学出版会，2006年3月，61-66頁
佐藤亨「開化」『現代に生きる幕末・明治初期漢語辞典』，明治書院，2007年6月，68頁
김윤희「갑신정변 전후 개화 개념의 내포와 표상」(「甲申政変」前後における「開化」概念の内包と表象)，『概念과 疎通』2，翰林大翰林科學院，2008年12月，75-112頁
カイカキ【開化期】 趙東一「開化期 文學의 개념과 特性」(開化期文学の概念とその特性)『국어국문학』68・70，国語国文学会(韓国)，1975年9月，314-317頁
カイカイキョウ【回回教】 春山行夫「近代用語の系統　6」『言語生活』185，筑摩書房，1967年2月，64-69頁
ガイカツ【概括】 高野繁男「『哲学字彙』の訳語」『近代漢語の研究―日本語の造語法・訳語法』，明治書院，2004年11月，58頁
カイカン【会館】 佐藤亨「『経済小学』の訳語」『幕末・明治初期語彙の研究』，桜楓社，1986年2月，326-327頁
カイカン【海関】 佐藤亨「海関」『現代に生きる幕末・明治初期漢語辞典』，明治書院，2007年6月，70頁
カイギ【会議】 惣郷正明・飛田良文「会議」『明治のことば辞典』，東京堂出版，1986年12月，53-54頁
前田富祺監修「会議」『日本語語源大辞典』，小学館，2005年4月，297頁
カイギ【懐疑】 橋浦兵一「明治のことば―「懐疑」をめぐって」『言語生活』194，筑摩書房，1967年11月，54-59頁
橋浦兵一「「懐疑」と「疑惑」」『作家の育てたことば　近代文学の表題語』，南雲堂，1985年5月，234-245頁
カイギロン【懐疑論】 樺島忠雄・飛田良文・米川明彦「懐疑論」『明治大正新語俗語辞典』，東京堂出版，1984年5月，62頁
カイキセン【回帰線】 斎藤静「回帰線」『日本語に及ぼしたオランダ語の影響』，篠崎書林，1967年8月，122-123頁
荒川清秀「地理学用語「回帰線」の起源をめぐって―和製漢語検証のための一試論」『国語学』155，国語学会，1988年12月，45-57頁
荒川清秀「ことばの伝播と継承上―地理学用語「回帰線」を例に」『日本語学』8―3，明治書院，1989年3月，90-104頁
荒川清秀「中国にわたった「回帰線」」『日本語学』9―2，明治書院，1990年2月，46-62頁
荒川清秀「和製漢語の誕生；「回帰線」を例に」『近代日中学術用語の形成と伝播―地理学用語を中心に』，白帝社，1997年1月，77-153頁
荒川清秀「日中学术用语的创制和传播―以地理学用语为主」(日中学術用語の創出と伝播―地理学用語を中心に)『语义的文化变迁』，武汉大学出版社，2007年1月，96-97頁
カイキュウ【階級】 黄性模「階級과 階層의 概念에 대하여」(階級と階層の概念について)『東亜文化』2，서울大学校東亜文化研究所，1964年1月，201-210頁
樺島忠雄・飛田良文・米川明彦「階級」『明治大正新語俗語辞典』，東京堂出版，1984年5月，61-62頁
小野昌「階級」『ことばコンセプト事典』，第一法規出版，1992年12月，158-169頁
朱京偉「明治期における社会主義用語の形成」『19世紀中国語の諸相』，雄松堂出版，2007年3月，201頁
昌切帅彦「论“阶级”的变异及其情感配制―以《青春之歌》为例」(「階級」の意味変化について―《青春之歌》の用例を中心に)『语义的文

化変迁』，武汉大学出版社，2007年10月，462-477頁

～カイキュウ【～階級】 沈国威『近代日中語彙交流史—新漢語の生成と受容』，笠間書院，1994年3月，135頁

陳生保「～階級」『中国と日本—言葉・文学・文化』，麗沢大学出版会，2005年5月，24頁

カイキョ【快挙】 山田忠雄「快挙」『私の語誌』1，三省堂，1996年10月，14-55頁

カイキョウ【回教】 高野繁男「『明六雑誌』の語彙」『近代漢語の研究—日本語の造語法・訳語法』，明治書院，2004年11月，182頁

カイキョウ【海峡】 佐藤亨『近世語彙の研究』，桜楓社，1983年6月，89頁

カイキン【解禁】 樺島忠雄・飛田良文・米川明彦「解禁」『明治大正新語俗語辞典』，東京堂出版，1984年5月，62頁

カイグン【海軍】 Federico Masini「海軍」*The Formation of Modern Chinese Lexicon and its Evolution toward a National Language*(李廷宰訳)，소명出版，2005年11月，166頁

カイケイ【会計】 鹿野清次郎「〈雑録〉Accounting. ノ譯語ヲ論ズ」『經濟學商業學國民經濟雜誌』21—1,神戸大学,1916年7月,85-90頁

中村茂男「Accountingノ譯語ニ就イテ鹿野教授ノ垂教ヲ請フ」『經濟學商業學國民經濟雜誌』21—2,神戸大学,1916年8月,291-308頁

鹿野清次郎「Accountingノ譯語ニ就テ中村講師ニ答フ」『經濟學商業學國民經濟雜誌』21—3,神戸大学,1916年9月,677-693頁

渡辺萬蔵「会計」『現行法律語の史的研究』，萬理閣書房，1930年12月，73頁

湯沢幸吉郎「異論のある単語」『国語論考』，八雲書林，1940年2月，235-237頁

津谷原弘「中国における「会計」の生成とその語源」『産業経理』48—4，産業経理協会，1989年1月，37-48頁

Federico Masini「会計」*The Formation of Modern Chinese Lexicon and its Evolution toward a National Language*(李廷宰訳)，소명出版，2005年11月，162頁

佐藤亨「会計」『現代に生きる幕末・明治初期漢語辞典』，明治書院，2007年6月，73頁

カイケツ【解決】 惣郷正明・飛田良文「解決」『明治のことば辞典』，東京堂出版，1986年12月，54頁

カイケツビョウ【壊血病】 斎藤静「壊血病」『日本語に及ぼしたオランダ語の影響』，篠崎書林，1967年8月，240-241頁

カイゲン【戒厳】 渡辺萬蔵「戒厳」『現行法律語の史的研究』，萬理閣書房，1930年12月，55頁

カイゲンレイ【戒厳令】 石井研堂「戒厳令」『増補改訂　明治事物起源』下巻，春陽堂書店，1944年12月，1082頁

樺島忠雄・飛田良文・米川明彦「戒厳令」『明治大正新語俗語辞典』，東京堂出版，1984年5月，62-63頁

沈国威『近代日中語彙交流史—新漢語の生成と受容』，笠間書院，1994年3月，278-279頁

湯本豪一「戒厳令」『図説明治事物起源事典』，柏書房，1996年11月，70-71頁

佐藤亨「戒厳令」『現代に生きる幕末・明治初期漢語辞典』，明治書院，2007年6月，74頁

カイコ【解雇】 朱京偉「明治期における社会主義用語の形成」『19世紀中国語の諸相』，雄松堂出版，2007年3月，205頁

カイコウ【開港】 高野繁男「『明六雑誌』の和製漢語」『『明六雑誌』とその周辺』(神奈川大学人文学研究所編)，お茶の水書房，2004年3月，195頁

高野繁男「『明六雑誌』の語彙」『近代漢語の研究—日本語の造語法・訳語法』，明治書院，2004年11月，185頁

佐藤亨「開港」『現代に生きる幕末・明治初期漢語辞典』，明治書院，2007年6月，75頁

ガイコウ【外交】 佐藤亨「『万国公法』の語彙」『幕末・明治初期語彙の研究』，桜楓社，1986年2月，179-180頁

佐藤亨「外交」『現代に生きる幕末・明治初期漢語辞典』，明治書院，2007年6月，75-76頁

カイコク【開国】 惣郷正明・飛田良文「開国」『明治のことば辞典』，東京堂出版，1986年12月，54-55頁

ガイコク【外国】 鈴木英夫「仮名垣魯文の語彙」『講座日本語の語彙 ⑥』，明治書院，1982年2月，85頁

ガイコクジン【外国人】 鈴木英夫「仮名垣魯文の語彙」『講座日本語の語彙 ⑥』，明治書院，1982年2月，85頁

カイサイ【海菜】 神道宗紀「「海藻」「海菜」考」『皇学館論叢』19―1，皇学館大学人文学会，1986年8月，16-29頁

ガイサイ【外債】 石井研堂「外債の始」『増補改訂　明治事物起源』下巻，春陽堂書店，1944年12月，852-853頁

樺島忠雄・飛田良文・米川明彦「外資」『明治大正新語俗語辞典』，東京堂出版，1984年5月，63頁

高野繁男「『明六雑誌』の語彙」『近代漢語の研究―日本語の造語法・訳語法』，明治書院，2004年11月，181頁

カイシャ【会社】 渡辺萬蔵「会社」『現行法律語の史的研究』，萬理閣書房，1930年12月，181頁

石井研堂「会社の語原」『増補改訂　明治事物起源』下巻，春陽堂書店，1944年12月，853-854頁

佐藤喜代治「漢語の源流―『万法精理』の訳語について(三)」『国語語彙史の歴史的研究』，明治書院，1971年11月，361頁

久世善男「会社」『言葉のなづけ親―翻訳に見る文明開化』，朝日ソノラマ，1975年11月，16-19頁

斎藤毅「第7章　会社―「催合」商売」『明治のことば』，講談社，1977年11月，250-272頁

一海知義「社会と会社」『漢語の知識』，岩波書店，1981年7月，145-150頁

佐藤亨『近世語彙の研究』，桜楓社，1983年6月，258頁

佐藤亨「『泰西国法論』の訳語」『幕末・明治初期語彙の研究』，桜楓社，1986年2月，382-383頁

惣郷正明・飛田良文「会社」『明治のことば辞典』，東京堂出版，1986年12月，55-56頁

沈国威『近代日中語彙交流史―新漢語の生成と受容』，笠間書院，1994年3月，113頁

馬場宏二「「会社」の探究」『Research papers』31，大東文化大学，1999年12月，1-32頁

馬場宏二「会社の由来」『学士会会報』830，学士会，2001年1月，82-87頁

馬場宏二「会社という言葉について」『経営論集』15，大東文化大学経営研究所，2003年2月，15-24頁

前田富祺監修「会社」『日本語語源大辞典』，小学館，2005年4月，299頁

馬場宏二「ロバートソンの署名：補説『会社という言葉』(2)」『経営論集』10，大東文化大学，2005年9月，87-97頁

佐藤亨「会社」『現代に生きる幕末・明治初期漢語辞典』，明治書院，2007年6月，79頁

カイシュウ【回収】 佐藤亨「『経済小学』の訳語」『幕末・明治初期語彙の研究』，桜楓社，1986年2月，346頁

カイシン【回心】 徳田幸雄「訳語「回心」のルーツと展開」『東北宗教学』3，東北大学大学院文学研究科宗教学研究室，2007年3月，1-15頁

カイシン【改進】 惣郷正明・飛田良文「改進」『明治のことば辞典』，東京堂出版，1986年12月，57頁

ガイジン【外人】 佐藤亨「外人」『現代に生きる幕末・明治初期漢語辞典』，明治書院，2007年6月，81頁

カイスイヨク【海水浴】 湯本豪一「海水

浴」『図説明治事物起源事典』，柏書房，1996年11月，218-219頁

杉本つとむ「近代訳語を検証する 47　海水浴・蘇吧・清涼剤・酒石酸・舎利別・里没奈垤」『国文学解釈と鑑賞』72—7，至文堂，2007年7月，228-237頁

カイスイヨクジョウ【海水浴場】 石井研堂「海水浴場の始」『明治文化』15—7，1942年7月

石井研堂「海水浴場の始」『増補改訂　明治事物起源』下巻，春陽堂書店，1944年11月，1145-1146頁

カイスウケン【回数券】 樺島忠雄・飛田良文・米川明彦「回数券」『明治大正新語俗語辞典』，東京堂出版，1984年5月，63-64頁

カイセキ【解析】 杉浦光夫「解析ということば」『UP』15—7，東京大学出版会，1986年7月，17-18頁

カイセツ【開設】 佐藤亨「『地球説略』の語彙」『幕末・明治初期語彙の研究』，桜楓社，1986年2月，108-109頁

カイセツ【解説】 佐藤亨「『万国公法』の語彙」『幕末・明治初期語彙の研究』，桜楓社，1986年2月，166-167頁

ガイゼン【蓋然】 高野繁男「『哲学字彙』の訳語」『近代漢語の研究—日本語の造語法・訳語法』，明治書院，2004年11月，68頁

ガイゼンセイ【蓋然性】 惣郷正明・飛田良文「蓋然性」『明治のことば辞典』，東京堂出版，1986年12月，58頁

前田富祺監修「近代語の語源」『日本語学』12—6，明治書院，1993年6月，4-10頁

高野繁男「『百科全書』の訳語」『近代漢語の研究—日本語の造語法・訳語法』，明治書院，2004年11月，146頁

カイソウ【海藻】 神道宗紀「「海藻」「海菜」考」『皇学館論叢』19—4，皇學館大學人文学会，1986年8月，16-29頁

カイソウ【階層】 黄性模「階級과 階層의 概念에 대하여」（階級及び階層の概念について）『東亜文化』2，서울大学校東亜文化研究所，1964年10月，201-210頁

カイゾウ【改造】 槌田満文「改造」『明治大正新語・流行語』，角川書店，1983年6月，242-244頁

カイゾク【海賊】 別役実「犯罪のことば19」『三省堂ぶっくれっと』23，三省堂，1979年11月，20-25頁

カイタイ【解体】 惣郷正明・飛田良文「解体」『明治のことば辞典』，東京堂出版，1986年12月，58頁

カイダン【怪談】 進藤咲子「三遊亭円朝の語彙」『講座日本語の語彙 ⑥』，明治書院，1982年2月，131頁

カイダン【階段】 前田富祺監修「階段」『日本語語源大辞典』，小学館，2005年4月，301頁

ガイチ【外地】 大泉志郎・大塚栄寿・永沢道雄「外地」『現代死語事典』，朝日ソノラマ，1993年11月，57-58頁

カイテイ【改定】 文化庁「「改定」か「改訂」か」『言葉に関する問答集』，大蔵省印刷局，1995年3月，7-8頁

カイテイ【改訂】 惣郷正明・飛田良文「改訂」『明治のことば辞典』，東京堂出版，1986年12月，59頁

ガイデン【外電】 樺島忠雄・飛田良文・米川明彦「外電」『明治大正新語俗語辞典』，東京堂出版，1984年5月，64頁

カイトウ【解答】 佐藤亨『近世語彙の研究』，桜楓社，1983年6月，148頁

カイドウ【海道・街道】 佐藤喜代治「海道・街道」『日本の漢語』，角川書店，1979年10月，273-277頁

ガイトウ【街頭】 松尾良樹「平安朝漢文学と唐代口語」『国文学解釈と鑑賞』55—10，至文堂，1990年10月，26-44頁

ガイネン【概念】 片野達郎「観念，概念」『講座日本語の語彙 ⑨』，明治書院，1983

年1月，271-276頁
惣郷正明・飛田良文「概念」『明治のことば辞典』，東京堂出版，1986年12月，59-60頁
沈国威『近代日中語彙交流史―新漢語の生成と受容』，笠間書院，1994年3月，33頁
백종현「概念」『철학과 현실』24，철학과 현실사，1995年3月，298-304頁
高野繁男「『哲学字彙』の訳語」『近代漢語の研究―日本語の造語法・訳語法』，明治書院，2004年11月，72頁
佐藤亨「概念」『現代に生きる幕末・明治初期漢語辞典』，明治書院，2007年6月，88頁

カイハツ【開発】 惣郷正明・飛田良文「開発」『明治のことば辞典』，東京堂出版，1986年12月，60-61頁

カイフク【回復】 文化庁「「回復」か「快復」か」『言葉に関する問答集』，大蔵省印刷局，1995年3月，3頁

カイボウ【解剖】 石井研堂「解剖の始」『増補改訂　明治事物起源』下巻，春陽堂書店，1944年12月，1143-1145頁
佐藤亨「「重訂解体新書」の訳語」『近世語彙の歴史的研究』，桜楓社，1980年10月，307頁
沈国威『近代日中語彙交流史―新漢語の生成と受容』，笠間書院，1994年3月，114頁
前田富祺監修「解剖」『日本語語源大辞典』，小学館，2005年4月，303頁

カイボウガク【解剖学】 菅原国香外「シンポジウム；西洋近代科学諸概念・説の受容に際しての日本の対応・理解度をめぐって」『科学史研究』第239号，日本科学史学会，2006年秋，173-188頁

カイボウシツ【解剖室】 Federico Masini「解剖室」*The Formation of Modern Chinese Lexicon and its Evolution toward a National Language*(李廷宰訳)，소명出版，2005年11月，162頁

カイメイ【開明】 惣郷正明・飛田良文「開明」『明治のことば辞典』，東京堂出版，1986年12月，61-62頁

カイメン【海面】 佐藤亨『近世語彙の研究』，桜楓社，1983年6月，167頁

カイメン【海綿】 斎藤静「海綿」『日本語に及ぼしたオランダ語の影響』，篠崎書林，1967年8月，215-216頁
杉本つとむ「海綿」『語源海』，東京書籍，2005年3月，182頁
杉本つとむ「近代訳語を検証する 44　海綿，スポンス・蛮度・靭帯・軟骨／腱」『国文学解釈と鑑賞』72―4，至文堂，2007年4月，254-258頁

ガイユウ【外遊】 塩田丸男「外遊」『死語読本』，白水社，1994年7月，73-75頁
佐藤亨「外遊」『現代に生きる幕末・明治初期漢語辞典』，明治書院，2007年6月，90-91頁

ガイユウ【外憂】 惣郷正明・飛田良文「外憂」『明治のことば辞典』，東京堂出版，1986年12月，62頁

カイライ【傀儡】 樺島忠雄・飛田良文・米川明彦「傀儡」『明治大正新語俗語辞典』，東京堂出版，1984年5月，64-65頁

カイラクシュギ【快楽主義】 樺島忠雄・飛田良文・米川明彦「快楽主義」『明治大正新語俗語辞典』，東京堂出版，1984年5月，65頁

カイリ【海里】 「〈海里〉と〈かいり〉」『放送文化』32―8，日本放送協会，1977年8月，7頁

カイリュウ【海流】 荒川清秀「「海流」語源考 上」『日本語学』11―6，明治書院，1992年6月，94-109頁
荒川清秀「「海流」語源考 下」『日本語学』11―7，9，明治書院，1992年7月，86-101頁
荒川清秀「日中でユレのある地理学用語―「海流」語源考」『近代日中学術用語の形成と伝播―地理学用語を中心に』，白帝社，1997年1月，155-190頁
荒川清秀「『六合叢談』の地理学用語」『『六合叢談』の学際的研究』，白帝社，1999年11月，

49-71頁

荒川清秀「日中学术用语的创制和传播—以地理学用语为主」(日中学術用語の創生と伝播—地理学用語を中心に)『语义的文化变迁』，武汉大学出版社，2007年1月，95-96頁

カイリョウ【改良】 槌田満文「改良」『明治大正新語・流行語』，角川書店，1983年6月，87-88頁

ガイロジュ【街路樹】 樺島忠雄・飛田良文・米川明彦「街路樹」『明治大正新語俗語辞典』，東京堂出版，1984年5月，65-66頁

カイワ【会話】 惣郷正明・飛田良文「会話」『明治のことば辞典』，東京堂出版，1986年12月，62頁

佐藤亨「会話」『現代に生きる幕末・明治初期漢語辞典』，明治書院，2007年6月，92頁

カイン【下院】 佐藤亨「『徳国学校論略』の語彙」『幕末・明治初期語彙の研究』，桜楓社，1986年2月，216-217頁

カカク【価格】 田本健一「価格」『ことばコンセプト事典』，第一法規出版，1992年12月，170-177頁

佐藤亨「価格」『現代に生きる幕末・明治初期漢語辞典』，明治書院，2007年6月，92頁

カガク【化学】 石井研堂「化学の名称の始」『増補改訂　明治事物起源』上巻，春陽堂書店，1944年11月，473-474頁

漆原義之「学術用語は各部門で実際にどう決ったか〔化学〕」『国文学解釈と鑑賞』20—2，至文堂，1955年2月，28-29頁

春山行夫「近代用語の系統　1」『言語生活』180，筑摩書房，1966年8月，74-79頁

杉本つとむ「近代語の形成—訳語をとおしてみた」『国語と国文学』1967年4月特集号，東京大学国語国文学会，1967年4月，11-22頁

広田栄太郎「訳語あれこれ」『近代訳語考』，東京堂出版，1969年8月，305-326頁

田中実「日中学術用語交流史の1の問題」『科学史研究』第97号，日本科学史学会，1970年春

樺島忠雄・飛田良文・米川明彦「化学」『明治大正新語俗語辞典』，東京堂出版，1984年5月，66頁

佐藤亨「『徳国学校論略』の語彙」『幕末・明治初期語彙の研究』，桜楓社，1986年2月，223-224頁

佐藤亨「『西学考略』の語彙」『幕末・明治初期語彙の研究』，桜楓社，1986年2月，235-236頁

竹本喜一・金岡喜久子「化学のことばいろいろ」『化学語源ものがたり』，東京化学同人，1986年3月，132頁

惣郷正明・飛田良文「化学」『明治のことば辞典』，東京堂出版，1986年12月，63-67頁

惣郷正明「辞書をめぐる人びと15完　化学辞書と化学の創始」『三省堂ぶっくれっと』68，三省堂，1987年5月，4-244頁

藤原鎮男・岡本有子「舎密開宗における現代化学用語」『神奈川大学知識情報研究所年報89年』，神奈川大学知識情報研究所，1990年3月，333-337頁

沈国威「訳語ターム「化学」の誕生」『関西大学中国文学会紀要』20，関西大学中国文学会，1990年3月，1-34頁

杉本つとむ「〈舎密〉と〈化学〉の素姓」『語源の文化誌』，創拓社，1990年4月，235-247頁

沈国威「漢語を育てた近代日本語—西学東漸と新漢語」『国文学』41—11，関西大学国文学会，1996年9月，80-86頁

荒川清秀「日本漢語の中国語への流入」『日本語学』17—5，明治書院，1998年5月，39-46頁

沈国威「訳語「化学」の誕生」『関西大学中国文学会紀要』20，関西大学中国文学会，1999年3月，1-35頁

沈国威「訳語「化学」の誕生；『六合叢談』に見える近代日中語彙交流』」『『六合叢談』の学際的研究』，白帝社，1999年11月，95-116頁

高野繁男「『百科全書』の訳語「化学」「天文学」

「物理学」」『神奈川大学言語研究』24，神奈川大学，2002年3月，33-54頁
高野繁男「『百科全書』の訳語「化学」「天文学」「物理学」による2」『神奈川大学言語研究』24，神奈川大学言語研究センター，2003年3月，33-54頁
杉本つとむ「近代訳語を検証する6　化学・消化」『国文学　解釈と鑑賞』69—2，至文堂，2004年2月，187-191頁
Federico Masini「化学」*The Formation of Modern Chinese Lexicon and its Evolution toward a National Language*(李廷宰訳)，소명出版，2005年11月，94頁
内田慶市「中国における「写真」—併せて「化学」という言葉について」『或問』11，近代東西言語文化接触研究会，2006年6月，163-168頁
佐藤亨「化学」『現代に生きる幕末・明治初期漢語辞典』，明治書院，2007年6月，93頁
沈国威「近代日中語彙交流史概説」『漢字文化圏近代言語文化交流研究』(国際シンポジウム予稿集，天津外国語大学)，漢字文化圏近代言語文化交流研究会，2009年3月，72-73頁

カガク【科学】　鎮目恭夫「科学・技術・芸術ということば」『言語生活』130，筑摩書房，1962年7月，70-72頁
鈴木修次「「科学」と「真理」」『日本漢語と中国—漢字文化圏の近代化』，中央公論社，1981年9月，61-94頁
高野繁男「科学」『講座日本語の語彙 ⑨』，明治書院，1983年1月，174-178頁
樺島忠雄・飛田良文・米川明彦「科学」『明治大正新語俗語辞典』，東京堂出版，1984年5月，66-67頁
惣郷正明・飛田良文「科学」『明治のことば辞典』，東京堂出版，1986年12月，62-63頁
宮脇正孝「科学」『ことばコンセプト事典』，第一法規出版，1992年12月，178-187頁
沈国威『近代日中語彙交流史—新漢語の生成と受容』，笠間書院，1994年3月，19頁
佐々木力「「科学」とはなんだろうか」『科学論入門』，岩波書店，1996年8月，2-9頁
周程「福沢諭吉の科学概念—窮理学・物理学・数理学を中心にして」『科学史研究』211，日本科学史学会，1999年秋，154-164頁
陳力衛「中国への逆輸入」『和製漢語の形成と展開』，汲古書院，2001年2月，281頁
飛田良文「科学」『明治生まれの日本語』，淡交社，2002年5月，202-210頁
高野繁男「『明六雑誌』の和製漢語」『『明六雑誌』とその周辺』神奈川大学人文学研究所編，お茶の水書房，2004年3月，182頁
冯天瑜「近代汉字术语创制的两种类型—以“科学”，”哲学”为例」(近代新漢語の創出における二つの類型—「科学」と「哲学」を例にして)『术语标准化与信息技术』2004年4期，中国标准化研究院，2004年4月，15-21頁
馮天瑜『新語探源』，中華書局，2004年10月，373-379頁
高野繁男「『哲学字彙』の訳語」『近代漢語の研究—日本語の造語法・訳語法』，明治書院，2004年11月，58頁
杉本つとむ「近代訳語を検証する26　近代訳語を検証する26　科学・体系／コモン・センス・良識」『国文学　解釈と鑑賞』70—10，至文堂，2005年10月，225-233頁
Federico Masini「科学」*The Formation of Modern Chinese Lexicon and its Evolution toward a National Language*(李廷宰訳)，소명出版，2005年11月，253頁
佐藤亨「科学」『現代に生きる幕末・明治初期漢語辞典』，明治書院，2007年6月，94頁
冯天瑜「“科学”：概念的古今转换与中外对接」(中国語における「科学」という概念の史的変遷及び外国語との対応)『语义的文化变迁』，武汉大学出版社，2007年10月，523-532頁
冯天瑜「“科学”：概念的古今转换与中外对接」(「科学」概念の古今の変遷及び外来概念と

の接点)『中国地质大学学报』(社会科学版)7—6, 中国地质大学, 2007年11月, 1-5頁
冯天瑜“科学”名词探源」(「科学」の語源について)『中国科技术语』2008年3期, 杂志社, 2008年3月, 78-80頁
八耳俊文「科学用語と日中語彙交流」,『漢字文化圏近代言語文化交流研究』(国際シンポジウム予稿集,天津外国語大学),漢字文化圏近代言語文化交流研究会,2009年3月,27-41頁
沈国威「厳復与“科学”」『東アジア文化交渉研究 別冊』4, 関西大学, 2009年3月, 143-162頁
カガクギジュツ【科学技術】 平野千博「「科学技術」の語源と語感」『情報管理』42—5, 日本科学技術情報センター, 1999年8月, 371-379頁
カキ【火器】 佐藤亨『近世語彙の研究』, 桜楓社, 1983年6月, 116頁
カキ【夏期】 文化庁「「夏期」と「夏季」の使い分け」『言葉に関する問答集』, 大蔵省印刷局, 1995年3月, 17-18頁
カキョウ【華僑】 中村哲夫「「華僑」という語の定義とその起源〈特集I〉神戸と外国人」『人間文化』18, 神戸学院大学人文学会, 2004年3月, 13-22頁
カギョウ【課業】 佐藤亨「『玉石志林』の語彙(二)」『幕末・明治初期語彙の研究』, 桜楓社, 1986年2月, 288-289頁
カク【格】 斎藤静「格」『日本語に及ぼしたオランダ語の影響』, 篠崎書林, 1967年8月, 162頁
カク【確】 松井利彦「近代漢字と近代漢語」『国語語彙史の研究』12, 和泉書院, 1992年7月, 133-154頁
〜ガク【〜学】 佐藤英二「東京数学会社訳語会における「算数学」と「算術」をめぐる論争」『東京大学大学院教育学研究科紀要』35, 東京大学大学院教育学研究科, 1995年3月, 295-303頁
朱京偉『近代日中新語の創出と交流—人文科学と自然科学の専門語を中心に』, 白帝社, 2003年10月, 65頁
ガクイ【学位】 佐藤亨「学位」『現代に生きる幕末・明治初期漢語辞典』, 明治書院, 2007年6月, 95頁
ガクイン【学院】 佐藤亨「『大美聯邦志略』の語彙」『幕末・明治初期語彙の研究』, 桜楓社, 1986年2月, 76-77頁
佐藤亨「『西学考略』の語彙」『幕末・明治初期語彙の研究』, 桜楓社, 1986年2月, 246-247頁
カクウ【架空】 樺島忠雄・飛田良文・米川明彦「架空」『明治大正新語俗語辞典』, 東京堂出版, 1984年5月, 67-68頁
ガクケイ【学兄】 松尾聡「学兄」『日本語遊覧』, 笠間書院, 2000年1月, 67-71頁
ガクゲイ【学芸】 下谷和幸「芸術」『ことばコンセプト事典』, 第一法規出版, 1992年12月, 412-423頁
ガクゲイカイ【学芸会】 白戸修養「学芸会について」『教育新潮』5—12, 教育新潮社, 1954年12月, 32-33頁
カクゴ【覚悟】 佐藤喜代治「覚悟」『日本の漢語』, 角川書店, 1979年10月, 286頁
欒竹民「「覚悟」の意味用法の通時態」,『広島国際研究』8, 広島市立大学国際学部, 2002年7月, 129-140頁
カクサ【格差】 文化庁「「格差」と「較差」の使い分け」『言葉に関する問答集』, 大蔵省印刷局, 1995年3月, 114-115頁
ガクサイ【学際】 砂野光生「国語辞書に入った語, 入らぬ語—〈学際的〉を中心にことばの盛衰を伺う」『国文学解釈と鑑賞』45—8, 至文堂, 1980年8月, 188-191頁
安藤昭一「学際・国際・人際」『英語教育』29—8, 大修館書店, 1980年10月, 3頁
ガクシ【学士】 樺島忠雄・飛田良文・米川明彦「学士」『明治大正新語俗語辞典』, 東京堂出版, 1984年5月, 68頁
惣郷正明・飛田良文「学士」『明治のことば辞

典』，東京堂出版，1986年12月，64-65頁
ガクジュツ【学術】 張厚泉「「学術」という近代漢語の成立と意義―西周の『百学連環』を中心に」『言語と交流』11，言語と交流研究会，2008年3月，72-86頁
黄兴涛「论戊戌维新时期中国学术现代转型的整体萌发―兼谈清末民初学术转型的内涵和动力问题」(中国の戊戌変法期にみえる近代学術への転換の始まり―清末民初の学術転換期の内容と原動力を中心に)论戊戌维新时期中国学术现代转型的整体萌发―兼谈清末民初学术转型的内涵和动力问题，『清史研究』，2005年第04期，36-50頁
カクショウ【確証】 佐藤亨「『玉石志林』の語彙二」『幕末・明治初期語彙の研究』，桜楓社，1986年2月，296-297頁
ガクショウ【学匠】 佐藤喜代治「「学生」「学匠」並びに「書生」」『国語語彙史の歴史的研究』，明治書院，1971年11月，186-202頁
佐藤喜代治「学匠」『日本の漢語』，角川書店，1979年10月，150-155頁
カクシン【革新】 柳父章「革新思想の「革新」とは何か」『翻訳文化を考える』，法政大学出版部，1978年7月，47-63頁
惣郷正明・飛田良文「革新」『明治のことば辞典』，東京堂出版，1986年12月，65頁
塩田丸男「革新」『死語読本』，白水社，1994年7月，76-77頁
佐藤亨「革新」『現代に生きる幕末・明治初期漢語辞典』，明治書院，2007年6月，7頁
ガクセイ【学生】 佐藤喜代治「「学生」「学匠」並びに「書生」」『国語語彙史の歴史的研究』，明治書院，1971年11月，186-202頁
劉凡夫「〈学ぶ人〉を表す語彙に関する史的考察」『日本語の歴史地理構造』，明治書院，1997年8月，249-267頁
佐藤武義「学生」『日本語の語源』，明治書院，2003年1月，3-4頁
前田富祺監修「学生」『日本語語源大辞典』，小学館，2005年4月，307頁
ガクセイウンドウ【学生運動】 紀田順一郎「学生運動」『近代事物起源事典』，東京堂出版，1992年9月，34-36頁
ガクセイ【学制】 高野繁男「『明六雑誌』の和製漢語」『『明六雑誌』とその周辺』神奈川大学人文学研究所編，お茶の水書房，2004年3月，188頁
高野繁男「『明六雑誌』の語彙」『近代漢語の研究―日本語の造語法・訳語法』，明治書院，2004年11月，179頁
カクセイキ【拡声機】 文化庁「「拡声機」か「拡声器」か」『言葉に関する問答集』，大蔵省印刷局，1995年3月，9頁
ガクタイ【楽隊】 惣郷正明・飛田良文「楽隊」『明治のことば辞典』，東京堂出版，1986年12月，65頁
カクチョウ【拡張】 高野繁男「『百科全書』の訳語」『近代漢語の研究―日本語の造語法・訳語法』，明治書院，2004年11月，143頁
佐藤亨「拡張」『現代に生きる幕末・明治初期漢語辞典』，明治書院，2007年6月，99頁
カクテイ【確定】 高野繁男「『百科全書』の訳語」『近代漢語の研究―日本語の造語法・訳語法』，明治書院，2004年11月，120頁
カクド【角度】 高野繁男「『百科全書』の訳語」『近代漢語の研究―日本語の造語法・訳語法』，明治書院，2004年11月，142頁
カクド【客土】 惣郷正明・飛田良文「客土」『明治のことば辞典』，東京堂出版，1986年12月，65-66頁
ガクドウ【学童】 佐藤亨「『西洋事情』の語彙」『幕末・明治初期語彙の研究』，桜楓社，1986年2月，403-404頁
カクトク【獲得】 佐藤喜代治「獲得」『日本の漢語』，角川書店，1979年10月，406頁
ガクトシュツジン【学徒出陣】 大泉志郎・大塚栄寿・永沢道雄「学徒出陣」『現代死語事典』，朝日ソノラマ，1993年11月，60-62頁

カクネン【隔年】 久保忠夫「「隔年」は「毎年」か—ほか・「桂川」は「鏑川」」『東北学院大学論集人間・言語・情報』121，東北学院大学，1998年12月，1-11頁

ガクネン【学年】 惣郷正明・飛田良文「学年」『明治のことば辞典』，東京堂出版，1986年12月，66頁

〜ガクハ【〜学派】 朱京偉『近代日中新語の創出と交流—人文科学と自然科学の専門語を中心に』，白帝社，2003年10月，68頁

ガクヒ【学費】 佐藤亨「『西洋事情』の語彙」『幕末・明治初期語彙の研究』，桜楓社，1986年2月，413-414頁

ガクブ【学部】 佐藤亨「学部」『現代に生きる幕末・明治初期漢語辞典』，明治書院，2007年6月，101頁

カクブツチチ【格物致知】 박성규「格物致知 개념의 연원」(「格物致知」概念の起源)『奎章閣』24，ソウル大奎章閣韓国学研究院，2001年12月，119-136頁

カクベツ【各別・格別】 酒井憲二「「各別」から「格別」へ—歌舞伎評判記におけるその交替」『文学』57—10，岩波書店，1989年10月，61-69頁

カクホ【確保】 惣郷正明・飛田良文「確保」『明治のことば辞典』，東京堂出版，1986年12月，66頁

高野繁男「『明六雑誌』の語彙」『近代漢語の研究—日本語の造語法・訳語法』，明治書院，2004年11月，185頁

カクマク【角膜】 斎藤静「角膜」『日本語に及ぼしたオランダ語の影響』，篠崎書林，1967年8月，84-85頁

杉本つとむ「連載；近代訳語を検証する 52「鞏膜，角膜，結膜，網膜，虹彩，葡萄膜」」『国文学　解釈と鑑賞』72—12，至文堂，2007年12月，188-192頁

カクメイ【革命】 陳建華「「革命」及其流伝」『読書』6，三聯書店，1898年6月，80-86頁

日置昌一「革命の語源」『ものしり事典』言語篇，河出書房，1952年11月，58-59頁

難波多田紀夫「革命」『ことばコンセプト事典』，第一法規出版，1992年12月，188-203頁

陳力衛「中国への逆輸入」『和製漢語の形成と展開』，汲古書院，2001年2月，281頁

冯天瑜「“革命”“共和”：清民之际政治中坚概念的形成」(「革命」「共和」：清末民国時期における政治学の中心概念の形成について)『武汉大学学报人文科学版』2002年1期，2002年1月，5-14頁

野澤勝夫「漢字の履歴」『月刊しにか』13—8，大修館書店，2002年7月，63頁

馮天瑜『新語探源』，中華書局，2004年10月，361頁

陳生保「革命」『中国と日本—言葉・文学・文化』，麗沢大学出版会，2005年5月，25頁

Federico Masini「革命」*The Formation of Modern Chinese Lexicon and its Evolution toward a National Language*(李廷宰訳)，소명出版，2005年11月，312頁

朱京偉「明治期における社会主義用語の形成」『19世紀中国語の諸相』，雄松堂出版，2007年3月，208頁

ガクモン【学問】 中田佳昭「学問」『ことばコンセプト事典』，第一法規出版，1992年12月，204-223頁

山田健三「学文と学問」『名古屋大学国語国文学』72，名古屋大学国語国文学会，1993年7月，114-99頁

カクリツ【確立】 高野繁男「『明六雑誌』の語彙」『近代漢語の研究—日本語の造語法・訳語法』，明治書院，2004年11月，185頁

佐藤亨「確立」『現代に生きる幕末・明治初期漢語辞典』，明治書院，2007年6月，103頁

カクリツ【確率】 田島一郎「数学の新用語100—確率」『数学セミナー』9—13，日本評論社，1970年12月臨時号，22-23頁

松宮哲夫「確率という用語の由来—その発案者と定着の過程—」『数学教育研究』21，新潟大学，1991年，103-109頁

中塚利直「プロバビリテーの訳語の歴史」『経営と制度』6，首都大学東京，2008年1月，65-87頁

カゲキ【過激】 惣郷正明・飛田良文「過激」『明治のことば辞典』，東京堂出版，1986年12月，66-67頁

佐藤亨「過激」『現代に生きる幕末・明治初期漢語辞典』，明治書院，2007年6月，104頁

カゲキトウ【過激党】 惣郷正明・飛田良文「過激党」『明治のことば辞典』，東京堂出版，1986年12月，67頁

カゲキハ【過激派】 樺島忠雄・飛田良文・米川明彦「過激派」『明治大正新語俗語辞典』，東京堂出版，1984年5月，68-69頁

カゲキ【歌劇】 関浩志「訳語“歌劇”についての一考察—横浜・上海におけるオペラの受容を中心に」『東アジア地域研究』14，東アジア地域研究学会，2008年7月，71-83頁

カゲン【加減】 岩淵悦太郎「カゲンとアンバイ」『語源散策』，毎日新聞社，1974年10月，47-48頁

ガゴ【雅語】 古田東朔「「俗語」から「口語」へ」『放送大学研究年報』5，放送大学，1988年3月，15-29頁

カゴウ【化合】 高野繁男「『百科全書』の訳語」『近代漢語の研究—日本語の造語法・訳語法』，明治書院，2004年11月，139頁

かざぐるま【風車】 山田俊雄「風車」『詞苑間歩』下，三省堂，1999年9月，327-330頁

カシ【華氏】 斎藤静「華氏」『日本語に及ぼしたオランダ語の影響』，篠崎書林，1967年8月，58頁

カシ【菓子】 岩淵悦太郎「菓子とくだもの」『語源散策』，毎日新聞社，1974年10月，48-51頁

小島幸枝「菓子」『講座日本語の語彙 ⑨』，明治書院，1983年1月，192-195頁

紀田順一郎「菓子」『近代事物起源事典』，東京堂出版，1992年9月，41-43頁

荒川清秀「日本漢語の中国語への流入」『日本語学』17—5，明治書院，1998年5月，39-46頁

前田富祺監修「食べ物のことば—「お菓子」の語誌」『日本語学』19—7，明治書院，2000年6月，24-29頁

前田富祺監修「菓子」『日本語語源大辞典』，小学館，2005年4月，315頁

カシツ【過失】 渡辺萬蔵「過失」『現行法律語の史的研究』，萬理閣書房，1930年12月，54頁

カシャ【火車】 佐藤亨「『大美聯邦志略』の語彙」『幕末・明治初期語彙の研究』，桜楓社，1986年2月，73-74頁

阿川修三「「火車(huoche)」考—中国における近代訳語の形成についての一考察」『中国文化』62，中国文化学会，2004年3月，31-42頁

カショク【過食】 高野繁男「『明六雑誌』の語彙」『近代漢語の研究—日本語の造語法・訳語法』，明治書院，2004年11月，186頁

カジン【佳人】 大木春基「佳人原義考」『大妻国文』8，大妻女子大学国文学会，1977年3月，65-75頁

大木春基「佳人原義考承前」『大妻国文』9，大妻女子大学国文学会，1978年3月，25-41頁

ガス【瓦斯】 斎藤静「瓦斯」『日本語に及ぼしたオランダ語の影響』，篠崎書林，1967年8月，63頁

広田栄太郎「訳語あれこれ」『近代訳語考』，東京堂出版，1969年8月，305-326頁

沈国威『近代日中語彙交流史—新漢語の生成と受容』，笠間書院，1994年3月，10頁

陳生保「瓦斯」『中国と日本—言葉・文学・文化』，麗沢大学出版会，2005年5月，24頁

Federico Masini「瓦斯」*The Formation of Modern Chinese Lexicon and its Evolution toward a National Language*(李廷宰訳)，소명出版，2005年11月，162頁

ガストウ【瓦斯燈・瓦斯灯】 石井研堂「瓦斯燈」『増補改訂　明治事物起源』下巻，春

陽堂書店，1944年12月，927-931頁
石井研堂「瓦斯燈の始」『増補改訂　明治事物起源』下巻，春陽堂書店，1944年12月，1432-1434頁
槌田満文「瓦斯燈」『明治大正風俗語典』，角川書店，1979年11月，115-117頁
米川明彦「瓦斯灯」『明治・大正・昭和の新語・流行語辞典』，三省堂，2002年10月，15頁
杉本つとむ「近代訳語を検証する 17　鉛筆／瓦斯灯」『国文学　解釈と鑑賞』70―1，至文堂，2005年1月，217-222頁
佐藤亨「瓦斯燈」『現代に生きる幕末・明治初期漢語辞典』，明治書院，2007年6月，106頁
カスイタイ【下垂体】 小川鼎三「下垂体と松果体」『医学用語の起り』，東京書籍，1983年1月，232-235頁
カセイソーダ【苛性曹達】 沈国威『近代日中語彙交流史―新漢語の生成と受容』，笠間書院，1994年3月，114頁
カセキ【化石】 沈国威『近代日中語彙交流史―新漢語の生成と受容』，笠間書院，1994年3月，33頁
黄河清「「化石」考源」『或問』3，近代東西言語文化接触研究会，2001年11月，101-104頁
佐藤亨「化石」『現代に生きる幕末・明治初期漢語辞典』，明治書院，2007年6月，107-108頁
荒川清秀「日中学术用语的创制和传播―以地理学用语为主」(日中学術用語の創生と伝播―地理学用語を中心に)『语义的文化变迁』，武汉大学出版社，2007年10月，100-101頁
カゼン【果然】 李仁淳「漢語「果然」の意味用法について」『国文学論集』27，上智大学，1994年1月，35-54頁
カソウ【仮想】 佐藤亨「仮想」『現代に生きる幕末・明治初期漢語辞典』，明治書院，2007年6月，108-109頁
カゾク【家族】 清水盛光「「家族」という言葉の意味」『京大人文科学研究所所報』35，京都大学人文科学研究所，1953年6月，1-2頁
小野昌「家族」『ことばコンセプト事典』，第一法規出版，1992年12月，26-37頁
河合雅雄「家族の由来」『刑政』106―4，矯正協会，1995年4月，30-35頁
広井多鶴子「〈家族〉の範囲前―明治前期の家族と親族」『高崎健康福祉大学紀要』1，高崎健康福祉大学，2002年3月，85-100頁
カゾク【華族】 渡辺萬蔵「華族」『現行法律語の史的研究』，萬理閣書房，1930年12月，175頁
湯本豪一「華族の称の始」『図説明治事物起源事典』，柏書房，1996年11月，16-17頁
カソクド【加速度】 樺島忠雄・飛田良文・米川明彦「加速度」『明治大正新語俗語辞典』，東京堂出版，1984年5月，70頁
沈国威『近代日中語彙交流史―新漢語の生成と受容』，笠間書院，1994年3月，281-282頁
カソクリョク【加速力】 高野繁男「『百科全書』の訳語」『近代漢語の研究―日本語の造語法・訳語法』，明治書院，2004年11月，153頁
～かた【型】 陳生保「～型」『中国と日本―言葉・文学・文化』，麗沢大学出版会，2005年5月，23頁
カダイ【過大】 佐藤亨「『万国公法』の語彙」『幕末・明治初期語彙の研究』，桜楓社，1986年2月，192-193頁
カダイ【課題】 惣郷正明・飛田良文「課題」『明治のことば辞典』，東京堂出版，1986年12月，68-69頁
カタン【加担】 文化庁「「加担」か「荷担」か」『言葉に関する問答集』，大蔵省印刷局，1995年3月，125頁
カダン【花壇】 山田俊雄「花壇」『ことば散策』岩波新書，岩波書店，1999年8月，104-109頁

山田俊雄「花壇」『詞苑間歩』下，三省堂，1999年9月，313-316頁

カチ【価値】 進藤咲子「小幡篤次郎の英氏経済論の訳語」『明治時代語の研究；語彙と文章』，明治書院，1981年11月，77頁

惣郷正明・飛田良文「価値」『明治のことば辞典』，東京堂出版，1986年12月，68-69頁

高野繁男「『百科全書』の訳語」『近代漢語の研究—日本語の造語法・訳語法』，明治書院，2004年11月，104頁

佐藤亨「価値」『現代に生きる幕末・明治初期漢語辞典』，明治書院，2007年6月，109頁

川上則道「『資本論』の「価値」概念—価値の物質性について」『経済』150，新日本出版社，2008年3月，165-175頁

ガッカ【学科】 佐藤亨「『泰西国法論』の訳語」『幕末・明治初期語彙の研究』，桜楓社，1986年2月，360-361頁

ガッカイ【学会】 石井研堂「学会の始」『増補改訂　明治事物起源』上巻，春陽堂書店，1944年11月，461頁

Federico Masini「学会」*The Formation of Modern Chinese Lexicon and its Evolution toward a National Language*（李廷宰訳），소명出版，2005年11月，310頁

佐藤亨「学会」『現代に生きる幕末・明治初期漢語辞典』，明治書院，2007年6月，111頁

ガッキ【学期】 佐藤亨「『徳国学校論略』の語彙」『幕末・明治初期語彙の研究』，桜楓社，1986年2月，217-219頁

佐藤亨「学期」『現代に生きる幕末・明治初期漢語辞典』，明治書院，2007年6月，112頁

カッケイ【活計】 坂詰力治「生計，生活，活計，生業，わたらい，なりわい，くちすぎ」『講座日本語の語彙 ⑩』，明治書院，1983年3月，280-285頁

カッコ【括弧】 佐藤亨「括弧」『現代に生きる幕末・明治初期漢語辞典』，明治書院，2007年6月，112-113頁

カッコウ【格好・恰好】 岩淵悦太郎「カッコウ」『語源散策』，毎日新聞社，1974年10月，56-58頁

小野正弘「漢語「恰好」の受容とその変容—中立的意味とプラスの意味の共存」『伝統と変容』，2000年6月，227-246頁

ガッコウ【学校】 張志淵「学校」『萬國事物紀原歴史』，皇城新聞社，1909年8月，55-56頁

渡辺萬蔵「学校」『現行法律語の史的研究』，萬理閣書房，1930年12月，53頁

石井研堂「学校」『増補改訂　明治事物起源』上巻，春陽堂書店，1944年11月，461-486頁

楚翠生「漢語往来—二十七「教育」「学校」考」『高校通信東書国語』237，東京書籍，1984年2月，22-23頁

紀田順一郎「学校」『近代事物起源事典』，東京堂出版，1992年9月，40-41頁

山田俊雄「学問所と学校」『詞苑間歩』上，三省堂，1999年9月，5-8頁

カツジ【活字】 惣郷正明・飛田良文「活字」『明治のことば辞典』，東京堂出版，1986年12月，70頁

カツジタイ【活字体】 淡路佳昌「「活字体」「筆記体」という用語の成立過程—文字指導についての歴史的一考察」『英語教育』40—11，大修館書店，1993年12月，74-77頁

カツジバン【活字版】 佐藤亨「活字版」『現代に生きる幕末・明治初期漢語辞典』，明治書院，2007年6月，113-114頁

ガッシュウキョウチ【合衆共治】 惣郷正明・飛田良文「合衆共治」『明治のことば辞典』，東京堂出版，1986年12月，70-71頁

ガッシュウコク【合衆国】 斎藤毅「〈研究ノート〉合衆国はなぜ合州国と書かないのか」『参考書誌研究』2，日本図書館協会，1971年1月，1-13頁

斎藤毅「合衆国と合州国」『明治のことば』，講談社，1977年11月，73-128頁

斎藤毅「「合衆国」の語義について」『早稲田政治経済学雑誌』255，早稲田大学政治経済学

会，1978年7月，20-47頁
惣郷正明・飛田良文「合衆国」『明治のことば辞典』，東京堂出版，1986年12月，71頁
石山洋「洋学の人と本余話８　訳語「合衆国」論議」『日本古書通信』63―8，日本古書通信社，1998年8月，19頁
宋敏「合衆国과 共和国」(合衆国と共和国)『새국어생활』11―3，韓国国立国語研究院，2001年9月，95-101頁
宮沢俊雅「「ＵＳ漢号」覚書―「合衆国」考」『北海道大学文学研究科紀要』109，北海道大学文学研究科，2003年2月，101-157頁
千葉謙悟「the United Statesと「合衆国」」『早稲田大学大学院文学研究科紀要』49輯2分冊，早稲田大学大学院文学研究科，2004年4月，217-227頁
千葉謙悟「『東西洋考毎月統記傳』にみるThe United Statesの訳語―「合衆国」語構成の再検討」『開篇』24，好文出版，2005年3月，178-183頁
佐藤亨「合衆国」『現代に生きる幕末・明治初期漢語辞典』，明治書院，2007年6月，114頁
千葉謙悟「中国における「聯邦」―語誌および関連訳語をめぐって」『漢字文化圏諸言語の近代語彙の形成―創出と共有―』，関西大学出版部，2008年9月，213-243頁
ガッシュウセイジ【合衆政治】 惣郷正明・飛田良文「合衆政治」『明治のことば辞典』，東京堂出版，1986年12月，71頁
カツジンガ【活人画】 湯本豪一「活人画」『図説明治事物起源事典』，柏書房，1996年11月，220-221頁
カツゼツ【滑舌・活舌】 橋本行洋「「滑舌・活舌」の語誌―近代の漢語受容と辞書」『国語と国文学』82―12，東京大学国語国文学会，2005年12月，50-65頁
カッテ【勝手】 岩淵悦太郎「カッテ」『語源散策』，毎日新聞社，1974年10月，58-60頁
カツドウシャシン【活動写真】 石井研堂「活動写真の始」『増補改訂　明治事物起源』下巻，春陽堂書店，1944年12月，1286-1297頁
広田栄太郎「活動写真から映画へ」『語語生活』6，筑摩書房，1952年3月，40-44頁
広田栄太郎「活動写真から映画へ」『近代訳語考』，東京堂出版，1969年8月，141-157頁
久世善男「活動写真」『言葉のなづけ親―翻訳に見る文明開化』，朝日ソノラマ，1975年11月，20-25頁
長瀬治郎「映画，活動写真，キネオラマ」『講座日本語の語彙 ⑨』，明治書院，1983年1月，104-106頁
槌田満文「活動大写真」『明治大正新語・流行語』，角川書店，1983年6月，155-157頁
樺島忠雄・飛田良文・米川明彦「活動写真」『明治大正新語俗語辞典』，東京堂出版，1984年5月，72-73頁
惣郷正明・飛田良文「活動写真」『明治のことば辞典』，東京堂出版，1986年12月，72-73頁
金田一春彦編「活動写真」『ことばの生い立ち』，講談社，1988年2月，149-150頁
荒俣宏「活動写真」『事物珍起源』，東洋文庫，1989年10月，20-21頁
大泉志郎・大塚栄寿・永沢道雄「活動写真」『現代死語事典』，朝日ソノラマ，1993年11月，72-74頁
志子田祥子「「活動写真」から「映画」へ」『東京女子大学言語文化研究』5，東京女子大学，1996年10月，127-131頁
池田弥三郎「活動写真」『暮らしの中の日本語』，創拓社，1999年10月，170-172頁
長沢雅春「開化期韓国における“活動写真”の伝来と近代日本」『佐賀女子短期大学研究紀要』35，佐賀女子短期大学，2001年3月，13-24頁
米川明彦「活動写真」『明治・大正・昭和の新語・流行語辞典』，三省堂，2002年10月，62頁

かっぱ【河童】　一海知義「河童」『漢語の知識』，岩波書店，1981年7月，80-87頁

カッパン【活版】　石井研堂「活版の始」『増補改訂　明治事物起源』下巻，春陽堂書店，1944年12月，904頁

カツヨウ【活用】　佐藤亨「活用」『現代に生きる幕末・明治初期漢語辞典』，明治書院，2007年6月，115頁

カテイ【仮定】　高野繁男「『百科全書』の訳語」『近代漢語の研究—日本語の造語法・訳語法』，明治書院，2004年11月，121頁

佐藤亨「仮定」『現代に生きる幕末・明治初期漢語辞典』，明治書院，2007年6月，116頁

カテイ【家庭】　新村出「家庭といふ語」『東亜語源志』，荻原星文館，1942年10月，198-205頁

石井研堂「家庭の熟字」『増補改訂　明治事物起源』上巻，春陽堂書店，1944年11月，18頁

新村出「家庭という語」『新村出全集4』，筑摩書房，1971年9月，125-129頁

半沢洋子「家庭，家内，ホーム」『講座日本語の語彙 ⑨』，明治書院，1983年1月，222-227頁

樺島忠雄・飛田良文・米川明彦「家庭」『明治大正新語俗語辞典』，東京堂出版，1984年5月，75頁

中丸宣明「「新世帯」論——一つの「家庭」形成の物語」『山梨大学教育学部研究報告』39，山梨大学教育学部，1989年2月，47-56頁

浅井真慧「〈ことば・言葉・コトバ〉「家族」と「家庭」」『放送研究と調査』40—6，NHK，1990年6月，35頁

小野昌『ことばコンセプト事典』，第一法規出版，1992年12月，26-37頁

福井淳子「近代語「家庭」受容の様相—『文章世界』所載「新語彙」と『ホトトギス』投稿写生文」『武庫川国文』55，武庫川女子大学，2000年3月，69-76頁

五島慶一「「生」の人々—〈家庭〉生成の過程」『芸文研究』79，慶応義塾大学芸文学会，2000年12月，24-42頁

飛田良文「家庭」『明治生まれの日本語』，淡交社，2002年5月，117-125頁

佐藤武義「家庭」『日本語の語源』，明治書院，2003年1月，33頁

玉井朋「明治民法にみる「家」・「家庭」観」『芸文攷』10，日本大学大学院芸術学研究科文芸学専攻，2005年2月，5-17頁

佐藤亨「家庭」『現代に生きる幕末・明治初期漢語辞典』，明治書院，2007年6月，116頁

香川由紀子「「ホーム」と「家庭」—明治の語彙に見る近代的家族像」『表現研究』86，表現学会，2007年10月，53-62頁

水島かな江「近代における園芸領域への団らんの浸透：女学雑誌と園芸書の分析から」『日本家政学会誌』59—2，社団法人日本家政学会，2008年2月，69-79頁

カテイキョウイク【家庭教育】　小山静子「家庭教育という概念の成立」『本郷』42，吉川弘文館，2002年11月，11-13頁

カテイ【課程】　佐藤亨「『徳国学校論略』の語彙」『幕末・明治初期語彙の研究』，桜楓社，1986年2月，200-201頁

カト【過渡】　惣郷正明・飛田良文「過渡」『明治のことば辞典』，東京堂出版，1986年12月，73頁

若杉邦子「「過渡時代論」に見る梁啓超の“過渡”観」，『中国文学論集』22，九州大学中国文学会，1993年12月，49-66頁

カトキ【過渡期】　樺島忠雄・飛田良文・米川明彦「過渡期」『明治大正新語俗語辞典』，東京堂出版，1984年5月，76頁

カドウ【稼働】　文化庁「「稼働」か「稼動」か」『言葉に関する問答集』，大蔵省印刷局，1995年3月，144-145頁

カトクソウゾク【家督相続】　渡辺萬蔵「家督相続」『現行法律語の史的考察』，萬理閣書房，1930年12月，256頁

カノウ【化膿】　沈国威「近代日中語彙交流

史概説」『漢字文化圏近代言語文化交流研究』(国際シンポジウム予稿集，天津外国語大学)，漢字文化圏近代言語文化交流研究会，2009年3月，70-71頁

カノウ【可能】 惣郷正明・飛田良文「可能」『明治のことば辞典』，東京堂出版，1986年12月，73頁

カノウセイ【可能性】 樺島忠雄・飛田良文・米川明彦「可能性」『明治大正新語俗語辞典』，東京堂出版，1984年5月，76-77頁

惣郷正明・飛田良文「可能性」『明治のことば辞典』，東京堂出版，1986年12月，73頁

カノン【加農】 松井利彦「翻訳語辞書の世界」『近代漢語辞書の成立と展開』，笠間書院，1990年11月，81頁

カノンホウ【加農砲】 鈴木修次「外来語としての中国語」『漢語と日本人』，みすず書房，1978年9月，27-28頁

カハンスウ【過半数】 佐藤亨「過半数」『現代に生きる幕末・明治初期漢語辞典』，明治書院，2007年6月，117頁

カビン【花瓶】 山田俊雄「花瓶・土瓶」『詞苑間歩』下，三省堂，1999年9月，232-235頁

カブキ【歌舞伎・仮婦戯】 新村出「歌舞伎名義考」『東亜語源志』，荻原星文館，1942年10月，164-181頁

進藤咲子「漢語か和語か」『言語生活』169，筑摩書房，1965年10月，58-60頁

カフクブ【下腹部】 斎藤静「下腹部」『日本語に及ぼしたオランダ語の影響』，篠崎書林，1967年8月，187頁

稲垣吉彦・吉沢典男監修「下腹部」『昭和ことば史60年』，講談社，1985年10月，256頁

かぶシキ【株式】 渡辺萬蔵「株式」『現行法律語の史的研究』，萬理閣書房，1930年12月，209頁

石井研堂「株式」『増補改訂　明治事物起源』下巻，春陽堂書店，1944年12月，829-831頁

カフン【花粉】 杉本つとむ「近代訳語を検証する21　度禄布(ドロップ)・花粉」『国文学　解釈と鑑賞』70—5，至文堂，2005年5月，200-204頁

杉本つとむ「花粉」『気になる日本語の気になる語源』，東京書籍，2006年12月，57-61頁

カヘイ【貨幣】 渡辺萬蔵「貨幣」『現行法律語の史的研究』，萬理閣書房，1930年12月，202頁

進藤咲子「小幡篤次郎の英氏経済論の訳語」『明治時代語の研究；語彙と文章』，明治書院，1981年11月，91-92頁

佐藤亨『近世語彙の研究』，桜楓社，1983年6月，168頁

田本健一「貨幣」『ことばコンセプト事典』，第一法規出版，1992年12月，224-233頁

佐藤亨「貨幣」『現代に生きる幕末・明治初期漢語辞典』，明治書院，2007年6月，118-119頁

かベシンブン【壁新聞】 樺島忠雄・飛田良文・米川明彦「壁新聞」『明治大正新語俗語辞典』，東京堂出版，1984年5月，78頁

カホウ【果報】 佐竹昭広「意味の変遷」『岩波講座　日本語　9』，岩波書店，1977年6月，237-242頁

小野正弘「「因果」と「果報」の語史—中立的意味のマイナス化とプラス化」『国語学研究』24，東北大学文学部『国語学研究』刊行会，1984年12月，24-34頁

ガホウ【画報】 惣郷正明・飛田良文「画報」『明治のことば辞典』，東京堂出版，1986年12月，74頁

沈国威『近代日中語彙交流史—新漢語の生成と受容』，笠間書院，1994年3月，283-284頁

ガマン【我慢】 中村元編「我慢」『仏教語源散策』，東京書籍，1977年4月，16-18頁

樋口修子「「我慢」の意味変化」『金城国文』58，金城学院大学国文学会，1982年3月，47-59頁

鈴木則郎「我慢，自慢，自嘆」『講座日本語の

語彙 ⑨』，明治書院，1983年1月，252-266頁

かみ【神】 山口隆夫「GOD訳語について―『小学読本』の神概念」『東京工業大学人文論叢』16，東京工業大学，1991年，1-8頁

田中建彦「神」『ことばコンセプト事典』，第一法規出版，1992年12月，234-243頁

平川祐弘「特集；開国期の翻訳―「God」と「神」」『悠久』87，2001年10月，36-50頁

鈴木広光「神の翻訳史」『国語国文』74―2，京都大学国語学国文学研究室，2005年2月，1-17頁

鈴木範久「日本語を変えた聖書語」『聖書の日本語』，岩波書店，2006年2月，200-207頁

下川玲子「山崎闇斎の「神」概念」『愛知学院大学文学部紀要』35，愛知学院大学文学部，2006年3月，394-385頁

カメン【仮面】 門間泉「仮面」『ことばコンセプト事典』，第一法規出版，1992年12月，244-251頁

カモツシャ【貨物車】 惣郷正明・飛田良文「貨物車」『明治のことば辞典』，東京堂出版，1986年12月，74-75頁

カモツレッシャ【貨物列車】 惣郷正明・飛田良文「貨物列車」『明治のことば辞典』，東京堂出版，1986年12月，75頁

カヤク【火薬】 富田仁「火薬」『舶来事物起源事典』，名著普及会，1987年12月，59-61頁

佐藤亨「火薬」『現代に生きる幕末・明治初期漢語辞典』，明治書院，2007年6月，120頁

カヤクコ【火薬庫】 佐藤亨「火薬庫」『現代に生きる幕末・明治初期漢語辞典』，明治書院，2007年6月，120頁

カヨウキョク【歌謡曲】 米川明彦「近代語彙考証11 流行歌と歌謡曲」『日本語学』3―2，明治書院，1984年2月，128-131頁

カヨウび【火曜日】 松村明「明治初年における曜日の呼称」『近代語研究』10，近代語研究会，1990年10月，509-529頁

ガラス【硝子】 石井研堂「硝子製造」『増補改訂　明治事物起源』下巻，春陽堂書店，1944年12月，931-939頁

春山行夫「近代用語の系統　7」『言語生活』186，筑摩書房，1967年4月，55頁

斎藤静「硝子」『日本語に及ぼしたオランダ語の影響』，篠崎書林，1967年8月，72-74頁

鈴木直枝「〈ガラス〉の語史」『東北大学文学部日本語学科論集』6，東北大学，1994年9月，128-118頁

カリ【加里】 斎藤静「加里」『日本語に及ぼしたオランダ語の影響』，篠崎書林，1967年8月，98頁

カリョウ【過料】 渡辺萬蔵「過料」『現行法律語の史的研究』，萬理閣書房，1930年12月，154頁

カリョク【火力】 佐藤亨『近世語彙の研究』，桜楓社，1983年6月，179頁

カリンシャ【火輪車】 惣郷正明・飛田良文「火輪車」『明治のことば辞典』，東京堂出版，1986年12月，75頁

カリンセン【火輪船】 惣郷正明・飛田良文「火輪船」『明治のことば辞典』，東京堂出版，1986年12月，75頁

カルタ【加留多】 日置昌一「加留多の語源」『ものしり事典』言語篇，河出書房，1952年11月，72-73頁

カン【官】 野村忠夫「律令法における「官」と「職」」『金城国文』19―2，金城学院大学国文学会，1973年3月，1-12頁

～カン【～感】 沈国威『近代日中語彙交流史―新漢語の生成と受容』，笠間書院，1994年3月，61頁

陳生保「～感」『中国と日本―言葉・文学・文化』，麗沢大学出版会，2005年5月，23頁

～カン【～観】 沈国威『近代日中語彙交流史―新漢語の生成と受容』，笠間書院，1994年3月，61頁

陳生保「～観」『中国と日本―言葉・文学・文化』，麗沢大学出版会，2005年5月，23頁

ガン【雁】 寿岳章子「二つの名前の渡鳥―キイ・ワード　ガン・かり・漢語・和語・擬声語」『国語語彙史の研究』10，和泉書院，1989年12月，83-102頁

ガン【癌】 小川鼎三「癌」『医学用語の起り』，東京書籍，1983年1月，21-26頁

杉本つとむ「癌」『語源海』，東京書籍，2005年3月，222頁

杉本つとむ「近代訳語を検証する22　癌・寒暖計」『国文学　解釈と鑑賞』70―6，至文堂，2005年6月，243-246頁

杉本つとむ「癌」『気になる日本語の気になる語源』，東京書籍，2006年12月，53-56頁

カンイン【官員】 惣郷正明・飛田良文「官員」『明治のことば辞典』，東京堂出版，1986年12月，76頁

カンエツテンコ【簡閲点呼】 惣郷正明・飛田良文「簡閲点呼」『明治のことば辞典』，東京堂出版，1986年12月，76-77頁

カンオン【漢音】 山田孝雄「漢音」『国語の中に於ける漢語の研究』，宝文館，1940年4月，91-151頁

高松政雄『日本漢字音の研究』，風間書房，1982年9月

カンカ【感化】 高野繁男「影響，感化」『講座日本語の語彙 ⑨』，明治書院，1983年1月，106-110頁

カンガイ【感慨】 惣郷正明・飛田良文「感慨」『明治のことば辞典』，東京堂出版，1986年12月，77頁

カンカク【感覚】 斉藤倫明「感覚，感触，知覚」『講座日本語の語彙 ⑨』，明治書院，1983年1月，256-261頁

惣郷正明・飛田良文「感覚」『明治のことば辞典』，東京堂出版，1986年12月，77-78頁

塚本倫久「感覚」『ことばコンセプト事典』，第一法規出版，1992年12月，252-259頁

高野繁男「『哲学字彙』の訳語」『近代漢語の研究―日本語の造語法・訳語法』，明治書院，2004年11月，72頁

佐藤亨「感覚」『現代に生きる幕末・明治初期漢語辞典』，明治書院，2007年6月，121頁

カンカツ【管轄】 渡辺萬蔵「管轄」『現行法律語の史的研究』，萬理閣書房，1930年12月，10頁

佐藤亨「『地球説略』の語彙」『幕末・明治初期語彙の研究』，桜楓社，1986年2月，109-111頁

カンキャク【観客】 佐藤亨「『玉石志林』の語彙(二)」『幕末・明治初期語彙の研究』，桜楓社，1986年2月，314頁

カンキュウ【緩急】 広地聖史「梅井道敏の文法語彙　軽重と緩急」『国語語彙史の研究』5，和泉書院，1984年5月，313-326頁

カンキョウ【環境】 中山至大「環境という術語」『植物生態学会報』1―3，日本生態学会，1952年3月，151-152頁

荒尾禎秀「環境，環象，境遇」『講座日本語の語彙 ⑨』，明治書院，1983年1月，262-266頁

樺島忠雄・飛田良文・米川明彦「環境」『明治大正新語俗語辞典』，東京堂出版，1984年5月，84頁

長沼美香子「「環境」をめぐる言語的「メタ環境」―翻訳語と文法的比喩」『異文化コミュニケーション論集』6，立教大学大学院異文化コミュニケーション研究科，2008年3月，33-45頁

カンキョウガク【環境学】 西川祥子・森家章雄「学術用語「環境学」の意味の歴史的分析」『人文論集』39―3・4，神戸商科大学，2004年3月，165-179頁

カンキン【監禁】 佐藤亨「『智環啓蒙塾課初歩』の訳語」『近世語彙の研究』，桜楓社，1983年6月，55-56頁

佐藤亨「『大美聯邦志略』の語彙」『幕末・明治初期語彙の研究』，桜楓社，1986年2月，77頁

ガンキン【元金】 高野繁男「『明六雑誌』の和製漢語」『『明六雑誌』とその周辺』(神奈川

大学人文学研究所編)，お茶の水書房，2004年3月，189頁

ガング【玩具】 高野繁男「『明六雑誌』の語彙」『近代漢語の研究―日本語の造語法・訳語法』，明治書院，2004年11月，186頁

カンケイ【関係】 佐藤喜代治『国語語彙の歴史的研究』，明治書院，1971年11月，260頁

佐藤喜代治「関係」『日本の漢語』，角川書店，1979年10月，375-376頁

沈国威「近代における日中語彙交渉の一類型―「関係」について」『国語語彙史の研究』9，和泉書院，1988年11月，17-36頁

松井利彦「第5章　漢語辞書のことば」『近代漢語辞書の成立と展開』，笠間書院，1990年11月，354頁

沈国威『近代日中語彙交流史―新漢語の生成と受容』，笠間書院，1994年3月，222-245頁

カンケン【官権】 惣郷正明・飛田良文「官権」『明治のことば辞典』，東京堂出版，1986年12月，78頁

高野繁男「『明六雑誌』の和製漢語」『『明六雑誌』とその周辺』神奈川大学人文学研究所編，お茶の水書房，2004年3月，191頁

高野繁男「『明六雑誌』の語彙」『近代漢語の研究―日本語の造語法・訳語法』，明治書院，2004年11月，182頁

カンゲン【還元】 斎藤静「還元」『日本語に及ぼしたオランダ語の影響』，篠崎書林，1967年8月，211-212頁

竹本喜一・金岡喜久子「化学のことばいろいろ」『化学語源ものがたり』，東京化学同人，1986年3月，153頁

高野繁男「『哲学字彙』の訳語」『近代漢語の研究―日本語の造語法・訳語法』，明治書院，2004年11月，74頁

佐藤亨「還元」『現代に生きる幕末・明治初期漢語辞典』，明治書院，2007年6月，123頁

カンゲンガク【管弦楽】 文化庁「「管弦楽」か「管絃楽」か」『言葉に関する問答集』，大蔵省印刷局，1995年3月，6-7頁

カンゲンホウ【還元法】 杉本つとむ「連載；近代訳語を検証する 48　元素，炭素，窒素，玉水，電池，還元法，親和力，塩基，ウラウム」『国文学　解釈と鑑賞』72―8，至文堂，2007年8月，187-195頁

カンゴ【看護】 梶田昭「看護の歴史」『科学史研究』第20号，日本科学史学会，1951年10月，21-26頁

カンゴシ【看護師】 朝日新聞校閲部「看護師」『まっとうな日本語』，朝日新聞社，2005年9月，38-39頁

カンゴフ【看護婦】 石井研堂「看護婦の始」『増補改訂　明治事物起源』下巻，春陽堂書店，1944年12月，1145-1148頁

紀田順一郎「看護婦」『近代事物起源事典』，東京堂出版，1992年9月，46-48頁

津金幹彦「看護婦から看護師へ」『看護と情報』10，日本看護図書館協会，2003年3月，3-4頁

増田芳雄「日本における看護婦養成教育のはじまり」『近代事物起源事典』16，藍野大学，2003年3月，17-31頁

佐藤亨「看護婦」『現代に生きる幕末・明治初期漢語辞典』，明治書院，2007年6月，124頁

泉彪之助「看護婦・看護士という意味の外国語」『医譚』88，日本医史学会関西支部，2008年10月，5469-5482頁

カンゴ【漢語】 佐藤喜代治「漢語の概念」『日本の漢語』，角川書店，1979年10月，3-6頁

原田種成「漢字という語の典拠」『漢字教室』157，大修館書店，1987年2月，35-37頁

子安宣邦「「漢語」とは何か　漢字論・不可避の他者」『漢字論』，岩波書店，2003年5月，3-29頁

カンコウ【刊行】 佐藤亨『近世語彙の研究』，桜楓社，1983年6月，146頁

カンコウ【観光】 新村出「観光漫筆」『言葉の散歩道』4，教育出版，1976年6月，207-224頁
内藤錦樹「観光」『ことばコンセプト事典』，第一法規出版，1992年12月，260-265頁
岡本伸之「「観光」の語源をめぐって」『立教大学観光学部紀要』2，i—ii，立教大学，2000年3月
佐藤武義「観光」『日本語の語源』，明治書院，2003年1月，47頁
加太宏邦「観光概念の再構成」『社会志林』54—4，法政大学社会学部学会，2008年3月，27-62頁
カンコウジョウ【勧工場】 石井研堂「勧工場の始」『増補改訂　明治事物起源』下巻，春陽堂書店，1944年12月，848-852頁
惣郷正明・飛田良文「勧工場」『明治のことば辞典』，東京堂出版，1986年12月，78-79頁
湯本豪一「勧工場」『図説明治事物起源事典』，柏書房，1996年11月，152-153頁
米川明彦「勧工場」『明治・大正・昭和の新語・流行語辞典』，三省堂，2002年1月，27頁
カンゴク【監獄】 渡辺萬蔵「監獄」『現行法律語の史的研究』，萬理閣書房，1930年12月，211頁
佐藤亨「監獄」『現代に生きる幕末・明治初期漢語辞典』，明治書院，2007年6月，125-126頁
カンコクゴ【韓国語】 田中俊明「「朝鮮語」か「韓国語」か？　言語学的観点から」『言語科学』25，九州大学教養部言語研究会，1990年3月，98-112頁
植田晃次「言語呼称の社会性　日本語で朝鮮語，韓国語—ハングルと呼ばれる言語の呼称再考」『社会言語学』12，社会言語学刊行会，2002年9月，1-20頁
カンサ【監査】 瀧田輝己「「監査」の定義と監査概念」『企業会計』60—12，中央経済社，2008年12月，1668-1675頁
カンサツ【観察】 高野繁男「観察」『講座日本語の語彙 ⑨』，明治書院，1983年1月，257-270頁
惣郷正明・飛田良文「観察」『明治のことば辞典』，東京堂出版，1986年12月，79-80頁
カンジ【幹事】 渡辺萬蔵「幹事」『現行法律語の史的研究』，萬理閣書房，1930年12月，73頁
沈国威『近代日中語彙交流史—新漢語の生成と受容』，笠間書院，1994年3月，198頁
Federico Masini「幹事」*The Formation of Modern Chinese Lexicon and its Evolution toward a National Language*（李廷宰訳），소명出版，2005年11月，166頁
カンジ【漢字】 大塚邦松「漢字の呼称を廃止せよ」『国語国字』84，国語問題協議会，1974年10月，8頁
原田種成「漢字という語の典拠」『漢字教室』156，大修館書店，1987年2月，35-37頁
紀田順一郎「漢字」『近代事物起源事典』，東京堂出版，1992年9月，48-49頁
カンジゴ【漢字語】 門間正彦「「漢字語」について」『語源探求』3，日本語語源研究会編，1991年10月，170-174頁
杉本つとむ「術語，〈漢字語〉を提唱する」『解釈』44—9，解釈学会，1998年10月，3-9頁
カンシャ【官舎】 惣郷正明・飛田良文「官舎」『明治のことば辞典』，東京堂出版，1986年12月，80頁
カンジャ【患者】 佐藤亨「『玉石志林』の語彙(二)」『幕末・明治初期語彙の研究』，桜楓社，1986年2月，298-299頁
カンシュ【看守】 佐藤亨『近世語彙の研究』，桜楓社，1983年6月，64頁
佐藤亨「看守」『現代に生きる幕末・明治初期漢語辞典』，明治書院，2007年6月，127-128頁
カンシュウ【慣習】 渡辺萬蔵「慣習」『現行法律語の史的研究』，萬理閣書房，1930年12月，258頁

佐藤喜代治『国語語彙の歴史的研究』，明治書院，1971年11月，326頁

カンジュセイ【感受性】 樺島忠雄・飛田良文・米川明彦「感受性」『明治大正新語俗語辞典』，東京堂出版，1984年5月，85頁

惣郷正明・飛田良文「感受性」『明治のことば辞典』，東京堂出版，1986年12月，80頁

高野繁男「『哲学字彙』の訳語」『近代漢語の研究―日本語の造語法・訳語法』，明治書院，2004年11月，75頁

カンショ【甘藷】 安達巌「甘藷」『日本食物文化の起源』，自由国民社，1981年5月，289-290頁

市井外喜子「「甘藷」について」『大東文化大紀要　人文科学』20，大東文化大学，1982年3月，221-236頁

カンショウ【干渉・関渉】 佐藤亨「『万国公法』の語彙」『幕末・明治初期語彙の研究』，桜楓社，1986年2月，168-169頁

カンショウ【観照】 惣郷正明・飛田良文「観照」『明治のことば辞典』，東京堂出版，1986年12月，80頁

カンショウ【鑑賞】 文化庁「「観賞」か「鑑賞」か」『言葉に関する問答集』，大蔵省印刷局，1995年3月，8頁

カンジョウ【環状】 高野繁男「『百科全書』の訳語」『近代漢語の研究―日本語の造語法・訳語法』，明治書院，2004年11月，142頁

カンショウテキ【感傷的】 樺島忠雄・飛田良文・米川明彦「感傷的」『明治大正新語俗語辞典』，東京堂出版，1984年5月，86頁

カンショク【感触】 斉藤倫明「感覚，感触，知覚」『講座日本語の語彙 ⑨』，明治書院，1983年1月，256-261頁

カンシン【感心】 佐藤喜代治『国語語彙の歴史的研究』，明治書院，1971年11月，247頁

カンジン【肝心】 曽田文雄「「心肝」「肝心」小考」『滋賀大国文』1，滋賀大国語国文会，1964年2月，14-20頁

カンスウ【函数・関数】 高野繁男「『哲学字彙』の訳語」『近代漢語の研究―日本語の造語法・訳語法』，明治書院，2004年11月，58頁

佐藤亨「函数」『現代に生きる幕末・明治初期漢語辞典』，明治書院，2007年6月，129頁

カンセイ【官製】 岩城元「日常からの疑問60　シリーズ・こんなものいらない 60―「官製」地図」『朝日ジャーナル』27―37，朝日新聞社，1985年9月，22-23頁

カンセイ【感性】 進藤咲子「知性・理性・感性」『高校通信国語』49，東京書籍，1966年12月

惣郷正明・飛田良文「感性」『明治のことば辞典』，東京堂出版，1986年12月，81頁

陳力衛「漢字の履歴―感性」『月刊しにか』13―8，大修館書店，2002年7月，64頁

カンゼイ【間税】 佐藤亨「『経済小学』の訳語」『幕末・明治初期語彙の研究』，桜楓社，1986年2月，346-347頁

カンゼイ【関税】 樺島忠雄・飛田良文・米川明彦「関税」『明治大正新語俗語辞典』，東京堂出版，1984年5月，86頁

佐藤亨『幕末・明治初期語彙の研究』，桜楓社，1986年2月，82-84頁

高野繁男「『百科全書』の訳語」『近代漢語の研究―日本語の造語法・訳語法』，明治書院，2004年11月，104頁

佐藤亨「関税」『現代に生きる幕末・明治初期漢語辞典』，明治書院，2007年6月，130頁

カンセツ【間接】 惣郷正明・飛田良文「間接」『明治のことば辞典』，東京堂出版，1986年12月，81頁

佐藤亨「間接」『現代に生きる幕末・明治初期漢語辞典』，明治書院，2007年6月，130頁

カンセツショウメイ【間接照明】 山田俊雄「間接照明」『詞苑間歩』続，三省堂，2005年4月，235-238頁

カンセツゼイ【間接税】 渡辺萬蔵「間接

税」『現行法律語の史的考察』，萬理閣書房，1930年12月，188頁

カンセツ【関節】 佐藤亨「関節」『現代に生きる幕末・明治初期漢語辞典』，明治書院，2007年6月，130-131頁

カンセン【感染】 惣郷正明・飛田良文「感染」『明治のことば辞典』，東京堂出版，1986年12月，81-82頁

佐藤亨「感染」『現代に生きる幕末・明治初期漢語辞典』，明治書院，2007年6月，131頁

カンソウ【感想】 朱京偉「明治期における社会主義用語の形成」『19世紀中国語の諸相』，雄松堂出版，2007年3月，206頁

佐藤亨「感想」『現代に生きる幕末・明治初期漢語辞典』，明治書院，2007年6月，131頁

カンソウカイ【歓送会】 松尾聡「歓送会」『日本語遊覧』，笠間書院，2000年1月，10-11頁

カンタイ【寒帯】 荒川清秀「「熱帯」の期限は『職方外記』か」『近代日中学術用語の形成と伝播―地理学用語を中心に』，白帝社，1997年1月，32-76頁

宋敏「熱帯・温帯・冷帯'의 出現」(熱帯・温帯・冷帯' の出現)『새국어생활』11—4，韓国国立国語研究院，2001年冬，89-94頁

沈国威「訳語は如何に継承されたのか―「熱帯，温帯，寒帯」再考」『関西大学東西学術研究所紀要』35，関西大学東西学術研究所，2002年3月，39-53頁

佐藤亨「寒帯」『現代に生きる幕末・明治初期漢語辞典』，明治書院，2007年6月，132頁

荒川清秀「日中学术用语的创制和传播—以地理学用语为主」(日中学術用語の創生と伝播―地理学用語を中心に)『语义的文化变迁』，武汉大学出版社，2007年10月，91-94頁

カンタイ【艦隊】 佐藤亨「艦隊」『現代に生きる幕末・明治初期漢語辞典』，明治書院，2007年6月，132頁

カンタン【簡単】 鈴木丹士郎「「簡単」と「単簡」と」『専修大人文科学研究所月報』18，専修大人文科学研究所，1971年5月，8-12頁

鈴木丹士郎「「簡単」と「単簡」と続稿」『専修大人文科学研究所月報』32・33，専修大人文科学研究所，1974年2月，17-20頁

森田良行「簡単」『基礎日本語1』，角川書店，1977年10月，450頁

松井利彦「「簡単」「明確」の周辺」『国語国文』50—5，京都大学国語学国文学研究室，1981年5月，39-55頁

カンダンケイ【寒暖計・験温子】 石井研堂「寒暖計製造の始」『増補改訂　明治事物起源』下巻，春陽堂書店，1944年12月，939-940頁

石井研堂「寒暖計の始」『増補改訂　明治事物起源』下巻，春陽堂書店，1944年12月，1474-1475頁

斎藤静「寒暖計」『日本語に及ぼしたオランダ語の影響』，篠崎書林，1967年8月，256-257頁

富田仁「寒暖計」『舶来事物起源事典』，名著普及会，1987年12月，73頁

湯本豪一「寒暖計」『図説明治事物起源事典』，柏書房，1996年11月，154-155頁

朝倉治彦・安藤菊二・樋口秀雄・丸山信「寒暖計」『新装版　事物起源辞典衣食住編』，東京堂出版，2001年9月，94-95頁

杉本つとむ「近代訳語を検証する22　癌・寒暖計」『国文学　解釈と鑑賞』70—6，至文堂，2005年6月，243-246頁

杉本つとむ「近代訳語を検証する 23―験温子カンダンケイ―〈寒暖計〉紹介の資料」『国文学　解釈と鑑賞』70—7，至文堂，2005年7月，229-235頁

佐藤亨「寒暖計」『現代に生きる幕末・明治初期漢語辞典』，明治書院，2007年6月，133頁

カンチョウ【官庁】 渡辺萬蔵「官庁」『現行法律語の史的研究』，萬理閣書房，1930年12月，224頁

カンチョウ【浣腸】 杉本つとむ「近代訳語

を検証する 9 浣腸」『国文学解釈と鑑賞』69―5，至文堂，2004年5月，198-202頁
杉本つとむ「浣腸」『語源海』，東京書籍，2005年3月，225-226頁
カンツウ【姦通】 佐々木瑞枝「姦通」『女と男の日本語辞典』上巻，東京堂出版，2000年6月，173-175頁
カンツウザイ【姦通罪】 大泉志郎・大塚栄寿・永沢道雄「姦通罪」『現代死語事典』，朝日ソノラマ，1993年11月，87-88頁
カントク【監督】 佐藤亨「『徳国学校論略』の語彙」『幕末・明治初期語彙の研究』，桜楓社，1986年2月，202-203頁
佐藤亨「監督」『現代に生きる幕末・明治初期漢語辞典』，明治書院，2007年6月，134頁
カンニン【堪忍】 文化庁「「堪忍」か「勘忍」か」『言葉に関する問答集』，大蔵省印刷局，1995年3月，169-170頁
カンネン【観念】 広田栄太郎「訳語あれこれ」『近代訳語考』，東京堂出版，1969年8月，305-326頁
中村元編「観念」『仏教語源散策』，東京書籍，1977年4月，32-34頁
佐藤喜代治「観念」『日本の漢語』，角川書店，1979年10月，275-277頁
片野達郎「観念，概念」『講座日本語の語彙⑨』，明治書院，1983年1月，271-276頁
樺島忠雄・飛田良文・米川明彦「観念」『明治大正新語俗語辞典』，東京堂出版，1984年5月，87-89頁
惣郷正明・飛田良文「観念」『明治のことば辞典』，東京堂出版，1986年12月，82-83頁
金田一春彦編「観念」『ことばの生い立ち』，講談社，1988年2月，140頁
平松哲司「イデア」『ことばコンセプト事典』，第一法規出版，1992年12月，46-57頁
カンノウ【官能】 惣郷正明・飛田良文「官能」『明治のことば辞典』，東京堂出版，1986年12月，84-85頁
沈国威『近代日中語彙交流史―新漢語の生成と受容』，笠間書院，1994年3月，282-283頁
佐藤亨「官能」『現代に生きる幕末・明治初期漢語辞典』，明治書院，2007年6月，135頁
カンノン【観音】 中村元編「観音」『続仏教語源散策』，東京書籍，1977年12月，105-108頁
カンピ【官費】 佐藤亨「『玉石志林』の語彙（二）」『幕末・明治初期語彙の研究』，桜楓社，1986年2月，289-290頁
カンペイ【観兵】 惣郷正明・飛田良文「観兵」『明治のことば辞典』，東京堂出版，1986年12月，85頁
カンペイシキ【観兵式】 石井研堂「観兵式の意義と歴史」『増補改訂　明治事物起源』下巻，春陽堂書店，1944年12月，1083-1086頁
惣郷正明・飛田良文「観兵式」『明治のことば辞典』，東京堂出版，1986年12月，85頁
カンベン【勘弁】 鈴木修次「禅文化とまつわる漢語」『漢語と日本人』，みすず書房，1978年9月，70-75頁
カンポウ【官報】 石井研堂「官報の始」『増補改訂　明治事物起源』上巻，春陽堂書店，1944年11月，250頁
樺島忠雄・飛田良文・米川明彦「官報」『明治大正新語俗語辞典』，東京堂出版，1984年5月，87-88頁
湯本豪一「官報」『図説明治事物起源事典』，柏書房，1996年11月，72-73頁
米川明彦「官報」『明治・大正・昭和の新語・流行語辞典』，三省堂，2002年1月，36頁
佐藤亨「官報」『現代に生きる幕末・明治初期漢語辞典』，明治書院，2007年6月，136頁
カンポウ【漢方】 小曾戸洋「「漢方」の語の由来と意味」『日本東洋醫學雜誌』54―2，日本東洋医学会，2003年3月，259-260頁
カンボク【看品】 浜田敦「捷解新語とその改修本―「日本」と「看品」」『国文学攷』30，広島大学国語国文学会，1963年7月，1-11

頁

カンメイ【感銘】 佐藤亨「感銘」『現代に生きる幕末・明治初期漢語辞典』，明治書院，2007年6月，137-138頁

カンユ【肝油】 斎藤静「肝油」『日本語に及ぼしたオランダ語の影響』，篠崎書林，1967年8月，137-138頁

ガンユウ【含有】 高野繁男「『百科全書』の訳語」『近代漢語の研究―日本語の造語法・訳語法』，明治書院，2004年11月，110頁

カンヨウ【慣用】 高野繁男「『哲学字彙』の訳語」『近代漢語の研究―日本語の造語法・訳語法』，明治書院，2004年11月，76頁

ガンライ【元来】 松尾良樹「平安朝漢文学と唐代口語」『国文学解釈と鑑賞』55―10，至文堂，1990年10月，26-44頁

カンラク【歓楽】 佐藤喜代治「歓楽」『日本の漢語』，角川書店，1979年10月，258頁

カンリ【管理】 佐藤亨『幕末・明治初期語彙の研究』，桜楓社，1986年2月，110-111頁

惣郷正明・飛田良文「管理」『明治のことば辞典』，東京堂出版，1986年12月，85-86頁

カンリニン【管理人】 惣郷正明・飛田良文「管理人」『明治のことば辞典』，東京堂出版，1986年12月，86-87頁

カンリ【官吏】 渡辺萬蔵「官吏」『現行法律語の史的研究』，萬理閣書房，1930年12月，275-291頁

湯本豪一「官吏」『図説明治事物起源事典』，柏書房，1996年11月，18-19頁

カンリツ【官立】 佐藤亨「官立」『現代に生きる幕末・明治初期漢語辞典』，明治書院，2007年6月，139頁

カンリャク【簡略】 前田金五郎「近世語雑考」『本邦辞書史論叢』山田忠雄編，三省堂，1967年2月

カンリュウ【寒流】 荒川清秀「「海流」語源考上」『日本語学』11―6，明治書院，1989年6月，94-109頁

荒川清秀「「暖流」と「還流」」『近代日中学術用語の形成と伝播―地理学用語を中心に』，白帝社，1997年1月，180-190頁

カンリョウ【官僚】 惣郷正明・飛田良文「官僚」『明治のことば辞典』，東京堂出版，1986年12月，87頁

カンレイ【慣例】 高野繁男「『百科全書』の訳語」『近代漢語の研究―日本語の造語法・訳語法』，明治書院，2004年11月，121頁

カンロ【甘露】 中村元編著「甘露」『仏教語源散策』，東京書籍，1998年7月，97-99頁

キ

キ【気】 板坂元「日本語の生態―タブ・気・なまじ・いっそ・どうせ・せめて・自発」『国文学解釈と鑑賞』35―2，至文堂，1970年5月，218-222頁

三浦勇二「「気」の字の内容―意味と読みとの関係」『言語』4―12，大修館書店，1975年12月，87頁

宮元忠雄「ことばのことば　気と雰囲気」『言語』9―11，大修館書店，1980年11月，25頁

森田良行「気」『基礎日本語3』，角川書店，1984年10月，97-98頁

渡辺昇一「気・精神・魂」『ことばコンセプト事典』，第一法規出版，1992年12月，300-317頁

장윤수「중국 전통 氣개념과 한국 성리학에서의 기개념」(中国伝統の「気」概念と韓国の性理学での気)『哲学研究』53，大韓哲学会，1994年11月，269-296頁

佐藤清治『気』〈一語の辞典〉，三省堂，1996年3月

浅野裕一「中国における「気」の概念」『日本語学』15―7，明治書院，1996年7月，29-37頁

赤塚行雄「日本における「気」の歴史―文芸社会学的な一考察として」『日本語学』15―7，明治書院，1996年7月，9-19頁

竹田健二「「気」の原義と「気」の思想の成立」『日本語学』15―7，明治書院，1996年7月，20-28頁
赤塚行雄「日本における気の歴史」『日本語学』15―7，明治書院，1996年7月，9-19頁
浅野裕一「中国における気の概念」『日本語学』15―7，明治書院，1996年7月，29-37頁
櫻井祐樹「近代における気概念の位置上」『白山中国学』14，東洋大学中国学会，2008年1月，17-37頁
キ～【機～】 佐藤喜代治「機―機械・機関・機会・機運・機微・機密」『日本の漢語』，角川書店，1979年10月，426-430頁
ギ【義】 鈴木範久「日本語を変えた聖書語」『聖書の日本語』，岩波書店，2006年2月，214-216頁
キアツ【気圧】 荒川清秀「『六合叢談』の地理学用語」『『六合叢談』の学際的研究』，白帝社，1999年11月，49-71頁
佐藤亨「気圧」『現代に生きる幕末・明治初期漢語辞典』，明治書院，2007年6月，142頁
キアツケイ【気圧計】 杉本つとむ「連載；近代訳語を検証する49　列篤児多，蒸留缶，バロメートル・バロメーター，晴雨計，気圧計」『国文学　解釈と鑑賞』72―10，至文堂，2007年9月，218-224頁
ギアン【議案】 佐藤亨「『西洋事情』の語彙」『幕末・明治初期語彙の研究』，桜楓社，1986年2月，430-431頁
佐藤亨「議案」『現代に生きる幕末・明治初期漢語辞典』，明治書院，2007年6月，142頁
キイ【奇異】 浅野敏彦「漢語の類義語―奇怪・奇特・奇異・不思議」『同志社国文学』12，同志社大学国文学会，1977年3月，141-154頁
浅野敏彦「奇怪・奇特・奇異・不思議」『国語史の中の漢語』，和泉書院，1998年2月，68-89頁
キイン【起因】 文化庁「「起因」と「基因」の使い分け」『言葉に関する問答集』，大蔵省印刷局，1995年3月，148-149頁
ギイン【議院】 佐藤亨「『西洋事情』の語彙」『幕末・明治初期語彙の研究』，桜楓社，1986年2月，431-432頁
佐藤亨「『六合叢談』の語彙」『幕末・明治初期語彙の研究』，桜楓社，1986年2月，149-150頁
ギイン【議員】 樺島忠雄・飛田良文・米川明彦「議員」『明治大正新語俗語辞典』，東京堂出版，1984年5月，88-89頁
惣郷正明・飛田良文「議員」『明治のことば辞典』，東京堂出版，1986年12月，87-88頁
沈国威『近代日中語彙交流史―新漢語の生成と受容』，笠間書院，1994年3月，88頁
荒川清秀「日本漢語の中国語への流入」『日本語学』17―5，明治書院，1998年5月，39-46頁
Federico Masini「議員」*The Formation of Modern Chinese Lexicon and its Evolution toward a National Language*(李廷宰訳)，소명出版，2005年11月，289頁
佐藤亨「議員」『現代に生きる幕末・明治初期漢語辞典』，明治書院，2007年6月，142頁
キウン【機運】 文化庁「「機運」か「気運」か」『言葉に関する問答集』，大蔵省印刷局，1995年3月，65頁
キエ【帰依】 玉城康四郎「帰依」『仏教のことば』奈良康明編，日本放送出版協会，1978年10月，240-265頁
ギエンキン【義捐金】 石井研堂「義捐金募集の始」『増補改訂　明治事物起源』上巻，春陽堂書店，1944年11月，18-19頁
キオク【記憶】 平野和彦「記憶」『ことばコンセプト事典』，第一法規出版，1992年12月，266-275頁
キカ【幾何】 林鶴一『幾何と代数との語源に就いて』，東京開成館，1933年11月，1-29頁
柳原吉次「幾何の語源」『學鐙』52―11，學鐙編集室，1955年11月

大矢真一「数学用語の由来―「幾何」から「方程式」まで」『ことばの宇宙』1―3，東京言語研究所ラボ教育センター，1966年8月，20-27頁
広田栄太郎「訳語あれこれ」『近代訳語考』，東京堂出版，1969年8月，305-326頁
田島一郎「数学の新用語100―幾何」『数学セミナー』9―13，日本評論社，1970年12月臨時号，35-36頁
鈴木修次「外来語としての中国語」『漢語と日本人』，みすず書房，1978年9月，32-33頁
佐藤亨『近世語彙の研究』，桜楓社，1983年6月，155頁
楚翠生「漢語往来　四十―「幾何」・「測量」考上」『高校通信東書国語』251，東京書籍，1985年5月，22-23頁
冯天瑜「晚明西学译词的文化转型意义―以“脑囊”“几何”“地球”“契丹即中国”为例」(明末期の西学訳語とその文化交渉面での意義―「脳嚢」「幾何」「地球」「契丹(即ち中国)」を例に)『武汉大学学报人文科学版』2003年6期，武汉大学，2003年6月，657-664頁
前田富祺監修「幾何」『日本語語源大辞典』，小学館，2005年4月，385頁
渡辺純成「満洲語資料からみた「幾何」の語源について 数学史の研究」『数理解析研究所講究録』1444，京都大学数理解析研究所，2005年7月，34-42頁
Federico Masini「幾何」*The Formation of Modern Chinese Lexicon and its Evolution toward a National Language*(李廷宰訳)，소명出版，2005年11月，106-106頁
キカガク【幾何学】 張志淵「幾何学」『萬國事物紀原歴史』，皇城新聞社，1909年8月，52頁
惣郷正明・飛田良文「幾何学」『明治のことば辞典』，東京堂出版，1986年12月，88頁
杉本つとむ「幾何学」『語源海』，東京書籍，2005年3月，230頁
佐藤亨「幾何学」『現代に生きる幕末・明治初期漢語辞典』，明治書院，2007年6月，144-145頁
キカ【貴下】 森田良行「貴下」『基礎日本語2』，角川書店，1980年6月，10頁
キカ【帰化】 渡辺萬蔵「帰化」『現行法律語の史的研究』，萬理閣書房，1930年12月，132頁
ギガ【戯画】 惣郷正明・飛田良文「戯画」『明治のことば辞典』，東京堂出版，1986年12月，88頁
キカイ【奇怪】 浅野敏彦「漢語の類義語―奇怪・奇特・奇異・不思議」『同志社国文学』12，同志社大学国文学会，1977年3月，141-154頁
浅野敏彦「奇怪・奇特・奇異・不思議」『国語史の中の漢語』，和泉書院，1998年2月，68-89頁
キカイ【器械】 宋敏「器械에서 機械가 되기까지」(器械から機械へ)『새국어생활』9―4，韓国国立国語研究院，1999年12月，131-136頁
高野繁男「『百科全書』の訳語」『近代漢語の研究―日本語の造語法・訳語法』，明治書院，2004年11月，142頁
キカイ【機会】 佐藤喜代治「機会」『日本の漢語』，角川書店，1979年10月，429頁
キカイ【機械】 佐藤喜代治「機械・器械」『日本の漢語』，角川書店，1979年10月，426-430頁
佐藤治夫「機械」『ことばコンセプト事典』，第一法規出版，1992年12月，276-283頁
文化庁「「機械」と「器械」の使い分け」『言葉に関する問答集』，大蔵省印刷局，1995年3月，42-43頁
キカイガク【機械学】 斎藤静「機械学」『日本語に及ぼしたオランダ語の影響』，篠崎書林，1967年8月，155-156頁
キカイテキ【機械的】 樺島忠雄・飛田良文・米川明彦「機械的」『明治大正新語俗語辞典』，東京堂出版，1984年5月，89頁

ギカイ【議会】 張志淵「議会」『萬國事物紀原歴史』，皇城新聞社，1909年8月，94頁
前尾繁三郎「議会―政治学語源考8」『再建』11―1，再建編集局，1957年1月，50–61頁
高野繁男「『明六雑誌』の和製漢語」『『明六雑誌』とその周辺』神奈川大学人文学研究所編，お茶の水書房，2004年3月，187–188頁
高野繁男「『明六雑誌』の語彙」『近代漢語の研究―日本語の造語法・訳語法』，明治書院，2004年11月，178頁
高野繁男「『百科全書』の訳語」『近代漢語の研究―日本語の造語法・訳語法』，明治書院，2004年11月，113頁
Federico Masini「議会」*The Formation of Modern Chinese Lexicon and its Evolution toward a National Language*(李廷宰訳)，소명出版，2005年11月，163頁
佐藤亨「議会」『現代に生きる幕末・明治初期漢語辞典』，明治書院，2007年6月，144頁
谷口知子「『海国図志・四洲志』に見られる新概念の翻訳―原書との対照を通して」『或問』14，近代東西言語文化接触研究会，2008年7月，88頁
キカン【期間】 松井利彦「近代日本語における「時」の獲得―新漢語「時間」と「期間」の成立をめぐって」『或問』9，近代東西言語文化接触研究会，2005年5月，1–26頁
キカン【機関】 渡辺萬蔵「機関」『現行法律語の史的研究』，萬理閣書房，1930年12月，39頁
佐藤喜代治「機関」『日本の漢語』，角川書店，1979年10月，427頁
進藤咲子「小幡篤次郎の英氏経済論の訳語」『明治時代語の研究；語彙と文章』，明治書院，1981年11月，102–103頁
惣郷正明・飛田良文「機関」『明治のことば辞典』，東京堂出版，1986年12月，88–90頁
沈国威『近代日中語彙交流史―新漢語の生成と受容』，笠間書院，1994年3月，56頁
Federico Masini「機関」*The Formation of Modern Chinese Lexicon and its Evolution toward a National Language*(李廷宰訳)，소명出版，2005年11月，256頁
佐藤亨「機関」『現代に生きる幕末・明治初期漢語辞典』，明治書院，2007年6月，146頁
キキ【機器】 馮天瑜『新語探源』，中華書局，2004年10月，361頁
キキュウ【気球】 石井研堂「気球の紹介」『増補改訂　明治事物起源』下巻，春陽堂書店，1944年12月，1100–1101頁
佐藤亨「『玉石志林』の語彙(二)」『幕末・明治初期語彙の研究』，桜楓社，1986年2月，307–308頁
杉本つとむ「気球」『語源海』，東京書籍，2005年3月，230–231頁
杉本つとむ「近代訳語を検証する45　気球・飛船／飛行船／避雷線／避雷針」『国文学解釈と鑑賞』72―5，至文堂，2007年5月，183–187頁
佐藤亨「気球」『現代に生きる幕末・明治初期漢語辞典』，明治書院，2007年6月，147–148頁
キギョウ【企業】 樺島忠雄・飛田良文・米川明彦「企業」『明治大正新語俗語辞典』，東京堂出版，1984年5月，90頁
惣郷正明・飛田良文「企業」『明治のことば辞典』，東京堂出版，1986年12月，90–91頁
佐藤亨「企業」『現代に生きる幕末・明治初期漢語辞典』，明治書院，2007年6月，148頁
ギキョク【戯曲】 永嶋大典「英和辞書の訳語―明治前期の文学用語をめぐって」『講座日本語の語彙 ⑥』，明治書院，1982年2月，54頁
惣郷正明・飛田良文「戯曲」『明治のことば辞典』，東京堂出版，1986年12月，91頁
金子幸代「戯曲・翻訳劇」『国文学』43―1，学燈社，1998年1月，88–81頁
佐藤亨「戯曲」『現代に生きる幕末・明治初期漢語辞典』，明治書院，2007年6月，148頁
キゲキ【喜劇】 杉浦明平「喜劇と悲劇」『日

本文学』2—2，日本文学協会，1953年3月，23-25頁

広田栄太郎「「悲劇」「喜劇」考」『近代訳語考』，東京堂出版，1969年8月，115-140頁

永嶋大典「英和辞書の訳語—明治前期の文学用語をめぐって」『講座日本語の語彙 ⑥』，明治書院，1982年2月，54頁

樺島忠雄・飛田良文・米川明彦「喜劇」『明治大正新語俗語辞典』，東京堂出版，1984年5月，90頁

平辰彦「明治期における喜劇の系譜—その訳語と上演をめぐって」『日本演劇学会紀要』27，日本演劇学会，1989年5月，63-73頁

田中建彦「悲劇・喜劇」『ことばコンセプト事典』，第一法規出版，1992年12月，1408-1419頁

青田寿美「Tragedy，Comedyの訳語誌」『国語語彙史の研究』17，和泉書院，1998年10月，261-314頁

ギケツ【議決】 佐藤亨「議決」『現代に生きる幕末・明治初期漢語辞典』，明治書院，2007年6月，149-150頁

キゲン【紀元】 石井研堂「紀元の始」『増補改訂　明治事物起源』下巻，春陽堂書店，1944年12月，1299-1301頁

キゲン【起源】 文化庁「「起源」か「起原」か」『言葉に関する問答集』，大蔵省印刷局，1995年3月，13-14頁

キゲン【機嫌】 鈴木理枝子「「キゲン」の語史；「機嫌」・「故嫌」・「気嫌」について」『日本文学ノート』25，宮城学院女子大学日本文学会，1990年1月，64-74頁

文化庁「「機嫌」か「気嫌」か」『言葉に関する問答集』，大蔵省印刷局，1995年3月，232-234頁

キケンジンブツ【危険人物】 樺島忠雄・飛田良文・米川明彦「危険人物」『明治大正新語俗語辞典』，東京堂出版，1984年5月，91頁

キコウ【気孔】 高野繁男「『百科全書』の訳語」『近代漢語の研究—日本語の造語法・訳語法』，明治書院，2004年11月，144頁

キコウ【気候】 荒川清秀「『六合叢談』の地理学用語」『『六合叢談』の学際的研究』，白帝社，1999年11月，49-71頁

キコウ【機構】 惣郷正明・飛田良文「機構」『明治のことば辞典』，東京堂出版，1986年12月，91頁

キゴウ【記号】 沈国威『近代日中語彙交流史—新漢語の生成と受容』，笠間書院，1994年3月，33頁

木村秀次「「記号」ということば—『西国立志編』をめぐって」『千葉大学教育学部研究紀要』49—2，千葉大学教育学部，2001年2月，145-155頁

ギゴク【疑獄】 惣郷正明・飛田良文「疑獄」『明治のことば辞典』，東京堂出版，1986年12月，91-92頁

キシ【棋士】 朝日新聞校閲部「棋士」『まっとうな日本語』，朝日新聞社，2005年9月，75-76頁

キシ【騎士】 田中建彦「騎士」『ことばコンセプト事典』，第一法規出版，1992年12月，284-291頁

キジ【記事】 惣郷正明・飛田良文「記事」『明治のことば辞典』，東京堂出版，1986年12月，92-93頁

ギシ【技師】 惣郷正明・飛田良文「技師」『明治のことば辞典』，東京堂出版，1986年12月，93頁

Federico Masini「技師」*The Formation of Modern Chinese Lexicon and its Evolution toward a National Language*（李廷宰訳），소명出版，2005年11月，257頁

ギシ【義歯】 富田仁「義歯」『舶来事物起源事典』，名著普及会，1987年12月，77-78頁

キシツ【気質】 惣郷正明・飛田良文「気質」『明治のことば辞典』，東京堂出版，1986年12月，93-94頁

ギジドウ【議事堂】 佐藤亨「議事堂」『現代

に生きる幕末・明治初期漢語辞典』，明治書院，2007年6月，152頁

キシャ【汽車】 石井研堂「汽車の始」『増補改訂　明治事物起源』下巻，春陽堂書店，1944年12月，770-796頁

広田栄太郎「近代訳語考―「汽車」と「汽船」と」『大妻女子大学文学部紀要』1，大妻女子大学文学部，1969年3月，45-52頁

広田栄太郎「「汽車」「汽船」の語史」『近代訳語考』，東京堂出版，1969年8月，71-98頁

久世善男「汽車」『言葉のなづけ親―翻訳に見る文明開化』，朝日ソノラマ，1975年11月，26-32頁

原田勝正「「汽車にのる」ということ」『外国語になった日本語の事典』，筑摩書房，1983年10月，79-104頁

佐藤亨「『経済小学』の訳語」『幕末・明治初期語彙の研究』，桜楓社，1986年2月，341頁

金田一春彦編「汽車」『ことばの生い立ち』，講談社，1988年2月，144-145頁

荒川清秀「日本漢語の中国語への流入」『日本語学』17―5，明治書院，1998年5月，39-46頁

宋敏「漢字語 "汽船，汽車" 의 연원」(漢語「汽船」「汽車」の由来)『새국어생활』9―3，韓国国立国語研究院，1999年9月，85-90頁

前田富祺監修「汽車」『日本語語源大辞典』，小学館，2005年4月，389頁

キシャ【記者】 惣郷正明・飛田良文「記者」『明治のことば辞典』，東京堂出版，1986年12月，94-95頁

佐藤亨「記者」『現代に生きる幕末・明治初期漢語辞典』，明治書院，2007年6月，152-153頁

ギジュク【義塾】 惣郷正明・飛田良文「義塾」『明治のことば辞典』，東京堂出版，1986年12月，95頁

ギジュツ【技術】 鎮目恭夫「科学・技術・芸術ということば」『言語生活』130，筑摩書房，1962年7月，70-72頁

佐藤亨「『西洋事情』の語彙」『幕末・明治初期語彙の研究』，桜楓社，1986年2月，404-405頁

惣郷正明・飛田良文「技術」『明治のことば辞典』，東京堂出版，1986年12月，95-96頁

佐藤治夫「技術」『ことばコンセプト事典』，第一法規出版，1992年12月，292-299頁

飯田賢一『技術』〈一語の辞典〉，三省堂，1995年12月

キジュン【基準】 文化庁「「規準」か「規準」か」『言葉に関する問答集』，大蔵省印刷局，1995年3月，14-15頁

キジョ【貴女】 惣郷正明・飛田良文「貴女」『明治のことば辞典』，東京堂出版，1986年12月，96頁

キショウ【気性】 田島優「「気象」と「気性」；同義から異義へ」『愛知県立大学文学部論集国文学科編』43，愛知県立大文学部，1994年12月，45-55頁

キショウ【気象】 惣郷正明・飛田良文「気象」『明治のことば辞典』，東京堂出版，1986年12月，96-97頁

田島優「「気象」と「気性」；同義から異義へ」『近代漢字表記語の研究』，和泉書院，1998年11月，301-315頁

工藤力男「気象の日本語―言語時評・九」『成城文芸』193，成城大学，2005年12月，37-44頁

キショウガク【気象学】 八耳俊文「「気象学」語源考」『青山學院女子短期大學紀要』61，青山学院女子短期大学，2007年12月，111-126頁

キショウダイ【気象台】 石井研堂「気象台の始」『増補改訂　明治事物起源』上巻，春陽堂書店，1944年12月，466-467頁

湯本豪一「気象台」『図説明治事物起源事典』，柏書房，1996年11月，400-401頁

キショウ【稀少】 佐藤亨「『経済小学』の訳語」『幕末・明治初期語彙の研究』，桜楓社，1986年2月，327頁

キショウ【徽章】 渡辺萬蔵「徽章」『現行法律語の史的研究』，萬理閣書房，1930年12月，16頁

ギジョウヘイ【儀仗兵】 渡辺萬蔵「儀仗兵」『現行法律語の史的研究』，萬理閣書房，1930年12月，257頁

キセイ【既成】 文化庁「「既成」と「既製」の使い分け」『言葉に関する問答集』，大蔵省印刷局，1995年3月，43頁

キセイ【期成】 惣郷正明・飛田良文「期成」『明治のことば辞典』，東京堂出版，1986年12月，97頁

ギセイ【擬制】 渡辺萬蔵「擬制」『現行法律語の史的研究』，萬理閣書房，1930年12月，39頁

キセキ【奇跡】 渡辺昇一「奇跡」『ことばコンセプト事典』，第一法規出版，1992年12月，318–335頁

千葉謙悟「神は漢字を嘉したもう—〈奇蹟〉の訳語をめぐって」『アジア遊学』115，勉誠出版，2008年1月，154–157頁

千葉謙悟「「奇跡」の語史」『漢字文化圏近代言語文化交流研究』（国際シンポジウム予稿集，天津外国語大学），漢字文化圏近代言語文化交流研究会，2009年3月，185–198頁

千葉謙悟「訳語「奇跡」と日中語彙交流」『或問』16，近代東西言語文化接触研究会，2009年7月，19–31頁

ギセキ【議席】 佐藤亨「議席」『現代に生きる幕末・明治初期漢語辞典』，明治書院，2007年6月，156頁

キセン【汽船・気船】 石井研堂「汽船の始」『増補改訂　明治事物起源』下巻，春陽堂書店，1944年12月，769–809頁

斎藤静「気船」『日本語に及ぼしたオランダ語の影響』，篠崎書林，1967年8月，131頁

広田栄太郎「「汽車」「汽船」の語史」『近代訳語考』，東京堂出版，1969年8月，71–98頁

富田仁「汽船」『舶来事物起源事典』，名著普及会，1987年12月，79–80頁

宋敏「漢字語 '汽船，汽車' 의 연원」（漢語「汽船」「汽車」の由来）『새국어생활』9—3，韓国国立国語研究院，1999年9月，85–90頁

高野繁男「『明六雑誌』の和製漢語」『『明六雑誌』とその周辺』神奈川大学人文学研究所編，お茶の水書房，2004年3月，197頁

高野繁男「『明六雑誌』の語彙」『近代漢語の研究—日本語の造語法・訳語法』，明治書院，2004年11月，186頁

Federico Masini「汽船」*The Formation of Modern Chinese Lexicon and its Evolution toward a National Language*（李廷宰訳），소명出版，2005年11月，166頁

キソク【規則】 陳力衛「現代中国語における和製漢語の受容」『和製漢語の形成と展開』，汲古書院，2001年2月，391頁

キゾク【貴族】 田中建彦「貴族」『ことばコンセプト事典』，第一法規出版，1992年12月，336–347頁

ギソク【義足】 石井研堂「義足の始」『増補改訂　明治事物起源』下巻，春陽堂書店，1944年12月，1048–1049頁

富田仁「義足」『舶来事物起源事典』，名著普及会，1987年12月，80頁

キタイ【気体】 蘇小楠「日中学術用語交渉の一試論—訳語「固体・気体・液体」の由来について」『名古屋大学国語国文学』96，名古屋大学国語国文学会，2005年7月，86–70頁

キタイ【希代】 佐藤喜代治『国語語彙の歴史的研究』，明治書院，1971年11月，68頁

きたカイキセン【北回帰線】 荒川清秀「六合叢談』の地理学用語」『『六合叢談』の学際的研究』，白帝社，1999年11月，49–71頁

キタク【寄託】 渡辺萬蔵「寄託」『現行法律語の史的研究』，萬理閣書房，1930年12月，216頁

キチクベイエイ【鬼畜米英】 稲垣吉彦・吉沢典男監修「鬼畜米英」『昭和ことば史60年』，講談社，1985年10月，84–85頁

キチョウ【貴重】 惣郷正明・飛田良文「貴重」『明治のことば辞典』，東京堂出版，1986年12月，97-98頁

ギチョウ【議長】 佐藤亨「『西洋事情』の語彙」『幕末・明治初期語彙の研究』，桜楓社，1986年2月，432-433頁

佐藤亨「『大美聯邦志略』の語彙」『幕末・明治初期語彙の研究』，桜楓社，1986年2月，88-89頁

キツエン【喫煙】 惣郷正明・飛田良文「喫煙」『明治のことば辞典』，東京堂出版，1986年12月，98頁

キッサテン【喫茶店】 樺島忠雄・飛田良文・米川明彦「喫茶店」『明治大正新語俗語辞典』，東京堂出版，1984年5月，92頁

佐藤武義「喫茶店」『日本語の語源』，明治書院，2003年1月，27-28頁

きって【切手】 広田栄太郎「切手」『近代訳語考』，東京堂出版，1969年8月，313-314頁

久世善男「切手」『言葉のなづけ親—翻訳に見る文明開化』，朝日ソノラマ，1975年11月，33-36頁

樺島忠雄・飛田良文・米川明彦「切手」『明治大正新語俗語辞典』，東京堂出版，1984年5月，92-93頁

富田仁「切手」『舶来事物起源事典』，名著普及会，1987年12月，81-82頁

河越龍方・河越圭子「切手と印紙」『はがき考雑俎』，私家版，1991年8月，42-46頁

沈国威『近代日中語彙交流史—新漢語の生成と受容』，笠間書院，1994年3月，50頁

キテイ【規定】 文化庁「「規定」と「規程」の使い分け」『言葉に関する問答集』，大蔵省印刷局，1995年3月，22-24頁

キテン【機転・気転】 佐藤亨「機転，気転」『講座日本語の語彙 ⑨』，明治書院，1983年1月，282-285頁

キトウ【亀頭】 小川鼎三「亀頭とドングリの話」『医学用語の起り』，東京書籍，1983年1月，152-155頁

キドウ【軌道】 佐藤亨「『徳国学校論略』の語彙」『幕末・明治初期語彙の研究』，桜楓社，1986年2月，204-205頁

惣郷正明・飛田良文「軌道」『明治のことば辞典』，東京堂出版，1986年12月，99頁

荒川清秀「『六合叢談』の地理学用語」『『六合叢談』の学際的研究』，白帝社，1999年11月，49-71頁

キドウ【機動】 惣郷正明・飛田良文「機動」『明治のことば辞典』，東京堂出版，1986年12月，99-100頁

キドウエンシュウ【機動演習】 惣郷正明・飛田良文「機動演習」『明治のことば辞典』，東京堂出版，1986年12月，100頁

キトク【奇特】 浅野敏彦「漢語の類義語—奇怪・奇特・奇異・不思議」『同志社国文学』12，同志社大学国文学会，1977年3月，141-154頁

惣郷正明・飛田良文「奇特」『明治のことば辞典』，東京堂出版，1986年12月，100-101頁

浅野敏彦「奇怪・奇特・奇異・不思議」『国語史の中の漢語』，和泉書院，1998年2月，68-89頁

キネン【記念・紀念】 天沼寧「記念・紀念」『大妻国文』10，大妻女子大学国文学会，1979年3月，13-36頁

鈴木寿乃「郵便切手に見る「紀念」・「記念」」『大妻国文』10，大妻女子大学国文学会，1979年3月，1-11頁

生方徹夫「記念碑の所在と「紀念」表記　総地方の例を中心に」『麗沢大学紀要』48，麗沢大学学術研究委員会，1989年7月，300-267頁

倉島正長「字義の識別が弱い例—「紀念」か「記念」か」『日本語から日本が見える』，東京新聞出版局，2004年11月，180-183頁

キネンヒ【記念碑】 石井研堂「記念碑の始」『増補改訂　明治事物起源』上巻，春陽堂書店，1944年11月，22-23頁

キノウ【帰納】 広田栄太郎「訳語あれこれ」『近代訳語考』，東京堂出版，1969年8月，305–326頁
鈴木修次「「命題」「演繹」「帰納」」『日本漢語と中国―漢字文化圏の近代化』，中央公論社，1981年9月，106–123頁
惣郷正明・飛田良文「帰納」『明治のことば辞典』，東京堂出版，1986年12月，101頁
金田一春彦編「帰納」『ことばの生い立ち』，講談社，1988年2月，140頁
沈国威『近代日中語彙交流史―新漢語の生成と受容』，笠間書院，1994年3月，33頁
Federico Masini「帰納」*The Formation of Modern Chinese Lexicon and its Evolution toward a National Language*（李廷宰訳），소명出版，2005年11月，256頁
佐藤亨「帰納」『現代に生きる幕末・明治初期漢語辞典』，明治書院，2007年6月，163–164頁
キノウホウ【帰納法】 樺島忠雄・飛田良文・米川明彦「帰納法」『明治大正新語俗語辞典』，東京堂出版，1984年5月，93頁
惣郷正明・飛田良文「機能法」『明治のことば辞典』，東京堂出版，1986年12月，102頁
荒川清秀「日本漢語の中国語への流入」『日本語学』17―5，明治書院，1998年5月，39–46頁
馮天瑜『新語探源』，中華書局，2004年10月，366頁
キノウ【機能】 惣郷正明・飛田良文「機能」『明治のことば辞典』，東京堂出版，1986年12月，101–102頁
キハツ【揮発】 惣郷正明・飛田良文「揮発」『明治のことば辞典』，東京堂出版，1986年12月，102頁
沈国威『近代日中語彙交流史―新漢語の生成と受容』，笠間書院，1994年3月，284頁
佐藤亨「揮発」『現代に生きる幕末・明治初期漢語辞典』，明治書院，2007年6月，164頁
キハツユ【揮発油】 斎藤静「揮発油」『日本語に及ぼしたオランダ語の影響』，篠崎書林，1967年8月，268頁
高野繁男「『百科全書』の訳語」『近代漢語の研究―日本語の造語法・訳語法』，明治書院，2004年11月，146頁
キハン【規範】 渡辺萬蔵「規範」『現行法律語の史的研究』，萬理閣書房，1930年12月，17頁
キヒ【忌避】 渡辺萬蔵「忌避」『現行法律語の史的研究』，萬理閣書房，1930年12月，153頁
キブン【気分】 欒竹民「平安鎌倉時代に於ける「気分」の意味について―「心地」ここちとの意味関係を中心に」『国文学攷』130，広島大学国語国文学会，1991年6月，12–24頁
金昌奎「「気持ち」と「気分」の意味用法および使い分けに関する研究」『日語日文學』27，大韓日語日文學會，2005年8月，4–1頁
キボ【規模】 蜂谷清人「規模」『講座日本語の語彙 ⑨』，明治書院，1983年1月，296–301頁
惣郷正明・飛田良文「規模」『明治のことば辞典』，東京堂出版，1986年12月，103–104頁
キボウ【希望】 佐藤喜代治『国語語彙の歴史的研究』，明治書院，1971年11月，247頁
一海知義「希望」『漢語の知識』，岩波書店，1981年7月，35–38頁
滝沢恵美子「希望」『ことばコンセプト事典』，第一法規出版，1992年12月，348–355頁
田島優「音の交代と複数表記―『新説八十日間世界一周』を中心に」『語源探求』5，日本語語源研究会編，1997年7月，82–88頁
佐藤亨「希望」『現代に生きる幕末・明治初期漢語辞典』，明治書院，2007年6月，166頁
キミツ【機密】 渡辺萬蔵「機密」『現行法律語の史的研究』，萬理閣書房，1930年12月，17頁
佐藤喜代治「機密」『日本の漢語』，角川書店，1979年10月，430頁
ギム【義務】 鈴木修次「「権利」と「義務」」

『日本漢語と中国　漢字文化圏の近代化』，中央公論社，1981年9月，45-60頁
樺島忠雄・飛田良文・米川明彦「義務」『明治大正新語俗語辞典』，東京堂出版，1984年5月，93-94頁
惣郷正明・飛田良文「義務」『明治のことば辞典』，東京堂出版，1986年12月，104-105頁
佐藤亨「漢語の出自と定着過程―「義務」を中心に」『新潟大学国語国文学会誌』31，新潟大学国語国文学会，1988年3月，47-57頁
佐藤亨「漢語の出自と定着過程―「義務」を中心に」『近代語の成立』，桜楓社，1992年12月，65-85頁
門間泉「義務」『ことばコンセプト事典』，第一法規出版，1992年12月，356-363頁
高野繁男「『明六雑誌』の和製漢語」『『明六雑誌』とその周辺』神奈川大学人文学研究所編，お茶の水書房，2004年3月，193頁
馮天瑜『新語探源』，中華書局，2004年10月，400-401頁
高野繁男「『百科全書』の訳語」『近代漢語の研究―日本語の造語法・訳語法』，明治書院，2004年11月，99頁
孫建軍「「義務」の成立」『日本近代語研究』4，飛田良文博士古稀記念，ひつじ書房，2005年6月，55-72頁
佐藤亨「希望」『現代に生きる幕末・明治初期漢語辞典』，明治書院，2007年6月，167頁

ギヤク【義訳】 沈国威「蘭学の訳語と新漢語の創出」『19世紀中国語の諸相』，雄松堂出版，2007年3月，235頁

キャクシャ【客車】 惣郷正明・飛田良文「客車」『明治のことば辞典』，東京堂出版，1986年12月，105-106頁

キャクショク【脚色】 樺島忠雄・飛田良文・米川明彦「脚色」『明治大正新語俗語辞典』，東京堂出版，1984年5月，94頁
惣郷正明・飛田良文「脚色」『明治のことば辞典』，東京堂出版，1986年12月，106-107頁

ギャクセツ【逆説】 樺島忠雄・飛田良文・米川明彦「逆説」『明治大正新語俗語辞典』，東京堂出版，1984年5月，95頁
惣郷正明・飛田良文「逆説」『明治のことば辞典』，東京堂出版，1986年12月，107頁
高野繁男「『哲学字彙』の訳語」『近代漢語の研究―日本語の造語法・訳語法』，明治書院，2004年11月，64頁

キャクセンビ【脚線美】 山田俊雄「脚線美とのめぐりあひ」『詞苑間歩』下，三省堂，1999年9月，390-393頁
前田富祺監修「脚線美」『日本語語源大辞典』，小学館，2005年4月，399頁

ギャクテン【逆転】 佐藤亨「逆転」『現代に生きる幕末・明治初期漢語辞典』，明治書院，2007年6月，169頁

ギャクト【逆徒】 槌田満文「逆徒」『明治大正新語・流行語』，角川書店，1983年6月，206-208頁

キャクホン【脚本】 樺島忠雄・飛田良文・米川明彦「脚本」『明治大正新語俗語辞典』，東京堂出版，1984年5月，95頁

キャッカン【客観】 広田栄太郎「訳語あれこれ」『近代訳語考』，東京堂出版，1969年8月，305-326頁
樺島忠雄・飛田良文・米川明彦「客観」『明治大正新語俗語辞典』，東京堂出版，1984年5月，95-96頁
惣郷正明・飛田良文「客観」『明治のことば辞典』，東京堂出版，1986年12月，107-108頁
金田一春彦編「客観」『ことばの生い立ち』，講談社，1988年2月，140頁
李貞和「訳語としての「主観」と「客観」の成立について―「此観」「彼観」との関わりを中心に」『甲南国文』43，甲南女子大学国文学会，1996年3月，227-241頁
土居健郎「日本語における主観と客観」『図書』610，岩波書店，2000年2月，11-13頁
高野繁男「近代語彙研究の概略と課題」『近代漢語の研究―日本語の造語法・訳語法』，明治書院，2004年11月，10頁

佐藤亨「客観」『現代に生きる幕末・明治初期漢語辞典』，明治書院，2007年6月，111頁

キュウ【旧】 荒川清秀「字音形態素の意味と造語力―同訓異字の漢字を中心に」『愛知大学文学論叢』82・83，愛知大學文學會，1986年11月，1-24頁

キュウクツ【窮屈】 小山登久「「屈」と「窮屈」―平安時代の公家日記を中心に」『語文』42，大阪大学国語国文学会，1983年11月，12-20頁

キュウゲキ【急激】 佐藤亨「急激」『現代に生きる幕末・明治初期漢語辞典』，明治書院，2007年6月，172頁

キュウジョ【救助】 渡辺萬蔵「救助」『現行法律語の史的研究』，萬理閣書房，1930年12月，32頁

キュウシン【急進】 佐藤亨「急進」『現代に生きる幕末・明治初期漢語辞典』，明治書院，2007年6月，174頁

キュウシンリョク【求心力】 斎藤静「求心力」『日本語に及ぼしたオランダ語の影響』，篠崎書林，1967年8月

高野繁男「『百科全書』の訳語」『近代漢語の研究―日本語の造語法・訳語法』，明治書院，2004年11月，153頁

キュウセイ【急性】 佐藤亨「急性」『現代に生きる幕末・明治初期漢語辞典』，明治書院，2007年6月，175頁

キュウセイグン【救世軍】 石井研堂「救世軍の始」『増補改訂　明治事物起源』上巻，春陽堂書店，1944年11月，407-408頁

湯本豪一「救世軍」『図説明治事物起源事典』，柏書房，1996年11月，156-157頁

ギュウニュウ【牛乳】 佐藤亨『近世語彙の研究』，桜楓社，1983年6月，35頁

紀田順一郎「牛乳」『近代事物起源事典』，東京堂出版，1992年9月，56-58頁

湯本豪一「牛乳」『図説明治事物起源事典』，柏書房，1996年11月，288-289頁

佐藤武義「牛乳」『日本語の語源』，明治書院，2003年1月，26頁

キュウバン【吸盤】 沈国威『近代日中語彙交流史―新漢語の生成と受容』，笠間書院，1994年3月，285-286頁

ギユウヘイ【義勇兵】 惣郷正明・飛田良文「義勇兵」『明治のことば辞典』，東京堂出版，1986年12月，108頁

キュウリ【窮理】 惣郷正明・飛田良文「窮理」『明治のことば辞典』，東京堂出版，1986年12月，108-109頁

キュウリガク【窮理学】 矢島祐利「本邦における窮理学の成立(一)」『科学史研究』第7号，日本科学史学会，1943年11月，62-97頁

矢島祐利「本邦における窮理学の成立(二)」『科学史研究』第8号，日本科学史学会，1944年5月，40-67頁

杉本つとむ「近代語の形成―訳語をとおしてみた」『国語と国文学』1967年4月特集号，東京大学国語国文学会，1967年4月，11-22頁

杉本つとむ「近代語の形成―訳語をとおしてみた」『近代日本語の成立と発展』，東京大学国語国文学会，1999年5月，332-339頁

周程「福沢諭吉の科学概念―窮理学・物理学・数理学を中心にして」『科学史研究』第211号，日本科学史学会，1999年秋，154-164頁

ギョ【御】 大岩正仲「御―用法と意味」『国語学』52，国語学会，1963年3月，93-100頁

吉野政治「敬語接尾辞としての「御」の成立と展開」『同志社国文学』19，同志社大学国文学会，1981年10月，68-79頁

キョウ【卿】 植松靖夫「「卿」とは何か―LordとSirの訳語をめぐって」『東北学院大学論集，英語・英文学』92，東北学院大学学術研究会，2004年2月，1-13頁

キョウイク【教育】 藤原敬子「我が国における「教育」という語に関しての一考察」『哲学』73，筑摩書房，1981年7月，205-226頁

高橋厳「教育，教訓，養育，保育」『講座日本

語の語彙 ⑨』，明治書院，1983年1月，309-311頁

楚翠生「漢語往来—二十七「教育」「学校」考」『高校通信東書国語』237，東京書籍，1984年2月，22-23頁

郭鴻雁「教育概念の語源をめぐる東洋と西洋の対立について」『学校教育研究』12，日本学校教育学会，1997年9月，101-112頁

Federico Masini「教育」*The Formation of Modern Chinese Lexicon and its Evolution toward a National Language*（李廷宰訳），소명出版，2005年11月，158頁

山本義彦「教育概念と「教養教育」を考える」『静岡大学教育研究』4，静岡大学大学教育センター，2008年3月，65-77頁

キョウイクガク【教育学】 Federico Masini「教育学」*The Formation of Modern Chinese Lexicon and its Evolution toward a National Language*（李廷宰訳），소명出版，2005年11月，255頁

キョウイクカテイ【教育課程】 佐藤亨「教育課程」『現代に生きる幕末・明治初期漢語辞典』，明治書院，2007年6月，179頁

キョウイクチョクゴ【教育勅語】 石井研堂「教育勅語の始」『増補改訂　明治事物起源』上巻，春陽堂書店，1944年12月，474頁

湯本豪一「教育勅語」『図説明治事物起源事典』，柏書房，1996年11月，94-95頁

キョウイン【教員】 Federico Masini「教員」*The Formation of Modern Chinese Lexicon and its Evolution toward a National Language*（李廷宰訳），소명出版，2005年11月，163頁

キョウオウ【饗応】 斎木一馬「国語資料としての古記録の研究」『国学院雑誌』55—2，国学院大学，1954年6月，105-116頁

キョウカ【教化】 イヨンスク「「同化」とはなにか」『国語という思想』，岩波書店，1996年12月，255-263頁

キョウカ【教科】 佐藤亨『近世語彙の研究』，桜楓社，1983年6月，150頁

佐藤亨「教科」『現代に生きる幕末・明治初期漢語辞典』，明治書院，2007年6月，180頁

キョウカショ【教科書】 惣郷正明・飛田良文「教科書」『明治のことば辞典』，東京堂出版，1986年12月，109-110頁

邹振环「利玛窦『交友论』的译刊与传播」（マテオリッチの『交友論』の翻訳・出版とその伝播）『复旦学报社会科学版』2001年第03期，复旦大学，2001年3月，49-55頁

邹振环「十九世纪下半期上海的“英语热”与早期英语读本及其影响」（19世紀下半期における上海の「英語ブーム」と初期英語読本の影響）『档案与史学』2002年第1期，上海市档案馆，2002年1月，41-47頁

邹振环「麦都思及其早期中文史地著述」（メドハーストと中国語で書かれた早期の歴史書と地理書）『复旦学报社会科学版』2003年第5期，复旦大学，2003年5月，99-105頁

邹振环「『大英国志』与晚清国人对英国历史的认识」（『大英国志』と英国歴史に対する清末中国人の認識）『复旦学报社会科学版』2004年第1期，复旦大学，2004年3月，40-49頁

邹振环「晚清同文馆外语教学与外语教科书的编纂」（清末同文館の外国語教育及び外国語教科書の編纂）『学术研究』2004年第12期，广东省社会科学界联合会，2004年12月，115-123頁

佐藤亨「教科書」『現代に生きる幕末・明治初期漢語辞典』，明治書院，2007年6月，181頁

キョウカイ【協会】 沈国威『近代日中語彙交流史—新漢語の生成と受容』，笠間書院，1994年3月，114頁

Federico Masini「協会」*The Formation of Modern Chinese Lexicon and its Evolution toward a National Language*（李廷宰訳），소명出版，2005年11月，162頁

キョウカイ【教会】 佐藤亨「『智環啓蒙塾課初歩』の訳語」『近世語彙の研究』，桜楓社，

1983年6月，40-44頁
樺島忠雄・飛田良文・米川明彦「教会」『明治大正新語俗語辞典』，東京堂出版，1984年5月，97-98頁
佐藤亨「教会」『現代に生きる幕末・明治初期漢語辞典』，明治書院，2007年6月，180頁
キョウカイ【境界】 田島優「「境界」から「境涯」の生成」『近代漢字表記語の研究』，和泉書院，1998年11月，419-425頁
キョウキ【狂気】 大木二郎「ナンセンスと狂気」『表現研究』36，表現学会，1982年9月，63-65頁
田中建彦「狂気」『ことばコンセプト事典』，第一法規出版，1992年12月，364-371頁
キョウギ【協議】 佐藤亨「『泰西国法論』の訳語」『幕末・明治初期語彙の研究』，桜楓社，1986年2月，361-362頁
ギョウギ【行儀】 鈴木修次「国語漢語と中国語」『漢語と日本人』，みすず書房，1978年9月，214-216頁
キョウキュウ【供給】 進藤咲子「小幡篤次郎の英氏経済論の訳語」『明治時代語の研究；語彙と文章』，明治書院，1981年11月，82-84頁
惣郷正明・飛田良文「供給」『明治のことば辞典』，東京堂出版，1986年12月，110-111頁
佐藤亨「供給」『現代に生きる幕末・明治初期漢語辞典』，明治書院，2007年6月，182頁
キョウグウ【境遇】 荒尾禎秀「環境，環象，境遇」『講座日本語の語彙 ⑨』，明治書院，1983年1月，262-266頁
キョウクン【教訓】 薬師信佑子「教訓」『ことばコンセプト事典』，第一法規出版，1992年12月，372-379頁
キョウコウ【驚慌・恐慌】 惣郷正明・飛田良文「驚慌・恐慌」『明治のことば辞典』，東京堂出版，1986年12月，111頁
キョウサイ【恐妻】 稲垣吉彦・吉沢典男監修「恐妻」『昭和ことば史60年』，講談社，1985年10月，114-115頁
キョウサン【共産】 高野繁男「『哲学字彙』の訳語」『近代漢語の研究—日本語の造語法・訳語法』，明治書院，2004年11月，76頁
キョウサンシュギ【共産主義】 樺島忠雄・飛田良文・米川明彦「共産主義」『明治大正新語俗語辞典』，東京堂出版，1984年5月，98頁
惣郷正明・飛田良文「共産主義」『明治のことば辞典』，東京堂出版，1986年12月，111-112頁
佐藤亨「共産主義」『現代に生きる幕末・明治初期漢語辞典』，明治書院，2007年6月，184頁
キョウサントウ【共産党】 朱京偉「明治期における社会主義用語の形成」『19世紀中国語の諸相』，雄松堂出版，2007年3月，208頁
キョウサンロン【共産論】 惣郷正明・飛田良文「共産論」『明治のことば辞典』，東京堂出版，1986年12月，112頁
キョウシ【教師】 劉凡夫「「教える人」を表す語の日中語彙の交渉史」『文芸研究』119，日本文芸研究会，1988年9月，22-31頁
木村秀次「漢語「教師」小考—『西国立志編』をめぐって」『東京成徳国文』27，東京成徳短期大学，2004年3月，14-31頁
前田富祺監修「教師」『日本語語源大辞典』，小学館，2005年4月，403頁
佐藤亨「教師」『現代に生きる幕末・明治初期漢語辞典』，明治書院，2007年6月，184頁
キョウジュ【教授】 渡辺萬蔵「教授」『現行法律語の史的研究』，萬理閣書房，1930年12月，228頁
二見剛史「教職員名称に関する一考察—「教授」を中心として」『日本大精神文化研究所教育制度研究所紀要』11，日本大精神文化研究所，1980年1月，1-40頁
劉凡夫「「教える人」を表す語の日中語彙の交渉史」『文芸研究』119，日本文芸研究会，

1988年9月，22-31頁
馮天瑜『新語探源』，中華書局，2004年10月，364-364頁
Federico Masini「教授」*The Formation of Modern Chinese Lexicon and its Evolution toward a National Language*(李廷宰訳)，소명出版，2005年11月，158頁
佐藤亨「教授」『現代に生きる幕末・明治初期漢語辞典』，明治書院，2007年6月，185頁

キョウシュツ【供出】 大泉志郎・大塚栄寿・永沢道雄「供出」『現代死語事典』，朝日ソノラマ，1993年11月，100-101頁

キョウシンカイ【共進会】 石井研堂「博覧会と共進会」『明治文化』16―1，1943年1月，17-19頁
槌田満文「共進会」『明治大正新語・流行語』，角川書店，1983年6月，78-80頁
惣郷正明・飛田良文「共進会」『明治のことば辞典』，東京堂出版，1986年12月，112頁
佐藤亨「共進会」『現代に生きる幕末・明治初期漢語辞典』，明治書院，2007年6月，186頁

キョウシンショウ【狭心症】 小川鼎三「狭心症 その一 その二」『医学用語の起り』，東京書籍，1983年1月，188-195頁

キョウスイビョウ【恐水病】 沈国威「蘭学の訳語と新漢語の創出」『19世紀中国語の諸相』，雄松堂出版，2007年3月，243頁

ギョウセイ【行政】 渡辺萬蔵「行政」『現行法律語の史的研究』，萬理閣書房，1930年12月，154頁
鈴木修次「「三権分立」にまつわる用語」『日本漢語と中国―漢字文化圏の近代化』，中央公論社，1981年9月，28-29頁

ギョウセイ【行星】 荒川清秀「『六合叢談』の地理学用語」『『六合叢談』の学際的研究』，白帝社，1999年11月，49-71頁

キョウソウ【競争】 広田栄太郎「訳語あれこれ」『近代訳語考』，東京堂出版，1969年8月，305-326頁
樺島忠雄・飛田良文・米川明彦「競争」『明治大正新語俗語辞典』，東京堂出版，1984年5月，99頁

キョウソン【共存】 高野繁男「『百科全書』の訳語」『近代漢語の研究―日本語の造語法・訳語法』，明治書院，2004年11月，111頁

キョウダイ【兄弟】 金山宣夫「辞書にない意味2 兄弟」『英語教育』27―2，大修館書店，1978年5月，35頁
かねこひさかず「「キョウダイ」という単語などの漢字表記」『教育国語』86，むぎ書房，1986年9月，53-73頁

キョウツウゴ【共通語】 柴田武他「共通語という名をめぐって」対談『言語生活』41，筑摩書房，1955年2月，2-12頁

キョウテイ【協定】 佐藤亨「協定」『現代に生きる幕末・明治初期漢語辞典』，明治書院，2007年6月，189-190頁

キョウドウ【共同】 佐藤亨「『泰西国法論』の訳語」『幕末・明治初期語彙の研究』，桜楓社，1986年2月，375-376頁

キョウドウタイ【共同体】 中村雄二郎「共同体」『術語集2』岩波新書；新赤504，岩波書店，1997年5月，66-70頁

キョウドウベンジョ【共同便所】 久世善男「共同便所」『言葉のなづけ親―翻訳に見る文明開化』，朝日ソノラマ，1975年11月，37-41頁
樺島忠雄・飛田良文・米川明彦「共同便所」『明治大正新語俗語辞典』，東京堂出版，1984年5月，99頁

キョウドウ【協同】 佐藤亨「協同」『現代に生きる幕末・明治初期漢語辞典』，明治書院，2007年6月，190頁

キョウハク【脅迫】 文化庁「「脅迫」と「強迫」の使い分け」『言葉に関する問答集』，大蔵省印刷局，1995年3月，115-116頁

キョウハクカンネン【強迫観念】 樺島忠雄・飛田良文・米川明彦「強迫観念」『明治

大正新語俗語辞典』，東京堂出版，1984年5月，99–100頁

キョウマク【胸膜】 斎藤静「胸膜」『日本語に及ぼしたオランダ語の影響』，篠崎書林，1967年8月，211頁

キョウメイ【共鳴】 樺島忠雄・飛田良文・米川明彦「共鳴」『明治大正新語俗語辞典』，東京堂出版，1984年5月，100頁

キョウユ【教諭】 劉凡夫「「教える人」を表す語の日中語彙の交渉史」『文芸研究』119，日本文芸研究会，1988年9月，22–31頁

キョウヨウ【教養】 佐藤喜代治『国語語彙の歴史的研究』，明治書院，1971年11月，269頁

佐藤喜代治「漢語の源流—『万法精理』の訳語について」『国語語彙史の歴史的研究』，明治書院，1971年11月，327頁

進藤咲子「「教養」の語史」『言語生活』265，筑摩書房，1973年10月，66–74頁

大矢透「人間・教養の語誌」『国語学』134，国語学会，1983年9月，90–81頁

前田達郎「「教養」観念の歴史的・現代的問題」『新潟大学教養部研究紀要』15，新潟大学教養部，1984年12月，51–58頁

福田逸「教養」『ことばコンセプト事典』，第一法規出版，1992年12月，380–387頁

杉本つとむ「教養」『語源海』，東京書籍，2005年3月，241–242頁

前田富祺監修「教養」『日本語語源大辞典』，小学館，2005年4月，405頁

佐藤亨「教養」『現代に生きる幕末・明治初期漢語辞典』，明治書院，2007年6月，194頁

キョウラン【狂乱】 三浦邦夫「仮名草子における〈狂乱〉と〈興がる〉と 4」『秋田語文』5，秋田語文研究会，1975年12月，25–32頁

キョウリョク【協力】 佐藤亨「『地球説略』の語彙」『幕末・明治初期語彙の研究』，桜楓社，1986年2月，123–124頁

佐藤亨「協力」『現代に生きる幕末・明治初期漢語辞典』，明治書院，2007年6月，195頁

キョウレン【教練】 大泉志郎・大塚栄寿・永沢道雄「教練」『現代死語事典』，朝日ソノラマ，1993年11月，102–103頁

佐藤亨「教練」『現代に生きる幕末・明治初期漢語辞典』，明治書院，2007年6月，195–196頁

キョウワ【共和】 渡辺萬蔵「共和」『現行法律語の史的研究』，萬理閣書房，1930年12月，39頁

進藤咲子「小幡篤次郎の英氏経済論の訳語」『明治時代語の研究；語彙と文章』，明治書院，1981年11月，117–122頁

惣郷正明・飛田良文「共和」『明治のことば辞典』，東京堂出版，1986年12月，113頁

坂根慶子「「新漢語」成立事情」『東海大紀要留学生教育センター』8，東海大紀要留学生教育センター，1988年3月，93–105頁

冯天瑜「"革命"，"共和"：清民之际政治中坚概念的形成」(「革命」「共和」から見た清末民初における政治面の基本概念の形成)『武汉大学学报人文科学版』2002年01期，2002年1月，5–14頁

冯天瑜，邓新华「中，日，西语汇互动与近代新术语形成」(中国語・日本語・西洋語の交渉と近代術語の形成)『浙江社会科学』2002年4期，浙江社会科学界联合会，2002年7月，121–128頁

木村一「漢字の履歴—共和」『月刊しにか』13—8，大修館書店，2002年7月，64頁

馮天瑜『新語探源』，中華書局，2004年10月，545–553頁

Federico Masini「共和」*The Formation of Modern Chinese Lexicon and its Evolution toward a National Language*(李延宰訳)，소명出版，2005年11月，252頁

千葉謙悟「中国における「聯邦」—語誌および関連訳語をめぐって」『漢字文化圏諸言語の近代語彙の形成—創出と共有—』，関西大学出版部，2008年9月，231–236頁

キョウワコク【共和国】 斎藤毅「王なくして支配される国」『明治のことば』，講談社，1977年11月，129-174頁

宋敏「合衆国과 共和国」合衆国と共和国『새국어생활』11—3，韓国国立国語研究院，2001年9月，95-101頁

佐藤亨「共和国」『現代に生きる幕末・明治初期漢語辞典』，明治書院，2007年6月，196頁

キョウワセイジ【共和政治】 穂積陳重「共和政治」『法窓夜話』岩波文庫，岩波書店，1980年1月，204-205頁

惣郷正明・飛田良文「共和政治・共和政事」『明治のことば辞典』，東京堂出版，1986年12月，115-116頁

馮天瑜『新語探源』，中華書局，2004年10月，367頁

佐藤亨「共和政治」『現代に生きる幕末・明治初期漢語辞典』，明治書院，2007年6月，196頁

キョウワ【協和】 惣郷正明・飛田良文「協和」『明治のことば辞典』，東京堂出版，1986年12月，113-115頁

ギョクオン【玉音】 久世光彦「玉音」『ニホンゴキトク』，講談社，1996年9月，153-167頁

ギョクサイ【玉砕】 三國一朗「玉砕」『戦中用語集』，岩波書店，1985年8月，90-91頁

稲垣吉彦・吉沢典男監修「玉砕」『昭和ことば史60年』，講談社，1985年10月，78-79頁

大泉志郎・大塚栄寿・永沢道雄「玉砕」『現代死語事典』，朝日ソノラマ，1993年11月，103-105頁

紀田順一郎「肉弾から玉砕へ」『図鑑日本語の近代史』，株式会社ジャスシステム，1997年7月，95-98頁

米川明彦「玉砕」『明治・大正・昭和の新語・流行語辞典』，三省堂，2002年1月，157頁

キョクセン【曲線】 佐藤亨「曲線」『現代に生きる幕末・明治初期漢語辞典』，明治書院，2007年6月，199頁

キョクセンビ【曲線美】 樺島忠雄・飛田良文・米川明彦「曲線美」『明治大正新語俗語辞典』，東京堂出版，1984年5月，100-101頁

松尾良樹「『万葉集』詞書と唐代口語」『叙説』13，奈良女子大学文学部国語国文学研究室，1986年10月，1-14頁

惣郷正明・飛田良文「曲線美」『明治のことば辞典』，東京堂出版，1986年12月，116頁

高野繁男「『百科全書』の訳語」『近代漢語の研究—日本語の造語法・訳語法』，明治書院，2004年11月，144頁

キョクタン【極端】 高野繁男「『百科全書』の訳語」『近代漢語の研究—日本語の造語法・訳語法』，明治書院，2004年11月，106頁

キョクブ【局部】 佐藤亨「局部」『現代に生きる幕末・明治初期漢語辞典』，明治書院，2007年6月，200頁

キョゲン【虚言】 遠藤好英「記録体における時の表現—『後二条師通記』の昨日以前・昨夜の意味の語句」『国語語彙史の研究』1，和泉書院，1980年5月，103-124頁

キョヒ【拒否】 高野繁男「『哲学字彙』の訳語」『近代漢語の研究—日本語の造語法・訳語法』，明治書院，2004年11月，68頁

キョムシュギ【虚無主義】 樺島忠雄・飛田良文・米川明彦「虚無主義」『明治大正新語俗語辞典』，東京堂出版，1984年5月，101頁

惣郷正明・飛田良文「虚無主義」『明治のことば辞典』，東京堂出版，1986年12月，116頁

キョムトウ【虚無党】 惣郷正明・飛田良文「虚無党」『明治のことば辞典』，東京堂出版，1986年12月，116-117頁

キョムロン【虚無論】 惣郷正明・飛田良文「虚無論」『明治のことば辞典』，東京堂出版，1986年12月，117頁

キョリュウ【居留】 佐藤亨「居留」『現代に

生きる幕末・明治初期漢語辞典』，明治書院，2007年6月，203頁

キョリュウチ【居留地】 佐藤亨「居留地」『現代に生きる幕末・明治初期漢語辞典』，明治書院，2007年6月，203-204頁

ギリ【義理】 米倉利昭「わらんべ草にみる「義理」」『国文学攷』43，広島大学国語国文学会，1967年6月，95-102頁

白方勝「近松・海音の義理について」『新居浜高専紀要』人文8，新居浜工業高等専門学校，1972年1月，36-45頁

佐々木久春「義理」『講座日本語の語彙 ⑨』，明治書院，1983年6月，315-319頁

岡本隆雄「西鶴用語考二―義理」『群馬県立女子大国文学研究』10，群馬県立女子大学，1990年3月，1-8頁

源了円『義理』〈一語の辞典〉，三省堂，1996年9月

ギリシア【希臘】 鈴木修次「外来語としての中国語」『漢語と日本人』，みすず書房，1978年9月，35-36頁

キリスト【基督】 松田裕「宛字「基督」考」『国語学』131，国語学会，1982年11月，44-54頁

キリストキョウ【基督教】 張志淵「基督教」『萬國事物紀原歴史』，皇城新聞社，1909年8月，88-89頁

鈴木修次「外来語としての中国語」『漢語と日本人』，みすず書房，1978年9月，33頁

キリツ【規律】 陳力衛「現代中国語における和製漢語の受容」『和製漢語の形成と展開』，汲古書院，2001年2月，391頁

キリョウ【器量・容貌】 浅野敏彦「綺麗・うつくし・きよし―漢語と和語」『同志社国文学』8，同志社大学国文学会，1973年2月，82-94頁

田島優「意味文化に伴う表記の問題―和製漢語の一生成過程」『愛知県立大文学部論集国文学科』38，愛知県立大学文学部，1990年2月，115-126頁

佐藤亨「漢語の意味変遷と類義語・多義語」『近代語の成立』，桜楓社，1992年12月，188-189頁

浅野敏彦「器量」『国語史の中の漢語』，和泉書院，1998年2月，177-187頁

キリン【麒麟】 遠藤智比古「『キリン』の訳語考」『英学史研究』23，日本英学史学会，1990年3月，41-55頁

キレイ【綺麗・奇麗】 浅野敏彦「綺麗・うつくし・きよし―漢語と和語」『同志社国文学』8，同志社大学国文学会，1973年2月，82-94頁

浅野敏彦「漢語の相」『国語史の中の漢語』，和泉書院，1998年2月，9-38頁

ギワク【疑惑】 橋浦兵一「「懐疑」と「疑惑」」『作家の育てたことば　近代文学の表題語』，南雲堂，1985年5月，234-245頁

キンイン【近因】 斎藤静「近因」『日本語に及ぼしたオランダ語の影響』，篠崎書林，1967年8月，170-171頁

キンエン【禁煙】 高畠康吉「キンシュとキンエン」『言語生活』27，筑摩書房，1953年12月，54頁

惣郷正明・飛田良文「禁煙」『明治のことば辞典』，東京堂出版，1986年12月，117頁

キンガク【金額】 佐藤亨「金額」『現代に生きる幕末・明治初期漢語辞典』，明治書院，2007年6月，206頁

キンキュウ【緊急】 渡辺萬蔵「緊急」『現行法律語の史的研究』，萬理閣書房，1930年12月，18頁

キンコ【金庫】 佐藤亨「『西洋事情』の語彙」『幕末・明治初期語彙の研究』，桜楓社，1986年2月，414頁

富田仁「金庫」『舶来事物起源事典』，名著普及会，1987年12月，93-94頁

沈国威『近代日中語彙交流史―新漢語の生成と受容』，笠間書院，1994年3月，114頁

佐藤亨「金庫」『現代に生きる幕末・明治初期漢語辞典』，明治書院，2007年6月，206-

207頁
キンコ【禁錮】 渡辺萬蔵「禁錮」『現行法律語の史的研究』，萬理閣書房，1930年12月，175頁
久世光彦「禁錮」『ニホンゴキトク』，講談社，1996年9月，73-82頁
ギンコウ【銀行】 渡辺萬蔵「銀行」『現行法律語の史的研究』，萬理閣書房，1930年12月，17頁
石井研堂「銀行の名」『増補改訂　明治事物起源』下巻，春陽堂書店，1944年12月，837-838頁
広田栄太郎「訳語あれこれ」『近代訳語考』，東京堂出版，1969年8月，305-324頁
新村出「銀行」『新村出全集5』，筑摩書房，1971年2月，461-462頁
久世善男「銀行」『言葉のなづけ親―翻訳に見る文明開化』，朝日ソノラマ，1975年11月，42-47頁
斎藤毅「銀行―金銀カワセ処」『明治のことば』，講談社，1977年11月，282-312頁
長瀬治郎「銀行，両替屋，銀座」『講座日本語の語彙 ⑨』，明治書院，1983年1月，320-322頁
樺島忠雄・飛田良文・米川明彦「銀行」『明治大正新語俗語辞典』，東京堂出版，1984年5月，101-102頁
佐藤亨「『大美聯邦志略』の語彙」『幕末・明治初期語彙の研究』，桜楓社，1986年2月，90-92頁
惣郷正明・飛田良文「銀行」『明治のことば辞典』，東京堂出版，1986年12月，117-118頁
紀田順一郎「銀行」『近代事物起源事典』，東京堂出版，1992年9月，58-59頁
荒川清秀「日本漢語の中国語への流入」『日本語学』17―5，明治書院，1998年5月，39-46頁
孫遜「中国語の「銀行」について」『国語国文学』38，福井大学国語国文学会，1999年3月，66-57頁
朱鳳「訳語「銀行」が定着するまでのみちすじ」『日本文化環境論講座紀要』3，京都大学人間・環境学研究科日本文化環境論講座，2001年3月，63-75頁
木村秀次「漢語の履歴をたどる」『月刊しにか』13―8，大修館書店，2002年7月，59-60頁
米川明彦「銀行」『明治・大正・昭和の新語・流行語辞典』，三省堂，2002年9月，15頁
由井常彦「日本銀行と安田善次郎―「安田家文書」による設立過程の研究」『三井文庫論叢』38，三井文庫本館，2004年12月，61-140頁
前田富祺監修「銀行」『日本語語源大辞典』，小学館，2005年4月，407頁
Federico Masini「銀行」*The Formation of Modern Chinese Lexicon and its Evolution toward a National Language*（李廷宰訳），소명出版，2005年11月，288頁
崔粛京「中国と日本の語彙交流の一側面―経済用語「銀行・保険・資本」を中心として」，『富士大学紀要』39―1，富士大学学術研究会，2006年8月，105-138頁
杉本つとむ「連載；近代訳語を検証する 39 銀行／自転車」『国文学　解釈と鑑賞』71―11，至文堂，2006年11月，175-180頁
杉本つとむ「銀行」『気になる日本語の気になる語源』，東京書籍，2006年12月，241-245頁
佐藤亨「銀行」『現代に生きる幕末・明治初期漢語辞典』，明治書院，2007年6月，207頁
ギンコンシキ【銀婚式】 石井研堂「金婚式，銀婚式の始」『増補改訂　明治事物起源』上巻，春陽堂書店，1944年11月，19-20頁
キンシュ【禁酒】 高畠康吉「キンシュとキンエン」『言語生活』27，筑摩書房，1953年12月，54頁
キンシュク【緊縮】 稲垣吉彦「緊縮」放送文化33，日本放送協会，1978年5月，22-29頁
稲垣吉彦・吉沢典男監修「緊縮」『昭和ことば史60年』，講談社，1985年10月，24-25頁

沈国威『近代日中語彙交流史―新漢語の生成と受容』，笠間書院，1994年3月，286-287頁

ギンジョウ【吟醸】 池田明子「和製漢語「吟醸」の歴史から」『日本醸造協会誌』98，日本醸造協会，2003年12月，850-858頁

キンセイ【近世】 方秋梅「清末民国时期"近代""近世"词义的演化及其史学影响」(清末民国時代における「近代」と「近世」の意味の変化と中国の学会に及ぼした影響について)『语义的文化变迁』，武汉大学出版社，2007年1月，550-570頁

ギンセカイ【銀世界】 山田俊雄「月世界・銀世界」『詞苑間歩』上，三省堂，1999年9月，116-120頁

キンセキガク【金石学】 惣郷正明「ことばの散歩6―金石学・鉱物学」『言語生活』366，筑摩書房，1982年1月

惣郷正明「金石学・鉱物学」『日本語開化物語』，朝日新聞社，1988年8月，12-13頁

キンゾク【金属】 斎藤静「金属」『日本語に及ぼしたオランダ語の影響』，篠崎書林，1967年8月，156頁

佐藤亨「『玉石志林』の語彙(二)」『幕末・明治初期語彙の研究』，桜楓社，1986年2月，299-300頁

寺島慶一「「カネ」から「金属」へ―Metalの訳語について(表面処理用語の語源散策)」『防錆管理』598，日本防錆技術協会，2007年3月，190-196頁

佐藤亨「金属」『現代に生きる幕末・明治初期漢語辞典』，明治書院，2007年6月，209-210頁

キンダイ【近代】 柳父章「近代」『翻訳語成立事情』，岩波書店，1982年4月，43-64頁

楚翠生「漢語往来　三十三　～三十六「近代」考1―4」『高校通信東書国語』243―246，東京書籍，1984年12月

桜井哲夫「「近代」の意味するもの」『「近代」の意味　制度としての学校・工場』，NHKブックス470，1984年12月，11-40頁

高坂史朗「「近代」という概念―「近代」という歴史の流れ 3」『近畿大学教養部研究紀要』27―1，近畿大学教養部，1995年7月，1-19頁

高橋智子「吉田健一の〈近代〉―概念の生成と展開について」『国語と国文学』76―1，東京大学国文学研究室，1999年1月，43-57頁

馮天瑜『新語探源』，中華書局，2004年10月，364-365頁

方秋梅「清末民国时期"近代"，"近世"词义的演化及其史学影响」(清末民国時代の「近代」「近世」の意味変化及び歴史学に及ぼした影響について)『语义的文化变迁』，武汉大学出版社，2007年1月，550-570頁

キンダイゴ【近代語】 宮島達夫「近代日本語における単語の問題」『言語生活』79，筑摩書房，1958年4月，17-18頁

キンチョウ【緊張】 高野繁男「『百科全書』の訳語」『近代漢語の研究―日本語の造語法・訳語法』，明治書院，2004年11月，121頁

ギンドケイ【銀時計】 樺島忠雄・飛田良文・米川明彦「銀時計」『明治大正新語俗語辞典』，東京堂出版，1984年5月，102頁

キンム【勤務】 佐藤亨「勤務」『現代に生きる幕末・明治初期漢語辞典』，明治書院，2007年6月，210-211頁

キンユウ【金融】 阿達義雄「両替屋・金融業〔川柳江戸職業往来〕」『国文学』9―11，学燈社，1964年9月，86-88頁

鈴木修次「国語漢語と中国語」『漢語と日本人』，みすず書房，1978年9月，245-246頁

樺島忠雄・飛田良文・米川明彦「金融」『明治大正新語俗語辞典』，東京堂出版，1984年5月，104頁

網野善彦「歴史のなかの言葉11　商業用語について 二―金融の起源」『波』34―4，新潮社，2000年4月，61-66頁

キンヨウび【金曜日】 松村明「明治初年に

おける曜日の呼称」『近代語研究』10，近代語研究会，1990年10月，509–529頁

キンリ【金利】 佐藤亨「金利」『現代に生きる幕末・明治初期漢語辞典』，明治書院，2007年6月，211頁

キンロウ【勤労】 進藤咲子「小幡篤次郎の英氏経済論の訳語」『明治時代語の研究；語彙と文章』，明治書院，1981年11月，74–76頁

ク

クウカン【空間】 惣郷正明・飛田良文「空間」『明治のことば辞典』，東京堂出版，1986年12月，118–119頁

大竹公一郎「空間の概念について」『群馬大学教育実践研究』6，群馬大学，1989年3月，87–92頁

沈国威『近代日中語彙交流史―新漢語の生成と受容』，笠間書院，1994年3月，199頁

クウキ【空気】 小田幸雄「「空気」考　心象論――一つの模索」『人文論集』16，静岡大学人文学部，1965年12月，51–80頁

佐藤亨「『西学考略』の語彙」『幕末・明治初期語彙の研究』，桜楓社，1986年2月，236–237頁

惣郷正明・飛田良文「空気」『明治のことば辞典』，東京堂出版，1986年12月，119–120頁

前田富祺監修「空気」『日本語語源大辞典』，小学館，2005年4月，413頁

陳力衛「『博物新編』の日本における受容形態について」『日本近代語研究』4(飛田良文博士古稀記念)，ひつじ書房，2005年6月，211–214頁

荒川清秀「「空気」の語源考―語基の造語力と伝播のタイプをめぐって」『香坂順一先生追悼記念論文集』，光生館，2005年7月，25–50頁

佐藤亨「空気」『現代に生きる幕末・明治初期漢語辞典』，明治書院，2007年6月，212頁

グウゼン【偶然】 ヨシカワハルミ「〈偶然〉か〈遇然〉か」『カナノヒカリ』，カナモジカイ，1953年9月，5頁

鈴木広光「自然とａｃａｓｏ偶然―キリシタン宗教書における訳語採用の一例」『名古屋大学国語国文学』65，名古屋大学国語国文学会，1989年12月，68–55頁

米永政彦「偶然性についてのノート１―九鬼周造」『鹿児島大学法文学部紀要人文学科論集』48，鹿児島大学法文学部，1998年12月，95–120頁

クウソウ【空想】 長島大典「空想」『講座日本語の語彙 ⑥』，明治書院，1982年2月，47–48頁

樺島忠雄・飛田良文・米川明彦「空想」『明治大正新語俗語辞典』，東京堂出版，1984年5月，104–105頁

永尾真「想像と空想」『梨の花通信』8，1993年7月，20–21頁

沈国威『近代日中語彙交流史―新漢語の生成と受容』，笠間書院，1994年3月，287–288頁

山田俊雄「空想・幻想」『詞苑間歩』下，三省堂，1999年9月，190–194頁

グウゾウ【偶像】 佐藤亨「『地球説略』の語彙」『幕末・明治初期語彙の研究』，桜楓社，1986年2月，111–112頁

小野昌「偶像」『ことばコンセプト事典』，第一法規出版，1992年12月，388–395頁

佐藤亨「偶像」『現代に生きる幕末・明治初期漢語辞典』，明治書院，2007年6月，213頁

クウチュウロウカク【空中楼閣】 杉本つとむ「近代訳語を検証する 14　空中楼閣」『文学　解釈と鑑賞』69—10，至文堂，2004年1月，220–226頁

クウロン【空論】 佐藤亨『近世語彙の研究』，桜楓社，1983年6月，28頁

グウワ【寓話】 薬師僖佑子「寓話」『ことばコンセプト事典』，第一法規出版，1992年

12月，396-403頁
クガクセイ【苦学生】 塩田丸男「苦学生」『死語読本』，白水社，1994年7月，105-108頁
クショウ【苦笑】 惣郷正明・飛田良文「苦笑」『明治のことば辞典』，東京堂出版，1986年12月，120-121頁
前田富祺監修「苦笑」『日本語語源大辞典』，小学館，2005年4月，419頁
クジョウ【苦情】 惣郷正明・飛田良文「苦情」『明治のことば辞典』，東京堂出版，1986年12月，121-122頁
グシン【具申】 陳力衛「近代における二字漢語の語構成の一問題—その出典例とのかかわりをめぐって」『文教大学国文』23，文教大学国文学会，1994年3月，42-50頁
グタイ【具体】 安井惣二郎「日本の哲学用語—その起源と問題」『滋賀大学教育学部紀要』18，滋賀大学教育学部，1968年12月，51-56頁
惣郷正明・飛田良文「具体」『明治のことば辞典』，東京堂出版，1986年12月，122-123頁
荒尾禎秀「形容動詞化する漢語：「具体」と「具体的」の場合」『東京学芸大学紀要(第2部門人文科学)』56，東京学芸大学，2005年2月，1-14頁
グタイテキ【具体的】 樺島忠雄・飛田良文・米川明彦「具体的」『明治大正新語俗語辞典』，東京堂出版，1984年5月，105-106頁
惣郷正明・飛田良文「具体的」『明治のことば辞典』，東京堂出版，1986年12月，123頁
グチ【愚痴】 遠藤仁「「愚痴」の語史」『国語学研究』33，東北大文学部『国語学研究』刊行会，1994年4月，1-10頁
郡千寿子「「愚痴」考」『国語語彙史の研究』20，和泉書院，2001年3月，201-214頁
野澤勝夫「漢字の履歴」『月刊しにか』13—8，大修館書店，2002年7月，65頁
くつ【靴】 富田仁「靴」『舶来事物起源事典』，名著普及会，1987年12月，99-100頁
紀田順一郎「靴」『近代事物起源事典』，東京堂出版，1992年9月，60-61頁
湯本豪一「靴」『図説明治事物起源事典』，柏書房，1996年11月，264-265頁
朝倉治彦・安藤菊二・樋口秀雄・丸山信「靴」『新装版　事物起源辞典衣食住編』，東京堂出版，2001年9月，120-121頁
クツウ【苦痛】 竹中憲一「中国語と日本語における字順の逆転現象」『日本語学』7—10，明治書院，1988年10月，55-64頁
クップク【屈服】 文化庁「「屈服」と「屈伏」」『言葉に関する問答集』，大蔵省印刷局，1995年3月，225-226頁
クドク【功徳】 桜部建「「功徳」という語について」『大谷学報』56—4，大谷学会，1977年2月，1-7頁
クフウ【工夫】 鈴木修次「外来語としての中国語」『漢語と日本人』，みすず書房，1978年9月，66-67頁
くみあい【組合】 吉田裕清「「組合」と「社会」」『翻訳語としての日本の法律用語』，中央大学出版局，2004年11月，127-131頁
クラブ【倶楽部】 石井研堂「クラブの始」『増補改訂 明治事物起原』上巻，春陽堂書店，1944年11月，31-32頁
広田栄太郎「「倶楽部」「背広」という語の来歴」『近代訳語考』，東京堂出版，1969年8月，242-261頁
槌田満文「明治ことば誌」『国文学解釈と教材の研究』25—10，学燈社，1980年8月，145頁
槌田満文「倶楽部」『明治大正新語・流行語』，角川書店，1983年6月，109-110頁
樺島忠雄・飛田良文・米川明彦「倶楽部」『明治大正新語俗語辞典』，東京堂出版，1984年5月，106-107頁
惣郷正明・飛田良文「倶楽部」『明治のことば辞典』，東京堂出版，1986年12月，123-124頁

杉本つとむ「〈倶楽部〉と〈背広〉の国籍」『語源の文化誌』，創拓社，1990年4月，270–278頁

沈国威『近代日中語彙交流史—新漢語の生成と受容』，笠間書院，1994年3月，10頁

米川明彦「倶楽部」『明治・大正・昭和の新語・流行語辞典』，三省堂，2002年1月，47頁

陳生保「倶楽部」『中国と日本—言葉・文学・文化』，麗沢大学出版会，2005年5月，24頁

クロウ【苦労】 佐藤亨『近世語彙の研究』，桜楓社，1983年6月，331頁

前田富祺監修「苦労」『日本語語源大辞典』，小学館，2005年4月，447頁

くろしお【黒潮】 加藤秀俊・熊倉功夫「黒潮」『外国語になった日本語の事典』，岩波書店，1999年7月，50–54頁

くろマク【黒幕】 樺島忠雄・飛田良文・米川明彦「黒幕」『明治大正新語俗語辞典』，東京堂出版，1984年5月，109頁

クン【～君】 倉沢栄吉「「くん」と「さん」」『言語生活』81，筑摩書房，1958年6月，16–17頁

グン～【軍～】 佐藤亨「『玉石志林』の語彙(二)」『幕末・明治初期語彙の研究』，桜楓社，1986年2月，314–315頁

グンカ【軍歌】 石井研堂「軍歌」『増補改訂明治事物起源』下巻，春陽堂書店，1944年12月，1106–1107頁

佐藤亨「『玉石志林』の語彙(二)」『幕末・明治初期語彙の研究』，桜楓社，1986年2月，314–315頁

グンガク【軍楽】 湯本豪一「軍楽」『図説明治事物起源事典』，柏書房，1996年11月，340–341頁

グンガクタイ【軍楽隊】 石井研堂「軍楽隊」『増補改訂　明治事物起源』下巻，春陽堂書店，1944年12月，1106頁

佐藤亨「軍楽隊」『現代に生きる幕末・明治初期漢語辞典』，明治書院，2007年6月，217頁

グンカン【軍艦】 佐藤亨「軍艦」『現代に生きる幕末・明治初期漢語辞典』，明治書院，2007年6月，218頁

グンコクシュギ【軍国主義】 樺島忠雄・飛田良文・米川明彦「軍国主義」『明治大正新語俗語辞典』，東京堂出版，1984年5月，109頁

クンジ【訓示】 文化庁「「訓示」と「訓辞」」『言葉に関する問答集』，大蔵省印刷局，1995年3月，226–227頁

グンジ【軍事】 Federico Masini「軍事」*The Formation of Modern Chinese Lexicon and its Evolution toward a National Language*(李廷宰訳)，소명出版，2005年11月，256頁

クンシュ【君主】 山口修「明治初期における君主の公称(上)」『聖心女子大学論叢』41，聖心女子大学，1973年6月，5–41頁

山口修「明治初期における君主の公称(中)」『聖心女子大学論叢』44，聖心女子大学，1974年12月，21–41頁

山口修「明治初期における君主の公称(下)」『聖心女子大学論叢』49，聖心女子大学，1977年6月，23–45頁

渡辺昇一「王・帝／天皇」『ことばコンセプト事典』，第一法規出版，1992年12月，102–117頁

稲垣新「日欧語比較文体論の試み4 比較語彙論—君主・貴族の地位，諸職業，種々の動物の名の男性形・女性形」『東京家政学院大学紀要』33，東京家政学院大学，1993年7月，261–269頁

クンシュセイジ【君主政治】 惣郷正明・飛田良文「君主政治」『明治のことば辞典』，東京堂出版，1986年12月，124頁

クンシュセンセイ【君主専制】 惣郷正明・飛田良文「君主専制」『明治のことば辞典』，東京堂出版，1986年12月，124頁

クンシュドクサイ【君主独裁】 惣郷正

明・飛田良文「君主独裁」『明治のことば辞典』，東京堂出版，1986年12月，124頁

グンシュウ【群衆】 田中建彦「大衆」『ことばコンセプト事典』，第一法規出版，1992年12月，1058-1065頁

文化庁「「群衆」と「群集」の使い分け」『言葉に関する問答集』，大蔵省印刷局，1995年3月，96-97頁

グンシュウシンリ【群衆心理】 樺島忠雄・飛田良文・米川明彦「群衆心理」『明治大正新語俗語辞典』，東京堂出版，1984年5月，110頁

クンショウ【勲章】 富田仁「勲章」『舶来事物起源事典』，名著普及会，1987年12月，104-105頁

湯本豪一「勲章」『図説明治事物起源事典』，柏書房，1996年11月，24-25頁

佐藤亨「勲章」『現代に生きる幕末・明治初期漢語辞典』，明治書院，2007年6月，218-219頁

グンシン【軍神】 槌田満文「軍神」『明治大正新語・流行語』，角川書店，1983年6月，177-179頁

三國一朗「軍神」『戦中用語集』，岩波書店，1985年8月，78-79頁

グンタイ【軍隊】 佐藤亨「軍隊」『現代に生きる幕末・明治初期漢語辞典』，明治書院，2007年6月，219頁

グンピ【軍費】 佐藤亨「『万国公法』の語彙」『幕末・明治初期語彙の研究』，桜楓社，1986年2月，170-171頁

グンピョウ【軍票】 石井研堂「軍票の始」『増補改訂　明治事物起源』下巻，春陽堂書店，1944年12月，847頁

クンミンキョウチ【君民共治】 惣郷正明・飛田良文「君民共治」『明治のことば辞典』，東京堂出版，1986年12月，124-125頁

クンミンドウチ【君民同治】 惣郷正明・飛田良文「君民同治」『明治のことば辞典』，東京堂出版，1986年12月，125頁

クンレン【訓練】 南谷直利・北野与一「「訓練」の語誌的研究」『北陸大学紀要』27，北陸大学，2004年4月，187-200頁

ケ

ケイエイ【経営】 布施秀治「古文書記録に見えたる語辞の一般考察(上)」『帝国学士院紀事』2—1，帝国学士院，1943年3月，32-33頁

佐藤喜代治「経営」『日本の漢語』，角川書店，1979年10月，173-174頁

一海知義「経済と経営」『漢語の知識』，岩波書店，1981年7月，140-144頁

惣郷正明・飛田良文「経営」『明治のことば辞典』，東京堂出版，1986年12月，125-126頁

斎木一馬「記録語の例解—国語辞典未採録の用字・用語」『古記録の研究』上，吉川弘文館，1989年3月，292-293頁

松尾良樹「平安朝漢文学と唐代口語」『国文学解釈と鑑賞』55—10，至文堂，1990年10月，26-44頁

ケイエン【敬遠】 陳力衛「近代における二字漢語の語構成の一問題—その出典例とのかかわりをめぐって」『文教大学国文』23，文教大学国文学会，1994年3月，42-50頁

ケイカイ【軽快】 佐藤亨「軽快」『現代に生きる幕末・明治初期漢語辞典』，明治書院，2007年6月，222頁

ケイカイケイホウ【警戒警報】 大泉志郎・大塚栄寿・永沢道雄「警戒警報」『現代死語事典』，朝日ソノラマ，1993年11月，117-118頁

ケイカン【景観】 岡田俊裕「辻村太郎の「景観」学説」『地理科学』42—2，広島地理学会，1987年5月，67-81頁

ケイカン【警官】 湯本豪一「警官」『図説明治事物起源事典』，柏書房，1996年11月，342-343頁

佐藤亨「警官」『現代に生きる幕末・明治初期漢語辞典』，明治書院，2007年6月，222頁

ケイキ【景気・経記】 前田妙子「美的範疇としての景気・面影及び象徴」『日本文芸研究』2，日本文芸研究会，1951年2月，79-101頁

飛田隆「中世国語表現論の一考察—鴨長明の無名抄における「余情・景気」を中心として」『日本私学教育研究所紀要』4，日本私学教育研究所，1969年3月，141-158頁

武田元治「中世歌論における「景気」について」『群馬大学教育学部紀要』23，群馬大学教育学部，1974年3月，59-69頁

武田元治「「景曲」考—「景気」との関係にふれて」『解釈』20—10，解釈編集部，1974年10月，18-25頁

佐藤亨「景気とその周辺の語」『国語学研究』14，東北大文学部『国語学研究』刊行会，1975年9月，14-24頁

大城悦子「許六・文鳴に見る「俤・推量思ひなし・景気」—『猿談義』の用法を中心に」『近世文芸研究と評論』70，近世文芸 研究と評論の会，2000年6月，39-47頁

ケイキキュウ【軽気球】 石井研堂「軽気球の始」『増補改訂　明治事物起源』下巻，春陽堂書店，1944年12月，811-817頁

富田仁「軽気球」『舶来事物起源事典』，名著普及会，1987年12月，108-109頁

ケイケン【経験】 安井惣二郎「日本の哲学用語—その起源と問題」『滋賀大学教育学部紀要』18，滋賀大学教育学部，1968年12月，51-56頁

佐藤亨「『玉石志林』の語彙(二)」『幕末・明治初期語彙の研究』，桜楓社，1986年2月，300-301頁

惣郷正明・飛田良文「経験」『明治のことば辞典』，東京堂出版，1986年12月，126-128頁

松本守「明治期の「経験」「実験」「試験」」『専修国文』67，専修大学，2000年9月，1-20頁

Federico Masini「経験」*The Formation of Modern Chinese Lexicon and its Evolution toward a National Language*(李廷宰訳)，소명出版，2005年11月，250頁

佐藤亨「経験」『現代に生きる幕末・明治初期漢語辞典』，明治書院，2007年6月，223-224頁

ケイケンロン【経験論】 惣郷正明・飛田良文「経験論」『明治のことば辞典』，東京堂出版，1986年12月，128頁

ケイコ【稽古】 岩淵悦太郎「稽古」『語源散策』，毎日新聞社，1974年1月，79-81頁

南谷直利・北野与一「「稽古」及び「練習」の語誌的研究」『北陸大学紀要』26，北陸大学学術委員会，2003年3月，251-264頁

ケイゴ【敬語】 佐藤亨「敬語」『現代に生きる幕末・明治初期漢語辞典』，明治書院，2007年6月，224頁

ケイコウ【傾向】 佐藤喜代治「漢語の源流—『万法精理』の訳語について(三)」『国語語彙史の歴史的研究』，明治書院，1971年11月，362頁

惣郷正明・飛田良文「傾向」『明治のことば辞典』，東京堂出版，1986年12月，128-129頁

沈国威『近代日中語彙交流史—新漢語の生成と受容』，笠間書院，1994年3月，288頁

高野繁男「『百科全書』の訳語」『近代漢語の研究—日本語の造語法・訳語法』，明治書院，2004年11月，121頁

佐藤亨「傾向」『現代に生きる幕末・明治初期漢語辞典』，明治書院，2007年6月，224頁

ケイコウショウセツ【傾向小説】 惣郷正明・飛田良文「傾向小説」『明治のことば辞典』，東京堂出版，1986年12月，129頁

ケイサイ【掲載】 惣郷正明・飛田良文「掲載」『明治のことば辞典』，東京堂出版，1986年12月，129頁

ケイザイ【経済】 渡辺萬蔵「経済」『現行法律語の史的研究』，萬理閣書房，1930年12月，182頁

日置昌一「経済の語源」『ものしり事典』言語篇，

河出書房，1952年11月，93頁
鈴木修次「「経済」と「社会」」『文明のことば』，文化評論出版，1981年3月，69-97頁
一海知義「経済と経営」『漢語の知識』，岩波書店，1981年7月，140-144頁
竹浪聡「経済，経世済民」『講座日本語の語彙⑩』，明治書院，1983年4月，1-4頁
樺島忠雄・飛田良文・米川明彦「経済」『明治大正新語俗語辞典』，東京堂出版，1984年5月，110-111頁
李基俊「経済」『韓末西欧経済学導入史研究』，一潮閣(韓国：ソウル)，1985年2月，305頁
石山宏一「特集Ⅰ・それを英語で何と言う？—分野別英語表現事典　経済」『英語教育』34—7増，大修館書店，1985年9月，7-9頁
惣郷正明・飛田良文「経済」『明治のことば辞典』，東京堂出版，1986年12月，129-131頁
杉本つとむ「〈演説〉と〈経済〉の検証」『語源の文化誌』，創拓社，1990年4月，124-134頁
森岡健二『改訂近代語の成立』，明治書院，1991年10月，5-31頁
今里智晃「経済」『ことばコンセプト事典』，第一法規出版，1992年12月，404-411頁
汪丁丁「「経済」原考」『読書』2，三聯書店，1997年2月，59-61頁
宋敏「経済의 의미 개신」(経済の意味変化)『새국어생활』10—1，韓国国立国語研究院，2000年春，171-183頁
鄭基成「お天気，飛行機，病人　経済はどのような隠喩で概念化されるか?」『コミュニケーション学科論集』10，茨城大学人文学部，2001年10月，3-16頁
岡益巳「日本経済語彙における日中両語間でのずれについて」『日本語教育』113，日本語教育学会，2002年4月，63-72頁
石塚正英・柴田隆行「経済」『哲学・思想翻訳語事典』，論創社，2003年1月，85-86頁
冯天瑜「经济・社会・自由：近代汉字术语考释」(近代漢字術語についての考察—経済」「社会」「自由」を中心に)『江海学刊』2003年1期，江苏省社会科学院，2003年1月，22-26頁
冯天瑜「近代学人对新词语输入的反应」(新名詞の輸入に対する近代中国知識人の反応)『杭州师范学院学报社会科学版』2003年3期，杭州师范大学，2003年3月，50-52頁
馬場宏二「経済という言葉：意味・語源・歴史」『Research papers』44，大東文化大学，2004年3月，1-19頁
馮天瑜『新語探源』，中華書局，2004年10月，573-578頁
李勇「개화기 한자어의 유입과 관련 한자어의 형태적 특성 변화에 대한 논의：經濟와 自由를 중심으로」(開化期の外来漢語流入と関連漢語の形態的特性変化について—「経済」と「自由」を中心に)『形態論』7-1，図書出版博而正，2005年春，99-110頁
杉本つとむ「経済」『語源海』，東京書籍，2005年3月，263-264頁
陳生保「経済」『中国と日本—言葉・文学・文化』，麗沢大学出版会，2005年5月，25頁
冯天瑜「“经济”辨析(上)」(「経済」考(上)『湖北经济学院学报』2005年6期，湖北经济学院，2005年6月，5-13頁
八木紀一郎「〈講演〉　福沢諭吉における経済の定則と開化」『慶応義塾福沢研究センター通信』3，慶応義塾福沢研究センター，2005年9月，4頁
馮天瑜(呉咏梅訳)「中国語，日本語，西洋語間の相互伝播と翻訳のプロセスにおける「経済」という概念の変遷」『日本研究』31，国際日本文化研究センター，2005年10月，159-190頁
Federico Masini「経済」*The Formation of Modern Chinese Lexicon and its Evolution toward a National Language*(李廷宰訳)，소명出版，2005年11月，249頁
李憲昶「보성전문학교 시절의 경제학술활동」(普成専門学校の経済学術活動について)『한국경제학의 발달과 고려대학교』(韓国

における経済学の発達と高麗大学)，高麗大学出版部，2005年12月，29-102頁
冯天瑜「“经济”辨析下」(「経済」考(下))『湖北经济学院学报』2006年1期，湖北经济学院，2006年1月，5-11頁
李憲昶「漢字文化圏におけるPolitical EconomyとEconomicsの翻訳」『漢字文化圏諸言語の近代語彙の形成—創出と共有—』，関西大学出版部，2008年9月，167-211頁
方維規「経済」訳語に関する再考」『東アジアにおける知的システムの近代的再編をめぐって』，国際日本文化研究センター，2008年11月，193-200頁
李憲昶「Political Economy와 Economics의 개념과 번역」(Political Economy及びEconomics概念と翻訳)『概念과 疎通』2，翰林大翰林科學院，2008年12月，113-177頁
李憲昶「Political Economy와 Economics의 개념 변천과 번역」(Political Economy及びEconomics概念の変遷と翻訳)『高麗大経済研究所 Discussion Paper』0807，高麗大経済研究所，2008年12月，1-37頁
손열「근대 한국의 경제 개념」(近代韓国の経済概念)『근대한국의 사회과학 개념 형성사』(近代韓国における社会科学関連概念の形成史)，創批，2009年4月，320-344頁

ケイザイガク【経済学】 石井研堂「経済学の始」『増補改訂　明治事物起源』上巻，春陽堂書店，1944年11月，481-482頁
岸本誠二郎「学術用語は各部門で実際にどう決ったか〔経済学〕」『国文学解釈と鑑賞』2，至文堂，1955年2月，264頁
穂積陳重「経済学」『法窓夜話』岩波文庫，岩波書店，1980年1月，194-195頁
進藤咲子「小幡篤次郎の英氏経済論の訳語」『明治時代語の研究；語彙と文章』，明治書院，1981年11月，68-71頁
安秉直「舊韓末經濟學教育과 經濟學教科書에 관한 研究」(旧韓国末の経済学教育および経済学教科書についての研究)『韓國教育史研究의 새 方向』，集文堂，1982年3月，400-439頁
李基俊「経済学」『韓末西欧経済学導入史研究』，一潮閣，1985年2月，305頁
佐藤亨「『経済小学』の訳語」『幕末・明治初期語彙の研究』，桜楓社，1986年2月，338-339頁
惣郷正明・飛田良文「経済学」『明治のことば辞典』，東京堂出版，1986年12月，131-132頁
유봉학『燕巖一派 北學思想 研究』，一志社(韓国：ソウル)，1995年8月，100-108頁
陳力衛「中国への逆輸入」『和製漢語の形成と展開』，汲古書院，2001年2月，281頁
杉本つとむ「経済学」『語源海』，東京書籍，2005年3月，264頁
Federico Masini 「経済学」 *The Formation of Modern Chinese Lexicon and its Evolution toward a National Language*(李廷宰訳)，소명出版，2005年11月，250頁
佐藤亨「経済学」『現代に生きる幕末・明治初期漢語辞典』，明治書院，2007年6月，225頁

ケイサツ【警察】 渡辺萬蔵「警察」『現行法律語の史的研究』，萬理閣書房，1930年12月，225頁
佐藤喜代治「漢語の源流—『万法精理』の訳語について(三)」『国語語彙史の歴史的研究』，明治書院，1971年11月，353-354頁
樺島忠雄・飛田良文・米川明彦「警察」『明治大正新語俗語辞典』，東京堂出版，1984年5月，111頁
惣郷正明・飛田良文「警察」『明治のことば辞典』，東京堂出版，1986年12月，132頁
沈国威『近代日中語彙交流史—新漢語の生成と受容』，笠間書院，1994年3月，121頁
Federico Masini「警察」*The Formation of Modern Chinese Lexicon and its Evolution toward a National Language*(李廷宰訳)，소명出版，2005年11月，162頁

松田利彦「近代日本植民地における「憲兵警察制度」に見る「統治様式の遷移」—朝鮮から関東州・「満洲国」へ」『日本研究』35，国際日本文化研究センター，2007年5月，469-490頁

ケイサツカン【警察官】 佐藤亨「警察官」『現代に生きる幕末・明治初期漢語辞典』，明治書院，2007年6月，226-227頁

ケイサツセイド【警察制度】 田中裕二「明治初年における警察制度創設過程についての考察—東京番人制度の成立を中心として」『東京都江戸東京博物館研究報告』8，東京都江戸東京博物館都市歴史研究室，2002年3月，103-129頁

ケイサン【計算】 佐藤亨「『米欧回覧実記』の語彙」『幕末・明治初期語彙の研究』，桜楓社，1986年2月，441-442頁

高野繁男「『哲学字彙』の訳語」『近代漢語の研究—日本語の造語法・訳語法』，明治書院，2004年11月，63頁

ケイサンキ【計算機】 惣郷正明・飛田良文「計算機」『明治のことば辞典』，東京堂出版，1986年12月，132頁

ケイジ【刑事】 佐藤亨「刑事」『現代に生きる幕末・明治初期漢語辞典』，明治書院，2007年6月，228頁

ケイジ【啓示】 惣郷正明・飛田良文「啓示」『明治のことば辞典』，東京堂出版，1986年12月，132-133頁

ケイジ【掲示】 佐藤亨「『泰西国法論』の訳語」『幕末・明治初期語彙の研究』，桜楓社，1986年2月，367-368頁

ケイジジョウガク【形而上学】 惣郷正明・飛田良文「形而上学」『明治のことば辞典』，東京堂出版，1986年12月，133頁

荒川清秀「日本漢語の中国語への流入」『日本語学』17—5，明治書院，1998年5月，39-46頁

陳力衛「中国への逆輸入」『和製漢語の形成と展開』，汲古書院，2001年2月，281頁

馮天瑜『新語探源』，中華書局，2004年10月，586-590頁

ゲイシャ【芸者】 紀田順一郎「芸者」『近代事物起源事典』，東京堂出版，1992年9月，63-64頁

ゲイジュツ【芸術】 西台美智雄「芸術概念の拡大」『天理大学学報』16，天理大学，1954年12月，61-72頁

鎮目恭夫「科学・技術・芸術ということば」『言語生活』130，筑摩書房，1962年7月，70-72頁

佐藤喜代治「芸術」『日本の漢語』，角川書店，1979年10月，430-432頁

平林文雄「語誌研究ノート1「美術」から「芸術」へ，並に「美学」の成立」『群女国文』11，群馬女子短期大学，1983年3月，58-74頁

平林文雄「芸術，美術」『講座日本語の語彙⑩』，明治書院，1983年4月，4-8頁

平林文雄「訳語・語誌研究５　芸術」『国語学研究論考』，和泉書院，1985年5月，51-60頁

惣郷正明・飛田良文「芸術」『明治のことば辞典』，東京堂出版，1986年12月，133-134頁

下谷和幸「芸術」『ことばコンセプト事典』，第一法規出版，1992年12月，412-423頁

沈国威『近代日中語彙交流史—新漢語の生成と受容』，笠間書院，1994年3月，121頁

橋本典子「芸術と宗教—日本の芸道論を中心に」『青山学院女子短期大学総合文化研究所年報』4，青山学院女子短期大学総合文化研究所，1996年12月，141-142頁

五十嵐嘉晴「「芸術」の語源考」『学報』21，金沢美術工芸大学，1997年3月，1-10頁

権보드래「번역어의 성립과 근대-‘국가’ ‘민주주의’ ‘자연’ ‘예술’ 을 중심으로」(翻訳語の成立と近代—「国家」「民主主義」「自然」「芸術」を中心に)『文学과 境界』2，文学과 境界社，2001年8月，380-396頁

上倉庸敬「私小説と日本の芸術概念」『日本における「芸術」概念の誕生と死』，平成11—

14年度科学研究費補助金研究報告書，2003年3月
馮天瑜『新語探源』，中華書局，2004年10月，368-370頁
前田富祺監修「芸術」『日本語語源大辞典』，小学館，2005年4月，453頁
小平友美「「芸術」の語史」『日本近代語研究』4 飛田良文博士古稀記念，ひつじ書房，2005年6月，33-53頁
Federico Masini「芸術」*The Formation of Modern Chinese Lexicon and its Evolution toward a National Language*（李廷宰訳），소명出版，2005年11月，165頁
柳素平「"艺术"一次渊源流变考」『语义的文化变迁』，武汉大学出版社，2007年1月，571-583頁
ゲイジュツガク【芸術学】 神林恒道「日本の「美学」と「日本」の美学」『芸術学の日本近代—その歴史と展望』，平成12—13年度科学研究費補助金研究報告書，2003年3月，7-15頁
ケイセン【経線】 佐藤亨「『地球説略』の語彙」『幕末・明治初期語彙の研究』，桜楓社，1986年2月，122-123頁
荒川清秀「『六合叢談』の地理学用語」『『六合叢談』の学際的研究』，白帝社，1999年11月，49-71頁
ケイソ【珪素】 竹本喜一・金岡喜久子「元素名のルーツを訪ねる」『化学語源ものがたり』，東京化学同人，1986年3月，9頁
高野繁男「『明六雑誌』の和製漢語」『『明六雑誌』とその周辺』神奈川大学人文学研究所編，お茶の水書房，2004年3月，184-185頁
高野繁男「『百科全書』の訳語」『近代漢語の研究—日本語の造語法・訳語法』，明治書院，2004年11月，139頁
ケイゾク【継続】 佐藤亨「『万国公法』の語彙」『幕末・明治初期語彙の研究』，桜楓社，1986年2月，181頁
ケイゾン【恵存】 松尾聡「恵存」『日本語遊覧』，笠間書院，2000年1月，93-97頁
ケイタイ【携帯】 佐藤亨「『万国公法』の語彙」『幕末・明治初期語彙の研究』，桜楓社，1986年2月，181-182頁
佐藤亨「携帯」『現代に生きる幕末・明治初期漢語辞典』，明治書院，2007年6月，232頁
ケイチョウ【軽重】 広地聖史「栂井道敏の文法語彙　軽重と緩急」『国語語彙史の研究』5，和泉書院，1984年5月，313-326頁
荒尾禎秀「「軽重」と「軽重」」『東京学芸大学紀要人文科学』49，東京学芸大学，1998年2月，157-161頁
ケイド【経度】 佐藤亨『近世語彙の研究』，桜楓社，1983年6月，71頁
佐藤亨「経度」『現代に生きる幕末・明治初期漢語辞典』，明治書院，2007年6月，232-233頁
ケイドウミャク【頸動脈】 斎藤静「頸動脈」『日本語に及ぼしたオランダ語の影響』，篠崎書林，1967年8月，120頁
ゲイノウ【芸能】 前田富祺監修「芸能」『日本語語源大辞典』，小学館，2005年4月，455頁
ケイバ【競馬】 石井研堂「競馬の始」『増補改訂　明治事物起源』下巻，春陽堂書店，1944年12月，1266-1270頁
久世善男「競馬」『言葉のなづけ親—翻訳に見る文明開化』，朝日ソノラマ，1975年11月，48-51頁
紀田順一郎「競馬」『近代事物起源事典』，東京堂出版，1992年9月，65-66頁
沈国威『近代日中語彙交流史—新漢語の生成と受容』，笠間書院，1994年3月，121頁
立川健治「幕末—文明開化期の競馬：横浜・根岸競馬をめぐって」『富山大学人文学部紀要』20，富山大学人文学部，1994年3月，61-125頁
湯本豪一「競馬」『図説明治事物起源事典』，柏書房，1996年11月，226-227頁
ケイブンガク【軽文学】 惣郷正明・飛田

良文「軽文学」『明治のことば辞典』，東京堂出版，1986年12月，134-135頁

ケイホ【警保】 惣郷正明・飛田良文「警保」『明治のことば辞典』，東京堂出版，1986年12月，135頁

ケイホウ【刑法】 渡辺萬蔵「刑法」『現行法律語の史的研究』，萬理閣書房，1930年12月，226頁

藁科勝之「『明治前期刑法用語の成立とその背景―総則部分の語彙を中心として」『文経論叢人文学科篇』22―3，弘前大学人文学部，1987年3月，1-27頁

藁科勝之「箕作麟祥訳―「仏蘭西法律書・刑法」の訳語　新しい概念とその翻訳」『弘前大学国語国文学』10，弘前大学国語国文学会，1988年3月，1-11頁

藁科勝之「『仏蘭西法律書刑法』の唐話と近代刑法用語」『国語語彙史の研究』19，国語語彙史研究会，2000年3月，237-253頁

Federico Masini「刑法」*The Formation of Modern Chinese Lexicon and its Evolution toward a National Language*（李廷宰訳），소명出版，2005年11月，166頁

佐藤亨「刑法」『現代に生きる幕末・明治初期漢語辞典』，明治書院，2007年6月，234-235頁

ケイムショ【刑務所】 樺島忠雄・飛田良文・米川明彦「刑務所」『明治大正新語俗語辞典』，東京堂出版，1984年5月，111-112頁

ケイモウ【啓蒙】 中田佳昭「啓蒙」『ことばコンセプト事典』，第一法規出版，1992年12月，424-435頁

ケイヤク【契約】 渡辺萬蔵「契約」『現行法律語の史的研究』，萬理閣書房，1930年12月，227頁

丹野真「契約」『ことばコンセプト事典』，第一法規出版，1992年12月，436-445頁

井出静「中国語の「合同」と日本語の「契約」の異同」『青山国際政経論集』57，青山学院大学，1994年8月，105-124頁

吉田裕清「「契約」」『翻訳語としての日本の法律用語』，中央大学出版局，2004年11月，19-30頁

ケイヨウシ【形容詞】 佐藤亨「形容詞」『現代に生きる幕末・明治初期漢語辞典』，明治書院，2007年6月，230頁

ケイリ【経理・計理】 佐藤亨「『西学考略』の語彙」『幕末・明治初期語彙の研究』，桜楓社，1986年2月，234-235頁

惣郷正明・飛田良文「経理」『明治のことば辞典』，東京堂出版，1986年12月，135頁

文化庁「「経理」か「計理」の使い分け」『言葉に関する問答集』，大蔵省印刷局，1995年3月，150-151頁

ケイレツ【系列】 惣郷正明・飛田良文「系列」『明治のことば辞典』，東京堂出版，1986年12月，135頁

加藤秀俊・熊倉功夫「系列」『外国語になった日本語の事典』，岩波書店，1999年7月，60-64頁

ケウ【希有】 浅野敏彦「漢語「希有」について」『解釈』21―3，解釈学会，1975年3月，3-10頁

浅野敏彦「希有；文章語にとどまったか漢語」『国語史の中の漢語』，和泉書院，1998年2月，50-67頁

ゲカイ【外科医】 佐藤亨「外科医」『現代に生きる幕末・明治初期漢語辞典』，明治書院，2007年6月，237-238頁

ゲキ【劇】 松井利彦「近代漢字と近代漢語」『国語語彙史の研究』12，和泉書院，1992年7月，133-154頁

ゲキジョウ【劇場】 永嶋大典「英和辞書の訳語―明治前期の文学用語をめぐって」『講座日本語の語彙 ⑥』，明治書院，1982年2月，55頁

Federico Masini「劇場」*The Formation of Modern Chinese Lexicon and its Evolution toward a National Language*（李廷宰訳），

소명出版，2005年11月，157頁
佐藤亨「劇場」『現代に生きる幕末・明治初期漢語辞典』，明治書院，2007年6月，238頁
ゲキダン【劇団】 樺島忠雄・飛田良文・米川明彦「劇団」『明治大正新語俗語辞典』，東京堂出版，1984年5月，112頁
ゲキテキ【劇的】 惣郷正明・飛田良文「劇的」『明治のことば辞典』，東京堂出版，1986年12月，135-136頁
ゲキ【激】 東道鉄二「〈激～〉型新造語」『言語生活』343，筑摩書房，1980年7月，74-77頁
佐藤喜代治「漢字字訓の研究―級・揚・政義・桟について」『国語学研究』20，東北大文学部『国語学研究』刊行会，1980年12月，1-10頁
陳力衛「近代における二字漢語の語構成の一問題―その出典例とのかかわりをめぐって」『文教大学国文』23，文教大学国文学会，1994年3月，42-50頁
ゲキドウ【激動】 陳力衛「近代における二字漢語の語構成の一問題―その出典例とのかかわりをめぐって」『文教大学国文』23，文教大学国文学会，1994年3月，42-50頁
佐藤亨「激動」『現代に生きる幕末・明治初期漢語辞典』，明治書院，2007年6月，239頁
ケゴン【華厳】 桜部建「華厳という語について」『大谷学報』49―11，大谷学会，1969年6月，26-34頁
ケシキ【気色】 吉沢義則『源語釋泉』，誠和書院，1952年7月，123-129頁
田中新一「「気色」けしき・けそく・きしょく考」『解釈』15―11，解釈学会，1969年11月，10-14頁
西端幸雄「「けしき」と後拾遺集―特に自然に関するけしきについて」『国語学』112，国語学会，1978年3月，91-105頁
国広哲弥編「気色」『ことばの意味3』，平凡社，2003年3月，260-263頁
ケシキ【景色】 羅国忠「「風景」「景色」「眺め」「光景」「見はらし」について」『教育国語』83，むぎ書房，1985年3月，38-43頁
ゲシュク【下宿】 佐藤亨「下宿」『現代に生きる幕末・明治初期漢語辞典』，明治書院，2007年6月，240頁
ケショウ【化粧】 イーデス・ハンソン「ハンソンの日本語巡礼 7「化粧」とMake-up」『ことばの宇宙』2―4，東京言語研究所ラボ教育センター，1967年4月，63-66頁
永野賢『にっぽん語風俗学』，明治書院，1969年10月，50-54頁
永野賢『ことばの風俗誌―女性と金に関する六十一章』，教育出版，1978年3月
関根賢司「化粧考―伊勢物語を読む」『国学院雑誌』86―7，国学院大学，1985年7月，50-60頁
沈国威『近代日中語彙交流史―新漢語の生成と受容』，笠間書院，1994年3月，289頁
陳力衛「「化粧」の意味変遷」『国語国文学藻』井手至先生古稀記念論文集，和泉書院，1999年12月，218-238頁
佐々木瑞枝「化粧」『女と男の日本語辞典』上巻，東京堂出版，2000年6月，207-210頁
陳力衛「「化粧」考」『和製漢語の形成と展開』，汲古書院，2001年3月，156-176頁
石田かおり「化粧行為の学的研究対象としての可能性―化粧文化学会設立を視野に置いて」『駒沢女子大学研究紀要』8，駒沢女子大学，2001年12月，1-6頁
Federico Masini「化粧」*The Formation of Modern Chinese Lexicon and its Evolution toward a National Language*(李廷宰訳)，소명出版，2005年11月，314頁
ケショウヒン【化粧品】 Federico Masini「化粧品」*The Formation of Modern Chinese Lexicon and its Evolution toward a National Language*(李廷宰訳)，소명出版，2005年11月，314頁
ゲダツ【解脱】 中村元編「解脱」『仏教語源散策』，東京書籍，1977年4月，150-152頁

ケツアツケイ【血圧計】 小川鼎三「血圧計のこと」『医学用語の起り』，東京書籍，1983年1月，106-109頁

沈国威『近代日中語彙交流史—新漢語の生成と受容』，笠間書院，1994年3月，289-290頁

ケツイ【決意】 臧俐「「決意」と「決心」について」『中華人民共和国日本語研修センター紀要』4，中華人民共和国日本語研修センター，1985年7月，79-83頁

ケツエキ【血液】 佐藤亨「血液」『現代に生きる幕末・明治初期漢語辞典』，明治書院，2007年6月，241頁

ケッカク【結核】 佐藤亨『近世語彙の歴史的研究』，桜楓社，1980年10月，363-364頁

ケッカン【血管】 佐藤亨「血管」『現代に生きる幕末・明治初期漢語辞典』，明治書院，2007年6月，243頁

ケッキュウ【血球】 斎藤静「血球」『日本語に及ぼしたオランダ語の影響』，篠崎書林，1967年8月，27-28頁

杉本つとむ「近代訳語を検証する 7 血球」『国文学 解釈と鑑賞』69—3，至文堂，2004年3月，217-221頁

杉本つとむ「血球」『語源海』，東京書籍，2005年3月，268頁

ゲッキュウ【月球】 黄河清「“天球”“地球”“月球”“星球”考源」(「天球」「地球」「月球」「星球」の語源について)『科技术语研究』2002年4期，杂志社，2002年4月，39-40頁

ケッキョク【結局】 森田良行「結局」『基礎日本語1』，角川書店，1977年10月，306頁

佐藤武義「結句，結局」『講座日本語の語彙』10，明治書院，1983年4月，18-24頁

ゲッケイカン【月桂冠】 樺島忠雄・飛田良文・米川明彦「月桂冠」『明治大正新語俗語辞典』，東京堂出版，1984年5月，112-113頁

ケッコウ【結構】 岩淵悦太郎「結構です」『語源散策』，毎日新聞社，1974年10月，90-91頁

山田俊雄「漢語研究上の表題—かな書きの場合といみの推量の場合と」『国語と国文学』52—5，東京大学国文学研究室内，1975年5月，139-155頁

森田良行「結構」『基礎日本語1』，角川書店，1977年10月，492頁

遠藤好英「結構」『講座日本語の語彙 ⑩』，明治書院，1983年4月，24-30頁

ケツゴウ【結合】 佐藤亨「『米欧回覧実記』の語彙」『幕末・明治初期語彙の研究』，桜楓社，1986年2月，466-467頁

高野繁男「『哲学字彙』の訳語」『近代漢語の研究—日本語の造語法・訳語法』，明治書院，2004年11月，70頁

佐藤亨「結合」『現代に生きる幕末・明治初期漢語辞典』，明治書院，2007年6月，244頁

ケッコン【結婚】 水谷静夫「日本語を考える7—「結婚する」「結婚した」「結婚」」『bit』6—7，1974年7月

鍛冶千鶴子「言語時評「婚姻」と「結婚」」『言語生活』342，筑摩書房，1980年6月，25頁

紀田順一郎「結婚」『近代事物起源事典』，東京堂出版，1992年9月，66-68頁

門間泉「結婚」『ことばコンセプト事典』，第一法規出版，1992年12月，446-457頁

佐藤武義「結婚」『日本語の語源』，明治書院，2003年1月，33-34頁

ケッコンシキ【結婚式】 紀田順一郎「結婚式」『近代事物起源事典』，東京堂出版，1992年9月，68-69頁

ケッサイ【決済】 文化庁「「決裁」と「決済」の使い分け」『言葉に関する問答集』，大蔵省印刷局，1995年3月，39頁

ケッサン【決算】 佐藤亨「決算」『現代に生きる幕末・明治初期漢語辞典』，明治書院，2007年6月，243頁

ケッシュウ【結集】 中村元編「結集」『続仏教語源散策』，東京書籍，1977年12月，37-38頁

ケッシュツ【傑出】 田中牧郎「漢語「優秀」の定着と語彙形成—主体を表す語の分析を通して」『雑誌太陽による確立期現代語の研究』国立国語研究所報告，博文館新社，2005年3月，114-141頁

ケッショウ【結晶】 樺島忠雄・飛田良文・米川明彦「結晶」『明治大正新語俗語辞典』，東京堂出版，1984年5月，113頁

沈国威『近代日中語彙交流史—新漢語の生成と受容』，笠間書院，1994年3月，290-291頁

ケツジョウ【決定】 原卓志「漢語「善悪」「是非」「決定」「必定」の副詞用法について」『鎌倉時代語研究』14，武蔵野書院，1991年10月，5-31頁

ケッショクジドウ【欠食児童】 大泉志郎・大塚栄寿・永沢道雄「欠食児童」『現代死語事典』，朝日ソノラマ，1993年11月，119-120頁

ケッシン【決心】 臧俐「「決意」と「決心」について」『中華人民共和国日本語研修センター紀要』4，中華人民共和国日本語研修センター，1985年7月，79-83頁

ケツゼイ【血税】 槌田満文「明治ことば誌　血税」『国文学解釈と教材の研究』25—10，学燈社，1980年8月，142頁

槌田満文「血税」『明治大正新語・流行語』，角川書店，1983年6月，38-40頁

惣郷正明・飛田良文「血税」『明治のことば辞典』，東京堂出版，1986年12月，136頁

杉本つとむ「血税」『語源海』，東京書籍，2005年3月，269頁

佐藤亨「血税」『現代に生きる幕末・明治初期漢語辞典』，明治書院，2007年6月，246-247頁

ケッチャク【決着】 佐藤喜代治「決着」『日本の漢語』，角川書店，1979年10月，395頁

文化庁「「決着」か「結着」か」『言葉に関する問答集』，大蔵省印刷局，1995年3月，65-66頁

ケッテン【闕典・欠点】 佐藤喜代治「闕典　欠点」『日本の漢語』，角川書店，1979年10月，432-434頁

樺島忠雄・飛田良文・米川明彦「欠点」『明治大正新語俗語辞典』，東京堂出版，1984年5月，113-114頁

ケットウ【血統】 佐藤亨「血統」『現代に生きる幕末・明治初期漢語辞典』，明治書院，2007年6月，248-249頁

ケットウ【決闘】 槌田満文「決闘」『明治大正新語・流行語』，角川書店，1983年6月，114-116頁

ケッペキ【潔癖】 佐藤亨「潔癖」『現代に生きる幕末・明治初期漢語辞典』，明治書院，2007年6月，250頁

ケツマク【結膜】 斎藤静「結膜」『日本語に及ぼしたオランダ語の影響』，篠崎書林，1967年8月，33-34頁

杉本つとむ「連載；近代訳語を検証する 52　鞏膜，角膜，結膜，網膜，虹彩，葡萄膜」『国文学　解釈と鑑賞』72—12，至文堂，2007年12月，188-192頁

ケツマツ【結末】 佐藤亨「結末」『現代に生きる幕末・明治初期漢語辞典』，明治書院，2007年6月，251頁

ゲツヨウび【月曜日】 惣郷正明・飛田良文「月曜日」『明治のことば辞典』，東京堂出版，1986年12月，136-137頁

松村明「明治初年における曜日の呼称」『近代語研究』10，近代語研究会，1990年10月，509-529頁

佐藤亨「月曜日」『現代に生きる幕末・明治初期漢語辞典』，明治書院，2007年6月，251頁

ケツルイ【血涙】 持田早百合「「紅の涙・血の涙」考」『実践国文学』29，実践国文学会，1986年2月，71-78頁

菊池由香「平安朝和歌にみえる「血涙」「紅涙」について」『東京成徳国文』14，東京成徳短大，1991年3月，22-45頁

ゲネツザイ【解熱剤】 佐藤亨「解熱剤」『現代に生きる幕末・明治初期漢語辞典』，明治書院，2007年6月，252頁

ゲラク【下落】 佐藤亨「『西洋事情』の語彙」『幕末・明治初期語彙の研究』，桜楓社，1986年2月，398-399頁

ケン【腱】 杉本つとむ「連載；近代訳語を検証する44 海綿，蛮度，靱帯，軟骨，腱」『国文学 解釈と鑑賞』72—4，至文堂，2007年4月，254-258頁

ケン【権】 惣郷正明・飛田良文「権」『明治のことば辞典』，東京堂出版，1986年12月，137-138頁

仙波純子「○○権ということばの生成と発展」『早稲田大学日本語研究教育センター紀要』1，早稲田大学日本語研究教育センター，1989年3月，42-64頁

柳父章「第２章 翻訳語「権」」『翻訳とはなにか：日本語と翻訳文化』，法政大学出版局，2003年5月，64-106頁

ケン【～権】 ケン(～権)井上能孝「箱館英学史(3)Rightの訳語「権理」の源流を探求—本論(続)」『函館大学論究』，函館大学商学部，2000年3月，39-55頁

朱京偉『近代日中新語の創出と交流—人文科学と自然科学の専門語を中心に』，白帝社，2003年10月，92頁

ケンイ【権威】 佐藤亨「『米欧回覧実記』の語彙」『幕末・明治初期語彙の研究』，桜楓社，1986年2月，442-443頁

宮田和子「日本からの移入とされる中国語」『武蔵野文学』39，武蔵野書院，1992年1月，8-9頁

ケンイン【検印】 樺島忠雄・飛田良文・米川明彦「検印」『明治大正新語俗語辞典』，東京堂出版，1984年5月，114-115頁

惣郷正明・飛田良文「検印」『明治のことば辞典』，東京堂出版，1986年12月，138頁

佐藤亨「検印」『現代に生きる幕末・明治初期漢語辞典』，明治書院，2007年6月，253頁

ゲンイン【原因】 高野繁男「『哲学字彙』の訳語」『近代漢語の研究—日本語の造語法・訳語法』，明治書院，2004年11月，71頁

ケンエツ【検閲】 大泉志郎・大塚栄寿・永沢道雄「検閲」『現代死語事典』，朝日ソノラマ，1993年11月，122-124頁

ケンカ【喧嘩】 西村浩子「「ケンカ」の始まり」『小林芳規博士退官記念 国語学論集』，汲古書院，1992年3月，685-716頁

ゲンカ【元価】 進藤咲子「小幡篤次郎の英氏経済論の訳語」『明治時代語の研究；語彙と文章』，明治書院，1981年11月，85頁

ゲンカ【原価】 高野繁男「『明六雑誌』の和製漢語」『明六雑誌とその周辺』神奈川大学人文学研究所編，お茶の水書房，2004年3月，189頁

高野繁男「『明六雑誌』の語彙」『近代漢語の研究—日本語の造語法・訳語法』，明治書院，2004年11月，180頁

ケンカイ【見解】 鈴木修次「禅文化とまつわる漢語」『漢語と日本人』，みすず書房，1978年9月，63頁

ゲンカイ【限界】 たかきかずひこ「用語「限界」について」『うなびこ』17，日本語学研究会，2000年11月，32-41頁

ゲンカク【幻覚】 宮本忠雄「ことばのことば 幻覚について」『言語』9—7，大修館書店，1980年7月，29頁

樺島忠雄・飛田良文・米川明彦「幻覚」『明治大正新語俗語辞典』，東京堂出版，1984年5月，115頁

惣郷正明・飛田良文「幻覚」『明治のことば辞典』，東京堂出版，1986年12月，139-140頁

沈国威『近代日中語彙交流史—新漢語の生成と受容』，笠間書院，1994年3月，291-292頁

ゲンカン【玄関】 中村元編「玄関」『続仏教語源散策』，東京書籍，1977年12月，216頁

佐藤喜代治「玄関」『日本の漢語』，角川書店，1979年10月，264-265頁

ケンギ【権義】 薗部千鶴「「権義」小考」『東京女子大日本文学』50，東京女子大学学会日本文学部会，1978年9月，1-10頁

ゲンキ【元気】 原田芳紀「元気・減気」『平安時代文学語彙の研究 本編』，風間書房，1962年7月，104頁

佐藤喜代治『国語語彙の歴史的研究』，明治書院，1971年11月，265頁

鈴木修次「国語漢語と中国語」『漢語と日本人』，みすず書房，1978年9月，209-212頁

佐藤喜代治「元気・減気・換気」『日本の漢語』，角川書店，1979年10月，174-176頁

小野正弘「元気」『日本語学』12―6，明治書院，1993年6月，54-58頁

窪田守弘「漢語の「元気」をめぐる一考察」『愛知淑徳大学論集』22，愛知淑徳大学，1997年3月，9-22頁

欒竹民「「減気・験気・元気」小考」『国文学攷』159，広島大学国語国文学会，1998年9月，13-30頁

ケンキュウ【研究】 佐藤喜代治「研究」『日本の漢語』，角川書店，1979年10月，379-380頁

ケンキン【献金】 佐藤亨「献金」『現代に生きる幕末・明治初期漢語辞典』，明治書院，2007年6月，257頁

ゲンキン【現金】 沈国威『近代日中語彙交流史―新漢語の生成と受容』，笠間書院，1994年3月，135頁

ケンゴ【堅固】 原卓志「「堅固」の意味・用法について」『鎌倉時代語研究』16，武蔵野書院，1993年5月，168-194頁

原卓志「「堅固」「至極」の出自と性格」『鎌倉時代語研究』18，武蔵野書院，1995年8月，250-271頁

ゲンゴ【言語】 飛田良文「漢語の読みと同音語」『ことばシリーズ8　和語漢語』，文化庁，1978年3月

飛田良文「言語」『講座日本語の語彙 ⑩』，明治書院，1983年4月，36-40頁

惣郷正明・飛田良文「言語」『明治のことば辞典』，東京堂出版，1986年12月，139-140頁

今里智晃「言語」『ことばコンセプト事典』，第一法規出版，1992年12月，458-469頁

ゲンゴガク【言語学】 石井研堂「精神学科の訳語」『増補改訂　明治事物起源』下巻，春陽堂書店，1944年11月，519-521頁

惣郷正明・飛田良文「言語学」『明治のことば辞典』，東京堂出版，1986年12月，141頁

ゲンゴセイカツ【言語生活】 小久保美子「「言語生活」概念の生成・展開過程」『人文科教育研究』25，長岡工業高等専門学校，1998年8月，39-56頁

黒川孝広「「言語生活」「国語生活」の概念の生成―大正自由教育下の国語教育者のキーワードとしての「言語生活」」『早稲田大学大学院教育学研究科紀要別冊』8―1，早稲田大学大学院教育学研究科，2000年9月，155-166頁

ゲンゴブンカ【言語文化】 多久和新爾「言語文化という造語は成立するか」『言語科学』7，九州大学教養部言語研究会，1971年3月，45-47頁

ゲンゴ【原語】 佐藤亨「『泰西国法論』の訳語」『幕末・明治初期語彙の研究』，桜楓社，1986年2月，383頁

惣郷正明・飛田良文「原語」『明治のことば辞典』，東京堂出版，1986年12月，140頁

ゲンゴガク【原語学】 惣郷正明・飛田良文「原語学」『明治のことば辞典』，東京堂出版，1986年12月，141頁

ケンコウ【健康】 佐藤喜代治「漢語の源流―『万法精理』の訳語について(二)」『国語語彙史の歴史的研究』，明治書院，1971年11月，345頁

竹中憲一「中国語と日本語における字順の逆転現象」『日本語学』7―10，明治書院，1988年10月，55-64頁

杉浦守邦「「健康」という語の創始者について」『日本医史学雑誌』43―2，日本医史学会，

1997年6月，249-254頁
八木保・中森一郎「用語「健康」の由来を求めて第1報」『保健の科学』40—10，杏林書院，1998年10月，841-846頁
八木保・中森一郎「用語「健康」の由来を求めて第2報」『保健の科学』41—8，杏林書院，1999年8月，633-638頁
八木保・中森一郎「用語「健康」の由来を求めて第3報」『保健の科学』41—12，杏林書院，1999年12月，950-955頁
荒川清秀「「健康」の語源をめぐって」『文学・語学』166，全国国語国文学会，2000年3月，72-82頁
八木保「「健康」という語の起源とその流布について」『保健の科学』43—8，杏林書院，2001年8月，665-670頁
杉本つとむ「近代訳語を検証する 2 健康の創訳」『国文学 解釈と鑑賞』68—9，至文堂，2003年8月，234-239頁
青木純一・北野与一「「健康」の語誌的研究」『東横学園女子短期大学紀要』41，東横学園女子短期大学紀要編集委員会，2007年1月，1-16頁
佐藤亨「健康」『現代に生きる幕末・明治初期漢語辞典』，明治書院，2007年6月，258-259頁
荒川清秀「日中学术用语的创制和传播—以地理学用语为主」(日中学術用語の創生と伝播－地理学用語を中心に)『语义的文化变迁』，武汉大学出版社，2007年10月，101-102頁
河口明人「健康概念の射程」『北海道大学大学院教育学研究院紀要』105，北海道大学大学院教育学研究院，2008年6月，75-84頁

ゲンゴウ【元号】 紀田順一郎「元号」『近代事物起源事典』，東京堂出版，1992年9月，70-71頁

ゲンコウハン【現行犯】 樺島忠雄・飛田良文・米川明彦「現行犯」『明治大正新語俗語辞典』，東京堂出版，1984年5月，115-116頁

沈国威『近代日中語彙交流史—新漢語の生成と受容』，笠間書院，1994年3月，292-293頁

ゲンコク【原告】 渡辺萬蔵「原告」『現行法律語の史的研究』，萬理閣書房，1930年12月，228頁
佐藤亨「『徳国学校論略』の語彙」『幕末・明治初期語彙の研究』，桜楓社，1986年2月，212頁
佐藤亨「原告」『現代に生きる幕末・明治初期漢語辞典』，明治書院，2007年6月，259-260頁

ケンサ【検査】 佐藤亨『近世語彙の歴史的研究』，桜楓社，1980年10月，367-368頁
高野繁男「『百科全書』の訳語」『近代漢語の研究—日本語の造語法・訳語法』，明治書院，2004年11月，140頁
Federico Masini「検査」*The Formation of Modern Chinese Lexicon and its Evolution toward a National Language*(李廷宰訳)，소명出版，2005年11月，249頁

ゲンサイ【減殺】 惣郷正明・飛田良文「減殺」『明治のことば辞典』，東京堂出版，1986年12月，141頁

ゲンザイ【原罪】 今里智晃「罪」『ことばコンセプト事典』，第一法規出版，1992年12月，1142-1151頁

ゲンザイ【現在】 横尾佐世「「現在」という語の用法について」『ことばと人間』1，横浜言語と人間研究会，1997年3月，89-97頁

ケンジ【健児】 渡辺萬蔵「健児」『現行法律語の史的研究』，萬理閣書房，1930年12月，138頁

ケンジ【検事】 渡辺萬蔵「検事」『現行法律語の史的研究』，萬理閣書房，1930年12月，260頁
石井研堂「検事の始」『増補改訂 明治事物起源』上巻，春陽堂書店，1944年11月，256頁
高野繁男「『明六雑誌』の和製漢語」『『明六雑誌』とその周辺』神奈川大学人文学研究所編，

お茶の水書房，2004年3月，185-186頁
ゲンシ【原子】 菅原国香・中村国光・板倉聖宣「atomの訳語の形成過程」『科学史研究』第157号，日本科学史学会，1986年5月，34-45頁
惣郷正明・飛田良文「原子」『明治のことば辞典』，東京堂出版，1986年12月，141-142頁
高野繁男「『百科全書』の訳語」『近代漢語の研究—日本語の造語法・訳語法』，明治書院，2004年11月，140頁
ゲンジガク【言辞学】 惣郷正明・飛田良文「言辞学」『明治のことば辞典』，東京堂出版，1986年12月，142頁
ゲンジツ【現実】 片野達朗「現，夢，現実，幻，空蟬，現し身，現し」『講座日本語の語彙 ⑨』，明治書院，1983年1月，92-96頁
惣郷正明・飛田良文「現実」『明治のことば辞典』，東京堂出版，1986年12月，142頁
佐藤亨「現実」『現代に生きる幕末・明治初期漢語辞典』，明治書院，2007年6月，262頁
ゲンシュ【元首】 縣幸雄「帝国憲法における「元首」という語の制定」『大妻女子大学文学部紀要』15，大妻女子大学文学部，1983年3月，1-26頁
縣幸雄「帝国憲法における「元首」という語の規範的意味」『大妻女子大学文学部紀要』17，大妻女子大学文学部，1985年3月，1-30頁
ケンジュウ【拳銃】 天沼寧「ピストル・拳銃・けん銃・短銃」『大妻女子大学文学部紀要』10，大妻女子大学文学部，1978年3月，81-93頁
ゲンジュウ【厳重】 蜂谷清人「字音語「厳重」をめぐって」『日本語学』8—7，明治書院，1989年7月，123-128頁
ゲンショ【原書】 惣郷正明・飛田良文「原書」『明治のことば辞典』，東京堂出版，1986年12月，142-143頁
ゲンショウ【現象】 広田栄太郎「訳語あれこれ」『近代訳語考』，東京堂出版，1969年8月，305-326頁
樺島忠雄・飛田良文・米川明彦「現象」『明治大正新語俗語辞典』，東京堂出版，1984年5月，116頁
惣郷正明・飛田良文「現象」『明治のことば辞典』，東京堂出版，1986年12月，143頁
金田一春彦編「現象」『ことばの生い立ち』，講談社，1988年2月，140頁
高野繁男「『明六雑誌』の和製漢語」『『明六雑誌』とその周辺』神奈川大学人文学研究所編，お茶の水書房，2004年3月，197頁
馮天瑜『新語探源』，中華書局，2004年10月，370-371頁
高野繁男「『明六雑誌』の語彙」『近代漢語の研究—日本語の造語法・訳語法』，明治書院，2004年11月，186頁
高野繁男「『百科全書』の訳語」『近代漢語の研究—日本語の造語法・訳語法』，明治書院，2004年11月，114頁
佐藤亨「現象」『現代に生きる幕末・明治初期漢語辞典』，明治書院，2007年6月，263頁
ゲンショク【現職】 泉井久之助「「現職」という語と候文」『言語生活』357，筑摩書房，1981年9月，57-62頁
ゲンシロ【原子炉】 深井佑造「「原子炉」の語源—何故，“REACTOR”は「原子炉」なのか」『原子力資料』286，日本原子力産業会議，1995年3月，1-36頁
ケンシン【献身】 丹野真「献身」『ことばコンセプト事典』，第一法規出版，1992年12月，470-477頁
ゲンジン【原人】 惣郷正明・飛田良文「原人」『明治のことば辞典』，東京堂出版，1986年12月，143-144頁
ケンセイ【憲政】 大泉志郎・大塚栄寿・永沢道雄「憲政」『続・現代死語事典』，朝日ソノラマ，1995年11月，146-147頁
Federico Masini「憲政」*The Formation of Modern Chinese Lexicon and its Evolution toward a National Language*（李廷宰訳），소명出版，2005年11月，166頁

ケンゼンガク【健全学】 沈国威「漢語を育てた近代日本語—西学東漸と新漢語」『国文学』41—11，関西大学国文学会，1996年9月，80-86頁

佐藤亨「健全学」『現代に生きる幕末・明治初期漢語辞典』，明治書院，2007年6月，265-266頁

ゲンソ【元素】 斎藤静「元素」『日本語に及ぼしたオランダ語の影響』，篠崎書林，1967年8月，79-80頁

佐藤喜代治「元素・原索」『日本の漢語』，角川書店，1979年10月，436-437頁

佐藤亨「「遠西医方名物考」の訳語」『近世語彙の歴史的研究』，桜楓社，1980年10月，371頁

惣郷正明・飛田良文「元素」『明治のことば辞典』，東京堂出版，1986年12月，144-145頁

竹本喜一・金岡喜久子「化学のことば ア・ラ・カルト」『化学語源ものがたり』part2，東京化学同人，1990年4月，54頁

菅原国香・板倉聖宣「東京化学会における元素名の統一過程—元素の日本語名の成立過程の研究 2」『科学史研究』第175号，日本科学史学会，1990年9月，136-149頁

高野繁男「『哲学字彙』の訳語」『近代漢語の研究—日本語の造語法・訳語法』，明治書院，2004年11月，63頁

佐藤亨「元素」『現代に生きる幕末・明治初期漢語辞典』，明治書院，2007年6月，266頁

杉本つとむ「近代訳語を検証する 48　元素・炭素・窒素／王水亜括列義亜・電池抜的麗還元法・親和力・抜塞斯塩基」『国文学　解釈と鑑賞』72—8，至文堂，2007年8月，187-195頁

ゲンソウ【幻想】 永嶋大典「英和辞書の訳語—明治前期の文学用語をめぐって」『講座日本語の語彙 ⑥』，明治書院，1982年2月，47頁

惣郷正明・飛田良文「ゲンソウ」『明治のことば辞典』，東京堂出版，1986年12月，145頁

沈国威『近代日中語彙交流史—新漢語の生成と受容』，笠間書院，1994年3月，291-292頁

山田俊雄「空想・幻想」『詞苑間歩』下，三省堂，1999年9月，190-194頁

ゲンソク【原則】 惣郷正明・飛田良文「原則・元則」『明治のことば辞典』，東京堂出版，1986年12月，145-146頁

ケンソン【謙遜】 丹野真「謙遜」『ことばコンセプト事典』，第一法規出版，1992年12月，478-485頁

ケンチク【建築】 菊池重郎「近世に於けるARCHITECTUREの訳語について（意匠・歴史）」『日本建築学会論文報告集』60—2，日本建築学会，1958年10月，661-664頁

菊池重郎「明治初期におけるARCHITECTUREの訳語について（続）」『日本建築学会論文報告集』67，日本建築学会，1961年3月，162-168頁

佐藤亨「『経済小学』の訳語」『幕末・明治初期語彙の研究』，桜楓社，1986年2月，339-340頁

北澤憲昭「美術・工業・建築：「建築学会」命名の語史的背景「建築」以前へ，そして未来へ」『建築雑誌』112，社団法人日本建築学会，1997年8月，30-31頁

김종보「건축의 개념과 불법건축」（建築の概念と不法建築）『公法研究』29—1，韓国公法学会，2000年11月，509-530頁

崔瓊玉「번역한자어의 한국 수용에 대하여：建築・寫眞・新聞을 중심으로」（漢語訳語の韓国語への受容について—「建築」や「写真」「新聞」を中心に）『日本學報』62，韓国日本学会，2005年2月，123-141頁

Federico Masini「建築」*The Formation of Modern Chinese Lexicon and its Evolution toward a National Language*（李廷宰訳），소명出版，2005年11月，162頁

小林英樹「漢語サ変動詞の意味・用法の記述的研究—「建築する」，「建設する」などをめ

ぐって」『語学と文学』43，群馬大学，2007年3月，1-11頁
佐藤亨「建築」『現代に生きる幕末・明治初期漢語辞典』，明治書院，2007年6月，268頁

ケンテイ【検定】 惣郷正明・飛田良文「検定」『明治のことば辞典』，東京堂出版，1986年12月，146頁

ケントウ【拳闘】 石井研堂「拳闘の始」『増補改訂　明治事物起源』下巻，春陽堂書店，1944年12月，1261-1264頁

ゲントウ【幻燈・幻灯】 槌田満文「幻燈―スライドによる写し絵」『明治大正風俗語典』，角川書店，1979年11月，121-122頁
富田仁「幻灯」『舶来事物起源事典』，名著普及会，1987年12月，113-114頁
湯本豪一「幻燈」『図説明治事物起源事典』，柏書房，1996年11月，228-229頁

ケンビキョウ【顕微鏡】 斎藤静「顕微鏡」『日本語に及ぼしたオランダ語の影響』，篠崎書林，1967年8月，152-153頁
杉本つとむ「顕微鏡の詮索」『日本語講座11　外国語と日本語』，桜楓社，1980年3月，151-169頁
佐藤亨「「遠西医方名物考」の訳語」『近世語彙の歴史的研究』，桜楓社，1980年10月，365頁
佐藤亨「『智環啓蒙塾課初歩』の訳語」『近世語彙の研究』，桜楓社，1983年6月，33-36頁
惣郷正明・飛田良文「顕微鏡」『明治のことば辞典』，東京堂出版，1986年12月，146-147頁
富田仁「顕微鏡」『舶来事物起源事典』，名著普及会，1987年12月，115頁
和田和代史「我が国の顕微鏡の由来―和田医学史料館所蔵の顕微鏡の歴史」『日本医史学雑誌』42―2，日本医史学会，1996年5月，132-133頁
杉本つとむ「連載：近代訳語を検証する9　望遠鏡・顕微鏡」『国文学　解釈と鑑賞』69―4，至文堂，2004年4月，203-210頁
杉本つとむ「顕微鏡」『語源海』，東京書籍，2005年3月，271-272頁
井上了「十八世紀の国産顕微鏡―中井履軒「顕微鏡記」について」『懐徳』75，懐徳堂，2007年1月，35-43頁

ゲンブンイッチ【言文一致】 惣郷正明・飛田良文「言文一致」『明治のことば辞典』，東京堂出版，1986年12月，147-148頁
米川明彦「言文一致」『明治・大正・昭和の新語・流行語辞典』，三省堂，2002年1月，46頁

ケンペイ【憲兵】 石井研堂「憲兵の始」『増補改訂　明治事物起源』下巻，春陽堂書店，1944年12月，1109頁
惣郷正明・飛田良文「憲兵」『明治のことば辞典』，東京堂出版，1986年12月，148頁
松田利彦「近代日本植民地における「憲兵警察制度」に見る「統治様式の遷移」―朝鮮から関東州・「満洲国」へ」『日本研究』35，国際日本文化研究センター，2007年5月，169-190頁
佐藤亨「憲兵」『現代に生きる幕末・明治初期漢語辞典』，明治書院，2007年6月，272頁

ケンポウ【憲法】 渡辺萬蔵「憲法」『現行法律語の史的研究』，萬理閣書房，1930年12月，258頁
日置昌一「憲法の語源」『ものしり事典』言語篇，河出書房，1952年11月，101-102頁
新美忠之「国語「憲法」の通用由来　その法的意味内容」『皇学館論叢』3―4，皇学館大学，1970年8月，1-22頁
久世善男「憲法」『言葉のなづけ親―翻訳に見る文明開化』，朝日ソノラマ，1975年11月，52-54頁
穂積陳重「憲法」『法窓夜話』岩波文庫，岩波書店，1980年1月，176-179頁
佐藤亨「「憲法」ということば」『言語生活』402，筑摩書房，1985年5月，36-44頁
阪下圭八「憲法という語の歴史(一)」『歴史のなかの言葉』，朝日新聞社，1989年6月，

202-203頁

阪下圭八「憲法という語の歴史(二)」『歴史のなかの言葉』，朝日新聞社，1989年6月，204-205頁

阪下圭八「憲法という語の歴史(三)」『歴史のなかの言葉』，朝日新聞社，1989年6月，206-209頁

佐藤亨「「憲法」の語誌」『近代語の成立』，桜楓社，1992年12月，17-29頁

沈国威『近代日中語彙交流史―新漢語の生成と受容』，笠間書院，1994年3月，56頁

権寧卨「슈미트의 憲法概念」(シュミットの憲法概念)『考試研究』254，考試研究社，1995年5月，90-106頁

前田富祺監修「憲法」『日本語語源大辞典』，小学館，2005年4月，471頁

Federico Masini「憲法」*The Formation of Modern Chinese Lexicon and its Evolution toward a National Language*(李廷宰訳)，소명出版，2005年11月，311頁

佐藤亨「憲法」『現代に生きる幕末・明治初期漢語辞典』，明治書院，2007年6月，272頁

堀内健志「「憲法」概念と憲法学その二―ドイツ憲法学史を背景とする「日本憲法学」」『人文社会論叢 社会科学篇』，弘前大学人文学部，2008年8月，63-80頁

ケンボウショウ【健忘症】 樺島忠雄・飛田良文・米川明彦「健忘症」『明治大正新語俗語辞典』，東京堂出版，1984年5月，116-117頁

ゲンポン【原本】 惣郷正明・飛田良文「原本」『明治のことば辞典』，東京堂出版，1986年12月，148-149頁

ケンヨウ【兼用】 佐藤亨『近世語彙の研究』，桜楓社，1983年6月，120頁

ケンリ【権利】 渡辺萬蔵「権利」『現行法律語の史的研究』，萬理閣書房，1930年12月，55頁

石井研堂「権利の語」『増補改訂　明治事物起源』上巻，春陽堂書店，1944年11月，255-256頁

太田知行「「権利」という言葉の意味について―社会行動の型との関係を中心として」『思想』479，岩波書店，1964年5月，569-579頁

佐藤節子「「権利」という言葉の機能について」『思想』481，岩波書店，1964年7月，992-1003頁

前田俊彦「日本語と思想4―権利と権力―すべての権力ではなくすべての権利を人民へ」『展望』163，筑摩書房，1972年7月，82-91頁

飛田良文「明治のことば「権利」考」『月刊ことば』3―3，現代日本語研究会，1979年3月，2-6頁

鈴木修次「「権利」と「義務」」『日本漢語と中国―漢字文化圏の近代化』，中央公論社，1981年9月，45-60頁

柳父章「権利」『翻訳語成立事情』，岩波書店，1982年4月，149-172頁

樺島忠雄・飛田良文・米川明彦「権利」『明治大正新語俗語辞典』，東京堂出版，1984年5月，117頁

田中成明「権利という言葉」『言語生活』390，筑摩書房，1984年6月，59頁

佐藤亨「『米欧回覧実記』の語彙」『幕末・明治初期語彙の研究』，桜楓社，1986年2月，417頁

佐藤亨「『万国公法』の語彙」『幕末・明治初期語彙の研究』，桜楓社，1986年2月，171-173頁

惣郷正明・飛田良文「権理・権利」『明治のことば辞典』，東京堂出版，1986年12月，149-150頁

山田洸「権利」『言葉の思想史』，花伝社，1989年4月，77-114頁

沈国威『近代日中語彙交流史―新漢語の生成と受容』，笠間書院，1994年3月，50頁

井上能孝「RIGHTの訳語〈権利〉の成立に関する考証―名村五八郎の〈理〉がルーツ」『函館大学論究』，函館大学商学部，1995年3月，

137-151頁
飛田良文「権利」『明治生まれの日本語』，淡交社，2002年5月，183-191頁
柳父章「翻訳語「権」」『翻訳とはなにか』，法政大学出版局，2003年5月，64-92頁
馮天瑜『新語探源』，中華書局，2004年10月，363頁
吉田裕清「「法」と「権利」」『翻訳語としての日本の法律用語』，中央大学出版局，2004年11月，13-18頁
納谷節夫「明治初期における西洋啓蒙思想の受容と言説編成―「自由の権利」の概念を中心に」『比較文学』47，日本比較文学会，2005年3月，79-82頁
Federico Masini「権利」*The Formation of Modern Chinese Lexicon and its Evolution toward a National Language*(李廷宰訳)，소명出版，2005年11月，62頁
崔瓊玉「일본 근대 번역한자어의 성립과 한국 수용：right의 번역어 '權利'를 중심으로」(日本における近代訳語の成立及び韓国語への受容―rightの訳語「権利」を中心に)『翻訳学研究』8―1，韓国翻訳学会，2007年春，283-299頁
佐藤亨「権利」『現代に生きる幕末・明治初期漢語辞典』，明治書院，2007年6月，274頁
梁镛「汉语民法术语的生成与衍变」(中国語における民法用語の生成と変遷)『语义的文化变迁』，武汉大学出版社，2007年10月，378-380頁
亀掛川健一「法務省法務総合研究所国際協力部の行う法整備支援について」『慶應法学』13，慶應義塾大学大学院法務研究科，2009年3月，239-261頁
ゲンリ【原理】 沈国威『近代日中語彙交流史―新漢語の生成と受容』，笠間書院，1994年3月，134頁
高野繁男「『哲学字彙』の訳語」『近代漢語の研究―日本語の造語法・訳語法』，明治書院，2004年11月，72頁
ケンリョク【権力】 田本健一「権力」『ことばコンセプト事典』，第一法規出版，1992年12月，486-493頁
佐藤亨「権力」『現代に生きる幕末・明治初期漢語辞典』，明治書院，2007年6月，275頁
최정운「서구 권력의 도입」(韓国における権力概念の導入)『근대한국의 사회과학 개념 형성사』(近代韓国における社会科学関連概念の形成史)，創批，2009年4月，66-124頁
ゲンロウイン【元老院】 湯本豪一「元老院」『図説明治事物起源事典』，柏書房，1996年11月，46-47頁
ゲンロン【言論】 北村日出夫「“Speech”と「言論」―翻訳語としての漢語「言論」の問題その一」『評論・社会科学』4，同志社大学人文学会，1972年7月，55-77頁
佐藤亨「言論」『現代に生きる幕末・明治初期漢語辞典』，明治書院，2007年6月，276頁

コ

コ【古】 荒川清秀「字音形態素の意味と造語力―同訓異字の漢字を中心に」『愛知大学文学論叢』82・83，愛知大學文學會，1986年11月，1-24頁
ゴイ【語彙】 金岡孝「語彙研究の歴史」『講座日本語9』，岩波書店，1977年6月，371-404頁
樺島忠雄・飛田良文・米川明彦「語彙」『明治大正新語俗語辞典』，東京堂出版，1984年5月，118頁
高野繁男「『百科全書』の訳語」『近代漢語の研究―日本語の造語法・訳語法』，明治書院，2004年11月，122頁
佐藤亨「語彙」『現代に生きる幕末・明治初期漢語辞典』，明治書院，2007年6月，276頁
ゴイッシン【御一新】 槌田満文「明治ことば誌」『国文学解釈と教材の研究』25―10，学燈社，1980年10月，140頁

こいびと【恋人】 半沢洋子「恋人，愛人，情人，色」『講座日本語の語彙 ⑩』，明治書院，1983年4月，41-47頁

松尾聡「恋人」『日本語遊覧』，笠間書院，2000年1月，11-12頁

コウ【孝】 佐竹昭広「意味の変遷」『岩波講座　日本語　9』，岩波書店，1977年6月，237-242頁

ゴウ【業】 中村元編「業」『仏教語源散策』，東京書籍，1977年4月，21-22頁

石田瑞磨「業」『仏教のことば』奈良康明編，日本放送出版協会，1978年10月，212-239頁

コウアン【公安】 惣郷正明・飛田良文「公安」『明治のことば辞典』，東京堂出版，1986年12月，151頁

沈国威『近代日中語彙交流史―新漢語の生成と受容』，笠間書院，1994年3月，293頁

佐藤亨「公安」『現代に生きる幕末・明治初期漢語辞典』，明治書院，2007年6月，276-277頁

コウイ【好意】 文化庁「「好意」と「厚意」の使い分け」『言葉に関する問答集』，大蔵省印刷局，1995年3月，82-83頁

コウイ【行為】 佐藤亨「『徳国学校論略』の語彙」『幕末・明治初期語彙の研究』，桜楓社，1986年2月，218-219頁

惣郷正明・飛田良文「行為」『明治のことば辞典』，東京堂出版，1986年12月，151-152頁

高野繁男「『百科全書』の訳語」『近代漢語の研究―日本語の造語法・訳語法』，明治書院，2004年11月，100頁

吉田裕清「「法律行為」」『翻訳語としての日本の法律用語』，中央大学出版局，2004年11月，59-66頁

コウイッテン【紅一点】 一海知義「紅一点」『漢語の知識』，岩波書店，1981年7月，182-186頁

大泉志郎・大塚栄寿・永沢道雄「紅一点」『現代死語事典』，朝日ソノラマ，1993年11月，126-127頁

コウウン【幸運】 文化庁「「幸運」と「好運」の使い分け」『言葉に関する問答集』，大蔵省印刷局，1995年3月，83-84頁

コウエキ【交易】 浅野敏彦「貿易」『日本語学』12―6，明治書院，1993年6月，39-45頁

浅野敏彦「「貿易」と「交易」」『国語史の中の漢語』，和泉書院，1998年2月，127-144頁

コウエン【公園】 石井研堂「公園の始」『増補改訂　明治事物起源』下巻，春陽堂書店，1944年12月，1225-1226頁

久世善男「公園」『言葉のなづけ親―翻訳に見る文明開化』，朝日ソノラマ，1975年11月，55-57頁

惣郷正明・飛田良文「公園」『明治のことば辞典』，東京堂出版，1986年12月，152-153頁

沈国威『近代日中語彙交流史―新漢語の生成と受容』，笠間書院，1994年3月，293-294頁

湯本豪一「近代公園」『図説明治事物起源事典』，柏書房，1996年11月，402-403頁

荒川清秀「日本漢語の中国語への流入」『日本語学』17―5，明治書院，1998年5月，39-46頁

佐藤武義「公園」『日本語の語源』，明治書院，2003年1月，42-43頁

佐藤亨「公園」『現代に生きる幕末・明治初期漢語辞典』，明治書院，2007年6月，279頁

コウエン【公演】 文化庁国語課「上演と公演」『ことばシリーズ15　言葉に関する問答集7』，文化庁国語課，1981年3月，38-39頁

コウカ【工科】 Federico Masini「工科」*The Formation of Modern Chinese Lexicon and its Evolution toward a National Language*（李廷宰訳），소명出版，2005年11月，161頁

コウカ【校歌】 岩城元「日常からの疑問 43 シリーズ・こんなものいらない「校歌」」『朝日ジャーナル』27―17，朝日新聞社，1985年4月，92-93頁

コウカ【高価】 佐藤亨「『玉石志林』の語彙」

『幕末・明治初期語彙の研究』，桜楓社，1986年2月，268-269頁

コウカイ【公会】 惣郷正明・飛田良文「公会」『明治のことば辞典』，東京堂出版，1986年12月，153頁

コウカイ【後悔】 伊原大策「〈論文〉“後悔”と賓語―語史的観点から見た“後悔”の自動詞性と他動詞性」『言語文化論集』64，筑波大学現代語文化学系，2003年12月，1-17頁

コウカイ【紅海】 王敏東「意訳された外国地名について―「紅海」の漢字表記をめぐって」『国語語彙史の研究』13，和泉書院，1993年7月，229-246頁

コウカイ【航海】 佐藤亨『近世語彙の研究』，桜楓社，1983年6月，121頁

佐藤亨「航海」『現代に生きる幕末・明治初期漢語辞典』，明治書院，2007年6月，280-281頁

コウガイ【口蓋】 斎藤静「口蓋」『日本語に及ぼしたオランダ語の影響』，篠崎書林，1967年8月，273頁

杉本つとむ「連載；近代訳語を検証する43 腺，膵臓，盲腸，扁桃腺，口蓋」『国文学解釈と鑑賞』72―3，至文堂，2007年3月，168-174頁

コウガイ【公害】 宮本憲一「公害とは何か：社会科学からの発言 主集 公害と建築」『建築雑誌』83，社団法人日本建築学会，1968年7月，457－458頁

北博正「公害とは 公害環境と体育特集」『国体育の科学』23―6，日本体育学会，1973年6月，350-353頁

甲田善生「「公害」とは何か―日本語の熟語法則から」『言語生活』263，筑摩書房，1973年8月，103-111頁

久世善男「公害」『言葉のなづけ親―翻訳に見る文明開化』，朝日ソノラマ，1975年11月，58-62頁

佐藤亨「公害」『現代に生きる幕末・明治初期漢語辞典』，明治書院，2007年6月，281頁

ゴウガイ【号外】 樺島忠雄・飛田良文・米川明彦「号外」『明治大正新語俗語辞典』，東京堂出版，1984年5月，118-119頁

荒川清秀「日本漢語の中国語への流入」『日本語学』17―5，明治書院，1998年5月，39-46頁

前田富祺監修「号外」『日本語語源大辞典』，小学館，2005年4月，477頁

コウガク【工学】 楚翠生「漢語往来 四十七―「工学」考(上)」『高校通信東書国語』265，東京書籍，1986年9月，18-19頁

楚翠生「漢語往来　四十八―「工学」考(下)」『高校通信東書国語』267，東京書籍，1986年11月，20-21頁

惣郷正明・飛田良文「工学」『明治のことば辞典』，東京堂出版，1986年12月，153-154頁

コウガク【光学】 佐藤亨「『六合叢談』の語彙」『幕末・明治初期語彙の研究』，桜楓社，1986年2月，157頁

コウカン【交換】 佐藤亨「『泰西国法論』の訳語」『幕末・明治初期語彙の研究』，桜楓社，1986年2月，383-384頁

宮田和子「日本からの移入とされる中国語」『武蔵野文学』39，武蔵野書院，1992年1月，9-10頁

高野繁男「『百科全書』の訳語」『近代漢語の研究―日本語の造語法・訳語法』，明治書院，2004年11月，106頁

コウカンシュ【交換手】 久世善男「交換手」『言葉のなづけ親―翻訳に見る文明開化』，朝日ソノラマ，1975年11月，63-66頁

コウカン【交関】 松尾良樹「平安朝漢文学と唐代口語」『国文学解釈と鑑賞』55―10，至文堂，1990年10月，26-44頁

ゴウカン【強姦】 山中信彦「新聞記事コーパスにおける性暴力表現―「強姦」とその言い換え」『埼玉大学紀要』41―2，埼玉大学教養学部，2006年3月，165-226頁

コウカンシンケイ【交感神経】 斎藤静「交感神経」『日本語に及ぼしたオランダ語の影

響』，篠崎書林，1967年8月，146頁
コウキョウ【公共】 佐藤亨「『泰西国法論』の訳語」『幕末・明治初期語彙の研究』，桜楓社，1986年2月，362-363頁
コウギョウ【工業】 佐藤亨『近世語彙の研究』，桜楓社，1983年6月，260頁
惣郷正明・飛田良文「工業」『明治のことば辞典』，東京堂出版，1986年12月，154-155頁
北澤憲昭「美術・工業・建築：「建築学会」命名の語史的背景「建築」以前へ，そして未来へ」『建築雑誌』112，社団法人日本建築学会，1997年8月，30-31頁
Federico Masini「工業」*The Formation of Modern Chinese Lexicon and its Evolution toward a National Language*（李廷宰訳），소명出版，2005年11月，251頁
佐藤亨「工業」『現代に生きる幕末・明治初期漢語辞典』，明治書院，2007年6月，284-285頁
ゴウキン【合金】 沈国威『近代日中語彙交流史―新漢語の生成と受容』，笠間書院，1994年3月，297-298頁
コウケイ【口径】 佐藤亨「口径」『現代に生きる幕末・明治初期漢語辞典』，明治書院，2007年6月，285-286頁
コウケイ【光景】 羅国忠「「風景」「景色」「眺め」「光景」「見はらし」について」『教育国語』83，むぎ書房，1985年3月，38-43頁
国広哲弥編「光景」『ことばの意味3』，平凡社，2003年3月，265-267頁
浅野敏彦「「光景」の語史―非連続な語義変化」『同志社国文学』61，同志社大学国文学会，2004年12月，308-318頁
コウゲイ【工芸】 佐藤亨「工芸」『現代に生きる幕末・明治初期漢語辞典』，明治書院，2007年6月，286頁
市川祐樹「「工芸」および「職人」概念の歴史的変遷に関する考察― 職人の技術伝承に関する基礎的研究2」『地域政策研究』10―1，高崎経済大学地域政策学会，2007年7月，109-128頁
コウケン【公権】 佐藤亨「公権」『現代に生きる幕末・明治初期漢語辞典』，明治書院，2007年6月，286-287頁
コウケン【後見】 渡辺萬蔵「後見」『現行法律語の史的研究』，萬理閣書房，1930年12月，194頁
コウケン【貢献】 惣郷正明・飛田良文「貢献」『明治のことば辞典』，東京堂出版，1986年12月，155頁
コウケン【康健】 竹中憲一「中国語と日本語における字順の逆転現象」『日本語学』7―10，明治書院，1988年10月，55-64頁
コウゴ【口語】 吉田弥寿夫「文語と口語」『日本語と日本語教育 語彙編』，文化庁，1972年8月，191-217頁
古田東朔「〈口語〉ということば」『香椎潟』27，福岡女子大学国語国文学会，1982年3月，153-170頁
古田東朔「口語法へ」『東京大学教養学部人文科学科紀要』74，東京大学教養学部人文科学科，1982年3月，207-240頁
古田東朔「「俗語」から「口語」へ」『放送大学研究年報』6，放送大学，1988年3月，15-29頁
加藤信明「俗語から口語へ　colloquialの訳語の変遷」『駒沢女短大研究紀要』23，駒沢女子短期大学，1990年3月，103-108頁
森田真吾「明治期文法教育における「口語」の受容過程」『人文科教育研究』25，長岡工業高等専門学校，1998年8月，119-130頁
コウゴ【向後】 松尾良樹「平安朝漢文学と唐代口語」『国文学解釈と鑑賞』55―10，至文堂，1990年10月，26-44頁
コウコウセイ【高校生】 湯本豪一「高校生」『図説明治事物起源事典』，柏書房，1996年11月，364-365頁
コウコガク【考古学】 辺見端「訳語“考古学”の成立―明治十年初見説をめぐって」『日本歴史』457，日本歴史学会，1986年6月，83-92頁

惣郷正明・飛田良文「考古学」『明治のことば辞典』，東京堂出版，1986年12月，155頁

コウコク【広告】 鈴木英夫「特集・明治のことば―新聞「広告」という語の成立について」『武蔵野文学』27，武蔵野書院，1980年1月，26-32頁

樺島忠雄・飛田良文・米川明彦「広告」『明治大正新語俗語辞典』，東京堂出版，1984年5月，119頁

野末敏明「語源中心広告用語小辞典」『言語』15―8，大修館書店，1986年8月，100-124頁

北田暁大「〈広告〉の誕生―「近代」と「前近代」の相克と共犯をめぐって」『思想』889，岩波書店，1998年7月，61-85頁

辻大介「言語のフロンティア　商品としてのことば―広告という言語行為について」『ことばの二〇世紀』，国立民族学博物館，1999年3月，260-274頁

平沢啓「近代化初期の広告文―1900年前後の変化をとおして」『きのくに国文』7，和歌山大学国文学会，2002年3月，63-53頁

佐藤武義「広告」『日本語の語源』，明治書院，2003年1月，31-32頁

高野繁男「『明六雑誌』の和製漢語」『『明六雑誌』とその周辺』神奈川大学人文学研究所編，お茶の水書房，2004年3月，193頁

高野繁男「『明六雑誌』の語彙」『近代漢語の研究―日本語の造語法・訳語法』，明治書院，2004年11月，183頁

佐藤亨「広告」『現代に生きる幕末・明治初期漢語辞典』，明治書院，2007年6月，288頁

コウコン【黄昏】 遠藤好英「記録体における「夕方」の語君体系去後二条師通記の場合」『国語と国文学』55―5，東京大学国文学研究室内，1978年5月，31-46頁

コウサイ【公債】 渡辺萬蔵「公債」『現行法律語の史的研究』，萬理閣書房，1930年12月，156頁

コウサイ【交際】 沈国威『近代日中語彙交流史―新漢語の生成と受容』，笠間書院，1994年3月，265頁

柳父章「抽象的な思考を阻害する翻訳語」『翻訳語の論理』，法政大学出版局，2003年1月，57-76頁

コウサイ【虹彩】 斎藤静「虹彩」『日本語に及ぼしたオランダ語の影響』，篠崎書林，1967年8月，207-208頁

杉本つとむ「連載；近代訳語を検証する 52 鞏膜，角膜，結膜，網膜，虹彩，葡萄膜」『国文学　解釈と鑑賞』72―12，至文堂，2007年12月，188-192頁

コウサク【工作】 平岡伴一「「工作」という流行語」『季刊　外来語研究』第3巻第1輯，外来語研究会編，1935年2月，41頁

佐藤亨『近世語彙の研究』，桜楓社，1983年6月，163頁

佐藤亨「工作」『現代に生きる幕末・明治初期漢語辞典』，明治書院，2007年6月，289頁

コウシ【公司】 Federico Masini「公司」*The Formation of Modern Chinese Lexicon and its Evolution toward a National Language*（李廷宰訳），소명出版，2005年11月，61頁

コウシ【公私】 溝口雄三『一語の辞典　公私』，三省堂，1996年12月，111頁

コウシ【公使】 佐藤喜代治「漢語の源流―『万法精理』の訳語について三」『国語語彙史の歴史的研究』，明治書院，1971年11月，358頁

コウシ【講師】 劉凡夫「「教える人」を表す語の日中語彙の交渉史近代以降を中心に」『文芸研究』119，日本文芸研究会，1988年9月，22-31頁

コウシキ【公式】 樺島忠雄・飛田良文・米川明彦「公式」『明治大正新語俗語辞典』，東京堂出版，1984年5月，119-120頁

コウシャク【公爵】 佐藤亨「『六合叢談』の語彙」『幕末・明治初期語彙の研究』，桜楓社，1986年2月，138-139頁

田中建彦「貴族」『ことばコンセプト事典』，第

一法規出版，1992年12月，336-347頁
佐藤亨「公爵」『現代に生きる幕末・明治初期漢語辞典』，明治書院，2007年6月，292頁
コウシャク【侯爵】 佐藤亨「侯爵」『現代に生きる幕末・明治初期漢語辞典』，明治書院，2007年6月，292-293頁
コウシュウ【公衆】 惣郷正明・飛田良文「公衆」『明治のことば辞典』，東京堂出版，1986年12月，156頁
田中建彦「大衆」『ことばコンセプト事典』，第一法規出版，1992年12月，1058-1065頁
高野繁男「『明六雑誌』の和製漢語」『『明六雑誌』とその周辺』神奈川大学人文学研究所編，お茶の水書房，2004年3月，192-193頁
高野繁男「『明六雑誌』の語彙」『近代漢語の研究―日本語の造語法・訳語法』，明治書院，2004年11月，183頁
コウシュウデンワ【公衆電話】 富田仁「公衆電話」『舶来事物起源事典』，名著普及会，1987年12月，117-118頁
コウシュウベンジョ【公衆便所】 富田仁「公衆便所」『舶来事物起源事典』，名著普及会，1987年12月，118-119頁
コウシュウ【講習】 佐藤亨『近世語彙の研究』，桜楓社，1983年6月，170頁
コウショウ【公娼】 大泉志郎・大塚栄寿・永沢道雄「公娼」『現代死語事典』，朝日ソノラマ，1993年11月，132-133頁
コウジョウ【工場】 高野繁男「『明六雑誌』の語彙」『近代漢語の研究―日本語の造語法・訳語法』，明治書院，2004年11月，187頁
Federico Masini「工場」*The Formation of Modern Chinese Lexicon and its Evolution toward a National Language*(李廷宰訳)，소명出版，2005年11月，166頁
佐藤亨「工場」『現代に生きる幕末・明治初期漢語辞典』，明治書院，2007年6月，294頁
コウジョウ【向上】 佐藤喜代治「向上」『日本の漢語』，角川書店，1979年10月，374頁
ゴウジョウ【強情】 佐藤喜代治「強情・強盛・剛情」『日本の漢語』，角川書店，1979年10月，280-284頁
橋本行洋「強情」『日本語学』12―6，明治書院，1993年6月，80-85頁
久世光彦「強情」『ニホンゴキトク』，講談社，1996年9月，24-28頁
コウショク【好色】 杉本つとむ「〈好色〉と〈春色〉の人間界」『語源の文化誌』，創拓社，1990年4月，74-80頁
コウジョリョウゾク【公序良俗】 吉田裕清「「公序良俗」」『翻訳語としての日本の法律用語』，中央大学出版局，2004年11月，141-156頁
コウシンジョ【興信所】 石井研堂「興信所の始」『増補改訂　明治事物起源』下巻，春陽堂書店，1944年12月，859頁
コウズ【構図】 沈国威『近代日中語彙交流史―新漢語の生成と受容』，笠間書院，1994年3月，294頁
コウスイ【香水】 富田仁「香水」『舶来事物起源事典』，名著普及会，1987年12月，122-124頁
コウセイ【厚生】 杉本つとむ「近代訳語を検証する 10 厚生」『国文学　解釈と鑑賞』69―6，至文堂，2004年6月，175-178頁
コウセイ【恒星】 荒川清秀「『六合叢談』の地理学用語」『『六合叢談』の学際的研究』，白帝社，1999年11月，49-71頁
コウセイ【校正】 惣郷正明・飛田良文「校正」『明治のことば辞典』，東京堂出版，1986年12月，156-157頁
コウセツ【交接】 惣郷正明・飛田良文「交接」『明治のことば辞典』，東京堂出版，1986年12月，157-158頁
コウセン【交戦】 佐藤亨「『地球説略』の語彙」『幕末・明治初期語彙の研究』，桜楓社，1986年2月，112-113頁
佐藤亨「『万国公法』の語彙」『幕末・明治初期語彙の研究』，桜楓社，1986年2月，173頁

コウセン【光線】 佐藤亨「『玉石志林』の語彙(二)」『幕末・明治初期語彙の研究』，桜楓社，1986年2月，301-302頁

杉本つとむ「光線」『語源海』，東京書籍，2005年3月，273頁

杉本つとむ「連載；近代訳語を検証する 30 光線・分子・焼点・焦点」『国文学　解釈と鑑賞』71―2，至文堂，2006年2月，185-189頁

佐藤亨「光線」『現代に生きる幕末・明治初期漢語辞典』，明治書院，2007年6月，296頁

コウソウ【構想】 惣郷正明・飛田良文「構想」『明治のことば辞典』，東京堂出版，1986年12月，158頁

沈国威『近代日中語彙交流史―新漢語の生成と受容』，笠間書院，1994年3月，294-295頁

コウチャ【紅茶】 石井研堂「紅茶の試製」『増補改訂　明治事物起源』下巻，春陽堂書店，1944年12月，959頁

川本茂雄「紅茶・咖琲・可口可楽」『ことばの色彩』，岩波書店，1983年3月，67-71頁

天沼寧「「紅茶」と「コーヒー」」『近代語研究』7，近代語研究会，1987年2月，577-599頁

富田仁「紅茶」『舶来事物起源事典』，名著普及会，1987年12月，124-125頁

内田慶市「「黒茶」から「紅茶」へ―『六合叢談』に見える「紅茶」」『『六合叢談』の学際的研究』，白帝社，1999年11月，73-94頁

内田慶市「「黒茶」から「紅茶」へ―『六合叢談』に見える「紅茶」」『近代における東西言語文化接触の研究』，関西大学出版部，2001年10月，241-270頁

佐藤亨「紅茶」『現代に生きる幕末・明治初期漢語辞典』，明治書院，2007年6月，298頁

コウチョウ【校長】 Federico Masini「校長」*The Formation of Modern Chinese Lexicon and its Evolution toward a National Language*(李廷宰訳)，소명出版，2005年11月，163頁

コウツウ【交通】 惣郷正明・飛田良文「交通」『明治のことば辞典』，東京堂出版，1986年12月，158-159頁

宮田和子「日本からの移入とされる中国語」『武蔵野文学』39，武蔵野書院，1992年1月，10-12頁

馮天瑜『新語探源』，中華書局，2004年10月，372頁

コウテイ【工程】 清水勝昭「「工程」の意味と訳語について」『中日本自動車短期大学論叢』26，中日本自動車短期大学，1996年3月，89-98頁

コウテイ【抗抵】 鈴木丹士郎「「抵抗」と「抗抵」」『国語語彙史の研究』2，和泉書院，1981年5月，237-254頁

コウテイ【肯定】 樺島忠雄・飛田良文・米川明彦「肯定」『明治大正新語俗語辞典』，東京堂出版，1984年5月，120-121頁

高野繁男「『哲学字彙』の訳語」『近代漢語の研究―日本語の造語法・訳語法』，明治書院，2004年11月，69頁

コウテイ【皇帝】 淮陰生「Queenの訳語が〈皇帝〉であった話」『図書』250，岩波書店，1970年6月，15頁

渡辺昇一「王・帝／天皇」『ことばコンセプト事典』，第一法規出版，1992年12月，102-117頁

コウテツ【更迭】 朝日新聞校閲部「更迭」『まっとうな日本語』，朝日新聞社，2005年9月，14-15頁

コウテツ【鋼鉄】 佐藤亨『近世語彙の研究』，桜楓社，1983年6月，234頁

コウテン【公転】 荒川清秀「『六合叢談』の地理学用語」『『六合叢談』の学際的研究』，白帝社，1999年11月，49-71頁

杉本つとむ「公転」『語源海』，東京書籍，2005年3月，274頁

コウテン【交点】 高野繁男「『百科全書』の訳語」『近代漢語の研究―日本語の造語法・訳語法』，明治書院，2004年11月，142頁

コウテン【後天】 沈国威『近代日中語彙交

流史―新漢語の生成と受容』，笠間書院，1994年3月，296-297頁

コウテンテキ【後天的】 樺島忠雄・飛田良文・米川明彦「後天的」『明治大正新語俗語辞典』，東京堂出版，1984年5月，121頁

コウトウ【喉頭】 斎藤静「喉頭」『日本語に及ぼしたオランダ語の影響』，篠崎書林，1967年8月，244-245頁

コウドウ【行動】 佐藤亨「『智環啓蒙塾課初歩』の訳語」『近世語彙の研究』，桜楓社，1983年6月，45-46頁

佐藤亨「行動」『現代に生きる幕末・明治初期漢語辞典』，明治書院，2007年6月，301頁

ゴウドウ【合同】 佐藤亨「『泰西国法論』の訳語」『幕末・明治初期語彙の研究』，桜楓社，1986年2月，363-364頁

井出静「中国語の「合同」と日本語の「契約」の異同」『青山国際政経論集』57，青山学院大学，1994年8月，105-124頁

コウトウガッコウ【高等学校】 石井研堂「高等学校の始」『増補改訂　明治事物起源』上巻，春陽堂書店，1944年12月，455頁

コウトウショウギョウガッコウ【高等商業学校】 石井研堂「高等商業学校の始」『増補改訂　明治事物起源』上巻，春陽堂書店，1944年12月，462-464頁

コウトウチュウガク【高等中学】 石井研堂「高等中学の始」『増補改訂　明治事物起源』上巻，春陽堂書店，1944年11月，455頁

コウトウハ【高踏派】 米川明彦「近代語彙考証10 高踏派と象牙の塔」『日本語学』3―1，明治書院，1984年1月，115-118頁

コウドク【購読】 惣郷正明・飛田良文「購読」『明治のことば辞典』，東京堂出版，1986年12月，159頁

コウドクジケン【鉱毒事件】 湯本豪一「足尾鉱毒事件」『図説明治事物起源事典』，柏書房，1996年11月，90-93頁

コウニン【公認】 佐藤亨「公認」『現代に生きる幕末・明治初期漢語辞典』，明治書院，2007年6月，302頁

コウネツ【光熱】 佐藤亨「『西学考略』の語彙」『幕末・明治初期語彙の研究』，桜楓社，1986年2月，251-252頁

高野繁男「『百科全書』の訳語」『近代漢語の研究―日本語の造語法・訳語法』，明治書院，2004年11月，140頁

コウバイくみあい【購買組合】 佐藤喜代治「漢語の源流―『万法精理』の訳語について(三)」『国語語彙史の歴史的研究』，明治書院，1971年11月，356頁

湯本豪一「購買組合」『図説明治事物起源事典』，柏書房，1996年11月，96-97頁

コウハン【公判】 佐藤亨「公判」『現代に生きる幕末・明治初期漢語辞典』，明治書院，2007年6月，304頁

コウバン【交番】 久世善男「交番」『言葉のなづけ親―翻訳に見る文明開化』，朝日ソノラマ，1975年11月，67-69頁

コウビヘイ【後備兵】 Federico Masini「後備兵」*The Formation of Modern Chinese Lexicon and its Evolution toward a National Language*(李廷宰訳)，소명出版，2005年11月，166頁

コウフ【公布】 佐藤亨「『玉石志林』の語彙(二)」『幕末・明治初期語彙の研究』，桜楓社，1986年2月，290-291頁

コウフク【幸福】 中村邦夫「幸福，仕合せ・幸せ，幸い」『講座日本語の語彙 ⑩』，明治書院，1983年4月，48-51頁

山田洸「幸福」『言葉の思想史』，花伝社，1989年4月，49-76頁

薬師信佑子「幸福」『ことばコンセプト事典』，第一法規出版，1992年12月，494-503頁

佐藤亨「幸福」『現代に生きる幕末・明治初期漢語辞典』，明治書院，2007年6月，305-306頁

コウフク【降伏】 中村元編「降伏」『仏教語源散策』，東京書籍，1977年4月，240-242頁

文化庁「「降伏」と「降服」」『言葉に関する問答集』，大蔵省印刷局，1995年3月，252頁

コウブツガク【鉱物学】 惣郷正明「金石学・鉱物学」『日本語開化物語』，朝日新聞社，1988年8月，12-13頁

コウフンザイ【興奮剤】 佐藤亨「興奮剤」『現代に生きる幕末・明治初期漢語辞典』，明治書院，2007年6月，306-307頁

コウホウ【広報】 文化庁「「広報」と「公報」」『言葉に関する問答集』，大蔵省印刷局，1995年3月，200-201頁

北野邦彦「「広報・弘報・PR」の語源に関する一考察」『帝京社会学』21，帝京大学文学部社会学科，2008年3月，109-136頁

ゴウホウカ【合法化】 佐藤亨「『万国公法』の語彙」『幕末・明治初期語彙の研究』，桜楓社，1986年2月，193頁

沈国威『近代日中語彙交流史—新漢語の生成と受容』，笠間書院，1994年3月，208頁

コウミョウ【功名・高名】 佐藤喜代治「功名・高名」『日本の漢語』，角川書店，1979年10月，284-287頁

李妙熙「中世の漢語—「高名」「功名」について」『東北大学文学部日本語学科論集』1，東北大学文学部日本語学科，1991年9月，170-160頁

コウミン【公民】 梁镛「汉语民法术语的生成与衍变」(中国語における民法用語の生成と変遷)『语义的文化变迁』，武汉大学出版社，2007年1月，375-377頁

ゴウメイガイシャ【合名会社】 渡辺萬蔵「合名会社」『現行法律語の史的研究』，萬理閣書房，1930年12月，47頁

コウメイセイダイ【公明正大】 惣郷正明・飛田良文「公明正大」『明治のことば辞典』，東京堂出版，1986年12月，161頁

コウヤク【公約】 佐藤亨「公約」『現代に生きる幕末・明治初期漢語辞典』，明治書院，2007年6月，309頁

コウヨウ【孝養】 金英順「『平家物語』にみる「孝養」と「報恩」—中世の語史から」『立教大学大学院日本文学論叢』6，立教大学大学院文学研究科日本文学専攻，2006年8月，123-142頁

コウヨウ【高揚】 高野繁男「『百科全書』の訳語」『近代漢語の研究—日本語の造語法・訳語法』，明治書院，2004年11月，115頁

コウリ【公理】 惣郷正明・飛田良文「公理」『明治のことば辞典』，東京堂出版，1986年12月，161-162頁

芝原宏治「「公理」の語用論：グライス式“Maxim”の訳語と言語表現の誤解誘起効果」『研究論集』88，関西外国語大学／関西外国語大学，2008年9月，21-40頁

コウリ【功利】 惣郷正明・飛田良文「功利」『明治のことば辞典』，東京堂出版，1986年12月，162頁

コウリシュギ【功利主義】 石井研堂「精神学科の訳語」『増補改訂　明治事物起源』下巻，春陽堂書店，1944年11月，519-521頁

樺島忠雄・飛田良文・米川明彦「功利主義」『明治大正新語俗語辞典』，東京堂出版，1984年5月，122-123頁

コウリセツ【功利説】 惣郷正明・飛田良文「功利説」『明治のことば辞典』，東京堂出版，1986年12月，162頁

ゴウリ【合理】 惣郷正明・飛田良文「合理」『明治のことば辞典』，東京堂出版，1986年12月，162頁

ゴウリテキ【合理的】 樺島忠雄・飛田良文・米川明彦「合理的」『明治大正新語俗語辞典』，東京堂出版，1984年5月，123頁

惣郷正明・飛田良文「合理的」『明治のことば辞典』，東京堂出版，1986年12月，162-163頁

コウリツ【公立】 佐藤亨「公立」『現代に生きる幕末・明治初期漢語辞典』，明治書院，2007年6月，310頁

コウリュウ【交流】 久保忠夫「「交流」の語について」『三十五のことばに関する七つの

章』，大修館書店，1992年4月，186-191頁
荒木美知子「「交流」の研究ノート―「交流」общениеの語源的検討」『人間発達研究所紀要』17，人間発達研究所紀要編集委員会，2005年9月，65-88頁
コウリョク【効力】 渡辺萬蔵「効力」『現行法律語の史的研究』，萬理閣書房，1930年12月，31頁
佐藤亨「『経済小学』の訳語」『幕末・明治初期語彙の研究』，桜楓社，1986年2月，327-328頁
コウルイ【紅涙・黄涙】 持田早百合「「紅の涙・血の涙」考」『実践国文学』29，実践国文学会，1986年3月，71-78頁
蜂谷清人「漢字講座余滴「紅涙」と「黄涙」」『日本語学』7—12，明治書院，1988年12月，84-89頁
菊池由香「平安朝和歌にみえる「血涙」「紅涙」について」『東京成徳国文』14，東京成徳短大，1991年3月，22-45頁
ゴカイ【誤解】 高野繁男「『百科全書』の訳語」『近代漢語の研究―日本語の造語法・訳語法』，明治書院，2004年11月，115頁
ゴガク【語学】 佐藤亨「語学」『現代に生きる幕末・明治初期漢語辞典』，明治書院，2007年6月，312-313頁
こがたバン【小型版】 鈴木徳三「小型版・文庫版の呼称沿革考 前」『大妻女子大学文学部紀要』18，大妻女子大文学部，1986年3月，1-15頁
鈴木徳三「小型版・文庫版の呼称沿革考 中」『大妻女子大学文学部紀要』19，大妻女子大文学部，1987年3月，37-52頁
鈴木徳三「小型版・文庫版の呼称沿革考 下」『大妻女子大学文学部紀要』20，大妻女子大文学部，1988年3月，53-71頁
コキ【古希】 文化庁「「古希」か「古稀」か」『言葉に関する問答集』，大蔵省印刷局，1995年3月，41-42頁
コキョウ【故郷・古京】 佐藤喜代治『国語語彙の歴史的研究』，明治書院，1971年11月，22頁
大野峻「古京と故郷について」『湘南文学』10，東海大学日本文学会，1976年3月，1-40頁
中田佳昭「故郷」『ことばコンセプト事典』，第一法規出版，1992年12月，504-513頁
ゴク【極】 進藤咲子「漢語か和語か」『言語生活』169，筑摩書房，1965年10月，58-60頁
コクオウ【国王】 佐藤佐和子「キリシタン版伊曾保物語の「帝王」「国王」について」『玉藻』17，フェリス女学院大学国文学会，1981年6月，61-68頁
コクガク【国学】 钟少华「试论近代中国之“国学”研究」(近代中国における「国学」についての研究)『学术研究』1999年8期，广东省社会科学界联合会，1998年8月，25-38頁
コクゴ【国語】 古田東朔「「国語」という語」『解釈』1—1，解釈編集部，1969年7月，1-3頁
かめいたかし「〈こくご〉とはいかなることばなりや」『国語と国文学』47—10，東京大学国文学研究室内，1970年1月，1-22頁
京極興一「「国語」「邦語」「日本語」について―近世から明治前期に至るまで」『国語学』146，国語学会，1986年9月，1-12頁
加藤周一「「国語」か「日本語」か」『教科通信』27—11，教育出版，1990年6月，1頁
京極興一「「国語」観と植民地言語政策 その一」『信州大学教育学部紀要』74，信州大学教育学部，1991年2月，229-240頁
京極興一「「国語」観と植民地言語政策 その二」『信州大学教育学部紀要』75，信州大学教育学部，1992年3月，169-180頁
京極興一「国語学における「国語」論」『信州大学教育学部紀要』76，信州大学教育学部，1992年7月，157-168頁
亀井孝「国語」『亀井孝論文集6』，吉川弘文館，1992年11月，463-479頁
京極興一「「国語」の語誌」『「国語」とは何か』，

東苑社，1993年2月，221頁
古田東朔「国語意識の発生」『日本語論』2—6，山本書房，1994年6月，24-29頁
外山滋比古「国語か日本語か」『日本語論』2—6，山本書房，1994年6月，12-13頁
比嘉正範「国語；沖縄の体験から」『日本語論』2—6，山本書房，1994年7月，22-23頁
鳥飼浩二「「国語」の意味「日本語」の意味」『日本語論』2—6，山本書房，1994年7月，54-55頁
イ・ヨンスク「国語」『国語という思想』，岩波書店，1996年12月，358頁
倉島長正「国語」『「国語」と「国語辞典」の時代』，小学館，1997年11月，1-49頁
安田敏朗「帝国日本の言語編成」『帝国日本の言語編成』，世織書房，1997年12月，3-205頁
古田東朔「コクゴ？クニコトバ？」『東京大学国語研究室創設百周年記念研究論文集』，汲古書院，1998年2月，653-666頁
安田敏朗「国語」『国語と方言のあいだ』，人文書院，1999年5月，11-335頁
小森陽一「「国家」と「国語」」『日本語の近代』，岩波書店，2000年8月，133-167頁
子安宣邦「漢字と自言語認識」『漢字論』，岩波書店，2003年5月，169-195頁
鈴木義里「国語」『つくられた日本語，言語という虚構』，右文書院，2003年6月，57-74頁
安田敏朗「国語」『「国語」の近代史』中公新書1875，中央公論新社，2006年12月，4-264頁
黒沢直俊「西欧における国語の成立と現代 特集「国語」とは何か—世界の中の「国語」，日本における「国語」」『言語』36—1，大修館書店，2007年1月，42-49頁
犬飼守薫「特集；「国語」とは何か　世界の中の「国語」，日本における「国語」国語辞書の中の「国語」」『言語』36—1，大修館書店，2007年1月，68-75頁
今野真二「『「漢語/文章」熟字早引』の〈国語〉をめぐって」『日本語科学』21，国書刊行会，2007年4月，5-22頁

コクゴガク【国語学】 大西雅雄「国語学と日本語学」『国語文化』3—7，1943年7月
浅野信「〈国語学とは何ぞや〉への再疑—〈日本語学〉としての提唱」『和洋国文研究』16・17，和洋女子大学国文学会，1981年12月，1-18頁
カレル・フィアラ「「国語学」と国際化」『国語学』200，国語学会，2000年3月，63-73頁
柴田武「誌上フォーラム：「国語学」と「日本語学」—名称の変更と学会再編」『国語学』205，国語学会，2001年6月，95-96頁
山東功「誌上フォーラム：「国語学」と「日本語学」—日本語学への道」『国語学』205，国語学会，2001年6月，97-98頁
宮地裕「誌上フォーラム：「国語学」と「日本語学」—こしかた　ゆくすえ」『国語学』206，国語学会，2001年9月，81-82頁
小林賢次「誌上フォーラム：「国語学」と「日本語学」—「国語学」から「日本語学」へ」『国語学』206，国語学会，2001年9月，83頁
荻野綱男「誌上フォーラム：「国語学」と「日本語学」—新しい名称への変更に伴う混乱は避けたい」『国語学』207，国語学会，2001年11月，48-49頁
釘貫亨「誌上フォーラム：「国語学」と「日本語学」—この際，日本語学を選択しよう」『国語学』207，国語学会，2001年11月，50-51頁
佐藤武義「誌上フォーラム：「国語学」と「日本語学」—日本社会の中の「国語学」と「日本語学」」『国語学』207，国語学会，2001年11月，52-53頁
木田章義「誌上フォーラム「国語学」と「日本語学」—国語学と縦書き」『国語学』208，国語学会，2002年1月，140-141頁
小野正弘「誌上フォーラム「国語学」と「日本語学」—性急な「日本語学会」化への違和感」

『国語学』208，国語学会，2002年1月，138-139頁
日野資成「誌上フォーラム「国語学」と「日本語学」—「国語学」と「日本語学」『国語年鑑』による意識調査」『国語学』208，国語学会，2002年1月，136-137頁
工藤力男「誌上フォーラム「国語学」と「日本語学」—学会再生のために」『国語学』209，国語学会，2002年4月，91-92頁
井上次夫「誌上フォーラム「国語学」と「日本語学」—「日本国語学会」という選択」『国語学』209，国語学会，2002年4月，93-94頁
野田尚史「誌上フォーラム「国語学」と「日本語学」—偏った日本語学から中立的な日本語学へ」『国語学』209，国語学会，2002年4月，95-96頁
小林隆「誌上フォーラム「国語学」と「日本語学」—方言研究からみた「国語学」「日本語学」」『国語学』209，国語学会，2002年4月，97頁
杉藤美代子「誌上フォーラム「国語学」と「日本語学」—「国語学」か「日本語学」か—問題は中身」『国語学』209，国語学会，2002年4月，98-99頁
斎藤倫明「誌上フォーラム「国語学」と「日本語学」—学問名か学会名か」『国語学』209，国語学会，2002年4月，89-90頁
イ・ヨンスク「日本の言語学　国語学・言語学・国学」『言語』31—6，大修館書店，2002年5月，15-28頁
コクゴジテン【国語辞典】 倉島長正「「国語辞典」事始め」『「国語」と「国語辞典」の時代』，小学館，1997年11月，127-157頁
コクゴセイカツ【国語生活】 黒川孝広「「言語生活」「国語生活」の概念の生成—大正自由教育下の国語教育者のキーワードとしての「言語生活」」『早稲田大学大学院教育学研究科紀要別冊』8—1，早稲田大学大学院教育学研究科，2000年9月，155-166頁
コクゴモンダイ【国語問題】 倉島長正「国語問題」『「国語」と「国語辞典」の時代』，小学館，1997年11月，51-94頁
コクゴウ【国号】 新村出「国号とその称呼」『新村出全集4』，筑摩書房，1971年9月，496-510頁
コクサイ【国債】 張志淵「国債」『萬國事物紀原歴史』，皇城新聞社，1909年8月，93-94頁
佐藤亨「『六合叢談』の語彙」『幕末・明治初期語彙の研究』，桜楓社，1986年2月，150頁
沈国威『近代日中語彙交流史—新漢語の生成と受容』，笠間書院，1994年3月，92頁
荒川清秀「日本漢語の中国語への流入」『日本語学』17—5，明治書院，1998年5月，39-46頁
高野繁男「『明六雑誌』の和製漢語」『『明六雑誌』とその周辺』神奈川大学人文学研究所編，お茶の水書房，2004年3月，200-201頁
高野繁男「『明六雑誌』の語彙」『近代漢語の研究—日本語の造語法・訳語法』，明治書院，2004年11月，189頁
佐藤亨「国債」『現代に生きる幕末・明治初期漢語辞典』，明治書院，2007年6月，314頁
コクサイ【国際】 安藤昭一「学際・国際・人際」『英語教育』29—6，大修館書店，1980年10月，3頁
那須雅之「「国際」語源考 上」『日本語学』13—8，明治書院，1994年8月，114-126頁
那須雅之「「国際」語源考 下」『日本語学』13—9，明治書院，1994年9月，86-96頁
孫建軍「「国際」の成立」『国際基督教大学博士論文』，国際基督教大学，2003年1月，71-87頁
前田富祺監修「国際」『日本語語源大辞典』，小学館，2005年4月，487頁
佐藤亨「国際」『現代に生きる幕末・明治初期漢語辞典』，明治書院，2007年6月，315頁
コクサイシホウ【国際私法】 穂積陳重「国際私法」『法窓夜話』，岩波書店，1980年1月，186頁

コクサイホウ【国際法】 渡辺萬蔵「国際法」『現行法律語の史的研究』，萬理閣書房，1930年12月，229頁
石井研堂「国際法の始」『増補改訂　明治事物起源』上巻，春陽堂書店，1944年11月，264頁
広田栄太郎『近代訳語考』，東京堂出版，1969年8月，318頁
穂積陳重「国際法」『法窓夜話』，岩波書店，1980年1月，181-185頁
コクサク【国策】 大泉志郎・大塚栄寿・永沢道雄「国策」『現代死語事典』，朝日ソノラマ，1993年11月，139頁
コクジ【国字】 永島寛一「国字問題小見」『応用社会学研究』7，立教大学社会学部，1964年9月，93-104頁
永沢要二「国字考」『国文学研究』3，梅光女学院大学，1967年11月，149-159頁
古田東朔「「国語」という語」『解釈』1―1，解釈編集部，1969年7月
エツコ・オバタ・ライマン「「国字日本製漢字」の定義と範囲」『言語生活』348，筑摩書房，1980年12月，74-81頁
エツコ・オバタ・ライマン「国字「鯰」と「なまず」文字考」『慶応義塾大学言語文化研究所紀要』18，慶応義塾大学言語文化研究所，1986年12月，17-31頁
峰岸明「「国字」小考」『横浜国大国語研究』5，横浜国立大学，1987年3月，71-75頁
笹原宏之「術語としての「国字」」『国語学　研究と資料』14，国語学研究と資料の会，1990年12月，1-10頁
飛田良文「国字をめぐって」『言語』20―3，大修館書店，1991年3月，84-85頁
中原尚道「国字」『国語教室』45，大修館書店，1992年2月，24-25頁
飛田良文「特集　漢字と日本語　国字とは何か」『月刊しにか』9―6，大修館書店，1998年6月，58-65頁
佐藤稔「擬製漢字国字小論」『国語と国文学』76―5，東京大学国文学研究室，1999年5月，112-121頁
蜂谷清人「国字「辷」の成立と訓の変遷―「まろぶ」「ころぶ」そして「すべる」へ」『国語文字史の研究』6，和泉書院，2001年11月，57-80頁
笹原宏之「国字が発生する基盤」『国語文字史の研究』7，和泉書院，2003年11月，21-38頁
笹原宏之「国字の発生」『文字と古代日本』5，吉川弘文館，2006年2月，284-298頁
コクジハン【国事犯】 惣郷正明・飛田良文「国事犯」『明治のことば辞典』，東京堂出版，1986年12月，163頁
コクシビョウ【黒死病】 槌田満文「黒死病」『国文学』25―10，学燈社，1980年1月，147頁
槌田満文「明治ことば誌」『国文学解釈と教材の研究』25―10，学燈社，1980年8月，147頁
槌田満文「黒死病」『明治大正新語・流行語』，角川書店，1983年6月，146-148頁
王敏東「従「瘟疫」「黒死病」到「鼠疫」」『或問』11，近代東西言語文化接触研究会，2006年6月，77-83頁
コクジン【黒人】 佐藤亨「『智環啓蒙塾課初歩』の訳語」『近世語彙の研究』，桜楓社，1983年6月，36-37頁
コクスイ【国粋】 惣郷正明・飛田良文「国粋」『明治のことば辞典』，東京堂出版，1986年12月，163-164頁
沈国威『近代日中語彙交流史―新漢語の生成と受容』，笠間書院，1994年3月，298-299頁
コクソウ【国葬】 石井研堂「国葬の始」『増補改訂　明治事物起源』上巻，春陽堂書店，1944年11月，37頁
コクタイ【国体】 渡辺萬蔵「国体」『現行法律語の史的研究』，萬理閣書房，1930年12月，11頁

佐藤喜代治『国語語彙の歴史的研究』，明治書院，1971年11月，310頁
大原康夫「翻訳語からみた「国体」の意味―「国体」の多義性に関する一考察として」『国学院大日本文化研究所紀要』47，国学院大日本文化研究所，1981年3月，1-28頁
惣郷正明・飛田良文「国体」『明治のことば辞典』，東京堂出版，1986年12月，164-166頁

コクテイキョウカショ【国定教科書】 湯本豪一「国定教科書」『図説明治事物起源事典』，柏書房，1996年11月，366-367頁

コクハク【告白】 佐藤亨「『万国公法』の語彙」『幕末・明治初期語彙の研究』，桜楓社，1986年2月，173-174頁
惣郷正明・飛田良文「告白」『明治のことば辞典』，東京堂出版，1986年12月，166-167頁

コクブン【国文】 イ・ヨンスク「初期の上田万年」『国語という思想』，岩波書店，1996年12月，96-105頁

コクブンガク【国文学】 杉山康彦「国文学と日本文学」『日本語論』2―6，山本書房，1994年6月，38-43頁

コクベツシキ【告別式】 石井研堂「告別式の始」『増補改訂　明治事物起源』上巻，春陽堂書店，1944年11月，409-410頁
樺島忠雄・飛田良文・米川明彦「告別式」『明治大正新語俗語辞典』，東京堂出版，1984年5月，124頁

コクボウ【国防】 沈国威『近代日中語彙交流史―新漢語の生成と受容』，笠間書院，1994年3月，299-300頁

コクボウショク【国防色】 大泉志郎・大塚栄寿・永沢道雄「国防色」『現代死語事典』，朝日ソノラマ，1993年11月，142-143頁

コクミン【国民】 京極興一「「人民」「国民」「臣民」の消長」『国語研究(松村明先生喜寿記念)』，明治書院，1993年10月，450-469頁
京極興一「〈退官記念最終講義〉明治「国語」管見「人民」「国民」「臣民」をめぐって」『信大国語教育』3，信州大学国語教育学会，1993年10月，1-16頁
京極興一「表現「人民」「国民」「臣民」の語誌」『近代日本語の研究―表記・表現』，東宛社，1998年5月，262-295頁
김동택「『국민수지國民須知』를 통해 본 근대 국민」(『國民須知』を通して見た近代の国民)『近代啓蒙期 知識概念의 受容과 그 変容』，소명출판，2008年6月，193-221頁
박노자「개화기의 국민 담론과 그 속의 타자들」(開化期における国民の言説及び国民の中の他者)『近代啓蒙期 知識概念의 受容과 그 変容』，소명출판，2008年6月，223-256頁
姜東國「근대 한국의 국민/인종/민족 개념」(近代韓国における「国民」「人種」「民族」概念)『근대한국의 사회과학 개념 형성사』(近代韓国における社会科学関連概念の形成史)，創批，2009年4月，249-288頁

コクミンガッコウ【国民学校】 稲垣吉彦・吉沢典男監修「国民学校」『昭和ことば史60年』，講談社，1985年10月，259頁
大泉志郎・大塚栄寿・永沢道雄「国民学校」『現代死語事典』，朝日ソノラマ，1993年11月，143-144頁
米川明彦「国民学校」『明治・大正・昭和の新語・流行語辞典』，三省堂，2002年1月，152頁

コクミンコッカ【国民国家】 中田佳昭「国民国家」『ことばコンセプト事典』，第一法規出版，1992年12月，514-525頁

コクミンセイ【国民性】 樺島忠雄・飛田良文・米川明彦「国民性」『明治大正新語俗語辞典』，東京堂出版，1984年5月，124頁

コクミンフク【国民服】 稲垣吉彦・吉沢典男監修「国民服」『昭和ことば史60年』，講談社，1985年10月，259頁

コクリツギンコウ【国立銀行】 湯本豪一「国立銀行」『図説明治事物起源事典』，柏書房，1996年11月，34-35頁

コクロン【国論】 佐藤亨「国論」『現代に生きる幕末・明治初期漢語辞典』，明治書院，2007年6月，318頁

ゴゲン【語源】 亀井孝「語源」『亀井孝論文集6』，吉川弘文館，1992年11月，207-210頁

ゴコン【語根】 高野繁男「『百科全書』の訳語」『近代漢語の研究―日本語の造語法・訳語法』，明治書院，2004年11月，122頁

コジイン【孤児院】 石井研堂「孤児院の始」『増補改訂　明治事物起源』上巻，春陽堂書店，1944年11月，38頁

湯本豪一「孤児院」『図説明治事物起源事典』，柏書房，1996年11月，160-161頁

コシツ【固執】 塩田丸男「固執」『死語読本』，白水社，1994年7月，115-117頁

コショウ【故障】 森田良行「故障」『基礎日本語1』，角川書店，1977年10月，207頁

柏野健次「「故障中」の意味論　造語意識とアスペクト」『大阪樟蔭女子大論文集』16，大阪樟蔭女子大，1979年3月，101-112頁

橋本博幸「平安古記録における「故障」「障さはり」の併用をめぐって」『国語学研究』31，東北大文学部『国語学研究』刊行会，1992年4月，13-24頁

コショウ【胡椒】 佐藤喜代治「胡椒」『日本の漢語』，角川書店，1979年10月，179頁

コジン【故人】 木村秀次「漢字の履歴―故人」『月刊しにか』13―8，大修館書店，2002年7月，65頁

コジン【個人】 佐藤喜代治「漢語の源流―『万法精理』の訳語について(三)」『国語語彙史の歴史的研究』，明治書院，1971年11月，359-360頁

佐藤喜代治「「個人」という語」『日本国語大辞典　ことばのまど』7，小学館，1974年1月

斎藤毅「第6章　個人という語の成立」『明治のことば』，講談社，1977年11月，229-249頁

佐藤喜代治「個人」『日本の漢語』，角川書店，1979年10月，437-439頁

柳父章「個人」『翻訳語成立事情』，岩波書店，1982年4月，23-42頁

遠藤好英「個人，一個人，私人，個人個人」『講座日本語の語彙 ⑩』，明治書院，1983年4月，63-69頁

樺島忠雄・飛田良文・米川明彦「個人」『明治大正新語俗語辞典』，東京堂出版，1984年5月，125頁

作田啓一『個人』〈一語の辞典〉，三省堂，1996年7月

飛田良文「個人」『明治生まれの日本語』，淡交社，2002年5月，174-182頁

林洋和「翻訳語・言い換え語の生成と問題点―「個人」「説明責任」「独自性」「等生化」などを中心に」『広島県立大学論集』9―2，広島県立大学，2006年2月，45-57頁

章清「“国家”与“个人”之间—略论晚清中国对“自由”的阐述」(「国家」と「個人」の間―清末中国における「自由」の意味概念)『史林』2007年第03期，《史林》编辑部，2007年11月，64頁

朱京偉「明治期における社会主義用語の形成」『19世紀中国語の諸相』，雄松堂出版，2007年3月，207頁

崔瓊玉「메이지기의 번역어 성립과 한국 수용에 관하여 :「個人」을 중심으로」(明治期の翻訳語の成立と韓国語への受容について―「個人」を中心に)『日語日文學研究』61―1，韓国日語日文学会，2007年5月，341-357頁

佐藤亨「個人」『現代に生きる幕末・明治初期漢語辞典』，明治書院，2007年6月，320頁

박주원「『독립신문』과 근대적 개인, 사회 개념의 탄생」(『独立新聞』と近代的個人や社会概念の誕生)『近代啓蒙期 知識概念의 受容과 그 変容』，소명出版，2008年6月，127-153頁

김석근「근대 한국의 ‘개인’ 개념 수용」(近代韓国における「個人」概念の受用)『근대한국의 사회과학 개념 형성사』(近代韓国における社会科学関連概念の形成史)，創批，

2009年4月，345-361頁

コジンシュギ【個人主義】 樺島忠雄・飛田良文・米川明彦「個人主義」『明治大正新語俗語辞典』，東京堂出版，1984年5月，126頁

コセイ【個性】 中村保男「類義語・多義語18—「性格」「人格」と「個性」」『翻訳の世界』5—5，バベル・プレス，1980年5月，94-98頁

樺島忠雄・飛田良文・米川明彦「個性」『明治大正新語俗語辞典』，東京堂出版，1984年5月，126頁

沈国威『近代日中語彙交流史—新漢語の生成と受容』，笠間書院，1994年3月，301-302頁

陳力衛「漢字の履歴—個性」『月刊しにか』13—8，大修館書店，2002年7月，66頁

ゴセイ【悟性】 惣郷正明・飛田良文『明治のことば辞典』，東京堂出版，1986年12月，166頁

コセイダイ【古生代】 沈国威『近代日中語彙交流史—新漢語の生成と受容』，笠間書院，1994年3月，302-303頁

コセキ【戸籍】 紀田順一郎『近代事物起源事典』，東京堂出版，1992年9月，73-74頁

コセキボ【戸籍簿】 渡辺萬蔵「戸籍簿」『現行法律語の史的研究』，萬理閣書房，1930年12月，133頁

コタイ【固体】 蘇小楠「日中学術用語交渉の一試論—訳語「固体・気体・液体」の由来について」『名古屋大学国語国文学』96，名古屋大学国語国文学会，2005年7月，86-70頁

コッカ【国家】 前尾繁三郎「政治学語源考2—国家」『再建』9—8，再建編集局，1955年10月，34-41頁

平林文雄「「国家」「想像」，そして「文脈」—語誌研究ノート」『群馬県立女子大学国文学研究』3，群馬県立女子大，1983年3月，11-29頁

平林文雄「国家」『講座日本語の語彙 ⑩』，明治書院，1983年4月，69-73頁

平林文雄「訳語・語誌研究7 国家」『国語学研究論考』，和泉書院，1985年5月，70-78頁

中田佳昭「国家」『ことばコンセプト事典』，第一法規出版，1992年12月，514-525頁

小森陽一「戦争と日本語」『日本語の近代』，岩波書店，2000年8月，133-167頁

權보드래「번역어의 성립과 근대-‘국가’ ‘민주주의’ ‘자연’ ‘예술’ 을 중심으로」(翻訳語の成立と近代—「国家」「民主主義」「自然」「芸術」を中心に)『文学과 境界』2，文学과 境界社，2001年8月，380-396頁

章清「“国家”与“个人”之间—略论晚清中国对“自由”的阐述」(「国家」と「個人」の間—清末中国における「自由」の意味概念)『史林』2007年第03期，《史林》编辑部，2007年11月，64頁

柴田隆行・棚沢直子・王亜新「「国家」と「民族」—翻訳語研究1」『理想』680，理想社，2008年3月，173-187頁

박상섭「한국 국가 개념의 전통 연구—동양 국가 개념사와의 연계를 중심으로」(韓国における「国家」概念の研究—東洋の国家概念史と連携して)『개념과 소통』概念と疎通，翰林大学翰林科学院，2008年6月，121-174頁

朴相燮「國家」『國家・主權』(韓國概念史叢書2)，小花，2008年12月，25-179頁

コッカイ【国会】 石井研堂「国会の語」『増補改訂　明治事物起源』上巻，春陽堂書店，1944年11月，261頁

槌田満文「国会」『明治大正新語・流行語』，角川書店，1983年6月，70-71頁

佐藤亨「『西学考略』の語彙」『幕末・明治初期語彙の研究』，桜楓社，1986年2月，229-230頁

Federico Masini「国会」*The Formation of Modern Chinese Lexicon and its Evolution toward a National Language*(李廷宰訳)，

소명出版，2005年11月，62頁
佐藤亨「国会」『現代に生きる幕末・明治初期漢語辞典』，明治書院，2007年6月，322頁
孙建军「19世纪中叶汉译新词对日语的影响—以“国会”为例」(19世紀半ばに中国で翻訳された新用語が日本語に及ぼした影響—「国会」の例を中心に)『语义的文化变迁』，武汉大学出版社，2007年10月，275-293頁
コッキ【国旗】 張志淵「国旗」『萬國事物紀原歴史』，皇城新聞社，1909年8月，91頁
渡辺萬蔵「国旗」『現行法律語の史的研究』，萬理閣書房，1930年12月，24頁
佐藤亨「国旗」『現代に生きる幕末・明治初期漢語辞典』，明治書院，2007年6月，323頁
コッケン【国権】 佐藤亨「『万国公法』の語彙」『幕末・明治初期語彙の研究』，桜楓社，1986年2月，174-175頁
コテイ【固定】 高野繁男「『哲学字彙』の訳語」『近代漢語の研究—日本語の造語法・訳語法』，明治書院，2004年11月，75頁
佐藤亨「固定」『現代に生きる幕末・明治初期漢語辞典』，明治書院，2007年6月，324頁
コテイシホン【固定資本】 Federico Masini「固定資本」*The Formation of Modern Chinese Lexicon and its Evolution toward a National Language*(李廷宰訳)，소명出版，2005年11月，250頁
コテン【古典】 吉田豊・佐藤真「古典」『ことばコンセプト事典』，第一法規出版，1992年12月，526-535頁
コドウ【鼓動】 惣郷正明・飛田良文「鼓動」『明治のことば辞典』，東京堂出版，1986年12月，166-167頁
コドク【孤独】 一海知義「孤独」『漢語の知識』，岩波書店，1981年7月，178-181頁
藤縄真由美「孤独」『ことばコンセプト事典』，第一法規出版，1992年12月，536-543頁
曾根博義「「アパート」の孤独—新語から見た近代日本人の生活と観念」『新語辞典の研究と解題』，大空社，1996年2月，111-133頁
こども【子供】 佐藤武義「「子供」の語誌」『青少年問題』44—5，1997年5月，105-124頁
こびと【小人】 池田美桜「明治期の「グリム童話」翻訳に見る訳語「こびと」の定着」『国際学院埼玉短期大学』29，国際学院埼玉短期大学，2008年3月，53-56頁
ゴビュウ【誤謬】 高野繁男「『哲学字彙』の訳語」『近代漢語の研究—日本語の造語法・訳語法』，明治書院，2004年11月，63頁
コベツ【個別】 岩谷光雅「普遍・個別」『ことばコンセプト事典』，第一法規出版，1992年12月，1524-1531頁
ゴホウ【午砲】 石井研堂「午砲の始」『増補改訂　明治事物起源』下巻，春陽堂書店，1944年12月，1305-1306頁
米川明彦「午砲」『明治・大正・昭和の新語・流行語辞典』，三省堂，2002年1月，13頁
コマク【鼓膜】 斎藤静「鼓膜」『日本語に及ぼしたオランダ語の影響』，篠崎書林，1967年8月，250-251頁
沈国威「蘭学の訳語と新漢語の創出」『19世紀中国語の諸相』，雄松堂出版，2007年3月，243頁
佐藤亨「鼓膜」『現代に生きる幕末・明治初期漢語辞典』，明治書院，2007年6月，326-327頁
杉本つとむ「連載；近代訳語を検証する51　輸尿管，尿道，輸精管，膣，鼓膜，蝸牛殻，三半規管，腹膜，脂肪，粘膜」『国文学　解釈と鑑賞』72—11，至文堂，2007年11月，207-211頁
ゴマミソ【胡麻味噌】 進藤咲子「漢語か和語か」『言語生活』169，筑摩書房，1965年10月，58-60頁
コレラ【虎列剌】 陳生保「虎列剌」『中国と日本—言葉・文学・文化』，麗沢大学出版会，2005年5月，24頁
コンイン【婚姻】 鍛冶千鶴子「言語時評「婚姻」と「結婚」」『言語生活』342，筑摩書房，

1980年5月，25頁
コンゴウセキ【金剛石】 佐藤亨『近世語彙の研究』，桜楓社，1983年6月，189頁
ゴンゴドウダン【言語道断】 鈴木修次『漢語と日本人』，みすず書房，1978年9月，57頁
山田俊雄「言語道断」『詞苑間歩』上，三省堂，1999年9月，347-350頁
ゴンサイ【権妻】 惣郷正明・飛田良文「権妻」『明治のことば辞典』，東京堂出版，1986年12月，167頁
コンジョウ【根性】 中田祝夫「「根性」という語は誤解されている」『言語生活』169，筑摩書房，1965年10月，16-17頁
佐藤武義「根性」『日本語の語源』，明治書院，2003年1月，9-10頁
前田富祺監修「根性」『日本語語源大辞典』，小学館，2005年4月，523頁
コンチョウ【今朝】 玉村禎郎「中世後期の時を表す語彙―『太平記』の「今朝」「今夜」などをめぐって」『待兼山論叢』文学篇27，大阪大学文学部，1993年12月，17-35頁
コンナン【困難】 森田良行「困難」『基礎日本語1』，角川書店，1977年10月，437頁
森田良行「新漢語成立に伴う動詞性の問題」『辻村敏樹教授古希記念　日本語史の諸問題』，明治書院，1992年3月，627-628頁
コンブ【昆布】 大石圭一「昆布という言葉」『言語生活』402，筑摩書房，1985年5月，70-75頁
神道宗紀「「海藻」「海菜」考」『皇学館論叢』19―4，皇学館大学人文学会，1986年8月，16-29頁
大石至「「昆布」が「コンブ」の意味を持った時―木簡の「軍布」と正倉院文書『小波女進物啓』による考察」『言語生活』424，筑摩書房，1987年3月，76-79頁
コンヤ【今夜】 岡崎正継「今昔物語集の「今夜」と「夜前」と」『国学院雑誌』87―9，国学院大学，1986年9月，1-10頁
遠藤好英「記録体における時の語彙―『後二条師通記』の夜に関する語について」『訓点語と訓点資料』77，訓点語学会，1987年3月，85-107頁
玉村禎郎「中世後期の時を表す語彙―『太平記』の「今朝」「今夜」などをめぐって」『待兼山論叢』文学篇27，大阪大学文学部，1993年12月，17-35頁

サ

サ【左】 下谷和幸「右・左」『ことばコンセプト事典』，第一法規出版，1992年12月，1592-1601頁
ザイ【罪】 佐竹昭広「意味の変遷」『岩波講座　日本語　9』，岩波書店，1977年6月，232-237頁
ザイカイ【財界】 惣郷正明・飛田良文「財界」『明治のことば辞典』，東京堂出版，1986年12月，167-168頁
サイカク【才覚・才学】 佐藤喜代治「漢語雑考」『国語語彙の歴史的研究』，明治書院，1971年11月，164-169頁
ザイキョウ【在京】 惣郷正明・飛田良文「在京」『明治のことば辞典』，東京堂出版，1986年12月，168-169頁
サイキン【細菌】 佐藤亨「細菌」『現代に生きる幕末・明治初期漢語辞典』，明治書院，2007年6月，333頁
サイクン【細君・妻君】 惣郷正明・飛田良文「細君・妻君」『明治のことば辞典』，東京堂出版，1986年12月，168-169頁
梅垣実「細君」『語源随筆　猫も杓子も』，創拓社，1989年12月，37-39頁
サイケツ【採決】 文化庁「「採決」と「裁決」の使い分け」『言葉に関する問答集』，大蔵省印刷局，1995年3月，45頁
サイケン【債権】 渡辺萬蔵「債権」『現行法律語の史的研究』，萬理閣書房，1930年12月，

184頁
惣郷正明・飛田良文「債権」『明治のことば辞典』，東京堂出版，1986年12月，169頁
サイゲン【再現】 樺島忠雄・飛田良文・米川明彦「再現」『明治大正新語俗語辞典』，東京堂出版，1984年5月，130-131頁
惣郷正明・飛田良文「再現」『明治のことば辞典』，東京堂出版，1986年12月，169頁
沈国威『近代日中語彙交流史―新漢語の生成と受容』，笠間書院，1994年3月，304頁
高野繁男「『哲学字彙』の訳語」『近代漢語の研究―日本語の造語法・訳語法』，明治書院，2004年11月，78頁
ザイゲン【財源】 渡辺萬蔵「財源」『現行法律語の史的研究』，萬理閣書房，1930年12月，40頁
ザイゴウ【在郷】 川本栄一郎「在郷，在所，田舎」『講座日本語の語彙 ⑩』，明治書院，1983年4月，95-100頁
サイサイ【細々】 佐藤喜代治「漢語雑考」『国語語彙史の歴史的研究』，明治書院，1971年11月，181-184頁
ザイサン【財産】 田本健一「財産」『ことばコンセプト事典』，第一法規出版，1992年12月，562-571頁
サイシュツ【歳出】 佐藤亨「『泰西国法論』の訳語」『幕末・明治初期語彙の研究』，桜楓社，1986年2月，365-366頁
佐藤亨「歳出」『現代に生きる幕末・明治初期漢語辞典』，明治書院，2007年6月，336-337頁
サイセイ【祭政】 高野繁男「『明六雑誌』の和製漢語」『『明六雑誌』とその周辺』（神奈川大学人文学研究所編），お茶の水書房，2004年3月，192頁
高野繁男「『明六雑誌』の語彙」『近代漢語の研究―日本語の造語法・訳語法』，明治書院，2004年11月，182頁
ザイセイ【財政】 佐藤亨「『泰西国法論』の訳語」『幕末・明治初期語彙の研究』，桜楓社，1986年2月，387頁
金東建「財政의 基本概念」（財政の基本概念）『考試界』350，考試界社，1986年3月，147-157頁
惣郷正明・飛田良文「財政」『明治のことば辞典』，東京堂出版，1986年12月，170-171頁
高野繁男「『明六雑誌』の和製漢語」『『明六雑誌』とその周辺』（神奈川大学人文学研究所編），お茶の水書房，2004年3月，190頁
高野繁男「『明六雑誌』の語彙」『近代漢語の研究―日本語の造語法・訳語法』，明治書院，2004年11月，180頁
佐藤亨「財政」『現代に生きる幕末・明治初期漢語辞典』，明治書院，2007年6月，337-338頁
ザイセイガク【財政学】 惣郷正明・飛田良文「財政学」『明治のことば辞典』，東京堂出版，1986年12月，171頁
サイニュウ【歳入】 佐藤亨「『泰西国法論』の訳語」『幕末・明治初期語彙の研究』，桜楓社，1986年2月，365-366頁
サイハツ【再発】 松井栄一「再発」『国語辞典にない語』，南雲堂，1983年4月，94-96頁
惣郷正明・飛田良文「再発」『明治のことば辞典』，東京堂出版，1986年12月，171頁
ザイバツ【財閥】 樺島忠雄・飛田良文・米川明彦「財閥」『明治大正新語俗語辞典』，東京堂出版，1984年5月，131頁
サイバン【裁判】 渡辺萬蔵「裁判」『現行法律語の史的研究』，萬理閣書房，1930年12月，176頁
藤縄真由美「裁判」『ことばコンセプト事典』，第一法規出版，1992年12月，572-583頁
陳力衛「「裁判」と「審判」」『和製漢語の形成と展開』，汲古書院，2001年2月，383頁
陶芸「日中同形語「審判」「裁判」の語史の考察」『言語文化研究』5，聖徳大学大学院言語文化学会，2006年3月，37-49頁
陶芸「日中両言語に於ける「審判」の語史：「裁

判」との関連から(2005年度日本語学会中国四国支部大会研究発表要旨)」『日本語の研究』2—2，日本語学会，2006年4月，192-193頁

サイバンカン【裁判官】 佐藤亨「裁判官」『現代に生きる幕末・明治初期漢語辞典』，明治書院，2007年6月，340頁

サイバンザタ【裁判沙汰】 塩田丸男「裁判沙汰」『死語読本』，白水社，1994年7月，126頁

サイバンショ【裁判所】 渡辺萬藏「裁判所」『現行法律語の史的研究』，萬理閣書房，1930年12月，260頁

佐藤亨「『西洋事情』の語彙」『幕末・明治初期語彙の研究』，桜楓社，1986年2月，425-426頁

沈国威『近代日中語彙交流史—新漢語の生成と受容』，笠間書院，1994年3月，92頁

湯本豪一「裁判所」『図説明治事物起源事典』，柏書房，1996年11月，26-27頁

佐藤亨「裁判所」『現代に生きる幕末・明治初期漢語辞典』，明治書院，2007年6月，340頁

サイボウ【細胞】 樺島忠雄・飛田良文・米川明彦「細胞」『明治大正新語俗語辞典』，東京堂出版，1984年5月，131-132頁

惣郷正明・飛田良文「細胞」『明治のことば辞典』，東京堂出版，1986年12月，171-172頁

大泉志郎・大塚栄寿・永沢道雄「細胞」『現代死語事典』，朝日ソノラマ，1993年11月，158頁

陳力衛「現代中国語における和製漢語の受容」『和製漢語の形成と展開』，汲古書院，2001年2月，356頁

NHK放送研究部「〈放送用語委員会東京〉用語の決定「硫黄」「細胞」「砂金」「焼き畑」「入り口」ほか」『放送研究と調査』57—9，日本放送協会，2001年9月，80-93頁

高野繁男「『哲学字彙』の訳語」『近代漢語の研究—日本語の造語法・訳語法』，明治書院，2004年11月，67頁

杉本つとむ「細胞」『語源海』，東京書籍，2005年3月，297頁

佐藤亨「細胞」『現代に生きる幕末・明治初期漢語辞典』，明治書院，2007年6月，341-342頁

サイホウキ【裁縫機】 惣郷正明・飛田良文「裁縫機」『明治のことば辞典』，東京堂出版，1986年12月，172頁

サイミンジュツ【催眠術】 槌田満文「催眠術」『明治大正新語・流行語』，角川書店，1983年6月，145-146頁

サイム【債務】 吉田裕清「「債務」と「責任」」『翻訳語としての日本の法律用語』，中央大学出版局，2004年11月，73-85頁

ザイモク【材木】 村田安穂「「材木」と「木材」の両語をめぐって—日中文化交渉史のひとこま」『桜美林大・短大紀要』8，桜美林大学・桜美林短期大学，1968年2月，73-84頁

ザイリュウ【在留】 佐藤亨「『玉石志林』の語彙(二)」『幕末・明治初期語彙の研究』，桜楓社，1986年2月，309頁

惣郷正明・飛田良文「在留」『明治のことば辞典』，東京堂出版，1986年12月，172-173頁

ザイリョウ【材料】 進藤咲子「小幡篤次郎の英氏経済論の訳語」『明治時代語の研究；語彙と文章』，明治書院，1981年11月，88-89頁

サウ【左右】 新城安善「「左右」さう考」『沖縄文化』36，37，沖縄文化協会，1971年8月，103-107頁

三浦勇二「言語空間　日本語の中の左右とみぎひだり」『言語』1—8，大修館書店，1972年11月，77頁

サギ【詐欺】 別役実「犯罪のことば14—詐欺」『三省堂ぶっくれっと』18，三省堂，1978年12月，26-31頁

文化庁「「詐欺」と「詐偽」の使い分け」『言葉に関する問答集』，大蔵省印刷局，1995年3月，

151-152頁

サギョウ【作業】 惣郷正明・飛田良文「作業」『明治のことば辞典』，東京堂出版，1986年12月，173頁

サクイ【作為】 惣郷正明・飛田良文「作為」『明治のことば辞典』，東京堂出版，1986年12月，173-174頁

サクイン【索引】 樺島忠雄・飛田良文・米川明彦「索引」『明治大正新語俗語辞典』，東京堂出版，1984年5月，132-133頁

惣郷正明・飛田良文「索引」『明治のことば辞典』，東京堂出版，1986年12月，174-175頁

サクジツ【昨日】 遠藤好英「記録体における時の表現―『後二条師通記』の昨日以前・昨夜の意味の語句」『国語語彙史の研究』1，和泉書院，1980年5月，103-124頁

サクシュ【搾取】 樺島忠雄・飛田良文・米川明彦「搾取」『明治大正新語俗語辞典』，東京堂出版，1984年5月，133頁

サクセイ【作成】 文化庁「「作成」と「作製」」『言葉に関する問答集』，大蔵省印刷局，1995年3月，227-228頁

サクヤ【昨夜】 遠藤好英「記録体における時の表現―『後二条師通記』の昨日以前・昨夜の意味の語句」『国語語彙史の研究』1，和泉書院，1980年5月，103-124頁

サコク【鎖国】 惣郷正明・飛田良文「鎖国」『明治のことば辞典』，東京堂出版，1986年12月，175-176頁

サコツ【鎖骨】 斎藤静「鎖骨」『日本語に及ぼしたオランダ語の影響』，篠崎書林，1967年8月，246頁

小川鼎三「鎖骨ととう骨」『医学用語の起り』，東京書籍，1983年1月，168-171頁

サショウ【査証】 惣郷正明・飛田良文「査証」『明治のことば辞典』，東京堂出版，1986年12月，176頁

ザセツ【挫折】 中村信幸「「坐断」という語について」『宗学研究』，曹洞宗総合研究センター，1979年3月，179-184頁

ザセツカン【挫折感】 久世善男「挫折感」『日本語雑学百科』，新人物往来社，1975年7月，100-103頁

サソクツウコウ【左側通行】 渡辺萬蔵「左側通行」『現行法律語の史的研究』，萬理閣書房，1930年12月，262頁

サタ【沙汰】 佐藤武義「沙汰」『講座日本語の語彙 ⑩』，明治書院，1983年4月，118-125頁

サツエイ【撮影】 惣郷正明・飛田良文「撮影」『明治のことば辞典』，東京堂出版，1986年12月，177-178頁

沈国威『近代日中語彙交流史―新漢語の生成と受容』，笠間書院，1994年3月，304-305頁

サツエイジュツ【撮影術】 斎藤静「撮影術」『日本語に及ぼしたオランダ語の影響』，篠崎書林，1967年8月，191頁

ザッカ【雑貨】 惣郷正明・飛田良文「雑貨」『明治のことば辞典』，東京堂出版，1986年12月，178頁

サッカク【錯覚】 陳力衛「漢字の履歴―錯覚」『月刊しにか』13―8，大修館書店，2002年7月，66頁

ザッシ【雑誌】 柳田泉「雑誌のはじめ」『新小説』5―4，春陽堂書店，1950年4月，60-61頁

久世善男「雑誌」『言葉のなづけ親―翻訳に見る文明開化』，朝日ソノラマ，1975年11月，74-76頁

楚翠生「漢語往来　三十九―「新聞」・「雑誌」考」『高校通信東書国語』249，東京書籍，1985年3月，20-21頁

惣郷正明・飛田良文「雑誌」『明治のことば辞典』，東京堂出版，1986年12月，179頁

前田富祺監修「雑誌」『日本語語源大辞典』，小学館，2005年4月，555頁

陳生保「雑誌」『中国と日本―言葉・文学・文化』，麗沢大学出版会，2005年5月，24頁

佐藤亨「雑誌・雑志」『現代に生きる幕末・明

治初期漢語辞典』，明治書院，2007年6月，346頁

サツジン【殺人】 別役実「犯罪のことば12 殺人」『三省堂ぶっくれっと』16，三省堂，1978年8月，38-43頁

サッシン【刷新】 惣郷正明・飛田良文「刷新」『明治のことば辞典』，東京堂出版，1986年12月，179頁

サッソク【早速】 中村文子「「早速」について―奈良・平安時代の用法の考察」『国語と教育』24，長崎大学，2000年2月，72-80頁

ザツダン【雑談】 惣郷正明・飛田良文「雑談」『明治のことば辞典』，東京堂出版，1986年12月，179-180頁

松井栄一「『和英語林集成』の漢語から「雑談」「独立」に及ぶ話」『明治期漢語辞書大系』別巻三（解説／索引），大空社，1997年3月，2-14頁

ザツネツ【雑熱】 位藤 邦生・イトウクニオ「〈研究余滴〉小さな語誌：「雑熱」について」『国文学攷』156，広島大学国語国文学会，1997年12月，29-31頁

ザッポウ【雑報】 惣郷正明・飛田良文「雑報」『明治のことば辞典』，東京堂出版，1986年12月，180頁

サベツ【差別】 田本健一「差別」『ことばコンセプト事典』，第一法規出版，1992年12月，594-601頁

サホウ【作法】 松井栄一「作法」『国語辞典にない語』，南雲堂，1983年4月，101-92頁

ザヤク【座薬・坐薬】 斎藤静「坐薬」『日本語に及ぼしたオランダ語の影響』，篠崎書林，1967年8月，292頁

沈国威「蘭学の訳語と新漢語の創出」『19世紀中国語の諸相』，雄松堂出版，2007年3月，243頁

サヨウ【作用】 陳生保「～作用」『中国と日本―言葉・文学・文化』，麗沢大学出版会，2005年5月，24頁

サヨク【左翼】 樺島忠雄・飛田良文・米川明彦「左翼」『明治大正新語俗語辞典』，東京堂出版，1984年5月，135頁

サワ【茶話】 惣郷正明・飛田良文「茶話」『明治のことば辞典』，東京堂出版，1986年12月，180-181頁

サンカ【酸化】 佐藤亨「酸化」『現代に生きる幕末・明治初期漢語辞典』，明治書院，2007年6月，348頁

サンカイ【散会】 佐藤亨「『大美聯邦志略』の語彙」『幕末・明治初期語彙の研究』，桜楓社，1986年2月，90頁

サンカクカンケイ【三角関係】 樺島忠雄・飛田良文・米川明彦「三角関係」『明治大正新語俗語辞典』，東京堂出版，1984年5月，136頁

サンカクケイ【三角形】 佐藤亨『近世語彙の研究』，桜楓社，1983年6月，190頁

サンカクす【三角州】 惣郷正明・飛田良文「三角州」『明治のことば辞典』，東京堂出版，1986年12月，181頁

サンカタンソ【酸化炭素】 斎藤静「酸化炭素」『日本語に及ぼしたオランダ語の影響』，篠崎書林，1967年8月，114頁

サンカテツ【酸化鉄】 斎藤静「酸化鉄」『日本語に及ぼしたオランダ語の影響』，篠崎書林，1967年8月，91頁

サンカン【参観】 惣郷正明・飛田良文「参観」『明治のことば辞典』，東京堂出版，1986年12月，181-182頁

サンギ【参議】 惣郷正明・飛田良文「参議」『明治のことば辞典』，東京堂出版，1986年12月，182頁

サンギョウ【産業】 惣郷正明・飛田良文「産業」『明治のことば辞典』，東京堂出版，1986年12月，182-184頁

木村秀次「「産業」の語史」『鎌田正博士八十寿記念漢文学論集』，大修館書店，1991年1月

北川豊「サービス産業という用語法―Industryと産業の語意について」『統計学』63，産業統計研究社，1992年3月，25-34頁

鈴木英夫「明治初期の聖書に見られる「産業」の意味・用法について―『西国立志編』との比較を中心に」『白百合女子大学キリスト教文化研究論集』8，白百合女子大学，2007年3月，1-10頁

サンギョウカクメイ【産業革命】 神武庸四郎「「産業革命」の成立：その語源的解釈」『一橋論叢』125―6，一橋大学一橋学会，2001年6月，582-597頁

ザンゲ【懺悔】 亀井孝「懺悔考・女郎考」『国語学』36，国語学会，1959年3月，79-91頁

佐藤喜代治「懺悔」『日本の漢語』，角川書店，1979年10月，44頁

サンゲキ【惨劇】 惣郷正明・飛田良文「惨劇」『明治のことば辞典』，東京堂出版，1986年12月，184頁

沈国威『近代日中語彙交流史―新漢語の生成と受容』，笠間書院，1994年3月，305-306頁

サンケン【三権】 鈴木修次「「三権」の用語の模索時代」『日本漢語と中国―漢字文化圏の近代化』，中央公論社，1981年9月，11-28頁

サンケンブンリツ【三権分立】 鈴木修次「「三権分立」にまつわる用語」『日本漢語と中国―漢字文化圏の近代化』，中央公論社，1981年9月，11-60頁

サンコウ【参考】 森田良行「新漢語成立に伴う動詞性の問題」『辻村敏樹教授古希記念　日本語史の諸問題』，明治書院，1992年3月，628-629頁

吉田雅子「二字漢語の日中対照―「参考」「参照」を手がかりに」『専修人文論集』，専修大学学会，2005年10月，135-158頁

サンジ【参事】 惣郷正明・飛田良文「参事」『明治のことば辞典』，東京堂出版，1986年12月，184-185頁

サンジセイゲン【産児制限】 樺島忠雄・飛田良文・米川明彦「産児制限」『明治大正新語俗語辞典』，東京堂出版，1984年5月，136-137頁

サンシュツ【滲出】 兪鳴蒙「訳語「分泌」と「滲出」について」『国語語彙史の研究』17，和泉書院，1998年10月，235-260頁

サンショウ【参照】 惣郷正明・飛田良文「参照」『明治のことば辞典』，東京堂出版，1986年12月，185頁

ザンシン【残心】 戸星善宏「「残心」の意味変化について」『西南学院大学国際文化論集』17―2，西南学院大学，2003年2月，191-235頁

サンセイ【参政】 朱京偉「明治期における社会主義用語の形成」『19世紀中国語の諸相』，雄松堂出版，2007年3月，207頁

サンセイ【酸性】 高野繁男「『百科全書』の訳語」『近代漢語の研究―日本語の造語法・訳語法』，明治書院，2004年11月，141頁

サンセイ【賛成】 惣郷正明・飛田良文「賛成」『明治のことば辞典』，東京堂出版，1986年12月，185-186頁

サンソ【酸素】 竹本喜一・金岡喜久子「元素名のルーツを訪ねる」『化学語源ものがたり』，東京化学同人，1986年3月，6頁

サンダンロンポウ【三段論法】 樺島忠雄・飛田良文・米川明彦「三段論法」『明治大正新語俗語辞典』，東京堂出版，1984年5月，137頁

惣郷正明・飛田良文「三段論法」『明治のことば辞典』，東京堂出版，1986年12月，186頁

サンドウ【散動】 浅野敏彦「万葉集の「漢語」〈散動〉の語史」『同大語彙研究』9，同志社大学大学院日本語学研究会，2007年3月，48-58頁

ザンネン【残念】 国広哲弥編「残念」『ことばの意味3』，平凡社，2003年3月，128-135頁

サンバ【産婆】 渡辺萬蔵「産婆」『現行法律語の史的研究』，萬理閣書房，1930年12月，57頁

石井研堂「産婆の始」『増補改訂　明治事物起源』下巻，春陽堂書店，1944年12月，1157-1158頁

サンパツ【散髪】 日置昌一「散髪の歴史」『ものしり事典』風俗篇上，河出書房，1952年11月，210-212頁

森杉夫「文明開化期の散髪と断髪」『社会科学論集』10，大阪府立大学社会科学研究会，1979年3月，1-10頁

下野雅昭「散髪，斬髪，断髪，理髪，整髪」『講座日本語の語彙 ⑩』，明治書院，1983年4月，148-155頁

惣郷正明・飛田良文「散髪」『明治のことば辞典』，東京堂出版，1986年12月，186-187頁

富田仁「散髪」『舶来事物起源事典』，名著普及会，1987年12月，147-148頁

湯本豪一「散髪」『図説明治事物起源事典』，柏書房，1996年11月，266-267頁

佐藤武義「散髪」『日本語の語源』，明治書院，2003年1月，22-23頁

ザンパツ【斬髪】 惣郷正明・飛田良文「斬髪」『明治のことば辞典』，東京堂出版，1986年12月，187頁

サンビカ【賛美歌】 惣郷正明・飛田良文「賛美歌」『明治のことば辞典』，東京堂出版，1986年12月，187-188頁

サンブツ【産物】 進藤咲子「小幡篤次郎の英氏経済論の訳語」『明治時代語の研究；語彙と文章』，明治書院，1981年11月，93-94頁

サンブン【散文】 永嶋大典「英和辞書の訳語—明治前期の文学用語をめぐって」『講座日本語の語彙 ⑥』，明治書院，1982年2月，56頁

平野和彦「散文」『ことばコンセプト事典』，第一法規出版，1992年12月，602-611頁

サンポ【散歩】 南谷直利・北野与一「健康のために行う「散歩」の語誌的研究」『北陸大学紀要』25，北陸大学，2002年3月，309-323頁

サンボウ【参謀】 佐藤亨「『泰西国法論』の訳語」『幕末・明治初期語彙の研究』，桜楓社，1986年2月，377頁

サンマイ【三昧】 中村元編「三昧」『仏教語源散策』，東京書籍，1977年4月，172-174頁

サンマン【散漫】 惣郷正明・飛田良文「散漫」『明治のことば辞典』，東京堂出版，1986年12月，188頁

沈国威『近代日中語彙交流史—新漢語の生成と受容』，笠間書院，1994年3月，306-307頁

サンミイッタイ【三位一体】 惣郷正明・飛田良文「三位一体」『明治のことば辞典』，東京堂出版，1986年12月，188頁

サンミャク【山脈】 荒川清秀「日中学术用语的创制和传播—以地理学用语为主」(日中学術用語の創生と伝播—地理学用語を中心に)『语义的文化变迁』，武汉大学出版社，2007年10月，99-100頁

サンヨ【参与】 惣郷正明・飛田良文「参与」『明治のことば辞典』，東京堂出版，1986年12月，188-189頁

シ

シ【死】 下谷和幸「生・死」『ことばコンセプト事典』，第一法規出版，1992年12月，900-913頁

シ【私】 村上雅孝・田中牧郎・鎌田真俊「言語における日本人の公私観念—文献による語彙調査と水沢市における場面別調査から」『日本文化研究所報告別巻』26，日本文化研究所，1989年3月，13-42頁

山田洸「公と私」『言葉の思想史』，花伝社，1989年4月，115-140頁

シ【詩】 永嶋大典「英和辞書の訳語—明治前期の文学用語をめぐって」『講座日本語の語彙 ⑥』，明治書院，1982年2月，50頁

平野和彦「詩」『ことばコンセプト事典』，第一法規出版，1992年12月，616-623頁

シ【〜士】 文化庁「「士」と「師」と「司」の使い分け」『言葉に関する問答集』，大蔵省印刷局，1995年3月，137-139頁

ジアイ【自愛】 佐藤喜代治『国語語彙の歴史的研究』，明治書院，1971年11月，259頁

シアツ【指圧】 加藤秀俊・熊倉功夫「指圧」『外国語になった日本語の事典』，岩波書店，1999年7月，85-89頁

シイ【思惟】 惣郷正明・飛田良文「思惟」『明治のことば辞典』，東京堂出版，1986年12月，189-190頁

ジイウンドウ【示威運動】 槌田満文「示威運動」『明治大正新語・流行語』，角川書店，1983年6月，246-247頁

惣郷正明・飛田良文「示威運動」『明治のことば辞典』，東京堂出版，1986年12月，190頁

シイカ【詩歌】 沼本克明「長音表記漢語の史的背景—詩歌（シイカ）等」『小林芳規博士退官記念　国語学論集』，汲古書院，1992年3月，399-416頁

ジイシキ【自意識】 橋浦兵一「採語録抄」『作家の育てたことば　近代文学の表題語』，南雲堂，1985年5月，222-225頁

惣郷正明・飛田良文「自意識」『明治のことば辞典』，東京堂出版，1986年12月，190頁

シイン【子音】 惣郷正明・飛田良文「子音」『明治のことば辞典』，東京堂出版，1986年12月，190-191頁

高野繁男「『百科全書』の訳語」『近代漢語の研究—日本語の造語法・訳語法』，明治書院，2004年11月，123頁

ジエイ【自衛】 鈴木陽子「「自衛」の概念の変遷—「自衛」の発生から権利としての成立過程を中心に」『武蔵野短期大学研究紀要』22，武蔵野短期大学，2008年4月，27-37頁

シエイジュウタク【市営住宅】 樺島忠雄・飛田良文・米川明彦「市営住宅」『明治大正新語俗語辞典』，東京堂出版，1984年5月，138頁

シカ【市価】 伊藤正一「時価という語について—特に訳語としての場合」『産業経理』22，産業経理協会，1962年11月

進藤咲子「小幡篤次郎の英氏経済論の訳語」『明治時代語の研究；語彙と文章』，明治書院，1981年11月，78-79頁

高野繁男「『百科全書』の訳語」『近代漢語の研究—日本語の造語法・訳語法』，明治書院，2004年11月，100頁

シカイ【歯科医】 石井研堂「歯科医の始」『増補改訂　明治事物起源』下巻，春陽堂書店，1944年12月，1166-1163頁

シカイ【司会】 惣郷正明・飛田良文「司会」『明治のことば辞典』，東京堂出版，1986年12月，191頁

沈国威『近代日中語彙交流史—新漢語の生成と受容』，笠間書院，1994年3月，307頁

シカイシャ【司会者】 榊原昭二「「司会者」登場」『言語生活』277，筑摩書房，1974年10月，18-19頁

シカイ【視界】 惣郷正明・飛田良文「視界」『明治のことば辞典』，東京堂出版，1986年12月，191頁

シガイ【市街】 佐藤亨「『玉石志林』の語彙(一)」『幕末・明治初期語彙の研究』，桜楓社，1986年2月，269-271頁

シガイセン【紫外線】 樺島忠雄・飛田良文・米川明彦「紫外線」『明治大正新語俗語辞典』，東京堂出版，1984年5月，139頁

シカク【視覚】 斎藤静「視覚」『日本語に及ぼしたオランダ語の影響』，篠崎書林，1967年8月，70頁

斎藤倫明「視覚」『講座日本語の語彙 ⑩』，明治書院，1983年4月，166-170頁

惣郷正明・飛田良文「視覚」『明治のことば辞典』，東京堂出版，1986年12月，191頁

高野繁男「『哲学字彙』の訳語」『近代漢語の研究—日本語の造語法・訳語法』，明治書院，2004年11月，63頁

シカク【資格】 佐藤亨「資格」『現代に生きる幕末・明治初期漢語辞典』，明治書院，2007年6月，357頁

シガク【私学】 林佳蔵「近世私学の発達 その一」『大阪城南女子短期大学研究紀要』1，大阪城南女子短期大学，1966年7月，111-120頁

林佳蔵「近世私学の発達 その二」『大阪城南女子短期大学研究紀要』2，大阪城南女子短期大学，1967年5月，103-118頁

佐藤亨「『大美聯邦志略』の語彙」『幕末・明治初期語彙の研究』，桜楓社，1986年2月，74-75頁

神辺靖光「「私学」の語源とその解釈」『窓』3，日本私学教育研究所，1989年6月，52-57頁

佐藤亨「私学」『現代に生きる幕末・明治初期漢語辞典』，明治書院，2007年6月，357頁

ジカク【自覚】 樺島忠雄・飛田良文・米川明彦「自覚」『明治大正新語俗語辞典』，東京堂出版，1984年5月，139頁

シカン【士官】 佐藤亨「『玉石志林』の語彙」『幕末・明治初期語彙の研究』，桜楓社，1986年2月，271-273頁

佐藤亨「『玉石志林』の語彙(一)」『幕末・明治初期語彙の研究』，桜楓社，1986年2月，271-274頁

惣郷正明・飛田良文「士官」『明治のことば辞典』，東京堂出版，1986年12月，192頁

大江洋代「明治初期における陸軍「士官」養成制度の形成と展開—陸軍教導団を中心に」『史学雑誌』114—10，財団法人史学会，2005年10月，1-34頁

シカンガッコウ【士官学校】 佐藤亨「士官学校」『現代に生きる幕末・明治初期漢語辞典』，明治書院，2007年6月，358頁

ジカン【時間】 張志淵「時間」『萬國事物紀原歴史』，皇城新聞社，1909年8月，11頁

佐藤喜代治「『提網答古知幾』の語彙」『国語学』123，国語学会，1980年12月，1-9頁

井倉美江「時間認識とその表現—子どもの時間概念の形成を通じて」『国語表現研究』4，国語表現研究会，1991年12月，49-57頁

三澤純「〈時間(とき)〉の近代化と文明開化論者」『文学部論叢』69，熊本大学文学会／熊本大学，2000年3月，1-20頁

飛田良文「時間」『明治生まれの日本語』，淡交社，2002年5月，58-67頁

高野繁男「『百科全書』の訳語」『近代漢語の研究—日本語の造語法・訳語法』，明治書院，2004年11月，101頁

李明浩「現代中国語の時間概念」『外国語学会誌』34，大東文化大学外国語学会，2005年3月，73-94頁

松井利彦「近代日本語における「時」の獲得—新漢語「時間」と「期間」の成立をめぐって」『或問』9，近代東西言語文化接触研究会，2005年5月，1-26頁

松井利彦「近代語における《時》表示法の位相(浅見徹教授退任記念号)」『文林』40，神戸松蔭女子学院大学学術研究会，2006年3月，71-126頁

松井利彦「《時》表現の近代化」『和漢語文研究』4，京都府立大学国中文学会，2006年11月，12-28頁

松井利彦「新漢語「時間」の成立と《時》の表示法」『近代語研究』13，武蔵野書院近代語学会編，2006年12月，277-297頁

佐藤亨「時間」『現代に生きる幕末・明治初期漢語辞典』，明治書院，2007年6月，359頁

松井利彦「明治期の〈時〉の表現—『米欧回覧実記』の時順と時長の表現を中心に」『国語語彙史の研究』26，国語語彙史研究会，2008年3月，205-220頁

松井利彦「明治前半期の時順表現と時長表現」『文林』42，神戸松蔭女子学院大学学術研究会，2008年3月，19-57頁

박태호「『독립신문』에서 근대적 시간—기계의 작동 양상」(『独立新聞』における近代的時間)『近代啓蒙期 知識概念의 受容과 그 変容』，소명출판，2008年6月，257-303頁

梁淑珉「開化期の韓国語における時間表現について—中国語・日本語の時間表現との比較から」『或問』14，近代東西言語文化接触研究会，2008年7月，17-42頁

ジカンヒョウ【時間表】 惣郷正明・飛田良文「時間表」『明治のことば辞典』，東京堂出版，1986年12月，192頁

沈国威『近代日中語彙交流史—新漢語の生成と受容』，笠間書院，1994年3月，308頁

シキ【指揮】 佐藤亨『近世語彙の研究』，桜楓社，1983年6月，222頁

シキ【色】 金井清光「キリシタンと仏教語」『清泉女子大学紀要』41，清泉女子大学，1993年12月，1-26頁

シキ【～式】 荒川清秀「特集・接辞—性—式—風」『日本語学』5—3，明治書院，1986年3月，85-91頁

島田春子「一字漢語「式」の形式化—受容史の一端として」『叙説』19，奈良女子大学文学部国語国文学研究室，1992年12月，15-35頁

島田泰子「近世における接尾語「～しき」の用法について：一字漢語「式」の用法史記述の一端として」『人間文化研究科年報』9，奈良女子大学人間文化研究科，1994年3月，55-63頁

朱京偉『近代日中新語の創出と交流—人文科学と自然科学の専門語を中心に』，白帝社，2003年10月，77頁

陳生保「～式」『中国と日本—言葉・文学・文化』，麗沢大学出版会，2005年5月，22頁

シギ【仕儀】 佐藤喜代治「仕儀」『日本の漢語』，角川書店，1979年10月，308頁

大塚光信「仕儀」『京都教育大国文学会誌』19，京都教育大国文学会，1984年6月，62-67頁

ジキ【時期】 松井利彦「近代日本語における「時」の獲得—新漢語「時間」と「期間」の成立をめぐって」『或問』9，近代東西言語文化接触研究会，2005年5月，1-26頁

ジキ【時機】 文化庁「「時機」と「時期」の使い分け」『言葉に関する問答集』，大蔵省印刷局，1995年3月，132-134頁

しきキン【敷金】 渡辺萬蔵「敷金」『現行法律語の史的研究』，萬理閣書房，1930年12月，213頁

シキソ【色素】 斎藤静「色素」『日本語に及ぼしたオランダ語の影響』，篠崎書林，1967年8月，204頁

シキモウ【色盲】 沈国威『近代日中語彙交流史—新漢語の生成と受容』，笠間書院，1994年3月，308-309頁

シキュウ【支給】 佐藤亨「『智環啓蒙塾課初歩』の訳語」『近世語彙の研究』，桜楓社，1986年2月，37-38頁

シキュウ【死球】 惣郷正明・飛田良文「死球」『明治のことば辞典』，東京堂出版，1986年12月，192-193頁

シキュウショウギャク【子宮衝逆】 杉本つとむ「近代訳語を検証する 13　子宮衝逆・舞踏病」『国文学　解釈と鑑賞』69—9，至文堂，2004年9月，172-177頁

シキン【資金】 高野繁男「『明六雑誌』の和製漢語」『『明六雑誌』とその周辺』神奈川大学人文学研究所編，お茶の水書房，2004年3月，189-190頁

高野繁男「『明六雑誌』の語彙」『近代漢語の研究—日本語の造語法・訳語法』，明治書院，2004年11月，180頁

シケイ【死刑】 別役実「犯罪のことば17」『三省堂ぶっくれっと』21，三省堂，1975年4月，20-25頁

シゲキ【刺激・刺戟】 惣郷正明・飛田良文「刺激・刺戟」『明治のことば辞典』，東京堂出版，1986年12月，193頁

シケン【試験】 鈴木修次「禅文化とまつわる漢語」『漢語と日本人』，みすず書房，1978年9月，67-68頁

楚翠生「漢語往来—二十八「試験」考」『高校通信東書国語』238，東京書籍，1984年3月，22-23頁

石山洋「日本に於ける実験概念とその言葉の歴史」『西欧科学技術導入期における外来学術用語の日本語化過程の総合的研究』研究報告書，東海大学課程資格教育センター，1994年3月，15-34頁

松本守「明治期の「経験」「実験」「試験」」『専修国文』67，専修大学，2000年9月，1-20頁

佐藤亨「試験」『現代に生きる幕末・明治初期漢語辞典』，明治書院，2007年6月，362-363頁

シゲン【資源】 佐藤仁「「資源」の概念規定とその変容」『科学技術社会論研究』11，科学技術社会論学会，2008年10月，111-123頁

ジケン【事件】 佐藤喜代治「事件」『日本の漢語』，角川書店，1979年10月，434-436頁

佐藤亨「『大美聯邦志略』の語彙」『幕末・明治初期語彙の研究』，桜楓社，1986年2月，79-81頁

ジゲン【次元】 惣郷正明・飛田良文「次元」『明治のことば辞典』，東京堂出版，1986年12月，193-194頁

ジゲン【時限】 佐藤亨「『泰西国法論』の訳語」『幕末・明治初期語彙の研究』，桜楓社，1986年2月，384-385頁

シゴ【詩語】 後藤秋正「「詩語」という語について」『札幌国語研究』13，北海道教育大学国語国文学会，2008年3月，1-10頁

ジコ【自己】 前田広幸「再帰性漢語複合サ変名詞の形成をめぐって」『女子大国文』44，大阪女子大，1993年3月，14-51頁

ジコショウカイ【自己紹介】 山田俊雄「自己紹介」『詞苑間歩』下，三省堂，1999年9月，427-434頁

ジコ【事故】 佐藤喜代治『国語語彙の歴史的研究』，明治書院，1971年11月，259頁

惣郷正明・飛田良文「事故」『明治のことば辞典』，東京堂出版，1986年12月，194頁

シコウ【志向】 惣郷正明・飛田良文「志向」『明治のことば辞典』，東京堂出版，1986年12月，194-195頁

高野繁男「『哲学字彙』の訳語」『近代漢語の研究—日本語の造語法・訳語法』，明治書院，2004年11月，65頁

高野繁男「『百科全書』の訳語」『近代漢語の研究—日本語の造語法・訳語法』，明治書院，2004年11月，115頁

シコウ【思考】 高野繁男「『百科全書』の訳語」『近代漢語の研究—日本語の造語法・訳語法』，明治書院，2004年11月，101頁

佐藤亨「思考」『現代に生きる幕末・明治初期漢語辞典』，明治書院，2007年6月，364頁

シコウ【指向】 文化庁「「指向」と「志向」の使い分け」『言葉に関する問答集』，大蔵省印刷局，1995年3月，97-98頁

シコウ【施行】 渡辺萬蔵「敷金」『現行法律語の史的研究』，萬理閣書房，1930年12月，57頁

シコウ【嗜好】 山下哲郎「「嗜好」語誌続考—「嗜好」という日本語再考」『TASC report』4，たばこ総合研究センター，1999年3月，92-98頁

ジコウ【時効】 松井利彦「近代日本語における「時」の獲得—新漢語「時間」と「期間」の成立をめぐって」『或問』9，近代東西言語文化接触研究会，2005年5月，1-26頁

シゴク【至極】 原卓志「「堅固」「至極」の出自と性格」『鎌倉時代語研究』18，武蔵野書院，1995年8月，250-271頁

ジゴク【地獄】 薬師僖佑子「天国・地獄」『ことばコンセプト事典』，第一法規出版，1992年12月，1192-1203頁

加藤早苗「明治期聖書訳語「よみ」に関する一考察」『岐阜聖徳学園大学国語国文学』26，岐阜聖徳学園大学，2007年3月，60-47頁

孫遜「聖書翻訳における「地獄」」『和漢語文研究』5，京都府立大学国中文学会，2007年11月，87-72頁

シゴセン【子午線】 荒川清秀「『六合叢談』の地理学用語」『『六合叢談』の学際的研究』，

白帝社，1999年11月，49–71頁

シサイ【仔細】 竹浪聡「「仔細」について」『日本文芸論集』7，東北大学文芸談話会，1983，34–53頁

ジザイ【自在】 佐藤亨「自由，不自由，自在，自主」『講座日本語の語彙 ⑩』，明治書院，1983年4月，212–217頁

ジサツ【自殺】 別役実「犯罪のことば 20 自殺」『三省堂ぶっくれっと』20，三省堂，1975年6月，36–41頁

鈴木修次「禅文化とまつわる漢語」『漢語と日本人』，みすず書房，1978年9月，70頁

紀田順一郎「自殺」『近代事物起源事典』，東京堂出版，1992年9月，63–85頁

ジサンキン【持参金】 惣郷正明「別章・和英辞書でことばを考える」『辞書とことば』，南雲堂，1982年7月，211–208頁

シシ【志士】 惣郷正明「ことばの散歩 56 “志士”“有志”から“壮志”へ」『言語生活』417，筑摩書房，1986年8月，25頁

惣郷正明・飛田良文「志士」『明治のことば辞典』，東京堂出版，1986年12月，195–196頁

惣郷正明「志士・有志から壮士へ」『日本語開化物語』，朝日新聞社，1988年8月，32–34頁

シジ【支持】 佐藤亨「『西洋事情』の語彙」『幕末・明治初期語彙の研究』，桜楓社，1986年2月，415–416頁

シシツ【資質】 佐藤亨「『徳国学校論略』の語彙」『幕末・明治初期語彙の研究』，桜楓社，1986年2月，205–206頁

シシャク【子爵】 田中建彦「貴族」『ことばコンセプト事典』，第一法規出版，1992年12月，336–347頁

ジシュ【自主】 佐藤亨「自由，不自由，自在，自主」『講座日本語の語彙 ⑪』，明治書院，1983年6月，212–217頁

佐藤亨「『地球説略』の語彙」『幕末・明治初期語彙の研究』，桜楓社，1986年2月，103–104頁

惣郷正明・飛田良文「自主」『明治のことば辞典』，東京堂出版，1986年12月，196頁

Federico Masini「自主」*The Formation of Modern Chinese Lexicon and its Evolution toward a National Language*（李廷宰訳），소명出版，2005年11月，101頁

小林武「清末の「自主」と明治思想 その言語的考察」『文芸論叢』68，大谷大学文芸学会，2007年3月，206–222頁

佐藤亨「自主」『現代に生きる幕末・明治初期漢語辞典』，明治書院，2007年6月，365–366頁

ジシュジユウ【自主自由】 惣郷正明・飛田良文「自主自由」『明治のことば辞典』，東京堂出版，1986年12月，196–197頁

ジシュ【自首】 渡辺萬蔵「自首」『現行法律語の史的研究』，萬理閣書房，1930年12月，57頁

別役実「犯罪のことば 6　自首」『三省堂ぶっくれっと』104，三省堂，1977，22–27頁

シジュウ【始終】 森田良行「始終」『基礎日本語1』，角川書店，1977年10月，83頁

シシュク【私淑】 松尾聡「私淑」『日本語遊覧』，笠間書院，2000年10月，65–36頁

シショ【司書】 山崎元「「司書」の語源について」『みんなの図書館』142，図書館問題研究会，1989年3月，48–50頁

ジショ【字書】 春山行夫「近代用語の系統 7」『言語生活』186，筑摩書房，1967年4月，53頁

惣郷正明・飛田良文「字書」『明治のことば辞典』，東京堂出版，1986年12月，197–198頁

ジショ【辞書】 惣郷正明・飛田良文「辞書」『明治のことば辞典』，東京堂出版，1986年12月，197–198頁

シショウ【私娼】 大泉志郎・大塚栄寿・永沢道雄「私娼」『続・現代死語事典』，朝日ソノラマ，1995年11月，198–199頁

シジョウ【市場】 佐藤亨「『経済小学』の訳語」『幕末・明治初期語彙の研究』，桜楓社，

1986年2月，349頁
Federico Masini「市場」*The Formation of Modern Chinese Lexicon and its Evolution toward a National Language*(李廷宰訳)，소명出版，2005年11月，279頁
ジジョウ【事情】 趙暁妮「事情」『国語国文学』46，福井大学言語文化学会，2007年3月，44-32頁
ジジョデン【自叙伝】 樺島忠雄・飛田良文・米川明彦「自叙伝」『明治大正新語俗語辞典』，東京堂出版，1984年5月，140-141頁
シジン【私人】 遠藤好英「私人」『講座日本語の語彙 ⑩』，明治書院，1983年4月，63-69頁
ジシン【地震】 与謝野寛「日本語原考 第十一地震の語原」『明星』5—1，1924年6月
野元菊雄「ことばの誕生と変化「地震」意味の分担」『日本の方言地図』(徳川宗賢編)，中央公論社，1979年3月，99-139頁
紀田順一郎「地震」『近代事物起源事典』，東京堂出版，1992年9月，85-86頁
荒川清秀「『六合叢談』の地理学用語」『『六合叢談』の学際的研究』，白帝社，1999年11月，49-71頁
ジシンガク【地震学】 石井研堂「地震学の始」『増補改訂　明治事物起源』上巻，春陽堂書店，1944年11月，542頁
ジシン【自身】 遠藤好英「自分，御自分，自家，自身」『講座日本語の語彙 ⑩』，明治書院，1983年4月，185-191頁
チャーロンピット・ナッタウィパー「現代日本語における「自身」の使用実態について」『待兼山論叢日本学篇』39，大阪大学文学部，2005年12月，1-17頁
シシンケイ【視神経】 斎藤静「視神経」『日本語に及ぼしたオランダ語の影響』，篠崎書林，1967年8月，70頁
ジセイ【辞世】 寿岳章子「死をめぐる表現：辞世 その 1」『京都府立大學學術報告人文』21，京都府立大学，1969年11月，3-17頁
寿岳章子「死をめぐる表現：辞世：その 2 第二次大戦を中心として」『京都府立大学学術報告人文』25，京都府立大学，1973年11月，1-24頁
シセイジ【私生児】 石井研堂「私生児の称」『増補改訂　明治事物起源』上巻，春陽堂書店，1944年11月，79頁
渡辺友左「私生児を意味する方言のこと」『国立国語研究所研究報告集』3，秀英出版，1982年3月，93-181頁
渡辺友佐『日本語と性』，南雲堂，1982年11月，153-171頁
佐藤亨「私生児」『現代に生きる幕末・明治初期漢語辞典』，明治書院，2007年6月，368頁
シセツ【施設】 木村秀次「「西洋見聞録」の漢語—政治・施設・郵便などに関する語」『東京成徳短期大学紀要』25，東京成徳短期大学，1992年3月，39-51頁
シセン【視線】 斎藤静「視線」『日本語に及ぼしたオランダ語の影響』，篠崎書林，1967年8月，70頁
山田俊雄「視線」『詞苑間歩』下，三省堂，1999年9月，264-267頁
中道知子「「視線」と「目線」」『日本語意味と文法の風景』国広哲弥教授古稀記念論文集，ひつじ書房，2000年2月，167-176頁
沈国威「蘭学の訳語と新漢語の創出」『19世紀中国語の諸相』，雄松堂出版，2007年3月，243頁
佐藤亨「視線」『現代に生きる幕末・明治初期漢語辞典』，明治書院，2007年6月，369-370頁
シゼン【自然】 柏谷嘉弘「枕草子の漢語自然」『国語と国文学』42—11，東京大学国文学研究室，1965年11月，30-40頁
遠山諦虔「訳語「自然」をめぐる学問性の問題について—承前—」『日本大学理工学部一般

教育教室彙報』12，日本大学理工学部，1971年6月，5-11頁
原田芳起『平安時代文学語彙の研究　続編』，風間書房，1973年11月，473-482頁
中村宗彦「『風土記』訓詁小見　常語と特語」『国語国文』46―4，京都大学国語学国文学研究室，1977年4月，140-151頁
林紀美子「『枕草子』の漢語表現―字音語「自然」を中心に」『米沢国語国文』5，米沢女子短期大学国語国文学会，1978年9月，62-69頁
安東大隆「新架聖人の著作にみえる「自然」という語の意味に関しての一考察」『別府大国語国文学』21，別府大国語国文学会，1979年12月，23-32頁
橋浦兵一「自然主義文学の語彙」『講座日本語の語彙 ⑥』，明治書院，1982年2月，232-237頁
柳父章「自然」『翻訳語成立事情』，岩波書店，1982年4月，125-148頁
佐藤喜代治「自然」『講座日本語の語彙 ⑩』，明治書院，1983年4月，176-180頁
橋浦兵一「明治文学と「自然」の覚書」『作家の育てたことば　近代文学の表題語』，南雲堂，1985年5月，51-79頁
浅野敏彦「自然と天然：漢語の類義語の史的研究」『国語語彙史の研究』9，和泉書院，1988年11月，109-131頁
鈴木広光「自然とacaso偶然―キリシタン宗教書における訳語採用の一例」『名古屋大学国語国文学』65，名古屋大学国語国文学会，1989年12月，68-55頁
이기동・고교진「동서철학東西哲學에 있어서의 자연과 자유自由에 대하여」(東西哲学における自然と自由について)『退溪學報』68―1，退溪學研究院，1990年12月，407-418頁
浅野敏彦「平安時代の漢字文に見える漢語「自然」の一用法」『解釈』37―2，解釈編集部，1991年2月，46-50頁
森一貫「《nature》と日本語「自然」」『人間環境科学』1，帝塚山大学，1992年3月，22-33頁
下谷和幸「自然」『ことばコンセプト事典』，第一法規出版，1992年12月，624-639頁
大竹隆昭「日本人の「自然」観 ―NATUREが移入される以前と以後」『江戸川女子短期大学紀要』8，江戸川女子短期大学，1993年3月，56-68頁
石山洋「「自然」概念の変遷」『西欧科学技術導入期における外来学術用語の日本語化過程の総合的研究』研究報告書，東海大学課程資格教育センター，1994年3月，45-48頁
金基珠「漢과 六朝의 自然 개념과 山 水 概念」(漢と六朝の自然概念と山・水概念)『美術史学』6，美術史研究会，1994年12月，7-34頁
浅野敏彦「漢語の相関と革新」『国語史の中の漢語』，和泉書院，1998年2月，91-118頁
伊藤俊太郎『自然』〈一語の辞典〉，三省堂，1999年1月
権보드래「번역어의 성립과 근대-‘국가’ ‘민주주의’ ‘자연’ ‘예술’ 을 중심으로」(翻訳語の成立と近代―「国家」「民主主義」「自然」「芸術」を中心に)『文学과 境界』2，文学과 境界社，2001年8月，380-396頁
藤本成男「正法眼蔵の「自然」その意味するもの」『プロブレマティーク　Proble{／}matique　文学／教育』5，プロブレマティーク」同人，2004年7月，125-142頁
前田富祺監修「自然」『日本語語源大辞典』，小学館，2005年4月，593頁

シゼンカガク【自然科学】 樺島忠雄・飛田良文・米川明彦「自然科学」『明治大正新語俗語辞典』，東京堂出版，1984年5月，141頁
惣郷正明・飛田良文「自然科学」『明治のことば辞典』，東京堂出版，1986年12月，198頁

シゼンゲンショウ【自然現象】 惣郷正明・飛田良文「自然現象」『明治のことば辞典』，東京堂出版，1986年12月，198頁

シゼンシュギ【自然主義】 川副国基「自然主義」『国文学』13―8，学燈社，1968年6月，29-34頁
橋浦兵一「自然主義文学の語彙」『講座日本語の語彙 ⑥』，明治書院，1982年2月，232-237頁
下谷和幸「自然」『ことばコンセプト事典』，第一法規出版，1992年12月，624-639頁
米川明彦「自然主義」『明治・大正・昭和の新語・流行語辞典』，三省堂，2002年1月，85-86頁
井上章一他「自然主義」『性の用語集』講談社現代新書，講談社，2004年12月，248-254頁
シゼンジン【自然人】 梁镛「汉语民法术语的生成与衍变」(中国語における民法用語の生成と変遷)『语义的文化变迁』，武汉大学出版社，2007年10月，375-377頁
シゼントウタ【自然淘汰】 米川明彦「近代語彙考証6 進化論」『日本語学』2―9，明治書院，1983年9月，116頁
惣郷正明・飛田良文「自然淘汰」『明治のことば辞典』，東京堂出版，1986年12月，199頁
佐藤亨「自然淘汰」『現代に生きる幕末・明治初期漢語辞典』，明治書院，2007年6月，370頁
シソウ【思想】 柳田聖山「思想という語をめぐって」『印度学仏教学研究』8―1，日本印度学仏教学会，1960年1月，206-211頁
梅沢伊勢三「日本における「思想」の語の歴史——その出現から流行までの思想史的追跡」『東北福祉大学紀要』692，東北福祉大学，1981年12月，77-93頁
惣郷正明・飛田良文「思想」『明治のことば辞典』，東京堂出版，1986年12月，199-200頁
黄兴涛「近代中国新名词的思想史意义发微—兼谈对于“一般思想史”之认识」(近代中国に現れた新名詞の思想史的意義—いわゆる「一般思想史」に対する認識をかねて)『开放时代』2003年第04期，广州市社会科学院院刊，2003年4月，70-82頁
馮天瑜『新語探源』，中華書局，2004年10月，362-363頁
シソウカイ【思想界】 章清「民初“思想界”解析—报刊媒介与读书人的生活形态」(民国初期の「思想界」についての検討—新聞雑誌及び知識人の生活様式)『近代史研究』2007年第03期，中国社科院近代史研究所，2007年3月，1-26頁
シゾク【士族】 渡辺萬蔵「士族」『現行法律語の史的研究』，萬理閣書房，1930年12月，26頁
田中建彦「貴族」『ことばコンセプト事典』，第一法規出版，1992年12月，336-347頁
シダイ【次第】 中山緑朗「古記録の語彙に見る副詞—漢語副詞の登場」『学苑』692，昭和女子大学近代文化研究所，1981年12月
田中謙二「「次第」考」『ことばと文学』，汲古書院，1993年3月
郭木蘭「「次第」考—その歴史的変遷について」『東洋大学大学院紀要文学研究科』41，東洋大学大学院，2005年3月，123-137頁
鳴海伸一「「次第」の接尾語用法の成立と展開」『国語学研究』45，東北大学大学院文学研究科国語学研究刊行会，2006年3月，120-108頁
鳴海伸一「「次第」の国語化と時間副詞化」『訓点語と訓点資料』119，訓点語学会，2007年9月，1-17頁
ジダイ【時代】 陳生保「～時代」『中国と日本—言葉・文学・文化』，麗沢大学出版会，2005年5月，24頁
ジダイサクゴ【時代錯誤】 樺島忠雄・飛田良文・米川明彦「時代錯誤」『明治大正新語俗語辞典』，東京堂出版，1984年5月，142頁
シタク【支度】 文化庁「「支度」か「仕度」か」『言葉に関する問答集』，大蔵省印刷局，1995年3月，247-248頁
山田俊雄「仕度」『ことば散策』岩波新書，岩波書店，1999年8月，64-68頁

山田俊雄「支度」『詞苑間歩』下，三省堂，1999年9月，408-411頁
国広哲弥編「支度」『ことばの意味3』，平凡社，2003年3月，268-276頁
シダン【師団】 渡辺萬蔵「師団」『現行法律語の史的研究』，萬理閣書房，1930年12月，263頁
ジチ【自治】 佐藤亨「『万国公法』の語彙」『幕末・明治初期語彙の研究』，桜楓社，1986年2月，182-183頁
石田雄『自治』〈一語の辞典〉，三省堂，1998年1月
シチヤ【質屋】 渡辺萬蔵「質屋」『現行法律語の史的研究』，萬理閣書房，1930年12月，230頁
紀田順一郎「質屋」『近代事物起源事典』，東京堂出版，1992年9月，89-90頁
シチョウ【市長】 渡辺萬蔵「市長」『現行法律語の史的研究』，萬理閣書房，1930年12月，263頁
シツ【質】 斎藤豊「質・量」『ことばコンセプト事典』，第一法規出版，1992年12月，640-647頁
シッカ【失火】 陳力衛「近代における二字漢語の語構成の一問題―その出典例とのかかわりをめぐって」『文教大学国文』23，文教大学国文学会，1994年3月，42-50頁
ジッカ【実価】 進藤咲子「小幡篤次郎の英氏経済論の訳語」『明治時代語の研究；語彙と文章』，明治書院，1981年11月，78頁
ジツガク【実学】 進藤咲子「小幡篤次郎の英氏経済論の訳語」『明治時代語の研究；語彙と文章』，明治書院，1981年11月，122-124頁
惣郷正明・飛田良文「実学」『明治のことば辞典』，東京堂出版，1986年12月，200頁
ジッカン【実感】 久保忠夫「「実感」ということばの系譜」『季刊芸術』8―3，季刊芸術出版，1974年夏，96-112頁
樺島忠雄・飛田良文・米川明彦「実感」『明治大正新語俗語辞典』，東京堂出版，1984年5月，143頁
ジツギョウ【実業】 惣郷正明・飛田良文「実業」『明治のことば辞典』，東京堂出版，1986年12月，200-201頁
佐藤亨「実業」『現代に生きる幕末・明治初期漢語辞典』，明治書院，2007年6月，374頁
長沼秀明「近代日本の「実業」概念―報徳運動の再検討の必要性」『自由が丘産能短期大学紀要』41，自由が丘産能短期大学紀要審査委員会，2008年6月，83-93頁
ジツギョウカ【実業家】 惣郷正明・飛田良文「実業家」『明治のことば辞典』，東京堂出版，1986年12月，201頁
ジツギョウガッコウ【実業学校】 大泉志郎・大塚栄寿・永沢道雄「実業学校」『現代死語事典』，朝日ソノラマ，1993年11月，171-172頁
シッキン【失禁】 杉本つとむ「近代訳語を検証する11　失禁・大便秘結・夢精」『国文学　解釈と鑑賞』69―07，至文堂，2004年7月，219-223頁
杉本つとむ「失禁」『語源海』，東京書籍，2005年3月，320-321頁
ジッケン【実権】 佐藤亨「『万国公法』の語彙」『幕末・明治初期語彙の研究』，桜楓社，1986年2月，193頁
ジッケン【実験】 鈴木修次「実験」『漢語と日本人』，みすず書房，1978年9月，67頁
樺島忠雄・飛田良文・米川明彦「実験」『明治大正新語俗語辞典』，東京堂出版，1984年5月，143-144頁
佐藤亨「『玉石志林』の語彙(一)」『幕末・明治初期語彙の研究』，桜楓社，1986年2月，274-275頁
惣郷正明・飛田良文「実験」『明治のことば辞典』，東京堂出版，1986年12月，201-202頁
石山洋「日本に於ける実験概念とその言葉の歴史」『西欧科学技術導入期における外来学術用語の日本語化過程の総合的研究』研究

報告書，東海大学課程資格教育センター，1994年3月，15-34頁

松本守「明治期の「経験」「実験」「試験」」『専修国文』67，専修大学，2000年9月，1-20頁

佐藤亨「実験」『現代に生きる幕末・明治初期漢語辞典』，明治書院，2007年6月，375頁

シッコウ【執行】 渡辺萬蔵「執行」『現行法律語の史的研究』，萬理閣書房，1930年12月，196頁

ジッコウ【実効】 佐藤亨「『玉石志林』の語彙(二)」『幕末・明治初期語彙の研究』，桜楓社，1986年2月，291-292頁

ジッコン【昵懇】 田島優「「昵懇」の生成と類音牽引」『近代漢字表記語の研究』，和泉書院，1998年11月，436-448頁

ジツザイ【実在】 惣郷正明・飛田良文「実在」『明治のことば辞典』，東京堂出版，1986年12月，202-203頁

シッサク【失策】 佐藤喜代治『国語語彙の歴史的研究』，明治書院，1971年11月，307頁

佐藤喜代治「失策」『日本の漢語』，角川書店，1979年10月，163頁

ジツジョウ【実情】 文化庁「「実情」と「実状」の使い分け」『言葉に関する問答集』，大蔵省印刷局，1995年3月，85-86頁

ジツゾン【実存】 佐藤亨「実存」『現代に生きる幕末・明治初期漢語辞典』，明治書院，2007年6月，378頁

ジッタイ【実体】 文化庁「「実体」と「実態」の使い分け」『言葉に関する問答集』，大蔵省印刷局，1995年3月，46頁

シップウ【疾風】 郡千寿子「「暴風」から「疾風」へ—表記と語義の相関性」『国語語彙史の研究』25，和泉書院国語語彙史研究会編，2006年4月，125-140頁

シツボク【質朴】 福島邦道「抄物語彙ノート　質朴」『言語と文芸』9—2，おうふう，1967年3月，78-79頁

佐藤喜代治『国語語彙の歴史的研究』，明治書院，1971年11月，254頁

シツモン【質問】 佐藤亨『近世語彙の研究』，桜楓社，1983年6月，180頁

ジツヨウシンアン【実用新案】 渡辺萬蔵「実用新案」『現行法律語の史的研究』，萬理閣書房，1930年12月，157頁

シツリョウ【質量】 惣郷正明・飛田良文「質量」『明治のことば辞典』，東京堂出版，1986年12月，203頁

シツレイ【失礼】 鈴木修次「国語漢語と中国語」『漢語と日本人』，みすず書房，1978年9月，224-227頁

シツレン【失恋】 清地ゆき子「新漢語「失恋」の成立と中国語での受容」『漢字文化圏近代言語文化交流研究』(国際シンポジウム予稿集，天津外国語大学)，漢字文化圏近代言語文化交流研究会，2009年3月，199-212頁

シテン【詞典】 黄河清「“词典”考源」(「詞典」の語源について)『辞书研究』，上海辞书出版社，2001年1月，61頁

ジテン【自転】 ロゲルギスト「〈ことばのことば〉—自転と公転」『言語』6—3，大修館書店，1977年3月，49頁

荒川清秀「『六合叢談』の地理学用語」『『六合叢談』の学際的研究』，白帝社，1999年11月，49-71頁

舒志田「「自転」という語の起源について」『或問』6，近代東西言語文化接触研究会，2003年5月，67-84頁

ジテンシャ【自転車】 石井研堂「自転車の始」『増補改訂　明治事物起源』下巻，春陽堂書店，1944年12月，719-729頁

久世善男「自転車」『言葉のなづけ親—翻訳に見る文明開化』，朝日ソノラマ，1975年11月，77-82頁

惣郷正明・飛田良文「自転車」『明治のことば辞典』，東京堂出版，1986年12月，204頁

富田仁「自転車」『舶来事物起源事典』，名著普及会，1987年12月，151-153頁

紀田順一郎「自転車」『近代事物起源事典』，東京堂出版，1992年9月，90-92頁

湯本豪一「自転車」『図説明治事物起源事典』，柏書房，1996年11月，318-319頁

朝倉治彦・安藤菊二・樋口秀雄・丸山信「自転車」『新装版　事物起源辞典衣食住編』，東京堂出版，2001年9月，168-169頁

米川明彦「自転車」『明治・大正・昭和の新語・流行語辞典』，三省堂，2002年1月，11頁

杉本つとむ「自転車」『語源海』，東京書籍，2005年3月，322-323頁

杉本つとむ「連載；近代訳語を検証する 39 銀行／自転車」『国文学　解釈と鑑賞』71—11，至文堂，2006年11月，175-180頁

佐藤亨「自転車」『現代に生きる幕末・明治初期漢語辞典』，明治書院，2007年6月，382頁

ジテン【字典】 惣郷正明・飛田良文「字典」『明治のことば辞典』，東京堂出版，1986年12月，203頁

文化庁「「辞典」と「字典」と「事典」の使い分け」『言葉に関する問答集』，大蔵省印刷局，1995年3月，26-28頁

ジテン【事典】 文化庁「「辞典」と「字典」と「事典」の使い分け」『言葉に関する問答集』，大蔵省印刷局，1995年3月，26-28頁

辞典協会「事典という用語の起源」『日本の辞書の歩み』，辞典協会，1996年11月，10-15頁

前田富祺監修「事典」『日本語語源大辞典』，小学館，2005年4月，599頁

ジテン【辞典】 惣郷正明・飛田良文「辞典」『明治のことば辞典』，東京堂出版，1986年12月，203-204頁

文化庁「「辞典」と「字典」と「事典」の使い分け」『言葉に関する問答集』，大蔵省印刷局，1995年3月，26-28頁

崔鎬哲「“사전”이란 단어와 “사전학，사전편찬학”이란 용어에 대하여」(「辞典」「辞典学」「辞典編纂学」という用語について)『우리어문연구』(ウリ文学研究)30，ウリ語文学会，2008年2月，87-116頁

シト【使徒】 佐藤亨「『西学考略』の語彙」『幕末・明治初期語彙の研究』，桜楓社，1986年2月，248頁

ジドウ【自動】 佐藤亨「自動」『現代に生きる幕末・明治初期漢語辞典』，明治書院，2007年6月，382頁

ジドウシャ【自動車】 石井研堂「自動車の始」『増補改訂　明治事物起源』下巻，春陽堂書店，1944年12月，726-729頁

久世善男「自動車」『言葉のなづけ親—翻訳に見る文明開化』，朝日ソノラマ，1975年11月，83-86頁

木内信夫「やぶにらみの翻訳論12—『自動車』」『月刊ことば』4—1，現代日本語研究会，1980年1月，34-42頁

樺島忠雄・飛田良文・米川明彦「自動車」『明治大正新語俗語辞典』，東京堂出版，1984年5月，144-145頁

惣郷正明・飛田良文「自動車」『明治のことば辞典』，東京堂出版，1986年12月，204-205頁

富田仁「自動車」『舶来事物起源事典』，名著普及会，1987年12月，153-155頁

紀田順一郎「自動車」『近代事物起源事典』，東京堂出版，1992年9月，92-93頁

湯本豪一「自動車」『図説明治事物起源事典』，柏書房，1996年11月，320-321頁

朝倉治彦・安藤菊二・樋口秀雄・丸山信「自動車」『新装版　事物起源辞典衣食住編』，東京堂出版，2001年9月，169-170頁

ジドウテキ【自動的】 惣郷正明・飛田良文「自働的」『明治のことば辞典』，東京堂出版，1986年12月，205頁

ジドウデンワ【自動電話】 惣郷正明・飛田良文「自動電話」『明治のことば辞典』，東京堂出版，1986年12月，205-206頁

ジドウハンバイキ【自動販売機】 惣郷正

明・飛田良文「自動販売機」『明治のことば辞典』，東京堂出版，1986年12月，206頁

ジドウ【児童】 藤岡端「少年と児童」『言語生活』16，筑摩書房，1953年1月，47-48頁

シナ【支那】 李献璋「近代日本における「支那」と中国」『世界』91，岩波書店，1953年7月，183-190頁

岩倉具実「「シナ」か「中共」か「中国」か？ Sinaは世界的な呼び名」『ことばの教育』93，ROMAJI JYOIKUKAI，1957年9月，343-344頁

新村出「国号とその称呼」『新村出全集4』，筑摩書房，1971年9月，496-510頁

佐藤三郎「日本人が中国を「支那」と読んだことについての考察」『山形大学紀要』8—2，山形大学，1975年2月，39-77頁

実藤恵秀「「支那」の発生から消滅まで」『中国留学生史談』，第一書房，1981年5月，367-419頁

アリマヨシハル「なぜ支那はダメでCHINAはいいのか」『カナノヒカリ』756，カナモジカイ，1985年7月，9頁

荒俣宏「「支那」という名称」『事物珍起源』，東洋文庫，1989年10月，154-159頁

大泉志郎・大塚栄寿・永沢道雄「支那」『現代死語事典』，朝日ソノラマ，1993年11月，173-174頁

倪建周・冬明「「支那」の語源についての考察」『北京週報』1842，北京週報社，1999年6月，18-20頁

シハイ【支配】 渡辺萬蔵「支配」『現行法律語の史的研究』，萬理閣書房，1930年12月，158頁

佐藤喜代治「支配」『日本の漢語』，角川書店，1979年10月，256頁

沈国威『近代日中語彙交流史—新漢語の生成と受容』，笠間書院，1994年3月，60頁

シハイニン【支配人】 沈国威『近代日中語彙交流史—新漢語の生成と受容』，笠間書院，1994年3月，94頁

シハツ【始発】 天沼寧「「始発」：「終発」」『近代語研究』8，近代語研究会，1990年9月，343-359頁

ジハツ【自発】 板坂元「日本語の生態6　自発」『国文学　解釈と鑑賞』441，至文堂，1970年10月，194-200頁

シはらいエンキ【支払延期】 渡辺萬蔵「支払延期」『現行法律語の史的研究』，萬理閣書房，1930年12月，232頁

シハン【師範】 Federico Masini「師範」*The Formation of Modern Chinese Lexicon and its Evolution toward a National Language*（李廷宰訳），소명出版，2005年11月，273頁

シハンガッコウ【師範学校】 大泉志郎・大塚栄寿・永沢道雄「師範学校」『現代死語事典』，朝日ソノラマ，1993年11月，174-175頁

Federico Masini「師範学校」*The Formation of Modern Chinese Lexicon and its Evolution toward a National Language*（李廷宰訳），소명出版，2005年11月，162頁

佐藤亨「師範学校」『現代に生きる幕末・明治初期漢語辞典』，明治書院，2007年6月，383頁

シハンキョウイク【師範教育】 石井研堂「師範教育の始」『増補改訂　明治事物起源』下巻，春陽堂書店，1944年12月，488-491頁

ジヒ【慈悲】 中村元「慈悲」『仏教のことば』，日本放送出版協会，1978年10月，324-353頁

門間泉「慈悲」『ことばコンセプト事典』，第一法規出版，1992年12月，648-655頁

ジブン【自分】 村崎恭子「「自分」という語について」『日本語学校論集』2，東京外国語大学外国語学部附属日本語学校，1975年2月，72-84頁

遠藤好英「自分小説の系譜とその文体 二葉亭四迷以後明治四〇年まで」『文芸研究』80，

日本文芸研究会，1975年9月，49-59頁
森田良行「自分」『基礎日本語2』，角川書店，1980年6月，530頁
遠藤好英「自分，御自分，自家，自身」『講座日本語の語彙 ⑩』，明治書院，1983年4月，185-191頁
佐藤稔「わたくし・わし・わたい・自分」『講座日本語の語彙 ⑪』，明治書院，1983年6月，335-339頁
藤井正「「自分」について」『松村明教授古稀記念国語研究論集』，明治書院，1986年10月，625-640頁
杁浦勝「自分」『日本語学』12―6，明治書院，1993年6月，34-38頁
シヘイ【紙幣】 渡辺萬蔵「紙幣」『現行法律語の史的研究』，萬理閣書房，1930年12月，233頁
石井研堂「紙幣の始」『増補改訂　明治事物起源』下巻，春陽堂書店，1944年12月，867-868頁
柳父章「翻訳語「彼」」『翻訳とはなにか』，法政大学出版局，2003年5月，195-198頁
シヘイリョウ【紙幣寮】 湯本豪一「紙幣寮」『図説明治事物起源事典』，柏書房，1996年11月，28-29頁
ジヘイショウ【自閉症】 原仁「自閉症概念の広がりと診断 特集 最近注目されている発達障害」『小児科臨床』6―12，日本小児医事出版社，2008年12月，2383-2390頁
ジボ【字母】 惣郷正明・飛田良文「字母」『明治のことば辞典』，東京堂出版，1986年12月，202-206頁
シホウ【司法】 鈴木修次「「三権分立」にまつわる用語」『日本漢語と中国―漢字文化圏の近代化』，中央公論社，1981年9月，28-29頁
佐藤亨「『万国公法』の語彙」『幕末・明治初期語彙の研究』，桜楓社，1986年2月，183-184頁
高野繁男「『明六雑誌』の和製漢語」『『明六雑誌』とその周辺』神奈川大学人文学研究所編，お茶の水書房，2004年3月，186頁
鄭英淑「司法」『津田真道の訳語研究』，国際基督教大学提出博士論文，2004年9月，171頁
Federico Masini「司法」*The Formation of Modern Chinese Lexicon and its Evolution toward a National Language*(李廷宰訳)，소명出版，2005年11月，166頁
佐藤亨「司法」『現代に生きる幕末・明治初期漢語辞典』，明治書院，2007年6月，385-386頁
シホウショウ【司法省】 石井研堂「司法省の始」『増補改訂　明治事物起源』上巻，春陽堂書店，1944年11月，137頁
シボウ【脂肪】 佐藤亨『近世語彙の歴史的研究』，桜楓社，1980年10月，289頁
杉本つとむ「連載；近代訳語を検証する51 輸尿管，尿道，輸精管，膣，鼓膜，蝸牛殻，三半規管，腹膜，脂肪，粘膜」『国文学　解釈と鑑賞』72―11，至文堂，2007年11月，207-211頁
シホン【資本】 渡辺萬蔵「資本」『現行法律語の史的研究』，萬理閣書房，1930年12月，20頁
進藤咲子「小幡篤次郎の英氏経済論の訳語」『明治時代語の研究；語彙と文章』，明治書院，1981年11月，97-98頁
阿部照男「資本のはたらき一―「資本」・ＣＡＰＩＴＡＬの語源 一」『東洋』37―9，東洋大学，2000年9月，41-43頁
阿部照男「資本のはたらき二―「資本」・ＣＡＰＩＴＡＬの語源 二」『東洋』37―10，2000年10月，43-45頁
阿部照男「資本のはたらき三―「資本」・ＣＡＰＩＴＡＬの語源 三」『東洋』37―11，2000年11月，41-43頁
阿部照男「資本のはたらき四―「資本」・ＣＡＰＩＴＡＬの語源 四」『東洋』37―12，2000年12月，31-33頁
Federico Masini「資本」*The Formation of*

Modern Chinese Lexicon and its Evolution toward a National Language(李廷宰訳), 소명出版, 2005年11月, 162頁
崔粛京「中国と日本の語彙交流の一側面—経済用語「銀行・保険・資本」を中心として」『富士大学紀要』39—1, 富士大学学術研究会, 2006年8月, 105-138頁
佐藤亨「資本」『現代に生きる幕末・明治初期漢語辞典』, 明治書院, 2007年6月, 387頁
シホンシュギ【資本主義】 樺島忠雄・飛田良文・米川明彦「資本主義」『明治大正新語俗語辞典』, 東京堂出版, 1984年5月, 147頁
シミン【市民】 樺島忠雄・飛田良文・米川明彦「市民」『明治大正新語俗語辞典』, 東京堂出版, 1984年5月, 147-148頁
佐藤亨「『西洋事情』の語彙」『幕末・明治初期語彙の研究』, 桜楓社, 1986年2月, 416-417頁
森一貫「近代日本における「都市論」と「市民」概念の形成：片山潜『都市社会主義』の論理」『日本文化史研究』13, 帝塚山大学, 1990年7月, 16-31頁
森一貫「ルソーの〈Citoyen〉と中江兆民の「士」—近代日本における「市民」概念」『阪大法学』164・165, 大阪大学大学院法学研究科, 1992年11月, 891-907頁
森一貫「近代日本における用語「市民」—福沢諭吉の場合」『帝塚山短期大学紀要人文・社会』30, 帝塚山短期大学, 1993年3月, 60-68頁
森一貫「近代日本における「市民」概念の再検討」『帝塚山短期大学紀要』31, 帝塚山短期大学, 1994年3月, 67-75頁
沈国威『近代日中語彙交流史—新漢語の生成と受容』, 笠間書院, 1994年3月, 309頁
柳父章「抽象的な思考を阻害する翻訳語」『翻訳語の論理』, 法政大学出版局, 2003年1月, 50-51頁
奥田敬「〈市民〉と〈文明〉のあいだで：“Economia civile”の訳語をめぐって」『一橋大学社会科学古典資料センター年報』23, 一橋大学社会科学古典資料センター, 2003年3月, 11-20頁
梁镛「汉语民法术语的生成与衍变」(中国語における民法用語の生成と変遷)『语义的文化变迁』, 武汉大学出版社, 2007年10月, 374-375頁
シミンケン【市民権】 장미경「시민권 citizenship개념의 의미확장과 변화」(市民権概念の意味拡張と変化)『韓国社会学』35—6, 韓国社会学会, 2001年12月, 59-77頁
이철우「시민권, 어떤 개념인가」(市民権の概念とは？)『韓国社会学会大会2004年度後期大会論文集』, 韓国社会学会, 2004年12月, 411頁
ジメイショウ【時鳴鐘・自鳴鐘】 惣郷正明・飛田良文「時鳴鐘・自鳴鐘」『明治のことば辞典』, 東京堂出版, 1986年12月, 206-207頁
松浦章「清代における自鳴鐘」『或問』6, 近代東西言語文化接触研究会, 2003年5月, 53-66頁
シャ【～者】 松下貞三「「者」の名詞用法について」『漢語受容史の研究』, 和泉書院, 1987年10月, 264-293頁
劉凡夫「近代漢語系接辞「～者」の展開—幕末・明治初期を中心に」『国語学研究』29, 東北大学文学部国語学研究刊行会, 1989年12月, 74-65頁
沈国威『近代日中語彙交流史—新漢語の生成と受容』, 笠間書院, 1994年3月, 205頁
朱京偉『近代日中新語の創出と交流—人文科学と自然科学の専門語を中心に』, 白帝社, 2003年10月, 93頁
陳生保「～者」『中国と日本—言葉・文学・文化』, 麗沢大学出版会, 2005年5月, 23頁
李慈鎬「『増補訂正英和字彙』における造語成分「者」(特集：辞書の日本語)」『早稲田日本語研究』14, 早稲田大学日本語学会, 2005

年9月，37-48頁

シャ【社】 柳父章「翻訳語としての「社」「世」」『翻訳とはなにか』，法政大学出版局，2003年5月，145-150頁

シャイン【社員】 惣郷正明・飛田良文「社員」『明治のことば辞典』，東京堂出版，1986年12月，207頁

シャカイ【社会】 渡辺萬蔵「社会」『現行法律語の史的研究』，萬理閣書房，1930年12月，184頁

石井研堂「社会という熟字の始」『増補改訂　明治事物起源』上巻，春陽堂書店，1944年11月，74-75頁

石井研堂「精神学科の訳語」『増補改訂　明治事物起源』下巻，春陽堂書店，1944年11月，519-521頁

曾我部静雄「社会という語の意」『文化』26—1，東北大学文学会，1962年3月，28-42頁

林恵海「邦訳「社会」考」『比較文化研究所紀要』21，東京女子大学比較文化研究所，1966年6月，65-112頁

久世善男「社会」『言葉のなづけ親—翻訳に見る文明開化』，朝日ソノラマ，1975年11月，87-89頁

斎藤毅「「ソサイチー」の訳語にこまる」『明治のことば』，講談社，1977年11月，175-228頁

鈴木修次「「経済」と「社会」」『文明のことば』，文化評論出版，1981年3月，69-97頁

一海知義「社会と会社」『漢語の知識』，岩波書店，1981年7月，145-150頁

柳父章「社会」『翻訳語成立事情』，岩波書店，1982年4月，1-22頁

森一貫「訳語「社会」と『自由之理』」『日本文化史研究』6，帝塚山短期大学，1984年1月，16-33頁

佐藤亨「『地球説略』の語彙」『幕末・明治初期語彙の研究』，桜楓社，1986年2月，106-107頁

惣郷正明・飛田良文「社会」『明治のことば辞典』，東京堂出版，1986年12月，207-209頁

金田一春彦編「社会」『ことばの生い立ち』，講談社，1988年2月，149頁

坂根慶子「「新漢語」成立事情」『東海大紀要留学生教育センター』8，東海大紀要留学生教育センター，1988年3月，93-106頁

沈国威『近代日中語彙交流史—新漢語の生成と受容』，笠間書院，1994年3月，12頁

米川明彦「社会」『明治・大正・昭和の新語・流行語辞典』，三省堂，2002年1月，21頁

冯天瑜「经济・社会・自由：近代汉字术语考释」(近代漢字術語についての考察—「経済」「社会」「自由」を中心に)『江海学刊』2003年1期，江苏省社会科学院，2003年1月，22-26頁

冯天瑜「利玛窦创译西洋术语及其引发的文化论争」(マテオリッチによる西洋術語の創出ともたらされた文化論争)『深圳大学学报人文社会科学版 2003年3期，深圳大学学报编辑部，2003年3月，98-103頁

柳父章「societyの翻訳語」『翻訳とはなにか』，法政大学出版局，2003年5月，128-163頁

박명규「근대 사회과학 개념구성의 역사성: 한말 국가—사회—개인의 상호연관을 중심으로」(近代における社会科学概念構成の歴史性)『文化科学』34，文化科学社，2003年6月，147-161頁

岡嶋千幸「「社会」という訳語について」『『明六雑誌』とその周辺』神奈川大学人文学研究所編，お茶の水書房，2004年3月，145-174頁

高野繁男「『明六雑誌』の和製漢語」『『明六雑誌』とその周辺』神奈川大学人文学研究所編，お茶の水書房，2004年3月，201頁

馮天瑜『新語探源』，中華書局，2004年10月，560-565頁

吉田裕清「「組合」と「社会」」『翻訳語としての日本の法律用語』，中央大学出版局，2004年11月，137-139頁

黄兴涛「清末民初新名词新概念的“现代性”问题—兼论“思想现代性”与现代性“社会”概念

的中国认同」(清末民初における新概念の「現代性」とは—「思想の近代性」と近代的「社会」の概念受容をかねて)『天津社会科学』2005年第04期，天津社会科学院，2005年4月，128-136頁
前田富祺監修「社会」『日本語語源大辞典』，小学館，2005年4月，603頁
陳生保「社会」『中国と日本—言葉・文学・文化』，麗沢大学出版会，2005年5月，25頁
Federico Masini「社会」*The Formation of Modern Chinese Lexicon and its Evolution toward a National Language*(李廷宰訳)，소명出版，2005年11月，274頁
朱京偉「明治期における社会主義用語の形成」『19世紀中国語の諸相』，雄松堂出版，2007年3月，201頁
木村直恵「《society》と出会う—明治期における「社会」概念編成をめぐる歴史研究序説」『学習院女子大学紀要』9，学習院女子大学，2007年3月，1-31頁
佐藤亨「社会」『現代に生きる幕末・明治初期漢語辞典』，明治書院，2007年6月，390頁
三浦雄二「社会概念の形而上学的基礎—ショーペンハウアー哲学の援用」『三田商学研究』50—6，慶応義塾大学商学会，2008年2月，45-69頁
木村直恵「西周『百学連環』講義における「相生養之道」—維新期洋学者たちの《society》概念理解」『学習院女子大学紀要』10，学習院女子大学，2008年3月，61-88頁
박주원「『독립신문』과 근대적 개인，사회 개념의 탄생」(『独立新聞』と近代的個人，社会概念の成立)『近代啓蒙期 知識概念의 受容과 그 変容』(近代啓蒙期における知識概念の受容とその変容)，소명出版，2008年6月，153-165頁
木村直恵「《society》を想像する—幕末維新期洋学者たちと〈社会〉概念」『学習院女子大学紀要』11，学習院女子大学，2009年3月，1-53頁

シャカイガク【社会学】 石井研堂「社会学の始」『増補改訂　明治事物起源』上巻，春陽堂書店，1944年11月，503頁

石井研堂「精神学科の訳語」『増補改訂　明治事物起源』下巻，春陽堂書店，1944年11月，519-521頁
惣郷正明・飛田良文「社会学」『明治のことば辞典』，東京堂出版，1986年12月，209頁
Federico Masini「社会学」*The Formation of Modern Chinese Lexicon and its Evolution toward a National Language*(李廷宰訳)，소명出版，2005年11月，274頁
佐藤亨「社会学」『現代に生きる幕末・明治初期漢語辞典』，明治書院，2007年6月，391頁

シャカイカガク【社会科学】 馬場宏二「「社会科学」の語源学」『社會科學研究』46—2，東京大学社会科学研究所，1994年10月，175-186頁

シャカイシュギ【社会主義】 米川明彦「近代語彙考証 5　社会主義」『日本語学』2—8，明治書院，1983年8月，120-123頁

樺島忠雄・飛田良文・米川明彦「社会主義」『明治大正新語俗語辞典』，東京堂出版，1984年5月，150-151頁
惣郷正明・飛田良文「社会主義」『明治のことば辞典』，東京堂出版，1986年12月，209-211頁
湯本豪一「社会主義」『図説明治事物起源事典』，柏書房，1996年11月，106-107頁
米川明彦「社会主義」『明治・大正・昭和の新語・流行語辞典』，三省堂，2002年1月，72-73頁
馮天瑜『新語探源』，中華書局，2004年10月，397-399頁
高野繁男「『明六雑誌』の語彙」『近代漢語の研究—日本語の造語法・訳語法』，明治書院，2004年11月，189頁
朱京偉「明治期における社会主義用語の形成」『19世紀中国語の諸相』，雄松堂出版，2007

年3月，201頁

シャカイトウ【社会党】 惣郷正明・飛田良文「社会党」『明治のことば辞典』，東京堂出版，1986年12月，210–211頁

朱京偉「明治期における社会主義用語の形成」『19世紀中国語の諸相』，雄松堂出版，2007年3月，201頁

シャキン【謝金】 佐藤亨「『経済小学』の訳語」『幕末・明治初期語彙の研究』，桜楓社，1986年2月，328頁

シャコウ【社交】 惣郷正明・飛田良文「社交」『明治のことば辞典』，東京堂出版，1986年12月，211頁

高野繁男「『明六雑誌』の語彙」『近代漢語の研究—日本語の造語法・訳語法』，明治書院，2004年11月，181頁

高野繁男「『百科全書』の訳語」『近代漢語の研究—日本語の造語法・訳語法』，明治書院，2004年11月，116頁

井上章一他「社交」『性の用語集』講談社現代新書，講談社，2004年12月，185–188頁

佐藤亨「社交」『現代に生きる幕末・明治初期漢語辞典』，明治書院，2007年6月，394頁

シャジツ【写実】 橋浦兵一「藤村による「青春」の発見」『作家の育てたことば　近代文学の主題語』，南雲堂，1985年5月，9–32頁

シャジツシュギ【写実主義】 惣郷正明・飛田良文「写実主義」『明治のことば辞典』，東京堂出版，1986年12月，211–212頁

シャショウ【車掌】 樺島忠雄・飛田良文・米川明彦「車掌」『明治大正新語俗語辞典』，東京堂出版，1984年5月，151頁

シャシン【写真】 石井研堂「写真の創始時代」『増補改訂　明治事物起源』下巻，春陽堂書店，1944年12月，964–983頁

荒尾禎秀「写真，写真の絵，写真鏡」『講座日本語の語彙 ⑩』，明治書院，1983年4月，203–207頁

小泉定弘「日本写真用語史の研究 2—湿板写真技術書にあらわれた用語」『日本大学芸術学部紀要』15，日本大学芸術学部，1985年3月，11–20頁

惣郷正明・飛田良文「写真」『明治のことば辞典』，東京堂出版，1986年12月，212–213頁

富田仁「写真」『舶来事物起源事典』，名著普及会，1987年12月，160–161頁

紀田順一郎「写真」『近代事物起源事典』，東京堂出版，1992年9月，94–95頁

湯本豪一「写真」『図説明治事物起源事典』，柏書房，1996年11月，162–163頁

荒川清秀「日本漢語の中国語への流入」『日本語学』17—5，明治書院，1998年5月，39–46頁

山田俊雄「写真の思い出」『ことば散策』岩波新書，岩波書店，1999年8月，191–195頁

H・J・ムースハルト「写真術の日本伝来」『日蘭交流400年の歴史と展望』，日蘭学会，2000年4月，248–250頁

陳力衛「現代中国語における和製漢語の受容」『和製漢語の形成と展開』，汲古書院，2001年2月，373頁

宋敏「「寫眞」과「活動寫眞」「映畵」」(「写真」と「活動写真」「映畵」)『새국어생활』11—2，韓国国立国語研究院，2001年8月，101–107頁

박청아「韓國 近代 肖像畵 研究—肖像寫眞과의 關係를 중심으로」(韓国における近代の肖像画研究—肖像写真との関係を中心に)『美術史研究』17，美術史研究会，2003年12月，201–232頁

中川邦昭「知恩院・京都写真発祥の地—堀内信重の業績」『日本写真学会誌』67—2，日本写真学会，2004年4月，198–206頁

崔瓊玉「번역한자어의 한국 수용에 대하여：建築・寫眞・新聞을 중심으로」(漢語訳語の韓国語への受容について—「建築」や「写真」「新聞」を中心に)『日本學報』62，韓国日本学会，2005年2月，123–141頁

山田俊雄「「写真」の思い出」『詞苑間歩』続，三省堂，2005年4月，12–15頁

前田富祺監修「写真」『日本語語源大辞典』，小

学館，2005年4月，605頁
内田慶市「中国における「写真」―併せて「化学」という言葉について」『或問』11，近代東西言語文化接触研究会，2006年6月，163-168頁
佐藤亨「写真」『現代に生きる幕末・明治初期漢語辞典』，明治書院，2007年6月，395頁
シャシンキ【写真機】 惣郷正明・飛田良文「写真機」『明治のことば辞典』，東京堂出版，1986年12月，213頁
杉本つとむ「近代訳語を検証する4「写真機」―写真は古代，機は近代」『国文学　解釈と鑑賞』68―10，至文堂，2003年10月，202-205頁
鄭英淑「写真機」『津田真道の訳語研究』，国際基督教大学提出博士論文，2004年9月，281-298頁
鄭英淑「訳語'寫眞機'の成立について」『日本語文學』23，韓國日本語文學會，2004年12月，127-144頁
杉本つとむ「写真機」『語源海』，東京書籍，2005年3月，328-329頁
シャシンキョウ【写真鏡】 斎藤静「写真鏡」『日本語に及ぼしたオランダ語の影響』，篠崎書林，1967年8月，43頁
荒尾禎秀「写真，写真の絵，写真鏡」『講座日本語の語彙 ⑩』，明治書院，1983年4月，203-207頁
惣郷正明・飛田良文「写真鏡」『明治のことば辞典』，東京堂出版，1986年12月，213頁
シャシンケッコン【写真結婚】 樺島忠雄・飛田良文・米川明彦「写真結婚」『明治大正新語俗語辞典』，東京堂出版，1984年5月，151-152頁
シャシンチョウ【写真帖】 惣郷正明・飛田良文「写真帖」『明治のことば辞典』，東京堂出版，1986年12月，213頁
シャセイ【写生】 北住敏夫『写生説の研究』，角川書店，1953年3月
シャセイブン【写生文】 樺島忠雄・飛田良文・米川明彦「写生文」『明治大正新語俗語辞典』，東京堂出版，1984年5月，152頁
シャセツ【社説】 石井研堂「社説の始」『増補改訂　明治事物起源』上巻，春陽堂書店，1944年11月，602頁
樺島忠雄・飛田良文・米川明彦「社説」『明治大正新語俗語辞典』，東京堂出版，1984年5月，152頁
惣郷正明・飛田良文「社説」『明治のことば辞典』，東京堂出版，1986年12月，213-214頁
佐藤亨「社説」『現代に生きる幕末・明治初期漢語辞典』，明治書院，2007年6月，396-397頁
シャゾウ【写象】 清田文武「森鷗外の用語「写象」について」『新大国語』7，新潟大学教育学部国語国文学会，1981年9月，1-12頁
清田文武「「写象」の語史の記述における若干の問題(大橋勝男先生退官記念号)」『新大国語』29，新潟大学教育人間科学部，2003年3月，75-78頁
ジャッカン【弱冠】 文化庁「「弱冠」と「若冠」」『言葉に関する問答集』，大蔵省印刷局，1995年3月，263-264頁
松尾聡「弱冠」『日本語遊覧』，笠間書院，2000年1月，62-35頁
福田武史「「弱冠」について―二十七歳の弱冠」『比較文学研究』80，東大比較文學會，2002年9月，160-162頁
シャヨウゾク【斜陽族】 日置昌一「斜陽族の話」『ものしり事典』言語篇，河出書房，1952年11月，127頁
シャレ【洒落】 阿部吉雄「「洒落」談義」『東京大学教養部人文学科紀要』39，東京大学教養部，1966年12月，1-17頁
大橋紀子「近世後期歌舞伎脚本の語彙―粋・意気・通・おつ・しゃれあぢ・やぼ」『学苑』433，昭和女子大学近代文化研究所，1976年1月，140-169頁
坂詰力治「洒落」『講座日本語の語彙 ⑩』，明治書院，1983年4月，208-212頁

シャンパン【三鞭酒】　陳力衛「三鞭酒・シャンパン・香檳酒」『月刊しにか』，大修館書店，1996年6月，84-90頁

シュ【主】　門前真一「新約聖書に於ける訳語「主」一」『天理大学学報』13，天理大学，1953年12月，1-17頁

門前真一「新約聖書に於ける訳語「主」二」『天理大学学報』14，天理大学，1954年3月，27-38頁

門前真一「新約聖書に於ける訳語「主」三〜五」『天理大学学報』15，天理大学，1954年12月，45-60頁

門前真一「新約聖書に於ける訳語「主」四」『天理大学学報』16，天理大学，1955年3月，59-76頁

シュ【種】　山崎清巳「「種」と「類」の語源的意味について」」『久留米工業大学研究報告』21，久留米工業大学，1887年12月，71-75頁

シュイ【主意】　佐藤亨「主義，趣意，主意，主張，方針，イズム」『講座日本語の語彙⑩』，明治書院，1983年4月，218-222頁

シュイ【趣意】　佐藤亨「主義，趣意，主意，主張，方針，イズム」『講座日本語の語彙⑩』，明治書院，1983年4月，218-222頁

シュウ【週】　杉本つとむ「近代語の形成―訳語をとおしてみた」『国語と国文学』1967年4月特集号，東京大学国語国文学会，1967年4月，11-22頁

ジユウ【自由】　渡辺萬蔵「自由」『現行法律語の史的研究』，萬理閣書房，1930年12月，58頁

石井研堂「自由の語源」『増補改訂　明治事物起源』上巻，春陽堂書店，1944年11月，74頁

つださうきち「自由という語の用例」『心』8―7，心編輯所，1955年7月，41-46頁

浅井清「日本における市民精神の成立―明治初期文学における〈自由〉の受容」『思想』504，岩波書店，1966年6月，61-71頁

新村出「自由懐古録」『新村出全集4』，筑摩書房，1971年9月，444-448頁

新村出「自由の語義」『新村出全集4』，筑摩書房，1971年9月，449-451頁

久世善男「自由」『言葉のなづけ親―翻訳に見る文明開化』，朝日ソノラマ，1975年11月，90-94頁

柳父章「続・文化とは文化語源的考察2 翻訳語としての文化・自由・宗教」『美をもとめて』13・14，文化庁月報編集協力，1976年9月，80頁

鈴木修次「禅文化とまつわる漢語」『漢語と日本人』，みすず書房，1978年9月，64-65頁

三保忠夫「古文書の表現方法「自由」の場合」『文経論叢』14―2，弘前大学人文学部，1979年3月，15-53頁

穂積陳重「自由」『法窓夜話』岩波文庫，岩波書店，1980年1月，199-203頁

鈴木修次「「宗教」の語源」『日本漢語と中国―漢字文化圏の近代化』，中央公論社，1981年9月，137-167頁

進藤咲子「「自由」小考」『明治時代語の研究；語彙と文章』，明治書院，1981年11月，32-63頁

柳父章「自由」『翻訳語成立事情』，岩波書店，1982年4月，173-191頁

仲手川良雄「自由の語源について」『創文』219，創文社，1982年4月，1-5頁

佐藤亨「自由，不自由，自在，自主」『講座日本語の語彙 ⑩』，明治書院，1983年4月，212-217頁

仲手川良雄「「自由」の語源の考察」『社会科学討究』29―1，早稲田大学アジア太平洋研究センター，1983年10月，141-167頁

樺島忠雄・飛田良文・米川明彦「自由」『明治大正新語俗語辞典』，東京堂出版，1984年5月，153頁

安藤彦太郎「中国の「自由」論」『比較文明』2，比較文明学会，1986年2月，167-176頁

惣郷正明・飛田良文「自由」『明治のことば辞典』，東京堂出版，1986年12月，215-218頁

種村完司「福沢諭吉と中江兆民の自由観」『鹿児島大学教育学部研究紀要教育科学編』39, 鹿児島大学教育学部, 1988年3月, 77-96頁
板根慶子「「新漢語」成立事情」『東海大紀要留学生教育センター』8, 東海大紀要留学生教育センター, 1988年3月, 93-105頁
坂根慶子「中国語の中の「新漢語」」『東海大学紀要. 留学生教育センター』9, 東海大学留学生教育センター, 1989年3月, 13-26頁
山田洸「自由」『言葉の思想史』, 花伝社, 1989年4月, 141-172頁
塚本倫久「自由」『ことばコンセプト事典』, 第一法規出版, 1992年12月, 656-665頁
沈国威『近代日中語彙交流史―新漢語の生成と受容』, 笠間書院, 1994年3月, 121頁
高増杰「社会契約「自由」と進化論的「自由」―福沢諭吉と厳復の「自由」についての比較」『アジア文化研究』20, アジア文化研究所, 1994年3月, 17-33頁
幸崎英男「明治初期の翻訳語「自由」―箕作麟祥「リボルチーノ説」における表記・音声・意味」『大阪学院大学通信』30―8, 大阪学院大学通信教育部, 1999年11月, 813-826頁
田平暢志「西田哲学における「自由」と国家」『大阪学院大学通信』30―9, 大阪学院大学通信教育部, 1999年12月, 925-943頁
박의경「「자유」 개념에 관한 여성주의적 고찰」(「自由」の概念についての女性主義的考察)『韓国政治学会報』33―3, 韓国政治学会, 1999年12月, 23-41頁
幸崎英男「明治初期の翻訳語「自由」2―箕作麟祥『リボルチーノ説』から英文テキスト『Oh Liberty』へ」『大阪学院大学通信』30―9, 大阪学院大学通信教育部, 1999年12月, 925-943頁
宋敏「「自由」의 意味拡大」(「自由」の意味の拡大)『새国語生活』11―1, 韓国国立国語研究院, 2001年3月, 117-122頁
本田逸夫 ほんだいつお「近代日本の自由観に関するノート：福沢諭吉らをめぐって」『九州工業大学研究報告人文・社会』50, 九州工業大学, 2002年3月, 75-83頁
冯天瑜「经济・社会・自由 ―近代汉字术语考释」(近代漢字術語についての考察―「経済」「社会」「自由」を中心に)『江海学刊』2003年1期, 江苏省社会科学院, 2003年1月, 22-26頁
井上能孝「Libertyの翻訳語〈自由〉の成立過程を探る―箱館英学に発掘された足跡」『函館大学論究』34, 『函館大学論究』編集委員会, 2003年3月, 1-16頁
柳父章「翻訳語「自由」」『翻訳とはなにか』, 法政大学出版局, 2003年5月, 107-127頁
小堀桂一郎「語史的「自由」論 ―備忘録より」『明星大学研究紀要言語文化学科』12, 明星大学研究紀要編集委員会, 2004年3月, 13-32頁
生越利昭「福沢諭吉における「自由」と「個人主義」―西欧文明の導入と転位」『人文論集』39―3・4, 神戸商科大学, 2004年3月, 5-33頁
馮天瑜『新語探源』, 中華書局, 2004年10月, 553-559頁
李 勇「개화기 한자어의 유입과 관련 한자어의 형태적 특성 변화에 대한 논의：經濟와 自由를 중심으로」(開化期の外来漢語流入と関連漢語の形態的特性変化について―「経済」と「自由」を中心に)『形態論』7―1, 図書出版博而正, 2005年春, 99-110頁
納谷節夫「明治初期における西洋啓蒙思想の受容と言説編成―「自由の権利」の概念を中心に」『比較文学』47, 日本比較文学会, 2005年3月, 79-92頁
崔在穆「近代期 飜譯語 '自由' 概念의 成立과 中國 流入에 대하여」(近代訳語「自由」概念の成立と中国語への流入について)『南冥學研究』19, 慶尙大慶南文化研究院南冥學研究所, 2005年6月, 385-404頁
Federico Masini「自由」*The Formation of Modern Chinese Lexicon and its Evolution*

toward a National Language(李廷宰訳), 소명出版, 2005年11月, 101頁
章清「"国家"与"个人"之间—略论晚清中国对"自由"的阐述」(「国家」と「個人」の間—清末中国における「自由」の意味概念)『史林』2007年第3期, 《史林》编辑部, 2007年3月, 9–189頁
朱京偉「明治期における社会主義用語の形成」『19世紀中国語の諸相』, 雄松堂出版, 2007年3月, 208頁
佐藤亨「自由」『現代に生きる幕末・明治初期漢語辞典』, 明治書院, 2007年6月, 400頁
崔粛京「中日比較研究—「自由」の中国漢字表現からの考察」『富士大学紀要』40—1, 富士大学学術研究会, 2007年8月, 65–77頁
章清「"国家"与"个人"之间— 略论晚清中国对"自由"的阐述」(「国家」と「個人」の間—清末中国における「自由」の意味概念)『历史教学 中学版』2007年第12期, 2007年11月, 64頁
章清「"自由"的界视—"自由"作为学科术语清末民初教科书的呈现」(「自由」の限界について—清末民国初期の教科書に現れた学術用語「自由」を例に)『新史学』第二巻概念・文法・方法, 中華書局, 2008年5月, 47–75頁

ジユウイシ【自由意志】 惣郷正明・飛田良文「自由意志」『明治のことば辞典』, 東京堂出版, 1986年12月, 218–219頁

ジユウシュギ【自由主義】 惣郷正明・飛田良文「自由主義」『明治のことば辞典』, 東京堂出版, 1986年12月, 219–220頁

ジユウハイギョウ【自由廃業】 湯本豪一「自由廃業」『図説明治事物起源事典』, 柏書房, 1996年11月, 164–165頁

ジユウボウエキ【自由貿易】 惣郷正明・飛田良文「自由貿易」『明治のことば辞典』, 東京堂出版, 1986年12月, 222頁

ジユウミンケンウンドウ【自由民権運動】 湯本豪一「自由民権運動」『図説明治事物起源事典』, 柏書房, 1996年11月, 48–49頁

シュウカイジョウレイ【集会条例】 湯本豪一「集会条例」『図説明治事物起源事典』, 柏書房, 1996年11月, 66–67頁

ジュウガク【重学】 惣郷正明・飛田良文「重学」『明治のことば辞典』, 東京堂出版, 1986年12月, 219頁

シュウカン【週間】 佐藤亨「週間」『現代に生きる幕末・明治初期漢語辞典』, 明治書院, 2007年6月, 403–404頁

シュウギイン【衆議院】 渡辺萬蔵「衆議院」『現行法律語の史的研究』, 萬理閣書房, 1930年12月, 264頁

ジュウキョ【住居】 漆崎正人「字音語「住居」成立考」『藤女子大学国文学雑誌』74, 藤女子大学国文学会, 2006年3月, 190–208頁

シュウキョウ【宗教】 張志淵「宗教」『萬國事物紀原歴史』, 皇城新聞社, 1909年8月, 84頁
柳父章「続・文化とは「文化」語源的考察2　翻訳語としての文化・自由・宗教」『美をもとめて』13・14, 文化庁月報編集協力, 1976年9月, 80頁
鈴木修次「続　禅文化とまつわる漢語」『漢語と日本人』, みすず書房, 1978年9月, 85–87頁
佐藤喜代治「宗教」『日本の漢語』, 角川書店, 1979年10月, 424頁
鈴木修次「「宗教」と「自由」」『日本漢語と中国 漢字文化圏の近代化』, 中央公論社, 1981年9月, 124–137頁
竹村牧男「宗教の語義について」『文化庁月報』167, 文化庁, 1982年8月
樺島忠雄・飛田良文・米川明彦「宗教」『明治大正新語俗語辞典』, 東京堂出版, 1984年5月, 154頁
楚翠生「漢語往来　53「宗教」上」『高校通信東書国語』277, 東京書籍, 1987年11月, 18–19頁
楚翠生「漢語往来　54「宗教」下」『高校通信東書国語』279, 283, 東京書籍, 1988年6月,

26-27頁
中村元「「宗教」という訳語」『日本学士院紀要』46—2，日本学士院，1992年2月，39-146頁
沈国威『近代日中語彙交流史—新漢語の生成と受容』，笠間書院，1994年3月，121頁
木村秀次「『西洋聞見録』の漢語—宗教・文学・言語に関する語」『明海日本語』1，明海大学，1995年3月，37-50頁
島薗進「特集；開国期の翻訳—「God」と「神」」『悠久』87，2001年1月，52-62頁
Federico Masini「宗教」*The Formation of Modern Chinese Lexicon and its Evolution toward a National Language*（李廷宰訳），소명出版，2005年11月，165頁
佐藤亨「宗教」『現代に生きる幕末・明治初期漢語辞典』，明治書院，2007年6月，404-405頁
박이문「개념의 개념과 종교의 개념」（「概念」の概念と「宗教」の概念）『철학과 현실』（哲学と現実）75，철학과현실사（哲学と現実社），2007年12月，127-140頁
シュウキョウガク【宗教学】 聂长顺「“宗教学”厘定初探」（「宗教学」という用語の成立についての初歩的考察）『语义的文化变迁』，武汉大学出版社，2007年10月，533-537頁
シュウギョウ【修業】 小林行雄「漢字語「修行」についての一考察」『此島正午博士喜寿記念国語語彙語法論叢』，桜楓社，1988年10月，190-207頁
シュウキョク【終局】 文化庁「「終局」と「終極」の使い分け」『言葉に関する問答集』，大蔵省印刷局，1995年3月，153-154頁
シュウゴウ【集合】 矢野健太郎「数学の新用語 100—集合」『数学セミナー』9—13，日本評論社，1970年12月臨時号，61-62頁
シュウシ【宗旨】 中村元「「宗教」という訳語」『日本学士院紀要』46—2，日本学士院，1992年2月，39-146頁
シュウジ【修辞】 高野繁男「明治初期の翻訳漢語「修辞及華文」による」『語学研究』1，神奈川大学外国語研究センター，1979年3月，107-144頁
永嶋大典「英和辞書の訳語—明治前期の文学用語をめぐって」『講座日本語の語彙 ⑥』，明治書院，1982年2月，48頁
楚翠生「漢語往来—三十一「修辞」考」『高校通信東書国語』241，東京書籍，1984年6月，20-21頁
馮天瑜『新語探源』，中華書局，2004年10月，366-367頁
シュウジガク【修辞学】 平林文雄「文脈，文理，修辞学」『講座日本語の語彙 ⑪』，明治書院，1983年6月，185-190頁
樺島忠雄・飛田良文・米川明彦「修辞学」『明治大正新語俗語辞典』，東京堂出版，1984年5月，154頁
惣郷正明・飛田良文「修辞学」『明治のことば辞典』，東京堂出版，1986年12月，219頁
宮脇正孝「修辞学」『ことばコンセプト事典』，第一法規出版，1992年12月，666-675頁
ジュウジカ【十字架】 春山行夫「近代用語の系統 7」『言語生活』186，筑摩書房，1967年4月，49頁
佐藤亨『近世語彙の研究』，桜楓社，1983年6月，192頁
佐藤亨「十字架」『現代に生きる幕末・明治初期漢語辞典』，明治書院，2007年6月，408-409頁
シュウジツ【終日】 遠藤好英「記録体における日中に関する時の語彙—『後二条師通記』の場合」『佐藤茂教授退官記念論集国語学』，桜楓社，1980年10月，85-107頁
前田富祺監修「ヒネモスの語形変化」『国語語彙史研究』，明治書院，1985年10月，331頁
ジュウジツ【充実】 花田二徳「「ゆとり」と「充実」」『日本語』21—5，国語を愛する会，1981年6月，8頁
シュウシュウ【収拾】 文化庁「「収拾」か「収集」か」『言葉に関する問答集』，大蔵省

印刷局，1995年3月，69–70頁
シュウシュウ【収集】 佐藤喜代治「『三兵答古知幾』の漢語」『国語語彙史の歴史的研究』，明治書院，1971年11月，274–275頁
ジュウジュン【従順】 文化庁「「従順」か「柔順」か」『言葉に関する問答集』，大蔵省印刷局，1995年3月，146–147頁
ジュウジロ【十字路】 外山正恭「バスの停留所の残る〈十文字〉〈四つ角〉〈十字路〉」『言語生活』317，筑摩書房，1978年2月，82–83頁
シュウシン【修身】 大泉志郎・大塚栄寿・永沢道雄「修身」『現代死語事典』，朝日ソノラマ，1993年11月，179–180頁
シュウシンガク【修身学】 惣郷正明・飛田良文「修身学」『明治のことば辞典』，東京堂出版，1986年12月，220頁
シュウセイ【修正】 渡辺萬蔵「修正」『現行法律語の史的研究』，萬理閣書房，1930年12月，134頁
文化庁「「修正」と「修整」」『言葉に関する問答集』，大蔵省印刷局，1995年3月，173頁
ジュウゼイ【重税】 佐藤亨「『万国公法』の語彙」『幕末・明治初期語彙の研究』，桜楓社，1986年2月，184頁
シュウセイフ【州政府】 谷口知子「『海国図志・四洲志』に見られる新概念の翻訳—原書との対照を通して」『或問』14，近代東西言語文化接触研究会，2008年7月，95頁
シュウセン【終戦】 堀田善衛「「終戦」と「進駐軍」」『言語生活』13，筑摩書房，1952年10月，56–58頁
ジュウタイ【重体】 文化庁「「重体」か「重態」か」『言葉に関する問答集』，大蔵省印刷局，1995年3月，4頁
ジュウダイ【重大】 佐藤亨「『西洋事情』の語彙」『幕末・明治初期語彙の研究』，桜楓社，1986年2月，400頁
シュウチ【周知】 佐藤亨「『地球説略』の語彙」『幕末・明治初期語彙の研究』，桜楓社，1986年2月，113–114頁
文化庁「「周知」と「衆知」の使い分け」『言葉に関する問答集』，大蔵省印刷局，1995年3月，38頁
ジュウテイ【重訂】 惣郷正明・飛田良文「重訂」『明治のことば辞典』，東京堂出版，1986年12月，220頁
ジュウドウ【柔道】 湯本豪一「柔道」『図説明治事物起源事典』，柏書房，1996年11月，370–371頁
加藤秀俊・熊倉功夫「柔道」『外国語になった日本語の事典』，岩波書店，1999年7月，95–99頁
シュウトク【拾得】 井上章「「せうとく」論」『文芸研究』49，日本文芸研究会，1965年2月，42–51頁
シュウトク【習得・修得】 文化庁「「習得」と「修得」の使い分け」『言葉に関する問答集』，大蔵省印刷局，1995年3月，154–155頁
ジュウニシチョウ【十二指腸】 斎藤静「十二指腸」『日本語に及ぼしたオランダ語の影響』，篠崎書林，1967年8月，255頁
杉本つとむ「4　翻訳事始」『日本語講座7　外国語と日本語』，桜楓社，1980年3月，97–104頁
小川鼎三「腸の各部について蘭学者の用語」『医学用語の起り』，東京書籍，1983年1月，81–84頁
杉本つとむ「十二指腸」『語源海』，東京書籍，2005年3月，334頁
ジュウニン【重任】 惣郷正明・飛田良文「重任」『明治のことば辞典』，東京堂出版，1986年12月，220–221頁
シュウハ【周波】 惣郷正明・飛田良文「周波」『明治のことば辞典』，東京堂出版，1986年12月，221頁
シュウハスウ【周波数】 惣郷正明・飛田良文「周波数」『明治のことば辞典』，東京堂出版，1986年12月，221頁

シュウハツ【終発】 天沼寧「「始発」；「終発」」『近代語研究』8，近代語研究会，1990年9月，343-359頁

ジュウハン【重版】 惣郷正明・飛田良文「重版」『明治のことば辞典』，東京堂出版，1986年12月，221-222頁

ジュウブン【十分・充分】 天沼寧「十分・充分・じゅうぶん」『大妻国文』15，大妻女子大学国文学会，1984年3月，1-19頁

シュウホウ【週報】 惣郷正明・飛田良文「週報」『明治のことば辞典』，東京堂出版，1986年12月，222頁

ジュウホウ【重宝】 小林賢次「「重宝」と「調法」―狂言台本における使用状況とその語史」『人文学報』320，東京都立大学人文学部，2001年3月，7-29頁

シュウマツ【終末】 高野繁男「『百科全書』の訳語」『近代漢語の研究―日本語の造語法・訳語法』，明治書院，2004年11月，107頁

ジュウヤク【重役】 惣郷正明・飛田良文「重役」『明治のことば辞典』，東京堂出版，1986年12月，222-223頁

シュウヨウ【修養】 王成「近代日本における〈修養〉概念の成立」『日本研究』29，国際日本文化研究センター，2004年12月，117-145頁

ジュウヨウ【重要】 松井利彦「第5章　漢語辞書のことば」『近代漢語辞書の成立と展開』，笠間書院，1990年11月，357頁

高野繁男「『百科全書』の訳語」『近代漢語の研究―日本語の造語法・訳語法』，明治書院，2004年11月，122頁

ジュウライ【従来】 藁谷隆純「「古来から」「従来から」という言い方」『解釈』27―7，解釈編集部，1981年7月，49-54頁

大谷雅夫「萬葉集の漢語―従来・披雲・万段」『国語国文』62―9，京都大学国語学国文学研究室，1993年9月，18-39頁

ジュウラン【縦覧】 惣郷正明・飛田良文「縦覧」『明治のことば辞典』，東京堂出版，1986年12月，224-225頁

シュウリ【修理】 渡辺萬蔵「修理」『現行法律語の史的研究』，萬理閣書房，1930年12月，242頁

シュウリョウ【終了】 文化庁「「終了」と「修了」の使い分け」『言葉に関する問答集』，大蔵省印刷局，1995年3月，70-71頁

ジュウリョク【重力】 斎藤静「重力」『日本語に及ぼしたオランダ語の影響』，篠崎書林，1967年8月，290頁

惣郷正明・飛田良文「重力」『明治のことば辞典』，東京堂出版，1986年12月，225頁

高野繁男「『百科全書』の訳語」『近代漢語の研究―日本語の造語法・訳語法』，明治書院，2004年11月，144頁

佐藤亨「重力」『現代に生きる幕末・明治初期漢語辞典』，明治書院，2007年6月，416頁

シュウロク【収録】 文化庁「「収録」と「集録」」『言葉に関する問答集』，大蔵省印刷局，1995年3月，199-200頁

シュガ【主我】 惣郷正明・飛田良文「主我」『明治のことば辞典』，東京堂出版，1986年12月，225-226頁

シュカン【主観】 広田栄太郎「訳語あれこれ」『近代訳語考』，東京堂出版，1969年8月，305-326頁

樺島忠雄・飛田良文・米川明彦「主観」『明治大正新語俗語辞典』，東京堂出版，1984年5月，155頁

惣郷正明・飛田良文「主観」『明治のことば辞典』，東京堂出版，1986年12月，226頁

金田一春彦編「主観」『ことばの生い立ち』，講談社，1988年2月，140頁

沈国威『近代日中語彙交流史―新漢語の生成と受容』，笠間書院，1994年3月，33頁

李貞和「訳語としての「主観」と「客観」の成立について―「此観」「彼観」との関わりを中心に」『甲南国文』43，甲南女子大学国文学会，1996年3月，227-241頁

土居健郎「日本語における主観と客観」『図書』610，岩波書店，2000年2月，11-13頁

高野繁男「近代語彙研究の概略と課題」『近代漢語の研究―日本語の造語法・訳語法』，明治書院，2004年11月，10頁

佐藤亨「主観」『現代に生きる幕末・明治初期漢語辞典』，明治書院，2007年6月，416頁

シュガン【主眼】 高野繁男「『百科全書』の訳語」『近代漢語の研究―日本語の造語法・訳語法』，明治書院，2004年11月，124頁

シュギ【主義】 石井研堂「精神学科の訳語」『増補改訂　明治事物起源』下巻，春陽堂書店，1944年11月，519-521頁

広田栄太郎「訳語あれこれ」『近代訳語考』，東京堂出版，1969年8月，305-326頁

斎藤毅「主義という重宝なことばの誕生」『明治のことば』，講談社，1977年11月，369-385頁

佐藤亨「主義，趣意，主意，主張，方針，イズム」『講座日本語の語彙 ⑩』，明治書院，1983年4月，218-222頁

樺島忠雄・飛田良文・米川明彦「主義」『明治大正新語俗語辞典』，東京堂出版，1984年5月，156頁

惣郷正明・飛田良文「主義」『明治のことば辞典』，東京堂出版，1986年12月，226-228頁

金田一春彦編「主義」『ことばの生い立ち』，講談社，1988年2月，149頁

李漢燮「「主義」という語の成立及び韓国語への流入問題」『日本語の研究宮地裕・敦子先生古稀記念論集』，明治書院，1995年11月，319-340頁

陳力衛「中国への逆輸入」『和製漢語の形成と展開』，汲古書院，2001年2月，281頁

前田富祺監修「主義」『日本語語源大辞典』，小学館，2005年4月，611頁

Federico Masini「主義」*The Formation of Modern Chinese Lexicon and its Evolution toward a National Language*（李廷宰訳），소명出版，2005年11月，166頁

佐藤亨「主義」『現代に生きる幕末・明治初期漢語辞典』，明治書院，2007年6月，417-418頁

シュギ【～主義】 朱京偉『近代日中新語の創出と交流―人文科学と自然科学の専門語を中心に』，白帝社，2003年10月，69頁

陳生保「～主義」『中国と日本―言葉・文学・文化』，麗沢大学出版会，2005年5月，24頁

ジュギョウ【授業】 惣郷正明・飛田良文「授業」『明治のことば辞典』，東京堂出版，1986年12月，228頁

シュキン【手巾】 山田俊雄「手巾」『詞苑間歩』上，三省堂，1999年9月，283-286頁

ジュクジ【熟字】 山田俊雄「ジュクジ」『詞苑間歩』下，三省堂，1999年9月，84-87頁

シュクジョ【淑女】 塩田丸男「淑女」『死語読本』，白水社，1994年7月，138頁

シュクセ【宿世】 佐藤亨「『源氏物語』における仏教語―「宿世」とその周辺の語」『国語語彙の史的研究』，桜楓社，1999年5月，239-256頁

ジュクチ【熟知】 佐藤亨「『泰西国法論』の訳語」『幕末・明治初期語彙の研究』，桜楓社，1986年2月，378頁

ジュクネン【熟年】 岩城元「日常からの疑問67　シリーズ・こんなものいらない「熟年」の新名称」『朝日ジャーナル』27―45，朝日新聞社，1985年11月，22-23頁

シュクフク【祝福】 惣郷正明・飛田良文「祝福」『明治のことば辞典』，東京堂出版，1986年12月，228頁

門間泉「祝福」『ことばコンセプト事典』，第一法規出版，1992年12月，676-683頁

シュクホウ【祝砲】 石井研堂「祝砲に始」『増補改訂　明治事物起源』上巻，春陽堂書店，1944年11月，75-77頁

ジュクレン【熟練】 進藤咲子「小幡篤次郎の英氏経済論の訳語」『明治時代語の研究；語彙と文章』，明治書院，1981年11月，84-85頁

佐藤亨「『米欧回覧実記』の語彙」『幕末・明治初期語彙の研究』，桜楓社，1986年2月，444-445頁

シュケン【主権】 惣郷正明・飛田良文「主権」『明治のことば辞典』，東京堂出版，1986年12月，228-229頁

金康雲「主權概念에 관한 考察」(「主権」の概念について)『憲法學研究』2，韓国憲法学会，1996年11月，137-162頁

朴相燮「근대 주권 개념의 발전과정」(近代主権概念の発展過程)『세계정치』25—1，서울대국제문제연구소(ソウル大国際問題研究所)，2004年，95-123頁

佐藤亨「主権」『現代に生きる幕末・明治初期漢語辞典』，明治書院，2007年6月，422頁

朴相燮「主權」『國家・主權』(韓國概念史叢書2)，小花，2008年12月，181-262頁

신욱희「근대 한국의 주권 개념」(近代韓国の「主権」概念)『근대한국의 사회과학 개념 형성사』(近代韓国における社会科学関連概念の形成史)，創批，2009年4月，125-148頁

ジュケン【受験】 紀田順一郎「受験」『近代事物起源事典』，東京堂出版，1992年9月，97-99頁

文化庁「「受検」と「受験」の使い分け」『言葉に関する問答集』，大蔵省印刷局，1995年3月，39頁

佐藤武義「受験」『日本語の語源』，明治書院，2003年1月，35頁

ジュケンセイ【受験生】 樺島忠雄・飛田良文・米川明彦「受験生」『明治大正新語俗語辞典』，東京堂出版，1984年5月，156-157頁

シュゴ【主語】 三上章「主格・主題・主語」『国語学』8，国語学会，1952年1月，46-55頁

飯島俊彦「日英語における主語の概念」『大分大学経済論集』22—1，大分大学，1970年6月，124-148頁

安井稔「主語とは何か」『日本文化研究所研究報告』10，拓殖大学研究報告』10，1974年3月，1-24頁

高島直樹「主語について—1—」『鹿児島大教育学部研究紀要(人文社会)』28，鹿児島大教育学部，1976年3月，19-43頁

鈴木雅光「主語について」『東洋大学短期大学紀要』20，東洋大学短期大学，1988年12月，118-97頁

松本克己「主語について」『言語研究』100，日本言語学会，1991年12月，1-41頁

服部隆「「主語」と「述語」— 明治期の文法用語」『上智大学国文学科紀要』19，上智大学国文学科，2002年3月，37-68頁

高野繁男「『百科全書』の訳語」『近代漢語の研究—日本語の造語法・訳語法』，明治書院，2004年11月，111頁

永井誠「日本語における「主語」の概念—英語発話への転移英文」『東京都立工業高等専門学校研究報告』40，東京都立工業高等専門学校，2005年2月，127-130頁

シュシ【趣旨】 文化庁「「趣旨」と「主旨」の使い分け」『言葉に関する問答集』，大蔵省印刷局，1995年3月，71-72頁

高野繁男「『百科全書』の訳語」『近代漢語の研究—日本語の造語法・訳語法』，明治書院，2004年11月，101頁

シュジュツ【手術】 杉本つとむ「連載；近代訳語を検証する 34　手術，綳帯・縛帯・包帯」『国文学　解釈と鑑賞』71—6，至文堂，2006年6月，197-203頁

佐藤亨「手術」『現代に生きる幕末・明治初期漢語辞典』，明治書院，2007年6月，423-424頁

杉本つとむ「近代訳語を検証する 54　内翳眼・内障眼／白内障・手術」『国文学　解釈と鑑賞』73—2，至文堂，2008年2月，202-206頁

シュショウ【首相】 一海知義「首相」『漢語の知識』，岩波書店，1981年7月，31-34頁

ジュショウ【受賞】 文化庁「「受賞」と「受

章」の使い分け」『言葉に関する問答集』，大蔵省印刷局，1995年3月，16-17頁

シュショク【主食】 陳力衛「近代における二字漢語の語構成の一問題―その出典例とのかかわりをめぐって」『文教大学国文』23，文教大学国文学会，1994年3月，42-50頁

シュジン【主人】 遠藤織枝「配偶者を呼ぶことば―「主人」をめぐって」『ことば』6，現代日本語研究会，1985年12月，20-49頁

福田真弓『「主人」ということば』，明石書店，1993年10月，12-252頁

塩田丸男「主人」『死語読本』，白水社，1994年7月，140-141頁

西尾寅弥「「主人」論議の意味論的解釈」『大妻国文』28，大妻女子大学国文学会，1997年3月，241-253頁

シュジンコウ【主人公】 鈴木修次「禅文化とまつわる漢語」『漢語と日本人』，みすず書房，1978年9月，80-81頁

永嶋大典「英和辞書の訳語―明治前期の文学用語をめぐって」『講座日本語の語彙 ⑥』，明治書院，1982年2月，48頁

シュゼイ【酒税】 佐藤亨「『経済小学』の訳語」『幕末・明治初期語彙の研究』，桜楓社，1986年2月，348頁

ジュセイ【受精】 文化庁「「受精」と「授精」」『言葉に関する問答集』，大蔵省印刷局，1995年3月，271-272頁

シュセキサン【酒石酸】 斎藤静「酒石酸」『日本語に及ぼしたオランダ語の影響』，篠崎書林，1967年8月，275-276頁

シュゾク【種族】 Federico Masini「種族」*The Formation of Modern Chinese Lexicon and its Evolution toward a National Language*（李廷宰訳），소명出版，2005年11月，301頁

シュタイ【主体】 이병창「90년대 한국사회와 主體 개념」（90年代の韓国社会と主体概念）『哲学研究』102，大韓哲学会，2007年5月，1-12頁

シュダン【手段】 佐藤喜代治『国語語彙の歴史的研究』，明治書院，1971年11月，248頁

鈴木修次「禅文化にまつわる漢語」『漢語と日本人』，みすず書房，1978年9月，68頁

シュチョウ【主張】 佐藤亨「主義，趣意，主意，主張，方針，イズム」『講座日本語の語彙 ⑩』，明治書院，1983年4月，218-222頁

ジュツ【～術】 朱京偉『近代日中新語の創出と交流―人文科学と自然科学の専門語を中心に』，白帝社，2003年10月，93頁

ジュッカイ【述懐】 片野達郎「述懐」『講座日本語の語彙 ⑩』，明治書院，1983年4月，223-230頁

シュツゲン【出現】 吉川明日香「字順の相反する二字漢語―「掠奪―奪掠」「現出―出現」について」『雑誌太陽による確立期現代語の研究』，博文館新社，2005年3月，143-155頁

ジュツゴ【述語】 水野弘元「術語概念とその内容」『大倉山論集』2，大倉精神文化研究所，1953年11月，19-36頁

惣郷正明・飛田良文「述語」『明治のことば辞典』，東京堂出版，1986年12月，229頁

服部隆「「主語」と「述語」―明治期の文法用語」『上智大学国文学科紀要』19，上智大学国文学科，2002年3月，37-68頁

ジュツゴ【術語】 樺島忠雄・飛田良文・米川明彦「術語」『明治大正新語俗語辞典』，東京堂出版，1984年5月，157頁

シュッショク【出色】 田中牧郎「漢語「優秀」の定着と語彙形成―主体を表す語の分析を通して」『雑誌太陽による確立期現代語の研究』，博文館新社，2005年3月，114-141頁

シュッセ【出世】 中村元編「出世」『仏教語源散策』，東京書籍，1977年4月，182-184頁

佐藤亨「出世」『近世語彙の歴史的研究』，桜楓

社，1980年10月，54-55頁
田島毓堂「世間，出世，出世間，人間」『講座日本語の語彙 ⑩』，明治書院，1983年4月，286-291頁
シュッセイ【出生】 木村秀次「「出生」考—その読みを中心にして」『国語学』139，国語学会，1984年12月，28-42頁
シュッチョウ【出張】 岩淵悦太郎「物騒と出張」『語源散策』，毎日新聞社，1974年10月，161-163頁
佐藤喜代治「出張」『日本の漢語』，角川書店，1979年10月，108頁
前田富祺監修「でしゃばる，出張る」『講座日本語の語彙 ⑪』，明治書院，1983年6月，9-12頁
遠藤好英「特集；近・現代語の語源—「出張」」『日本語学』12—7，明治書院，1993年6月，73-79頁
シュッパン【出版】 惣郷正明・飛田良文「出版」『明治のことば辞典』，東京堂出版，1986年12月，229-230頁
前田富祺監修「出版」『日本語語源大辞典』，小学館，2005年4月，613頁
シュッパンジョウレイ【出版条例】 石井研堂「出版条例の始」『増補改訂　明治事物起源』上巻，春陽堂書店，1944年11月，156-157頁
Federico Masini「出版条例」*The Formation of Modern Chinese Lexicon and its Evolution toward a National Language*(李廷宰訳)，소명出版，2005年11月，307頁
シュツリョク【出力】 惣郷正明・飛田良文「出力」『明治のことば辞典』，東京堂出版，1986年12月，230頁
シュト【首都】 佐藤亨『近世語彙の研究』，桜楓社，1983年6月，287頁
佐藤亨「首都」『現代に生きる幕末・明治初期漢語辞典』，明治書院，2007年6月，428頁
シュトウ【種痘】 張志淵「種痘」『萬國事物紀原歴史』，皇城新聞社，1909年8月，106-107頁
石井研堂「種痘の始」『増補改訂　明治事物起源』下巻，春陽堂書店，1944年12月，1162-1166頁
荒俣宏「「種痘」の始め」『事物珍起源』，東洋文庫，1989年10月，70-86頁
湯本豪一「種痘」『図説明治事物起源事典』，柏書房，1996年11月，428-429頁
福井敏隆「幕末期弘前藩における種痘の受容と医学館の創立」『国立歴史民俗博物館研究報告』116，国立歴史民俗博物館，2004年2月，75-90頁
佐藤亨「種痘」『現代に生きる幕末・明治初期漢語辞典』，明治書院，2007年6月，428頁
シュニン【主任】 惣郷正明・飛田良文「主任」『明治のことば辞典』，東京堂出版，1986年12月，230頁
ジュバン【襦袢】 石綿敏雄「「襦袢」の語原」『国語学』68，国語学会，1967年3月，69-74頁
阪倉篤義「襦袢」『日本語の語源』，講談社，1978年9月，13-15頁
前田富祺監修「襦袢」『日本語語源大辞典』，小学館，2005年4月，615頁
シュヒツ【主筆】 惣郷正明・飛田良文「主筆」『明治のことば辞典』，東京堂出版，1986年12月，230-231頁
シュフ【主夫】 佐々木瑞枝「シュフ」『女と男の日本語辞典』上巻，東京堂出版，2000年6月，237-240頁
シュフ【主婦】 広井多鶴子「「主婦」ということば—明治の家政書から」『群馬女子短期大学国文研究』27，群馬女子短期大学，2000年3月，15-29頁
佐々木瑞枝「シュフ」『女と男の日本語辞典』上巻，東京堂出版，2000年6月，237-240頁
佐藤武義「主婦」『日本語の語源』，明治書院，2003年1月，2-3頁
郡千寿子「社会生活資料としての国語辞典—「主婦」と「主夫」の時代性」『日本語辞書研

究』2，港の人，2003年11月，101-112頁
前田富祺監修「主婦」『日本語語源大辞典』，小学館，2005年4月，617頁
佐藤亨「主婦」『現代に生きる幕末・明治初期漢語辞典』，明治書院，2007年6月，429-430頁
シュミ【趣味】 石井研堂「趣味の熟字」『増補改訂　明治事物起源』上巻，春陽堂書店，1944年11月，79頁
文京連「近代‘趣味’개념의 형성과 專有 樣相 고찰―1900년대 媒體를 중심으로」(近代における「趣味」概念の形成について―1900年代の媒体を中心に)『語文研究』135，韓国語文教育研究会，2007年9月，343-369頁
ジュヨウ【需要】 進藤咲子「小幡篤次郎の英氏経済論の訳語」『明治時代語の研究；語彙と文章』，明治書院，1981年11月，85-86頁
惣郷正明・飛田良文「需要」『明治のことば辞典』，東京堂出版，1986年12月，231-232頁
文化庁「「需要」と「需用」の使い分け」『言葉に関する問答集』，大蔵省印刷局，1995年3月，117-118頁
シュワ【手話】 佐藤則之「手話について」『言語生活』258，筑摩書房，1973年3月，40-48頁
米川明彦「近代語彙考証8　手話」『日本語学』2―11，明治書院，1983年11月，120-123頁
米川明彦「手話の語誌」『日本手話学術研究会論文集』6，日本手話学会，1984年6月
安藤豊喜「手話考」『日本手話研究所所報』4，全日本ろうあ連盟日本手話研究所，1990年1月，10-14頁
大和田栄「手話考」『言語』29―6，大修館書店，2000年6月，103-102頁
シュワン【手腕】 惣郷正明・飛田良文「手腕」『明治のことば辞典』，東京堂出版，1986年12月，232頁
ジュン【準～】 文化庁「「準～」と「准～」の使い分け」『言葉に関する問答集』，大蔵省印刷局，1995年3月，138-139頁
ジュンエン【順延】 松井利彦「第5章　漢語辞書のことば」『近代漢語辞書の成立と展開』，笠間書院，1990年11月，359頁
ジュンケツ【純潔】 佐藤亨「純潔」『近世語彙の歴史的研究』，桜楓社，1980年10月，358-359頁
惣郷正明・飛田良文「純潔」『明治のことば辞典』，東京堂出版，1986年12月，232-233頁
門間泉「純潔」『ことばコンセプト事典』，第一法規出版，1992年12月，684-691頁
シュンコウ【竣工】 文化庁「「竣工」か「竣功」か」『言葉に関する問答集』，大蔵省印刷局，1995年3月，175-176頁
ジュンサ【巡査】 渡辺萬蔵「巡査」『現行法律語の史的研究』，萬理閣書房，1930年12月，235頁
石井研堂「巡査」『増補改訂　明治事物起源』上巻，春陽堂書店，1944年11月，149-154頁
久世善男「巡査」『言葉のなづけ親―翻訳に見る文明開化』，朝日ソノラマ，1975年11月，95-100頁
樺島忠雄・飛田良文・米川明彦「巡査」『明治大正新語俗語辞典』，東京堂出版，1984年5月，157-158頁
佐藤亨「『徳国学校論略』の語彙」『幕末・明治初期語彙の研究』，桜楓社，1986年2月，219-220頁
惣郷正明・飛田良文「巡査」『明治のことば辞典』，東京堂出版，1986年12月，233頁
紀田順一郎「巡査」『近代事物起源事典』，東京堂出版，1992年9月，99-100頁
勝又浩「巡査，および学士，教授，作家」『日本文学誌要』47，法政大学国文学会，1993年7月，2-12頁
前田富祺監修「巡査」『日本語語源大辞典』，小学館，2005年4月，619頁
佐藤亨「巡査」『現代に生きる幕末・明治初期漢語辞典』，明治書院，2007年6月，434頁
ジュンビ【準備】 劉宏娟「中文日訳におけ

る同形語について」『国文学　解釈と鑑賞』53—1，至文堂，1988年1月，95-99頁
国広哲弥編「準備」『ことばの意味3』，平凡社，2002年12月，268-276頁
今野真二「明治の中の近世—「準備」と「用意」をめぐって」『国語語彙史の研究』24，和泉書院，2005年3月，151-166頁
ジュンブンガク【純文学】 吉田精一「大衆文学と純文学」『国文学』10—2，学燈社，1965年1月，8-11頁
永嶋大典「英和辞書の訳語—明治前期の文学用語をめぐって」『講座日本語の語彙 ⑥』，明治書院，1982年2月，51頁
樺島忠雄・飛田良文・米川明彦「純文学」『明治大正新語俗語辞典』，東京堂出版，1984年5月，158頁
丹羽浅次郎「純文学の誤訳」『大垣女子短期大学研究紀要』21，大垣女子短期大学，1985年3月，38-41頁
惣郷正明・飛田良文「純文学」『明治のことば辞典』，東京堂出版，1986年12月，233-234頁
鈴木貞美「純文学と大衆文学—この悪しき因習　2　大衆文学の誕生—二〇世紀の大衆文化と文芸」『文學界』47—11，文藝春秋社，1993年12月，338-360頁
斎藤秀昭「「純文学」と「大衆文学」論争—近現代文学研究のアポリア」『小田切秀雄の文学論争』，「囲む会」編，2005年10月，231-244頁
ジュンレツ【順列】 大矢真一「数学用語の由来—「幾何」から「方程式」まで」『ことばの宇宙』1—3，東京言語研究所ラボ教育センター，1966年8月，20-27頁
ショ【～所】 中川正之「特集・接辞—場—所」『日本語学』5—3，明治書院，1986年3月，105-108頁
文化庁「「～所」と「～署」の使い分け」『言葉に関する問答集』，大蔵省印刷局，1995年3月，139-140頁
ショ【署】 荒川清秀「字音形態素の意味と造語力—同訓異字の漢字を中心に」『愛知大学文学論叢』82・83，愛知大學文學會，1986年11月，1-24頁
荒川清秀「訳語「熱帯」の起源をめぐって—日中両語の漢字の造語力」『日本語学』6—2，明治書院，1987年2月，70-84頁
ジヨウ【滋養】 額田淑「栄養考」『国語学』61，国語学会，1965年6月，52-60頁
ジョウ【～上】 秋元美晴「漢語系接尾辞「～上」について」『緑岡詞林』15，青山学院大学，1991年3月，19-27頁
ジョウ【～場】 中川正之「特集・接辞—場—所」『日本語学』5—3，明治書院，1986年3月，105-108頁
ショウイグンジン【傷痍軍人】 稲垣吉彦・吉沢典男監修「傷痍軍人」『昭和ことば史60年』，講談社，1985年10月，254頁
ジョウイン【上院】 佐藤亨「『徳国学校論略』の語彙」『幕末・明治初期語彙の研究』，桜楓社，1986年2月，216-217頁
谷口知子「『海国図志・四洲志』に見られる新概念の翻訳—原書との対照を通して」『或問』14，近代東西言語文化接触研究会，2008年7月，87-88頁
ショウインゼイ【証印税】 石井研堂「証印税の由来」『増補改訂　明治事物起源』上巻，春陽堂書店，1944年11月，142-143頁
ジョウエン【上演】 文化庁「「上演」と「公演」」『言葉に関する問答集』，大蔵省印刷局，1995年3月，284-285頁
ショウカ【消化】 佐藤亨『近世語彙の歴史的研究』，桜楓社，1980年10月，309頁
佐藤亨「『智環啓蒙塾課初歩』の訳語」『近世語彙の研究』，桜楓社，1983年6月，46-47頁
惣郷正明・飛田良文「消化」『明治のことば辞典』，東京堂出版，1986年12月，234頁
杉本つとむ「近代訳語を検証する6　化学・消化」『国文学　解釈と鑑賞』69—2，至文堂，2004年2月，187-191頁

ショウカ【唱歌】 惣郷正明・飛田良文「唱歌」『明治のことば辞典』，東京堂出版，1986年12月，235頁

大泉志郎・大塚栄寿・永沢道雄「唱歌」『続・現代死語事典』，朝日ソノラマ，1995年11月，212-213頁

倉沢栄吉「〈講演〉童謡・唱歌，文語文」『月刊国語教育研究』41，日本国語教育学会，2006年10月，64-67頁

ショウカイ【商会】 佐藤亨「『万国公法』の語彙」『幕末・明治初期語彙の研究』，桜楓社，1986年2月，175頁

ショウカイ【照会】 佐藤亨「『六合叢談』の語彙」『幕末・明治初期語彙の研究』，桜楓社，1986年2月，139-140頁

ショウガイ【生涯】 佐藤喜代治「生涯」『日本の漢語』，角川書店，1979年10月，311-313頁

ショウガイ【障害・障碍】 佐藤亨『近世語彙の歴史的研究』，桜楓社，1980年10月，329頁

田島優「音の交代と複数表記―『新説八十日間世界一周』を中心に」『語源探求』5，日本語語源研究会編，1997年7月，78-82頁

志村哲郎「「障害」概念再考」『山口県立大学社会福祉学部紀要』13，山口県立大学社会福祉学部，2007年3月，109頁

ショウガク【小学】 佐藤亨「『大美聯邦志略』の語彙」『幕末・明治初期語彙の研究』，桜楓社，1986年2月，74-75頁

ショウガクセイ【小学生】 湯本豪一「小学生」『図説明治事物起源事典』，柏書房，1996年11月，372-373頁

ショウガッコウ【小学校】 張志淵「小学校」『萬國事物紀原歴史』，皇城新聞社，1909年8月，59-60頁

渡辺萬蔵「小学校」『現行法律語の史的研究』，萬理閣書房，1930年12月，63頁

石井研堂「小学校の始」『増補改訂　明治事物起源』上巻，春陽堂書店，1944年11月，521-523頁

佐藤亨「小学校」『現代に生きる幕末・明治初期漢語辞典』，明治書院，2007年6月，440頁

ショウカンジョウ【召喚状】 渡辺萬蔵「召喚状」『現行法律語の史的考察』，萬理閣書房，1930年12月，238頁

ジョウキ【蒸気】 杉本つとむ「近代訳語を検証する25　蒸気(ストーム)／蒸気機・蒸気船・蒸気車・汽車」『国文学　解釈と鑑賞』70―9，至文堂，2005年9月，212-215頁

阿川修三「翻訳語「蒸気」の形成についての試論」『言語と文化』20，文教大学大学院言語文化研究科付属言語文化研究所，2008年3月，1-20頁

ジョウキキ【蒸気機】 斎藤静「蒸気機」『日本語に及ぼしたオランダ語の影響』，篠崎書林，1967年8月，221頁

杉本つとむ「近代訳語を検証する25　蒸気(ストーム)／蒸気機・蒸気船・蒸気車・汽車」『国文学　解釈と鑑賞』70―9，至文堂，2005年9月，212-215頁

ジョウキキカン【蒸気機関】 惣郷正明・飛田良文「蒸気機関」『明治のことば辞典』，東京堂出版，1986年12月，236頁

ジョウキキカンシャ【蒸気機関車】 富田仁「蒸気機関車」『舶来事物起源事典』，名著普及会，1987年12月，166-168頁

紀田順一郎「蒸気機関車」『近代事物起源事典』，東京堂出版，1992年9月，101-102頁

ジョウキシャ【蒸気車】 佐藤亨「『経済小学』の訳語」『幕末・明治初期語彙の研究』，桜楓社，1986年2月，340-341頁

惣郷正明・飛田良文「蒸気車」『明治のことば辞典』，東京堂出版，1986年12月，236-237頁

米川明彦「蒸気車」『明治・大正・昭和の新語・流行語辞典』，三省堂，2002年1月，14頁

杉本つとむ「近代訳語を検証する25 気(ス

トーム)／蒸気機・蒸気船・蒸気車・汽車」『国文学 解釈と鑑賞』70—9, 至文堂, 2005年9月, 212-215頁

ジョウキセン【蒸気船】 惣郷正明・飛田良文「蒸気船」『明治のことば辞典』, 東京堂出版, 1986年12月, 237-238頁

杉本つとむ「近代訳語を検証する25 蒸気(ストーム)／蒸気機・蒸気船・蒸気車・汽車」『国文学 解釈と鑑賞』70—9, 至文堂, 2005年9月, 212-215頁

佐藤亨「蒸気船」『現代に生きる幕末・明治初期漢語辞典』, 明治書院, 2007年6月, 442頁

ジョウキョ【状挙】 山田忠雄「状挙」『私の語誌』1, 三省堂, 1996年10月, 58-68頁

ジョウキョウ【状況・情況】 惣郷正明・飛田良文「状況・情況」『明治のことば辞典』, 東京堂出版, 1986年12月, 238頁

文化庁「「状況」と「情況」」『言葉に関する問答集』, 大蔵省印刷局, 1995年3月, 201-202頁

宮田公治「「状況」「状態」「様子」およびその類義語群の意味分析」『国語学研究と資料』27, 国語学 研究と資料の会, 2004年3月, 13-24頁

ショウギョウシンリガク【商業心理学】 钟少华「"商业心理学"术语流变旧考」(「商業心理学」の用語の変遷についての旧論)『学术研究』2002年6期, 广东省社会科学界联合会, 2002年, 31-32頁

司金銮「国际"商业心理学"术语流变新考」(国際「商業心理学」の用語の変遷についての新論)『学术研究』2002年6期, 广东省社会科学界联合会, 2002年, 73-74頁

ショウキョク【消極】 惣郷正明・飛田良文「消極」『明治のことば辞典』, 東京堂出版, 1986年12月, 238-239頁

佐藤亨「消極」『現代に生きる幕末・明治初期漢語辞典』, 明治書院, 2007年6月, 444頁

ショウキョクテキ【消極的】 惣郷正明・飛田良文「消極的」『明治のことば辞典』, 東京堂出版, 1986年12月, 239頁

ショウキン【賞金】 佐藤亨「『泰西国法論』の訳語」『幕末・明治初期語彙の研究』, 桜楓社, 1986年2月, 385-386頁

ショウケイ【承継】 渡辺萬蔵「承継」『現行法律語の史的研究』, 萬理閣書房, 1930年12月, 12頁

ショウケイ【憧憬】 惣郷正明・飛田良文「憧憬」『明治のことば辞典』, 東京堂出版, 1986年12月, 239頁

ジョウケイ【情景】 惣郷正明・飛田良文「情景」『明治のことば辞典』, 東京堂出版, 1986年12月, 240頁

ショウケン【証券】 Federico Masini「証券」*The Formation of Modern Chinese Lexicon and its Evolution toward a National Language*(李廷宰訳), 소명出版, 2005年11月, 166頁

佐藤亨「証券」『現代に生きる幕末・明治初期漢語辞典』, 明治書院, 2007年6月, 446頁

ジョウケン【条件】 渡辺萬蔵「条件」『現行法律語の史的考察』, 萬理閣書房, 1930年12月, 21頁

佐藤亨「『泰西国法論』の訳語」『幕末・明治初期語彙の研究』, 桜楓社, 1986年2月, 378-379頁

惣郷正明・飛田良文「条件」『明治のことば辞典』, 東京堂出版, 1986年12月, 240-241頁

堀川善正「「条件」「縁, 因果」をめぐっての考察—語誌・文法などにおいて」『日本語学と言語学』玉村文郎編, 明治書院, 2002年1月, 256-266頁

ショウコ【証拠】 渡辺萬蔵「証拠」『現行法律語の史的研究』, 萬理閣書房, 1930年12月, 59頁

ショウコウ【将校】 佐藤亨「『玉石志林』の語彙」『幕末・明治初期語彙の研究』, 桜楓社, 1986年2月, 273-274頁

佐藤亨「『泰西国法論』の訳語」『幕末・明治初

期語彙の研究』，桜楓社，1986年2月，367-368頁

ジョウコウ【情交】 惣郷正明・飛田良文「情交」『明治のことば辞典』，東京堂出版，1986年12月，241-242頁

ショウコウキ【昇降機】 惣郷正明・飛田良文「昇降機・昇降器」『明治のことば辞典』，東京堂出版，1986年12月，242頁

ショウコクミン【少国民】 稲垣吉彦・吉沢典男監修「少国民」『昭和ことば史60年』，講談社，1985年10月，76-77頁

ショウサン【称賛】 文化庁「「称賛」と「賞賛」の使い分け」『言葉に関する問答集』，大蔵省印刷局，1995年3月，84-85頁

ショウサン【硝酸】 斎藤静「硝酸」『日本語に及ぼしたオランダ語の影響』，篠崎書林，1967年8月，225-226頁

ショウサンカリ【硝酸加里】 斎藤静「硝酸加里」『日本語に及ぼしたオランダ語の影響』，篠崎書林，1967年8月，227頁

ショウサンギン【硝酸銀】 斎藤静「硝酸銀」『日本語に及ぼしたオランダ語の影響』，篠崎書林，1967年8月，226頁

ショウサンソーダ【硝酸曹達】 斎藤静「硝酸曹達」『日本語に及ぼしたオランダ語の影響』，篠崎書林，1967年8月，227頁

ショウサンドウ【硝酸銅】 斎藤静「硝酸銅」『日本語に及ぼしたオランダ語の影響』，篠崎書林，1967年8月，226-227頁

ショウシ【笑止】 佐藤喜代治『国語語彙の歴史的研究』，明治書院，1971年11月，67頁

ジョウジ【情事】 惣郷正明・飛田良文「情事」『明治のことば辞典』，東京堂出版，1986年12月，242-243頁

ショウシカ【少子化】 朝日新聞校閲部「少子化」『まっとうな日本語』，朝日新聞社，2005年9月，15-16頁

ショウジキ【正直】 和田繁二郎「二葉亭四迷の「正直」」『立命館文学』306，立命館研究所，1970年12月，1-22頁

中野好夫「正直（しょうじき）か，正直（せいちょく）か」『文学』40―10，岩波書店，1972年10月，101-105頁

十川信介「正直（しょうじき）か正直（せいちょく）か―中野好夫氏に答える」『文学』40―12，岩波書店，1972年12月，79-83頁

中野好夫「いささか跡始末のこと―「正直」（しょうじき）か「正直」（せいちょく）かについて」『文学』41―1，岩波書店，1973年1月，106-107頁

木村紀子「今昔物語集の用字意識」『奈良大学紀要』20，奈良大学，1992年3月，65-76頁

ジョウシキ【常識】 亀井孝『日本語の歴史7』，平凡社，1965年8月，238-241頁

広田栄太郎「明治の「常識」大正の「良識」」『近代訳語考』，東京堂出版，1969年8月，175-188頁

樺島忠雄・飛田良文・米川明彦「常識」『明治大正新語俗語辞典』，東京堂出版，1984年5月，159-160頁

惣郷正明・飛田良文「常識」『明治のことば辞典』，東京堂出版，1986年12月，243頁

田中建彦「常識」『ことばコンセプト事典』，第一法規出版，1992年12月，692-699頁

钟少华「试论“知识”之定位问题」（「知識」の位置づけについて）『学术研究』1998年9期，广东省社会科学界联合会，1998年9月，61-67頁

飛田良文「常識」『明治生まれの日本語』，淡交社，2002年5月，192-201頁

ジョウシキ【情識】 来田隆「「情識」考」『鶴久教授退官記念国語学論集』，桜楓社，1993年5月，363-382頁

ジョウジツ【情実】 惣郷正明・飛田良文「情実」『明治のことば辞典』，東京堂出版，1986年12月，243-244頁

ショウシャ【商社】 惣郷正明・飛田良文「商社」『明治のことば辞典』，東京堂出版，1986年12月，244-245頁

佐藤亨「商社」『現代に生きる幕末・明治初期漢語辞典』，明治書院，2007年6月，450頁

ジョウシャ【自用車】 惣郷正明・飛田良文「自用車」『明治のことば辞典』，東京堂出版，1986年12月，245-246頁

ショウショ【証書】 佐藤亨「『経済小学』の訳語」『幕末・明治初期語彙の研究』，桜楓社，1986年2月，341-342頁

ジョウショ【情緒】 ヤマサキセイコー「情緒」『カナノヒカリ』676，カナモジカイ，1978年12月，14-15頁

惣郷正明・飛田良文「情緒」『明治のことば辞典』，東京堂出版，1986年12月，246頁

ショウショウ【少々】 小川栄一「「少々」の史的考察」『馬淵和夫博士退官記念国語学論集』，大修館，1982年7月，113-132頁

ジョウジョウ【情状】 佐藤亨「『経済小学』の訳語」『幕末・明治初期語彙の研究』，桜楓社，1986年2月，328-329頁

惣郷正明・飛田良文「情状」『明治のことば辞典』，東京堂出版，1986年12月，246-247頁

ショウジン【精進】 中村元編「精進」『仏教語源散策』，東京書籍，1977年4月，169-171頁

ショウセツ【小説】 佐伯彰一「小説概念の変化―明治小説の獲得と喪失」『国文学　解釈と鑑賞』25―1，至文堂，1960年1月，84-94頁

永嶋大典「英和辞書の訳語―明治前期の文学用語をめぐって」『講座日本語の語彙 ⑥』，明治書院，1982年2月，55-56頁

樺島忠雄・飛田良文・米川明彦「小説」『明治大正新語俗語辞典』，東京堂出版，1984年5月，160頁

小松建男「「小説」が書物となるまで―中国近世に於ける「小説」という語の意味」『香川大学教育学部研究報告 第1部』63，香川大学教育学部，1985年1月，161-180頁

惣郷正明・飛田良文「小説」『明治のことば辞典』，東京堂出版，1986年12月，247-248頁

飛鳥井雅道「「小説」とはなにか」『人文学報』66，京都大学人文科学研究所，1990年3月，1-14頁

平野和彦「小説」『ことばコンセプト事典』，第一法規出版，1992年12月，700-713頁

湯浅茂雄「小説」『日本語学』12―6，明治書院，1993年6月，46-53頁

野口武彦『小説』〈一語の辞典〉，三省堂，1996年1月

馮天瑜『新語探源』，中華書局，2004年10月，607-611頁

冯天瑜「侨词来归与近代中日文化互动―以“卫生”“物理”“小说”为例」(逆輸入の用語と近代中日の文化交渉―「衛生」「物理」「小説」を例に)『武汉大学学报哲学社会科学版』2005年1期，2005年1月，33-39頁

前田富祺監修「小説」『日本語語源大辞典』，小学館，2005年4月，621頁

송명진「문이재도와 개화기 ‘소설’ 개념 연구」(開化期「小説概念の研究」)『한국문학이론과 비평』33，한국문학이론과 비평학회，2006年12月，361-379頁

唐宏峰「当“小说”遭遇novel的时候―种新的现代性文类的产生」『语义的文化变迁』，武汉大学出版社，2007年10月，317-431頁

ショウセツカ【小説家】 惣郷正明・飛田良文「小説家」『明治のことば辞典』，東京堂出版，1986年12月，248頁

ショウセンガッコウ【商船学校】 石井研堂「商船学校の始」『増補改訂　明治事物起源』下巻，春陽堂書店，1944年12月，511-512頁

ジョウソウ【情操】 佐々木正昭「「情操」という用語の期限と定着過程についての考察―明治期心理学史を中心に」『大谷学報』60―2，大谷学会，1980年9月，40-52頁

惣郷正明・飛田良文「情操」『明治のことば辞典』，東京堂出版，1986年12月，248-249頁

磯部洋司「美術教育の目標用語としての「情操」の起源」『愛知教育大学研究報告　教育

科学』48，愛知教育大学，1999年3月，163-170頁

ショウタイ【招待】 佐藤喜代治「招待・請待」『日本の漢語』，角川書店，1979年10月，202頁

ジョウダン【冗談】 佐藤喜代治「冗談」『日本の漢語』，角川書店，1979年10月，381-382頁

田島優「意読的表記から字音的表記へ—和製漢語の一生成過程」『国語文字史の研究』1，和泉書院，1992年9月，251-268頁

和田潔「漢語の形成についての一考察：「じょうだん」考」『成城国文学』12，成城大学大学院文学研究科，1996年3月，70-83頁

ショウチ【承知】 松尾聡「「承知」余談」『日本語遊覧』，笠間書院，2000年1月，37-38頁

ショウチ【招致】 佐藤亨「『地球説略』の語彙」『幕末・明治初期語彙の研究』，桜楓社，1986年2月，114頁

ショウチュウ【焼酎】 安達巌「焼酎」『日本食物文化の起源』，自由国民社，1981年5月，322-323頁

ジョウチョ【情緒】 沈国威『近代日中語彙交流史—新漢語の生成と受容』，笠間書院，1994年3月，309-310頁

ショウチョウ【象徴】 石丸久「森鷗外と上田敏—「象徴」の語彙をめぐって」『国文学研究』15，早稲田大学国語国文学会，1957年3月，115-127頁

新村出『新村出全集4』，筑摩書房，1971年9月，278-286頁

樺島忠雄・飛田良文・米川明彦「象徴」『明治大正新語俗語辞典』，東京堂出版，1984年5月，161頁

惣郷正明・飛田良文「象徴」『明治のことば辞典』，東京堂出版，1986年12月，249頁

中村政則「「象徴」の由来とゆくえ—イギリスで考えた象徴天皇制」『世界』544，岩波書店，1990年8月，169-179頁

久保忠夫「「象徴」の語について」『三十五のことばに関する七つの章』，大修館書店，1992年4月，157-177頁

丹野真「象徴」『ことばコンセプト事典』，第一法規出版，1992年12月，714-721頁

ショウチョク【詔勅】 渡辺萬蔵「書記官」『現行法律語の史的研究』，萬理閣書房，1930年12月，60頁

ジョウテイ【上帝】 佐藤亨「『智環啓蒙塾課初歩』の訳語」『近世語彙の研究』，桜楓社，1983年6月，38-39頁

ショウテン【商店】 Federico Masini「商店」*The Formation of Modern Chinese Lexicon and its Evolution toward a National Language*（李廷宰訳），소명出版，2005年11月，275頁

ショウテン【焦点】 惣郷正明・飛田良文「焦点」『明治のことば辞典』，東京堂出版，1986年12月，249-250頁

沈国威『近代日中語彙交流史—新漢語の生成と受容』，笠間書院，1994年3月，310-311頁

木村一「「焦点」を意味する訳語の変遷」『東洋』41—9，東洋大学，2004年12月，42-31頁

杉本つとむ「連載；近代訳語を検証する 30 光線・分子　焼点・焦点」『国文学　解釈と鑑賞』71—2，至文堂，2006年2月，185-189頁

木村秀次「「焦点」の語誌」『言語と文芸』124，国文学言語と文芸の会，おうふう，2008年3月，96-114頁

ジョウト【譲渡】 渡辺萬蔵「譲渡」『現行法律語の史的研究』，萬理閣書房，1930年12月，264頁

ジョウド【浄土】 柴田泰「訳語としての阿弥陀仏の「浄土」」『印度哲学仏教学』，北海道印度哲学仏教学会，1992年10月，185-204頁

肖越「「浄土」の訳語について：『無量清浄平等覚経』を中心として」『印度學佛教學研究』57

—2，佛教大学総合研究所，2009年3月，732-735頁

ショウドウ【衝動】 樺島忠雄・飛田良文・米川明彦「衝動」『明治大正新語俗語辞典』，東京堂出版，1984年5月，161頁

惣郷正明・飛田良文「衝動」『明治のことば辞典』，東京堂出版，1986年12月，250-251頁

高野繁男「『哲学字彙』の訳語」『近代漢語の研究—日本語の造語法・訳語法』，明治書院，2004年11月，67頁

佐藤亨「衝動」『現代に生きる幕末・明治初期漢語辞典』，明治書院，2007年6月，455頁

ショウドク【消毒】 佐藤亨『近世語彙の研究』，桜楓社，1983年6月，133頁

ショウドクヤク【消毒薬】 高野繁男「『百科全書』の訳語」『近代漢語の研究—日本語の造語法・訳語法』，明治書院，2004年11月，147頁

ショウニ【小児】 高橋巌「幼児，新生児，乳児，嬰児，幼児，嬰児，稚児，小児」『講座日本語の語彙 ⑪』，明治書院，1983年6月，324-327頁

ショウニン【商人】 渡辺萬蔵「商人」『現行法律語の史的考察』，萬理閣書房，1930年12月，197頁

佐藤武義「「商人」の訓み」『宮城教育大学国語国文』1，宮城教育大学，1969年3月，10-19頁

ジョウニン【情人】 半沢洋子「こいびと恋人，愛人，情人，色」『講座日本語の語彙⑩』，明治書院，1983年4月，41-47頁

ジョウネツ【情熱】 橋浦兵一「「人情」と「情熱」—明治文学の主題語」『作家の育てたことば　近代文学の表題語』，南雲堂，1985年5月，101-156頁

惣郷正明・飛田良文「情熱」『明治のことば辞典』，東京堂出版，1986年12月，251頁

野口新一「〈情熱〉の語誌に関する一考察」『高知大国文』20，高知大学国語国文学会，1989年12月，39-42頁

ショウネン【少年】 藤岡端「少年と児童」『言語生活』16，筑摩書房，1953年1月，47頁

田嶋一「「少年」概念の成立と少年期の出現—雑誌『少年世界』の分析を通して」『国学院雑誌』95—7，国学院大学，1994年7月，1-15頁

君島淳「「史記」の「少年」について」『名古屋大学人文科学研究』29，名古屋大学大学院文学研究科院生・研究生自治会，2000年3月，1-17頁

ショウネンば【正念場】 阪下圭八「正念場・性根・根性」『歴史のなかの言葉』，朝日新聞社，1989年6月，24-25頁

ショウノウ【小脳】 斎藤静「小脳」『日本語に及ぼしたオランダ語の影響』，篠崎書林，1967年8月，126-127頁

沈国威「蘭学の訳語と新漢語の創出」『19世紀中国語の諸相』，雄松堂出版，2007年3月，242頁

ショウノウ【樟脳】 富田仁「樟脳」『舶来事物起源事典』，名著普及会，1987年12月，169-171頁

ショウハイ【勝敗】 能勢朝次「近況・奇語・勝敗」『国語教育』35，大修館書店，1954年6月，24-26頁

ジョウハツ【蒸発】 陳力衛「現代中国語における和製漢語の受容」『和製漢語の形成と展開』，汲古書院，2001年2月，373頁

佐藤亨「蒸発」『現代に生きる幕末・明治初期漢語辞典』，明治書院，2007年6月，456-457頁

ショウヒ【消費】 佐藤亨「『米欧回覧実記』の語彙」『幕末・明治初期語彙の研究』，桜楓社，1986年2月，447-448頁

ショウヒくみあい【消費組合】 惣郷正明・飛田良文「消費組合」『明治のことば辞典』，東京堂出版，1986年12月，251頁

ショウヒシャシュケン【消費者主権】 村田稔雄「「消費者主権」の由来をたずねて」

『言語生活』168，筑摩書房，1967年3月，70-71頁

ジョウビヘイ【常備兵】 Federico Masini「常備兵」*The Formation of Modern Chinese Lexicon and its Evolution toward a National Language*(李廷宰訳)，소명出版，2005年11月，166頁

ショウヒョウ【商標】 惣郷正明・飛田良文「商標」『明治のことば辞典』，東京堂出版，1986年12月，251-252頁

沈国威『近代日中語彙交流史—新漢語の生成と受容』，笠間書院，1994年3月，312-313頁

陳力衛「中国への逆輸入」『和製漢語の形成と展開』，汲古書院，2001年2月，281頁

佐藤亨「商標」『現代に生きる幕末・明治初期漢語辞典』，明治書院，2007年6月，457-458頁

ジョウヒン【上品】 中村元編「上品・下品」『仏教語散策』，東京書籍，1977年4月，50-52頁

ショウヘンショウセツ【掌編小説】 渡邊晴夫「掌篇小説という名称の由来」『国語と教育』19，長崎大学，1994，109-115頁

ショウホウ【商法】 渡辺萬蔵「商法」『現行法律語の史的考察』，萬理閣書房，1930年12月，159頁

石井研堂「商法の始」『増補改訂　明治事物起源』上巻，春陽堂書店，1944年11月，147-148頁

Federico Masini「商法」*The Formation of Modern Chinese Lexicon and its Evolution toward a National Language*(李廷宰訳)，소명出版，2005年11月，166頁

ショウボウ【消防】 渡辺萬蔵「消防」『現行法律語の史的考察』，萬理閣書房，1930年12月，238頁

紀田順一郎「消防」『近代事物起源事典』，東京堂出版，1992年9月，102-104頁

湯本豪一「消防」『図説明治事物起源事典』，柏書房，1996年11月，348-349頁

Federico Masini「消防」*The Formation of Modern Chinese Lexicon and its Evolution toward a National Language*(李廷宰訳)，소명出版，2005年11月，166頁

ジョウホウ【情報】 長山泰介「情報の語義—情報とは」『情報科学』119，1979年12月，74-75頁

長山泰介「「情報」という言葉の起源」『ドクメンテーション研究』33，情報科学技術協会，1983年9月，431-435頁

惣郷正明・飛田良文「情報」『明治のことば辞典』，東京堂出版，1986年12月，252頁

最上勝也「「情報」ということば　マスコミ使用実態の諸相」『NHK放送研究と調査』38—1，ＮＨＫ放送文化研究所，1988年1月，32-44頁

横田貢「「情報」という語の成立をめぐって—鷗外初訳かとする見方への疑問」『情報研究』9，情報学共同研究，1988年12月，220-198頁

上田修一「情報とinformationの語の意味の変化」『情報の科学と技術』40—1，情報科学技術協会，1990年，3-6頁

長山泰介『情報という用語の史的考察 Terminology Booklet』3，専門用語研究会，1990年2月，1-13頁

大島進「鷗外森林太郎による独逸語NACHRICHTENの二つの翻訳語「情報」と「状報」」『全国大会講演論文集』第40回平成2年前期(1)，情報処理学会，1990年3月，28-29頁

小野厚夫「明治期における情報と状報」『全国大会講演論文集』第44回，情報処理学会，1991年2月，43-44頁

小野厚夫「明治期における「情報」と「状報」」『神戸大教養部紀要論集』47，神戸大教養部，1991年3月，81-98頁

今里智晃「情報・報道」『ことばコンセプト事典』，第一法規出版，1992年12月，722-729

頁
石神まり「「情報」の日常的な用法からみた意味」*Library and Information Science* 32，三田図書館・情報学会，1995年3月，17-41頁
櫻木貴子「我が国の高等教育機関における「情報」という語の意味とその変遷」*Library and Information Science* 36，三田図書館・情報学会，1996年3月，51-62頁
陳力衛「漢字の履歴―情報」『月刊しにか』13―8，大修館書店，2002年7月，67頁
倉島正長「「情報をとりまく言葉」」『日本語から日本が見える』，東京新聞出版局，2004年11月，87-96頁
前田富祺監修「情報」『日本語語源大辞典』，小学館，2005年4月，623頁
박기성「개화기 신문지에서 "信息"과"情報"의 용례 비교」(開化期の新聞における"信息"と"情報"の用例比較)『한국언론학회 학술대회 발표논문집』，한국언론학회 2005 가을철 정기학술대회，2005年10月，63-84頁

ジョウホウカガク【情報科学】 森智彦「中国におけるInformation Scienceの訳語」『情報の科学と技術』44―1，情報科学技術協会，1994年1月，71頁

ジョウホウカシャカイ【情報化社会】 倉島正長「「情報化社会」という言葉のあれこれ」『日本語から日本が見える』，東京新聞出版局，2004年11月，49-56頁

ショウホン【抄本】 渡辺萬蔵「抄本」『現行法律語の史的研究』，萬理閣書房，1930年12月，60頁

ジョウミャク【静脈】 佐藤亨『近世語彙の歴史的研究』，桜楓社，1980年10月，320頁
小川鼎三「動脈と静脈」『医学用語の起り』，東京書籍，1983年1月，59-61頁
惣郷正明・飛田良文「静脈」『明治のことば辞典』，東京堂出版，1986年12月，252-253頁
沈国威「蘭学の訳語と新漢語の創出」『19世紀中国語の諸相』，雄松堂出版，2007年3月，245頁
松本秀士「動脈・静脈の概念の初期的流入に関する日中比較研究」『或問』14，近代東西言語文化接触研究会，2008年7月，59-80頁

ショウム【商務】 Federico Masini「商務」*The Formation of Modern Chinese Lexicon and its Evolution toward a National Language*(李廷宰訳)，소명出版，2005年11月，166頁

ジョウム【常務】 惣郷正明・飛田良文「常務」『明治のことば辞典』，東京堂出版，1986年12月，253頁

ショウモウ【消耗】 佐藤喜代治「『三兵答古知幾』の漢語」『国語語彙史の歴史的研究』，明治書院，1971年11月，279頁
進藤咲子「小幡篤次郎の英氏経済論の訳語」『明治時代語の研究：語彙と文章』，明治書院，1981年11月，99頁
惣郷正明・飛田良文「消耗」『明治のことば辞典』，東京堂出版，1986年12月，253-254頁

ショウモウヒン【消耗品】 惣郷正明・飛田良文「消耗品」『明治のことば辞典』，東京堂出版，1986年12月，254頁

ジョウモウ【燒亡】 浅野敏彦「和製漢語〈燒亡〉について」『春日丘論叢』23，大阪府立春日丘高等学校，1979年4月，1-6頁
浅野敏彦「「燒亡―漢字文の和製漢語」『国語史の中の漢語』，和泉書院，1998年2月，237-250頁

ショウもの【抄物】 柳田征司「「抄物という語の成立と定着」『国語語彙史の研究』5，和泉書院，1984年5月，261-270頁

ジョウヤク【条約】 佐藤亨「条約」『現代に生きる幕末・明治初期漢語辞典』，明治書院，2007年6月，461頁

ショウユ【醤油】 安達巌「醤油」『日本食物文化の起源』，自由国民社，1981年5月，186-187頁
前田富祺監修「醤油」『日本語語源大辞典』，小

学館，2005年4月，625頁

ジョウヨ【剰余】 高野繁男「『百科全書』の訳語」『近代漢語の研究―日本語の造語法・訳語法』，明治書院，2004年11月，107頁

ジョウヨウ【常用】 佐藤亨『近世語彙の研究』，桜楓社，1983年6月，122頁

ショウライ【将来】 中川正之「将来」『漢語からみえる世界と世間』，岩波書店，2005年5月，8-9頁

ジョウリ【条理】 渡辺萬蔵「条理」『現行法律語の史的考察』，萬理閣書房，1930年12月，242頁

ジョウリュウスイ【蒸留水】 竹本喜一・金岡喜久子「化学のことば ア・ラ・カルト」『化学語源ものがたり』part2，東京化学同人，1990年4月，60頁

高野繁男「『百科全書』の訳語」『近代漢語の研究―日本語の造語法・訳語法』，明治書院，2004年11月，154頁

ショウリョウ【商量】 松尾良樹「平安朝漢文学と唐代口語」『国文学　解釈と鑑賞』55―10，至文堂，1990年10月，26-44頁

ジョウレイ【条例】 渡辺萬蔵「条例」『現行法律語の史的考察』，萬理閣書房，1930年12月，14頁

ショウワ【昭和】 稲垣吉彦・吉沢典男監修「昭和」『昭和ことば史60年』，講談社，1985年10月，10-11頁

ジョウワ【情話】 惣郷正明・飛田良文「情話」『明治のことば辞典』，東京堂出版，1986年12月，254-255頁

ジョガクセイ【女学生】 杉本邦子「女学生」『国文学　解釈と鑑賞』33―5，至文堂，1968年4月，79-83頁

惣郷正明・飛田良文「女学生」『明治のことば辞典』，東京堂出版，1986年12月，255頁

本田和子「「女学生」の系譜1「女学生」の誕生」『ユリイカ』21―1，青土社，1989年1月，34-39頁

湯本豪一「女学生」『図説明治事物起源事典』，柏書房，1996年11月，374-375頁

飯田祐子「「女」を構成する軋み―『女学雑誌』における「内助」と「女学生」」『岩波講座近代日本の文化史』，岩波書店，2001年12月，203-234頁

佐藤亨「女学生」『現代に生きる幕末・明治初期漢語辞典』，明治書院，2007年6月，463-464頁

ジョガッコウ【女学校】 諸家「教育と学芸　家庭教育，幼児教育，私塾・寺子屋・小学校，中学校・女学校，大学・高専，学位，学士院・芸術院，美術・写真，音楽，民謡・流行歌」『国文学』11―12，学燈社，1966年10月，108-109頁

惣郷正明・飛田良文「女学校」『明治のことば辞典』，東京堂出版，1986年12月，255頁

紀田順一郎「女学校」『近代事物起源事典』，東京堂出版，1992年9月，104-105頁

佐藤亨「女学校」『現代に生きる幕末・明治初期漢語辞典』，明治書院，2007年6月，464頁

ショキカン【書記官】 渡辺萬蔵「書記官」『現行法律語の史的研究』，萬理閣書房，1930年12月，214頁

ジョキュウ【女給】 樺島忠雄・飛田良文・米川明彦「女給」『明治大正新語俗語辞典』，東京堂出版，1984年5月，162頁

ジョキョ【除去】 佐藤亨「『万国公法』の語彙」『幕末・明治初期語彙の研究』，桜楓社，1986年2月，184-185頁

ショク【～色】 陳力衛「中国語の文法に適応できない和製漢語」『和製漢語の形成と展開』，汲古書院，2001年2月，369頁

ショクイク【食育】 河野公子「食育」『日本食品科学工学会誌』54―4，日本食品科学工学会，2007年4月，204頁

ショクインロク【職員録】 石井研堂「職員録の始」『増補改訂　明治事物起源』上巻，春陽堂書店，1944年11月，155-156頁

惣郷正明・飛田良文「職員録」『明治のことば

辞典』，東京堂出版，1986年12月，255頁

ショクガク【植学】 沈国威「漢語を育てた近代日本語―西学東漸と新漢語」『国文学』41―11，関西大学国文学会，1996年9月，80-86頁

ショクギョウ【職業】 佐藤亨『近世語彙の研究』，桜楓社，1983年6月，235頁

滝沢恵美子「職業」『ことばコンセプト事典』，第一法規出版，1992年12月，730-739頁

ショクギョウショウカイジョ【職業紹介所】 渡辺萬蔵「職業紹介所」『現行法律語の史的考察』，萬理閣書房，1930年12月，156頁

石井研堂「職業紹介所の始」『増補改訂　明治事物起源』上巻，春陽堂書店，1944年11月，77-78頁

ショクザイ【贖罪】 今里智晃「罪」『ことばコンセプト事典』，第一法規出版，1992年12月，1142-1151頁

ショクジ【食事】 佐藤武義「食事」『日本語の語源』，明治書院，2003年1月，24頁

ショクタク【食卓】 佐藤亨『近世語彙の研究』，桜楓社，1983年6月，281頁

ショクタク【嘱託】 佐藤喜代治「漢語の源流―『万法精理』の訳語について(一)」『国語語彙史の歴史的研究』，明治書院，1971年11月，317-321頁

惣郷正明・飛田良文「嘱託」『明治のことば辞典』，東京堂出版，1986年12月，255-257頁

ショクテン【食店】 浅野敏彦「森鷗外「舞姫」に見える「食店」考　鷗外の漢語」『国語語彙史の研究』22，和泉書院，2003年3月，191-206頁

ショクドウ【食堂】 前田富祺監修「食堂」『日本語語源大辞典』，小学館，2005年4月，627頁

ショクバイ【触媒】 竹本喜一・金岡喜久子「化学のことばいろいろ」『化学語源ものがたり』，東京化学同人，1986年3月，133頁

ショクヒン【食品】 佐藤亨『近世語彙の研究』，桜楓社，1983年6月，215頁

ショクブツ【植物】 鈴木修次「文明用語と日本人」『文明のことば』，文化評論出版，1981年3月，213-214頁

ショクブツエン【植物園】 石井研堂「植物園の始」『増補改訂　明治事物起源』下巻，春陽堂書店，1944年12月，1520-1521頁

湯本豪一「植物園」『図説明治事物起源事典』，柏書房，1996年11月，376-377頁

Federico Masini「植物園」*The Formation of Modern Chinese Lexicon and its Evolution toward a National Language*(李廷宰訳)，소명出版，2005年11月，166頁

ショクブツガク【植物学】 沈国威「漢語を育てた近代日本語―西学東漸と新漢語」『国文学』41―11，関西大学国文学会，1996年9月，80-86頁

ショクブン【職分】 中島哲也「Self―HelpにおけるDutyと『西国立志編』における職分」『国際日本学』5〈研究成果報告集〉，法政大学，2007年5月，87-112頁

ショクミン【植民・殖民】 佐藤喜代治「漢語の源流―『万法精理』の訳語について(二)」『国語語彙史の歴史的研究』，明治書院，1971年11月，348頁

沈国威「蘭学の訳語と新漢語の創出」『19世紀中国語の諸相』，雄松堂出版，2007年3月，243頁

佐藤亨「植民」『現代に生きる幕末・明治初期漢語辞典』，明治書院，2007年6月，466頁

ショクミンチ【植民地】 馮天瑜『新語探源』，中華書局，2004年10月，399-400頁

杉本つとむ「近代訳語を検証する50　図書館・文庫／植民地／民主(本)主義／内閣」『国文学　解釈と鑑賞』72―10，至文堂，2007年10月，213-221頁

ショクリョウ【食料】 文化庁「「食料」と「食糧」の使い分け」『言葉に関する問答集』，

大蔵省印刷局，1995年3月，72–73頁

ショゲン【緒言】 惣郷正明・飛田良文「緒言」『明治のことば辞典』，東京堂出版，1986年12月，257頁

ジョケン【女権】 惣郷正明・飛田良文「女権」『明治のことば辞典』，東京堂出版，1986年12月，257–258頁

林正子「清水紫琴の〈女権〉と〈恋愛〉—明治の〈女文学者〉，その誕生の軌跡」『岐阜大学国語国文学』23，岐阜大学国語国文学会，1996年3月，23–39頁

後藤ひろ子「『女学雑誌』における「女権」の考察」『日本語教育論集』15，姫路独協大学，2006年3月，63–69頁

西川真子「Book Review「女権」—清末民初の新語が語るもの—[須藤瑞代著]『中国「女権」概念の変容』」『東方』318，東方書店，2007年8月，24–27頁

ジョコウ【女工】 惣郷正明・飛田良文「女工」『明治のことば辞典』，東京堂出版，1986年12月，258頁

ジョシ【女子】 塩沢美代子「女・女子・女性・婦人」『言語生活』261，筑摩書房，1973年6月，84–87頁

ジョシ【女史】 惣郷正明・飛田良文「女史」『明治のことば辞典』，東京堂出版，1986年12月，259頁

ジョジシ【叙事詩】 永嶋大典「英和辞書の訳語—明治前期の文学用語をめぐって」『講座日本語の語彙 ⑥』，明治書院，1982年2月，51頁

樺島忠雄・飛田良文・米川明彦「叙事詩」『明治大正新語俗語辞典』，東京堂出版，1984年5月，162–163頁

田宝玉「中國文學 중 敍事詩 概念 小考」(中国文学における叙事詩概念)『中國語文學論集 문경 제5호』5，中国語文学研究会，1993年8月，99–117頁

沈国威『近代日中語彙交流史—新漢語の生成と受容』，笠間書院，1994年3月，313頁

钟少华「试论民俗学科词语概念的近代阐述」(民俗学の諸概念についての近代的解釈)『民俗研究』2002年4期，山东大学，2002年4月，5–18頁

ショジョ【処女】 佐々木瑞枝「処女」『女と男の日本語辞典』上巻，東京堂出版，2000年6月，240–244頁

井上章一他「処女」『性の用語集』講談社現代新書，講談社，2004年12月，72–82頁

ショジョコウカイ【処女航海】 佐々木瑞枝「処女地と処女航海」『女の日本語男の日本語』，筑摩書房，1999年6月，128–132頁

ショジョチ【処女地】 佐々木瑞枝「処女地と処女航海」『女の日本語男の日本語』，筑摩書房，1999年6月，128–132頁

ショジョマク【処女膜】 斎藤静「処女膜」『日本語に及ぼしたオランダ語の影響』，篠崎書林，1967年8月，138頁

沈国威「蘭学の訳語と新漢語の創出」『19世紀中国語の諸相』，雄松堂出版，2007年3月，243頁

佐藤亨「処女膜」『現代に生きる幕末・明治初期漢語辞典』，明治書院，2007年6月，468頁

杉本つとむ「近代訳語を検証する 51　輸尿管・尿道／輸精管・膣・処女膜／鼓膜・蝸牛殻」『国文学　解釈と鑑賞』72—11，至文堂，2007年11月，207–211頁

ジョジョウ【叙情・抒情】 惣郷正明・飛田良文「叙情・抒情」『明治のことば辞典』，東京堂出版，1986年12月，259頁

文化庁「「叙情」と「抒情」」『言葉に関する問答集』，大蔵省印刷局，1995年3月，255–256頁

ジョジョウシ【抒情詩】 永嶋大典「英和辞書の訳語—明治前期の文学用語をめぐって」『講座日本語の語彙 ⑥』，明治書院，1982年2月，51頁

樺島忠雄・飛田良文・米川明彦「叙事詩」『明治大正新語俗語辞典』，東京堂出版，1984

年5月，163頁
沈国威『近代日中語彙交流史―新漢語の生成と受容』，笠間書院，1994年3月，314頁
ショセイ【書生】 佐藤喜代治「「学生」「学匠」並びに「書生」」『国語語彙の歴史的研究』，明治書院，1971年11月，186-202頁
惣郷正明・飛田良文「書生」『明治のことば辞典』，東京堂出版，1986年12月，260-261頁
劉凡夫「〈学ぶ人〉を表す語彙に関する史的考察」『日本語の歴史地理構造』，明治書院，1997年8月，249-267頁
米川明彦「書生」『明治・大正・昭和の新語・流行語辞典』，三省堂，2002年1月，17頁
ジョセイ【女性】 三木康至「「男性」および「女性」の本質的意義に関する考察」『東横学園女子短大紀要』11，東横学園女子短期大，1973年2月，83-89頁
塩沢美代子「女・女子・女性・婦人」『言語生活』261，筑摩書房，1973年6月，84-87頁
惣郷正明・飛田良文「女性」『明治のことば辞典』，東京堂出版，1986年12月，261頁
漆田和代「「婦人」「女」「女性」：女の一般呼称考」『おんなと日本語』，有信堂高文社，1993年1月，123-158頁
京極興一「女子の語誌：明治初期から中期に至る」『上田女子短期大学紀要』17，上田女子短期大学，1994年3月，21-29頁
進藤咲子「「女性」小考」『フェリス女学院大学国文学論叢』，フェリス女学院大学国文学会，1995年5月，358-377頁
京極興一「「女性」の語誌」『近代日本語の研究―表記・表現』，東宛社，1998年5月，296-323頁
ショセキ【書籍】 惣郷正明・飛田良文「書籍」『明治のことば辞典』，東京堂出版，1986年12月，261-262頁
ショセキカン【書籍館】 惣郷正明・飛田良文「書籍館」『明治のことば辞典』，東京堂出版，1986年12月，262-263頁
ショセン【所詮】 中山緑朗「古記録の語彙に見る副詞―漢語副詞の登場」『学苑』561，昭和女子大学光葉会，1986年9月，16-28頁
ショセン【緒戦】 文化庁「「緒戦」と「初戦」の使い分け」『言葉に関する問答集』，大蔵省印刷局，1995年3月，155-156頁
ジョソウ【女装】 井上章一他「女装」『性の用語集』講談社現代新書，講談社，2004年12月，119-125頁
ショタイ【所帯】 渡辺萬蔵「所帯」『現行法律語の史的考察』，萬理閣書房，1930年12月，265頁
文化庁「「所帯」と「世帯」」『言葉に関する問答集』，大蔵省印刷局，1995年3月，288-289頁
ショチ【処置】 惣郷正明・飛田良文「処置・所置」『明治のことば辞典』，東京堂出版，1986年12月，263-264頁
文化庁「「処置」と「措置」」『言葉に関する問答集』，大蔵省印刷局，1995年3月，295-296頁
ショッカン【食感】 橋本行洋「「食感」の語誌 新語の定着とその要因」『日本語の研究』2，日本語学会，2006年10月，92-106頁
ショッコウ【職工】 惣郷正明・飛田良文「職工」『明治のことば辞典』，東京堂出版，1986年12月，264頁
Federico Masini「職工」*The Formation of Modern Chinese Lexicon and its Evolution toward a National Language*（李廷宰訳），소명出版，2005年11月，233頁
ショトク【所得】 井上章「「せうとく」論」『文芸研究』49，日本文芸研究会，1965年2月，42-51頁
進藤咲子「小幡篤次郎の英氏経済論の訳語」『明治時代語の研究；語彙と文章』，明治書院，1981年11月，96-97頁
ショブン【処分】 渡辺萬蔵「処分」『現行法律語の史的考察』，萬理閣書房，1930年12月，265頁
惣郷正明・飛田良文「処分」『明治のことば辞

典』，東京堂出版，1986年12月，264–266頁

ショホ【初歩】 佐藤亨「初歩」『現代に生きる幕末・明治初期漢語辞典』，明治書院，2007年6月，472頁

ショホウ【処方】 惣郷正明・飛田良文「処方」『明治のことば辞典』，東京堂出版，1986年12月，266頁

ショミン【庶民】 惣郷正明・飛田良文「庶民」『明治のことば辞典』，東京堂出版，1986年12月，266–267頁

ショヤ【初夜】 遠藤好英「記録体における時の語彙―『後二条師通記』の夜に関する語について」『訓点語と訓点資料』77，訓点語学会，1987年3月，85–107頁

ショユウ【所有】 吉田裕清「「所有」と「占有」」『翻訳語としての日本の法律用語』，中央大学出版局，2004年11月，113–125頁

ジョユウ【女優】 紀田順一郎「女優」『近代事物起源事典』，東京堂出版，1992年9月，108–109頁

湯本豪一「女優」『図説明治事物起源事典』，柏書房，1996年11月，230–231頁

ショヨウ【所用】 文化庁「「所用」と「所要」の使い分け」『言葉に関する問答集』，大蔵省印刷局，1995年3月，38頁

ショルイ【書類】 佐藤亨「書類」『現代に生きる幕末・明治初期漢語辞典』，明治書院，2007年6月，474頁

ジョロウ【女郎】 亀井孝「懺悔考・女郎考」『国語学』36，国語学会，1959年3月，79–91頁

亀井孝「女郎の語のニュアンス」『国語学』37，国語学会，1959年6月，104–105頁

亀井孝「寄せ書き 女郎考追記」『国語学』39，国語学会，1959年12月，99–104頁

ジリツ【自立】 愼英弘「自立の概念と構造」『四天王寺大学紀要』46，四天王寺大学紀要編集委員会，2008年3月，85–107頁

シリツガッコウ【私立学校】 張志淵「私立学校」『萬國事物紀原歴史』，皇城新聞社，1909年8月，60頁

シリョウ【資料】 惣郷正明・飛田良文「資料」『明治のことば辞典』，東京堂出版，1986年12月，268頁

舒志田「「資料」という語について」『語文研究』90，九州大学国語国文学会，2000年12月，59–46頁

シリョク【視力】 佐藤亨「視力」『現代に生きる幕末・明治初期漢語辞典』，明治書院，2007年6月，476頁

シレイ【司令】 惣郷正明・飛田良文「司令」『明治のことば辞典』，東京堂出版，1986年12月，268–269頁

シレイカン【司令官】 惣郷正明・飛田良文「司令官」『明治のことば辞典』，東京堂出版，1986年12月，269頁

ジレイ【辞令】 原田健太郎「日本語と中国語・同形異義語考 ⑤」『言語』8―11，大修館書店，1979年11月，83頁

佐藤亨「『六合叢談』の語彙」『幕末・明治初期語彙の研究』，桜楓社，1986年2月，141–142頁

しろうと【素人】 一海知義「素人」『漢語の知識』，岩波書店，1981年7月，206–211頁

陳力衛「現代中国語における和製漢語の受容」『和製漢語の形成と展開』，汲古書院，2001年2月，372頁

ジロン【持論】 陳力衛「現代中国語における和製漢語の受容」『和製漢語の形成と展開』，汲古書院，2001年2月，372頁

シン【〜心】 朱京偉『近代日中新語の創出と交流―人文科学と自然科学の専門語を中心に』，白帝社，2003年10月，68頁

シン【信】 山崎和夫「〝believe〟と「信じる」再考」『九州大学文学部紀要』15，九州大学文学部，1976年7月，95–129頁

シン【神】 大野晋『神』〈一語の辞典〉，三省堂，1997年10月

ジン【人】 吉田裕清「「人」」『翻訳語としての日本の法律用語』，中央大学出版局，

2004年11月，31-42頁

ジン【仁】　鈴木広光「漢訳聖書に於けるagapeの翻訳について」『名古屋大学文学部研究論集』118文学40，名古屋大学文学部，1994年3月，53-62頁

ジンアイ【仁愛】　鈴木広光「漢訳聖書に於けるagapeの翻訳について」『名古屋大学文学部研究論集』118文学40，名古屋大学文学部，1994年3月，53-62頁

シンイ【心意】　稲村務「訳語としての「心意」：柳田国男と牧口常三郎」『族』26，筑波大学，1995年3月，1-14頁

ジンイン【人員】　佐藤亨「『徳国学校論略』の語彙」『幕末・明治初期語彙の研究』，桜楓社，1986年2月，206-207頁

シンカ【進化】　米川明彦「近代語彙考証6―進化論」『日本語学』2―9，明治書院，1983年9月，114-117頁

樺島忠雄・飛田良文・米川明彦「進化」『明治大正新語俗語辞典』，東京堂出版，1984年5月，163頁

惣郷正明・飛田良文「進化」『明治のことば辞典』，東京堂出版，1986年12月，269-270頁

田中建彦「進化」『ことばコンセプト事典』，第一法規出版，1992年12月，740-749頁

高野繁男「『哲学字彙』の訳語」『近代漢語の研究―日本語の造語法・訳語法』，明治書院，2004年11月，69頁

前田富祺監修「進化」『日本語語源大辞典』，小学館，2005年4月，629頁

佐藤亨「進化」『現代に生きる幕末・明治初期漢語辞典』，明治書院，2007年6月，477頁

シンカロン【進化論】　石井研堂「精神学科の訳語」『増補改訂　明治事物起源』下巻，春陽堂書店，1944年11月，519-521頁

広田栄太郎「訳語あれこれ」『近代訳語考』，東京堂出版，1969年8月，305-326頁

鈴木修次「「進化論」の日本への流入と中国」『日本漢語と中国―漢字文化圏の近代化』，中央公論社，1981年9月，168-214頁

米川明彦「近代語彙考証6 進化論」『日本語学』2―9，明治書院，1983年9月，114-117頁

金田一春彦編「進化論」『ことばの生い立ち』，講談社，1988年2月，151頁

菅原国香外「シンポジウム；西洋近代科学諸概念・説の受容に際しての日本の対応・理解度をめぐって」『科学史研究』第239号，日本科学史学会，2006年秋，173-188頁

シンガク【神学】　海老沢有道「神学という日本語について」『国際基督教大学学報』3・A，アジア文化研究所，1960年9月，41-46頁

丹野真「神学」『ことばコンセプト事典』，第一法規出版，1992年12月，750-757頁

高野繁男「『哲学字彙』の訳語」『近代漢語の研究―日本語の造語法・訳語法』，明治書院，2004年11月，60頁

ジンカク【人格】　石井研堂「精神学科の訳語」『増補改訂　明治事物起源』下巻，春陽堂書店，1944年11月，519-521頁

広田栄太郎『近代訳語考』，東京堂，1969年8月，318頁

市村卓彦「翻訳語としての「人格」について」『人文科学論集』20，市邨学園短期大学，1977年3月，83-98頁

中村保男「類義語・多義語「性格」と「人格」と個性」『翻訳の世界』55，バベル・プレス，1980年5月，94-98頁

樺島忠雄・飛田良文・米川明彦「人格」『明治大正新語俗語辞典』，東京堂出版，1984年5月，164頁

佐古純一郎「「人格」という語彙の成立について」『解釈』32―11，解釈編集部，1986年11月，5-10頁

惣郷正明・飛田良文「人格」『明治のことば辞典』，東京堂出版，1986年12月，270頁

佐古純一郎『近代日本思想史における人格概念の成立』，朝文社，1995年10月，358頁

陳力衛「漢字の履歴―人格」『月刊しにか』13―8，大修館書店，2002年7月，67頁

稲垣良典「「人格」ペルソナ概念の存在論的考察」『純心人文研究』13，長崎純心大学，2007年3月，1-18頁

シンカン【心肝】 曾田文雄「「心肝」「肝心」小考」『滋賀大国文』1，滋賀大学教育学部滋賀大国語国文会，1964年2月，14-20頁

シンキ【心気】 横田貢「辛気・心気・沈気」『講座日本語の語彙 ⑩』，明治書院，1983年4月，231-235頁

ジンギ【仁義】 宮田正晴「仁義」『ことばコンセプト事典』，第一法規出版，1992年12月，758-765頁

シンケイ【神経】 斎藤静「神経」『日本語に及ぼしたオランダ語の影響』，篠崎書林，1967年8月，285頁

杉本つとむ「翻訳事始」『日本語講座8　外国語と日本語』，桜楓社，1980年3月，110-118頁

佐藤亨「「重訂解体新書」の訳語」『近世語彙の歴史的研究』，桜楓社，1980年10月，318頁

小川鼎三「神経」『医学用語の起り』，東京書籍，1983年1月，27-29頁

荒尾禎秀「神経」『講座日本語の語彙 ⑩』，明治書院，1983年4月，236-240頁

杉本つとむ「〈神経〉と〈膵臓〉の医事文化」『語源の文化誌』，創拓社，1990年4月，215-234頁

飛田良文「第５章　訳語の成立事情」『東京語成立史の研究』，東京堂出版，1992年8月，461頁

陳力衛「現代中国語における和製漢語の受容」『和製漢語の形成と展開』，汲古書院，2001年2月，390頁

杉本つとむ「神経」『語源海』，東京書籍，2005年3月，344頁

沈国威「蘭学の訳語と新漢語の創出」『19世紀中国語の諸相』，雄松堂出版，2007年3月，241頁

佐藤亨「神経」『現代に生きる幕末・明治初期漢語辞典』，明治書院，2007年6月，479頁

松本秀士「神経の概念の初期的流入に関する日中比較研究」『漢字文化圏諸言語の近代語彙の形成—創出と共有』，関西大学出版部，2008年9月，373-394頁

シンケイケイ【神経系】 斎藤静「神経系」『日本語に及ぼしたオランダ語の影響』，篠崎書林，1967年8月，285-286頁

シンケイスイジャク【神経衰弱】 斎藤静「神経衰弱」『日本語に及ぼしたオランダ語の影響』，篠崎書林，1967年8月，286頁

シンケイツウ【神経痛】 斎藤静「神経痛」『日本語に及ぼしたオランダ語の影響』，篠崎書林，1967年8月，286頁

シンゲキ【新劇】 湯本豪一「新劇」『図説明治事物起源事典』，柏書房，1996年11月，234-235頁

ジンケン【人絹】 富田仁「人絹」『舶来事物起源事典』，名著普及会，1987年12月，173-174頁

ジンケン【人権】 樺島忠雄・飛田良文・米川明彦「人権」『明治大正新語俗語辞典』，東京堂出版，1984年5月，165頁

佐藤亨「『泰西国法論』の訳語」『幕末・明治初期語彙の研究』，桜楓社，1986年2月，387-388頁

惣郷正明・飛田良文「人権」『明治のことば辞典』，東京堂出版，1986年12月，271頁

樋口陽一『人権』〈一語の辞典〉，三省堂，1996年5月

尾川昌法「明治の人権論・ノート4 翻訳語の苦心—「人権」の誕生4」『人権21』164，岡山部落問題研究所，2003年6月，32-35頁

高野繁男「『明六雑誌』の和製漢語」『『明六雑誌』とその周辺』神奈川大学人文学研究所編，お茶の水書房，2004年3月，191頁

鄭英淑「人権」『津田真道の訳語研究』，国際基督教大学提出博士論文，2004年9月，197-212頁

高野繁男「『明六雑誌』の語彙」『近代漢語の研究—日本語の造語法・訳語法』，明治書院，

2004年11月，182頁

佐藤亨「人権」『現代に生きる幕末・明治初期漢語辞典』，明治書院，2007年6月，480頁

小畑隆資「「人権」概念の創造―「設立趣旨書」を読む」『人権21』192，岡山人権問題研究所，2008年2月，4-7頁

シンコウ【信仰】 土家典生「信仰」『ことばコンセプト事典』，第一法規出版，1992年12月，766-775頁

シンゴウ【信号】 Federico Masini「信号」*The Formation of Modern Chinese Lexicon and its Evolution toward a National Language*（李廷宰訳），소명出版，2005年11月，162頁

佐藤亨「信号」『現代に生きる幕末・明治初期漢語辞典』，明治書院，2007年6月，481頁

ジンコウ【人口】 進藤咲子「小幡篤次郎の英氏経済論の訳語」『明治時代語の研究；語彙と文章』，明治書院，1981年11月，89頁

ジンコウ【人工】 佐藤亨「人工」『現代に生きる幕末・明治初期漢語辞典』，明治書院，2007年6月，482頁

ジンコウエイセイ【人工衛星】 「科学用語の訳語　ミサイル・人工衛星など」『ことば』58，現代日本語研究会，1958年2月

シンコク【申告】 高野繁男「『明六雑誌』の語彙」『近代漢語の研究―日本語の造語法・訳語法』，明治書院，2004年11月，187頁

シンコクザイ【親告罪】 今里智晃「罪」『ことばコンセプト事典』，第一法規出版，1992年12月，1142-1151頁

シンゴン【真言】 宮坂宥勝「真言(Mantra)について」『言語』2―12，大修館書店，1973年12月，25-32頁

シンコンリョコウ【新婚旅行】 広田栄太郎「「恋愛」「蜜月」「新婚旅行」」『近代訳語考』，東京堂出版，1969年8月，29-48頁

惣郷正明・飛田良文「新婚旅行」『明治のことば辞典』，東京堂出版，1986年12月，271頁

紀田順一郎「新婚旅行」『近代事物起源事典』，東京堂出版，1992年9月，110-111頁

飛田良文「新婚旅行」『明治生まれの日本語』，淡交社，2002年5月，108-116頁

前田富祺監修「新婚旅行」『日本語語源大辞典』，小学館，2005年4月，631頁

シンサイ【震災】 槌田満文「震災」『明治大正新語・流行語』，角川書店，1983年6月，251-253頁

ジンサイ【人際】 安藤昭一「学際・国際・人際」『英語教育』29―8，大修館書店，1980年10月，3頁

シンシ【紳士】 白石大二「「紳士」の系譜」『現代語のふるさと』，秀英出版，1966年4月，33-69頁

矢川澄子「〈ことばのことば〉紳士と淑女と」『言語』10―12，大修館書店，1981年12月，95-110頁

佐藤亨「『玉石志林』の語彙」『幕末・明治初期語彙の研究』，桜楓社，1986年2月，275-276頁

惣郷正明・飛田良文「紳士」『明治のことば辞典』，東京堂出版，1986年12月，271-272頁

下谷和幸「紳士」『ことばコンセプト事典』，第一法規出版，1992年12月，776-787頁

ジンジ【人事】 惣郷正明・飛田良文「人事」『明治のことば辞典』，東京堂出版，1986年12月，272-273頁

ジンジフセイ【人事不省】 惣郷正明・飛田良文「人事不省」『明治のことば辞典』，東京堂出版，1986年12月，273頁

シンジツ【真実】 佐藤亨『近世語彙の歴史的研究』，桜楓社，1980年10月，95頁

ジンシュ【人種】 小野昌「人種・民族」『ことばコンセプト事典』，第一法規出版，1992年12月，788-799頁

佐藤亨「人種」『現代に生きる幕末・明治初期漢語辞典』，明治書院，2007年6月，484頁

姜東國「근대 한국의 국민／인종／민족 개념」（近代韓国における「国民」「人種」「民族」概念）『근대한국의 사회과학 개념 형성사』（近

代韓国における社会科学関連概念の形成史)，創批，2009年4月，249-288頁

シンジュウ【心中】 橋本進吉『キリシタン教義の研究』，岩波書店，1961年3月，111-112頁

杉本つとむ「〈心中〉の生態と風土」『語源の文化誌』，創拓社，1990年4月，9-20頁

前田富祺監修「心中」『日本語語源大辞典』，小学館，2005年4月，633頁

シンジュク【新宿】 飛田良文「シンジュクとシンジグ」『講座正しい日本語2』，明治書院，1998年1月，208-220頁

シンジョウ【心情】 大友浩「「心」と「心情」―パスカルの〔Oeurの訳語の問題」『外国語・外国文学研究』25，北海道大学文学部，1979年，143-162頁

ジンジョウ【尋常】 渡辺萬蔵「尋常」『現行法律語の史的考察』，萬理閣書房，1930年12月，12頁

余田弘実「尋常小考」『国語文字史の研究』1，和泉書院，1992年9月，269-284頁

山崎福之「「尋常」考―漢語考証の試み」『萬葉』200，萬葉学会，2008年3月，27-46頁

シンシン【心身】 文化庁「「心身」か「身心」か」『言葉に関する問答集』，大蔵省印刷局，1995年3月，93-94頁

シンシン【心神】 欒竹民「漢語の意味変化について：「心神」を一例として」『国文学攷』142，広島大学国語国文学会，1994年4月，34-55頁

ジンシンキュウリ【人身窮理】 惣郷正明・飛田良文「人身窮理」『明治のことば辞典』，東京堂出版，1986年12月，274頁

ジンシンコウゲキ【人身攻撃】 惣郷正明・飛田良文「人身攻撃」『明治のことば辞典』，東京堂出版，1986年12月，274頁

沈国威『近代日中語彙交流史―新漢語の生成と受容』，笠間書院，1994年3月，314-315頁

ジンシンバイバイ【人身売買】 渡辺萬蔵「人身売買」『現行法律語の史的考察』，萬理閣書房，1930年12月，236頁

ジンセイ【人生】 長谷川滋成「詩語の発想「人生」表現の場合」『汲古』17，汲古書院，1990年6月，23-36頁

福井淳子「「生命」「人生」「生活」―lifeの訳語との関わり」『武庫川国文』46，武庫川女子大学，1995年12月，123-140頁

杉本和之「「人間」「人生」「世の中」の特殊主題化用法」『愛媛大学教育学部紀要人文・社会』30―2，愛媛大学教育学部，1998年2月，13-21頁

ジンセイカン【人生観】 樺島忠雄・飛田良文・米川明彦「人生観」『明治大正新語俗語辞典』，東京堂出版，1984年5月，165-166頁

惣郷正明・飛田良文「人生観」『明治のことば辞典』，東京堂出版，1986年12月，274頁

ジンセイフカカイ【人生不可解】 槌田満文「明治ことば誌」『国文学解釈と教材の研究』25―10，学燈社，1980年8月，148頁

シンセイジ【新生児】 高橋巌「幼児，新生児，乳児，嬰児，幼児，嬰児，稚児，小児」『講座日本語の語彙 ⑪』，明治書院，1983年6月，324-327頁

シンセカイ【新世界】 佐藤亨「新世界」『現代に生きる幕末・明治初期漢語辞典』，明治書院，2007年6月，485頁

シンセキ【親戚】 遠藤仁「「親類」と「親戚」の語史」『国語学研究』30，東北大文学部『国語学研究』刊行会，1990年12月，21-31頁

シンセツ【親切】 鈴木修次『漢語と日本人』，みすず書房，1978年9月，232頁

楚翠生「漢語往来―三十「親切」考」『高校通信東書国語』240，東京書籍，1984年5月，18-19頁

シンゾウ【心臓】 宮地敦子「「こころ」から「心臓」へ―身体語彙の変化」『国語学』104，国語学会，1976年3月，33-44頁

佐藤亨「心臓，心の臓」『講座日本語の語彙

⑩』，明治書院，1983年4月，240-244頁

谷川恵一「心臓ということば」『高知大学学術研究報告人文』38—1，高知大学，1989年12月，167-189頁

シンゾク【親族】 渡辺萬蔵「親族」『現行法律語の史的考察』，萬理閣書房，1930年12月，61頁

シンタイ【身体】 佐藤亨『近世語彙の歴史的研究』，桜楓社，1980年10月，305頁

シンタイケンサ【身体検査】 劉徳有著（塚本尋訳）「「身体検査」から「健康診断」へ」『日本語の旅』，サイマル出版会，1991年12月，233-238頁

シンタイ【進退】 橋本進吉『キリシタン教義の研究』，岩波書店，1961年3月，298-299頁

シンダイ【寝台】 山田俊雄「寝台」『ことば散策』岩波新書，岩波書店，1999年8月，110-114頁

山田俊雄「寝台」『詞苑間歩』下，三省堂，1999年9月，194-197頁

ジンタイ【靱帯】 杉本つとむ「連載；近代訳語を検証する 44 海綿，蛮度，靱帯，軟骨，腱」『国文学　解釈と鑑賞』72—4，至文堂，2007年4月，254-258頁

シンタイシ【新体詩】 石井研堂「新体詩の始」『増補改訂　明治事物起源』上巻，春陽堂書店，1944年11月，665-666頁

長谷川泉「新体詩の形成」『講座日本現代詩史』1，右文書院，1973年12月

シンタク【信託】 渡辺萬蔵「信託」『現行法律語の史的考察』，萬理閣書房，1930年12月，33頁

陳力衛「中国への逆輸入」『和製漢語の形成と展開』，汲古書院，2001年2月，281頁

渡部亮「金融英語の語源(4)信託は便益，権利は正義，流動性は信頼」『ファンドマネジメント』57，野村アセットマネジメント研究開発センター，2009年新春，82-87頁

シンチュウグン【進駐軍】 堀田善衛「「終戦」と「進駐軍」」『言語生活』13，筑摩書房，1952年10月，56-58頁

稲垣吉彦・吉沢典男監修「進駐軍」『昭和ことば史60年』，講談社，1985年10月，262頁

塩田丸男「進駐軍」『死語読本』，白水社，1994年7月，146-147頁

シンチョウ【伸張】 高野繁男「『百科全書』の訳語」『近代漢語の研究—日本語の造語法・訳語法』，明治書院，2004年11月，124頁

シンチョク【進捗】 惣郷正明・飛田良文「進捗」『明治のことば辞典』，東京堂出版，1986年12月，274-275頁

シンチンタイシャ【新陳代謝】 一海知義「新陳代謝」『漢語の知識』，岩波書店，1981年7月，64-67頁

惣郷正明・飛田良文「新陳代謝」『明治のことば辞典』，東京堂出版，1986年12月，275頁

佐藤亨「新陳代謝」『現代に生きる幕末・明治初期漢語辞典』，明治書院，2007年6月，488頁

シンテン【進展】 上田朝一「「進展」をめぐって」『日本語』22—2，国語を愛する会，1982年2月，8頁

シンデンズ【心電図】 王敏東・蘇仁亮「日中同形語に関する一考察—医療機器の名称を例にして」『国語語彙史の研究』26，和泉書院，2007年3月，302-285頁

シントウ【神道】 井上寛司「中世末・近世における「神道」概念の転換—日本における「神道」の「宗教」化の一過程」『大阪工業大学紀要人文社会篇』48—1，大阪工業大学，2003年10月，94-38頁

シンドウ【振動】 文化庁「「振動」と「震動」の使い分け」『言葉に関する問答集』，大蔵省印刷局，1995年3月，24-25頁

ジンドウ【人道】 惣郷正明・飛田良文「人道」『明治のことば辞典』，東京堂出版，1986年12月，275-276頁

陳生保「人道」『中国と日本—言葉・文学・文

化』，麗沢大学出版会，2005年5月，25頁

ジンドウシュギ【人道主義】 樺島忠雄・飛田良文・米川明彦「人道主義」『明治大正新語俗語辞典』，東京堂出版，1984年5月，166–167頁

惣郷正明・飛田良文「人道主義」『明治のことば辞典』，東京堂出版，1986年12月，276頁

沈国威『近代日中語彙交流史—新漢語の生成と受容』，笠間書院，1994年3月，315–316頁

シンニュウ【侵入】 文化庁「「侵入」と「浸入」と「進入」の使い分け」『言葉に関する問答集』，大蔵省印刷局，1995年3月，28–29頁

シンパイ【心配】 劉克申「「懸念」「心配」「不安」の異同について」『日本語研究論纂在中華人民共和国日本語研修センター紀要』4，1985年7月

シンパン【審判】 佐藤亨『近世語彙の研究』，桜楓社，1983年6月，101頁

陳力衛「「裁判」と「審判」」『和製漢語の形成と展開』，汲古書院，2001年2月，383頁

陶芸「日中同形語「審判」，「裁判」の語史の考察」『言語文化研究』5，聖徳大学大学院言語文化学会，2006年3月，37–49頁

陶芸「日中両言語に於ける「審判」の語史：「裁判」との関連から2005年度日本語学会中国四国支部大会研究発表要旨」『日本語の研究』2—2，日本語学会，2006年4月，192–193頁

佐藤亨「審判」『現代に生きる幕末・明治初期漢語辞典』，明治書院，2007年6月，491頁

シンビ【審美】 惣郷正明・飛田良文「審美」『明治のことば辞典』，東京堂出版，1986年12月，276–277頁

シンビガク【審美学】 惣郷正明・飛田良文「審美学」『明治のことば辞典』，東京堂出版，1986年12月，277頁

シンピ【神秘】 惣郷正明・飛田良文「神秘」『明治のことば辞典』，東京堂出版，1986年12月，277頁

シンピテキ【神秘的】 高野繁男「『哲学字彙』の訳語」『近代漢語の研究—日本語の造語法・訳語法』，明治書院，2004年11月，58頁

シンピョウセイ【信憑性】 久世善男『日本語雑学百科』，新人物往来社，1975年7月，100–103頁

シンブン【新聞】 春山行夫「近代用語の系統１」『言語生活』180，筑摩書房，1966年11月，74–75頁

梶原滉太郎「新聞，新聞紙，ニュース」『講座日本語の語彙 ⑩』，明治書院，1983年4月，244–249頁

佐藤亨『近世語彙の研究』，桜楓社，1983年6月，37頁

楚翠生「漢語往来　三十九—「新聞」・「雑誌」考」『高校通信東書国語』249，東京書籍，1985年3月

佐藤亨「『徳国学校論略』の語彙」『幕末・明治初期語彙の研究』，桜楓社，1986年2月，207–209頁

惣郷正明・飛田良文「新聞」『明治のことば辞典』，東京堂出版，1986年12月，277–278頁

惣郷正明「日誌・新聞・新聞紙」『日本語開化物語』，朝日新聞社，1988年8月，16–18頁

湯本豪一「新聞」『図説明治事物起源事典』，柏書房，1996年11月，306–307頁

木村秀次「漢字の履歴—新聞」『月刊しにか』13—8，大修館書店，2002年7月，68頁

崔瓊玉「번역한자어의 한국 수용에 대하여：建築・寫眞・新聞을 중심으로」(漢語訳語の韓国語への受容について—「建築」や「写真」「新聞」を中心に)『日本學報』62，韓国日本学会，2005年2月，123–141頁

前田富祺監修「新聞」『日本語語源大辞典』，小学館，2005年4月，635頁

佐藤亨「新聞」『現代に生きる幕末・明治初期漢語辞典』，明治書院，2007年6月，491頁

周光明「“新闻”术语之厘定与近代中西日文化

互动」(「新聞」という用語の成立及び日本・中国・西洋の間の文化交流について)『语义的文化变迁』，武汉大学出版社，2007年10月，310–316頁

シンブンキョク【新聞局】 佐藤亨「『経済小学』の訳語」『幕末・明治初期語彙の研究』，桜楓社，1986年2月，350–351頁

シンブンシ【新聞紙】 張志淵「新聞紙」『萬國事物紀原歴史』，皇城新聞社，1909年8月，39–40頁

梶原滉太郎「新聞，新聞紙，ニュース」『講座日本語の語彙 ⑩』，明治書院，1983年4月，244–249頁

槌田満文「新聞紙」『明治大正新語・流行語』，角川書店，1983年6月，30–32頁

惣郷正明「日誌・新聞・新聞紙」『日本語開化物語』，朝日新聞社，1988年8月，16–18頁

杉本つとむ「新聞紙」『語源海』，東京書籍，2005年3月，347頁

Federico Masini「新聞紙」*The Formation of Modern Chinese Lexicon and its Evolution toward a National Language*(李廷宰訳)，소명出版，2005年11月，62頁

佐藤亨「新聞紙」『現代に生きる幕末・明治初期漢語辞典』，明治書院，2007年6月，492頁

杉本つとむ「近代訳語を検証する 58　新聞紙／新聞誌」『国文学　解釈と鑑賞』73—6，至文堂，2008年6月，189–197頁

シンブンシャ【新聞社】 佐藤亨「『経済小学』の訳語」『幕末・明治初期語彙の研究』，桜楓社，1986年2月，350–351頁

ジンブンカガク【人文科学】 夜久正雄「気になる言葉「人文科学」」『国語国字』88，国語問題協議会会報，1975年6月，2–3頁

シンポ【進歩】 惣郷正明・飛田良文「進歩」『明治のことば辞典』，東京堂出版，1986年12月，278–279頁

田中建彦「進歩」『ことばコンセプト事典』，第一法規出版，1992年12月，800–809頁

Federico Masini「進歩」*The Formation of Modern Chinese Lexicon and its Evolution toward a National Language*(李廷宰訳)，소명出版，2005年11月，166頁

シンボウ【辛抱】 井上章「辛抱・辛棒」『講座日本語の語彙 ⑩』，明治書院，1983年4月，249–252頁

久世光彦「辛抱」『ニホンゴキトク』，講談社，1996年9月，9–13頁

シンボクカイ【親睦会】 佐藤亨「親睦会」『現代に生きる幕末・明治初期漢語辞典』，明治書院，2007年6月，493頁

シンミン【臣民】 佐藤亨「『万国公法』の語彙」『幕末・明治初期語彙の研究』，桜楓社，1986年2月，176頁

京極興一「「人民」「国民」「臣民」の消長」『国語研究へ松村明先生喜寿記念』，明治書院，1993年1月，450–469頁

京極興一「表現「人民」「国民」「臣民」の語誌」『近代日本語の研究—表記・表現』，東宛社，1998年5月，262–295頁

ジンミン【人民】 京極興一「「人民」「国民」「臣民」の消長」『国語研究(松村明先生喜寿記念)』，明治書院，1993年10月，450–469頁

京極興一「〈退官記念最終講義〉明治「国語」管見「人民」「国民」「臣民」をめぐって」『信大国語教育』3，信州大学国語教育学会，1993年10月，1–16頁

京極興一「表現「人民」「国民」「臣民」の語誌」『近代日本語の研究—表記・表現』，東宛社，1998年5月，262–295頁

冯天瑜「“人民”词义的变迁—政治术语“人民”之历史文化考察」(「人民」の語義の変遷—政治用語「人民」の歴史文化の考察)『武汉理工大学学报社会科学版』2007年3期，武汉理工大学学，2007年6月，387–390頁

万齐洲「“人民”词义 流变初探」(「人民」という用語の意味変化についての初歩的考察)『语义的文化变迁』，武汉大学出版社，2007年

10月，478-492頁

ジンモン【訊問】 渡辺萬蔵「訊問」『現行法律語の史的考察』，萬理閣書房，1930年12月，238頁

シンヨウ【信用】 馬場彰「意味分析試論―「信頼する」と「信用する」」『岡山大教養部紀要』15，岡山大学教養部，1979年2月，69-83頁

平松哲司「信用」『ことばコンセプト事典』，第一法規出版，1992年12月，810-817頁

シンライ【信頼】 馬場彰「意味分析試論「信頼する」と「信用する」」『岡山大教養部紀要』15，岡山大学教養部，1979年2月，69-83頁

シンラバンショウ【森羅万象】 惣郷正明・飛田良文「森羅万象」『明治のことば辞典』，東京堂出版，1986年12月，279-280頁

シンリ【心理】 鈴木修次「「心理」と「物理」」『文明のことば』，文化評論出版，1981年3月，173-209頁

楚翠生「漢語往来―二十九「心理」考」『高校通信東書国語』239，東京書籍，1984年4月，22-23頁

佐藤亨「心理」『現代に生きる幕末・明治初期漢語辞典』，明治書院，2007年6月，494頁

钟年「形式，意义与社会文化―以"心理"和"心理学"为例」(形式，意味と社会文化―「心理」と「心理学」を例にして)『语义的文化变迁』，武汉大学出版社，2007年10月，294-309頁

シンリガク【心理学】 石井研堂「心理学の始」『増補改訂　明治事物起源』上巻，春陽堂書店，1944年11月，505頁

石井研堂「精神学科の訳語」『増補改訂　明治事物起源』下巻，春陽堂書店，1944年11月，519-521頁

広田栄太郎「訳語あれこれ」『近代訳語考』，東京堂出版，1969年8月，305-326頁

惣郷正明・飛田良文「心理学」『明治のことば辞典』，東京堂出版，1986年12月，280頁

金田一春彦編「心理学」『ことばの生い立ち』，講談社，1988年2月，140頁

西川泰夫「「心理学」，学名の由来と語源をめぐって―サイコロジーは心理学か」『基礎心理学研究』14，日本基礎心理学会，1995年3月，9-21頁

手島邦夫「西周訳「心理学」の訳語の位置―「百学連環」「英和字彙」などとの比較を通して」『文芸研究』146，日本文芸研究会，1998年9月，53-63頁

馮天瑜『新語探源』，中華書局，2004年10月，410頁

杉本つとむ「心理学」『語源海』，東京書籍，2005年3月，348頁

佐藤亨「心理学」『現代に生きる幕末・明治初期漢語辞典』，明治書院，2007年6月，494頁

钟年「形式，意义与社会文化―以"心理"和"心理学"为例」(形式，意義と社会文化―「心理」と「心理学」を例にして)『语义的文化变迁』，武汉大学出版社，2007年10月，294-309頁

シンリ【真理】 安井惣二郎「日本の哲学用語―その起源と問題」『滋賀大学教育学部紀要』18，滋賀大学教育学部，1968年12月，51-56頁

鈴木修次「「科学」と「真理」」『日本漢語と中国―漢字文化圏の近代化』，中央公論社，1981年9月，61-94頁

今里智晃「真理」『ことばコンセプト事典』，第一法規出版，1992年12月，818-825頁

陳力衛「中国への逆輸入」『和製漢語の形成と展開』，汲古書院，2001年2月，281頁

ジンリキシャ【人力車】 石井研堂「人力車の始」『増補改訂　明治事物起源』下巻，春陽堂書店，1944年12月，698-718頁

久世善男「人力車」『言葉のなづけ親―翻訳に見る文明開化』，朝日ソノラマ，1975年11月，101-104頁

槌田満文「人力車」『明治大正風俗語典』，角川書店，1979年11月，130-131頁

樺島忠雄・飛田良文・米川明彦「人力車」『明治大正新語俗語辞典』，東京堂出版，1984年5月，167-168頁

富田仁「人力車」『舶来事物起源事典』，名著普及会，1987年12月，174-176頁

荒俣宏「ジンリキシャ」『事物珍起源』，東洋文庫，1989年10月，14頁

紀田順一郎「人力車」『近代事物起源事典』，東京堂出版，1992年9月，117-118頁

湯本豪一「人力車」『図説明治事物起源事典』，柏書房，1996年11月，322-323頁

加藤秀俊・熊倉功夫「人力車」『外国語になった日本語の事典』，岩波書店，1999年7月，115-120頁

米川明彦「人力車」『明治・大正・昭和の新語・流行語辞典』，三省堂，2002年1月，11頁

前田富祺監修『日本語語源大辞典』，小学館，2005年4月，637頁

Federico Masini「人力車」*The Formation of Modern Chinese Lexicon and its Evolution toward a National Language*(李廷宰訳)，소명出版，2005年11月，290頁

シンルイ【親類】 佐藤亨『近世語彙の研究』，桜楓社，1983年6月，331頁

遠藤仁「「親類」と「親戚」の語史」『国語学研究』30，東北大文学部『国語学研究』刊行会，1990年12月，21-31頁

ジンルイ【人類】 Paul—Antoine Miquel「Concerning a Special Use of the Concept of “Humanity” as a Political Noam Disclosed in a Complex Communication’s Structure」『개념과 소통』(概念と疎通)，翰林大学翰林科学院，2008年6月，199-233頁

ジンルイガク【人類学】 佐藤亨「人類学」『現代に生きる幕末・明治初期漢語辞典』，明治書院，2007年6月，495-496頁

シンレイガク【心霊学】 Federico Masini「心霊学」*The Formation of Modern Chinese Lexicon and its Evolution toward a National Language*(李廷宰訳)，소명出版，2005年11月，281頁

シンワ【神話】 天沼春樹「神話概念の変遷II：翻訳語としての『神話』をめぐって(上)」『城西人文研究』13，城西大学経済学会／城西大学，1986年2月，213-239頁

平松哲司「神話」『ことばコンセプト事典』，第一法規出版，1992年12月，826-837頁

钟少华「试论民俗学科词语概念的近代阐述」(民俗学の諸概念についての近代的解釈)『民俗研究』2002年4期，山东大学，2002年4月，5-18頁

シンワガク【神話学】 钟少华「试论民俗学科词语概念的近代阐述」(民俗学の諸概念についての近代的解釈)『民俗研究』2002年4期，山东大学，2002年4月，5-18頁

シンワリョク【親和力】 斎藤静「親和力」『日本語に及ぼしたオランダ語の影響』，篠崎書林，1967年8月，268-269頁

杉本つとむ「近代訳語を検証する48　元素・炭素・窒素・王水・電池還元法・親和力・抜塞斯」『国文学　解釈と鑑賞』72—8，至文堂，2007年8月，187-195頁

ス

ズアン【図案】 惣郷正明・飛田良文「図案」『明治のことば辞典』，東京堂出版，1986年12月，280頁

スイ【粋】 大橋紀子「「粋」とその周辺—近世語における「粋」の発生」『近代語研究』2，近代語研究会，1968年1月，413-437頁

柿崎敬彦「粋」『ことばコンセプト事典』，第一法規出版，1992年12月，38-45頁

ズイイン【随員】 佐藤亨「『西学考略』の語彙」『幕末・明治初期語彙の研究』，桜楓社，1986年2月，252頁

スイエイ【水泳】 紀田順一郎「水泳」『近代

事物起源事典』，東京堂出版，1992年9月，119-120頁

スイコウ【推考】 佐藤亨「『経済小学』の訳語」『幕末・明治初期語彙の研究』，桜楓社，1986年2月，331-332頁

スイコウ【推敲】 一海知義「推敲」『漢語の知識』，岩波書店，1981年7月，27-30頁

スイサイガ【水彩画】 樺島忠雄・飛田良文・米川明彦「水彩画」『明治大正新語俗語辞典』，東京堂出版，1984年5月，168-169頁

沈国威『近代日中語彙交流史―新漢語の生成と受容』，笠間書院，1994年3月，316頁

スイサンガク【水産学】 石井研堂「水産学の始め」『増補改訂 明治事物起原』上巻，春陽堂書店，1944年11月，513-514頁

スイシンキ【推進器】 惣郷正明・飛田良文「推進器・推進機」『明治のことば辞典』，東京堂出版，1986年12月，280-281頁

沈国威『近代日中語彙交流史―新漢語の生成と受容』，笠間書院，1994年3月，316-317頁

スイセイ【彗星】 槌田満文「彗星」『明治大正新語・流行語』，角川書店，1983年6月，204-206頁

スイセン【水仙】 矢島文夫「文化史とことば 3　水仙とヒヤシンス」『言語』7―3，大修館書店，1978年3月，43頁

スイセン【推薦】 文化庁「「推薦」か「推選」か」『言葉に関する問答集』，大蔵省印刷局，1995年3月，190-191頁

スイソ【水素】 斎藤静「水素」『日本語に及ぼしたオランダ語の影響』，篠崎書林，1967年8月，276頁

佐藤亨「『玉石志林』の語彙二」『幕末・明治初期語彙の研究』，桜楓社，1986年2月，302-303頁

杉本つとむ「水素」『語源海』，東京書籍，2005年3月，349-350頁

沈国威「蘭学の訳語と新漢語の創出」『19世紀中国語の諸相』，雄松堂出版，2007年3月，243頁

佐藤亨「水素」『現代に生きる幕末・明治初期漢語辞典』，明治書院，2007年6月，498頁

スイソガス【水素瓦斯】 斎藤静「水素瓦斯」『日本語に及ぼしたオランダ語の影響』，篠崎書林，1967年8月，276-277頁

スイゾウ【膵臓】 杉本つとむ「〈神経〉と〈膵臓〉の医事文化」『語源の文化誌』，創拓社，1990年4月，215-234頁

杉本つとむ「膵臓」『語源海』，東京書籍，2005年3月，350頁

杉本つとむ「連載；近代訳語を検証する43　腺，膵臓，盲腸，扁桃腺，口蓋」『国文学　解釈と鑑賞』72―3，至文堂，2007年3月，168-174頁

ズイソウ【随想】 関根俊雄「「随想」の盛行・その語誌」『言語生活』373，筑摩書房，1983年1月，76-82頁

スイゾクカン【水族館】 石井研堂「水族館の始」『増補改訂　明治事物起源』下巻，春陽堂書店，1944年12月，1521-1522頁

沈国威『近代日中語彙交流史―新漢語の生成と受容』，笠間書院，1994年3月，317-318頁

湯本豪一「水族館」『図説明治事物起源事典』，柏書房，1996年11月，236-237頁

スイチョク【垂直】 惣郷正明・飛田良文「垂直」『明治のことば辞典』，東京堂出版，1986年12月，281頁

スイトウ【出納】 土屋信一「「出納」の語誌―シュツノウからスイトウへ 日本語学の諸問題」『國學院雑誌』108―11，国学院大学綜合企画部，2007年11月，126-135頁

スイドウ【水道】 石井研堂「水道の始」『増補改訂　明治事物起源』下巻，春陽堂書店，1944年12月，1375-1380頁

富田仁「水道」『舶来事物起源事典』，名著普及会，1987年12月，180頁

湯本豪一「水道」『図説明治事物起源事典』，柏

書房，1996年11月，166-167頁
朝倉治彦・安藤菊二・樋口秀雄・丸山信「水道」『新装版　事物起源辞典衣食住編』，東京堂出版，2001年9月，189頁
ズイヒツ【随筆】 武田勝彦「日本の随筆と西洋の随筆」『高校通信東書国語』144，東京書籍，1975年9月，7-9頁
永嶋大典「英和辞書の訳語—明治前期の文学用語をめぐって」『講座日本語の語彙 ⑥』，明治書院，1982年2月，58頁
橋浦兵一「兼良「随筆」」『作家の育てたことば近代文学の表題語』，南雲堂，1985年5月，189-205頁
平野和彦「随筆」『ことばコンセプト事典』，第一法規出版，1992年12月，838-847頁
ズイブン【随分】 佐伯哲夫「副詞「随分」における用法の変遷」『国文学』57，関西大学国文学会，1980年12月，36-42頁
山崎千穂「「随分」という語—抄物における意味」『東京成徳国文』9，東京成徳短大，1986年3月，25-29頁
中山緑朗「古記録の語彙に見る副詞—漢語副詞の登場」『学苑』561，昭和女子大学光葉会，1986年9月，16-28頁
松尾良樹「平安朝漢文学と唐代口語」『国文学解釈と鑑賞』55—10，至文堂，1990年10月，26-44頁
播磨桂子「副詞「随分」などについて」『日本文学研究』35，梅光女学院大学日本文学会，2000年1月，93-105頁
スイヘイセン【水平線】 久保忠夫「「地平線」と「水平線」」『三十五のことばに関する七つの章』，大修館書店，1992年4月，216-223頁
スイホウ【酔飽】 奥村悦三「土佐日記—三つのことば」『叙説』20，奈良女子大学文学部国語国文学研究室，1992年12月，55-68頁
スイヨウエキ【水様液】 杉本つとむ「連載；近代訳語を検証する 53　水様液，硝子様液，水晶様液」『国文学　解釈と鑑賞』73—1，至文堂，2008年1月，221-225頁
スイヨウび【水曜日】 松村明「明治初年における曜日の呼称」『近代語研究』10，近代語研究会，1990年10月，509-529頁
スイリ【推理】 別役実「犯罪のことば11推理」『三省堂ぶっくれっと』15，三省堂，1978年6月，28-33頁
前田富祺監修『日本語語源大辞典』，小学館，2005年4月，643頁
佐藤亨「推理」『現代に生きる幕末・明治初期漢語辞典』，明治書院，2007年6月，501頁
スイロン【推論】 佐藤亨「『経済小学』の訳語」『幕末・明治初期語彙の研究』，桜楓社，1986年2月，330-331頁
田本健一「推論」『ことばコンセプト事典』，第一法規出版，1992年12月，848-855頁
馮天瑜『新語探源』，中華書局，2004年10月，366頁
高野繁男「『哲学字彙』の訳語」『近代漢語の研究—日本語の造語法・訳語法』，明治書院，2004年11月，63頁
佐藤亨「推論」『現代に生きる幕末・明治初期漢語辞典』，明治書院，2007年6月，501頁
スウ【～数】 朱京偉『近代日中新語の創出と交流—人文科学と自然科学の専門語を中心に』，白帝社，2003年10月，67頁
スウガク【数学】 張志淵「数学」『萬國事物紀原歴史』，皇城新聞社，1909年8月，53頁
大矢真一「数学用語の由来—「幾何」から「方程式」まで」『ことばの宇宙』1—3，東京言語研究所ラボ教育センター，1966年8月，20-27頁
鈴木修次「外来語としての中国語」『漢語と日本人』，みすず書房，1978年9月，32-33頁
惣郷正明・飛田良文「数学」『明治のことば辞典』，東京堂出版，1986年12月，283頁
田本健一「数学」『ことばコンセプト事典』，第一法規出版，1992年12月，856-863頁
佐藤英二「東京数学会社訳語会における「算数

学」と「算術」をめぐる論争」『東京大学大学院教育学研究科紀要』35，東京大学大学院教育学研究科，1995年3月，295-303頁

スウコウ【崇高】 岸田恵理「丸山晩霞にみる「崇高」と「壮美」—明治末期における二つの翻訳語の問題」『長野県立歴史館研究紀要』13，長野県立歴史館，2007年3月，86-95頁

スウハイ【崇拝】 惣郷正明・飛田良文「崇拝」『明治のことば辞典』，東京堂出版，1986年12月，283頁

スウミツイン【枢密院】 湯本豪一「枢密院」『図説明治事物起源事典』，柏書房，1996年11月，80-81頁

スウリガク【数理学】 周程「福沢諭吉の科学概念—窮理学・物理学・数理学を中心にして」『科学史研究』第211号，日本科学史学会，1999年秋，154-164頁

ズガイコツ【頭蓋骨】 斎藤静「頭蓋骨」『日本語に及ぼしたオランダ語の影響』，篠崎書林，1967年8月，30-31頁

杉本つとむ「近代訳語を検証する63骨膜・頭骨，脳蓋骨，頭蓋骨 他」『国文学　解釈と鑑賞』73—11，至文堂，2008年11月，178-181頁

ズサン【杜撰】 鈴木修次「禅文化とまつわる漢語」『漢語と日本人』，みすず書房，1978年9月，82-84頁

惣郷正明・飛田良文「杜撰」『明治のことば辞典』，東京堂出版，1986年12月，284-285頁

スジョウ【素性】 佐藤喜代治「素性」『日本の漢語』，角川書店，1979年10月，205-207頁

文化庁「「素性」か「素姓」か」『言葉に関する問答集』，大蔵省印刷局，1995年3月，5-6頁

ステキ【素敵】 半沢洋子「素的・素敵」『講座日本語の語彙 ⑩』，明治書院，1983年4月，262-267頁

ズノウ【頭脳】 佐藤喜代治『国語語彙の歴史的研究』，明治書院，1971年11月，336頁

スペイン【西班牙】 塩田丸男「西班牙」『死語読本』，白水社，1994年7月，153-155頁

ズメン【図面】 西和夫「図面という用語の語源と使用年代：内匠寮本中井家文書を中心とする検討」『学術講演梗概集年 計画系』56，社団法人日本建築学会，1981年9月，2259-2260頁

セ

セ【世】 柳父章「翻訳語としての「社」「世」」『翻訳とはなにか』，法政大学出版局，2003年5月，150-153頁

セイ【生】 下谷和幸「生・死」『ことばコンセプト事典』，第一法規出版，1992年12月，900-913頁

セイ【性】 문희석「旧約의 性 概念」(旧約聖書の「性」概念)『基督教思想』184，大韓基督教書会，1973年9月，104-109頁

惣郷正明・飛田良文「性」『明治のことば辞典』，東京堂出版，1986年12月，289-290頁

小田亮『性』〈一語の辞典〉，三省堂，1996年1月

井上章一他「性」『性の用語集』講談社現代新書，講談社，2004年12月，18-31頁

セイ【～性】 荒川清秀「特集・接辞—性—式—風」『日本語学』5—3，明治書院，1986年3月，85-91頁

朱京偉『近代日中新語の創出と交流—人文科学と自然科学の専門語を中心に』，白帝社，2003年10月，73頁

李秀卿「「性」の接辭的用法の推移：近代洋學資料における譯語を中心に」『日語日文學研究』49—1，韓国日語日文学会，2004年5月，67-82頁

陳生保「～性」『中国と日本—言葉・文学・文化』，麗沢大学出版会，2005年5月，22頁

セイ【聖】 松下貞三「聖(ひじり)という語の受け入れとその後—言葉と思想と真実

と」『漢語受容史の研究』，和泉書院，1987年10月，88-139頁
平松哲司「聖・俗」『ことばコンセプト事典』，第一法規出版，1992年12月，940-949頁
金井清光「キリシタンと仏教語」『清泉女子大学紀要』41，清泉女子大学，1993年12月，1-26頁
セイ【精】 松本秀士「「精」の概念をめぐる西医東漸における中国解剖学用語の変遷」『或問』16，近代東西言語文化接触研究会，2009年7月，33-48頁
ゼイ【税】 渡辺昇一「税」『ことばコンセプト事典』，第一法規出版，1992年12月，846-879頁
セイイ【誠意】 鈴木久春「誠意という言葉」『言語生活』4，筑摩書房，1952年1月，73-75頁
セイイク【生育】 文化庁「「生育」と「成育」」『言葉に関する問答集』，大蔵省印刷局，1995年3月，238-239頁
セイインガク【声音学】 惣郷正明・飛田良文「声音学」『明治のことば辞典』，東京堂出版，1986年12月，290頁
セイウケイ【晴雨計】 杉本つとむ「連載；近代訳語を検証する 49 列篤児多，蒸留缶，バロメートル・バロメーター，晴雨計，気圧計」『国文学　解釈と鑑賞』72―9，至文堂，2007年9月，218-224頁
セイカ【成果】 惣郷正明・飛田良文「成果」『明治のことば辞典』，東京堂出版，1986年12月，290頁
高野繁男「『百科全書』の訳語」『近代漢語の研究―日本語の造語法・訳語法』，明治書院，2004年11月，107頁
セイガ【聖画】 春山行夫「近代用語の系統7」『言語生活』186，筑摩書房，1967年4月，49-55頁
セイカク【性格】 中村保男「類義語・多義語18―「性格」と「人格」と「個性」」『翻訳の世界』5―5，バベル・プレス，1980年5月，94-98頁
沈国威『近代日中語彙交流史―新漢語の生成と受容』，笠間書院，1994年3月，318頁
佐藤亨「性格」『現代に生きる幕末・明治初期漢語辞典』，明治書院，2007年6月，505頁
セイガク【西学】 孫建軍「「洋学」の出現」『国際基督教大学博士論文』，国際基督教大学，2003年1月，63頁
セイガク【星学】 惣郷正明・飛田良文「星学」『明治のことば辞典』，東京堂出版，1986年12月，291頁
梶原滉太郎「「天文学」の語史」『研究報告集』13，国立国語研究所，1992年3月，77-121頁
セイカツ【生活】 坂詰力治「生計，生活，活計，生業，口過ぎ」『講座日本語の語彙⑩』，明治書院，1983年4月，280-285頁
佐藤亨『近世語彙の研究』，桜楓社，1983年6月，141頁
藤原暹「「生活」から見た日本思想史」『アルテス・リベラレス』42，岩手大学人文社会科学部，1988年3月，323-342頁
田本健一「生活」『ことばコンセプト事典』，第一法規出版，1992年12月，880-887頁
福井淳子「「生命」「人生」「生活」―lifeの訳語との関わり」『武庫川国文』46，武庫川女子大学，1995年12月，123-140頁
セイカツナン【生活難】 惣郷正明・飛田良文「生活難」『明治のことば辞典』，東京堂出版，1986年12月，291頁
セイカツリョク【生活力】 惣郷正明・飛田良文「生活力」『明治のことば辞典』，東京堂出版，1986年12月，291-292頁
ゼイカン【税関】 佐藤亨「税関」『現代に生きる幕末・明治初期漢語辞典』，明治書院，2007年6月，506頁
セイキ【世紀】 杉本つとむ「近代語の形成―訳語をとおしてみた」『国語と国文学』1967年4月特集号，東京大学国語国文学会，1967年4月，11-22頁
広田栄太郎「「世紀」という語の定着」『近代訳

語考』，東京堂出版，1969年8月，159–174頁
久世善男「世紀」『言葉のなづけ親—翻訳に見る文明開化』，朝日ソノラマ，1975年11月，105–108頁
樺島忠雄・飛田良文・米川明彦「世紀」『明治大正新語俗語辞典』，東京堂出版，1984年5月，174–175頁
惣郷正明・飛田良文「世紀」『明治のことば辞典』，東京堂出版，1986年12月，292頁
金田一春彦「世紀」『ことばの生い立ち』，講談社，1988年2月，152頁
溝口雄三「「世紀」余話」『図書』621，岩波書店，2001年1月，25–27頁
米川明彦「世紀」『明治・大正・昭和の新語・流行語辞典』，三省堂，2002年1月，22–23頁
飛田良文「世紀」『明治生まれの日本語』，淡交社，2002年5月，68–77頁
木村秀次「世紀」『月刊しにか』13—8，大修館書店，2002年7月，59頁
馮天瑜『新語探源』，中華書局，2004年10月，371–372頁
Federico Masini「世紀」*The Formation of Modern Chinese Lexicon and its Evolution toward a National Language*（李廷宰訳），소명出版，2005年11月，277頁
佐藤亨「世紀」『現代に生きる幕末・明治初期漢語辞典』，明治書院，2007年6月，506頁
セイキ【性器】　高柳美知子「「性器」考」『ことば』46，NHK学園・日本文化センター，1992年11月，2–3頁
セイギ【正義】　藤縄真由美「正義」『ことばコンセプト事典』，第一法規出版，1992年12月，888–899頁
吉田裕清「「法」と「権利」」『翻訳語としての日本の法律用語』，中央大学出版局，2004年11月，13–18頁
セイキュウ【星球】　黄河清「“天球”“地球”“月球”“星球”考源」（「天球」「地球」「月球」「星球」の語源について）『科技术语研究』2002年4期，杂志社，2002年4月，39–40頁
セイギョ【制御】　惣郷正明・飛田良文「制御」『明治のことば辞典』，東京堂出版，1986年12月，292–293頁
セイキョウ【聖教】　惣郷正明・飛田良文「聖教」『明治のことば辞典』，東京堂出版，1986年12月，293頁
セイギョウ【生業】　坂詰力治「生計，生活，活計，生業，口過ぎ」『講座日本語の語彙⑩』，明治書院，1983年4月，280–285頁
セイキョク【政局】　朝日新聞校閲部「政局」『まっとうな日本語』，朝日新聞社，2005年9月，89–90頁
ゼイキン【税金】　佐藤亨「『泰西国法論』の訳語」『幕末・明治初期語彙の研究』，桜楓社，1986年2月，369–370頁
紀田順一郎「ゼイキン」『近代事物起源事典』，東京堂出版，1992年9月，131–133頁
佐藤武義「税金」『日本語の語源』，明治書院，2003年1月，37頁
佐藤亨「税金」『現代に生きる幕末・明治初期漢語辞典』，明治書院，2007年6月，507–508頁
ゼイギン【税銀】　佐藤亨「『泰西国法論』の訳語」『幕末・明治初期語彙の研究』，桜楓社，1986年2月，368頁
セイケイ【生計】　坂詰力治「生計，生活，活計，生業，口過ぎ」『講座日本語の語彙⑩』，明治書院，1983年4月，280–285頁
セイケイ【整形】　紀田順一郎「整形」『近代事物起源事典』，東京堂出版，1992年9月，133–134頁
セイケイゲカ【整形外科】　小川鼎三「整形外科と形成外科」『医学用語の起り』，東京書籍，1983年1月，160–163頁
セイケン【政権】　石田雄「福沢諭吉における「政権」の出版三つの意味」『近代日本の政治文化と言語象徴』，東大出版会，1983年9月，55–81頁

佐藤亨「政権」『現代に生きる幕末・明治初期漢語辞典』，明治書院，2007年6月，508頁

セイゲン【制限】 佐藤亨「『経済小学』の訳語」『幕末・明治初期語彙の研究』，桜楓社，1986年2月，342-343頁

セイコウ【精巧・精工】 佐藤亨『近世語彙の研究』，桜楓社，1983年6月，124頁

セイゴウ【整合】 惣郷正明・飛田良文「整合」『明治のことば辞典』，東京堂出版，1986年12月，293頁

セイザ【正坐】 南谷直利・北野与一「「正坐」の語誌的研究」『北陸大学紀要』29，北陸大学，2005年12月，97-114頁

セイサイ【精彩】 文化庁「「精彩」と「生彩」の使い分け」『言葉に関する問答集』，大蔵省印刷局，1995年3月，134-135頁

セイサク【政策】 Federico Masini「政策」*The Formation of Modern Chinese Lexicon and its Evolution toward a National Language*（李廷宰訳），소명出版，2005年11月，300頁

セイサク【製作】 文化庁「「製作」と「制作」の使い分け」『言葉に関する問答集』，大蔵省印刷局，1995年3月，13頁

セイサン【生産】 惣郷正明・飛田良文「生産」『明治のことば辞典』，東京堂出版，1986年12月，293-294頁

木村秀次「「生産」の語誌—明治初年を中心として」『国語学』151，国語学会，1987年12月，21-37頁

木村秀次「漢語の履歴をたどる」『月刊しにか』13—8，大修館書店，2002年7月，58-59頁

セイサンリョク【生産力】 Federico Masini「生産力」*The Formation of Modern Chinese Lexicon and its Evolution toward a National Language*（李廷宰訳），소명出版，2005年11月，276頁

佐藤亨「生産」『現代に生きる幕末・明治初期漢語辞典』，明治書院，2007年6月，510頁

セイサン【青酸】 斎藤静「青酸」『日本語に及ぼしたオランダ語の影響』，篠崎書林，1967年8月，19-20頁

セイサン【精算】 文化庁「「精算」か「清算」か」『言葉に関する問答集』，大蔵省印刷局，1995年3月，8-9頁

セイジ【政事】 谷口知子「『海国図志・四洲志』に見られる新概念の翻訳—原書との対照を通して」『或問』14，近代東西言語文化接触研究会，2008年7月，89-91頁

セイジ【政治】 張志淵「政治」『萬國事物紀原歴史』，皇城新聞社，1909年8月，88頁

前尾繁三郎「政治学語源考1—政治」『再建』9—7，再建編集局，1955年8月，62-68頁

鈴木修次「「政治」と「文学」」『文明のことば』，文化評論出版，1981年3月，98-137頁

木村秀次「「西洋見聞録」の漢語—政治・施設・郵便などに関する語」『東京成徳短期大学紀要』25，東京成徳短期大学，1992年3月，39-51頁

清原瑞彦「政治」『ことばコンセプト事典』，第一法規出版，1992年12月，914-923頁

田島優「「政事」と「政治」」『近代漢字表記語の研究』，和泉書院，1998年11月，284-300頁

セイジガク【政治学】 馮天瑜『新語探源』，中華書局，2004年10月，355頁

Federico Masini「政治学」*The Formation of Modern Chinese Lexicon and its Evolution toward a National Language*（李廷宰訳），소명出版，2005年11月，165頁

佐藤亨「政治学」『現代に生きる幕末・明治初期漢語辞典』，明治書院，2007年6月，512頁

セイシジョウ【製紙場】 湯本豪一「製紙場」『図説明治事物起源事典』，柏書房，1996年11月，38-39頁

セイシュン【青春】 橋浦兵一「透谷の「写実」と「表現」」『作家の育てたことば　近代文学の主題語』，南雲堂，1985年5月，33-50頁

玉村文郎「明治の「青春」—語の活性化と分化」

『同志社国文学』35，同志社大学国文学会，1991年3月，59–65頁

セイショ【聖書】 佐藤亨「『万国公法』の語彙」『幕末・明治初期語彙の研究』，桜楓社，1986年2月，185–186頁

惣郷正明・飛田良文「聖書」『明治のことば辞典』，東京堂出版，1986年12月，294–295頁

前田富祺監修『日本語語源大辞典』，小学館，2005年4月，669頁

佐藤亨「聖書」『現代に生きる幕末・明治初期漢語辞典』，明治書院，2007年6月，513–514頁

セイジョ【聖女】 春山行夫「近代用語の系統 7」『言語生活』186，筑摩書房，1967年4月，52–53頁

セイジョウヤサイ【清浄野菜】 塩田丸男「清浄野菜」『死語読本』，白水社，1994年7月，156–157頁

セイショクシャ【聖職者】 丹野真「聖職者」『ことばコンセプト事典』，第一法規出版，1992年12月，924–931頁

セイシン【精神】 惣郷正明・飛田良文「精神」『明治のことば辞典』，東京堂出版，1986年12月，295頁

渡辺昇一「精神」『ことばコンセプト事典』，第一法規出版，1992年12月，300–317頁

陳力衛「現代中国語における和製漢語の受容」『和製漢語の形成と展開』，汲古書院，2001年2月，390頁

セイシンカガク【精神科学】 惣郷正明・飛田良文「精神科学」『明治のことば辞典』，東京堂出版，1986年12月，295–296頁

セイシンサクラン【精神錯乱】 斎藤静「精神錯乱」『日本語に及ぼしたオランダ語の影響』，篠崎書林，1967年8月，283–284頁

セイシンビョウ【精神病】 樺島忠雄・飛田良文・米川明彦「精神病」『明治大正新語俗語辞典』，東京堂出版，1984年5月，175頁

セイジン【聖人】 春山行夫「近代用語の系統 7」『言語生活』186，筑摩書房，1967年4月，51–52頁

今成元昭「「聖」「聖人」「上人」の称について—古代の仏教説話集から」『国士舘大学人文学会紀要』5，国士舘大学人文学会，1973年1月，103–117頁

丹野真「聖人」『ことばコンセプト事典』，第一法規出版，1992年12月，932–939頁

セイセイハツウン【生性発蘊】 手島邦夫「訳語の生成と定着—「生性発蘊」を中心にした西周の訳語の変遷」『語から文章へ』，和歌山大学，2000年8月，173–186頁

セイセン【聖戦】 三國一朗「聖戦」『戦中用語集』，岩波書店，1985年8月，58–61頁

セイソク【正則】 惣郷正明・飛田良文「正則」『明治のことば辞典』，東京堂出版，1986年12月，296頁

セイゾンキョウソウ【生存競争】 広田栄太郎「訳語あれこれ」『近代訳語考』，東京堂出版，1969年8月，305–326頁

米川明彦「近代語彙考証6 進化論」『日本語学』2—9，明治書院，1983年9月，115–116頁

樺島忠雄・飛田良文・米川明彦「生存競争」『明治大正新語俗語辞典』，東京堂出版，1984年5月，176頁

金田一春彦「生存競争」『ことばの生い立ち』，講談社，1988年2月，151頁

宋敏「「生存 競争」의 周辺」(生存競争の周辺)『새국어생활』10—3，韓国国立国語研究院，2000年9月，121–126頁

セイタイ【生態】 惣郷正明・飛田良文「生態」『明治のことば辞典』，東京堂出版，1986年12月，296–297頁

セイタイガク【生態学】 吉井義次「生態学という術語」『植物生態学会報』1—2，日本生態学会，1951年10月，109–110頁

セイタイ【政体】 渡辺萬蔵「政体」『現行法律語の史的考察』，萬理閣書房，1930年12月，161頁

鈴木修次「「政体」論と「三権分立」の思想」『日

本漢語と中国―漢字文化圏の近代化』，中央公論社，1981年9月，3-11頁

セイダイ【世代】 惣郷正明・飛田良文「世代」『明治のことば辞典』，東京堂出版，1986年12月，297頁

セイタイモシャ【声帯模写】 樺島忠雄・飛田良文・米川明彦「声帯模写」『明治大正新語俗語辞典』，東京堂出版，1984年5月，176-177頁

セイチョウ【成長・生長】 佐藤喜代治「漢語の源流―『万法精理』の訳語について(一)」『国語語彙史の歴史的研究』，明治書院，1971年11月，315頁

大友兼松「学術用語について　生長か成長か」『林業統計研究会誌』13，林業統計研究会，1988年3月，1-8頁

文化庁「「成長」と「生長」の使い分け」『言葉に関する問答集』，大蔵省印刷局，1995年3月，11-12頁

セイテンハクジツ【青天白日】 佐藤喜代治『国語語彙の歴史的研究』，明治書院，1971年11月，248頁

セイト【生徒】 渡辺萬蔵「生徒」『現行法律語の史的考察』，萬理閣書房，1930年12月，161頁

劉凡夫「〈学ぶ人〉を表す語彙に関する史的考察」『日本語の歴史地理構造』，明治書院，1997年8月，249-267頁

セイト【聖徒】 惣郷正明・飛田良文「聖徒」『明治のことば辞典』，東京堂出版，1986年12月，297頁

セイトウ【政党】 石井研堂「政党の始」『増補改訂　明治事物起源』上巻，春陽堂書店，1944年11月，161頁

樺島忠雄・飛田良文・米川明彦「政党」『明治大正新語俗語辞典』，東京堂出版，1984年5月，177頁

惣郷正明・飛田良文「政党」『明治のことば辞典』，東京堂出版，1986年12月，297-298頁

Federico Masini「政党」*The Formation of Modern Chinese Lexicon and its Evolution toward a National Language*(李廷宰訳)，소명出版，2005年11月，166頁

佐藤亨「政党」『現代に生きる幕末・明治初期漢語辞典』，明治書院，2007年6月，518頁

潘光哲「晚清中国“政党”的知识系谱：思想脉络的考察1856—1895」(清末中国における「政党」についての認識の系譜(1856—1895))『语义的文化变迁』，武汉大学出版社，2007年10月，230-274頁

セイドウ【政道】 佐藤喜代治『国語語彙の歴史的研究』，明治書院，1971年11月，228頁

セイドウキ【制動機】 惣郷正明・飛田良文「制動機」『明治のことば辞典』，東京堂出版，1986年12月，298頁

セイトウボウエイ【正当防衛】 惣郷正明・飛田良文「正当防衛」『明治のことば辞典』，東京堂出版，1986年12月，298頁

セイネン【成年】 惣郷正明・飛田良文「成年」『明治のことば辞典』，東京堂出版，1986年12月，298-299頁

セイネン【青年】 関根文之助「日本語と聖書のことば」『ことばのまど』，日本語研究所，1973年11月

佐藤喜代治「青年」『日本の漢語』，角川書店，1979年10月，439-441頁

加藤隆勝・森下由美「「青年」ということばの由来をめぐって」『筑波大学心理学研究』11，筑波大学心理学研究科，1989年3月，57-64頁

木村直恵『〈青年〉の誕生―明治日本における政治的実践の転換』，新曜社，1998年2月

セイハツ【整髪】 下野雅昭「散髪，斬髪，断髪，理髪，整髪」『講座日本語の語彙 ⑩』，明治書院，1983年4月，148-155頁

セイビョウ【性病】 紀田順一郎「性病」『近代事物起源事典』，東京堂出版，1992年9月，135-136頁

セイフ【政府】 渡辺萬蔵「政府」『現行法律

語の史的考察』，萬理閣書房，1930年12月，20頁
佐藤亨「『玉石志林』の語彙(一)」『幕末・明治初期語彙の研究』，桜楓社，1986年2月，276-278頁
福田逸「政府」『ことばコンセプト事典』，第一法規出版，1992年12月，950-959頁
柳父章「societyの翻訳語」『翻訳とはなにか』，法政大学出版局，2003年5月，134-144頁

セイフク【制服】 渡辺萬蔵「制服」『現行法律語の史的考察』，萬理閣書房，1930年12月，176頁

セイブツ【生物】 佐藤亨「生物」『現代に生きる幕末・明治初期漢語辞典』，明治書院，2007年6月，519-520頁

セイブツガク【生物学】 Federico Masini「生物学」*The Formation of Modern Chinese Lexicon and its Evolution toward a National Language*(李廷宰訳)，소명出版，2005年11月，165頁
佐藤亨「生物学」『現代に生きる幕末・明治初期漢語辞典』，明治書院，2007年6月，520頁

セイブン【成分】 惣郷正明・飛田良文「成分」『明治のことば辞典』，東京堂出版，1986年12月，299頁

セイボ【歳暮】 永野賢『にっぽん語風俗学』，明治書院，1969年10月，184-187頁

セイホウ【性法】 惣郷正明・飛田良文「性法」『明治のことば辞典』，東京堂出版，1986年12月，299頁

ゼイホウ【税法】 佐藤亨「『泰西国法論』の訳語」『幕末・明治初期語彙の研究』，桜楓社，1986年2月，368-369頁

セイミ【舎密】 杉本つとむ「〈舎密〉と〈化学〉の素姓」『語源の文化誌』，創拓社，1990年7月，235-247頁
沈国威「漢語を育てた近代日本語—西学東漸と新漢語」『国文学』41—11，関西大学国文学会，1996年9月，80-86頁

セイメイ【生命】 福井淳子「「生命」「人生」「生活」—lifeの訳語との関わり」『武庫川国文』46，武庫川女子大学，1995年12月，123-140頁
山田俊雄「性命と生命」『詞苑間歩』上，三省堂，1999年9月，76-79頁

セイメイセン【生命線】 稲垣吉彦・吉沢典男監修「生命線」『昭和ことば史60年』，講談社，1985年10月，30-31頁

セイメイ【性命】 山田俊雄「性命と生命」『詞苑間歩』上，三省堂，1999年9月，76-79頁

セイメイ【清明】 井上豊「「清明」の訓法と解釈」『解釈』9，解釈編集部，1955年9月，2-4頁

セイヤク【製薬】 佐藤亨「『経済小学』の訳語」『幕末・明治初期語彙の研究』，桜楓社，1986年2月，343-344頁

セイヨウ【西洋】 石井研堂「精神学科の訳語」『増補改訂　明治事物起源』下巻，春陽堂書店，1944年11月，519-521頁
春山行夫「近代用語の系統　1」『言語生活』180，筑摩書房，1966年8月，74-79頁
春山行夫「近代用語の系統　5」『言語生活』184，筑摩書房，1967年1月，72-77頁
久世善男「西洋」『言葉のなづけ親—翻訳に見る文明開化』，朝日ソノラマ，1975年11月，109-113頁
斎藤毅「東洋と西洋」『明治のことば』，講談社，1977年11月，36-72頁
佐藤喜代治「青年」『日本の漢語』，角川書店，1979年10月，388-390頁
宮崎正勝「日本と中国における「西洋」・「東洋」概念の変遷」『比較文明』8，比較文明学会，1992年，89-100頁
孫建軍「和製漢語「洋学」の成立—中国語新語「西学」の成立を兼ねて」『漢字文化圏諸言語の近代語彙の形成—創出と共有—』，関西大学出版部，2009年9月，145-165頁

セイヨク【性欲】 樺島忠雄・飛田良文・米

川明彦「性欲」『明治大正新語俗語辞典』，東京堂出版，1984年5月，179頁

セイリ【整理】 佐藤亨「『西洋事情』の語彙」『幕末・明治初期語彙の研究』，桜楓社，1986年2月，406-407頁

セイリ【生理】 惣郷正明・飛田良文「生理」『明治のことば辞典』，東京堂出版，1986年12月，299-300頁

杉本つとむ「近代訳語を検証する 12 遺伝・生理」『国文学　解釈と鑑賞』69—8，至文堂，2004年8月，181-187頁

杉本つとむ「生理」『語源海』，東京書籍，2005年3月，361頁

セイリガク【生理学】 惣郷正明・飛田良文「生理学」『明治のことば辞典』，東京堂出版，1986年12月，300-301頁

高野繁男「『百科全書』の訳語」『近代漢語の研究—日本語の造語法・訳語法』，明治書院，2004年11月，153頁

Federico Masini「生理学」*The Formation of Modern Chinese Lexicon and its Evolution toward a National Language*（李廷宰訳），소명出版，2005年11月，276頁

佐藤亨「生理学」『現代に生きる幕末・明治初期漢語辞典』，明治書院，2007年6月，524頁

セイリャク【省略】 惣郷正明・飛田良文「省略」『明治のことば辞典』，東京堂出版，1986年12月，301頁

セイリョウザイ【清涼剤】 斎藤静「清涼剤」『日本語に及ぼしたオランダ語の影響』，篠崎書林，1967年8月，272頁

セイリョク【勢力】 惣郷正明・飛田良文「勢力」『明治のことば辞典』，東京堂出版，1986年12月，301-302頁

セイリョクキンコウ【勢力均衡】 장인성「근대 한국의 세력균형개념」（近代韓国における勢力均衡概念）『근대한국의 사회과학 개념 형성사』（近代韓国における社会科学関連概念の形成史），創批，2009年4月，173-206頁

セイレイ【聖霊】 惣郷正明・飛田良文「聖霊」『明治のことば辞典』，東京堂出版，1986年12月，302頁

鈴木範久「日本語を変えた聖書語」『聖書の日本語』，岩波書店，2006年2月，207-209頁

セイレツ【整列】 佐藤亨『近世語彙の研究』，桜楓社，1983年6月，269頁

セカイ【世界】 原田芳起「平安文学と漢語」『平安時代文学語彙の研究』，風間書房，1962年9月，483-490頁

松本宙「宇宙，天下，世界」『講座日本語の語彙 ⑨』，明治書院，1983年1月，86-91頁

惣郷正明・飛田良文「世界」『明治のことば辞典』，東京堂出版，1986年12月，302-304頁

土家典生「世界」『ことばコンセプト事典』，第一法規出版，1992年12月，960-973頁

杉本つとむ「世界」『語源海』，東京書籍，2005年3月，361-362頁

Federico Masini「世界」*The Formation of Modern Chinese Lexicon and its Evolution toward a National Language*（李廷宰訳），소명出版，2005年11月，158頁

セカイカン【世界観】 惣郷正明・飛田良文「世界観」『明治のことば辞典』，東京堂出版，1986年12月，304頁

セキガイセン【赤外線】 樺島忠雄・飛田良文・米川明彦「赤外線」『明治大正新語俗語辞典』，東京堂出版，1984年5月，179-180頁

セキタン【石炭】 杉本つとむ「連載；近代訳語を検証する 32　石油，石炭」『国文学　解釈と鑑賞』71—4，至文堂，2006年4月，248-255頁

佐藤亨「石炭」『現代に生きる幕末・明治初期漢語辞典』，明治書院，2007年6月，525頁

セキド【赤度】 佐藤亨『近世語彙の研究』，桜楓社，1983年6月，72頁

セキニン【責任】 渡辺萬蔵「責任」『現行法律語の史的考察』，萬理閣書房，1930年12月，

13頁
田中成明「言語時評責任の多義性とレトリック」『言語生活』391，筑摩書房，1984年7月，23頁
佐藤亨「『万国公法』の語彙」『幕末・明治初期語彙の研究』，桜楓社，1986年2月，193-194頁
松井利彦「漢訳語の日本語への受容―『万国公法』の「責任」の場合」『文林』36，神戸樟蔭女子学院大学，2002年3月，21-45頁
吉田裕清「「債務」と「責任」」『翻訳語としての日本の法律用語』，中央大学出版局，2004年11月，73-85頁

セキバン【石版】 石井研堂「石版の始」『増補改訂　明治事物起源』下巻，春陽堂書店，1944年12月，911-913頁
惣郷正明・飛田良文「石版」『明治のことば辞典』，東京堂出版，1986年12月，304-305頁

セキヒツ【石筆】 惣郷正明・飛田良文「石筆」『明治のことば辞典』，東京堂出版，1986年12月，305-306頁
沈国威「特集・近・現代語の語源「鉛筆」」『日本語学』12―6，明治書院，1993年6月，59-65頁

セキブン【積分】 大矢真一「微分積分という語の由来」『数学セミナー』6―2，日本評論社，1967年2月，12-16頁
佐藤亨「『西学考略』の語彙」『幕末・明治初期語彙の研究』，桜楓社，1986年2月，239頁
Federico Masini「積分」*The Formation of Modern Chinese Lexicon and its Evolution toward a National Language*（李廷宰訳），소명出版，2005年11月，107頁

セキメン【石綿】 杉本つとむ「連載；近代訳語を検証する 33　アスベスト・石綿　パップ毟布」『国文学　解釈と鑑賞』71―5，至文堂，2006年5月，191-197頁

セキユ【石油】 石井研堂「石油」『増補改訂　明治事物起源』下巻，春陽堂書店，1944年12月，1005-1008頁
杉本つとむ「「石油」という語」『解釈』21―2，解釈編集部，1975年2月，44-48頁
惣郷正明・飛田良文「石油」『明治のことば辞典』，東京堂出版，1986年12月，306頁
富田仁「石油」『舶来事物起源事典』，名著普及会，1987年12月，196-198頁
杉本つとむ「〈臭水〉と〈石油〉の効用」『語源の文化誌』，創拓社，1990年4月，119-123頁
佐藤武義「石油」『日本語の語源』，明治書院，2003年1月，29-30頁
杉本つとむ「連載；近代訳語を検証する32　石油　石炭」『国文学　解釈と鑑賞』71―4，至文堂，2006年4月，248-255頁

セケン【世間】 原田芳起「平安文学と漢語」『平安時代文学語彙の研究』，風間書房，1962年9月，483-490頁
川口常孝「憶良の「世間」下」『語文』26，日本大学国文学会，1967年4月，1-7頁
田島毓堂「世間，世，出世，出世間，人間」『講座日本語の語彙 ⑩』，明治書院，1983年4月，286-291頁
野澤勝夫「漢字の履歴―世間」『月刊しにか』13―8，大修館書店，2002年7月，68頁

セケンテイ【世間体】 島田泰子「「世間体」とその周辺」『香川大学教育学部研究報告』第1部，香川大学教育学部，2000年7月，11-26頁

セシュウ【世襲】 惣郷正明・飛田良文「世襲」『明治のことば辞典』，東京堂出版，1986年12月，306-307頁

セジョウ【世情】 惣郷正明・飛田良文「世情」『明治のことば辞典』，東京堂出版，1986年12月，307頁

セダイ【世代】 박재홍「세대 개념에 관한 연구」（「世帯」概念の研究）『韓国社会学』37―3，韓国社会学会，2003年6月，1-23頁

セツ【～説】 朱京偉『近代日中新語の創出と交流―人文科学と自然科学の専門語を中心に』，白帝社，2003年10月，69頁

セッカ【赤化】 槌田満文「赤化」『明治大正

新語・流行語』，角川書店，1983年6月，249-251頁
沈国威『近代日中語彙交流史一新漢語の生成と受容』，笠間書院，1994年3月，318-319頁
米川明彦「赤化」『明治・大正・昭和の新語・流行語辞典』，三省堂，2002年1月，114-115頁
セッカイセキ【石灰石】 高野繁男「『百科全書』の訳語」『近代漢語の研究―日本語の造語法・訳語法』，明治書院，2004年11月，148頁
セッキョウ【説教】 後小路薫「「説教」名義考」『文芸論叢』32，大谷大学文藝研究會，1989年3月，10-23頁
セッキョクテキ【積極的】 惣郷正明・飛田良文「積極的」『明治のことば辞典』，東京堂出版，1986年12月，307-308頁
セック【節句】 文化庁「「節句」か「節供」か」『言葉に関する問答集』，大蔵省印刷局，1995年3月，177-178頁
セッケイ【設計】 惣郷正明・飛田良文「設計」『明治のことば辞典』，東京堂出版，1986年12月，308頁
セッケン【石鹼】 佐藤亨「「シャボン」から「セッケン」石鹼へ」『近世語彙の歴史的研究』，桜楓社，1980年10月，424-442頁
富田仁「石鹼」『舶来事物起源事典』，名著普及会，1987年12月，198-200頁
湯本豪一「石鹼」『図説明治事物起源事典』，柏書房，1996年11月，170-171頁
田島優「「シャボン」から「石鹼」へ」『近代漢字表記語の研究』，和泉書院，1998年11月，263-269頁
前田富祺監修「石鹼」『日本語語源大辞典』，小学館，2005年4月，673頁
杉本つとむ「連載；近代訳語を検証する 37 シャボン・石鹼／ゼープ・錫布／ソープ」『国文学　解釈と鑑賞』71―9，至文堂，2006年9月，207-214頁
セツジ【綴字】 惣郷正明・飛田良文「綴字」『明治のことば辞典』，東京堂出版，1986年12月，308頁
セッショウ【折衝】 惣郷正明・飛田良文「折衝」『明治のことば辞典』，東京堂出版，1986年12月，309頁
セッショウ【摂政】 渡辺萬蔵「摂政」『現行法律語の史的考察』，萬理閣書房，1930年12月，266頁
惣郷正明・飛田良文「摂政」『明治のことば辞典』，東京堂出版，1986年12月，309-310頁
セッセイ【節制】 丹野真「節制」『ことばコンセプト事典』，第一法規出版，1992年12月，974-981頁
セッタ【雪踏】 佐藤喜代治「語彙史の問題」『国語語彙史の歴史的研究』，明治書院，1971年11月，7-8頁
ゼッタイ【絶対】 広田栄太郎「訳語あれこれ」『近代訳語考』，東京堂出版，1969年8月，305-326頁
惣郷正明・飛田良文「絶対」『明治のことば辞典』，東京堂出版，1986年12月，310-311頁
荒川清秀「日本漢語の中国語への流入」『日本語学』17―5，明治書院，1998年5月，39-46頁
セッテイ【設定】 高野繁男「『百科全書』の訳語」『近代漢語の研究―日本語の造語法・訳語法』，明治書院，2004年11月，111頁
セットク【説得】 佐藤喜代治『国語語彙の歴史的研究』，明治書院，1971年11月，248頁
セツナ【刹那】 中村元編著「刹那」『仏教語源散策』，東京書籍，1998年7月，31-34頁
セツビ【設備】 惣郷正明・飛田良文「設備」『明治のことば辞典』，東京堂出版，1986年12月，311-312頁
沈国威『近代日中語彙交流史―新漢語の生成と受容』，笠間書院，1994年3月，319-320頁
セップン【接吻】 広田栄太郎「近代訳語考

「接吻」と「くちづけ」と」『国語と国文学』26—10，東京大学国文学研究室内，1949年10月，85-92頁
日置昌一「接吻の歴史」『ものしり事典』風俗篇上，河出書房，1952年11月，119-120頁
深田甫「東西筆くらべ—接吻とキス—」『国文学　解釈と鑑賞』26—9，至文堂，1961年7月，170-171頁
広田栄太郎「「接吻」と「くちづけ」」『近代訳語考』，東京堂出版，1969年8月，49-70頁
杉本つとむ「五　訳語の起源と検証」『日本語講座6　外国語と日本語』，桜楓社，1980年3月，119-131頁
佐藤亨「『六合叢談』の語彙」『幕末・明治初期語彙の研究』，桜楓社，1986年2月，153頁
惣郷正明・飛田良文「接吻」『明治のことば辞典』，東京堂出版，1986年12月，312頁
平石典子「観念としての恋愛と接吻—三木露風「接吻の後に」試論」『比較文学研究』69，東京大学比較文学比較文化研究室，1996年12月，85-97頁
阿木津英・三枝昂之「外来語を取り込む明治時代の翻訳語　接吻クチズケ・キス・利己・郵便・電話 特集 作歌の語彙を広げる—新たな用語による表現の歴史」『短歌研究』55，短歌研究社，1998年4月，46-49頁
西沢りょう「接吻の日本文化史」『待兼山論叢 文学篇』35，大阪大学文学部，2001年12月，15-29頁
杉本つとむ「近代訳語を検証する3　相呂と接吻」『国文学　解釈と鑑賞』68—9，至文堂，2003年9月，225-231頁
杉本つとむ「接吻」『語源海』，東京書籍，2005年3月，365-366頁
中山功「美術の中の接吻」『東海女子大学紀要』24，東海学院大学・東海女子短期大学，2005年3月，79-97頁
井料佐紀子「「接吻」語史—キリスト教用語の視点からの再構築」『語文研究』103，九州大学国語国文学会，2007年6月，51-36頁
佐藤亨「接吻」『現代に生きる幕末・明治初期漢語辞典』，明治書院，2007年6月，529頁

セツヤク【節約】　今里智晃「節約」『ことばコンセプト事典』，第一法規出版，1992年12月，404-411頁

セツリ【摂理】　惣郷正明・飛田良文「摂理」『明治のことば辞典』，東京堂出版，1986年12月，313頁

セツリツ【設立】　佐藤亨「『西学考略』の語彙」『幕末・明治初期語彙の研究』，桜楓社，1986年2月，248頁

ゼツリン【絶倫】　田中牧郎「漢語「優秀」の定着と語彙形成—主体を表す語の分析を通して」『雑誌太陽による確立期現代語の研究』国立国語研究所報告，博文館新社，2005年3月，114-141頁

ゼヒ【是非】　惣郷正明・飛田良文「是非」『明治のことば辞典』，東京堂出版，1986年12月，313-314頁
玉村禎郎「「是非」の語誌；副詞用法の発生まで」『語文』56，大阪大学国語国文学会，1991年5月，20-38頁
原卓志「漢語「善悪」「是非」「決定」「必定」の副詞用法について」『鎌倉時代語研究』14，武蔵野書院，1991年10月，5-31頁
玉村禎郎「是非」『日本語学』12—6，明治書院，1993年6月，66-72頁

セロン【世論】　松田郁三「「世論」の読みの混乱について」『言語生活』77，筑摩書房，1958年2月，76-80頁
岩淵悦太郎「「世論」と湯桶読み」『言語生活』130，筑摩書房，1962年7月，17頁
八木秀次「「世論」私見」『言語生活』131，筑摩書房，1962年8月，87頁
斉賀秀夫「当用漢字表と語彙」『講座日本語の語彙⑦』，明治書院，1982年11月，228-229頁
惣郷正明・飛田良文「世論」『明治のことば辞典』，東京堂出版，1986年12月，314頁
大角希「近代語語誌の研究—「世論」をめぐっ

て」『東京女子大学言語文化研究』4，東京女子大学，1995年8月，1-15頁
セワ【世話】　鈴木博『周易抄の国語学的研究　研究篇』，清文堂，1972年3月，200-203頁
岩淵悦太郎「セワ」『語源散策』，毎日新聞社，1974年10月，109-111頁
セン【腺】　斎藤静「腺」『日本語に及ぼしたオランダ語の影響』，篠崎書林，1967年8月，109-110頁
杉本つとむ「五　訳語の起源と検証」『日本語講座10　外国語と日本語』，桜楓社，1980年3月，141-147頁
小川鼎三「腺」『医学用語の起り』，東京書籍，1983年1月，34-36頁
笹原宏之「国字と位相—江戸時代以降に見る「個人文字」の「位相文字」，「狭義の国字」への展開」『国語学』163，国語学会，1990年12月，14-24頁
杉本つとむ「近代医学の源流 3 淋巴腺の〈腺〉と膵臓の〈膵〉」『日本医師会雑誌』107—11，日本医師会，1992年6月，2008-2009頁
曹喜撤「韓国の字典における日本国字」『中央大学国文』36，中央大學國文學會，1993年3月，72-82頁
陳力衛「中国への逆輸入」『和製漢語の形成と展開』，汲古書院，2001年2月，281頁
沈国威「蘭学の訳語と新漢語の創出」『19世紀中国語の諸相』，雄松堂出版，2007年3月，10頁
杉本つとむ「連載；近代訳語を検証する 43 腺，膵臓，盲腸，扁桃腺，口蓋」『国文学解釈と鑑賞』72—3，至文堂，2007年3月，168-174頁
セン【線】　陳生保「～線」『中国と日本—言葉・文学・文化』，麗沢大学出版会，2005年5月，23頁
ゼン【善】　平松哲司「善・悪」『ことばコンセプト事典』，第一法規出版，1992年12月，982-995頁
ゼンアク【善悪】　原卓志「漢語「善悪」「是非」「決定」「必定」の副詞用法について」『鎌倉時代語研究』14，武蔵野書院，1991年10月，5-31頁
玉村禎郎「「善悪」の語誌—副詞用法発生前史」『国語語彙史の研究』20，和泉書院，2001年3月，187-200頁
玉村禎郎「「善悪」の語誌—中世前期の変体漢文における名詞用法」『京都光華女子大学研究紀要』40，京都光華女子大学，2002年12月，143-156頁
玉村禎郎「「善悪」の語誌—中世前期の漢字仮名交り文における名詞用法」『国語語彙史の研究』23，和泉書院，2004年3月，119-232頁
玉村禎郎「「善悪」の副詞用法の発生　近代語への歩み」『近代語研究』13，武蔵野書院近代語学会編，2006年12月，17-31頁
玉村禎郎「「善悪」の語史—中世後期における名詞用法」『杏林大学外国語学部紀要』21，杏林大学外国語学部，2009年3月，15-26頁
ゼン【然】　小野寺学「近代における二字漢語「—然」の展開と定着」『東北大学文学部言語科学論集』2，東北大学文学部，1998年11月，144-133頁
センイ【繊維】　竹本喜一・金岡喜久子「化学のことばいろいろ」『化学語源ものがたり』，東京化学同人，1986年3月，134頁
センイソ【繊維素】　高野繁男「「百科全書」の訳語」『近代漢語の研究—日本語の造語法・訳語法』，明治書院，2004年11月，149頁
センカン【専管】　佐藤亨「『万国公法』の語彙」『幕末・明治初期語彙の研究』，桜楓社，1986年2月，176-177頁
センカン【戦艦】　佐藤亨『近世語彙の研究』，桜楓社，1983年6月，236頁
センキョ【選挙・撰挙】　渡辺萬蔵「宣誓」『現行法律語の史的考察』，萬理閣書房，1930年12月，215頁

石井研堂「選挙の投票」『増補改訂　明治事物起源』上巻，春陽堂書店，1944年11月，160頁

惣郷正明・飛田良文「選挙・撰挙」『明治のことば辞典』，東京堂出版，1986年12月，314-315頁

センキョク【選挙区】 渡辺萬蔵「選挙区」『現行法律語の史的考察』，萬理閣書房，1930年12月，64頁

センキョウ【宣教】 佐藤亨「宣教」『現代に生きる幕末・明治初期漢語辞典』，明治書院，2007年6月，534頁

センキョウシ【宣教使】 石井研堂「宣教使の始」『増補改訂　明治事物起源』上巻，春陽堂書店，1944年11月，158-159頁

ゼンケン【全権】 佐藤亨「『玉石志林』の語彙(一)」『幕末・明治初期語彙の研究』，桜楓社，1986年2月，278-279頁

佐藤亨「全権」『現代に生きる幕末・明治初期漢語辞典』，明治書院，2007年6月，536頁

センコク【宣告】 渡辺萬蔵「宣告」『現行法律語の史的考察』，萬理閣書房，1930年12月，162頁

ゼンコク【全国】 佐藤亨「『地球説略』の語彙」『幕末・明治初期語彙の研究』，桜楓社，1986年2月，115-116頁

Federico Masini「全国」*The Formation of Modern Chinese Lexicon and its Evolution toward a National Language*(李廷宰訳)，소명出版，2005年11月，294頁

センザイイシキ【潜在意識】 樺島忠雄・飛田良文・米川明彦「潜在意識」『明治大正新語俗語辞典』，東京堂出版，1984年5月，182-183頁

惣郷正明・飛田良文「潜在意識」『明治のことば辞典』，東京堂出版，1986年12月，315頁

センジ【戦時】 佐藤亨「『西学考略』の語彙」『幕末・明治初期語彙の研究』，桜楓社，1986年2月，237-238頁

センジツ【先日】 遠藤好英「記録体における時の表現—『後二条師通記』の昨日以前・昨夜の意味の語句」『国語語彙史の研究』1，和泉書院，1980年5月，103-124頁

ゼンシュウ【全集】 紀田順一郎「全集」『近代事物起源事典』，東京堂出版，1992年9月，141-143頁

ゼンショウ【全称】 高野繁男「『哲学字彙』の訳語」『近代漢語の研究—日本語の造語法・訳語法』，明治書院，2004年11月，69頁

センジン【鮮人】 川崎勲「広辞苑の「北鮮」「鮮人」の項の誤りについて」『朝鮮研究』124，日本朝鮮研究所，1973年3月，58-61頁

柳水晶「「臣民」と「不逞鮮人」—今村栄治「同行者」に見る民族・移民・帝国」『日本語と日本文学』42，筑波大学国語国文学会，2006年2月，56-70頁

センスイ【泉水】 佐藤喜代治『国語語彙の歴史的研究』，明治書院，1971年11月，9頁

センスイフ【潜水夫】 石井研堂「潜水夫の始」『増補改訂　明治事物起源』下巻，春陽堂書店，1944年12月，1001-1005頁

センセイ【先生】 高藤武馬「先生ということば」『教育手帖』11，1954年11月

高藤武馬「先生ということば」『教育手帖』12，1954年12月

重松敬一「「先生」という第二人称」『教育技術』11—2，小学館，1956年5月，108-109頁

大越弘「「先生」と「さん」」『言語生活』120，筑摩書房，1961年9月，75頁

野島いさ子「「先生」をどうぞ」『言語生活』120，筑摩書房，1961年9月，74-75頁

高藤武馬「目上の人をどうよぶか—「先生」を濫用しないこと」『教育月報』159，1963年3月

一海知義「先生」『漢語の知識』，岩波書店，1981年7月，21-26頁

センセイ【宣誓】 渡辺萬蔵「責任」『現行法律語の史的考察』，萬理閣書房，1930年12月，239頁

石井研堂「宣誓の始」『増補改訂　明治事物起源』上巻，春陽堂書店，1944年11月，158-159頁

センセイ【専制】 惣郷正明・飛田良文「専制」『明治のことば辞典』，東京堂出版，1986年12月，316頁

センセイセイジ【専制政治】 惣郷正明・飛田良文「専制政治」『明治のことば辞典』，東京堂出版，1986年12月，316-317頁

センセン【先占】 吉田裕清「「所有」と占有」『翻訳語としての日本の法律用語』，中央大学出版局，2004年11月，123-125頁

ゼンゼン【全然】 宮内和夫「「全然」の改新—「とても」にふれて」『実践国語教育』247，実践国語教育研究所，1961年3月，7-13頁

柄沢衛「「全然」の用法とその変遷—明治二・三十年代の四迷の作品を中心として」『解釈』264，解釈編集部，1977年3月，38-43頁

若田部明「特集；語法・語彙—「全然」の語誌的研究　明治から現代まで」『解釈』37—11，解釈学会，1991年11月，24-29頁

若田部明「「全然」の語誌的研究2」『多々良鎮男先生傘寿記念論文集』，同刊行会，1993年3月，24-29頁

播磨桂子「「とても」「全然」などにみられる副詞の用法変遷の一類型」『語文研究』75，九州大学国語国文学会，1993年6月，11-22頁

鈴木英夫「新漢語の受け入れについて—「全然」を例として」『国語研究（松村明先生喜寿記念）』，明治書院，1993年10月，428-449頁

梅林博人「副詞「全然」の呼応について」『国文学　解釈と鑑賞』59—7，至文堂，1994年7月，103-110頁

梅林博人「「全然」の用法に関する規範意識について」『人文学報』266，東京都立大学人文学部，1995年2月，35-53頁

梅林博人「肯定表現を伴う「全然」の異同について」『人文学報』282，東京都立大学人文学部，1997年3月，21-37頁

新野直哉「「全然」＋肯定について」『国語論究6　近代語の研究』，明治書院，1997年7月，258-286頁

中山郁雄「近代小説言説中の「全然」の用法1　要旨・先行研究他」『解釈学』27，榊原邦彦，1999年11月，24-33頁

葛金龍「日中同形漢語副詞「全然」についての比較研究」『愛媛国語学研究』32，愛媛大学教育学部国語国文学会，1999年12月，22-28頁

中山郁雄「近代小説言説中の「全然」の用法2　要旨・先行研究他」『解釈学』28，榊原邦彦，2000年3月，30-38頁

新野直哉「近年の，「〝全然〟＋肯定」関係の文献について」『国語論究』8，明治書院，2000年11月，215-234頁

小池清治「「全然」再々考」『宇大国語論究』12，宇都宮大学国語教育学会，2001年2月，1-11頁

葛金龍「「全然」の意味機能について　俗語的用法を中心に」『愛媛国語学研究』35，愛媛大学教育学部国語国文学会，2002年12月，11-24頁

新野直哉「〝全然〟・「いやがうえにも」再考」『国語学研究』43，東北大文学部『国語学研究』刊行会，2004年3月，167-156頁

前田富祺監修「全然」『日本語語源大辞典』，小学館，2005年4月，677頁

葛金龍「「全然」の俗語的用法の発生」『愛媛国文と教育』38，愛媛大学教育学部国語国文学会，2005年12月，8-22頁

趙宏「速記資料における「全然」の様相をめぐって」『明治大学日本文学』33，明治大学日本文学研究会，2007年6月，62-56頁

センソウ【戦争】 佐藤治夫「戦争」『ことばコンセプト事典』，第一法規出版，1992年12月，996-1005頁

センタイ【船隊】 佐藤亨「『玉石志林』の語彙（二）」『幕末・明治初期語彙の研究』，桜楓社，1986年2月，316頁

センタク【洗濯】 佐藤喜代治『国語語彙の歴史的研究』，明治書院，1971年11月，85頁

センタクキ【洗濯機】 朝倉治彦・安藤菊二・樋口秀雄・丸山信「洗濯機」『新装版事物起源辞典衣食住編』，東京堂出版，2001年9月，215–216頁

センタク【選択】 大門一樹「「選択」の死語化」談話室『言語生活』389，筑摩書房，1984年5月，80–81頁

ゼンチ【全知】 高野繁男「『哲学字彙』の訳語」『近代漢語の研究―日本語の造語法・訳語法』，明治書院，2004年11月，64頁

ゼンチシキ【善知識】 田島毓堂「知識，善知識」『講座日本語の語彙 ⑩』，明治書院，1983年4月，366–372頁

センチャ【煎茶】 大槻幹郎「「煎茶」の語義について」『研究紀要』16，野村美術館，2007年3月，1–35頁

センテイ【選定】 佐藤亨「『大美聯邦志略』の語彙」『幕末・明治初期語彙の研究』，桜楓社，1986年2月，84–85頁

ゼンテイ【前提】 惣郷正明・飛田良文「前提」『明治のことば辞典』，東京堂出版，1986年12月，317頁

センテン【先天】 惣郷正明・飛田良文「先天」『明治のことば辞典』，東京堂出版，1986年12月，317–318頁

沈国威『近代日中語彙交流史―新漢語の生成と受容』，笠間書院，1994年3月，296–297頁

荒川清秀「日本漢語の中国語への流入」『日本語学』17—5，明治書院，1998年5月，39–46頁

馮天瑜『新語探源』，中華書局，2004年10月，355–356頁

センテンテキ【先天的】 樺島忠雄・飛田良文・米川明彦「先天的」『明治大正新語俗語辞典』，東京堂出版，1984年5月，183頁

セントウ【仙洞】 山本真吾「平家物語に於ける漢語の受容に関する一考察―「上皇御所」の呼称をめぐって」『国語学』157，国語学会，1989年6月，25–40頁

セントウ【銭湯】 杉本つとむ「〈丹前〉と〈銭湯〉の庶民誌」『語源の文化誌』，創拓社，1990年4月，30–38頁

前田富祺監修「銭湯」『日本語語源大辞典』，小学館，2005年4月，679頁

センドウ【煽動】 佐藤亨「『泰西国法論』の訳語」『幕末・明治初期語彙の研究』，桜楓社，1986年2月，370–371頁

センバイ【専売】 渡辺萬蔵「専売」『現行法律語の史的考察』，萬理閣書房，1930年12月，267頁

惣郷正明・飛田良文「専売」『明治のことば辞典』，東京堂出版，1986年12月，318頁

高野繁男「『明六雑誌』の和製漢語」『『明六雑誌』とその周辺』，神奈川大学人文学研究所編，お茶の水書房，2004年3月，190頁

高野繁男「『明六雑誌』の語彙」『近代漢語の研究―日本語の造語法・訳語法』，明治書院，2004年11月，181頁

佐藤亨「専売」『現代に生きる幕末・明治初期漢語辞典』，明治書院，2007年6月，544頁

センバイトッキョ【専売特許】 石井研堂「専売特許の始」『増補改訂　明治事物起源』下巻，春陽堂書店，1944年12月，989–1000頁

センバン【旋盤】 惣郷正明・飛田良文「旋盤」『明治のことば辞典』，東京堂出版，1986年12月，318頁

センパン【戦犯】 稲垣吉彦・吉沢典男監修「戦犯」『昭和ことば史60年』，講談社，1985年10月，263頁

センプウ【旋風】 田中正行「熊本県における氷・氷柱・旋風の方言分布」『方言』4—4，春陽堂書店，1934年4月，46–56頁

センプウキ【扇風機】 惣郷正明・飛田良文「扇風機」『明治のことば辞典』，東京堂出版，1986年12月，318–319頁

湯本豪一「扇風機」『図説明治事物起源事典』，柏書房，1996年11月，172-173頁

朝倉治彦・安藤菊二・樋口秀雄・丸山信「扇風機」『新装版　事物起源辞典衣食住編』，東京堂出版，2001年9月，216-217頁

Federico Masini「扇風機」*The Formation of Modern Chinese Lexicon and its Evolution toward a National Language*（李廷宰訳），소명出版，2005年11月，276頁

ゼンホウイ【全方位】 稲垣文男「ことばは生きている 流行語昭和史28 全方位」『放送文化』33―12，日本放送協会，1978年12月，22-23頁

センモンカ【専門家】 惣郷正明・飛田良文「専門家」『明治のことば辞典』，東京堂出版，1986年12月，319頁

センモンガッコウ【専門学校】 大泉志郎・大塚栄寿・永沢道雄「専門学校」『現代死語事典』，朝日ソノラマ，1993年11月，211-212頁

センユウ【占有】 惣郷正明・飛田良文「占有」『明治のことば辞典』，東京堂出版，1986年12月，319頁

高野繁男「『百科全書』の訳語」『近代漢語の研究―日本語の造語法・訳語法』，明治書院，2004年11月，102頁

吉田裕清「「所有」と占有」『翻訳語としての日本の法律用語』，中央大学出版局，2004年11月，121-123頁

センリガン【千里眼】 槌田満文「千里眼」『明治大正新語・流行語』，角川書店，1983年6月，199-201頁

センリツ【旋律】 惣郷正明・飛田良文「旋律」『明治のことば辞典』，東京堂出版，1986年12月，319頁

沈国威『近代日中語彙交流史―新漢語の生成と受容』，笠間書院，1994年3月，320頁

ゼンリツセン【前立腺】 小川鼎三「摂護腺から前立腺へ」『医学用語の起り』，東京書籍，1983年1月，216-219頁

センリョウ【染料】 佐藤亨『近世語彙の研究』，桜楓社，1983年6月，28頁

ゼンリョウ【全量】 佐藤亨「『経済小学』の訳語」『幕末・明治初期語彙の研究』，桜楓社，1986年2月，351頁

ゼンリョウ【善良】 吉田裕清「「公序良俗」」『翻訳語としての日本の法律用語』，中央大学出版局，2004年11月，150-152頁

センレイ【洗礼】 樺島忠雄・飛田良文・米川明彦「洗礼」『明治大正新語俗語辞典』，東京堂出版，1984年5月，183-184頁

三宅知宏「日本における『聖書』由来の語彙1―「洗礼」をめぐって」『鶴見日本文学』5，鶴見大学大学院日本文学専攻，2001年3月，125-109頁

佐藤亨「洗礼」『現代に生きる幕末・明治初期漢語辞典』，明治書院，2007年6月，549頁

ソ

ソ【～素】 菅原国香・中村国光・板倉聖宣「幕末・明治初期における日本語の元素名2―元素の日本語名の成立過程の研究1」『科学史研究』第172号，日本科学史学会，1990年2月，193-202頁

菅原国香・中村国光・板倉聖宣「幕末・明治初期における日本語の元素名1―元素の日本語名の成立過程の研究2」『科学史研究』第175号，日本科学史学会，1990年3月，14-20頁

ソウイ【相違】 文化庁「「相違」と「相異」「差異」と「差違」」『言葉に関する問答集』，大蔵省印刷局，1995年3月，267-271頁

ゾウカ【増加】 野口民雄「増加はドウカ」『言語生活』22，筑摩書房，1953年7月，53頁

ソウカイ【爽快】 佐藤亨「『智環啓蒙塾課初歩』の訳語」『近世語彙の研究』，桜楓社，1983年6月，47-48頁

佐藤亨「『米欧回覧実記』の語彙」『幕末・明治初期語彙の研究』，桜楓社，1986年2月，449頁

ソウカイ【総会】 佐藤亨「『泰西国法論』の訳語」『幕末・明治初期語彙の研究』，桜楓社，1986年2月，379-380頁

佐藤亨「『西学考略』の語彙」『幕末・明治初期語彙の研究』，桜楓社，1986年2月，231-232頁

ソウガク【総額】 佐藤亨「『玉石志林』の語彙（二）」『幕末・明治初期語彙の研究』，桜楓社，1986年2月，292-293頁

ソウカンテキ【相関的】 惣郷正明・飛田良文「相関的」『明治のことば辞典』，東京堂出版，1986年12月，319頁

ソウキ【棗亀】 陳力衛「「棗亀」という語をめぐって」『国学院雑誌』99―2，国学院大学出版部，1998年2月，38-45頁

陳力衛「「棗亀」考」『和製漢語の形成と展開』，汲古書院，2001年2月，177-187頁

ソウギ【争議】 惣郷正明・飛田良文「争議」『明治のことば辞典』，東京堂出版，1986年12月，319-320頁

ソウケイ【総計】 佐藤亨「『玉石志林』の語彙（二）」『幕末・明治初期語彙の研究』，桜楓社，1986年2月，292-293頁

ゾウケイゲイジュツ【造形芸術】 惣郷正明・飛田良文「造形芸術」『明治のことば辞典』，東京堂出版，1986年12月，320頁

ゾウケイビジュツ【造形美術】 樺島忠雄・飛田良文・米川明彦「造形美術」『明治大正新語俗語辞典』，東京堂出版，1984年5月，184頁

ゾウゲのトウ【象牙塔】 新村出『新村全集』3，筑摩書房，1972年5月，187-193頁

米川明彦「近代語彙考証10高踏派と象牙の塔」『日本語学』3―1，明治書院，1984年1月，115-118頁

樺島忠雄・飛田良文・米川明彦「象牙の塔」『明治大正新語俗語辞典』，東京堂出版，1984年5月，184頁

ソウゲン【草原】 フフバートル「訳語がもたらした伝統的地理観念の変容―「草原」ということばとそのモンゴル語訳語をめぐって」『学苑』742，昭和女子大学近代文化研究所，2002年5月，12-25頁

佐藤亨「草原」『現代に生きる幕末・明治初期漢語辞典』，明治書院，2007年6月，553頁

ソウコウ【奏功】 文化庁「「奏功」と「奏効」の使い分け」『言葉に関する問答集』，大蔵省印刷局，1995年3月，156-157頁

ソウゴウ【総合】 樺島忠雄・飛田良文・米川明彦「総合」『明治大正新語俗語辞典』，東京堂出版，1984年5月，185頁

ソウサ【操作】 惣郷正明・飛田良文「操作」『明治のことば辞典』，東京堂出版，1986年12月，320頁

佐藤亨「操作」『現代に生きる幕末・明治初期漢語辞典』，明治書院，2007年6月，554頁

ソウサイ【総裁】 惣郷正明・飛田良文「総裁」『明治のことば辞典』，東京堂出版，1986年12月，320-321頁

ソウサク【創作】 梶原滉太郎「そうさく創作」『講座日本語の語彙 ⑩』，明治書院，1983年4月，291-295頁

樺島忠雄・飛田良文・米川明彦「創作」『明治大正新語俗語辞典』，東京堂出版，1984年5月，185-186頁

惣郷正明・飛田良文「創作」『明治のことば辞典』，東京堂出版，1986年12月，321頁

ソウシ【壮士】 石井研堂「壮士の始」『増補改訂　明治事物起源』上巻，春陽堂書店，1944年11月，39-40頁

槌田満文「壮士」『明治大正新語・流行語』，角川書店，1983年6月，97-99頁

惣郷正明・飛田良文「壮士」『明治のことば辞典』，東京堂出版，1986年12月，321-323頁

惣郷正明「志士・有志から壮士へ」『日本語開化物語』，朝日新聞社，1988年8月，32-34頁

湯本豪一「壮士」『図説明治事物起源事典』，柏書房，1996年11月，82頁

ソウシカイメイ【創氏改名】 三國一朗「創氏改名」『戦中用語集』，岩波書店，1985年8月，62-63頁

ソウショウ【相称】 惣郷正明・飛田良文「相称」『明治のことば辞典』，東京堂出版，1986年12月，323頁

ソウショク【装飾】 惣郷正明・飛田良文「装飾」『明治のことば辞典』，東京堂出版，1986年12月，323-324頁

ソウスウ【総数】 佐藤亨「『経済小学』の訳語」『幕末・明治初期語彙の研究』，桜楓社，1986年2月，352頁

ソウセンキョ【総選挙】 湯本豪一「第一回総選挙」『図説明治事物起源事典』，柏書房，1996年11月，98-99頁

ゾウセンジョ【造船所】 石井研堂「造船所の始」『増補改訂　明治事物起源』下巻，春陽堂書店，1944年12月，983-987頁

ソウゾウ【創造】 佐藤亨「『智環啓蒙塾課初歩』の訳語」『近世語彙の研究』，桜楓社，1983年6月，48頁

佐藤亨「『地球説略』の語彙」『幕末・明治初期語彙の研究』，桜楓社，1986年2月，117-118頁

惣郷正明・飛田良文「創造」『明治のことば辞典』，東京堂出版，1986年12月，324頁

中田佳昭「創造」『ことばコンセプト事典』，第一法規出版，1992年12月，1006-1015頁

ソウゾウ【想像】 永嶋大典「英和辞書の訳語—明治前期の文学用語をめぐって」『講座日本語の語彙 ⑥』，明治書院，1982年2月，53-54頁

平林文雄「「国家」「想像」，そして「文脈」—語誌研究ノート」『群馬県立女子大学国文学研究』3，群馬県立女子大，1983年3月，11-29頁

平林文雄「想像」『講座日本語の語彙 ⑩』，明治書院，1983年4月，302-306頁

平林文雄「訳語・語誌研究8　想像」『国語学研究論考』，和泉書院，1985年5月，79-90頁

惣郷正明・飛田良文「想像」『明治のことば辞典』，東京堂出版，1986年12月，324-326頁

平野和彦「想像」『ことばコンセプト事典』，第一法規出版，1992年12月，1016-1025頁

ソウゾウリョク【想像力】 斎藤静「想像力」『日本語に及ぼしたオランダ語の影響』，篠崎書林，1967年8月，270-271頁

井上英明「語誌としての「想像力」について」『想像力と現実描写』，明星大学日本文化学部編，2000年3月，3-24頁

ソウゾク【相続】 渡辺萬蔵「相続」『現行法律語の史的考察』，萬理閣書房，1930年12月，212頁

ソウタイ【相対】 惣郷正明・飛田良文「相対」『明治のことば辞典』，東京堂出版，1986年12月，326頁

荒川清秀「日本漢語の中国語への流入」『日本語学』17—5，明治書院，1998年5月，39-46頁

馮天瑜『新語探源』，中華書局，2004年10月，361頁

ソウダン【相談】 蜂谷清人「談合，相談」『講座日本語の語彙 ⑩』，明治書院，1983年4月，351-360頁

今野真二「漢語をめぐる連合関係「商議／商量」と「談合／相談」と」『成城文芸』200，成城大学文芸学部研究，2007年9月，69-86頁

ゾウタン【雑談】 猿田知之「「雑談」「清談」小考—『実隆公記』を中心として」『日本文学論叢』6，法政大学文学部日本文学科，1981年3月，87-93頁

ソウチ【装置】 惣郷正明・飛田良文「装置」『明治のことば辞典』，東京堂出版，1986年12月，326-328頁

ソウチョウ【総長】 惣郷正明・飛田良文「総長」『明治のことば辞典』，東京堂出版，1986年12月，328頁

ソウテイ【壮丁】 惣郷正明・飛田良文「壮

丁」『明治のことば辞典』，東京堂出版，1986年12月，328頁

ソウテイ【装幀・装釘】 新村出「東亜語源志」『新村出全集4』，筑摩書房，1971年9月，154-157頁

惣郷正明・飛田良文「装釘」『明治のことば辞典』，東京堂出版，1986年12月，328-329頁

ソウテイ【想定】 高野繁男「『百科全書』の訳語」『近代漢語の研究─日本語の造語法・訳語法』，明治書院，2004年11月，108頁

ゾウテイ【増訂】 惣郷正明・飛田良文「増訂」『明治のことば辞典』，東京堂出版，1986年12月，329頁

ソウドウイン【総動員】 稲垣吉彦・吉沢典男監修「総動員」『昭和ことば史60年』，講談社，1985年10月，54-55頁

ソウトク【総督】 佐藤亨「総督」『現代に生きる幕末・明治初期漢語辞典』，明治書院，2007年6月，560頁

ソウニュウ【挿入】 佐藤亨『近世語彙の研究』，桜楓社，1983年6月，192頁

ソウビ【壮美】 岸田恵理「丸山晩霞にみる「崇高」と「壮美」─明治末期における二つの翻訳語の問題」『長野県立歴史館研究紀要』13，長野県立歴史館，2007年3月，86-95頁

ゾウブツシュ【造物主】 惣郷正明・飛田良文「造物主」『明治のことば辞典』，東京堂出版，1986年12月，329頁

ゾウヘイ【造兵】 惣郷正明・飛田良文「造兵」『明治のことば辞典』，東京堂出版，1986年12月，329-330頁

ゾウヘイキョク【造幣局】 石井研堂「造幣局の始」『増補改訂　明治事物起源』下巻，春陽堂書店，1944年12月，926頁

ゾウヘイリョウ【造幣寮】 湯本豪一「造幣寮」『図説明治事物起源事典』，柏書房，1996年11月，30-31頁

ゾウヨウ【雑用】 佐藤喜代治「雑用」『日本の漢語』，角川書店，1979年10月，322-325頁

ソウリ【総理】 佐藤亨『近世語彙の研究』，桜楓社，1983年6月，158頁

惣郷正明・飛田良文「総理」『明治のことば辞典』，東京堂出版，1986年12月，330頁

佐藤亨「総理」『現代に生きる幕末・明治初期漢語辞典』，明治書院，2007年6月，562頁

ソウリダイジン【総理大臣】 惣郷正明・飛田良文「総理大臣」『明治のことば辞典』，東京堂出版，1986年12月，330-331頁

ソウリョウジ【総領事】 佐藤亨「『玉石志林』の語彙(二)」『幕末・明治初期語彙の研究』，桜楓社，1986年2月，313頁

ソウロン【争論】 竹中憲一「中国語と日本語における字順の逆転現象」『日本語学』7─10，明治書院，1988年10月，55-64頁

ソオンキ【蘇音器】 槌田満文「明治ことば誌」『国文学解釈と教材の研究』25─10，学燈社，1980年8月，147頁

ソカイ【租界】 大泉志郎・大塚栄寿・永沢道雄「租界」『続・現代死語事典』，朝日ソノラマ，1995年11月，253-254頁

ソカイ【疎開】 三國一朗「疎開」『戦中用語集』，岩波書店，1985年8月，112-113頁

稲垣吉彦・吉沢典男監修「疎開」『昭和ことば史60年』，講談社，1985年10月，82-83頁

惣郷正明・飛田良文「疎開」『明治のことば辞典』，東京堂出版，1986年12月，331頁

ソガイ【疎外】 稲垣吉彦「現代語風景 14「疎外」の歴史」『月刊ほるぷ』，ほるぷ出版，1970年4月

加藤順一「疎外」『ことばコンセプト事典』，第一法規出版，1992年12月，1026-1033頁

前田富祺監修「疎外」『日本語語源大辞典』，小学館，2005年4月，685頁

ゾク【俗】 永山勇『国語意識史の研究』，風間書房，1963年3月，368-372頁

平松哲司「聖・俗」『ことばコンセプト事典』，第一法規出版，1992年12月，940-949頁

ゾクゴ【俗語】 永山勇「古典に見える「俗語」の意義に就て」『国語と国文学』19─6,

東京大学国語国文学会，1942年6月，70-76頁
梅垣実「俗語」『俗語の語源』，関書院，1947年4月，1-7頁
中田祝夫「俗語考」『言語生活』88，筑摩書房，1959年1月，66-68頁
鈴木一彦「橘守部の国語意識 5―「俗語」とは」『山梨大学学芸学部研究報告』16，山梨大学学芸学部，1966年2月，39-46頁
古田東朔「「俗語」から「口語」へ」『放送大学研究年報』5，放送大学，1988年3月，15-29頁
加藤信明「俗語から口語へ―Colloqualの訳語の変遷」『駒沢女子短期大学研究紀要』23，駒沢女子短期大学，1990年3月，103-108頁
日本語学「「俗語」という分類」『日本語学』23―4，明治書院，2004年3月，70-82頁

ゾク【～族】 王敏東・陳盈如「日本の流行語の台湾での使用状況―戦後の漢字表記語を中心に―」『漢字文化圏諸言語の近代語彙の形成―創出と共有』，関西大学出版部，2008年9月，289-309頁

ゾクセイ【属性】 惣郷正明・飛田良文「属性」『明治のことば辞典』，東京堂出版，1986年12月，331頁

ゾクチ【属地】 佐藤亨「『六合叢談』の語彙」『幕末・明治初期語彙の研究』，桜楓社，1986年2月，134頁

ソクテイ【測定】 佐藤亨「『六合叢談』の語彙」『幕末・明治初期語彙の研究』，桜楓社，1986年2月，152-153頁

ソクハツ【束髪】 惣郷正明・飛田良文「束髪」『明治のことば辞典』，東京堂出版，1986年12月，332-333頁

ソクリョウ【測量】 楚翠生「漢語往来 四十―「幾何」・「測量」考(上)」『高校通信東書国語』251，東京書籍，1985年5月，22-23頁

ソクリョク【速力】 佐藤亨「『六合叢談』の語彙」『幕末・明治初期語彙の研究』，桜楓社，1986年2月，153-154頁

ソコク【祖国】 佐藤亨「『玉石志林』の語彙(一)」『幕末・明治初期語彙の研究』，桜楓社，1986年2月，279-280頁

ソザイ【素材】 高野繁男「『百科全書』の訳語」『近代漢語の研究―日本語の造語法・訳語法』，明治書院，2004年11月，116頁

ソシキ【組織】 樺島忠雄・飛田良文・米川明彦「組織」『明治大正新語俗語辞典』，東京堂出版，1984年5月，188-189頁
惣郷正明・飛田良文「組織」『明治のことば辞典』，東京堂出版，1986年12月，333-334頁
高橋秀元「組織」『ことばコンセプト事典』，第一法規出版，1992年12月，1034-1045頁
馮天瑜『新語探源』，中華書局，2004年10月，364頁
陳生保「組織」『中国と日本―言葉・文学・文化』，麗沢大学出版会，2005年5月，24頁
佐藤亨「組織」『現代に生きる幕末・明治初期漢語辞典』，明治書院，2007年6月，566頁

ソショウ【訴訟】 渡辺萬蔵「訴訟」『現行法律語の史的考察』，萬理閣書房，1930年12月，162頁

ソジョウ【訴状】 渡辺萬蔵「訴状」『現行法律語の史的考察』，萬理閣書房，1930年12月，241頁

ソセイ【組成】 惣郷正明・飛田良文「組成」『明治のことば辞典』，東京堂出版，1986年12月，334-335頁

ソチ【措置】 惣郷正明・飛田良文「措置」『明治のことば辞典』，東京堂出版，1986年12月，335頁

ソツ【卒】 伊藤雅光「『日本書紀』における〝崩〟〝薨〟〝卒〟〝死〟の使い分けについて」『国学院雑誌』84―12，国学院大学，1983年12月，42-62頁

ソツウ【疎通】 惣郷正明・飛田良文「疎通」『明治のことば辞典』，東京堂出版，1986年12月，335頁

ソッキ【速記】 惣郷正明・飛田良文「速記」『明治のことば辞典』，東京堂出版，1986年

12月，335-336頁
米川明彦「速記」『明治・大正・昭和の新語・流行語辞典』，三省堂，2002年1月，39頁
ソッキジュツ【速記術】 石井研堂「速記術の発明」『増補改訂　明治事物起源』上巻，春陽堂書店，1944年11月，529-531頁
ソッキホウ【速記法】 槌田満文「速記法」『明治大正新語・流行語』，角川書店，1983年6月，84-86頁
ソッキロク【速記録】 惣郷正明・飛田良文「速記録」『明治のことば辞典』，東京堂出版，1986年12月，336頁
ソツギョウ【卒業】「ことば百科「卒寮」「卒園」―「卒業」―正しい日本語とは」『放送文化』33―2，日本放送協会，1977年2月
ソツギョウシキ【卒業式】 紀田順一郎「卒業式」『近代事物起源事典』，東京堂出版，1992年9月，145-146頁
ソッチョク【率直】 文化庁「「率直」か「卒直」か」『言葉に関する問答集』，大蔵省印刷局，1995年3月，3頁
ソボク【素朴】 佐藤亨「『米欧回覧実記』の語彙」『幕末・明治初期語彙の研究』，桜楓社，1986年2月，456-457頁
ソンザイ【存在】 柳父章「存在」『翻訳語成立事情』，岩波新書，1982年4月，107-124頁
佐藤亨「『玉石志林』の語彙(二)」『幕末・明治初期語彙の研究』，桜楓社，1986年2月，308-309頁
惣郷正明・飛田良文「存在」『明治のことば辞典』，東京堂出版，1986年12月，336-337頁
平松哲司「存在」『ことばコンセプト事典』，第一法規出版，1992年12月，1046-1057頁
沈国威『近代日中語彙交流史―新漢語の生成と受容』，笠間書院，1994年3月，56頁
高野繁男「『哲学字彙』の訳語」『近代漢語の研究―日本語の造語法・訳語法』，明治書院，2004年11月，65頁
ゾンジ【存知】 佐藤喜代治「近代の語彙I」『講座国語史3』，大修館書店，1971年9月，229-230頁
ソンノウジョウイ【尊王攘夷】 惣郷正明・飛田良文「尊王攘夷」『明治のことば辞典』，東京堂出版，1986年12月，337-338頁
ソンモウ【損耗】 惣郷正明・飛田良文「損耗」『明治のことば辞典』，東京堂出版，1986年12月，338頁

タ

ダイ【大～】 小和田佳予子「接頭辞「大」のよみ方について」『日本語教育』28，日本語教育学会，1975年12月，75-79頁
佐山佳子「特集・接辞　おお～　だい～　たい～ 大」『日本語学』5―3，明治書院，1986年3月，37-42頁
文化庁「「大～」と「太～」の使い分け」『言葉に関する問答集』，大蔵省印刷局，1995年3月，157-158頁
ダイ【～代】 野村雅昭「ことばの相談室　代，賃，費，料のつかいわけ」『言語生活』282，筑摩書房，1975年3月，90-91頁
木村英樹「特集・接辞 ～料 ～代 ～賃 ～費 ～金 ～拝観料・たばこ代・家賃・医療費・入学金」『日本語学』5―3，明治書院，1986年3月，97-104頁
王敏東・張静ラン「費用を表わす合成語について―〈代〉〈賃〉〈費〉〈料〉の場合」『国語文字史の研究』7，和泉書院，2003年11月，205-222頁
タイイ【大尉】 渡辺萬蔵「大尉」『現行法律語の史的考察』，萬理閣書房，1930年12月，14頁
タイイク【体育】 惣郷正明・飛田良文「体育」『明治のことば辞典』，東京堂出版，1986年12月，338-339頁
佐藤武義「体育」『日本語の語源』，明治書院，2003年1月，43-44頁

馮天瑜『新語探源』，中華書局，2004年10月，408-409頁
佐藤亨「体育」『現代に生きる幕末・明治初期漢語辞典』，明治書院，2007年6月，569頁
ダイイチインショウ【第一印象】 沈国威『近代日中語彙交流史—新漢語の生成と受容』，笠間書院，1994年3月，321-322頁
タイイン【退院】 惣郷正明・飛田良文「退院」『明治のことば辞典』，東京堂出版，1986年12月，339頁
タイエキ【退役】 惣郷正明・飛田良文「退役」『明治のことば辞典』，東京堂出版，1986年12月，339頁
タイオウ【対応】 惣郷正明・飛田良文「対応」『明治のことば辞典』，東京堂出版，1986年12月，339頁
タイオンケイ【体温計】 富田仁「体温計」『舶来事物起源事典』，名著普及会，1987年12月，219-220頁
沈国威『近代日中語彙交流史—新漢語の生成と受容』，笠間書院，1994年3月，322頁
朝倉治彦・安藤菊二・樋口秀雄・丸山信「体温計」『新装版 事物起源辞典 衣食住編』，東京堂出版，2001年9月，226-227頁
タイカ【退化】 樺島忠雄・飛田良文・米川明彦「退化」『明治大正新語俗語辞典』，東京堂出版，1984年5月，191頁
惣郷正明・飛田良文「退化」『明治のことば辞典』，東京堂出版，1986年12月，339-340頁
タイカイ【大会】 梅林博人「「大会」の意味記述をめぐって」『相模国文』33，相模女子大学国文研究会，2006年3月，122-123頁
ダイガク【大学】 佐藤亨「『大美聯邦志略』の語彙」『幕末・明治初期語彙の研究』，桜楓社，1986年2月，74-75頁
惣郷正明・飛田良文「大学」『明治のことば辞典』，東京堂出版，1986年12月，340頁
ダイガクキョウジュ【大学教授】 紀田順一郎「大学教授」『近代事物起源事典』，東京堂出版，1992年9月，148-149頁
ダイガクセイ【大学生】 湯本豪一「大学生」『図説明治事物起源事典』，柏書房，1996年11月，378-379頁
ダイガッコウ【大学校】 張志淵「大学校」『萬國事物紀原歴史』，皇城新聞社，1909年8月，83-84頁
石井研堂「大学校と大学令」『増補改訂　明治事物起源』上巻，春陽堂書店，1944年11月，531-534頁
佐藤亨「大学」『現代に生きる幕末・明治初期漢語辞典』，明治書院，2007年6月，570頁
タイカクセン【対角線】 惣郷正明・飛田良文「対角線」『明治のことば辞典』，東京堂出版，1986年12月，340-341頁
タイキ【大気】 青山信雄「大気の由来」『地学研究』26—1，日本地学研究会，1975年4月，37-42頁
ダイギシ【代議士】 惣郷正明・飛田良文「代議士」『明治のことば辞典』，東京堂出版，1986年12月，341頁
ダイギセイタイ【代議政体】 惣郷正明・飛田良文「代議政体」『明治のことば辞典』，東京堂出版，1986年12月，341頁
タイキバンセイ【大器晩成】 遠藤哲夫「故語漫筆：大器晩成」『国語展望』58，尚学図書，1981年6月，52-57頁
タイクツ【退屈】 佐藤喜代治『国語語彙の歴史的研究』，明治書院，1971年11月，303頁
佐藤喜代治「退屈」『日本の漢語』，角川書店，1979年10月，171-173頁
浅野敏彦「「退屈」の語史」『大阪成蹊女子短期大学研究紀要』18，大阪成蹊女子短期大学，1981年3月，17-26頁
浅野敏彦「退屈」『国語史の中の漢語』，和泉書院，1998年2月，199-216頁
タイケイ【体系】 惣郷正明・飛田良文「体系」『明治のことば辞典』，東京堂出版，1986年12月，342頁
沈国威『近代日中語彙交流史—新漢語の生成

と受容』，笠間書院，1994年3月，322頁
杉本つとむ「近代訳語を検証する 26 近代訳語を検証する26　科学・体系l／コモン・センス・良識」『国文学　解釈と鑑賞』70―10，至文堂，2005年10月，225-233頁
タイケツ【対決】　惣郷正明・飛田良文「対決」『明治のことば辞典』，東京堂出版，1986年12月，342頁
タイケン【大権】　惣郷正明・飛田良文「大権」『明治のことば辞典』，東京堂出版，1986年12月，342-343頁
タイケン【体験】　樺島忠雄・飛田良文・米川明彦「体験」『明治大正新語俗語辞典』，東京堂出版，1984年5月，191-192頁
沈国威『近代日中語彙交流史―新漢語の生成と受容』，笠間書院，1994年3月，323-324頁
佐藤亨「体験」『現代に生きる幕末・明治初期漢語辞典』，明治書院，2007年6月，572-573頁
ダイゲンスイ【大元帥】　惣郷正明・飛田良文「大元帥」『明治のことば辞典』，東京堂出版，1986年12月，343-344頁
ダイゲンニン【代言人】　石井研堂「代言人の始」『増補改訂　明治事物起源』上巻，春陽堂書店，1944年12月，171-173頁
惣郷正明・飛田良文「代言人」『明治のことば辞典』，東京堂出版，1986年12月，344頁
タイコウ【対抗】　佐藤亨「『泰西国法論』の訳語」『幕末・明治初期語彙の研究』，桜楓社，1986年2月，389-390頁
タイサク【対策】　惣郷正明・飛田良文「対策」『明治のことば辞典』，東京堂出版，1986年12月，344-345頁
ダイサンシャ【第三者】　樺島忠雄・飛田良文・米川明彦「第三者」『明治大正新語俗語辞典』，東京堂出版，1984年5月，192頁
タイジ【胎児】　佐藤亨『近世語彙の歴史的研究』，桜楓社，1980年10月，315頁
ダイジシン【大地震】　松村明「「おおじしん」か「だいじしん」か」『ことばのまど』9，小学館，1985年12月，1頁
タイシツ【体質】　惣郷正明・飛田良文「体質」『明治のことば辞典』，東京堂出版，1986年12月，345頁
タイシャク【貸借】　渡辺萬蔵「貸借」『現行法律語の史的考察』，萬理閣書房，1930年12月，204頁
佐藤亨「『泰西国法論』の訳語」『幕末・明治初期語彙の研究』，桜楓社，1986年2月，371-372頁
タイシュウ【大衆】　駒田信二「「大衆」という言葉について」『大衆文学研究』14，大衆文学研究会，1965年8月，52-57頁
中村元編「大衆」『仏教語源散策』，東京書籍，1977年4月，208-210頁
鈴木修次「続　禅文化とまつわる漢語」『漢語と日本人』，みすず書房，1978年9月，87-88頁
田中建彦「大衆」『ことばコンセプト事典』，第一法規出版，1992年12月，1058-1065頁
立尾真士「「庶民」と「大衆」―椎名麟三と映画」『文芸と批評』10―6，早稲田大学国文学会，2007年11月，60-74頁
タイショウ【対称】　惣郷正明・飛田良文「対称」『明治のことば辞典』，東京堂出版，1986年12月，345-346頁
下谷和幸「対称」『ことばコンセプト事典』，第一法規出版，1992年12月，1066-1073頁
タイショウ【対象】　樺島忠雄・飛田良文・米川明彦「対象」『明治大正新語俗語辞典』，東京堂出版，1984年5月，193頁
惣郷正明・飛田良文「対象」『明治のことば辞典』，東京堂出版，1986年12月，346頁
タイショウ【対照】　惣郷正明・飛田良文「対照」『明治のことば辞典』，東京堂出版，1986年12月，346-347頁
文化庁「「対照」と「対象」と「対称」の使い分け」『言葉に関する問答集』，大蔵省印刷局，1995年3月，29-31頁

佐藤亨「対照」『現代に生きる幕末・明治初期漢語辞典』，明治書院，2007年6月，574-575頁

ダイジョウ【大乗】 中村元編「大乗」『仏教語源散策』，東京書籍，1977年4月，39-41頁

ダイジョウブ【大丈夫】 鈴木修次「国語漢語と中国語」『漢語と日本人』，みすず書房，1978年9月，219-222頁

前田富祺監修「大丈夫」『日本語語源大辞典』，小学館，2005年4月，699頁

ダイシンイン【大審院】 佐藤亨「『大美聯邦志略』の語彙」『幕末・明治初期語彙の研究』，桜楓社，1986年2月，92頁

ダイズ【大豆】 安達巌「大豆」『日本食物文化の起源』，自由国民社，1981年5月，69-70頁

タイスウ【対数】 惣郷正明・飛田良文「対数」『明治のことば辞典』，東京堂出版，1986年12月，347頁

ダイスウ【大数】 児山敬一「大数・無量大数ということば」『文学論歴』14，東洋大学国語国文学会，1959年6月，27-43頁

ダイスウ【代数】 大矢真一「数学用語の由来―「幾何」から「方程式」まで」『ことばの宇宙』1―3，東京言語研究所ラボ教育センター，1966年8月，20-27頁

広田栄太郎「訳語あれこれ」『近代訳語考』，東京堂出版，1969年8月，305-326頁

鈴木修次「外来語としての中国語」『漢語と日本人』，みすず書房，1978年9月，39頁

ダイスウガク【代数学】 張志淵「代数学」『萬國事物紀原歴史』，皇城新聞社，1909年8月，52頁

タイセイ【体制】 見坊豪紀『ことばの海をゆく』，朝日新聞社，1976年11月

惣郷正明・飛田良文「体制」『明治のことば辞典』，東京堂出版，1986年12月，347-348頁

沈国威『近代日中語彙交流史―新漢語の生成と受容』，笠間書院，1994年3月，324頁

文化庁「「体制」と「態勢」と「体勢」の使いわけ」『言葉に関する問答集』，大蔵省印刷局，1995年3月，30-31頁

タイセイヨウ【大西洋】 斎藤毅「東洋と西洋」『明治のことば』，講談社，1977年11月，50-56頁

藪田貫「明治初年の「日本語」論争―1873年の大西洋」『関西大学文学論集』50―2，関西大学文学会，2000年12月，63-89頁

佐藤亨「大西洋」『現代に生きる幕末・明治初期漢語辞典』，明治書院，2007年6月，576頁

タイセツ【大切】 新村出「御大切といふ言葉1 国語の史的観察」『日本の言草』，創元社，1940年11月，155-168頁

小島幸枝「大切」『講座日本語の語彙 ⑩』，明治書院，1983年4月，321-326頁

金井清光「キリシタンと仏教語」『清泉女子大学紀要』41，清泉女子大学，1993年12月，1-26頁

タイソウ【体操】 張志淵「体操」『萬國事物紀原歴史』，皇城新聞社，1909年8月，83頁

石井研堂「体操の始」『増補改訂　明治事物起源』上巻，春陽堂書店，1944年11月，538-539頁

高野繁男「運動，体操」『講座日本語の語彙 ⑨』，明治書院，1983年1月，101-104頁

湯本豪一「体操」『図説明治事物起源事典』，柏書房，1996年11月，380-381頁

荒川清秀「日本漢語の中国語への流入」『日本語学』17―5，明治書院，1998年5月，39-46頁

Federico Masini「体操」*The Formation of Modern Chinese Lexicon and its Evolution toward a National Language*（李廷宰訳），소명出版，2005年11月，165頁

佐藤亨「体操」『現代に生きる幕末・明治初期漢語辞典』，明治書院，2007年6月，577頁

タイト【泰斗】 惣郷正明・飛田良文「泰斗」『明治のことば辞典』，東京堂出版，1986年

12月，347頁

タイド【態度】 惣郷正明・飛田良文「態度」『明治のことば辞典』，東京堂出版，1986年12月，348頁

ダイト【大都】 小島憲之「語の性格」『境田教授喜寿記念論文集　上代の文学と言語』，同刊行会，1974年11月，561-562頁

タイトウ【大刀・太刀】 堀籠敬蔵「太刀と大刀について」『剣道時代』，体育とスポーツ出版社，1979年7月，42-49頁

ダイトウア【大東亜】 三國一朗「大東亜」『戦中用語集』，岩波書店，1985年8月，70-73頁

ダイトウヨウ【大東洋】 斎藤毅「東洋と西洋」『明治のことば』，講談社，1977年11月，47-50頁

ダイトウリョウ【大統領】 佐藤亨「『玉石志林』の語彙(二)」『幕末・明治初期語彙の研究』，桜楓社，1986年2月，309-311頁

惣郷正明・飛田良文「大統領・大頭領」『明治のことば辞典』，東京堂出版，1986年12月，349-348頁

宋敏「‘大統領’ 의 出現」(「大統領」の出現)『새국어생활』10―4，韓国国立国語研究院，2000年12月，107-113頁

孫建軍「新漢語「大統領」の成立」『或問』10，近代東西言語文化接触研究会編，2005年11月，1-13頁

佐藤亨「大統領」『現代に生きる幕末・明治初期漢語辞典』，明治書院，2007年6月，578頁

タイハイ【頽廃】 惣郷正明・飛田良文「頽廃」『明治のことば辞典』，東京堂出版，1986年12月，349-350頁

タイバツ【体罰】 山田俊雄「「体罰」ということば」『詞苑間歩』続，三省堂，2005年4月，41-44頁

タイヒ【退避】 文化庁「「退避」と「待避」」『言葉に関する問答集』，大蔵省印刷局，1995年3月，228-229頁

ダイヒョウ【代表】 Federico Masini「代表」*The Formation of Modern Chinese Lexicon and its Evolution toward a National Language*(李廷宰訳)，소명出版，2005年11月，260頁

タイフウ【台風・颱風】 新村出『国語学叢録』，一条書房，1943年11月，88-101頁

朝日新聞校閲部「台風」『まっとうな日本語』，朝日新聞社，2005年9月，42-43頁

タイヘイヨウ【太平洋】 佐藤亨「『大美聯邦志略』の語彙」『幕末・明治初期語彙の研究』，桜楓社，1986年2月，93頁

斎藤毅「大東洋と太平洋」『明治のことば』，講談社，1988年4月，47-50頁

佐藤亨「太平洋」『現代に生きる幕末・明治初期漢語辞典』，明治書院，2007年6月，579-580頁

タイヘン【大変】 鄭萍「漢語「大変」について」『阪南論集人文・自然科学編』28―3，阪南大学学会，1993年1月，15-24頁

ダイベンヒケツ【大便秘結】 杉本つとむ「近代訳語を検証する 11　失禁・大便秘結・夢精」『国文学　解釈と鑑賞』69―08，至文堂，2004年7月，219-223頁

タイホ【逮捕】 渡辺萬蔵「逮捕」『現行法律語の史的考察』，萬理閣書房，1930年12月，65頁

タイホウ【大砲】 春山行夫「近代用語の系統 5」『言語生活』184，筑摩書房，1967年1月，72-77頁

ダイホンエイ【大本営】 湯本豪一「大本営」『図説明治事物起源事典』，柏書房，1996年11月，102-103頁

ダイモク【題目】 佐藤喜代治「題目」『日本の漢語』，角川書店，1979年10月，259頁

タイヨウ【太陽】 安部清武「「太陽」語彙考」『国語語彙史の研究』10，和泉書院，1989年12月，127-168頁

タイヨウカイ【太陽界】 高野繁男「『百科全書』の訳語」『近代漢語の研究―日本語の

造語法・訳語法』，明治書院，2004年11月，151頁
タイヨウゾク【太陽族】 稲垣吉彦・吉沢典男監修「太陽族」『昭和ことば史60年』，講談社，1985年10月，130-131頁
ダイヨウヒン【代用品】 稲垣吉彦・吉沢典男監修「代用品」『昭和ことば史60年』，講談社，1985年10月，60-61頁
タイヨク【体欲】 惣郷正明・飛田良文「体慾・体欲」『明治のことば辞典』，東京堂出版，1986年12月，350頁
ダイリ【代理】 佐藤亨「『万国公法』の語彙」『幕末・明治初期語彙の研究』，桜楓社，1986年2月，186-187頁
タイリク【大陸】 荒川清秀「『六合叢談』の地理学用語」『『六合叢談』の学際的研究』，白帝社，1999年11月，49-71頁
ダイリセキ【大理石】 佐藤亨『近世語彙の研究』，桜楓社，1983年6月，282頁
川田秀文「大理石の故郷・大理」『月刊しにか』1巻3号，大修館書店，1990年6月，114-115頁
タイリツ【対立】 佐藤亨「『地球説略』の語彙」『幕末・明治初期語彙の研究』，桜楓社，1986年2月，125-126頁
惣郷正明・飛田良文「対立」『明治のことば辞典』，東京堂出版，1986年12月，350-351頁
沈国威『近代日中語彙交流史―新漢語の生成と受容』，笠間書院，1994年3月，325-326頁
タイリャク【大略】 森田武『天草版平家物語難語句解の研究』，清文堂，1976年3月，414-415頁
タキョ【多許】 松尾良樹「平安朝漢文学と唐代口語」『国文学　解釈と鑑賞』55―10，至文堂，1990年10月，26-44頁
タクエツ【卓越】 田中牧郎「漢語「優秀」の定着と語彙形成―主体を表す語の分析を通して」『雑誌太陽による確立期現代語の研究』国立国語研究所報告，博文館新社，2005年3月，114-141頁
タクジイン【託児院】 惣郷正明・飛田良文「託児院」『明治のことば辞典』，東京堂出版，1986年12月，351頁
タクジショ【託児所】 高橋巌「幼稚園，託児所，保育園，保育所」『講座日本語の語彙⑪』，明治書院，1983年6月，328-331頁
タクゼツ【卓絶】 田中牧郎「漢語「優秀」の定着と語彙形成―主体を表す語の分析を通して」『雑誌太陽による確立期現代語の研究』国立国語研究所報告，博文館新社，2005年3月，114-141頁
タクバツ【卓抜】 田中牧郎「漢語「優秀」の定着と語彙形成―主体を表す語の分析を通して」『雑誌太陽による確立期現代語の研究』国立国語研究所報告，博文館新社，2005年3月，114-141頁
ダケツ【妥結】 久保忠夫「「妥結」の語について」『三十五のことばに関する七つの章』，大修館書店，1992年4月，178-185頁
タサツ【他殺】 鈴木修次「禅文化とまつわる漢語」『漢語と日本人』，みすず書房，1978年9月，69-70頁
ダサン【打算】 惣郷正明・飛田良文「打算」『明治のことば辞典』，東京堂出版，1986年12月，351頁
タザンのいし【他山の石】 山田忠雄「他山の石」『私の語誌』1，三省堂，1996年1月，70-122頁
タショウ【多少】 方香蘭「日本文献における「多少」の意味・用法についての語史」『広島女学院大学国語国文学誌』38，広島女学院大学日本文学会，2008年12月，51-66頁
タジョウ【多情】 桜田芳樹「「情」の語義の展開と「多情」の成立について」『北陸大学紀要』23，北陸大学，2000年3月，45-66頁
タシンキョウ【多神教】 惣郷正明・飛田良文「多神教」『明治のことば辞典』，東京堂出版，1986年12月，351頁
ダセイ【惰性】 樺島忠雄・飛田良文・米川

明彦「惰性」『明治大正新語俗語辞典』，東京堂出版，1984年5月，194頁

惣郷正明・飛田良文「惰性」『明治のことば辞典』，東京堂出版，1986年12月，351–352頁

沈国威『近代日中語彙交流史―新漢語の生成と受容』，笠間書院，1994年3月，326頁

高野繁男「『哲学字彙』の訳語」『近代漢語の研究―日本語の造語法・訳語法』，明治書院，2004年11月，64頁

ダタイ【堕胎】 佐藤亨「「遠西医方名物考」の訳語」『近世語彙の歴史的研究』，桜楓社，1980年10月，363頁

ダッカイ【奪回】 佐藤亨「『万国公法』の語彙」『幕末・明治初期語彙の研究』，桜楓社，1986年2月，194–195頁

ダッセン【脱線】 樺島忠雄・飛田良文・米川明彦「脱線」『明治大正新語俗語辞典』，東京堂出版，1984年5月，194–195頁

ダッソウ【脱走】 佐藤亨「『西洋事情』の語彙」『幕末・明治初期語彙の研究』，桜楓社，1986年2月，406–407頁

紀田順一郎「脱走」『近代事物起源事典』，東京堂出版，1992年9月，155–156頁

ダトウ【妥当】 高野繁男「『百科全書』の訳語」『近代漢語の研究―日本語の造語法・訳語法』，明治書院，2004年11月，117頁

タンカン【単簡】 鈴木丹士郎「「簡単」と「単簡」と・同続稿」『専修大人文科学究所月報』32，専修大人文科学研究所，1971年5月，17–20頁

タンケン【探検】 広田栄太郎「「冒険」という語「探検」という語」『近代訳語考』，東京堂出版，1969年8月，263–280頁

文化庁「「探検」か「探険」か」『言葉に関する問答集』，大蔵省印刷局，1995年3月，32頁

タンゲン【単元】 惣郷正明・飛田良文「単元」『明治のことば辞典』，東京堂出版，1986年12月，353頁

ダンゲン【断言】 惣郷正明・飛田良文「断言」『明治のことば辞典』，東京堂出版，1986年12月，353頁

タンゴ【単語】 惣郷正明・飛田良文「単語」『明治のことば辞典』，東京堂出版，1986年12月，353–354頁

タンゴヘン【単語篇】 惣郷正明・飛田良文「単語篇」『明治のことば辞典』，東京堂出版，1986年12月，354頁

ダンご【団子】 佐藤喜代治「語彙史の問題」『国語語彙史の歴史的研究』，明治書院，1971年11月，17–18頁

安達巌「団子」『日本食物文化の起源』，自由国民社，1981年5月，113–114頁

ダンコウ【断行】 陳力衛「近代における二字漢語の語構成の一問題―その出典例とのかかわりをめぐって」『文教大学国文』23，文教大学国文学会，1994年3月，42–50頁

ダンゴウ【談合】 蜂谷清人「談合，相談」『講座日本語の語彙 ⑩』，明宝日院，1983年4月，351–360頁

浅野敏彦「「談合」キリシタン資料和らげの語釈に用いられた漢語」『国語語彙史の研究』20，和泉書院，2001年3月，360–373頁

前田富祺監修「談合」『日本語語源大辞典』，小学館，2005年4月，735頁

今野真二「漢語をめぐる連合関係「商議／商量」と「談合／相談」と」『成城文芸』200，成城大学文芸学部研究，2007年9月，69–86頁

タンコウボン【単行本】 樺島忠雄・飛田良文・米川明彦「単行本」『明治大正新語俗語辞典』，東京堂出版，1984年5月，196頁

タンサン【炭酸】 斎藤静「炭酸」『日本語に及ぼしたオランダ語の影響』，篠崎書林，1967年8月，116頁

沈国威「蘭学の訳語と新漢語の創出」『19世紀中国語の諸相』，雄松堂出版，2007年3月，243頁

タンサンガス【炭酸瓦斯】 斎藤静「炭酸瓦斯」『日本語に及ぼしたオランダ語の影響』，篠崎書林，1967年8月，115頁

佐藤亨「炭酸瓦斯」『現代に生きる幕末・明治

初期漢語辞典』，明治書院，2007年6月，590頁

タンサンソーダ【炭酸曹達】 斎藤静「炭酸曹達」『日本語に及ぼしたオランダ語の影響』，篠崎書林，1967年8月，115頁

タンジュウ【短銃】 天沼寧「ピストル・拳銃・けん銃・短銃」『大妻女子大文学部紀要』10，大妻女子大文学部，1978年3月，81−93頁

タンシュク【短縮】 松井利彦「第2章　翻訳語辞書の世界」『近代漢語辞書の成立と展開』，笠間書院，1990年11月，69頁

タンジュン【単純】 高野繁男「『百科全書』の訳語」『近代漢語の研究―日本語の造語法・訳語法』，明治書院，2004年11月，117頁

タンジョウ【誕生】 佐藤喜代治「中世の漢語についての一考察」『国語語彙史の歴史的研究』，明治書院，1971年11月，204−212頁

前田富祺監修「誕生」『日本語語源大辞典』，小学館，2005年4月，737頁

タンセイ【端正】 佐藤武義「今昔物語集における類義語に関する一考察―美人の表現を中心に」『国語学』91，国語学会，1972年12月，17−33頁

佐藤武義「中世における焙義語に関する一考察」『文芸研究』72，日本文芸研究会，1973年2月，55−66頁

小峰和明「今昔物語集の「端正」と「美麗」―美的語彙をめぐって」『日本文学』26―9，日本文学協会，1977年9月，40−54頁

ダンセイ【男性】 三木康至「「男性」および「女性」の本質的意義に関する考察」『東横学園女子短大紀要』11，東横学園女子短期大学，1973年2月，83−89頁

ダンセイ【弾性】 斎藤静「弾性」『日本語に及ぼしたオランダ語の影響』，篠崎書林，1967年8月，266頁

惣郷正明・飛田良文「弾性」『明治のことば辞典』，東京堂出版，1986年12月，354−355頁

沈国威『近代日中語彙交流史―新漢語の生成と受容』，笠間書院，1994年3月，327頁

ダンゼツ【断絶】 稲垣吉彦・吉沢典男監修「断絶」『昭和ことば史60年』，講談社，1985年10月，184−185頁

タンソ【炭素】 斎藤静「炭素」『日本語に及ぼしたオランダ語の影響』，篠崎書林，1967年8月，114頁

竹本喜一・金岡喜久子「元素名のルーツを訪ねる」『化学語源ものがたり』，東京化学同人，1986年3月，4頁

沈国威「蘭学の訳語と新漢語の創出」『19世紀中国語の諸相』，雄松堂出版，2007年3月，243頁

佐藤亨「炭素」『現代に生きる幕末・明治初期漢語辞典』，明治書院，2007年6月，592頁

杉本つとむ「近代訳語を検証する48　元素・炭素・窒素・王水，・電池，還元法・親和力・抜塞斯」『国文学　解釈と鑑賞』72―8，至文堂，2007年8月，187−195頁

ダンタイ【団体】 惣郷正明・飛田良文「団体」『明治のことば辞典』，東京堂出版，1986年12月，355頁

Federico Masini「団体」*The Formation of Modern Chinese Lexicon and its Evolution toward a National Language*(李廷宰訳)，소명出版，2005年11月，259頁

ダンテイ【断定】 惣郷正明・飛田良文「断定」『明治のことば辞典』，東京堂出版，1986年12月，355頁

タンテイショウセツ【探偵小説】 樺島忠雄・飛田良文・米川明彦「探偵小説」『明治大正新語俗語辞典』，東京堂出版，1984年5月，197頁

紀田順一郎「探偵小説」『近代事物起源事典』，東京堂出版，1992年9月，163−165頁

塩田丸男「探偵小説」『死語読本』，白水社，1994年7月，164−165頁

蔵本博史「探偵小説の成立へ」『成城国文学』16，成城国文学会，2000年3月，47−57頁

タンデキ【耽溺】 槌田満文「耽溺」『明治大正新語・流行語』，角川書店，1983年6月，197-198頁

ダンナ【檀那・旦那】 片山晴賢「仏教語彙の日常化への変遷過程―檀那の場合」『駒沢国文』8，駒沢大学文学部国文学研究室，1970年10月，26-36頁

中村元編「旦那」『仏教語源散策』，東京書籍，1977年4月，193-194頁

梅垣実「旦那」『語源随筆　猫も杓子も』，創拓社，1989年12月，42-45頁

池田弥三郎「旦那」『暮らしの中の日本語』，創拓社，1999年10月，95-99頁

佐々木瑞枝「旦那」『女と男の日本語辞典』上巻，東京堂出版，2000年6月，280-293頁

野澤勝夫「漢字の履歴―旦那」『月刊しにか』13―8，大修館書店，2002年7月，69頁

郡千寿子「「旦那」の履歴―表記と意味と待遇と」『武庫川国文』60，武庫川女子大学，2002年11月，245-262頁

タンネン【丹念】 国広哲弥編「丹念」『ことばの意味3』，平凡社，2003年3月，162-169頁

タンノウ【胆嚢】 山田俊雄「「胆嚢」のはなし」『詞苑間歩』続，三省堂，2005年4月，57-60頁

タンノウ【堪能】 岩淵悦太郎『語源散策』『語源散策』，毎日新聞社，1974年10月，122-127頁

田島優「漢字表記「堪能」による同音化」『近代漢字表記語の研究』，和泉書院，1998年11月，270-280頁

前田富祺監修「堪能」『日本語語源大辞典』，小学館，2005年4月，739頁

タンパクシツ【蛋白質】 高野繁男「『百科全書』の訳語」『近代漢語の研究―日本語の造語法・訳語法』，明治書院，2004年11月，147頁

ダンパツ【断髪】 下野雅昭「散髪，斬髪，断髪，理髪，整髪」『講座日本語の語彙 ⑩』，明治書院，1983年4月，148-155頁

樺島忠雄・飛田良文・米川明彦「断髪」『明治大正新語俗語辞典』，東京堂出版，1984年5月，197-198頁

佐々木瑞枝「断髪」『女と男の日本語辞典』上巻，東京堂出版，2000年6月，283-286頁

ダンパン【談判】 樺島忠雄・飛田良文・米川明彦「談判」『明治大正新語俗語辞典』，東京堂出版，1984年5月，198頁

タンペンショウセツ【短編小説】 樺島忠雄・飛田良文・米川明彦「短編小説」『明治大正新語俗語辞典』，東京堂出版，1984年5月，198-199頁

タンポ【担保】 惣郷正明・飛田良文「担保」『明治のことば辞典』，東京堂出版，1986年12月，356頁

吉田裕清「「担保」」『翻訳語としての日本の法律用語』，中央大学出版局，2004年11月，87-99頁

タンボウ【探訪】 樺島忠雄・飛田良文・米川明彦「探訪」『明治大正新語俗語辞典』，東京堂出版，1984年5月，199頁

惣郷正明・飛田良文「探訪」『明治のことば辞典』，東京堂出版，1986年12月，356-357頁

ダンリュウ【暖流】 荒川清秀「「海流」語源考上」『日本語学』11―6，明治書院，1992年6月，94-109頁

荒川清秀「「暖流」と「寒流」」『近代日中学術用語の形成と伝播―地理学用語を中心に』，白帝社，1997年11月，180-190頁

ダンリョク【弾力】 斎藤静「弾力」『日本語に及ぼしたオランダ語の影響』，篠崎書林，1967年8月，266頁

タンレン【鍛錬】 文化庁「「鍛錬」か「鍛練」か」『言葉に関する問答集』，大蔵省印刷局，1995年3月，107-108頁

南谷直利・北野与一「「鍛錬」の語誌的研究」『北陸大学紀要』24，北陸大学，2001年3月，309-323頁

チ

チ【地】 新村出「語源をさぐる　天と地」『新村出全集4』，筑摩書房，1971年9月，233-237頁

チアン【治安】 惣郷正明・飛田良文「治安」『明治のことば辞典』，東京堂出版，1986年12月，357-358頁

チエ【知恵】 門野泉「知恵」『ことばコンセプト事典』，第一法規出版，1992年12月，1082-1089頁

チガイホウケン【治外法権】 佐藤亨「治外法権」『現代に生きる幕末・明治初期漢語辞典』，明治書院，2007年6月，596頁

チカウンドウ【地下運動】 樺島忠雄・飛田良文・米川明彦「地下運動」『明治大正新語俗語辞典』，東京堂出版，1984年5月，199-200頁

チカク【地殻】 荒川清秀「『六合叢談』の地理学用語」『『六合叢談』の学際的研究』，白帝社，1999年11月，49-71頁

チカク【知覚】 斎藤倫明「感覚，感触，知覚」『講座日本語の語彙 ⑨』，明治書院，1983年1月，256-261頁

惣郷正明・飛田良文「知覚」『明治のことば辞典』，東京堂出版，1986年12月，358-359頁

チカクシンケイ【知覚神経】 斎藤静「知覚神経」『日本語に及ぼしたオランダ語の影響』，篠崎書林，1967年8月，80-81頁

高野繁男「近代語彙研究の概略と課題」『近代漢語の研究—日本語の造語法・訳語法』，明治書院，2004年11月，10頁

チガク【地学】 惣郷正明・飛田良文「地学」『明治のことば辞典』，東京堂出版，1986年12月，359頁

チカテツ【地下鉄】 樺島忠雄・飛田良文・米川明彦「地下鉄」『明治大正新語俗語辞典』，東京堂出版，1984年5月，200頁

富田仁「地下鉄」『舶来事物起源事典』，名著普及会，1987年12月，234-239頁

チカン【痴漢】 惣郷正明・飛田良文「痴漢」『明治のことば辞典』，東京堂出版，1986年12月，359-360頁

紀田順一郎「痴漢」『近代事物起源事典』，東京堂出版，1992年9月，167-168頁

佐々木瑞枝「痴漢」『女と男の日本語辞典』上巻，東京堂出版，2000年6月，286-287頁

チキュウ【地球】 佐藤亨『近世語彙の研究』，桜楓社，1983年6月，93頁

黄河清「"天球""地球""月球""星球"考源」(「天球」「地球」「月球」「星球」の語源について)『科技术语研究』2002年4期，杂志社，2002年，39-40頁

冯天瑜「晚明西学译词的文化转型意义—以「脑囊」「几何」「地球」「契丹即中国」为例」(明末期の西学訳語とその文化交渉面での意義—「脳嚢」「幾何」「地球」「契丹(即ち中国)」を例に)『武汉大学学报人文科学版』2003年6期，武汉大学，2003年，657-664頁

金沢英之「《地球》概念のもたらしたもの—林羅山「排耶蘇」を読みながら」『比較文化論叢』14，札幌大学文化学部，2004年1月，15-41頁

チクオンキ【蓄音機】 惣郷正明・飛田良文「蓄音機」『明治のことば辞典』，東京堂出版，1986年12月，360-361頁

湯本豪一「蓄音機」『図説明治事物起源事典』，柏書房，1996年11月，174-175頁

高橋世織「資本＝消費社会のディスクール　吉見俊哉『「声」の資本主義』—電話・ラジオ・蓄音機の社会史」『国文学』43—10，学燈社，1998年9月，76-77頁

チクジカンコウブツ【逐次刊行物】 福田秀夫「「逐次刊行物」という呼び名について」『びぶろす』38—3，国立国会図書館収集部，1983年3月，68-71頁

チクデン【逐電】 峰岸明「中古漢語考証稿1—「逐電」考」『文学論藻』48，東洋大学文学

部国文学研究室，1973年12月，123–134頁

チケン【地券】　惣郷正明・飛田良文「地券」『明治のことば辞典』，東京堂出版，1986年12月，361頁

チコク【遅刻】　松井利彦「近代日本語における「時」の獲得—新漢語「時間」と「期間」の成立をめぐって」『或問』9，近代東西言語文化接触研究会，2005年5月，1–26頁

チジ【知事】　渡辺萬蔵「知事」『現行法律語の史的考察』，萬理閣書房，1930年12月，177頁

中村元編「知事」『続仏教語源散策』，東京書籍，1977年12月，221–223頁

佐藤亨「『西洋事情』の語彙」『幕末・明治初期語彙の研究』，桜楓社，1986年2月，417–418頁

チシキ【知識】　鈴木修次「禅文化にまつわる漢語」『漢語と日本人』，みすず書房，1978年9月，62頁

佐藤喜代治「知識」『日本の漢語』，角川書店，1979年10月，219頁

田島毓堂「知識，善知識」『講座日本語の語彙⑩』，明治書院，1983年4月，366–372頁

钟少华「试论「知识」之定位问题」「知識」の位置付けについて」(「知識」の位置付けの問題について)『学术研究』1998年9期，广东省社会科学界联合会，1998年9月，61–67頁

チジク【地軸】　荒川清秀「『六合叢談』の地理学用語」『『六合叢談』の学際的研究』，白帝社，1999年11月，49–71頁

チズ【地図】　加藤憲市「ことばの象徴性と抽象性—地図と土地について」『教育技術』7—8，小学館，1952年10月，44–48頁

春山行夫「近代用語の系統　2」『言語生活』181，筑摩書房，1966年7月，62–67頁

チセイ【知性】　進藤咲子「知性・理性・感性」『高校通信国語』49，東京書籍，1966年12月

下谷和幸「知性」『ことばコンセプト事典』，第一法規出版，1992年12月，1090–1097頁

チソウ【地層】　荒川清秀「『六合叢談』の地理学用語」『『六合叢談』の学際的研究』，白帝社，1999年11月，49–71頁

チソウ【馳走】　新村出「「馳走」といふ語の歴史のため」『新村出全集4』，筑摩書房，1971年9月，408–409頁

岩淵悦太郎「遠慮　勉強　馳走」『語源散策』，毎日新聞社，1974年10月，33–34頁

鈴木修次「国語漢語と中国語」『漢語と日本人』，みすず書房，1978年9月，222–224頁

国田百合「馳走」『講座日本語の語彙⑩』，明治書院，1983年4月，372–375頁

チクサンコウガイ【畜産公害】　柄沢衛「畜産公害まもなく解消—公害を表わすことば」『日本語』19—9，国語を愛する会，1979年11月，5頁

チチュウカイ【地中海】　佐藤亨「地中海」『現代に生きる幕末・明治初期漢語辞典』，明治書院，2007年6月，600–601頁

チツ【膣】　小川鼎三「膣」『医学用語の起り』，東京書籍，1983年1月，89–91頁

沈国威「蘭学の訳語と新漢語の創出」『19世紀中国語の諸相』，雄松堂出版，2007年3月，253頁

杉本つとむ「連載；近代訳語を検証する 51　輸尿管，尿道，輸精管，膣，鼓膜，蝸牛殻，三半規管，腹膜，脂肪，粘膜」『国文学　解釈と鑑賞』72—11，至文堂，2007年11月，207–211頁

チツジョ【秩序】　惣郷正明・飛田良文「秩序」『明治のことば辞典』，東京堂出版，1986年12月，361–362頁

吉田裕清「「公序良俗」」『翻訳語としての日本の法律用語』，中央大学出版局，2004年11月，148–150頁

チッソ【窒素】　斎藤静「窒素」『日本語に及ぼしたオランダ語の影響』，篠崎書林，1967年8月，222–223頁

竹本喜一・金岡喜久子「元素名のルーツを訪ねる」『化学語源ものがたり』，東京化学同

人，1986年3月，5頁

杉本つとむ「連載；近代訳語を検証する 48 元素，炭素，窒素，玉水，電池，還元法，親和力，塩基，ウラウム」『国文学　解釈と鑑賞』72—8，至文堂，2007年8月，187-195頁

チテキザイサンケン【知的財産権】 朴旺烈「지적재산권의 개념」(「知的財産権」の概念)『조명・전기설비 학회지』(照明・電気設備学会誌)8—3，한국조명・전기설비학회(韓国照明電気設備学会)，1994年6月，105頁

チドウセツ【地動説】 張志淵「地動説」『萬國事物紀原歴史』，皇城新聞社，1909年8月，17-18頁

杉本つとむ「連載；近代訳語を検証する 40 地動説年／惑星＝遊星　衛星」『国文学　解釈と鑑賞』71—12，至文堂，2006年12月，187-195頁

チフス【窒扶斯】 斎藤静「窒扶斯」『日本語に及ぼしたオランダ語の影響』，篠崎書林，1967年8月，257-258頁

チヘイセン【地平線】 久保忠夫「「地平線」と「水平線」」『三十五のことばに関する七つの章』，大修館書店，1992年4月，216-223頁

荒川清秀「『六合叢談』の地理学用語」『『六合叢談』の学際的研究』，白帝社，1999年11月，49-71頁

高野繁男「『百科全書』の訳語」『近代漢語の研究—日本語の造語法・訳語法』，明治書院，2004年11月，151頁

佐藤亨「地平線」『現代に生きる幕末・明治初期漢語辞典』，明治書院，2007年6月，602頁

チホウ【地方】 惣郷正明・飛田良文「地方」『明治のことば辞典』，東京堂出版，1986年12月，362-363頁

田本健一「地方」『ことばコンセプト事典』，第一法規出版，1992年12月，1098-1107頁

前田富祺監修「地方」『日本語語源大辞典』，小学館，2005年4月，745頁

チホウカン【地方官】 惣郷正明・飛田良文「地方官」『明治のことば辞典』，東京堂出版，1986年12月，363頁

チホウショク【地方色】 樺島忠雄・飛田良文・米川明彦「地方色」『明治大正新語俗語辞典』，東京堂出版，1984年5月，201頁

チホウブンケン【地方分権】 惣郷正明・飛田良文「地方分権」『明治のことば辞典』，東京堂出版，1986年12月，363頁

チミツ【緻密】 佐藤亨『近世語彙の研究』，桜楓社，1983年6月，270頁

チャ【茶】 渡辺正「薬と茶」『日本語』20—2，国語を愛する会，1980年2月，14-15頁

門野泉「茶」『ことばコンセプト事典』，第一法規出版，1992年12月，1108-1117頁

チャクシュ【着手】 惣郷正明・飛田良文「着想」『明治のことば辞典』，東京堂出版，1986年12月，363-364頁

チャクソウ【着想】 樺島忠雄・飛田良文・米川明彦「着想」『明治大正新語俗語辞典』，東京堂出版，1984年5月，201-202頁

惣郷正明・飛田良文「着想」『明治のことば辞典』，東京堂出版，1986年12月，364頁

チュウ【中】 水野義道「漢語の接尾的要素「中」について」『日本語学』3—8，明治書院，1984年8月，87-101頁

～チュウ【～中】 吹屋葉子「漢語系接尾辞「—中」の機能分化：中古・中世から現代までの文学作品における出現状況」『山口国文』28，山口大学文理学部国語国文学会，2005年3月，78-90頁

チュウイ【注意】 惣郷正明・飛田良文「注意」『明治のことば辞典』，東京堂出版，1986年12月，364-366頁

チュウイジンブツ【注意人物】 惣郷正明・飛田良文「注意人物」『明治のことば辞典』，東京堂出版，1986年12月，366頁

チュウガク【中学】 佐藤亨『近世語彙の研

究』，桜楓社，1983年6月，81頁

Federico Masini「中学」*The Formation of Modern Chinese Lexicon and its Evolution toward a National Language*（李廷宰訳），소명出版，2005年11月，162頁

チュウガクセイ【中学生】 湯本豪一「中学生」『図説明治事物起源事典』，柏書房，1996年11月，382-383頁

チュウガッコウ【中学校】 石井研堂「中学校の始」『増補改訂　明治事物起源』上巻，春陽堂書店，1944年11月，540頁

佐藤亨「中学校」『現代に生きる幕末・明治初期漢語辞典』，明治書院，2007年6月，605頁

チュウクウ【中空】 惣郷正明・飛田良文「中空」『明治のことば辞典』，東京堂出版，1986年12月，366頁

チュウグウ【中宮】 橋本義彦「中宮の意義と沿革」『書陵部紀要』22，宮内庁書陵部，1970年11月，24-49頁

チュウゴク【中国】 新村出「支那か中国か」『新村出全集4』，筑摩書房，1971年9月，503-510頁

チュウサンカイキュウ【中産階級】 樺島忠雄・飛田良文・米川明彦「中産階級」『明治大正新語俗語辞典』，東京堂出版，1984年5月，204頁

チュウシャ【注射】 佐藤亨『近世語彙の研究』，桜楓社，1983年6月，171頁

惣郷正明・飛田良文「注射」『明治のことば辞典』，東京堂出版，1986年12月，366-367頁

佐藤亨「注射」『現代に生きる幕末・明治初期漢語辞典』，明治書院，2007年6月，607頁

チュウシャキ【注射器】 王敏東・蘇仁亮「日中同形語に関する一考察—医療機器の名称を例にして」『国語語彙史の研究』26，和泉書院，2007年3月，302-285頁

チュウショウ【抽象】 安井惣二郎「日本の哲学用語—その起源と問題」『滋賀大学教育学部紀要』18，滋賀大学教育学部，1968年12月，51-56頁

樺島忠雄・飛田良文・米川明彦「抽象」『明治大正新語俗語辞典』，東京堂出版，1984年5月，204頁

惣郷正明・飛田良文「抽象」『明治のことば辞典』，東京堂出版，1986年12月，367頁

楚翠生「漢語往来　五十一—現象・印象・抽象・具象・象徴考」『高校通信東書国語』273，東京書籍，1987年6月

佐藤亨「抽象」『現代に生きる幕末・明治初期漢語辞典』，明治書院，2007年6月，608頁

チュウシン【中心】 惣郷正明・飛田良文「中心」『明治のことば辞典』，東京堂出版，1986年12月，368頁

チュウセン【抽籤】 佐藤亨「『万国公法』の語彙」『幕末・明治初期語彙の研究』，桜楓社，1986年2月，187頁

チュウトウ【中東】 金山宣夫「辞書にない言葉7　中東」『英語教育』27—7，大修館書店，1978年10月，34頁

朝日新聞校閲部「中東」『まっとうな日本語』，朝日新聞社，2005年9月，49-50頁

チュウドウ【中道】 中村元「中道」『仏教用語散策』，東京書籍，1977年4月，159-160頁

チュウネン【中年】 佐藤武義「中年」『日本語の語源』，明治書院，2003年1月，38-39頁

チュウバン【中盤】 朝日新聞校閲部「中盤」『まっとうな日本語』，朝日新聞社，2005年9月，28-29頁

チュウヨウ【中庸】 福田逸「中庸」『ことばコンセプト事典』，第一法規出版，1992年12月，1118-1131頁

チュウワ【中和】 惣郷正明・飛田良文「中和」『明治のことば辞典』，東京堂出版，1986年12月，368頁

沈国威『近代日中語彙交流史—新漢語の生成と受容』，笠間書院，1994年3月，327-328頁

チョウイン【調印】 佐藤亨「『西洋事情』の語彙」『幕末・明治初期語彙の研究』，桜楓社，1986年2月，426-427頁

佐藤亨「調印」『現代に生きる幕末・明治初期漢語辞典』，明治書院，2007年6月，610-611頁

チョウエキ【懲役】 渡辺萬蔵「懲役」『現行法律語の史的考察』，萬理閣書房，1930年12月，178頁

石井研堂「懲役の始」『増補改訂　明治事物起源』上巻，春陽堂書店，1944年11月，183頁

チョウカ【超過】 佐藤亨「『米欧回覧実記』の語彙」『幕末・明治初期語彙の研究』，桜楓社，1986年2月，451-452頁

チョウカンズ【鳥瞰図】 樺島忠雄・飛田良文・米川明彦「鳥瞰図」『明治大正新語俗語辞典』，東京堂出版，1984年5月，205頁

チョウコウ【兆候】 文化庁「「兆候」か「徴候」か」『言葉に関する問答集』，大蔵省印刷局，1995年3月，147-148頁

チョウジュウ【鳥銃】 春山行夫「近代用語の系統 3」『言語生活』182，筑摩書房，1966年8月，76-81頁

チョウジョウ【頂上】 原田健太郎「日本語と中国語・同形異義語考 ⑤」『言語』8—11，大修館書店，1979年11月，83頁

チョウシン【聴診】 惣郷正明・飛田良文「聴診」『明治のことば辞典』，東京堂出版，1986年12月，369頁

チョウシンキ【聴診器】 惣郷正明・飛田良文「聴診器」『明治のことば辞典』，東京堂出版，1986年12月，369-370頁

沈国威『近代日中語彙交流史—新漢語の生成と受容』，笠間書院，1994年3月，328頁

王敏東・蘇仁亮「日中同形語に関する一考察—医療機器の名称を例にして」『国語語彙史の研究』26，和泉書院，2007年3月，302-285頁

チョウシンホウ【聴診法】 惣郷正明・飛田良文「聴診法」『明治のことば辞典』，東京堂出版，1986年12月，370頁

チョウジン【超人】 惣郷正明・飛田良文「超人」『明治のことば辞典』，東京堂出版，1986年12月，369頁

沈国威『近代日中語彙交流史—新漢語の生成と受容』，笠間書院，1994年3月，329頁

チョウシンケイ【聴神経】 斎藤静「聴神経」『日本語に及ぼしたオランダ語の影響』，篠崎書林，1967年8月，65頁

チョウセイ【調整】 惣郷正明・飛田良文「調整」『明治のことば辞典』，東京堂出版，1986年12月，370頁

沈国威『近代日中語彙交流史—新漢語の生成と受容』，笠間書院，1994年3月，329-330頁

チョウセン【朝鮮】 趙承福「〈朝鮮〉[tsosen]〈朝〉[asa]〈漢〉[aya]に就いて」『築島裕博士還暦記念　国語学論集』，明治書院，1986年3月，534-562頁

大野敏明「朝鮮という名称」『日本語と韓国語』，文藝春秋，2002年3月，77-80頁

チョウセンゴ【朝鮮語】 金時鐘「なぜ“朝鮮語”か」『国語通信』198，筑摩書房，1977年7月，2-9頁

田中俊明「「朝鮮語」か「韓国語」か？　言語学的観点から」『言語科学』25，九州大学教養部言語研究会，1990年3月，98-112頁

金泰虎「日本における「朝鮮語」の名称」『言語と文化』8，甲南大学，2004年3月，183-204頁

チョウタイ【調帯】 惣郷正明・飛田良文「調帯」『明治のことば辞典』，東京堂出版，1986年12月，370頁

チョウチン【提燈】 前田富祺監修「語彙の変遷」『岩波講座　日本語　9』，岩波書店，1977年6月，133-172頁

チョウチンギョウレツ【提灯行列】 石井研堂「提灯行列の始」『増補改訂　明治事物起源』上巻，春陽堂書店，1944年11月，84-86頁

湯本豪一「提灯行列」『図説明治事物起源事典』，柏書房，1996年11月，176-177頁

チョウド【調度】 三上悠紀夫「「調度」「具足」「道具」」『国語国文学』21，福井大学，1979年2月，1-11頁

チョウノウリョク【超能力】 稲垣吉彦・吉沢典男監修「超能力」『昭和ことば史70年』，講談社，1985年10月，204-205頁

チョウハツ【徴発】 渡辺萬蔵「徴発」『現行法律語の史的考察』，萬理閣書房，1930年12月，14頁

チョウヘイ【徴兵】 渡辺萬蔵「徴兵」『現行法律語の史的考察』，萬理閣書房，1930年12月，66頁

湯本豪一「徴兵」『図説明治事物起源事典』，柏書房，1996年11月，42-43頁

チョウヘイケンサ【徴兵検査】 一海知義「徴兵検査」『漢語の知識』，岩波書店，1981年7月，217-220頁

三國一朗「徴兵検査」『戦中用語集』，岩波書店，1985年8月，160-161頁

チョウヘンショウセツ【長編小説】 樺島忠雄・飛田良文・米川明彦「長編小説」『明治大正新語俗語辞典』，東京堂出版，1984年5月，206-207頁

チョウホウ【調法】 小林賢次「「重宝」と「調法」―狂言台本における使用状況とその語史」『人文学報』320，東京都立大学人文学部，2001年3月，7-29頁

チョウホウケイ【長方形】 矢野健太郎「長方形と台形」『言語生活』130，筑摩書房，1962年7月，16頁

惣郷正明・飛田良文「長方形」『明治のことば辞典』，東京堂出版，1986年12月，370-371頁

チョウリョク【張力】 斎藤静「張力」『日本語に及ぼしたオランダ語の影響』，篠崎書林，1967年8月，263頁

沈国威『近代日中語彙交流史―新漢語の生成と受容』，笠間書院，1994年3月，330頁

チョウロウ【長老】 中村元編著「長老」『仏教語源散策』，東京書籍，1998年7月，202-203頁

チョウワ【調和】 惣郷正明・飛田良文「調和」『明治のことば辞典』，東京堂出版，1986年12月，371-372頁

松尾真知子「調和の出自」『大阪俳文学研究会会報』28，大阪俳文学研究会，1994年10月，9-13頁

チョキン【貯金】 佐藤亨「貯金」『現代に生きる幕末・明治初期漢語辞典』，明治書院，2007年6月，615頁

チョクゼイ【直税】 佐藤亨「『経済小学』の訳語」『幕末・明治初期語彙の研究』，桜楓社，1986年2月，347-348頁

チョクセツ【直接】 高野繁男「『百科全書』の訳語」『近代漢語の研究―日本語の造語法・訳語法』，明治書院，2004年11月，102頁

佐藤亨「直接」『現代に生きる幕末・明治初期漢語辞典』，明治書院，2007年6月，616頁

チョクセツゼイ【直接税】 渡辺萬蔵「直接税」『現行法律語の史的考察』，萬理閣書房，1930年12月，188頁

チョクセン【直線】 佐藤亨『近世語彙の研究』，桜楓社，1983年6月，212頁

佐藤亨「直線」『現代に生きる幕末・明治初期漢語辞典』，明治書院，2007年6月，616頁

チョクヤク【直訳】 朱牟田夏雄・竹内実・グロータース・溝口歌子「〈座談会〉直訳・意訳」『言語生活』197，筑摩書房，1968年2月，4-20頁

森岡健二「翻訳における意訳と直訳」『言語生活』197，筑摩書房，1968年2月，21-31頁

惣郷正明・飛田良文「直訳」『明治のことば辞典』，東京堂出版，1986年12月，372頁

飛田良文「第４章　東京語研究の資料」『東京語成立史の研究』，東京堂出版，1992年8月，91頁

チョクリツ【直立】 佐藤亨『近世語彙の研究

究』，桜楓社，1983年6月，172頁

チョサクケン【著作権】 樺島忠雄・飛田良文・米川明彦「著作権」『明治大正新語俗語辞典』，東京堂出版，1984年5月，207頁

米川明彦「著作権」『明治・大正・昭和の新語・流行語辞典』，三省堂，2002年1月，68頁

チョッカク【直角】 高野繁男「『哲学字彙』の訳語」『近代漢語の研究—日本語の造語法・訳語法』，明治書院，2004年11月，78頁

チョッカク【直覚】 惣郷正明・飛田良文「直覚」『明治のことば辞典』，東京堂出版，1986年12月，373-374頁

チョッカン【直感】 沈国威『近代日中語彙交流史—新漢語の生成と受容』，笠間書院，1994年3月，33頁

チョッカン【直観】 平野和彦「直観」『ことばコンセプト事典』，第一法規出版，1992年12月，1132-1141頁

河原修一「日本語における精神と言語—直観・想像力・価値意識・意志」『島根国語国文』10，島根国語国文会，1999年12月，1-39頁

チョメイ【著名】 佐藤亨「『地球説略』の語彙」『幕末・明治初期語彙の研究』，桜楓社，1986年2月，118頁

チリ【地理】 石井正彦「教科書の専門語「地理」の場合」『高校・中学校教科書の語彙調査 分析編』国立国語研究所，秀英出版，1989年3月，15-76頁

チリガク【地理学】 Federico Masini「地理学」*The Formation of Modern Chinese Lexicon and its Evolution toward a National Language*(李廷宰訳)，소명出版，2005年11月，303頁

邹振环「19世纪早期广州版商贸英语读本的编刊及其影响」(19世紀初期における広州出版のビジネス英語読本の編纂と刊行及びその影響)『学术研究』2006年第8期，广东省社会科学界联合会，2006年8月，92-148頁

邹振环「19世纪西方地理学译著与中国地理学思想从传统到近代的转换」(19世紀西洋地理学著書の訳本及び中国地理学の伝統から近代への転換)『四川大学学报哲学社会科学版』2007年 第3期，四川大学，2007年3月，26-36頁

佐藤亨「地理学」『現代に生きる幕末・明治初期漢語辞典』，明治書院，2007年6月，618頁

チリョウ【治療】 佐藤亨「近世の漢語についての一考察—「療治」と「治療」をめぐって」『国語学』106，国語学会，1976年9月，1-13頁

高橋顕志「国語史における「病理」と「治療」」『日本語研究』15，東京都立大学，1995年2月，175-184頁

前田富祺監修「治療」『日本語語源大辞典』，小学館，2005年4月，751頁

チン【賃】 「ことばの相談室代・賃・費・料のつかいわけ」『言語生活』282，筑摩書房，1975年3月，90-91頁

木村英樹「特集・接辞—料—代—賃—費—金—拝観料・たばこ代・家賃・医療費・入学金」『日本語学』5—3，明治書院，1986年3月，97-104頁

王敏東・張静ラン「費用を表わす合成語について—〈代〉〈賃〉〈費〉〈料〉の場合」『国語文字史の研究』7，和泉書院，2003年11月，205-222頁

チンアツ【鎮圧】 佐藤亨「『米欧回覧実記』の語彙」『幕末・明治初期語彙の研究』，桜楓社，1986年2月，449-450頁

チンギン【賃金】 進藤咲子「小幡篤次郎の英氏経済論の訳語」『明治時代語の研究；語彙と文章』，明治書院，1981年11月，98-99頁

チンコン【鎮魂】 藤野岩友「「鎮魂」の語義とその出典と」『国学院雑誌』69—11，国学院大学，1968年11月，252-256頁

チンシャ【陳謝】 編集部「陳謝」『月刊しにか』13―8，大修館書店，2002年7月，75頁

チンセイ【沈静】 佐藤亨「『泰西国法論』の訳語」『幕末・明治初期語彙の研究』，桜楓社，1986年2月，372-373頁

文化庁「「沈静」と「鎮静」の使い分け」『言葉に関する問答集』，大蔵省印刷局，1995年3月，136頁

チンダイ【鎮台】 惣郷正明・飛田良文「鎮台」『明治のことば辞典』，東京堂出版，1986年12月，374-376頁

チンデン【沈殿】 竹本喜一・金岡喜久子「化学のことばいろいろ」『化学語源ものがたり』，東京化学同人，1986年3月，143-144頁

チンモク【沈黙】 尾崎雄二郎「「沈黙」の語学」『言語生活』215，筑摩書房，1969年8月，42-46頁

惣郷正明・飛田良文「沈黙」『明治のことば辞典』，東京堂出版，1986年12月，376頁

ツ

ツイキュウ【追究・追求・追及】「追究・追求・追及」『カナノヒカリ』423，カナモジカイ，1957年9月，3頁

惣郷正明・飛田良文「追及」『明治のことば辞典』，東京堂出版，1986年12月，376-377頁

文化庁「「追求」と「追究」と「追及」の使い分け」『言葉に関する問答集』，大蔵省印刷局，1995年3月，31頁

ツイホウ【追放】 渡辺萬蔵「追放」『現行法律語の史的考察』，萬理閣書房，1930年12月，124頁

ツウカ【通貨】 佐藤亨「通貨」『現代に生きる幕末・明治初期漢語辞典』，明治書院，2007年6月，621-622頁

ツウギ【通義】 惣郷正明・飛田良文「通義」『明治のことば辞典』，東京堂出版，1986年12月，377頁

柳父章「翻訳語「権」」『翻訳とはなにか』，法政大学出版局，2003年5月，70-76頁

ツウク【痛苦】 竹中憲一「中国語と日本語における手順の逆転現象」『日本語学』7―10，明治書院，1988年10月，55-64頁

ツウジ【通事】 土井忠生「「通事」の語に就いて」『国文学攷』3―2，広島大学国語国文学会，1937年，208-214頁

ツウシンイン【通信員】 惣郷正明・飛田良文「通信員」『明治のことば辞典』，東京堂出版，1986年12月，377頁

沈国威『近代日中語彙交流史―新漢語の生成と受容』，笠間書院，1994年3月，212頁

ツウシンシャ【通信社】 石井研堂「通信社の始」『増補改訂　明治事物起源』上巻，春陽堂書店，1944年11月，621頁

樺島忠雄・飛田良文・米川明彦「通信社」『明治大正新語俗語辞典』，東京堂出版，1984年5月，208-209頁

惣郷正明・飛田良文「通信社」『明治のことば辞典』，東京堂出版，1986年12月，377-378頁

沈国威『近代日中語彙交流史―新漢語の生成と受容』，笠間書院，1994年3月，331-332頁

ツウシンモウ【通信網】 沈国威『近代日中語彙交流史―新漢語の生成と受容』，笠間書院，1994年3月，332頁

ツウゾク【通俗】 伊藤永之介「通俗，非通俗」『文藝春秋』3―4，文藝春秋社，1925年4月，24-26頁

進藤咲子「「普通」と「通俗」」『近代語研究』6，近代語研究会，1980年6月，489-518頁

進藤咲子「「普通」と「通俗」」『明治時代語の研究；語彙と文章』，明治書院，1981年11月，24-31頁

ツウゾクブンガク【通俗文学】 钟少华「试论民俗学科词语概念的近代阐述」(民俗学の諸概念についての近代的解釈)『民俗研究』

2002年04期，山东大学，2002年4月，5-18頁

ツウチョウ【通牒】 渡辺萬蔵「通牒」『現行法律語の史的考察』，萬理閣書房，1930年12月，241頁

ツウロ【通路】 佐藤喜代治『国語語彙史の歴史的研究』，明治書院，1988年11月，309-310頁

ツゴウ【都合】 原卓志「「都合」の意味・用法について」『鎌倉時代語研究』22，武蔵野書院，1999年5月，68-95頁

つみき【積木】 沈国威『近代日中語彙交流史—新漢語の生成と受容』，笠間書院，1994年3月，34頁

テ

〜テイ【体】 島田泰子「接尾語「〜てい」の用法とその意味構造：一字漢語「体(てい)」の用法史記述の一端として」『香川大学教育学部研究報告．第Ⅰ部』114，香川大学教育学部，2001年11月，1-12頁

テイ【帝】 渡辺昇一「王・帝／天皇」『ことばコンセプト事典』，第一法規出版，1992年12月，102-117頁

テイイン【定員】 沈国威『近代日中語彙交流史—新漢語の生成と受容』，笠間書院，1994年3月，114頁

テイエン【庭園】 針ヶ崎鐘吉「「庭園」という語の起源」『庭』54，1980年，37-39頁

針ヶ崎鐘吉「「庭園」という語の起源」『庭』56，1981年，37-39頁

針ヶ崎鐘吉「「庭園」という語の起源」『文明開化と庭園』，1990年

大宮信光「庭園」『ことばコンセプト事典』，第一法規出版，1992年12月，1152-1165頁

テイオウ【帝王】 佐藤佐和子「キリシタン版伊曾保物語の「帝王」「国王」について」『玉藻』17，フェリス女学院大学国文学会，1981年6月，61-68頁

林義雄「辞書と中世日本語—日葡辞書とキリシタン口語資料における「帝王」・「天皇」について」『日本語学』8—7，明治書院，1989年7月，20-26頁

テイオウセッカイ【帝王切開】 小川鼎三「帝王切開」『医学用語の起り』，東京書籍，1983年1月，15-20頁

テイカン【定款】 渡辺萬蔵「定款」『現行法律語の史的考察』，萬理閣書房，1930年12月，27頁

テイギ【定義】 惣郷正明・飛田良文「定義」『明治のことば辞典』，東京堂出版，1986年12月，378-379頁

高野繁男「『百科全書』の訳語」『近代漢語の研究—日本語の造語法・訳語法』，明治書院，2004年11月，117頁

佐藤亨「定義」『現代に生きる幕末・明治初期漢語辞典』，明治書院，2007年6月，626頁

テイキュウ【低級】 惣郷正明・飛田良文「低級」『明治のことば辞典』，東京堂出版，1986年12月，379頁

テイキュウ【庭球】 石井研堂「庭球の始」『増補改訂　明治事物起源』下巻，春陽堂書店，1944年12月，1259-1261頁

樺島忠雄・飛田良文・米川明彦「庭球」『明治大正新語俗語辞典』，東京堂出版，1984年5月，209-110頁

惣郷正明・飛田良文「庭球」『明治のことば辞典』，東京堂出版，1986年12月，379頁

テイキョウ【提供】 樺島忠雄・飛田良文・米川明彦「提供」『明治大正新語俗語辞典』，東京堂出版，1984年5月，210頁

惣郷正明・飛田良文「提供」『明治のことば辞典』，東京堂出版，1986年12月，379-380頁

佐藤亨「提供」『現代に生きる幕末・明治初期漢語辞典』，明治書院，2007年6月，626頁

テイキン【提琴】 朱京偉『近代日中新語の創出と交流—人文科学と自然科学の専門語を中心に』，白帝社，2003年10月，223頁

テイケイ【提携】 佐藤亨『近世語彙の歴史的研究』，桜楓社，1980年10月，56頁

テイコウ【抵抗】 鈴木丹士郎「「抵抗」と「抗抵」」『国語語彙史の研究』2，和泉書院，1981年5月，237-254頁

惣郷正明・飛田良文「抵抗」『明治のことば辞典』，東京堂出版，1986年12月，380-381頁

林ゆかり「抵抗」『ことばコンセプト事典』，第一法規出版，1992年12月，1166-1173頁

テイコク【定刻】 松井利彦「近代日本語における「時」の獲得—新漢語「時間」と「期間」の成立をめぐって」『或問』9，近代東西言語文化接触研究会，2005年5月，1-26頁

テイコク【帝国】 槌田満文「帝国」『明治大正新語・流行語』，角川書店，1983年6月，107-108頁

惣郷正明・飛田良文「帝国」『明治のことば辞典』，東京堂出版，1986年12月，381-382頁

佐藤亨「帝国」『現代に生きる幕末・明治初期漢語辞典』，明治書院，2007年6月，628頁

テイコクギカイ【帝国議会】 湯本豪一「帝国議会」『図説明治事物起源事典』，柏書房，1996年11月，100-101頁

テイコクシュギ【帝国主義】 惣郷正明・飛田良文「帝国主義」『明治のことば辞典』，東京堂出版，1986年12月，381-382頁

金子勝「「帝国主義」概念と世界史」『情況』8—10，情況出版，1997年12月，84-99頁

テイコクダイガク【帝国大学】 佐藤亨「帝国大学」『現代に生きる幕末・明治初期漢語辞典』，明治書院，2007年6月，628頁

テイシ【停止】 惣郷正明・飛田良文「停止」『明治のことば辞典』，東京堂出版，1986年12月，382-383頁

テイジ【提示】 文化庁「「提示」と「呈示」の使い分け」『言葉に関する問答集』，大蔵省印刷局，1995年3月，98-99頁

テイシャば【停車場】 久世善男「停車場」『言葉のなづけ親—翻訳に見る文明開化』，朝日ソノラマ，1975年11月，120-125頁

真田信治「駅，駅路，駅路，ステーション，停車場」『講座日本語の語彙 ⑨』，明治書院，1983年1月，115-118頁

樺島忠雄・飛田良文・米川明彦「停車場」『明治大正新語俗語辞典』，東京堂出版，1984年5月，210-211頁

惣郷正明・飛田良文「停車場」『明治のことば辞典』，東京堂出版，1986年12月，383-384頁

テイシュ【亭主】 菊田紀郎「主(あるじ)，主(ぬし)，亭主」『講座日本語の語彙 ⑨』，明治書院，1983年1月，32-35頁

テイショク【定食】 樺島忠雄・飛田良文・米川明彦「定食」『明治大正新語俗語辞典』，東京堂出版，1984年5月，211頁

テイシン【逓信】 佐藤亨「『六合叢談』の語彙」『幕末・明治初期語彙の研究』，桜楓社，1986年2月，153-154頁

テイセイ【定性】 高野繁男「『百科全書』の訳語」『近代漢語の研究—日本語の造語法・訳語法』，明治書院，2004年11月，141頁

テイトク【提督】 佐藤亨「『玉石志林』の語彙一」『幕末・明治初期語彙の研究』，桜楓社，1986年2月，280-281頁

佐藤亨「『徳国学校論略』の語彙」『幕末・明治初期語彙の研究』，桜楓社，1986年2月，203-204頁

テイネイ【丁寧】 国広哲弥編「丁寧」『ことばの意味3』，平凡社，2003年3月，162-169頁

テイネン【定年・停年】 天沼寧「定年：停年」『大妻女子大学文学部紀要』14，大妻女子大学文学部，1982年3月，65-81頁

文化庁「「定年」か「停年」か」『言葉に関する問答集』，大蔵省印刷局，1995年3月，78-80頁

佐藤亨「定年・停年」『現代に生きる幕末・明治初期漢語辞典』，明治書院，2007年6月，631頁

テイハク【停泊】 佐藤亨「『玉石志林』の語

彙(二)」『幕末・明治初期語彙の研究』，桜楓社，1986年2月，311-312頁

佐藤亨「『大美聯邦志略』の語彙」『幕末・明治初期語彙の研究』，桜楓社，1986年2月，93-94頁

テイボウ【堤防】 佐藤亨『近世語彙の歴史的研究』，桜楓社，1980年10月，124頁

テイリョウ【定量】 佐藤亨「『経済小学』の訳語」『幕末・明治初期語彙の研究』，桜楓社，1986年2月，351-352頁

テキ【的】 藤居信雄「「的」のつかわれるわけ」『国語教室』58，大修館書店，1956年8月，13-14頁

藤居信雄「「的」ということば」『言語生活』71，筑摩書房，1957年8月，71-76頁

藤居信雄「的の意味」『言語生活』119，筑摩書房，1961年7月，80-83頁

山田巖「発生期における的ということば」『言語生活』120，筑摩書房，1961年9月，56-61頁

広田栄太郎「「的」という語の発生」『近代訳語考』，東京堂出版，1969年8月，281-303頁

鈴木修次「「的」の文化(上)」『みすず』200，みすず書房，1976年10月，90-96頁

鈴木修次「「的」の文化(下)」『みすず』201，みすず書房，1976年11月，27-33頁

鈴木修次「国語の漢語」3『みすず』202，みすず書房，1976年12月，26-32頁

菅野謙「放送新聞での「○○的」の用法」『文研月報』30―5，日本放送協会放送文化研究所，1977年5月，28-35頁

鈴木修次「「的」の文化」『漢語と日本人』，みすず書房，1978年9月，1-25頁

樺島忠雄・飛田良文・米川明彦「的」『明治大正新語俗語辞典』，東京堂出版，1984年5月，213頁

遠藤織枝「接尾語「的」の意味と用法」『日本語教育』53，日本語教育学会，1984年6月，125-138頁

宋敏「派生語 形成 依存形態素"～的"의 始末」(派生語を作る依存形態素「的」について)『語文論叢 24干雲朴炳采博士還暦記念論叢』，高麗大国語国文学研究会，1985年2月，285-301頁

松村明「「的」とその造語力」『日本語の世界2 日本語の展開』，中央公論社，1986年3月，318-325頁

原由起子「特集・接辞―的―中国語との比較から」『日本語学』5―3，明治書院，1986年3月，73-80頁

古藤友子「近代の日本語と中国語における「的」について：章柄麟訳『社会学』にみる」『姫路独協大外国語学部紀要』1，姫路独協大外国語学部，1988年1月，169-188頁

堀口和吉「助辞「的」の受容」『山辺道』36，天理大学国語国文学会，1992年3月，59-76頁

水野義道「日本語の「の」と中国語の的」『日本語学』12―10，明治書院，1993年10月，72-79頁

沈国威『近代日中語彙交流史―新漢語の生成と受容』，笠間書院，1994年3月，50頁

丸山千歌「〈論文〉英語の接尾辞"―tic"の訳語「～的」について：『中央公論』1962年11月号の場合」『ICU日本語教育研究センター紀要』6，国際基督教大学，1997年3月，15-42頁

矢沢真人・橋本修「近代語の語法の変化―『坊っちゃん』の表現を題材に」『日本語学』17―5，明治書院，1998年5月，13-21頁

李秀卿「明治・大正期の「的」の性格　形容動詞化機能の定着過程」『文学研究論集』9，明治大学大学院，1998年9月，11-29頁

陳誼「日中両国における「的」につて」『国語語彙史の研究』18，和泉書院，1999年3月，329-350頁

松尾勇「接辞「的」について」『朝鮮学報』181，朝鮮学会，2000年10月，1-22頁

山下喜代「漢語系接尾辞の語形成と助辞化；「的」を中心として」『日本語学』19―13，明治書院，2000年11月，52-64頁

李仁淳「韓国語における「的」について―日本語「的」との対照を通して」『学海』17，上田女子短期大学国語国文学会，2001年3月，63-81頁
朱京偉『近代日中新語の創出と交流―人文科学と自然科学の専門語を中心に』，白帝社，2003年10月，74頁
王娟「日本語の接尾辞「的」について―朝日新聞における使用実態調査」『山口国文』27，山口大学文理学部国語国文学会，2004年3月，86-78頁
小出慶一「接辞「～的」の新しい用法―「～的には」という用法について」『群馬県立女子大学国文学研究』24，群馬県立女子大学国語国文学会，2004年3月，1-14頁
陳生保「～的」『中国と日本―言葉・文学・文化』，麗沢大学出版会，2005年5月，23頁
李軍「明治・大正期の文学に見られる漢字語「的」の使用実態の変遷」『福岡教育大学国語科研究論集』48，福岡教育大学国語科，2007年1月，80-63頁
北澤尚，李金蓮「日本語の接尾辞「的」に対応する中国語表現について」『東京学芸大学紀要（人文社会科学系）』60，東京学芸大学，2009年1月，161-176頁
テキオウセイ【適応性】 樺島忠雄・飛田良文・米川明彦「適応性」『明治大正新語俗語辞典』，東京堂出版，1984年5月，213-214頁
テキシャセイゾン【適者生存】 米川明彦「近代語彙考証6―進化論」『日本語学』2―9，明治書院，1983年9月，117頁
樺島忠雄・飛田良文・米川明彦「適者生存」『明治大正新語俗語辞典』，東京堂出版，1984年5月，214頁
惣郷正明・飛田良文「適者生存」『明治のことば辞典』，東京堂出版，1986年12月，384頁
テキセイゴ【敵性語】 稲垣吉彦・吉沢典男監修「敵性語」『昭和ことば史60年』，講談社，1985年10月，260頁
テキダン【敵弾】 惣郷正明・飛田良文「敵弾」『明治のことば辞典』，東京堂出版，1986年12月，384-385頁
テキチュウ【的中】 文化庁「「的中」と「適中」」『言葉に関する問答集』，大蔵省印刷局，1995年3月，229-230頁
テキトウ【的当・適当】 佐藤喜代治『国語語彙の歴史的研究』，明治書院，1971年11月，260頁
新野直哉「「適当」の意味・用法について―「適当な答」は正解か不正解か」『日本語の歴史地理構造』，明治書院，1997年8月，268-282頁
林玉恵「日中同型語「適当」と「適當」」『語彙研究の課題』，和泉書院，2004年3月，169-184頁
テキや【的屋】 前田勇「「てきや」という語」『言語生活』100，筑摩書房，1960年1月，79-83頁
テキヨウ【適用】 佐藤亨『近世語彙の研究』，桜楓社，1983年6月，131頁
デシ【弟子】 劉凡夫「〈学ぶ人〉を表す語彙に関する史的考察」『日本語の歴史地理構造』，明治書院，1997年8月，249-267頁
テツガク【哲学】 張志淵「哲学」『萬國事物紀原歴史』，皇城新聞社，1909年8月，83頁
石井研堂「精神学科の訳語」『増補改訂　明治事物起源』下巻，春陽堂書店，1944年11月，519-521頁
大久保利謙「訳語「哲学」由来紀」『日本歴史』68，日本歴史学会，1953年1月，54-57頁
杉本つとむ「近代語の形成―訳語をとおしてみた」『国語と国文学』1967年4月特集号，東京大学国語国文学会，1967年4月，11-22頁
安井惣二郎「日本の哲学用語―その起源と問題」『滋賀大学教育学部紀要』18，滋賀大学教育学部，1968年12月，51-56頁
広田栄太郎「訳語あれこれ」『近代訳語考』，東京堂出版，1969年8月，305-326頁
久世善男「哲学」『言葉のなづけ親―翻訳に見

る文明開化』，朝日ソノラマ，1975年11月，126-129頁
永松健生「明治前期におけるPhilosophy―ethicsの受容」『湘北紀要』1，湘北短期大学，1977年3月，1-11頁
斎藤毅「哲学語源」『明治のことば』，講談社，1977年11月，313-368頁
鈴木修次「「哲学と「理学」」『文明のことば』，文化評論出版，1981年3月，138-172頁
進藤咲子「小幡篤次郎の英氏経済論の訳語」『明治時代語の研究；語彙と文章』，明治書院，1981年11月，122-124頁
樺島忠雄・飛田良文・米川明彦「哲学」『明治大正新語俗語辞典』，東京堂出版，1984年5月，215-216頁
惣郷正明・飛田良文「哲学」『明治のことば辞典』，東京堂出版，1986年12月，385-386頁
半田俊博「哲学の概念史的研究について」『東北哲学会年報』3，東北哲学会，1987年4月，34-36頁
金田一春彦編「哲学」『ことばの生い立ち』，講談社，1988年2月，139-140頁
岩谷光雄「哲学」『ことばコンセプト事典』，第一法規出版，1992年12月，1184-1191頁
遠藤智夫「「哲学」の訳語考」『英学史研究』26，日本英学史学会，1993年，71-83頁
沈国威『近代日中語彙交流史―新漢語の生成と受容』，笠間書院，1994年3月，200頁
강영안「서구철학사상의 유입과 그 평가；일제하부터 1950 년대까지―현재 한국에서 사용되는 철학용어의 형성 배경」(西欧哲学思想の流入と評価；日本の植民地時代から1950年代まで)『철학사상哲学思想』5，서울대철학사상연구소(ソウル大哲学思想研究所)，1995年3月，15-50頁
平山洋「日本における哲学の成立」『西田哲学の再構築―その成立過程と比較思想』，ミネルヴァ書房，1997年5月，312頁
中村雄二郎「哲学」『術語集２』岩波新書；新赤504，岩波書店，1997年5月，121-125頁
陳力衛「中国への逆輸入」『和製漢語の形成と展開』，汲古書院，2001年2月，281頁
張厚泉「西洋の「哲学」と東洋の「理学」―東アジア儒学的社会における「哲学」の必要性」『言語と交流』5，言語と交流研究会，2002年3月，44-61頁
真田治子「明治期学術漢語の一般化の過程―『哲学字彙』と各種メディアの語彙表との対照」『日本語科学』11，国立国語研究所，2002年4月，100-113頁
飛田良文「哲学」『明治生まれの日本語』，淡交社，2002年5月，211-219頁
手島邦夫「西周の訳語の定着―『哲学字彙』から明治中期の英和辞書と中後期の国語辞書へ」『文芸研究』154，東北大学，2002年9月，25-38頁
高坂史朗「Philosophyと東アジアの「哲学」」『人文研究』55―8，大阪市立大学大学院文学研究科，2004年3月，1-17頁
冯天瑜「近代汉字术语创制的两种类型―以“科学”，“哲学”为例」(近代漢字術語の創出に見える二つのモデル―「科学」と「哲学」を例に)『术语标准化与信息技术』2004年4期，中国标准化研究院，2004年4月，15-21頁
馮天瑜『新語探源』，中華書局，2004年10月，411-413頁
高野繁男「『哲学字彙』の訳語」『近代漢語の研究―日本語の造語法・訳語法』，明治書院，2004年11月，59頁
高野繁男「『哲学字彙』の訳語」『近代漢語の研究―日本語の造語法・訳語法』，明治書院，2004年11月，72頁
杉本つとむ「哲学」『語源海』，東京書籍，2005年3月，431頁
Federico Masini「哲学」*The Formation of Modern Chinese Lexicon and its Evolution toward a National Language*(李廷宰訳)，소명出版，2005年11月，163頁
佐藤亨「哲学」『現代に生きる幕末・明治初期漢語辞典』，明治書院，2007年6月，636頁

李漢燮「「哲学」概念의 성립과 한국의 일본철학 용어 受用」(「哲学」概念の成立と韓国における日本哲学用語の受容について)『근대한국철학 형성의 風景과 地形圖』, 영남대학교한국근대사상연구단, 2007年9月, 37-60頁
吴光辉「“哲学”概念的流变与近代中国的哲学启蒙」(「哲学」概念の変遷と近代中国における哲学についての啓蒙)『语义的文化变迁』, 武汉大学出版社, 2007年10月, 347-360頁
徐水生「日本学人西周在创译西方哲学范畴上的贡献」(西洋哲学用語の訳出に対する西周の貢献について)『语义的文化变迁』, 武汉大学出版社, 2007年10月, 413-421頁
聂长顺「学名厘定与新学构筑―以明治日本philosophy译名厘定为例」(学術用語の成立と新しい学科の構築―明治期におけるphilosophyの訳出を例に)『语义的文化变迁』, 武汉大学出版社, 2007年10月, 342-346頁
徐水生「哲学概念の訳語創出と転用」『近代日本の知識人と中国哲学』, 東方書店, 2008年1月, 42-44頁
冯天瑜「“哲学”：汉字文化圈创译学科名目的范例」(「哲学」―漢字文化における学科名称の翻訳例の範)『江海学刊』2008年05期, 编辑部邮箱, 2008年5月, 155-160頁

テツガクシャ【哲学者】 惣郷正明・飛田良文「哲学者」『明治のことば辞典』, 東京堂出版, 1986年12月, 386頁

テツガクテキ【哲学的】 惣郷正明・飛田良文「哲学的」『明治のことば辞典』, 東京堂出版, 1986年12月, 387頁

テッカク【的確】 文化庁「「的確」か「適確」か」『言葉に関する問答集』, 大蔵省印刷局, 1995年3月, 15-16頁

テッキョウ【鉄橋】 湯本豪一「鉄橋」『図説明治事物起源事典』, 柏書房, 1996年11月, 404-405頁

テツドウ【鉄道】 杉山栄一「鉄道に関する用語」『言語生活』53, 筑摩書房, 1966年2月, 73-78頁
原田勝正「鉄道と軌道」『外国語になった日本語の事典』, 筑摩書房, 1983年10月, 18-78頁
佐藤亨「『西学考略』の語彙」『幕末・明治初期語彙の研究』, 桜楓社, 1986年2月, 244-245頁
惣郷正明・飛田良文「鉄道」『明治のことば辞典』, 東京堂出版, 1986年12月, 387-388頁
富田仁「鉄道」『舶来事物起源事典』, 名著普及会, 1987年12月, 246-247頁
紀田順一郎「鉄道」『近代事物起源事典』, 東京堂出版, 1992年9月, 168-170頁
沈国威『近代日中語彙交流史―新漢語の生成と受容』, 笠間書院, 1994年3月, 88頁
湯本豪一「鉄道」『図説明治事物起源事典』, 柏書房, 1996年11月, 324-325頁
高野繁男「『百科全書』の訳語」『近代漢語の研究―日本語の造語法・訳語法』, 明治書院, 2004年11月, 103頁
佐藤亨「鉄道」『現代に生きる幕末・明治初期漢語辞典』, 明治書院, 2007年6月, 638-639頁

テツドウバシャ【鉄道馬車】 惣郷正明・飛田良文「鉄道馬車」『明治のことば辞典』, 東京堂出版, 1986年12月, 388頁
湯本豪一「鉄道馬車」『図説明治事物起源事典』, 柏書房, 1996年11月, 326-327頁

テッポウ【鉄砲・鳥銃】 春山行夫「近代用語の系統 3」『言語生活』182, 筑摩書房, 1966年8月, 76-81頁
春山行夫「近代用語の系統　4」『言語生活』183, 筑摩書房, 1966年12月, 58-63頁
鈴木修次「音訓混用語」『漢語と日本人』, みすず書房, 1978年9月, 199-202頁
杉本つとむ「連載；近代訳語を検証する 31 鉄砲・鳥銃」『国文学　解釈と鑑賞』71―3, 至文堂, 2006年3月, 177-183頁

テツヤ【徹夜】 佐藤亨「『六合叢談』の語彙」

『幕末・明治初期語彙の研究』，桜楓社，1986年2月，142-143頁
テツロ【鉄路】 佐藤亨『近世語彙の研究』，桜楓社，1983年6月，39頁
佐藤亨「『西学考略』の語彙」『幕末・明治初期語彙の研究』，桜楓社，1986年2月，243-244頁
佐藤亨「鉄路」『現代に生きる幕末・明治初期漢語辞典』，明治書院，2007年6月，639-640頁
てにモツ【手荷物】 沈国威『近代日中語彙交流史—新漢語の生成と受容』，笠間書院，1994年3月，212頁
テン【天】 安津素彦「天字訓読考」『国学院雑誌』60—5，国学院大学，1959年5月，1-15頁
新村出「語源をさぐる　天と地」『新村出全集4』，筑摩書房，1971年9月，233-237頁
森一貫「「天賦人権」思想と「天」の概念 森義宣先生退官記念号」『阪大法学』97・98，大阪大学大学院法学研究科，1976年3月，231-248頁
平石直昭『天』〈一語の辞典〉，三省堂，1996年5月
차남희「천(天) 개념의 변화와 17세기 주자학적 질서의 균열」(「天」概念の変化と17世紀朱子学秩序の亀裂)『사회와 역사』(社会と歴史)70，韓国社会史学会，2006年6月，209-236頁
テン【点】 陳生保「～点」『中国と日本—言葉・文学・文化』，麗沢大学出版会，2005年5月，23頁
デン【電】 新井菜穂子「伝から電へ—近代通信の用語定着の一断面」『情報通信学会誌』26—4，情報通信学会，2009年3月，84-87頁
テンエンロン【天演論】 鈴木修次「「進化論」の日本への流入と中国」『日本漢語と中国—漢字文化圏の近代化』，中央公論社，1981年9月，192-204頁
塩山正純「厳復の翻訳にみる新漢語：語史的アプローチ・『天演論』の場合」『千里山文学論集』63，関西大学大学院文学研究科院生協議会，2000年3月，221-245頁
テンガク【天学】 梶原滉太郎「「天文学」の語史」『研究報告集』13，国立国語研究所，1992年3月，77-121頁
テンカン【癲癇】 小川鼎三「癲癇」『医学用語の起り』，東京書籍，1983年1月，41-43頁
テンキ【天気】 原田芳起「平安文学と漢語」『平安時代文学語彙の研究』，風間書房，1962年9月，467-470頁
佐藤亨『近世語彙の歴史的研究』，桜楓社，1980年10月，47頁
小野正弘「「天気」の語史—中立的意味のプラス化に言及して」『国語学研究』25，東北大文学部『国語学研究』刊行会，1985年12月，11-27頁
欒竹民「漢語の意味変化について—「天気」を中心に」『広島国際研究』1，広島市立大学国際学部『広島国際研究』編集委員会，1995年3月，181-200頁
テンキヨホウ【天気予報】 久世善男「天気予報」『言葉のなづけ親—翻訳に見る文明開化』，朝日ソノラマ，1975年11月，130-135頁
紀田順一郎「天気予報」『近代事物起源事典』，東京堂出版，1992年9月，172-173頁
山田俊雄「天気予報」『詞苑間歩』上，三省堂，1999年9月，354-358頁
デンキ【電気】 張志淵「電気」『萬國事物紀原歴史』，皇城新聞社，1909年8月，50頁
前田富祺監修「語彙の変遷」『岩波講座　日本語　9』，岩波書店，1977年6月，133-172頁
高野繁男「電気」『講座日本語の語彙 ⑪』，明治書院，1983年6月，23-26頁
八耳俊文「漢訳西学書『博物通書』と「電気」の定着」『青山学院女子短期大学紀要』46，青山学院女子短期大学，1985年3月，215-224

頁
佐藤亨「『西学考略』の語彙」『幕末・明治初期語彙の研究』，桜楓社，1986年2月，232-233頁
惣郷正明・飛田良文「電気」『明治のことば辞典』，東京堂出版，1986年12月，389-390頁
杉本つとむ「〈越歴〉と〈電気〉の実験」『語源の文化誌』，創拓社，1990年4月，248-258頁
八耳俊文「漢訳西学書『博物通書』と「電気」の定着」『青山学院女子短期大学紀要』46，青山学院女子短期大学，1992年12月，132-109頁
杉本つとむ「近代医学の源流―11―越歴エレキから電気へ」『日本医師会雑誌』109―3，日本医師会，1993年2月，384-386頁
荒川清秀「日本漢語の中国語への流入」『日本語学』17―5，明治書院，1998年5月，39-46頁
高野繁男「『百科全書』の訳語」『近代漢語の研究―日本語の造語法・訳語法』，明治書院，2004年11月，112頁
張厚泉「「電気」という近代漢語の意味変遷」『言語と交流』9，言語と交流研究会，2006年5月，58-70頁
荒川清秀「「電」のつくことば―「電話」を中心に」『19世紀中国語の諸相』，雄松堂出版，2007年3月，265頁
八耳俊文「誌上科学史博物館(9)「電気」のはじまり」『学術の動向』12―5，日本学術協力財団，2007年5月，88-93頁
佐藤亨「電気」『現代に生きる幕末・明治初期漢語辞典』，明治書院，2007年6月，640頁
竺覚暁「「工学の曙」原典をひもとく(14)「電気」という語を創ったギルバート」『新電気』62―2，オーム社，2008年2月，48-51頁
新井菜穂子「「電気」の受容について」『漢字文化圏近代言語文化交流研究』(国際シンポジウム予稿集，天津外国語大学)，漢字文化圏近代言語文化交流研究会，2009年3月，213-230頁

テンキュウ【天球】　黄河清「「天球」「地球」「月球」「星球」考源」(「天球」「地球」「月球」「星球」の語源について)『科技术语研究』2002年4期，杂志社，2002年4月，39-40頁

テンケイ【天恵】　草川昇「「天恵」考」『語源探求』3，日本語語源研究会編，1991年10月，184-189頁

テンケイ【典型】　樺島忠雄・飛田良文・米川明彦「典型」『明治大正新語俗語辞典』，東京堂出版，1984年5月，219頁
惣郷正明・飛田良文「典型」『明治のことば辞典』，東京堂出版，1986年12月，390-391頁

テンコウ【転向】　稲垣吉彦・吉沢典男監修「転向」『昭和ことば史60年』，講談社，1985年10月，256頁
大泉志郎・大塚栄寿・永沢道雄「転向」『現代死語事典』，朝日ソノラマ，1993年11月，248-249頁
米川明彦「転向」『明治・大正・昭和の新語・流行語辞典』，三省堂，2002年1月，136-137頁

テンゴク【天国】　春山行夫「近代用語の系統　7」『言語生活』186，筑摩書房，1967年4月，49-50頁
惣郷正明・飛田良文「天国」『明治のことば辞典』，東京堂出版，1986年12月，391頁
薬師僖佑子「天国・地獄」『ことばコンセプト事典』，第一法規出版，1992年12月，1192-1203頁
孫遜「近代日本における漢訳聖書の受容―「天国」という言葉の受け入れを巡って」『京都府立大学学術報告人文・社会』56，京都府立大学，2004年12月，63-79頁
加藤早苗「現代日本語「天国」の出自から定着まで」『岐阜聖徳学園大学国語国文学』25，岐阜聖徳学園大学，2006年3月，116-101頁
佐藤亨「天国」『現代に生きる幕末・明治初期漢語辞典』，明治書院，2007年6月，642頁

テンサイ【天才】　滝沢恵美子「テンサイ」『ことばコンセプト事典』，第一法規出版，

1992年12月，1204-1213頁
厳大漢「日本語「天才」について—「天才」と「genius」が相互の訳語として定着するまでの訳語事情を中心に」『グループ・ブリコラージュ紀要』20，徳島県精神保健福祉センター，2002年12月，11-19頁
テンシ【天使】 樺島忠雄・飛田良文・米川明彦「天使」『明治大正新語俗語辞典』，東京堂出版，1984年5月，219-220頁
惣郷正明・飛田良文「天使」『明治のことば辞典』，東京堂出版，1986年12月，392-393頁
気仙友恵「日本正教会邦訳聖書の国語学的位置付け—「天使」「復活」を中心に」『王藻』26，フェリス女学院大学国文学会，1991年3月，65-78頁
平松哲司「天使・悪魔」『ことばコンセプト事典』，第一法規出版，1992年12月，1214-1223頁
デンシ【電子】 樺島忠雄・飛田良文・米川明彦「電子」『明治大正新語俗語辞典』，東京堂出版，1984年5月，220頁
惣郷正明・飛田良文「電子」『明治のことば辞典』，東京堂出版，1986年12月，393頁
西尾成子「「電子」の由来 電子・陽電子—極微の世界のスーパースター」『数理科学』28—2，サイエンス社，1990年2月，11-15頁
デンシ【電視】 宮島達夫「「テレビ」と「電視」—「電視」は和製漢語か」『漢字文化圏諸言語の近代語彙の形成—創出と共有』，関西大学出版部，2008年9月，95-110頁
デンシケイサンキ【電子計算機】 清水達夫・野崎昭弘「数学の新用語 100—電子計算機」『数学セミナー』9—13，日本評論社，1970年12月臨時号，98頁
デンシャ【電車】 石井研堂「電車の始」『増補改訂　明治事物起源』下巻，春陽堂書店，1944年12月，809-810頁
久世善男「電車」『言葉のなづけ親—翻訳に見る文明開化』，朝日ソノラマ，1975年11月，136-139頁
湯本豪一「電車」『図説明治事物起源事典』，柏書房，1996年11月，328-329頁
テンシュ【天主】 春山行夫「近代用語の系統　1」『言語生活』180，筑摩書房，1966年8月，74-79頁
惣郷正明「真神，上帝，天父，天主」『日本語開化物語』，朝日新聞社，1988年8月，29-32頁
陳贇「基督教用語「天主」について；その成立についての考察」『国文学』90，関西大学国文学会，2006年1月，98-83頁
桐藤薫「Deusの漢語訳：「天主」から「上帝」へ」『関西学院大学キリスト教と文化研究』8，関西学院大学キリスト教と文化研究センター，2006年3月，53-74頁
テンシュキョウ【天主教】 佐藤亨『近世語彙の研究』，桜楓社，1983年6月，118頁
テンシュカク【天守閣】 春山行夫「近代用語の系統　1」『言語生活』180，筑摩書房，1966年8月，74-79頁
テンショク【天職】 惣郷正明・飛田良文「天職」『明治のことば辞典』，東京堂出版，1986年12月，393-394頁
テンシン【点心】 鈴木修次「続　禅文化とまつわる漢語」『漢語と日本人』，みすず書房，1978年9月，93-94頁
デンシン【伝信】 荒川清秀「「電」のつくことば—「電話」を中心に」『19世紀中国語の諸相』，雄松堂出版，2007年3月，273頁
デンシンキ【伝信機】 佐藤亨「『経済小学』の訳語」『幕末・明治初期語彙の研究』，桜楓社，1986年2月，344頁
デンシン【電信】 石井研堂「電信の始」『増補改訂　明治事物起源』下巻，春陽堂書店，1944年12月，729-735頁
佐藤亨「『西学考略』の語彙」『幕末・明治初期語彙の研究』，桜楓社，1986年2月，253-254頁
惣郷正明・飛田良文「電信」『明治のことば辞典』，東京堂出版，1986年12月，394頁

富田仁「電信」『舶来事物起源事典』，名著普及会，1987年12月，256-258頁

飛田良文「第3部　第4章　電報文の文体」『東京語成立史の研究』，東京堂出版，1992年8月，719-721頁

湯本豪一「電信」『図説明治事物起源事典』，柏書房，1996年11月，308-309頁

高野繁男「『明六雑誌』の和製漢語」『『明六雑誌』とその周辺』神奈川大学人文学研究所編，お茶の水書房，2004年3月，185頁

高野繁男「『明六雑誌』の語彙」『近代漢語の研究—日本語の造語法・訳語法』，明治書院，2004年11月，177頁

水野巧「『其面影』論—明治期の電話・電信・手紙」『繍』17，2005年3月，122-135頁

Federico Masini「電信」*The Formation of Modern Chinese Lexicon and its Evolution toward a National Language*（李廷宰訳），소명出版，2005年11月，297頁

荒川清秀「「電」のつくことば—「電話」を中心に」『19世紀中国語の諸相』，雄松堂出版，2007年3月，266頁

新井菜穂子「近代黎明期の通信—「電話」「電信」の変遷をめぐって」『日本研究』35，国際日本文化研究センター，2007年5月，95-126頁

佐藤亨「電信」『現代に生きる幕末・明治初期漢語辞典』，明治書院，2007年6月，643頁

デンシンキ【電信機】　久世善男「電信機」『言葉のなづけ親—翻訳に見る文明開化』，朝日ソノラマ，1975年11月，140-144頁

佐藤亨「『経済小学』の訳語」『幕末・明治初期語彙の研究』，桜楓社，1986年2月，344頁

惣郷正明・飛田良文「電信機・伝信機」『明治のことば辞典』，東京堂出版，1986年12月，395頁

惣郷正明「電信機と避雷針」『日本語開化物語』，朝日新聞社，1988年8月，6-8頁

沈国威『近代日中語彙交流史—新漢語の生成と受容』，笠間書院，1994年3月，84頁

鄭英淑「電信機」『津田真道の訳語研究』，国際基督教大学提出博士論文，2004年9月，299-317頁

Federico Masini「電信機」*The Formation of Modern Chinese Lexicon and its Evolution toward a National Language*（李廷宰訳），소명出版，2005年11月，298頁

佐藤亨「電信機」『現代に生きる幕末・明治初期漢語辞典』，明治書院，2007年6月，643頁

デンシンばしら【電信柱】　岩城元「日常からの疑問1　シリーズ・こんなものいらない「電信柱」」『朝日ジャーナル』26—15，朝日新聞社，1984年4月，22-24頁

テンセイ【天性】　鎌田広夫「天草本平家物語にみえる「天性」といふことば」『語学文学』10，北海道教育大学語学文学会，1972年3月，100-106頁

デンセツ【伝説】　林ゆかり「伝説」『ことばコンセプト事典』，第一法規出版，1992年12月，1224-1233頁

钟少华「试论民俗学科词语概念的近代阐述」（民俗学の諸概念についての近代的解釈）『民俗研究』2002年04期，山东大学，2002年4月，5-18頁

デンセン【伝染】　佐藤亨「伝染」『現代に生きる幕末・明治初期漢語辞典』，明治書院，2007年6月，644頁

デンセン【電線】　佐藤亨「『徳国学校論略』の語彙」『幕末・明治初期語彙の研究』，桜楓社，1986年2月，221-222頁

佐藤亨「電線」『現代に生きる幕末・明治初期漢語辞典』，明治書院，2007年6月，643頁

テンチ【天地】　新村出「天地断想」『新村出全集4』，筑摩書房，1971年9月，460-463頁

デンチ【電池】　河辺浩「漢語「電池」の考証」『言語生活』306，筑摩書房，1977年3月，62-73頁

荒川清秀「「電」のつくことば—「電話」を中心に」『19世紀中国語の諸相』，雄松堂出版，

2007年3月，266頁
杉本つとむ「連載；近代訳語を検証する 48　元素，炭素，窒素，玉水，電池，還元法，親和力，塩基，ウラウム」『国文学　解釈と鑑賞』72—8，至文堂，2007年8月，187-195頁

テントウ【天道】 佐藤喜代治「天道」『日本の漢語』，角川書店，1979年10月，399-402頁

テントウ【顛倒】 池田幸恵「「顛倒」小考」『国語文字史の研究』2，和泉書院，1996年6月，97-117頁
田島優「「顛倒」から「転動・顛動」へ」『近代漢字表記語の研究』，和泉書院，1998年11月，425-435頁

テンドウ【天堂】 春山行夫「近代用語の系統　7」『言語生活』186，筑摩書房，1967年4月，49-50頁

デントウ【伝統】 樺島忠雄・飛田良文・米川明彦「伝統」『明治大正新語俗語辞典』，東京堂出版，1984年5月，221頁
惣郷正明・飛田良文「伝統」『明治のことば辞典』，東京堂出版，1986年12月，395-396頁

デントウ【電燈・電灯】 石井研堂「電燈の始」『増補改訂　明治事物起源』下巻，春陽堂書店，1944年12月，1443-1445頁
久世善男「電燈」『言葉のなづけ親—翻訳に見る文明開化』，朝日ソノラマ，1975年11月，145-149頁
前田富祺監修「語彙の変遷」『岩波講座　日本語　9』，岩波書店，1977年6月，133-172頁
湯本豪一「電燈」『図説明治事物起源事典』，柏書房，1996年11月，180-181頁

テンネン【天然】 浅野敏彦「自然と天然漢語の類義語の史的研究」『国語語彙史の研究』9，和泉書院，1988年11月，109-131頁
鈴木広光「自然とacaso偶然　キリシタン宗教書における訳語採用の一例」『名古屋大学国語国文学』65，名古屋大学国語国文学会，1989年12月，68-55頁
浅野敏彦「漢語の相関と革新」『国語史の中の漢語』，和泉書院，1998年2月，91-118頁

テンネンショクエイガ【天然色映画】 野元菊雄「天然色映画」『言語生活』25，筑摩書房，1953年10月，43頁

テンネントウ【天然痘】 佐藤亨「天然痘」『現代に生きる幕末・明治初期漢語辞典』，明治書院，2007年6月，645頁

テンノウ【天皇】 林義雄「辞書と中世日本語　日葡辞書とキリシタン口語資料における帝王・天皇について」『日本語学』8—7，明治書院，1989年7月，20-26頁
今西浩子「天皇の称号」『横浜市立大学論叢』43—1，横浜市立大学学術研究会，1992年3月，293-317頁
渡辺昇一「王・帝／天皇」『ことばコンセプト事典』，第一法規出版，1992年12月，102-117頁
千田稔「「天皇」号成立推古朝説の系譜もう一つの邪馬台国論争的状況」『日本研究』35，国際日本文化研究センター，2007年5月，405-419頁

テンノウセイ【天王星】 高野繁男「『百科全書』の訳語」『近代漢語の研究—日本語の造語法・訳語法』，明治書院，2004年11月，150頁

デンパ【伝播】 Federico Masini「伝播」*The Formation of Modern Chinese Lexicon and its Evolution toward a National Language*（李廷宰訳），소명出版，2005年11月，166頁

テンプジンケン【天賦人権】 槌田満文「天賦人権」『明治大正新語・流行語』，角川書店，1983年6月，80-82頁

テンプラ【天麩羅】 永野賢「天ぷら論議」『教育手帳』51，1955年5月，20-26頁
てるおかやすたか「てんぷら」『すらんぐ・卑語』，光文社，1957年4月，22-26頁
安達巌「天麩羅」『日本食物文化の起源』，自由国民社，1981年5月，277-279頁

前田富祺「質問箱「天ぷら」の語源について」『言語』11―2，大修館書店，1982年2月，119-120頁
富田仁「テンプラ」『舶来事物起源事典』，名著普及会，1987年12月，258-259頁
杉本つとむ「天麩羅」『語源海』，東京書籍，2005年3月，439-440頁
デンプン【澱粉】　斎藤静「澱粉」『日本語に及ぼしたオランダ語の影響』，篠崎書林，1967年8月，288-289頁
デンポウ【電報】　樺島忠雄・飛田良文・米川明彦「電報」『明治大正新語俗語辞典』，東京堂出版，1984年5月，221-222頁
佐藤亨「『徳国学校論略』の語彙」『幕末・明治初期語彙の研究』，桜楓社，1986年2月，221-222頁
惣郷正明・飛田良文「電報」『明治のことば辞典』，東京堂出版，1986年12月，396頁
飛田良文「電報」『明治生まれの日本語』，淡交社，2002年5月，27-37頁
Federico Masini「電報」*The Formation of Modern Chinese Lexicon and its Evolution toward a National Language*(李廷宰訳)，소명出版，2005年11月，296頁
荒川清秀「「電」のつくことば―「電話」を中心に」『19世紀中国語の諸相』，雄松堂出版，2007年3月，266頁
佐藤亨「電報」『現代に生きる幕末・明治初期漢語辞典』，明治書院，2007年6月，646頁
デンマルク【丁抹】　春山行夫「近代用語の系統 9」『言語生活』188，筑摩書房，1967年5月，92頁
テンモンガク【天文学】　惣郷正明・飛田良文「天文学」『明治のことば辞典』，東京堂出版，1986年12月，396-397頁
梶原滉太郎「「天文学」の語史」『研究報告集』13，国立国語研究所，1992年3月，77-121頁
米田潔弘「天文学」『ことばコンセプト事典』，第一法規出版，1992年12月，1234-1245頁
高野繁男「『百科全書』の訳語「化学」「天文学」「物理学」による」『神奈川大学言語研究』24，神奈川大学言語研究センター，2002年3月，33-54頁
高野繁男「『百科全書』の訳語「化学」「天文学」「物理学」による2」『神奈川大学言語研究』25，神奈川大学言語研究センター，2003年3月，283-298頁
高野繁男「『百科全書』の訳語」『近代漢語の研究―日本語の造語法・訳語法』，明治書院，2004年11月，152頁
テンランカイ【展覧会】　佐藤亨「展覧会」『現代に生きる幕末・明治初期漢語辞典』，明治書院，2007年6月，647頁
テンリ【天理】　新村出「天理の出典」『新村出全集4』，筑摩書房，1971年9月，432-433頁
デンリョク【電力】　佐藤亨「『西学考略』の語彙」『幕末・明治初期語彙の研究』，桜楓社，1986年2月，254頁
惣郷正明・飛田良文「電力」『明治のことば辞典』，東京堂出版，1986年12月，397頁
デンレイ【電鈴】　惣郷正明・飛田良文「電鈴」『明治のことば辞典』，東京堂出版，1986年12月，397頁
デンワ【伝話】　荒川清秀「「電」のつくことば―「電話」を中心に」『19世紀中国語の諸相』，雄松堂出版，2007年3月，273頁
デンワ【電話】　石井研堂「電話の始」『増補改訂　明治事物起源』下巻，春陽堂書店，1944年12月，736-739頁
惣郷正明・飛田良文「電話」『明治のことば辞典』，東京堂出版，1986年12月，397頁
富田仁「電話」『舶来事物起源事典』，名著普及会，1987年12月，259-260頁
沈国威『近代日中語彙交流史―新漢語の生成と受容』，笠間書院，1994年3月，200頁
湯本豪一「電話」『図説明治事物起源事典』，柏書房，1996年11月，310-311頁
朝倉治彦・安藤菊二・樋口秀雄・丸山信「電話」『新装版　事物起源辞典衣食住編』，東

京堂出版，2001年9月，270-271頁
Federico Masini「電話」*The Formation of Modern Chinese Lexicon and its Evolution toward a National Language*(李廷宰訳)，소명出版，2005年11月，299頁
荒川清秀「「電」のつくことば―「電話」を中心に」『漢字訳語と漢字文化圏諸言語の近代語彙の形成』発表要旨集，漢字文化圏近代語研究会，2006年3月，99-112頁
荒川清秀「「電」のつくことば―「電話」を中心に」『19世紀中国語の諸相』，雄松堂出版，2007年3月，263-282頁
新井菜穂子「近代黎明期の通信―「電話」「電信」の変遷をめぐって」『日本研究』35，国際日本文化研究センター，2007年5月，95-126頁
デンワキ【電話機】 久世善男「電話機」『言葉のなづけ親―翻訳に見る文明開化』，朝日ソノラマ，1975年11月，154-158頁
Federico Masini「電話機」*The Formation of Modern Chinese Lexicon and its Evolution toward a National Language*(李廷宰訳)，소명出版，2005年11月，162頁
荒川清秀「「電」のつくことば―「電話」を中心に」『19世紀中国語の諸相』，雄松堂出版，2007年3月，267頁
佐藤亨「電話機」『現代に生きる幕末・明治初期漢語辞典』，明治書院，2007年6月，647-648頁

ト

ド【～度】 陳生保「～度」『中国と日本―言葉・文学・文化』，麗沢大学出版会，2005年5月，23頁
ドイツ【独逸】 春山行夫「近代用語の系統9」『言語生活』188，筑摩書房，1967年4月，90頁
トウ【～党】 朱京偉『近代日中新語の創出と交流―人文科学と自然科学の専門語を中心に』，白帝社，2003年10月，76頁
トウ【塔】 杉本つとむ「近代訳語を検証する5　近代語「塔」の誕生―塔婆・天守閣からエッフェル塔」『国文学　解釈と鑑賞』68―11，至文堂，2003年11月，225-229頁
ドウ【道】 一海知義「道」『漢語の知識』，岩波書店，1981年7月，48-52頁
鈴木広光「ロゴスの訳語「道」について」『名古屋大学国語国文学』76，名古屋大学国語国文学会，1995年7月，144-133頁
トウアキョウツウゴ【東亜共通語】 安田敏朗「帝国日本の言語編成」『帝国日本の言語編成』，世織書房，1997年12月，3-25頁
ドウイン【動員】 惣郷正明・飛田良文「動員」『明治のことば辞典』，東京堂出版，1986年12月，397-398頁
ドウカ【同化】 惣郷正明・飛田良文「同化」『明治のことば辞典』，東京堂出版，1986年12月，398頁
イ・ヨンスク「「同化」とはなにか」『国語という思想』，岩波書店，1996年12月，245-263頁
久保田優子「第一次朝鮮教育令期の国語教科書における「同化」の概念」『九州産業大学国際文化学部紀要』27，九州産業大学国際文化学部，2004年3月，1-21頁
高野繁男「『哲学字彙』の訳語」『近代漢語の研究―日本語の造語法・訳語法』，明治書院，2004年11月，66頁
ドウガク【動学】 惣郷正明・飛田良文「動学」『明治のことば辞典』，東京堂出版，1986年12月，398-399頁
トウカツ【統括・統轄】 佐藤亨「『大美聯邦志略』の語彙」『幕末・明治初期語彙の研究』，桜楓社，1986年2月，77-78頁
文化庁「「統括」と「統轄」の使い分け」『言葉に関する問答集』，大蔵省印刷局，1995年3月，119頁
トウキ【投機】 佐藤喜代治「漢語の源流―

『万法精理』の訳語について(三)」『国語語彙史の歴史的研究』，明治書院，1971年11月，354-355頁

中村元編「投機」『続仏教語源散策』，東京書籍，1977年12月，214-215頁

惣郷正明・飛田良文「投機」『明治のことば辞典』，東京堂出版，1986年12月，399頁

トウキ【登記】 原田健太郎「日本語と中国語・同形異義語考⑤」『言語』8—11，大修館書店，1979年11月，83頁

佐藤亨「登記」『現代に生きる幕末・明治初期漢語辞典』，明治書院，2007年6月，650頁

ドウキ【動機・働機】 惣郷正明・飛田良文「動機・働機」『明治のことば辞典』，東京堂出版，1986年12月，399-400頁

ドウギ【道義】 中村邦夫「道徳，倫理，道義，モラル」『講座日本語の語彙 ⑪』，明治書院，1983年6月，47-51頁

ドウギガク【道義学】 惣郷正明・飛田良文「道義学」『明治のことば辞典』，東京堂出版，1986年12月，401頁

ドウギ【動議】 惣郷正明・飛田良文「動議」『明治のことば辞典』，東京堂出版，1986年12月，400-401頁

高野繁男「『哲学字彙』の訳語」『近代漢語の研究—日本語の造語法・訳語法』，明治書院，2004年11月，65頁

トウキョウ【東京】 槌田満文「明治ことば誌」『国文学解釈と教材の研究』25—10，学燈社，1980年8月，141頁

さねとう・けいしゅう「とうきょうととうけい」『ひらがなたんか』17，ひらがな たんかかい，1980年10月，12-13頁

飛田良文「とうきょう(東京)とうけい(東京)」『講座日本語の語彙 ⑪』，明治書院，1983年6月，26-30頁

惣郷正明・飛田良文「東京」『明治のことば辞典』，東京堂出版，1986年12月，401-402頁

飛田良文「第1部　第1章　東京語研究の視点」『東京語成立史の研究』，東京堂出版，1992年8月，5-11頁

飛田良文「東京」『明治生まれの日本語』，淡交社，2002年5月，18-26頁

トウケイ【東京】 さねとう・けいしゅう「とうきょうととうけい」『ひらがなたんか』17，ひらがなたんか会，1980年1月，12-13頁

ドウギョウ【同業】 佐藤亨「『経済小学』の訳語」『幕末・明治初期語彙の研究』，桜楓社，1986年2月，332頁

ドウグ【道具】 三上悠紀夫「「調度」「具足」「どうぐ」」『国語国文学』21，福井大学，1979年2月，1-11頁

ドウケ【道化】 小野昌「道化」『ことばコンセプト事典』，第一法規出版，1992年12月，1246-1259頁

トウケイ【統計】 樺島忠雄・飛田良文・米川明彦「統計」『明治大正新語俗語辞典』，東京堂出版，1984年5月，223頁

佐藤亨「『西学考略』の語彙」『幕末・明治初期語彙の研究』，桜楓社，1986年2月，249-250頁

楚翠生「漢語往来　四十五—「統計」考」『高校通信東書国語』261，東京書籍，1986年4月，22-23頁

惣郷正明・飛田良文「統計」『明治のことば辞典』，東京堂出版，1986年12月，402-403頁

Federico Masini「統計」*The Formation of Modern Chinese Lexicon and its Evolution toward a National Language*(李廷宰訳)，소명出版，2005年11月，307頁

佐藤亨「統計」『現代に生きる幕末・明治初期漢語辞典』，明治書院，2007年6月，652頁

トウケイガク【統計学】 広田栄太郎「訳語あれこれ」『近代訳語考』，東京堂出版，1969年8月，305-326頁

穂積陳重「統計学」『法窓夜話』岩波文庫，岩波書店，1980年1月，196-198頁

惣郷正明・飛田良文「統計学」『明治のことば辞典』，東京堂出版，1986年12月，403頁

ドウケン【同権】　槌田満文「同権」『明治大正新語・流行語』，角川書店，1983年6月，52-54頁
佐藤亨「『大美聯邦志略』の語彙」『幕末・明治初期語彙の研究』，桜楓社，1986年2月，94-95頁
惣郷正明・飛田良文「同権」『明治のことば辞典』，東京堂出版，1986年12月，403-404頁
ドウコウ【瞳孔】　小川鼎三「瞳孔」『医学用語の起り』，東京書籍，1983年1月，77-80頁
トウコツ【頭骨】　杉本つとむ「近代訳語を検証する63 骨膜・頭骨，脳蓋骨，頭蓋骨他」『国文学　解釈と鑑賞』73―11，至文堂，2008年11月，178-181頁
ドウサ【動作】　惣郷正明・飛田良文「動作」『明治のことば辞典』，東京堂出版，1986年12月，404頁
トウザイ【東西】　佐藤喜代治「東西」『日本の漢語』，角川書店，1979年10月，232-234頁
ドウサン【動産】　石井研堂「動産不動産の語」『増補改訂　明治事物起源』上巻，春陽堂書店，1944年11月，187頁
佐藤喜代治「漢語の源流―『万法精理』の訳語について(三)」『国語語彙史の歴史的研究』，明治書院，1971年11月，361頁
陳力衛「中国への逆輸入」『和製漢語の形成と展開』，汲古書院，2001年2月，281頁
高野繁男「『哲学字彙』の訳語」『近代漢語の研究―日本語の造語法・訳語法』，明治書院，2004年11月，73頁
Federico Masini「動産」*The Formation of Modern Chinese Lexicon and its Evolution toward a National Language*(李廷宰訳)，소명出版，2005年11月，262頁
トウジ【当時】　遠藤好英「当時，其の上，当初」『講座日本語の語彙 ⑪』，明治書院，1983年6月，31-41頁
惣郷正明・飛田良文「当時」『明治のことば辞典』，東京堂出版，1986年12月，404-405頁
ドウシ【同志】　佐藤喜代治「同志」『日本の漢語』，角川書店，1979年10月，329-331頁
文化庁「「同志」と「同士」の使い分け」『言葉に関する問答集』，大蔵省印刷局，1995年3月，25-26頁
水野マリコ「敬意の表現の行方―同志は今？」『日本語学』17―8，明治書院，1998年8月，54-59頁
吴俊「“同志”的语义演变及其与英俄日语的对接」(「同志」という用語の意味変遷および英語・ロシア語・日本語との対応)『语义的文化变迁』，武汉大学出版社，2007年10月，506-522頁
ドウシ【動詞】　佐藤亨「動詞」『現代に生きる幕末・明治初期漢語辞典』，明治書院，2007年6月，655頁
トウシャバン【謄写版】　富田仁「謄写版」『舶来事物起源事典』，名著普及会，1987年12月，263頁
トウシュ【投手】　惣郷正明・飛田良文「投手」『明治のことば辞典』，東京堂出版，1986年12月，405頁
トウシン【等身】　山田俊雄「等身」『詞苑間歩』続，三省堂，2005年4月，242-246頁
トウシン【燈心】　前田富祺監修「語彙の変遷」『岩波講座　日本語9』，岩波書店，1977年6月，133-172頁
ドウジンザッシ【同人雑誌】　樺島忠雄・飛田良文・米川明彦「同人雑誌」『明治大正新語俗語辞典』，東京堂出版，1984年5月，223-224頁
トウスイケン【統帥権】　大泉志郎・大塚栄寿・永沢道雄「統帥権」『続・現代死語事典』，朝日ソノラマ，1995年11月，296-297頁
ドウゾウ【銅像】　湯本豪一「銅像」『図説明治事物起源事典』，柏書房，1996年11月，62-63頁
トウダイ【灯台・燈台】　柳田国男『国語史

新語篇』，和泉書院，1936年2月，145-161頁

石井研堂「様式灯台の始」『増補改訂　明治事物起源』下巻，春陽堂書店，1944年12月，805-807頁

富田仁「灯台」『舶来事物起源事典』，名著普及会，1987年12月，263-264頁

湯本豪一「灯台」『図説明治事物起源事典』，柏書房，1996年11月，406-407頁

トウチ【統治】　田淵幸親「日本語語彙の成立：「統治」をめぐって」『長崎国際大学論叢』6，長崎国際大学，2006年3月，45-53頁

田淵幸親「日本語語彙の変遷：「統治」の展開」『長崎国際大学論叢』7，長崎国際大学，2007年1月，55-65頁

トウチャク【到着】　竹浪聡「到着，着到」『講座日本語の語彙 ⑪』，明治書院，1983年6月，41-46頁

ドウチョウ【同調】　田崎敏昭「「同調」の概念についての考察」『佐賀大学教育学部研究論文集』40―2，佐賀大学教育学部，1992年10月，115-121頁

トウテイ【到底】　朱福妹・馬貝加「近代漢語副詞“到底”的功能及其由来」『中国語研究』50，白帝社，2008年10月，1-16頁

中尾比早子「漢語副詞の受容―「到底」をめぐって」『名古屋言語研究』3，名古屋言語研究会，2009年3月，35-48頁

ドウテイ【童貞】　井上章一他「童貞」『性の用語集』講談社現代新書，講談社，2004年12月，59-71頁

ドウトク【道徳】　物集高見「道徳という事につきて」『日本文学』15，日本文学発行所，1889年10月，13-18頁

近藤康信「道徳の語について」『名古屋大紀要』10，名古屋大学国語国文学会，1966年2月，31-43頁

飯田利行「道徳語義考」『専修国文』25，専修大学，1979年9月，107-114頁

中村邦夫「道徳，倫理，道義，モラル」『講座日本語の語彙 ⑪』，明治書院，1983年6月，47-51頁

田中建彦「道徳」『ことばコンセプト事典』，第一法規出版，1992年12月，1260-1271頁

日高敏隆「動物は何をめざすのか 8―「道徳」の由来」『世界』589，岩波書店，1993年12月，308-311頁

中里巧「近代日本における道徳概念と道徳教育の位置づけ―第二次世界大戦前後の政治的背景と道徳概念変容の端緒」『東洋学研究』45，東洋大学東洋学研究所，2008年3月，352-328頁

ドウトクガク【道徳学】　惣郷正明・飛田良文「道徳学」『明治のことば辞典』，東京堂出版，1986年12月，405頁

トウどり【頭取】　惣郷正明・飛田良文「頭取」『明治のことば辞典』，東京堂出版，1986年12月，405-406頁

トウナン【東南】　尾形佳助「「東南」から「南東」へ―とある言語史論の一例」『文林』42，神戸松蔭女子学院大学学術研究会，2008年3月，1-17頁

トウニョウビョウ【糖尿病】　羽賀達也・三輪一真「日本における病名「糖尿病」の由来について」『糖尿病』49―8，糖尿病編集委員会，2006年8月，633-635頁

ドウバン【銅版】　石井研堂「銅版の始」『増補改訂　明治事物起源』下巻，春陽堂書店，1944年12月，908-911頁

トウヒ【逃避】　佐藤亨「『万国公法』の語彙」『幕末・明治初期語彙の研究』，桜楓社，1986年2月，177-178頁

トウヒョウ【投票】　張志淵「投票法」『萬國事物紀原歴史』，皇城新聞社，1909年8月，92頁

渡辺萬蔵「投票」『現行法律語の史的考察』，萬理閣書房，1930年12月，163頁

樺島忠雄・飛田良文・米川明彦「投票」『明治大正新語俗語辞典』，東京堂出版，1984年5月，224-225頁

高野繁男「『哲学字彙』の訳語」『近代漢語の研究―日本語の造語法・訳語法』，明治書院，2004年11月，65頁

Federico Masini「投票」*The Formation of Modern Chinese Lexicon and its Evolution toward a National Language*（李廷宰訳），소명出版，2005年11月，166頁

トウフ【豆腐】 荒俣宏「豆腐」『事物珍起源』，東洋文庫，1989年10月，87-89頁

トウブカイ【踏舞会】 槌田満文「明治ことば誌」『国文学解釈と教材の研究』25―10，学燈社，1980年8月，143頁

ドウブツ【動物】 春山行夫「近代用語の系統 4」『言語生活』183，筑摩書房，1966年12月，58-63頁

鈴木修次「文明用語と日本人」『文明のことば』，文化評論出版，1981年3月，213-214頁

大宮信光「動物」『ことばコンセプト事典』，第一法規出版，1992年12月，1272-1287頁

ドウブツエン【動物園】 石井研堂「動物園の始」『増補改訂　明治事物起源』下巻，春陽堂書店，1944年12月，1517-1520頁

惣郷正明・飛田良文「動物園」『明治のことば辞典』，東京堂出版，1986年12月，406-407頁

紀田順一郎「動物園」『近代事物起源事典』，東京堂出版，1992年9月，174-175頁

湯本豪一「動物園」『図説明治事物起源事典』，柏書房，1996年11月，242-243頁

ドウブツガク【動物学】 石井研堂「動物学の始」『増補改訂　明治事物起源』上巻，春陽堂書店，1944年11月，548頁

トウベン【答弁】 高野繁男「『百科全書』の訳語」『近代漢語の研究―日本語の造語法・訳語法』，明治書院，2004年11月，122頁

ドウヘン【同篇】 真田信治「「同篇」という語について」『文芸研究』76，日本文芸研究会，1974年5月，48-54頁

ドウホウ【同胞】 坂詰力治「友達，仲間，同胞，輩，比・類，類，連れ」『講座日本語の語彙 ⑪』，明治書院，1983年6月，85-89頁

권보드래「동포同胞의 역사적 경험과 정치성―『독립신문』의 기사분석을 중심으로」（「同胞」の歴史的経験と政治性―『独立新聞』の記事分析を通して）『近代啓蒙期 知識概念의 受容과 그 変容』（近代啓蒙期における知識概念の受容とその変容），소명出版，2008年6月，97-125頁

ドウミャク【動脈】 斎藤静「動脈」『日本語に及ぼしたオランダ語の影響』，篠崎書林，1967年8月，245頁

小川鼎三「動脈と静脈」『医学用語の起り』，東京書籍，1983年1月，59-61頁

佐藤亨「動脈」『現代に生きる幕末・明治初期漢語辞典』，明治書院，2007年6月，660頁

松本秀士「動脈・静脈の概念の初期的流入に関する日中比較研究」『或問』14，近代東西言語文化接触研究会，2008年7月，59-80頁

トウメイ【透明】 佐藤亨『近世語彙の研究』，桜楓社，1983年6月，266頁

ドウメイヒコウ【同盟罷工】 槌田満文「同盟罷工」『明治大正新語・流行語』，角川書店，1983年6月，221-223頁

惣郷正明・飛田良文「同盟罷工」『明治のことば辞典』，東京堂出版，1986年12月，407頁

湯本豪一「同盟罷工」『図説明治事物起源事典』，柏書房，1996年11月，108-109頁

トウヨ【投与】 佐藤亨「『西洋事情』の語彙」『幕末・明治初期語彙の研究』，桜楓社，1986年2月，418頁

トウヨウ【東洋】 斎藤毅「東洋と西洋」『明治のことば』，講談社，1977年11月，36-72頁

佐藤喜代治「東洋」『日本の漢語』，角川書店，1979年10月，388-390頁

宮崎正勝「日本と中国における「西洋」「東洋」概念の変遷」『比較文明』8，比較文明学会，1992年3月，89-100頁

佐藤亨「東洋」『現代に生きる幕末・明治初期

漢語辞典』，明治書院，2007年6月，661頁
孫江「「东洋」的变迁—近代中国语境里的“东洋”概念」(「東洋」の変遷—近代中国語の中の「東洋」概念)『新史学』第二巻概念・文法・方法，中華書局，2008年5月，1-26頁
ドウヨウ【動揺】 竹中憲一「中国語と日本語における字順の逆転現象」『日本語学』7—10，明治書院，1988年10月，55-64頁
ドウヨク【胴欲】 村上雅孝「胴欲，貪欲」『講座日本語の語彙 ⑪』，明治書院，1983年6月，51-56頁
トウロウ【燈籠】 前田富祺監修「語彙の変遷」『岩波講座　日本語9』，岩波書店，1977年6月，133-172頁
トウロク【登録】 渡辺萬蔵「登録」『現行法律語の史的考察』，萬理閣書房，1930年12月，164頁
トウロン【討論】 広田栄太郎「訳語あれこれ」『近代訳語考』，東京堂出版，1969年8月，305-326頁
進藤咲子「「討論」小考」『東京女子大学言語文化研究』2，東京女子大学言語文化研究所，1993年3月，1-15頁
ドウワ【童話】 猪熊葉子「「童話」の概念の再検討の必要性」『聖心女子大学論叢』31・32，聖心女子大学，1969年3月，153-162頁
樺島忠雄・飛田良文・米川明彦「童話」『明治大正新語俗語辞典』，東京堂出版，1984年5月，225頁
惣郷正明・飛田良文「童話」『明治のことば辞典』，東京堂出版，1986年12月，407-408頁
钟少华「试论民俗学科词语概念的近代阐述」(民俗学の諸概念についての近代的解釈)『民俗研究』2002年4期，山东大学，2002年4月，5-18頁
トク【徳】 丹野真「徳」『ことばコンセプト事典』，第一法規出版，1992年12月，1288-1297頁
ドクアンナイ【独案内】 惣郷正明・飛田良文「独案内」『明治のことば辞典』，東京堂出版，1986年12月，408頁
→ひとりアンナイ
トクイ【得意】 長野賢「得意」『にほんご風俗学』，明治書院，1969年11月，37-140頁
ドクサイ【独裁】 惣郷正明・飛田良文「独裁」『明治のことば辞典』，東京堂出版，1986年12月，408頁
高野繁男「『哲学字彙』の訳語」『近代漢語の研究—日本語の造語法・訳語法』，明治書院，2004年11月，76頁
ドクサイセイジ【独裁政治】 惣郷正明・飛田良文「独裁政治」『明治のことば辞典』，東京堂出版，1986年12月，408頁
トクシ【特使】 惣郷正明・飛田良文「特使」『明治のことば辞典』，東京堂出版，1986年12月，409頁
トクジュ【特需】 稲垣吉彦・吉沢典男監修「特需」『昭和ことば史60年』，講談社，1985年10月，106-107頁
トクシュウコウ【特殊鋼】 矢島忠正「「特殊鋼」その語源と実像 特集／特殊鋼モノづくりの源泉—技術伝承」『特殊鋼』55—5，特殊鋼倶楽部，2006年9月，2-7頁
トクショク【涜職】 斎賀秀夫「当用漢字表と語彙」『講座日本語の語彙⑦』，明治書院，1982年11月，223-224頁
ドクシン【独身】 佐藤喜代治「漢語の源流—『万法精理』の訳語について(三)」『国語語彙史の歴史的研究』，明治書院，1971年11月，353-354頁
門野泉「独身」『ことばコンセプト事典』，第一法規出版，1992年12月，1298-1305頁
ドクソウ【独創】 樺島忠雄・飛田良文・米川明彦「独創」『明治大正新語俗語辞典』，東京堂出版，1984年5月，225-226頁
惣郷正明・飛田良文「独創」『明治のことば辞典』，東京堂出版，1986年12月，409頁
トクだね【特種】 樺島忠雄・飛田良文・米川明彦「特種」『明治大正新語俗語辞典』，東京堂出版，1984年5月，226頁

トクチョウ【特長】 服部静夫「特長という書き方」『言語生活』81，筑摩書房，1958年6月，16頁

トクベツ【特別】 森田良行「特別」『基礎日本語1』，角川書店，1977年10月，486頁

Federico Masini「特別」*The Formation of Modern Chinese Lexicon and its Evolution toward a National Language*（李廷宰訳），소명出版，2005年11月，308頁

ドクホウ【読方】 惣郷正明・飛田良文「読方」『明治のことば辞典』，東京堂出版，1986年12月，409頁

ドクリツ【独立】 石田雄「内村鑑三における「独立」の意味」『近代日本の政治文化と言語象徴』，東大出版会，1983年9月，83-117頁

佐藤亨「『西洋事情』の語彙」『幕末・明治初期語彙の研究』，桜楓社，1986年2月，407-409頁

惣郷正明・飛田良文「独立」『明治のことば辞典』，東京堂出版，1986年12月，409-410頁

松井栄一「『和英語林集成』の漢語から「雑談」「独立」に及ぶ語」『明治期漢語辞書台系』別館三（解説／索引），大空社，1997年3月，2-14頁

류준필「19세기 말 독립의 개념과 정치적 동원의 용법」（19世紀末「独立」の概念及び政治的用法）『歴史問題研究』10，歴史問題研究所，2003年6月，45-82頁

류준필「19세기말 독립의 개념과 정치적 동원의 용법」（19世紀末「独立」の概念及び政治的動員の用法）『近代啓蒙期 知識概念의 受容과 그 変容』（近代啓蒙期における知識概念の受容とその変容），소명出版，2008年6月，15-58頁

ドクリツドッコウ【独立独行】 惣郷正明・飛田良文「独立独行」『明治のことば辞典』，東京堂出版，1986年12月，410頁

トクレイ【特例】 佐藤亨「『泰西国法論』の訳語」『幕末・明治初期語彙の研究』，桜楓社，1986年2月，386頁

トケイ【時計】 石井研堂「時計製造の始」『増補改訂　明治事物起源』下巻，春陽堂書店，1944年12月，1023-1024頁

石井研堂「時計の始」『増補改訂　明治事物起源』下巻，春陽堂書店，1944年12月，1466-1474頁

小川要一「「時計」という言葉」『日本語』5—9，国語を愛する会，1965年10月，11-12頁

橋本万平『日本の時刻制度』，塙書房，1966年9月，217-220頁

久世善男「時計」『言葉のなづけ親—翻訳に見る文明開化』，朝日ソノラマ，1975年11月，159-162頁

鈴木修次「音訓混用語」『漢語と日本人』，みすず書房，1978年9月，204-205頁

斎藤倫明「時計・土圭・自鳴鐘」『講座日本語の語彙 ⑪』，明治書院，1983年6月，60-64頁

橋本万平「時計の文化史 時間〈特集〉」『言語生活』3403，筑摩書房，1985年6月，26-35頁

田島優「幕末・開化期におけるトケイの漢字表記「八十日間世界一周」の翻訳態度」『名古屋大学国語国文学』56，名古屋大学国語国文学会，1985年7月，17-31頁

富田仁「時計」『舶来事物起源事典』，名著普及会，1987年12月，265-267頁

紀田順一郎「時計」『近代事物起源事典』，東京堂出版，1992年9月，175-177頁

湯本豪一「時計」『図説明治事物起源事典』，柏書房，1996年11月，182-185頁

田島優「「とけい」の漢字表記をめぐって」『近代漢字表記語の研究』，和泉書院，1998年11月，90-112頁

田島優「『新説八十日間世界一周』における「とけい」の漢字表記」『近代漢字表記語の研究』，和泉書院，1998年11月，113-124頁

港道隆「時計の由来：素描」『甲南大学紀要文学編』118，甲南大学，2000年3月，1-23頁

宋敏「時計의 借用」（時計の借用）『새국어생

활』10—2，韓国国立国語研究院，2000年6月，131-140頁

朝倉治彦・安藤菊二・樋口秀雄・丸山信「時計」『新装版　事物起源辞典衣食住編』，東京堂出版，2001年9月，275-276頁

トケイトウ【時計塔】 槌田満文「時計塔」『明治大正風俗語典』，角川書店，1979年11月，85-87頁

トシ【都市】 田本健一「都市」『ことばコンセプト事典』，第一法規出版，1992年12月，1306-1315頁

トショ【図書】 惣郷正明・飛田良文「図書」『明治のことば辞典』，東京堂出版，1986年12月，411頁

トショカン【図書館】 新村出「語源をさぐる 2　図書館と文庫」『新村出全集4』，筑摩書房，1971年9月，390-398頁

青木次彦「「図書館」考」『文化学年報』23，24，同志社大學文化學會，1975年3月，33-63頁

松井栄一「図書館」『国語辞典にない語』，南雲堂，1983年4月，10-2頁

小黒浩司「和製漢語図書館の中国への移入」『図書館学会年報』32—1，日本図書館情報学会，1986年3月，33-37頁

惣郷正明・飛田良文「図書館」『明治のことば辞典』，東京堂出版，1986年12月，99-102頁

湯本豪一「図書館」『図説明治事物起源事典』，柏書房，1996年11月，384-385頁

杉本つとむ「図書館」『語源海』，東京書籍，2005年3月，450頁

前田富祺監修「図書館」『日本語語源大辞典』，小学館，2005年4月，817頁

Federico Masini「図書館」*The Formation of Modern Chinese Lexicon and its Evolution toward a National Language*(李廷宰訳)，소명出版，2005年11月，162頁

杉本つとむ「近代訳語を検証する 50　図書館・文庫／植民地／民主(本)主義／内閣」『国文学　解釈と鑑賞』72—10，至文堂，2007年10月，213-221頁

張麗華「近代新漢語「図書館」の中国語への移入と定着について」『関西大学中国文学会紀要』30，関西大学，2009年3月，47-70頁

ドジン【土人】 佐藤亨『近世語彙の研究』，桜楓社，1983年6月，66頁

惣郷正明・飛田良文「土人」『明治のことば辞典』，東京堂出版，1986年12月，412-413頁

トゼン【徒然】 福島邦道「徒然考」『実践国文学』17，実践国文学会，1980年3月，2-9頁

福島邦道「徒然考」『語史と方言』，笠間書院，1988年12月，237-251頁

遠藤好英「古代における漢語の意味・用法—「徒然」のわが国と中国での違いをめぐって」『訓点語と訓点資料』90，訓点語学会，1993年1月，15-25頁

遠藤好英「漢語「徒然」の語史—和化漢語の成立まで」『文芸研究』147，日本文芸研究会，1999年3月，1-12頁

トッカン【突貫】 惣郷正明・飛田良文「突貫」『明治のことば辞典』，東京堂出版，1986年12月，413-414頁

トッキョ【特許】 渡辺萬蔵「特許」『現行法律語の史的考察』，萬理閣書房，1930年12月，269頁

惣郷正明・飛田良文「特許」『明治のことば辞典』，東京堂出版，1986年12月，414頁

佐藤亨「特許」『現代に生きる幕末・明治初期漢語辞典』，明治書院，2007年6月，669頁

トッケン【特権】 佐藤亨「『泰西国法論』の訳語」『幕末・明治初期語彙の研究』，桜楓社，1986年2月，386-387頁

惣郷正明・飛田良文「特権」『明治のことば辞典』，東京堂出版，1986年12月，414-415頁

沈国威『近代日中語彙交流史—新漢語の生成と受容』，笠間書院，1994年3月，164頁

トツゼン【突然】 国広哲弥編「突然」『ことばの意味3』，平凡社，2003年3月，162-169頁

トッピョウシ【突拍子】 藤井俊博「とっぴょうしもない」『日本語学』12—6，明治書院，1993年6月，23-28頁

トデン【都電】 紀田順一郎「都電」『近代事物起源事典』，東京堂出版，1992年9月，179-180頁

ドボクコウガク【土木工学】 惣郷正明・飛田良文「土木工学」『明治のことば辞典』，東京堂出版，1986年12月，415頁

ドヨウび【土曜日】 松村明「明治初年における曜日の呼称」『近代語研究』10，近代語研究会，1990年10月，509-529頁

佐藤亨「土曜日」『現代に生きる幕末・明治初期漢語辞典』，明治書院，2007年6月，671頁

トリョウ【塗料】 沈国威『近代日中語彙交流史一新漢語の生成と受容』，笠間書院，1994年3月，333頁

ドリョク【努力】 陳力衛「「努力・ゆめ」をめぐって—漢語と和訓との関係」『目白学院女子短期大学研究紀要』31，目白学院女子短期大学，1994年12月，25-37頁

ドル【弗】 広田栄太郎「「頁」「弗」講義」『近代訳語考』，東京堂出版，1969年8月，213-242頁

ドレイ【奴隷】 渡辺萬蔵「奴隷」『現行法律語の史的考察』，萬理閣書房，1930年12月，127頁

惣郷正明・飛田良文「奴隷」『明治のことば辞典』，東京堂出版，1986年12月，416-417頁

田本健一「奴隷」『ことばコンセプト事典』，第一法規出版，1992年12月，1324-1335頁

ドン【午砲】 湯本豪一「午砲」『図説明治事物起源事典』，柏書房，1996年11月，186-187頁

トンニク【豚肉】 安達厳「豚肉」『日本食物文化の起源』，自由国民社，1981年5月，108-109頁

ドンヨク【貪欲】 村上雅孝「胴欲，貪欲」『講座日本語の語彙 ⑪』，明治書院，1983年6月，51-56頁

前田富祺監修「貪欲」『日本語語源大辞典』，小学館，2005年4月，831頁

ナ

ナイ【内】 荒川清秀「字音形態素の意味と造語力—同訓異字の漢字を中心に」『愛知大学文学論叢』82・83，愛知大學文學會，1986年11月，1-24頁

ナイエン【内縁】 渡辺萬蔵「内縁」『現行法律語の史的考察』，萬理閣書房，1930年12月，40頁

ナイカク【内閣】 石井研堂「内閣の語の出典」『増補改訂　明治事物起源』上巻，春陽堂書店，1944年11月，189頁

石井研堂「内閣の創立」『増補改訂　明治事物起源』上巻，春陽堂書店，1944年11月，162-163頁

樺島忠雄・飛田良文・米川明彦「内閣」『明治大正新語俗語辞典』，東京堂出版，1984年5月，230-231頁

惣郷正明・飛田良文「内閣」『明治のことば辞典』，東京堂出版，1986年12月，417-418頁

佐藤亨「内閣」『現代に生きる幕末・明治初期漢語辞典』，明治書院，2007年6月，671-672頁

杉本つとむ「近代訳語を検証する 50　図書館・文庫／植民地／民主(本)主義／内閣」『国文学　解釈と鑑賞』72—10，至文堂，2007年10月，213-221頁

谷口知子「『海国図志・四洲志』に見られる新概念の翻訳—原書との対照を通して」『或問』14，近代東西言語文化接触研究会，2008年7月，88-89頁

ナイカクセイド【内閣制度】 湯本豪一「内閣制度」『図説明治事物起源事典』，柏書房，1996年11月，76-77頁

ナイカクソウリダイジン【内閣総理大

臣】 渡辺萬蔵「内閣総理大臣」『現行法律語の史的考察』，萬理閣書房，1930年12月，218頁

ナイザイ【内在】 惣郷正明・飛田良文「内在」『明治のことば辞典』，東京堂出版，1986年12月，418頁

ナイシ【乃至】 進藤咲子「漢語か和語か」『言語生活』169，筑摩書房，1965年10月，58-60頁

ナイジ【内耳】 惣郷正明・飛田良文「内耳」『明治のことば辞典』，東京堂出版，1986年12月，418頁

沈国威『近代日中語彙交流史―新漢語の生成と受容』，笠間書院，1994年3月，333-334頁

ナイショウ【内相】 惣郷正明・飛田良文「内相」『明治のことば辞典』，東京堂出版，1986年12月，418-419頁

ナイショウ【内証・内緒】 井上章「内證・内証・内所・内緒」『講座日本語の語彙 ⑪』，明治書院，1983年6月，90-95頁

ナイジョウ【内情】 惣郷正明・飛田良文「内情」『明治のことば辞典』，東京堂出版，1986年12月，419頁

ナイシンショ【内申書】 松尾聡「内申書」『日本語遊覧』，笠間書院，2000年1月，223-231頁

ナイセイ【内政】 佐藤亨「『万国公法』の語彙」『幕末・明治初期語彙の研究』，桜楓社，1986年2月，180-181頁

ナイチ【内地】 佐藤亨『近世語彙の研究』，桜楓社，1983年6月，126頁

惣郷正明・飛田良文「内地」『明治のことば辞典』，東京堂出版，1986年12月，419-420頁

佐藤亨「内地」『現代に生きる幕末・明治初期漢語辞典』，明治書院，2007年6月，672-673頁

ナイチザッキョ【内地雑居】 槌田満文「内地雑居」『明治大正新語・流行語』，角川書店，1983年6月，73-75頁

惣郷正明・飛田良文「内地雑居」『明治のことば辞典』，東京堂出版，1986年12月，420頁

湯本豪一「内地雑居」『図説明治事物起源事典』，柏書房，1996年11月，110-111頁

ナイホウ【内包】 惣郷正明・飛田良文「内包」『明治のことば辞典』，東京堂出版，1986年12月，420-421頁

高野繁男「『哲学字彙』の訳語」『近代漢語の研究―日本語の造語法・訳語法』，明治書院，2004年11月，69頁

ナイムショウ【内務省】 惣郷正明・飛田良文「内務省」『明治のことば辞典』，東京堂出版，1986年12月，421頁

ナイヨウ【内容】 惣郷正明・飛田良文「内容」『明治のことば辞典』，東京堂出版，1986年12月，421頁

Federico Masini「内容」*The Formation of Modern Chinese Lexicon and its Evolution toward a National Language*(李廷宰訳)，소명出版，2005年11月，258頁

ナットク【納得】 佐藤喜代治「納得」『日本の漢語』，角川書店，1979年10月，404頁

ナラク【奈落】 野澤勝夫「漢字の履歴―奈落」『月刊しにか』13―8，大修館書店，2002年7月，69頁

ナンキョク【南極】 佐藤亨『近世語彙の研究』，桜楓社，1983年6月，110頁

ナンキョクケン【南極圏】 荒川清秀「『六合叢談』の地理学用語」『『六合叢談』の学際的研究』，白帝社，1999年11月，49-71頁

ナンキョクタンケン【南極探検】 湯本豪一「南極探検」『図説明治事物起源事典』，柏書房，1996年11月，188-189頁

ナンコツ【軟骨】 斎藤静「軟骨」『日本語に及ぼしたオランダ語の影響』，篠崎書林，1967年8月，125-126頁

小川鼎三「軟骨」『医学用語の起り』，東京書籍，1983年1月，196-199頁

沈国威『近代日中語彙交流史―新漢語の生成と受容』，笠間書院，1994年3月，334-335

頁
杉本つとむ「連載；近代訳語を検証する 44 海綿，蛮度，靭帯，軟骨，腱」『国文学　解釈と鑑賞』72―4，至文堂，2007年4月，254-258頁

ナントウ【南東】 尾形佳助「「東南」から「南東」へ―とある言語史論の一例」『文林』42，神戸松蔭女子学院大学学術研究会，2008年3月，1-17頁

ナンパ【軟派】 惣郷正明・飛田良文「軟派」『明治のことば辞典』，東京堂出版，1986年12月，423-424頁

ナンバン【南蛮】 春山行夫「近代用語の系統　11」『言語生活』190，筑摩書房，1967年7月，74-79頁

杉本つとむ「〈南蛮〉と〈紅毛語〉と外来文化」『語源の文化誌』，創拓社，1990年4月，259-269頁

ナンボクセンソウ【南北戦争】 山田俊雄「南北戦争」『詞苑間歩』下，三省堂，1999年9月，373-376頁

ナンミン【難民】 大家重夫「「亡命者」と「難民」」『法苑』47，新日本法規，1982年4月

ナンヨウ【南洋】 佐藤亨「『六合叢談』の語彙」『幕末・明治初期語彙の研究』，桜楓社，1986年2月，143-144頁

佐藤亨「南洋」『現代に生きる幕末・明治初期漢語辞典』，明治書院，2007年6月，675頁

ニ

ニク【肉】 進藤咲子「和語か漢語か」『言語生活』169，筑摩書房，1965年10月，58-60頁

李漢燮「しし・宍・完，肉」『講座日本語の語彙 ⑩』，明治書院，1983年4月，170-176頁

ニクカン【肉感】 惣郷正明・飛田良文「肉感」『明治のことば辞典』，東京堂出版，1986年12月，424頁

沈国威『近代日中語彙交流史―新漢語の生成と受容』，笠間書院，1994年3月，335頁

ニクタイテキ【肉体的】 惣郷正明・飛田良文「肉体的」『明治のことば辞典』，東京堂出版，1986年12月，425頁

ニクダン【肉弾】 日置昌一「肉弾の語源」『ものしり事典』言語篇，河出書房，1952年11月，199頁

樺島忠雄・飛田良文・米川明彦「肉弾」『明治大正新語俗語辞典』，東京堂出版，1984年5月，232頁

紀田順一郎「肉弾から玉砕へ」『図鑑日本語の近代史』，ジャスシステム，1997年7月，95-98頁

米川明彦「肉弾」『明治・大正・昭和の新語・流行語辞典』，三省堂，2002年1月，82頁

ニゲンロン【二元論】 惣郷正明・飛田良文「二元論」『明治のことば辞典』，東京堂出版，1986年12月，425頁

ニジュウジンカク【二重人格】 樺島忠雄・飛田良文・米川明彦「二重人格」『明治大正新語俗語辞典』，東京堂出版，1984年5月，233頁

ニジュウタイ【二重体】 惣郷正明・飛田良文「二重体」『明治のことば辞典』，東京堂出版，1986年12月，425頁

ニチゲツ【日月】 吉野政治「「日月」と「月日」」『同志社女子大学日本語日本文学』10，同志社女子大学，1998年10月，1-19頁

ニチヨウ【日用】 佐藤亨『近世語彙の研究』，桜楓社，1983年6月，143頁

ニチヨウヒン【日用品】 山田俊雄「日用品」『詞苑間歩』続，三省堂，2005年4月，194-197頁

ニチヨウび【日曜日】 惣郷正明・飛田良文「日曜日」『明治のことば辞典』，東京堂出版，1986年12月，425-426頁

松村明「明治初年における曜日の呼称」『近代語研究』10，近代語研究会，1990年10月，509-529頁

佐藤亨「日曜日」『現代に生きる幕末・明治初期漢語辞典』，明治書院，2007年6月，676頁

ニッキ【日記】 曾沢太吉「「日記」は果して中国からの借用語か」『国語国文』27—10，京都大学国語学国文学研究室，1958年10月，96–105頁

ニッシ【日誌】 惣郷正明「日誌・新聞・新聞紙」『日本語開化物語』，朝日新聞社，1988年8月，16–18頁

ニッポン【日本】 吉田澄夫「室町時代以降における国号呼称」『橋本博士還暦記念国語論集』，岩波書店，1944年10月，719–731頁

三宅武郎「国号「日本」の読みについて」『文部時報』839，文部省，1951年9月，64–74頁

秋山謙蔵「国号日本再検討—第一文字の無い時代のこと・国号日本とやまと」『日本及日本人』3—10，J&Jコーポレーション，1952年8月，62–72頁

浜田敦「ハ行音の前の促音—P音の発生」『国語学』16，国語学会，1954年3月，22–28頁

浜田敦「捷解新語とその改修本—「日本」と「看品」」『国文学攷』30，広島大学国語国文学会，1963年2月，1–11頁

藤井継雄「ニホンかニッポンか」『新聞研究』145，日本新聞協会，1963年3月，32–37頁

「ニホンかニッポンか？五輪に寄せて再検討する」『放送文化』18—6，日本放送協会，1963年6月，32–35頁

高橋一夫「「ニッポン」か「ニホン」か」『国語教育』5—9，三省堂，1963年10月，1頁

敷島言海「ニホンニッポン・日本語」『日本語』4—1，国語を愛する会，1964年1月，30–31頁

新村出「日本国号の呼称について」『国学院雑誌』65—1，国学院大学，1964年1月，1–2頁

片桐顕智「ニホンかニッポンか」『言語生活』148，筑摩書房，1964年1月，17頁

新村出「日本国号の呼称について」『日本語』4—3，国語を愛する会，1964年3月，18–19頁

福永静哉「「日本」という文字による国号の呼び方」『女子大国文』40，大阪女子大学，1966年2月，56–58頁

江湖山恒明「にほん」『日本語』6—2，国語を愛する会，1966年2月，8–19頁

Aiba Tadashi「Nippon ka Nihon ka」『ROMAJI Tayori』62，日本ローマ字会，1970年2月，1–4頁

太田行蔵「ニホンとニッポン」『国語国字』59，国語問題協議会，1970年8月，16–17頁

湊豊子「ニホンかニッポンか」『言語生活』227，筑摩書房，1970年8月，61–63頁

「〈ニッポン〉と〈ニホン〉」『カナノヒカリ』577，カナモジカイ，1970年8月，3頁

佐藤茂「ニホンとニッポン」『講座正しい日本語2』，明治書院，1971年1月，128–135頁

新村出「国号とその称呼」『新村出全集4』，筑摩書房，1971年9月，496–510頁

丸山林平「「ニッポン」か「ニホン」か」『日本語—上代から現代まで』，白帝社，1975年1月，110–114頁

文化庁国語課編『ことばシリーズ3　言葉に関する問答集1』，1975年3月，20–21頁

「ことばの百科〈放送用語〉事始め—日本これをアナタはどう発音するか？」『放送文化』35—1，日本放送協会，1980年1月，24頁

小松英雄「ニホンかニッポンか」『日本語の世界7』，中央公論社，1981年1月，200–201頁

柳田征司「日本」『講座日本語の語彙 ⑪』，明治書院，1983年6月，107–115頁

大和岩雄「「日本」国号と「日本」国の誕生」『日本国はいつできたか—日本国号の誕生』，六興出版，1985年7月，147–172頁

柳田征司「「ニッポン」と「ニホン」」『室町時代語資料による基本語詞の研究』，武蔵野書院，1991年7月，55–121頁

石崎高臣「国号「日本」の成立と意義」『国学院大学大学院紀要』26，国学院大学大学院，1995年3月，301–324頁

所功「「日本」国号の成立経緯」『京都産業大学日本文化研究所紀要』6，京都産業大学日本文化研究所，2001年3月，46-75頁
小池清治「「日本」は「にほん」か「にっぽん」か」『宇都宮大学国際学部研究論集』11，宇都宮大学国際学部，2001年3月，101-110頁
神野志隆光「「日本」をめぐって」『万葉』179，万葉学会，2002年2月，1-36頁
ニホン【日本】 石野博史「ことばの風景―「ニホン」と「ニッポン」」『ことば』30，NHK学園・日本文化センター，1990年3月，20-21頁
神野志隆光『「日本」とは何か 国号の意味と歴史』，講談社，2005年2月，210頁
前田富祺監修「日本」『日本語語源大辞典』，小学館，2005年4月，865頁
ニホンカイ【日本海】 芳井研一「「日本海」呼称の由来」『環日本海研究年報』8，新潟大学大学院現代社会文化研究科環日本海研究室，2001年3月，1-24頁
ニホンゴ【日本語】 京極興一「「国語」「邦語」「日本語」について―近世から明治前期に至る」『国語学』146，国語学会，1986年9月，1-12頁
京極興一「「国語」の語誌」『「国語」とは何か』，東苑社，1993年2月，24-50頁
安田敏朗「帝国日本の言語編成」『帝国日本の言語編成』，世織書房，1997年12月，3-25頁
小森陽一「日本語の発見」『日本語の近代』，岩波書店，2000年8月，1-67頁
小森陽一「台湾の植民地と「日本語」」『日本語の近代』，岩波書店，2000年8月，169-178頁
安田敏朗「日本語」『「国語」の近代史』中公新書1876，中央公論新社，2006年12月，134-174頁
ニホンゴガク【日本語学】 カレル・フィアラ「「国語学」と国際化」『国語学』200，国語学会，2000年3月，63-73頁
柴田武「誌上フォーラム：「国語学」と「日本語学」―名称の変更と学会再編」『国語学』205，国語学会，2001年6月，95-96頁
山東功「誌上フォーラム：「国語学」と「日本語学」―日本語学への道」『国語学』205，国語学会，2001年6月，97-98頁
宮地裕「誌上フォーラム：「国語学」と「日本語学」―こしかた　ゆくすえ」『国語学』206，国語学会，2001年9月，81-82頁
小林賢次「誌上フォーラム：「国語学」と「日本語学」―「国語学」から「日本語学」へ」『国語学』206，国語学会，2001年9月，83頁
荻野綱男「誌上フォーラム：「国語学」と「日本語学」―新しい名称への変更に伴う混乱は避けたい」『国語学』207，国語学会，2001年11月，48-49頁
釘貫亨「誌上フォーラム：「国語学」と「日本語学」―この際，日本語学を選択しよう」『国語学』207，国語学会，2001年11月，50-51頁
佐藤武義「誌上フォーラム：「国語学」と「日本語学」―日本社会の中の「国語学」と「日本語学」」『国語学』207，国語学会，2001年11月，52-53頁
木田章義「誌上フォーラム：「国語学」と「日本語学」―国語学と縦書き」『国語学』208，国語学会，2002年1月，140-141頁
小野正弘「誌上フォーラム：「国語学」と「日本語学」―性急な「日本語学会」化への違和感」『国語学』208，国語学会，2002年1月，138-139頁
日野資成「誌上フォーラム：「国語学」と「日本語学」―「国語学」と「日本語学」『国語年鑑』による意識調査」『国語学』208，国語学会，2002年1月，136-137頁
工藤力男「誌上フォーラム：「国語学」と「日本語学」―学会再生のために」『国語学』209，国語学会，2002年4月，91-92頁
井上次夫「誌上フォーラム：「国語学」と「日本語学」―「日本国語学会」という選択」『国語

学』209，国語学会，2002年4月，93-94頁
野田尚史「誌上フォーラム：「国語学」と「日本語学」―偏った日本語学から中立的な日本語学へ」『国語学』209，国語学会，2002年4月，95-96頁
小林隆「誌上フォーラム：「国語学」と「日本語学」―方言研究からみた「国語学」「日本語学」」『国語学』209，国語学会，2002年4月，97頁
杉藤美代子「誌上フォーラム：「国語学」と「日本語学」―「国語学」か「日本語学」か―問題は中身」『国語学』209，国語学会，2002年4月，98-99頁
斎藤倫明「誌上フォーラム：「国語学」と「日本語学」―学問名か学会名か」『国語学』209，国語学会，2002年4月，89-90頁
安田敏朗「日本語学」『「国語」の近代史』中公新書1877，中央公論新社，2006年12月，174-190頁

ニホンシュ【日本酒】 池田弥三郎「日本酒」『暮らしの中の日本語』，創拓社，1999年10月，85-88頁

ニホンブヨウ【日本舞踊】 目代清「『日本舞踊』の概念の推移からくる諸問題」『演劇総合研究』13，早稲田大学演劇総合研究所，2000年12月，10-13頁

ニホンブンガク【日本文学】 鈴木貞美「『日本文学』という概念及び古典評価の変遷；万葉，源氏，芭蕉をめぐって」『文学における近代；転換期の諸相』井波律子・井上章一編，国際日本文化研究センター，2001年3月，13-45頁

にモツ【荷物】 荒川清秀「日本漢語の中国語への流入」『日本語学』17―5，明治書院，1998年5月，39-46頁

ニュウイン【入院】 中村元編「入院」『続仏教語源散策』，東京書籍，1977年12月，65-66頁
惣郷正明・飛田良文「入院」『明治のことば辞典』，東京堂出版，1986年12月，426頁

ニュウサン【乳酸】 斎藤静「乳酸」『日本語に及ぼしたオランダ語の影響』，篠崎書林，1967年8月，146頁
沈国威「蘭学の訳語と新漢語の創出」『19世紀中国語の諸相』，雄松堂出版，2007年3月，243頁

ニュウジ【乳児】 高橋巌「幼児，新生児，乳児，嬰児，幼児，稚児，小児」『講座日本語の語彙 ⑪』，明治書院，1983年6月，324-327頁

ニュウトウ【乳糖】 斎藤静「乳糖」『日本語に及ぼしたオランダ語の影響』，篠崎書林，1967年8月，145-146頁

ニュウヨク【入浴】 門野泉「入浴」『ことばコンセプト事典』，第一法規出版，1992年12月，1336-1343頁

ニュウリョク【入力】 惣郷正明・飛田良文「入力」『明治のことば辞典』，東京堂出版，1986年12月，426頁

ニョイン【女院】 榊原邦彦「「女房」「女御」「女院」「女官」」『平安語彙論考』，教育出版センター，1982年11月，160-178頁

ニョウゴ【女御】 榊原邦彦「「女房」「女御」「女院」「女官」」『平安語彙論考』，教育出版センター，1982年11月，160-178頁

ニョウサン【尿酸】 斎藤静「尿酸」『日本語に及ぼしたオランダ語の影響』，篠崎書林，1967年8月，199頁

ニョウドウ【尿道】 杉本つとむ「連載；近代訳語を検証する 51 輸尿管，尿道，輸精管，膣，鼓膜，蝸牛殻，三半規管，腹膜，脂肪，粘膜」『国文学　解釈と鑑賞』72―11，至文堂，2007年11月，207-211頁

ニョウボウ【女房】 榊原邦彦「「女房」「女御」「女院」「女官」」『平安語彙論考』，教育出版センター，1982年11月，160-178頁
梅垣実「女房」『語源随筆　猫も杓子も』，創拓社，1989年12月，35-36頁

ニョニン【女人】 壬生幸子「古事記の「女人」―用事意識の一考察」『国文目白』33，日

本女子大学国語国文学会，1994年1月，85-93頁

ニリツハイハン【二律背反】 惣郷正明・飛田良文「二律背反」『明治のことば辞典』，東京堂出版，1986年12月，426頁

沈国威『近代日中語彙交流史―新漢語の生成と受容』，笠間書院，1994年3月，336頁

ニンキ【人気】 陳力衛「現代中国語における和製漢語の受容」『和製漢語の形成と展開』，汲古書院，2001年2月，372頁

ニンギョウ【人形】 橘正一「人形の全国方言」『方言』5―6，春陽堂書店，1935年6月，38-46頁

高橋巌「人形」『講座日本語の語彙 ⑪』，明治書院，1983年6月，119-122頁

ニンゲン【人間】 柳田征司「天草版伊曾保物語の人間を表わす語彙にっいて」『愛媛国文研究』12，愛媛国語国文学会，1963年2月，115-130頁

杉本つとむ「特集・人間ということば　日本語のなかの「人間」」『ことばの宇宙』1―4，東京言語研究所ラボ教育センター，1966年4月，18-21頁

鈴木修次「国語漢語と中国語」『漢語と日本人』，みすず書房，1978年9月，232-233頁

田島毓堂「世間，世，出世，出世間，人間」『講座日本語の語彙 ⑩』，明治書院，1983年4月，286-291頁

大矢透「人間・教養の語誌」『国語学』134，国語学会，1983年9月，90-81頁

惣郷正明・飛田良文「人間」『明治のことば辞典』，東京堂出版，1986年12月，426-427頁

中村元編著「人間」『仏教語源散策』，東京書籍，1998年7月，8-11頁

土淵知之「人間 ニンゲン・ジンカンが「ひと」の意に用いられるようになった時期についての再考」『国学院雑誌』100―3，国学院大学，1999年3月，22-40頁

木村秀次「漢字の履歴―人間」『月刊しにか』13―8，大修館書店，2002年7月，70頁

国広哲弥編「人間」『ことばの意味3』，平凡社，2003年3月，251-259頁

ニンゲンセイ【人間性】 樺島忠雄・飛田良文・米川明彦「人間性」『明治大正新語俗語辞典』，東京堂出版，1984年5月，235頁

ニンゲンミ【人間味】 樺島忠雄・飛田良文・米川明彦「人間味」『明治大正新語俗語辞典』，東京堂出版，1984年5月，235頁

ニンシキ【認識】 佐藤亨『近世語彙の研究』，桜楓社，1983年6月，74頁

ニンジャ【忍者】 加藤秀俊・熊倉功夫「忍者」『外国語になった日本語の事典』，岩波書店，1999年7月，176-179頁

ニンショウ【人称】 木村紀子「人称の世界」『奈良大学紀要』3，奈良大学，1974年12月，15-25頁

川口順二「人称の概念について」『日本語学』2―11，明治書院，1983年3月，49-62頁

杉本つとむ「近代訳語を検証する　1〈人称〉の発見」『国文学　資料と鑑賞』68―7，至文堂，2003年7月，236-243頁

杉本つとむ「人称」『語源海』，東京書籍，2005年3月，481頁

ニンジョウ【人情】 板坂元「人情」日本語の生態 11」『国文学　解釈と鑑賞』454，至文堂，1971年9月，181-186頁

佐々木久春「人情」『講座日本語の語彙 ⑪』，明治書院，1983年6月，122-127頁

橋浦兵一「「人情」と「情熱」―明治文学の主題語」『作家の育てたことば　近代文学の表題語』，南雲堂，1985年5月，101-156頁

ニンチ【任地】 松尾良樹「平安朝漢文学と唐代口語」『国文学　解釈と鑑賞』55―10，至文堂，1990年10月，26-44頁

ニンチ【認知】 惣郷正明・飛田良文「認知」『明治のことば辞典』，東京堂出版，1986年12月，427-428頁

高野繁男「『百科全書』の訳語」『近代漢語の研究―日本語の造語法・訳語法』，明治書院，2004年11月，103頁

ニンメイ【任命】 沈国威『近代日中語彙交流史—新漢語の生成と受容』，笠間書院，1994年3月，135頁

ネ

ねダイ【寝台】 惣郷正明・飛田良文「寝台」『明治のことば辞典』，東京堂出版，1986年12月，428頁

ネツ【熱】 荒川清秀「字音形態素の意味と造語力—同訓異字の漢字を中心に」『愛知大学文学論叢』82・83，愛知大學文學會，1986年11月，1-24頁

ネッキョウ【熱狂】 惣郷正明・飛田良文「熱狂」『明治のことば辞典』，東京堂出版，1986年12月，429頁

ネツジョウ【熱情】 惣郷正明・飛田良文「熱情」『明治のことば辞典』，東京堂出版，1986年12月，429頁

ネッシン【熱心】 高野繁男「『百科全書』の訳語」『近代漢語の研究—日本語の造語法・訳語法』，明治書院，2004年11月，123頁

ネッセイ【熱性】 惣郷正明・飛田良文「熱性」『明治のことば辞典』，東京堂出版，1986年12月，429頁

ネッセン【熱線】 惣郷正明・飛田良文「熱線」『明治のことば辞典』，東京堂出版，1986年12月，429頁

ネッタイ【熱帯】 佐藤亨『近世語彙の研究』，桜楓社，1983年6月，94頁

荒川清秀「訳語「熱帯」の起源をめぐって—日中両語の漢字の造語力」『日本語学』6—2，明治書院，1987年2月，70-84頁

荒川清秀「マテオ・リッチ世界図の訳語—中国洋学書における位置」『日本語学』6—3，明治書院，1987年3月，66-77頁

沈国威『近代日中語彙交流史—新漢語の生成と受容』，笠間書院，1994年3月，149頁

荒川清秀「「熱帯」の「起源」は『職方外記』か」『近代日中学術用語の形成と伝播—地理学用語を中心に』，白帝社，1997年11月，32-76頁

宋敏「熱帯・温帯・冷帯'의 出現」(熱帯・温帯・冷帯の出現)『새국어생활』11—4，韓国国立国語研究院，2001年冬，89-94頁

沈国威「訳語は如何に継承されたのか：「熱帯，温帯，寒帯」再考」『関西大学東西学術研究所紀要』35，関西大学東西学術研究所，2002年3月，39-53頁

佐藤亨「熱帯」『現代に生きる幕末・明治初期漢語辞典』，明治書院，2007年6月，681頁

荒川清秀「日中学术用语的创制和传播—以地理学用语为主」(日中学術用語の創出と伝播—地理学用語を中心に)『语义的文化变迁』，武汉大学出版社，2007年10月，91-94頁

ネッチュウショウ【熱中症】 森本武利「熱中症とその語源」『神戸女子短期大学論攷』50，神戸女子短期大学学会，2005年3月，1-7頁

ネツボウ【熱望】 惣郷正明・飛田良文「熱望」『明治のことば辞典』，東京堂出版，1986年12月，430頁

ネツリョウケイ【熱量計】 惣郷正明・飛田良文「熱量計」『明治のことば辞典』，東京堂出版，1986年12月，430頁

ネンエキシツ【粘液質】 斎藤静「粘液質」『日本語に及ぼしたオランダ語の影響』，篠崎書林，1967年8月，204-205頁

ネンガ【年賀】 三山陵「「年賀」の概念の変容について—混乱から誤用の定着へ」『日本アジア研究』3，埼玉大学大学院文化科学研究科博士後期課程紀要，2006年3月，1-42頁

ネンガジョウ【年賀状】 飛田良文「年賀状」『明治生まれの日本語』，淡交社，2002年5月，38-47頁

ネンカン【年鑑】 惣郷正明・飛田良文「年鑑」『明治のことば辞典』，東京堂出版，1986年12月，430頁

沈国威『近代日中語彙交流史―新漢語の生成と受容』，笠間書院，1994年3月，335-336頁

ネンキン【年金】 惣郷正明・飛田良文「年金」『明治のことば辞典』，東京堂出版，1986年12月，430-431頁

佐藤亨「年金」『現代に生きる幕末・明治初期漢語辞典』，明治書院，2007年6月，683頁

ネンゴウ【年号】 渡辺萬蔵「年号」『現行法律語の史的考察』，萬理閣書房，1930年12月，67頁

ネンショウ【燃焼】 惣郷正明・飛田良文「燃焼」『明治のことば辞典』，東京堂出版，1986年12月，431頁

ネンセイ【粘性】 惣郷正明・飛田良文「粘性」『明治のことば辞典』，東京堂出版，1986年12月，431頁

ネンパイ【年輩・年配】 山田俊雄「漢語研究上の一問題―仮名書きの場合の同定Identificationについて」『成城国文学論集』10，成城大学大学院文学研究科，1978年2月，139-155頁

文化庁「「年配」か「年輩」か」『言葉に関する問答集』，大蔵省印刷局，1995年3月，127-129頁

ネンマク【粘膜】 斎藤静「粘膜」『日本語に及ぼしたオランダ語の影響』，篠崎書林，1967年8月，234頁

沈国威「蘭学の訳語と新漢語の創出」『19世紀中国語の諸相』，雄松堂出版，2007年3月，243頁

杉本つとむ「連載；近代訳語を検証する 51 輸尿管，尿道，輸精管，膣，鼓膜，蝸牛殻，三半規管，腹膜，脂肪，粘膜」『国文学　解釈と鑑賞』72―11，至文堂，2007年11月，207-211頁

ネンリン【年輪】 新村出「年輪」『新村出全集4』，筑摩書房，1971年9月，515頁

ノ

ノウガク【農学】 高野繁男「『明六雑誌』の和製漢語」『『明六雑誌』とその周辺』神奈川大学人文学研究所編，お茶の水書房，2004年3月，182-183頁

高野繁男「『明六雑誌』の語彙」『近代漢語の研究―日本語の造語法・訳語法』，明治書院，2004年11月，175頁

Federico Masini「農学」*The Formation of Modern Chinese Lexicon and its Evolution toward a National Language*（李廷宰訳），소명出版，2005年11月，165頁

ノウガッコウ【農学校】 佐藤亨「農学校」『現代に生きる幕末・明治初期漢語辞典』，明治書院，2007年6月，685頁

ノウジョウ【農場】 Federico Masini「農場」*The Formation of Modern Chinese Lexicon and its Evolution toward a National Language*（李廷宰訳），소명出版，2005年11月，166頁

ノウリ【脳裏】 文化庁「「脳裏」か「脳裡」か」『言葉に関する問答集』，大蔵省印刷局，1995年3月，145-146頁

高野繁男「『百科全書』の訳語」『近代漢語の研究―日本語の造語法・訳語法』，明治書院，2004年11月，117頁

ノウリツ【能率】 手塚竜麿「訳語「能率」の創始者伊藤一隆と英学」『英学史研究』17，日本英学史学会，1984年，1-6頁

樺島忠雄・飛田良文・米川明彦「能率」『明治大正新語俗語辞典』，東京堂出版，1984年5月，237頁

惣郷正明・飛田良文「能率」『明治のことば辞典』，東京堂出版，1986年12月，432頁

ノウリョク【能力】 渡辺萬蔵「能力」『現行法律語の史的考察』，萬理閣書房，1930年12月，31頁

佐藤亨「能力」『現代に生きる幕末・明治初期漢語辞典』，明治書院，2007年6月，687頁
のりあい【乗合】 山田俊雄「乗合」『詞苑間歩』下，三省堂，1999年9月，330-334頁
のりあいバシャ【乗合馬車】 惣郷正明・飛田良文「乗合馬車」『明治のことば辞典』，東京堂出版，1986年12月，433頁
湯本豪一「乗合馬車」『図説明治事物起源事典』，柏書房，1996年11月，332-333頁

ハ

バイウ【梅雨】 一海知義「梅雨」『漢語の知識』，岩波書店，1981年7月，74-79頁
ハイキョ【廃墟】 佐藤亨「『地球説略』の語彙」『幕末・明治初期語彙の研究』，桜楓社，1986年2月，118-119頁
ハイギョウ【廃業】 佐藤亨「『経済小学』の訳語」『幕末・明治初期語彙の研究』，桜楓社，1986年2月，332-333頁
ハイキョウシャ【背教者】 惣郷正明・飛田良文「背教者」『明治のことば辞典』，東京堂出版，1986年12月，435頁
ハイキン【拝金】 惣郷正明・飛田良文「拝金」『明治のことば辞典』，東京堂出版，1986年12月，435頁
ハイケイ【拝啓】 橘豊『書簡作法の研究』，風間書房，1977年1月，557-560頁
大志田晶子「手紙の作法―書状の頭語「拝啓」の歴史」『日本文学ノート』28，宮城学院女子大学日本文学会，1993年1月，93-105頁
ハイケイ【背景】 樺島忠雄・飛田良文・米川明彦「背景」『明治大正新語俗語辞典』，東京堂出版，1984年5月，240頁
前田富祺監修「背景」『日本語語源大辞典』，小学館，2005年4月，895頁
ハイゲキ【排撃】 佐藤亨『近世語彙の研究』，桜楓社，1983年6月，172頁
バイシャク【媒酌】 文化庁「「媒酌」か「媒妁」か」『言葉に関する問答集』，大蔵省印刷局，1995年3月，236-234頁
バイシュン【売春】 稲垣吉彦・吉沢典男監修「売春」『昭和ことば史60年』，講談社，1985年10月，228-229頁
倉島正長「奇妙な漢語「売春」の周辺」『日本語から日本が見える』，東京新聞出版局，2004年11月，172-175頁
バイシン【陪審】 渡辺萬蔵「陪審」『現行法律語の史的考察』，萬理閣書房，1930年12月，34頁
石井研堂「陪審の始」『増補改訂　明治事物起源』上巻，春陽堂書店，1944年11月，190-198頁
日置昌一「陪審の語源」『ものしり事典』言語篇，河出書房，1952年11月，213-214頁
沈国威『近代日中語彙交流史―新漢語の生成と受容』，笠間書院，1994年3月，135頁
沈国威「近代西方新概念的詞彙化―以陪審為例」『アジア文化交流研究』1，関西大学アジア文化交流研究センター，2006年3月，1-20頁
ハイスイリョウ【排水量】 惣郷正明・飛田良文「排水量」『明治のことば辞典』，東京堂出版，1986年12月，436頁
沈国威『近代日中語彙交流史―新漢語の生成と受容』，笠間書院，1994年3月，336-337頁
バイタイ【媒体】 惣郷正明・飛田良文「媒体」『明治のことば辞典』，東京堂出版，1986年12月，436頁
ハイタツ【配達】 惣郷正明・飛田良文「配達」『明治のことば辞典』，東京堂出版，1986年12月，436頁
ハイデンバン【配電盤】 惣郷正明・飛田良文「配電盤」『明治のことば辞典』，東京堂出版，1986年12月，436頁
ハイトウ【配当】 渡辺萬蔵「配当」『現行法律語の史的考察』，萬理閣書房，1930年12月，167頁

惣郷正明・飛田良文「配当」『明治のことば辞典』，東京堂出版，1986年12月，436-437頁

バイドク【梅毒】 小川鼎三「楊梅」『医学用語の起り』，東京書籍，1983年1月，128-131頁

バイニン【売人】 惣郷正明・飛田良文「売人」『明治のことば辞典』，東京堂出版，1986年12月，437頁

ハイノウ【背嚢】 惣郷正明・飛田良文「背嚢」『明治のことば辞典』，東京堂出版，1986年12月，438頁

バイバイ【売買・買売】 佐藤亨『近世語彙の研究』，桜楓社，1983年6月，256頁

ハイフ【配布】 文化庁「「配布」と「配付」の使い分け」『言葉に関する問答集』，大蔵省印刷局，1995年3月，47-48頁

ハイモウ【敗亡・廃忘】 佐藤喜代治「漢語雑考」『国語語彙の歴史的研究』，明治書院，1971年11月，178-181頁

ハイユウ【俳優】 日置昌一「俳優の話」『ものしり事典』芸能娯楽篇下，河出書房，1952年11月，8-17頁

郡司正勝「役者と俳優」『言語生活』166，筑摩書房，1965年7月，66-68頁

永嶋大典「英和辞書の訳語―明治前期の文学用語をめぐって」『講座日本語の語彙 ⑥』，明治書院，1982年2月，53-54頁

門野泉「俳優」『ことばコンセプト事典』，第一法規出版，1992年12月，1684-1691頁

バイヨウ【培養】 佐藤亨『近世語彙の歴史的研究』，桜楓社，1980年10月，355-356頁

バカ【馬鹿】 新村出「馬鹿考」『東亜語源志』，荻原星文館，1942年10月，156-163頁

佐藤忠夫「馬鹿という言葉」『思想の科学』，思想の科学社，1954年11月，48-53頁

新村出「馬鹿考」『新村出全集4』，筑摩書房，1971年9月，100-104頁

岩淵悦太郎「馬鹿」『語源散策』，毎日新聞社，1974年10月，147-149頁

中村元編「馬鹿」『仏教語源散策』，東京書籍，1977年4月，37-38頁

梅垣実「馬鹿」『語源随筆　猫も杓子も』，創拓社，1989年12月，144-148頁

杉本つとむ「馬鹿」『気になる日本語の気になる語源』，東京書籍，2006年12月，31-41頁

はがき【葉書】 久世善男「葉書」『言葉のなづけ親―翻訳に見る文明開化』，朝日ソノラマ，1975年11月，163-165頁

金田一春彦編「葉書」『ことばの生い立ち』，講談社，1988年2月，148-149頁

河越龍方・河越圭子「葉書」『はがき考雑俎』，私家版，1991年8月

湯本豪一「葉書絵の流行」『図説明治事物起源事典』，柏書房，1996年11月，144-145頁

佐藤武義「葉書」『日本語の語源』，明治書院，2003年1月，40-41頁

ハカセ【博士】 渡辺萬蔵「博士」『現行法律語の史的考察』，萬理閣書房，1930年12月，194頁

Federico Masini「博士」*The Formation of Modern Chinese Lexicon and its Evolution toward a National Language*(李廷宰訳)，소명出版，2005年11月，162頁

ハカセゴウ【博士号】 湯本豪一「博士号」『図説明治事物起源事典』，柏書房，1996年11月，386-387頁

ハクアイシュギ【博愛主義】 惣郷正明・飛田良文「博愛主義」『明治のことば辞典』，東京堂出版，1986年12月，438-439頁

ハクウン【白雲】 佐藤武義「翻訳語としての万葉語の考察―「白雲」を中心にして」『解釈』21―11，解釈編集部，1975年11月，27-36頁

ハクゲンガク【博言学】 惣郷正明・飛田良文「博言学」『明治のことば辞典』，東京堂出版，1986年12月，439頁

鈴木広光「加藤弘之の言語観―「博吉学」輸入の背景」『名古屋大学国語国文学』68，名古屋大学国語国文学会，1991年7月，100-89頁

ハクシャ【拍車】 惣郷正明・飛田良文「拍車」『明治のことば辞典』，東京堂出版，1986年12月，439頁

バクシュ【麦酒】 佐藤亨「『智環啓蒙塾課初歩』の訳語」『近世語彙の研究』，桜楓社，1983年6月，39-40頁

天沼寧「ビール：麦酒」『大妻女子大文学部紀要』19，大妻女子大文学部，1987年3月，1-22頁

杉本つとむ「近代訳語を検証する 38 麦酒・忽布／モウト・モルト／シャンパン」『国文学　解釈と鑑賞』71―10，至文堂，2006年10月，183-189頁

ハクショ【白書】 惣郷正明・飛田良文「白書」『国文学』，東京堂出版，1986年12月，439頁

前田富祺監修「白書」『日本語語源大辞典』，小学館，2005年4月，903頁

ハクショクジンシュ【白色人種】 惣郷正明・飛田良文「白色人種」『明治のことば辞典』，東京堂出版，1986年12月，439-440頁

ハクジン【白人】 惣郷正明・飛田良文「白人」『明治のことば辞典』，東京堂出版，1986年12月，440頁

バクダン【爆弾】 惣郷正明・飛田良文「爆弾」『明治のことば辞典』，東京堂出版，1986年12月，440頁

ハクナイショウ【白内障】 杉本つとむ「近代訳語を検証する54 内翳眼・内障眼／白内障・手術」『国文学　解釈と鑑賞』73―2，至文堂，2008年2月，202-206頁

ハクブツガク【博物学】 矢部一郎「展望　日本博物学史―明治前」『科学史研究』第78号，日本科学史学会，1975年秋，97-117頁

惣郷正明・飛田良文「博物学」『明治のことば辞典』，東京堂出版，1986年12月，440-441頁

ハクブツカン【博物館】 石井研堂「博物館」『増補改訂　明治事物起源』上巻，春陽堂書店，1944年11月，565-569頁

佐藤喜代治「漢語の源流―『万法精理』の訳語について(三)」『国語語彙史の歴史的研究』，明治書院，1971年11月，360頁

惣郷正明・飛田良文「博物館」『明治のことば辞典』，東京堂出版，1986年12月，441-442頁

沈国威『近代日中語彙交流史―新漢語の生成と受容』，笠間書院，1994年3月，122頁

湯本豪一「博物館」『図説明治事物起源事典』，柏書房，1996年11月，388-389頁

Federico Masini「博物館」*The Formation of Modern Chinese Lexicon and its Evolution toward a National Language*(李廷宰訳)，소명出版，2005年11月，268頁

佐藤亨「博物館」『現代に生きる幕末・明治初期漢語辞典』，明治書院，2007年6月，695頁

ハクブツシ【博物誌】 惣郷正明・飛田良文「博物誌」『明治のことば辞典』，東京堂出版，1986年12月，442頁

ハクボク【白墨】 惣郷正明・飛田良文「白墨」『明治のことば辞典』，東京堂出版，1986年12月，442頁

ハクライ【舶来】 佐藤亨「『西洋事情』の語彙」『幕末・明治初期語彙の研究』，桜楓社，1986年2月，428頁

松井利彦「第5章　漢語辞書のことば」『近代漢語辞書の成立と展開』，笠間書院，1990年11月，359頁

ハクランカイ【博覧会】 張志淵「博覧会」『萬國事物紀原歴史』，皇城新聞社，1909年8月，82頁

石井研堂「博覧会と共進会」『明治文化』16―1，1943年1月，17-19頁

石井研堂「博覧会事始」『増補改訂　明治事物起源』下巻，春陽堂書店，1944年12月，1028-1039頁

久世善男「博覧会」『言葉のなづけ親―翻訳に見る文明開化』，朝日ソノラマ，1975年11月，166-171頁

槌田満文「博覧会」『明治大正風俗語典』，角川書店，1979年11月，96-99頁
惣郷正明・飛田良文「博覧会」『明治のことば辞典』，東京堂出版，1986年12月，443-444頁
紀田順一郎「博覧会」『近代事物起源事典』，東京堂出版，1992年9月，186-187頁
湯本豪一「博覧会」『図説明治事物起源事典』，柏書房，1996年11月，192-191頁
Federico Masini「博覧会」*The Formation of Modern Chinese Lexicon and its Evolution toward a National Language*(李廷宰訳)，소명出版，2005年11月，158頁
副島邦弘「近代博覧会の一様相—太宰府博覧会について」『国学院大学博物館学紀要』30，国学院大学博物館，2006年3月，1-21頁
佐藤亨「博覧会」『現代に生きる幕末・明治初期漢語辞典』，明治書院，2007年6月，695-696頁
バクリョウ【幕僚】 惣郷正明・飛田良文「幕僚」『明治のことば辞典』，東京堂出版，1986年12月，444頁
バクレツダン【爆裂弾】 惣郷正明・飛田良文「爆裂弾」『明治のことば辞典』，東京堂出版，1986年12月，444頁
バクレツヤク【爆裂薬】 惣郷正明・飛田良文「爆裂薬」『明治のことば辞典』，東京堂出版，1986年12月，444-445頁
ハクロ【白露】 竹尾正子「「白露」考」『福岡教育大学紀要』22—1，福岡教育大学，1973年2月，57-66頁
バクロウ【博労】 進藤咲子「漢語か和語か」『言語生活』169，筑摩書房，1965年10月，58-60頁
ハサン【破産】 渡辺萬蔵「破産」『現行法律語の史的考察』，萬理閣書房，1930年12月，345頁
Federico Masini「破産」*The Formation of Modern Chinese Lexicon and its Evolution toward a National Language*(李廷宰訳)，소명出版，2005年11月，166頁
バシャ【馬車】 石井研堂「馬車の始」『増補改訂　明治事物起源』下巻，春陽堂書店，1944年12月，739-750頁
久世善男「馬車」『言葉のなづけ親—翻訳に見る文明開化』，朝日ソノラマ，1975年11月，172-175頁
紀田順一郎「馬車」『近代事物起源事典』，東京堂出版，1992年9月，187-189頁
バシャテツドウ【馬車鉄道】 惣郷正明・飛田良文「馬車鉄道」『明治のことば辞典』，東京堂出版，1986年12月，445頁
ハシュツジョ【派出所】 惣郷正明・飛田良文「派出所」『明治のことば辞典』，東京堂出版，1986年12月，445-446頁
沈国威『近代日中語彙交流史—新漢語の生成と受容』，笠間書院，1994年3月，337頁
ハセイ【派生】 惣郷正明・飛田良文「派生」『明治のことば辞典』，東京堂出版，1986年12月，446頁
高野繁男「『哲学字彙』の訳語」『近代漢語の研究—日本語の造語法・訳語法』，明治書院，2004年11月，70頁
バチ【罰】 佐藤喜代治「近代の語彙」『講座国語史3』，大修館書店，1971年9月，229頁
バツ【罰】 佐竹昭広「意味の変遷」『岩波講座　日本語　9』，岩波書店，1977年6月，232-237頁
今里智晃「罰」『ことばコンセプト事典』，第一法規出版，1992年12月，1358-1365頁
ハツイ【発意】 惣郷正明・飛田良文「発意」『明治のことば辞典』，東京堂出版，1986年12月，446頁
ハツオン【発音】 惣郷正明・飛田良文「発音」『明治のことば辞典』，東京堂出版，1986年12月，446-447頁
ハッキュウ【発給】 佐藤亨「『大美聯邦志略』の語彙」『幕末・明治初期語彙の研究』，桜楓社，1986年2月，85頁
バッキン【罰金】 渡辺萬蔵「罰金」『現行法

律語の史的考察』，萬理閣書房，1930年12月，167頁

バツグン【抜群】 田中牧郎「漢語「優秀」の定着と語彙形成—主体を表す語の分析を通して」『雑誌太陽による確立期現代語の研究』国立国語研究所報告，博文館新社，2005年3月，114-141頁

ハッケン【発見】 高野繁男「『百科全書』の訳語」『近代漢語の研究—日本語の造語法・訳語法』，明治書院，2004年11月，103頁

前田富祺監修「発見」『日本語語源大辞典』，小学館，2005年4月，917頁

木村秀次「漢語「発見・発明」小考—『西国立志編』をめぐって」『国際経営・文化研究』12—2，国際コミュニケーション学会，2008年3月，232-217頁

はつこい【初恋】 野尻抱影「雪・初恋・美人など」『言語生活』71，筑摩書房，1957年8月，55-57頁

ハッコウイチウ【八紘一宇】 三國一朗「八紘一宇」『戦中用語集』，岩波書店，1985年8月，74-75頁

ハッシャ【発車】 惣郷正明・飛田良文「発車」『明治のことば辞典』，東京堂出版，1986年12月，447頁

ハッシンキ【発信機】 惣郷正明・飛田良文「発信機」『明治のことば辞典』，東京堂出版，1986年12月，447-448頁

ハッソウ【発想】 大島中正「「発想」はどんな概念を表示する命名単位か」『国語語彙史の研究』19，和泉書院，2000年3月，322-313頁

ハッタツ【発達】 惣郷正明・飛田良文「発達」『明治のことば辞典』，東京堂出版，1986年12月，448-449頁

前田晶子「近代日本の発達概念における身体論の検討」『鹿児島大学教育学部研究紀要』59，鹿児島大学，2008年3月，283-295頁

ハツデンキ【発電機】 惣郷正明・飛田良文「発電機」『明治のことば辞典』，東京堂出版，1986年12月，449-450頁

沈国威『近代日中語彙交流史—新漢語の生成と受容』，笠間書院，1994年3月，337-338頁

ハツドウ【発動】 佐藤喜代治『国語語彙の歴史的研究』，明治書院，1971年11月，288頁

ハツドウキ【発動機】 惣郷正明・飛田良文「発動機」『明治のことば辞典』，東京堂出版，1986年12月，450頁

沈国威『近代日中語彙交流史—新漢語の生成と受容』，笠間書院，1994年3月，338-339頁

ハットウシン【八頭身・八等身】 天沼寧「八頭身：八等身」『大妻国文』13，大妻女子大学国文学会，1982年3月，1-20頁

稲垣吉彦・吉沢典男監修「八頭身」『昭和ことば史60年』，講談社，1985年10月，120-121頁

ハップン【発憤】 一海知義「発憤」『漢語の知識』，岩波書店，1981年7月，172-177頁

ハツメイ【発明】 渡辺萬蔵「発明」『現行法律語の史的考察』，萬理閣書房，1930年12月，269頁

日置昌一「発明の語源」『ものしり事典』言語篇，河出書房，1952年11月，220-221頁

佐藤喜代治『国語語彙の歴史的研究』，明治書院，1971年11月，248頁

惣郷正明・飛田良文「発明」『明治のことば辞典』，東京堂出版，1986年12月，450-453頁

山田俊雄「発明についての小発見」『詞苑間歩』上，三省堂，1999年9月，49-53頁

陳力衛「中国への逆輸入」『和製漢語の形成と展開』，汲古書院，2001年2月，281頁

馮天瑜『新語探源』，中華書局，2004年10月，362頁

高野繁男「近代語彙研究の概略と課題」『近代漢語の研究—日本語の造語法・訳語法』，明治書院，2004年11月，7頁

木村秀次「漢語「発見・発明」小考—『西国立志

編』をめぐって」『国際経営・文化研究』12―2，国際コミュニケーション学会，2008年3月，232-217頁
バフンシ【馬糞紙】 惣郷正明・飛田良文「馬糞紙」『明治のことば辞典』，東京堂出版，1986年12月，454頁
惣郷正明「ボール紙と馬糞紙」『日本語開化物語』，朝日新聞社，1988年8月，40-42頁
沈国威『近代日中語彙交流史―新漢語の生成と受容』，笠間書院，1994年3月，341頁
パリ【巴里・巴黎】 山田俊雄「パリ・巴里・巴黎」『詞苑間歩』上，三省堂，1999年9月，16-19頁
バリキ【馬力】 斎藤静「馬力」『日本語に及ぼしたオランダ語の影響』，篠崎書林，1967年8月，190頁
惣郷正明・飛田良文「馬力」『明治のことば辞典』，東京堂出版，1986年12月，456-457頁
佐藤亨「馬力」『現代に生きる幕末・明治初期漢語辞典』，明治書院，2007年6月，702頁
バレイショ【馬鈴薯】 橘正一「馬鈴薯の方言」『外来語研究』3―1，外来語研究会，1935年2月，67-72頁
安達巌「馬鈴薯」『日本食物文化の起源』，自由国民社，1981年5月，257-259頁
Federico Masini「馬鈴薯」*The Formation of Modern Chinese Lexicon and its Evolution toward a National Language*(李廷宰訳)，소명出版，2005年11月，166頁
佐藤亨「馬鈴薯」『現代に生きる幕末・明治初期漢語辞典』，明治書院，2007年6月，702頁
ハン～【反～】 沈国威『近代日中語彙交流史―新漢語の生成と受容』，笠間書院，1994年3月，205頁
李秀卿「近代漢語系接辞「反～」について―Anti～の訳語における展開を中心に」『明治大学大学院文学研究論集』11，明治大学大学院，1999年9月，1-14頁
李秀卿「接辭「反～」의 造出에 관한 一考察：anti―의 譯語上의 展開를 중심으로」(接辞「反～」の単語形成についての一考察―anti～の訳語を中心に)『日本語文學』28，韓国日本語文学会，2005年2月，73-92頁
ハン～【汎～】 沈国威『近代日中語彙交流史―新漢語の生成と受容』，笠間書院，1994年3月，205頁
ハンイ【汎意】 惣郷正明・飛田良文「汎意」『明治のことば辞典』，東京堂出版，1986年12月，457頁
ハンイ【範囲】 惣郷正明・飛田良文「範囲」『明治のことば辞典』，東京堂出版，1986年12月，457-458頁
ハンエイ【反映】 惣郷正明・飛田良文「反映」『明治のことば辞典』，東京堂出版，1986年12月，458-459頁
沈国威『近代日中語彙交流史―新漢語の生成と受容』，笠間書院，1994年3月，339-340頁
ハンカイ【半開】 惣郷正明・飛田良文「半開」『明治のことば辞典』，東京堂出版，1986年12月，459頁
惣郷正明・飛田良文「半開」『明治のことば辞典』，東京堂出版，1986年12月，459頁
バンカイ【挽回】 惣郷正明・飛田良文「挽回」『明治のことば辞典』，東京堂出版，1986年12月，459-460頁
ハンカン【反感】 惣郷正明・飛田良文「反感」『明治のことば辞典』，東京堂出版，1986年12月，460-461頁
ハンギャク【反逆】 惣郷正明・飛田良文「反逆」『明治のことば辞典』，東京堂出版，1986年12月，462-463頁
ハンキュウ【半球】 荒川清秀「『六合叢談』の地理学用語」『『六合叢談』の学際的研究』，白帝社，1999年11月，49-71頁
ハンキョウ【反響】 樺島忠雄・飛田良文・米川明彦「反響」『明治大正新語俗語辞典』，東京堂出版，1984年5月，247-248頁
惣郷正明・飛田良文「反響」『明治のことば辞

典』，東京堂出版，1986年12月，463頁

バングセツ【万愚節】 惣郷正明・飛田良文「万愚節」『明治のことば辞典』，東京堂出版，1986年12月，463頁

ハンぐつ【半靴】 惣郷正明・飛田良文「半靴」『明治のことば辞典』，東京堂出版，1986年12月，463頁

ハンケイ【半径】 高野繁男「『百科全書』の訳語」『近代漢語の研究—日本語の造語法・訳語法』，明治書院，2004年11月，143頁

ハンケツ【判決】 渡辺萬蔵「判決」『現行法律語の史的考察』，萬理閣書房，1930年12月，249頁

倉田卓次「判決はどういうものか」『日本語学』13—1，明治書院，1994年1月，4-16頁

Federico Masini「判決」*The Formation of Modern Chinese Lexicon and its Evolution toward a National Language*(李廷宰訳)，소명出版，2005年11月，163頁

ハンケン【版権】 広田栄太郎「訳語あれこれ」『近代訳語考』，東京堂出版，1969年8月，305-326頁

惣郷正明・飛田良文「版権」『明治のことば辞典』，東京堂出版，1986年12月，464-465頁

金田一春彦編「版権」『ことばの生い立ち』，講談社，1988年2月，144-145頁

沈国威『近代日中語彙交流史—新漢語の生成と受容』，笠間書院，1994年3月，340-341頁

米川明彦「版権」『明治・大正・昭和の新語・流行語辞典』，三省堂，2002年1月，16-17頁

宮田昇「「版権」の歴史」『岩波講座文学』1，岩波書店，2003年5月，265-284頁

Federico Masini「版権」*The Formation of Modern Chinese Lexicon and its Evolution toward a National Language*(李廷宰訳)，소명出版，2005年11月，309頁

佐藤亨「版権」『現代に生きる幕末・明治初期漢語辞典』，明治書院，2007年6月，704頁

ハンケンメンキョ【版権免許】 惣郷正明・飛田良文「版権免許」『明治のことば辞典』，東京堂出版，1986年12月，465頁

バンゴウ【番号】 惣郷正明・飛田良文「番号」『明治のことば辞典』，東京堂出版，1986年12月，465頁

陳力衛「漢字の履歴—番号」『月刊しにか』13—8，大修館書店，2002年7月，70頁

バンコク【万国】 林義強「「万国」と「新」の意味を問いかける：清末国学におけるエスペラント(万国新語)論」『東洋文化研究所紀要』147，東京大学東洋文化研究所，2005年3月，139-121頁

バンコクコウホウ【万国公法】 惣郷正明・飛田良文「万国公法」『明治のことば辞典』，東京堂出版，1986年12月，465-466頁

金容九『万国公法』(韓国概念史叢書1)，小花，2008年9月，223頁

ハンザイ【犯罪】 渡辺萬蔵「犯罪」『現行法律語の史的考察』，萬理閣書房，1930年12月，74頁

佐藤亨『近世語彙の研究』，桜楓社，1983年6月，112頁

張栄敏「범죄의 개념」(犯罪の概念)『考試界』353，考試界社，1986年6月，14-23頁

今里智晃「罪」『ことばコンセプト事典』，第一法規出版，1992年12月，1142-1151頁

バンザイ【万歳】 石井研堂「「万歳」の始め」『増補改訂 明治事物起原』上巻，春陽堂書店，1944年11月，96頁

大石初太郎「バンザイ・総選挙」『言語生活』81，筑摩書房，1958年6月，17頁

惣郷正明・飛田良文「万歳」『明治のことば辞典』，東京堂出版，1986年12月，466-467頁

荒俣宏「万歳」『事物珍起源』，東洋文庫，1989年10月，136-137頁

湯本豪一「万歳」『図説明治事物起源事典』，柏書房，1996年11月，88-89頁

バンザイサンショウ【万歳三唱】 槌田満文「万歳三唱」『明治大正新語・流行語』，角

川書店，1983年6月，118-121頁

ハンザツ【煩雑】 文化庁「「煩雑」と「繁雑」の使い分け」『言葉に関する問答集』，大蔵省印刷局，1995年3月，86-87頁

ハンジ【判事】 渡辺萬蔵「判事」『現行法律語の史的考察』，萬理閣書房，1930年12月，271頁

石井研堂「判事の始」『増補改訂　明治事物起源』上巻，春陽堂書店，1944年11月，200-201頁

ハンシャ【反射】 惣郷正明・飛田良文「反射」『明治のことば辞典』，東京堂出版，1986年12月，468-469頁

沈国威『近代日中語彙交流史―新漢語の生成と受容』，笠間書院，1994年3月，114頁

ハンジョウ【繁昌・繁盛】 田島優「音の交代と複数表記―『新説八十日間世界一周』を中心に」『語源探求』5，日本語語源研究会編，1997年7月，88-92頁

ハンシンキョウ【凡神教・汎神教】 惣郷正明・飛田良文「凡神教・汎神教」『明治のことば辞典』，東京堂出版，1986年12月，469頁

ハンシンロン【汎神論】 惣郷正明・飛田良文「汎神論」『明治のことば辞典』，東京堂出版，1986年12月，469頁

ハンゼン【判然】 京極興一「漱石の振り仮名―「判然」の読み方をめぐって」『(松村明教授古稀記念)国語研究論集』，明治書院，1986年10月，787-802頁

バンソウ【伴奏】 惣郷正明・飛田良文「伴奏」『明治のことば辞典』，東京堂出版，1986年12月，469頁

バンソウコウ【絆創膏】 惣郷正明・飛田良文「絆創膏」『明治のことば辞典』，東京堂出版，1986年12月，469-470頁

バンゾク【蛮族】 惣郷正明・飛田良文「蛮族」『明治のことば辞典』，東京堂出版，1986年12月，470頁

ハンタイ【反対】 趙暁妮「反対」『国語国文学』46，福井大学言語文化学会，2007年3月，44-32頁

ハンダイ【飯台】 山田俊雄「飯台」『ことば散策』岩波新書，岩波書店，1999年8月，12-16頁

ハンチュウ【範疇】 広田栄太郎「訳語あれこれ」『近代訳語考』，東京堂出版，1969年8月，305-326頁

樺島忠雄・飛田良文・米川明彦「範疇」『明治大正新語俗語辞典』，東京堂出版，1984年5月，248頁

惣郷正明・飛田良文「範疇」『明治のことば辞典』，東京堂出版，1986年12月，470頁

金田一春彦編「範疇」『ことばの生い立ち』，講談社，1988年2月，154頁

馮天瑜『新語探源』，中華書局，2004年10月，360頁

ハンテイ【判定】 佐藤亨「『西学考略』の語彙」『幕末・明治初期語彙の研究』，桜楓社，1986年2月，254頁

高野繁男「『百科全書』の訳語」『近代漢語の研究―日本語の造語法・訳語法』，明治書院，2004年11月，108頁

バンド【蛮度】 杉本つとむ「連載；近代訳語を検証する 44 海綿，蛮度，靫帯，軟骨，腱」『国文学　解釈と鑑賞』72―4，至文堂，2007年4月，254-258頁

ハントウ【半島】 荒川清秀「日本漢語の中国語への流入」『日本語学』17―5，明治書院，1998年5月，39-46頁

佐藤亨「半島」『現代に生きる幕末・明治初期漢語辞典』，明治書院，2007年6月，706頁

荒川清秀「日中学术用语的创制和传播―以地理学用语为主」(日中学術用語の創生と伝播―地理学用語を中心に)『语义的文化变迁』，武汉大学出版社，2007年10月，97-99頁

ハンドウ【反動】 惣郷正明・飛田良文「反動」『明治のことば辞典』，東京堂出版，1986年12月，470-471頁

劉宏娟「中文日訳における同形語について」

『国文学　解釈と鑑賞』53—1，至文堂，1988年1月，95-99頁

ハンドウサヨウ【反動作用】 惣郷正明・飛田良文「反動作用」『明治のことば辞典』，東京堂出版，1986年12月，471頁

ハンドウリョク【反動力】 惣郷正明・飛田良文「反動力」『明治のことば辞典』，東京堂出版，1986年12月，471頁

ハンながぐつ【半長靴】 惣郷正明・飛田良文「半長靴」『明治のことば辞典』，東京堂出版，1986年12月，471頁

ハンノウ【反応】 樺島忠雄・飛田良文・米川明彦「反応」『明治大正新語俗語辞典』，東京堂出版，1984年5月，249頁

惣郷正明・飛田良文「反応」『明治のことば辞典』，東京堂出版，1986年12月，471-472頁

沈国威『近代日中語彙交流史—新漢語の生成と受容』，笠間書院，1994年3月，156頁

バンノウ【万能】 惣郷正明・飛田良文「万能」『明治のことば辞典』，東京堂出版，1986年12月，472-473頁

ハンプ【頒布】 佐藤亨「『泰西国法論』の訳語」『幕末・明治初期語彙の研究』，桜楓社，1986年2月，390-391頁

ハンメン【半面】 文化庁「「半面」と「反面」の使い分け」『言葉に関する問答集』，大蔵省印刷局，1995年3月，73頁

バンユウインリョク【万有引力】 樺島忠雄・飛田良文・米川明彦「万有引力」『明治大正新語俗語辞典』，東京堂出版，1984年5月，249-250頁

惣郷正明・飛田良文「万有引力」『明治のことば辞典』，東京堂出版，1986年12月，473-474頁

ヒ

ヒ【非】 野村雅昭「否定の接頭語「撫・不・未・非」の用法」『ことばの研究』4，秀英出版，1973年12月，31-50頁

奥野浩子「否定接頭辞「無・不・非」の用法についての一考察」『言語』14—6，大修館書店，1985年6月，88-93頁

相原林司「特集・接辞　不～　無～　非～　未～」『日本語学』5—3，明治書院，1986年3月，67-72頁

吉村弓子「造語成分「不・無・非」」『日本語学』9—12，明治書院，1990年12月，36-44頁

ヒ【費】 木村英樹「特集・接辞 ～料 ～代 ～賃 ～費 ～金 ～拝観料・たばこ代・家賃・医療費・入学金」『日本語学』5—3，明治書院，1986年3月，97-104頁

王敏東・張静ラン「費用を表わす合成語について—〈代〉〈賃〉〈費〉〈料〉の場合」『国語文字史の研究』7，和泉書院，2003年11月，205-222頁

ビ【美】 柳父章「美」『翻訳語成立事情』，岩波書店，1982年4月，65-86頁

木村紀子「今昔物語集の用字意識」『奈良大学紀要』20，奈良大学，1992年3月，65-76頁

安西信一「美」『ことばコンセプト事典』，第一法規出版，1992年12月，1378-1393頁

閔周植「한국적「美」의 범주에 관한 고찰」(韓国的「美」の範疇について)『美学』19，韓国美学会，1994年12月，1-27頁

ヒアイ【悲哀】 石坂正蔵「ことばの根ざすもの—「悲哀」と「今晩は」」『言語生活』63，筑摩書房，1956年12月，46-48頁

ヒイキ【贔屓】 蜂谷清人「「贔屓(ひいき)」とその周辺」『日本語学』7—7，明治書院，1988年7月，78-83頁

沼本克明「長音表記漢語の史的背景　詩歌シイカ等」『小林芳規博士退官記念　国語学論集』，汲古書院，1992年3月，399-416頁

ビイシキ【美意識】 惣郷正明・飛田良文「美意識」『明治のことば辞典』，東京堂出版，1986年12月，474頁

ビール【麦酒】 石井研堂「麦酒製造の始」『増補改訂　明治事物起源』下巻，春陽堂書

店，1944年11月，1034-1045頁
安達巌「麦酒」『日本食物文化の起源』，自由国民社，1981年5月，325-326頁
麒麟麦酒『ビールと日本人―明治・大正・昭和ビール普及史』，麒麟麦酒，1983年12月
天沼寧「ビール：麦酒」『大妻女子大学文学部紀要』19，大妻女子大学文学部，1987年3月，1-22頁
杉本つとむ「連載；近代訳語を検証する 38 麦酒・忽布／モウト・モルト／シャンパン 三鞭酒・三辺酒」『国文学　解釈と鑑賞』71―10，至文堂，2006年10月，183-189頁

ヒガイモウソウ【被害妄想】 惣郷正明・飛田良文「被害妄想」『明治のことば辞典』，東京堂出版，1986年12月，474頁

ヒカク【比較】 森田良行「比較」『基礎日本語2』，角川書店，1980年6月，132頁
佐藤亨「『玉石志林』の語彙(一)」『幕末・明治初期語彙の研究』，桜楓社，1986年2月，281-282頁
惣郷正明・飛田良文「比較」『明治のことば辞典』，東京堂出版，1986年12月，474-475頁

ヒカクテキ【比較的】 惣郷正明・飛田良文「比較的」『明治のことば辞典』，東京堂出版，1986年12月，475頁

ビガク【美学】 石井研堂「精神学科の訳語」『増補改訂　明治事物起源』下巻，春陽堂書店，1944年11月，519-521頁
針生一郎「美学・芸術学〔隣接諸学との問題〕」『国文学　解釈と鑑賞』23―5，至文堂，1958年5月，53-55頁
広田栄太郎「訳語あれこれ」『近代訳語考』，東京堂出版，1969年8月，305-326頁
白琪洙「미학의 基礎概念 2」(「美学」の基礎概念 2)『美学』2―1，韓国美学会，1972年7月，231-245頁
今道友信「日本の美学」『東洋の美学』，TBSブリタニカ，1980年4月，205-358頁
平林文雄「「美術」から「芸術」へ，並びに「美学」の成立―語誌研究ノート」『群女国文』11，群馬女子短期大学，1983年3月，58-74頁
平林文雄「美学」『講座日本語の語彙 ⑪』，明治書院，1983年6月，163-167頁
樺島忠雄・飛田良文・米川明彦「美学」『明治大正新語俗語辞典』，東京堂出版，1984年5月，250-251頁
平林文雄「訳語・語誌研究6 美学」『国語学研究論考』，和泉書院，1985年5月，61-69頁
惣郷正明・飛田良文「美学」『明治のことば辞典』，東京堂出版，1986年12月，475-476頁
安西信一「美」『ことばコンセプト事典』，第一法規出版，1992年12月，1378-1393頁
沈国威『近代日中語彙交流史―新漢語の生成と受容』，笠間書院，1994年3月，212頁
浜下昌宏「実学としての美学―西周による西洋美学の受容」『日本の芸術論　伝統と近代』神林恒道編，ミネルヴァ書房，2000年4月，197-217頁
黄興濤「「美学」―詞及西方美学在中文里出現―近代中国新名詞源流漫考之三」(「美学」という用語と近代中国語文章に表れた西洋美学について)『文史知識』1，《文史知識》編輯部，2000年7月，36-37頁
神林恒道「日本の「美学」と「日本」の美学」『芸術学の日本近代―その歴史と展望』，平成12―13年度科学研究費補助金研究報告書，2003年3月，7-15頁
馮天瑜『新語探源』，中華書局，2004年10月，409-410頁
神林恒道「近代日本「美学」の誕生」『近代日本「美学」の誕生』，講談社，2006年3月，13-56頁

ヒカチュウシャ【皮下注射】 斎藤静「皮下注射」『日本語に及ぼしたオランダ語の影響』，篠崎書林，1967年8月，176頁

ビカン【美感】 惣郷正明・飛田良文「美感」『明治のことば辞典』，東京堂出版，1986年12月，476頁

ヒキャクセン【飛脚船】 惣郷正明・飛田良文「飛脚船」『明治のことば辞典』，東京堂

出版，1986年12月，476頁

ヒキョウ【卑怯】 佐藤喜代治『国語語彙の歴史的研究』，明治書院，1971年11月，176頁

ヒギョウ【罷業】 惣郷正明・飛田良文「罷業」『明治のことば辞典』，東京堂出版，1986年12月，476頁

ヒキンゾク【非金属】 斎藤静「非金属」『日本語に及ぼしたオランダ語の影響』，篠崎書林，1967年8月，156頁

高野繁男「『百科全書』の訳語」『近代漢語の研究―日本語の造語法・訳語法』，明治書院，2004年11月，150頁

ビク【比丘】 宮嶋純子「中国における出家者概念の成立と展開：訳語の受容を中心に」『史泉』106，関西大学，2007年7月，37-52頁

ヒケイ【秘計】 湯沢幸吉郎「異論のある単語」『国語論考』，八雲書林，1940年2月，231-233頁

佐藤喜代治『日本の漢語』，角川書店，1979年10月，337-339頁

ヒゲキ【悲劇】 杉浦明平「喜劇と悲劇」『日本文学』2―2，日本文学協会，1953年3月，23-25頁

広田栄太郎「「悲劇」「喜劇」考」『近代訳語考』，東京堂出版，1969年8月，115-140頁

永嶋大典「英和辞書の訳語―明治前期の文学用語をめぐって」『講座日本語の語彙 ⑥』，明治書院，1982年2月，54頁

樺島忠雄・飛田良文・米川明彦「悲劇」『明治大正新語俗語辞典』，東京堂出版，1984年5月，251頁

惣郷正明・飛田良文「悲劇」『明治のことば辞典』，東京堂出版，1986年12月，476-477頁

田中建彦「悲劇・喜劇」『ことばコンセプト事典』，第一法規出版，1992年12月，1408-1419頁

青田寿美「Tragedy，Comedyの訳語誌」『国語語彙史の研究』17，和泉書院，1998年10月，261-314頁

前田富祺監修「悲劇」『日本語語源大辞典』，小学館，2005年4月，941頁

ヒコウ【飛行】 惣郷正明・飛田良文「飛行」『明治のことば辞典』，東京堂出版，1986年12月，477頁

ヒコウキ【飛行機】 石井研堂「飛行機の創始時代」『増補改訂　明治事物起源』下巻，春陽堂書店，1944年12月，817-819頁

樺島忠雄・飛田良文・米川明彦「飛行機」『明治大正新語俗語辞典』，東京堂出版，1984年5月，252頁

惣郷正明・飛田良文「飛行機」『明治のことば辞典』，東京堂出版，1986年12月，478頁

紀田順一郎「飛行機」『近代事物起源事典』，東京堂出版，1992年9月，196-198頁

湯本豪一「飛行機」『図説明治事物起源事典』，柏書房，1996年11月，334-335頁

村岡正明「文化 明治の文豪と飛行機 4「飛行機」という日本語の由来について」『航空と文化』84，日本航空協会，2003年春季，26-31頁

前田富祺監修「飛行機」『日本語語源大辞典』，小学館，2005年4月，943頁

ヒコウセン【飛行船】 富田仁「飛行船」『舶来事物起源事典』，名著普及会，1987年12月，303-304頁

湯本豪一「飛行船」『図説明治事物起源事典』，柏書房，1996年11月，336-337頁

杉本つとむ「近代訳語を検証する 45　気球・飛船／飛行船／避雷線／避雷針」『国文学解釈と鑑賞』72―5，至文堂，2007年5月，183-187頁

ビコウ【尾行】 樺島忠雄・飛田良文・米川明彦「尾行」『明治大正新語俗語辞典』，東京堂出版，1984年5月，251-252頁

ヒコク【被告】 渡辺萬蔵「被告」『現行法律語の史的考察』，萬理閣書房，1930年12月，250頁

佐藤亨「『徳国学校論略』の語彙」『幕末・明治

初期語彙の研究』，桜楓社，1986年2月，212頁
佐藤亨「被告」『現代に生きる幕末・明治初期漢語辞典』，明治書院，2007年6月，711頁

ヒジュウ【比重】 樺島忠雄・飛田良文・米川明彦「比重」『明治大正新語俗語辞典』，東京堂出版，1984年5月，254頁
惣郷正明・飛田良文「比重」『明治のことば辞典』，東京堂出版，1986年12月，478-479頁

ビジュツ【美術】 石井研堂「美術の熟字の始と定義」『増補改訂　明治事物起源』上巻，春陽堂書店，1944年11月，363-364頁
日置昌一「美術の語源」『ものしり事典』言語篇，河出書房，1952年11月，230頁
広田栄太郎「訳語あれこれ」『近代訳語考』，東京堂出版，1969年8月，305-326頁
久世善男「美術」『言葉のなづけ親―翻訳に見る文明開化』，朝日ソノラマ，1975年11月，179-182頁
佐藤喜代治「美術」『日本の漢語』，角川書店，1979年10月，430-432頁
平林文雄「「美術」から「芸術」へ，並びに「美学」の成立―語誌研究ノート１」『群女国文』11，群馬女子短期大学，1983年3月，58-74頁
平林文雄「芸術，美術」『講座日本語の語彙⑩』，明治書院，1983年4月，4-8頁
樺島忠雄・飛田良文・米川明彦「美術」『明治大正新語俗語辞典』，東京堂出版，1984年6月，254-255頁
平林文雄「訳語・語誌研究4　美術」『国語学研究論考』，和泉書院，1985年5月，47-50頁
惣郷正明・飛田良文「美術」『明治のことば辞典』，東京堂出版，1986年12月，479-480頁
金田一春彦編「美術」『ことばの生い立ち』，講談社，1988年2月，142頁
下谷和幸「芸術」『ことばコンセプト事典』，第一法規出版，1992年12月，412-423頁
沈国威『近代日中語彙交流史―新漢語の生成と受容』，笠間書院，1994年3月，114頁
北澤憲昭「美術・工業・建築：「建築学会」命名の語史的背景「建築」以前へ，そして未来へ」『建築雑誌』112，社団法人日本建築学会，1997年8月，30-31頁
権보드래「번역어의 성립과 근대―‘국가’‘민주주의’‘자연’‘예술’을 중심으로(翻訳語の成立と近代―「国家」「民主主義」「自然」「芸術」を中心に)」『文学과 境界』2，文学과境界社，2001年8月，380-396頁
神林恒道「「美術」とは何か」『日本における「芸術」概念の誕生と死』，平成11―14年度科学研究費補助金研究報告書，2003年3月，19-24頁
高野繁男「『百科全書』の訳語」『近代漢語の研究―日本語の造語法・訳語法』，明治書院，2004年11月，118頁
Federico Masini「美術」*The Formation of Modern Chinese Lexicon and its Evolution toward a National Language*(李廷宰訳)，소명出版，2005年11月，158頁
佐藤亨「美術」『現代に生きる幕末・明治初期漢語辞典』，明治書院，2007年6月，711頁

ビジュツカ【美術家】 惣郷正明・飛田良文「美術家」『明治のことば辞典』，東京堂出版，1986年12月，480頁

ヒジュン【批准】 樺島忠雄・飛田良文・米川明彦「批准」『明治大正新語俗語辞典』，東京堂出版，1984年5月，255頁
惣郷正明・飛田良文「批准」『明治のことば辞典』，東京堂出版，1986年12月，480頁

ヒショ【秘書】 広田伝一郎「「日本秘書」始原考」『日本秘書学会第一回研究大会要旨集』，日本秘書学会，1982年
広田伝一郎「秘書」『講座日本語の語彙⑪』，明治書院，1983年6月，171-176頁

ヒショカン【秘書官】 渡辺萬蔵「秘書官」『現行法律語の史的考察』，萬理閣書房，1930年12月，250頁

ビジョ【美女】 佐藤喜代治「漢語存疑」『山田孝雄追憶史学語学論文集』，宝文館，

1962年11月，347-396頁
紀田順一郎「美女」『近代事物起源事典』，東京堂出版，1992年9月，198-199頁

ヒジョウ【非常】 貫志正造「「仰山」と「非常に」攷」『和歌山方言』1，和歌山方言学会，1954年10月，19-25頁

ヒジョウジ【非常時】 稲垣吉彦・吉沢典男監修「非常時」『昭和ことば史60年』，講談社，1985年10月，38頁
大泉志郎・大塚栄寿・永沢道雄「非常時」『現代死語事典』，朝日ソノラマ，1993年11月，296頁

ヒジョウセン【非常線】 別役実「犯罪のことば 2 非常線」『三省堂ぶっくれっと』6，三省堂，1976年12月，20-25頁
惣郷正明・飛田良文「非常線」『明治のことば辞典』，東京堂出版，1986年12月，480頁

ヒショク【非職】 槌田満文「明治ことば誌」『国文学解釈と教材の研究』25―10，学燈社，1980年8月，144頁

ビジン【美人】 野尻抱影「雪・初恋・美人など」『言語生活』71，筑摩書房，1957年8月，55-57頁
佐藤武義「今昔物語集における類義語に関する一考察―美人の表現を中心に」『国語学』91，国語学会，1972年12月，17-33頁
佐藤武義「中世における類義語に関する一考察」『文芸研究』72，日本文芸研究会，1973年2月，55-66頁
大木春基「美人語義考 其の一：楚辞離騒「恐美人之遅暮」を中心にして」『大妻国文』5，大妻女子大学国文学会，1974年3月，107-128頁
大木春基「美人語義考2―楚辞を中心にして」『大妻国文』6，大妻女子大学国文学会，1975年3月，81-103頁
佐藤武義『今昔物語集の語彙と語法』，明治書院，1984年5月，154-195頁
浅野敏彦「器量」『国語史の中の漢語』，和泉書院，1998年2月，177-187頁
彭広陸「「美人」と「美女」について　中日比較を中心に」『対照言語学研究』12，海山文化研究所，2002年12月，116-130頁
石垣利佳子「近世の語彙に関する研究―西鶴用語考―「美人」の表現を中心に」『弘前大学国語国文学』26，弘前大学国語国文学会，2005年3月，1-13頁

ビセイブツ【微生物】 惣郷正明・飛田良文「微生物」『明治のことば辞典』，東京堂出版，1986年12月，482頁

ヒセン【非戦】 惣郷正明・飛田良文「非戦」『明治のことば辞典』，東京堂出版，1986年12月，482頁

ヒセンロン【非戦論】 惣郷正明・飛田良文「非戦論」『明治のことば辞典』，東京堂出版，1986年12月，482-483頁

ヒセン【飛船】 杉本つとむ「連載；近代訳語を検証する45 気球，飛船，飛行船，避雷線，避雷針」『国文学　解釈と鑑賞』72―5，至文堂，2007年5月，183頁

ヒッキタイ【筆記体】 淡路佳昌「「活字体」「筆記体」という用語の成立過程　文字指導についての歴史的一考察」『英語教育』40―11，大修館書店，1991年12月，74-77頁

ヒッコウ【筆工・筆耕・筆功】 佐藤喜代治『国語語彙の歴史的研究』，明治書院，1971年11月，303頁

ヒッサン【筆算】 石井研堂「筆算の始」『増補改訂　明治事物起源』上巻，春陽堂書店，1944年11月，572頁
惣郷正明・飛田良文「筆算」『明治のことば辞典』，東京堂出版，1986年12月，483頁

ヒツジョウ【必定】 原卓志「漢語「善悪」「是非」「決定」「必定」の副詞用法について」『鎌倉時代語研究』14，武蔵野書院，1991年10月，5-31頁

ヒッス【必須】 佐藤亨「『泰西国法論』の訳語」『幕末・明治初期語彙の研究』，桜楓社，1986年2月，391-392頁

ヒッテキ【匹敵】 佐藤亨「『泰西国法論』の

訳語」『幕末・明治初期語彙の研究』，桜楓社，1986年2月，373-374頁

ヒツヨウ【必要】 森田良行「必要」『基礎日本語1』，角川書店，1977年10月，85頁

ヒツヨウジョウケン【必要条件】 惣郷正明・飛田良文「必要条件」『明治のことば辞典』，東京堂出版，1986年12月，483頁

ヒテイ【否定】 樺島忠雄・飛田良文・米川明彦「否定」『明治大正新語俗語辞典』，東京堂出版，1984年5月，257頁

惣郷正明・飛田良文「否定」『明治のことば辞典』，東京堂出版，1986年12月，483頁

ビテキセイカツ【美的生活】 橋浦兵一「自然主義文学の語彙」『講座日本語の語彙 ⑥』，明治書院，1982年2月，223-232頁

惣郷正明・飛田良文「美的生活」『明治のことば辞典』，東京堂出版，1986年12月，484頁

ひとりアンナイ【独案内】 惣郷正明・飛田良文「独案内」『明治のことば辞典』，東京堂出版，1986年12月，484頁

→ドクアンナイ

ヒニン【避妊】 紀田順一郎「避妊」『近代事物起源事典』，東京堂出版，1992年9月，203-204頁

ヒバイヒン【非売品】 大塚秀明「民国初期の日中語彙交流」『漢字文化圏近代言語文化交流研究』(国際シンポジウム予稿集，天津外国語大学)漢字文化圏近代言語文化交流研究会，2009年3月，149-151頁

ヒハン【批判】 劉宏娟「中文日訳における同形語について」『国文学　解釈と鑑賞』53—1，至文堂，1988年1月，95-99頁

ヒヒョウ【批評】 永嶋大典「英和辞書の訳語—明治前期の文学用語をめぐって」『講座日本語の語彙 ⑥』，明治書院，1982年2月，57頁

楚翠生「漢語往来　四十二—「批評」考(上)」『高校通信東書国語』255，東京書籍，1985年10月，22-23頁

楚翠生「漢語往来　四十三—「批評」考(下)」『高校通信東書国語』257，東京書籍，1985年12月，22-23頁

平野和彦「批評」『ことばコンセプト事典』，第一法規出版，1992年12月，1420-1435頁

木村直恵「〈批評〉の誕生—明治中期における〈批評〉〈改良〉〈社会〉」『比較文学』45，日本比較文学会，2002年3月，7-22頁

林正子「近代日本における〈批評〉概念成立への道程・序」『岐阜大学国語国文学』30，岐阜大学国語国文学会，2003年6月，1-20頁

ビブン【微分】 大矢真一「微分積分という語の由来」『数学セミナー』6—2，日本評論社，1967年2月，12-16頁

惣郷正明・飛田良文「微分」『明治のことば辞典』，東京堂出版，1986年12月，484-485頁

Federico Masini「微分」*The Formation of Modern Chinese Lexicon and its Evolution toward a National Language*(李廷宰訳)，소명出版，2005年11月，107頁

ビボウジン【未亡人】 惣郷正明・飛田良文「未亡人」『明治のことば辞典』，東京堂出版，1986年12月，485-486頁

ビボウロク【備忘録】 惣郷正明・飛田良文「備忘録」『明治のことば辞典』，東京堂出版，1986年12月，486頁

沈国威『近代日中語彙交流史—新漢語の生成と受容』，笠間書院，1994年3月，341-342頁

ヒミツケッシャ【秘密結社】 樺島忠雄・飛田良文・米川明彦「秘密結社」『明治大正新語俗語辞典』，東京堂出版，1984年5月，258頁

ビミョウガク【美妙学】 惣郷正明・飛田良文「美妙学」『明治のことば辞典』，東京堂出版，1986年12月，486頁

ヒャクブンヒ【百分比】 惣郷正明・飛田良文「百分比」『明治のことば辞典』，東京堂出版，1986年12月，486頁

ヒャッカジテン【百科事典】 荒俣宏「百科事典」『事物珍起源』，東洋文庫，1989年10

月
紀田順一郎「百科事典」『近代事物起源事典』，東京堂出版，1992年9月，205-206頁

ヒャッカゼンショ【百科全書】 惣郷正明・飛田良文「百科全書」『明治のことば辞典』，東京堂出版，1986年12月，486頁
沈国威『近代日中語彙交流史—新漢語の生成と受容』，笠間書院，1994年3月，342頁
钟少华「中国百年一词的嬗变—「百科全书」定义问题」(「百科全書」という用語の史的考察)『学术研究』1995年5期，广东省社会科学界联合会，1995年5月，63-68頁
钟少华「初论日本近代百科全书」(日本近代の百科全書についての初歩的考察)『日本研究』1995年3月期，辽宁大学日本研究所，1995年5月，85-91頁
柳树滋「百科全书史的有益探索—评钟少华先生人类知识新工具：中日近代百科全书研究」(百科全書という書籍の歴史について)『史学理论研究』1997年4月期，中国社会科学院世界历史研究所，1997年4月，150-152頁
孙关龙「「百科全书」一词何时在中国出现」(「百科全書」という用語は中国でいつから現れたか)『出版发行研究』2000年12月期，中国出版科学研究所，2000年12月，141-142頁

ヒャッカテン【百貨店】 竹浪聡「新聞に現れた特色—政治と経済の外来語」『英米外来語の世界』飛田良文編，南雲堂，1981年10月，205-211頁
惣郷正明・飛田良文「百貨店」『明治のことば辞典』，東京堂出版，1986年12月，486-487頁
Federico Masini「百貨店」*The Formation of Modern Chinese Lexicon and its Evolution toward a National Language*(李廷宰訳)，소명出版，2005年11月，270頁

ヒユ【比喩】 永嶋大典「英和辞書の訳語—明治前期の文学用語をめぐって」『講座日本語の語彙 ⑥』，明治書院，1982年2月，48頁
早坂有末「比喩の概念」『桜美林レヴュー』31，桜美林大学英文学会，2007年3月，31-42頁

ビョウ【秒】 斎藤静「秒」『日本語に及ぼしたオランダ語の影響』，篠崎書林，1967年8月，218-219頁

ビヨウ【美容】 紀田順一郎「美容」『近代事物起源事典』，東京堂出版，1992年9月，206-208頁

ビョウイン【病院】 石井研堂「病院の始」『増補改訂　明治事物起源』下巻，春陽堂書店，1944年12月，1175-1178頁
中川米造「医学史における病院」『科学史研究』第116号，日本科学史学会，1966年8月，62-67頁
斎藤静「病院」『日本語に及ぼしたオランダ語の影響』，篠崎書林，1967年8月，63-64頁
佐藤亨「訳語「病院」の成立—その背景と定着過程」『国語学』118，国語学会，1979年9月，11-23頁
鈴木博「「病院」は和製漢語か」『国文学攷』86，広島大学国語国文学会，1980年6月，1-5頁
佐藤亨「訳語「病院」の成立」『近世語彙の歴史的研究』，桜楓社，1980年10月，379-401頁
佐藤亨「訳語研究の一視点—「病院」の成立をめぐって」『文芸研究』100，日本文芸研究会，1982年5月，99-109頁
小川鼎三「病院」『医学用語の起り』，東京書籍，1983年1月，37-40頁
佐藤亨『近世語彙の研究』，桜楓社，1983年6月，42-59頁
宋敏「「病院」의 成立과 定着」(「病院」の成立と定着)『새국어생활』12—1，韓国国立国語研究院，2002年春，93-98頁
佐藤亨「病院」『現代に生きる幕末・明治初期漢語辞典』，明治書院，2007年6月，716-717頁

ヒョウカ【評価】 樺島忠雄・飛田良文・米川明彦「評価」『明治大正新語俗語辞典』，東京堂出版，1984年5月，259-260頁

惣郷正明・飛田良文「評価」『明治のことば辞典』，東京堂出版，1986年12月，487-489頁

ヒョウガ【氷河】 佐藤亨「『西学考略』の語彙」『幕末・明治初期語彙の研究』，桜楓社，1986年2月，240-241頁

岩田修二「「氷河」という訳語の由来」『雪氷』62—2，日本雪氷学会，2000年3月，129-136頁

土屋巌「『「氷河」という訳語の由来』へのコメント—果たして神保の著作が最初か?」『雪氷』62—5，日本雪氷学会，2000年9月，485-486頁

岩田修二「『「氷河」という訳語の由来』へのコメントに対する回答」『雪氷』62—5，日本雪氷学会，2000年9月，487-488頁

荒川清秀「日中学术用语的创制和传播—以地理学用语为主」(日中学術用語の創生と伝播—地理学用語を中心に)『语义的文化变迁』，武汉大学出版社，2007年10月，96頁

ヒョウキ【表記】 文化庁「「表記」と「標記」の使い分け」『言葉に関する問答集』，大蔵省印刷局，1995年3月，99-100頁

ビョウキ【病気】 下谷和孝「病気」『ことばコンセプト事典』，第一法規出版，1992年12月，1436-1445頁

ヒョウキン【剽軽】 藤井涼子「近世語「ひやうきん」の語誌—漢語の通俗化」『同志社国文学』36，同志社大学国文学会，1992年3月，74-89頁

高田亨「「ひょうきん(剽軽)」という語をめぐって」『日本文藝研究』48—2，関西学院大学日本文学会，1996年9月，67-82頁

山田俊雄「「ひょうきん」の流行」『詞苑間歩』上，三省堂，1999年9月，142-145頁

ヒョウケン【表顕】 橋浦兵一「透谷の「表現」と「表顕」およびその周辺」『宮城教育大国語国文』10，宮城教育大学，1979年6月，13-22頁

ヒョウゲン【表現】 青柳達雄「表現—語誌ノート」『解釈』24—2，解釈編集部，1978年2月，44-50頁

永嶋大典「英和辞書の訳語—明治前期の文学用語をめぐって」『講座日本語の語彙 ⑥』，明治書院，1982年2月，47頁

樺島忠雄・飛田良文・米川明彦「表現」『明治大正新語俗語辞典』，東京堂出版，1984年5月，260頁

橋浦兵一「透谷の「写実」と「表現」」『作家の育てたことば　近代文学の表題語』，南雲堂，1985年5月，33-50頁

惣郷正明・飛田良文「表現」『明治のことば辞典』，東京堂出版，1986年12月，488頁

西村拓生「表現」『ことばコンセプト事典』，第一法規出版，1992年12月，1446-1453頁

金采洙「표현의 본질」(表現の本質)『글로벌 문화이론 과정학』，高麗大出版部，2009年3月，561-619頁

ヒョウゴ【標語】 樺島忠雄・飛田良文・米川明彦「標語」『明治大正新語俗語辞典』，東京堂出版，1984年5月，260-261頁

ヒョウザン【氷山】 佐藤亨『近世語彙の研究』，桜楓社，1983年6月，74頁

荒川清秀「日中学术用语的创制和传播—以地理学用语为主」(日中学術用語の創生と伝播—地理学用語を中心に)『语义的文化变迁』，武汉大学出版社，2007年10月，96頁

ヒョウシ【拍子】 遠藤和夫「「拍子」考」『国学院雑誌』78—11，国学院大学，1978年11月，49-61頁

ヒョウジ【表示】 文化庁「「表示」と「標示」の使い分け」『言葉に関する問答集』，大蔵省印刷局，1995年3月，100-101頁

ビヨウジュツ【美容術】 惣郷正明・飛田良文「美容術」『明治のことば辞典』，東京堂出版，1986年12月，488頁

ヒョウジュンゴ【標準語】 上田万年「論説標準語に就きて」『帝国文学』1—1，帝国文学会，1895年1月，14-23頁

神保格「標準語といふもの」『国語国文』8—10，京都大学国語学国文学研究室，1938年1月，

74-95頁
渡辺一郎「標準語の概念について」『言語生活』41，筑摩書房，1955年2月，41-43頁
上村幸雄「方言・共通語・標準語」『講座　現代語』第一巻 現代語の概説，明治書院，1963年12月，47-63頁
泉井久之助「標準語の概念について」『言語生活』172，筑摩書房，1966年1月，18-25頁
ケーリ・オーテス「「標準語」―私の意見」『言語生活』203，筑摩書房，1968年8月，52-54頁
大石初太郎「標準語について」『続・日本語を考える』，読売新聞社，1969年2月
本堂寛「標準語とは何か」『講座　正しい日本語』第一巻 総論編，明治書院，1971年6月，45-76頁
柴田武「標準語，共通語，方言」『ことばシリーズ 6 標準語と方言』，文化庁，1977年3月，22-32頁
内村直也「特集=日本語　共通語と標準語」『ユリイカ』13―2，青土社，1981年2月，42-43頁
京極興一「「標準語」とは何か」『ことばの研究』3，長野県ことばの会，1984年7月，8-10頁
惣郷正明・飛田良文「標準語」『明治のことば辞典』，東京堂出版，1986年12月，488-489頁
古田東朔「特集；日本語のウチとソト―この百年―〈日本語の百年〉標準語」『国文学　解釈と鑑賞』65―7，至文堂，2000年7月，22-35頁

ヒョウショウ【表象】 樺島忠雄・飛田良文・米川明彦「表象」『明治大正新語俗語辞典』，東京堂出版，1984年5月，261頁
久保忠夫「「象徴」の語について」『三十五のことばに関する七つの章』，大修館書店，1992年4月，176-177頁

ヒョウジョウ【表情】 樺島忠雄・飛田良文・米川明彦「表情」『明治大正新語俗語辞典』，東京堂出版，1984年5月，261-262頁

ヒョウダイ【標題】 文化庁「「標題」と「表題」」『言葉に関する問答集』，大蔵省印刷局，1995年3月，264-266頁

ビョウテキ【病的】 惣郷正明・飛田良文「病的」『明治のことば辞典』，東京堂出版，1986年12月，489頁

ヒョウテン【氷点】 高野繁男「『百科全書』の訳語」『近代漢語の研究―日本語の造語法・訳語法』，明治書院，2004年11月，145頁

ビョウドウ【平等】 惣郷正明・飛田良文「平等」『明治のことば辞典』，東京堂出版，1986年12月，489-490頁
田本健一「平等」『ことばコンセプト事典』，第一法規出版，1992年12月，1454-1461頁

ヒョウヒ【表皮】 斎藤静「表皮」『日本語に及ぼしたオランダ語の影響』，篠崎書林，1967年8月，187-188頁

ヒョウホン【標本】 惣郷正明・飛田良文「標本」『明治のことば辞典』，東京堂出版，1986年12月，490頁

ヒョウメン【表面】 寺島慶一「「表面」の語史」『表面技術』49―3，*The Journal of the Surface Finishing Society of Japan* 9―3，1998年3月，213頁

ビョウリ【病理】 高橋顕志「国語史における「病理」と「治療」」『日本語研究』15，東京都立大学，1995年2月，175-184頁

ヒョウロンカ【評論家】 惣郷正明・飛田良文「評論家」『明治のことば辞典』，東京堂出版，1986年12月，490頁

ヒライシン【避雷針】 石井研堂「避雷針の幼名」『増補改訂　明治事物起源』下巻，春陽堂書店，1944年12月，1446-1447頁
惣郷正明・飛田良文「避雷針」『明治のことば辞典』，東京堂出版，1986年12月，491頁
富田仁「避雷針」『舶来事物起源事典』，名著普及会，1987年12月，309-310頁
惣郷正明「電信機と避雷針」『日本語開化物語』，朝日新聞社，1988年8月，6-8頁

杉本つとむ「避雷針」『語源海』，東京書籍，2005年3月，524頁
杉本つとむ「連載；近代訳語を検証する 45 気球，飛船，飛行船，避雷線，避雷針」『国文学 解釈と鑑賞』72—5，至文堂，2007年5月，183頁
ヒライチュウ【避雷柱】 惣郷正明・飛田良文「避雷柱」『明治のことば辞典』，東京堂出版，1986年12月，491-492頁
ヒリツ【比率】 惣郷正明・飛田良文「比率」『明治のことば辞典』，東京堂出版，1986年12月，492頁
高野繁男「『哲学字彙』の訳語」『近代漢語の研究—日本語の造語法・訳語法』，明治書院，2004年11月，66頁
ヒレイ【比例】 佐藤亨「『玉石志林』の語彙一」『幕末・明治初期語彙の研究』，桜楓社，1986年2月，282-283頁
ビレイ【美麗】 佐藤武義「今昔物語集における類義語に関する一考察—美人の表現を中心に」『国語学』91，国語学会，1972年12月，17-33頁
佐藤武義「中世における煩義語に関する一考察」『文芸研究』72，日本文芸研究会，1973年2月，55-66頁
浅野敏彦「漢語「美麗」について」『解釈』24—2，解釈編集部，1978年2月，12-17頁
菅原一栄「美麗の語誌—奈良・平安時代」『日本文学ノート』18，宮城学院女子大学日本文学会，1983年2月，45-52頁
佐藤武義『今昔物語集の語彙と語法』，明治書院，1984年5月，154-178頁
浅野敏彦「美麗—文章語にとどまった漢語」『国語史の中の漢語』，和泉書院，1998年2月，39-49頁
ヒロウ【疲労】 湯沢幸吉郎「異論のある単語」『国語論考』，八雲書林，1940年2月，235-237頁
佐藤喜代治「疲労」『日本の漢語』，角川書店，1979年10月，260頁
寿岳章子『室町時代語の表現』，清文堂，1981年10月，11-18頁
ひろば【広場】 Federico Masini「広場」*The Formation of Modern Chinese Lexicon and its Evolution toward a National Language*(李廷宰訳)，소명出版，2005年11月，166頁
ヒン【～品】 陳生保「～品」『中国と日本—言葉・文学・文化』，麗沢大学出版会，2005年5月，23頁
ヒンイン【貧院】 佐藤亨『近世語彙の歴史的研究』，桜楓社，1980年10月，384頁
ビンカン【敏感】 田中牧郎「「敏感」の誕生と定着」『日本近代語研究』4飛田良文博士古稀記念，ひつじ書房，2005年6月，31-44頁
ヒンシ【品詞】 高野繁男「『百科全書』の訳語」『近代漢語の研究—日本語の造語法・訳語法』，明治書院，2004年11月，119頁
杉本つとむ「近代訳語を検証する 59 詞品・品詞／動詞など」『国文学 解釈と鑑賞』73—7，至文堂，2008年7月，180-185頁
杉本つとむ「近代訳語を検証する 60 詞品・品詞の翻訳補説」『国文学 解釈と鑑賞』73—8，至文堂，2008年8月，187-193頁
ヒンシツ【品質】 惣郷正明・飛田良文「品質」『明治のことば辞典』，東京堂出版，1986年12月，492頁
陳力衛「漢字の履歴—品質」『月刊しにか』13—8，大修館書店，2002年7月，71頁
高野繁男「『百科全書』の訳語」『近代漢語の研究—日本語の造語法・訳語法』，明治書院，2004年11月，112頁
ビンジョウ【便乗】 惣郷正明・飛田良文「便乗」『明治のことば辞典』，東京堂出版，1986年12月，492-493頁
ヒンセイ【品性】 惣郷正明・飛田良文「品性」『明治のことば辞典』，東京堂出版，1986年12月，493頁
ビンボウ【貧乏】 湯沢幸吉郎「異論のある単語」『国語論考』，八雲書林，1940年2月，

233-235頁

福島邦道「貧乏考」『言語と文芸』65，おうふう，1969年7月，11-20頁

ヒンミンクツ【貧民窟】 惣郷正明・飛田良文「貧民窟」『明治のことば辞典』，東京堂出版，1986年12月，494頁

沈国威『近代日中語彙交流史―新漢語の生成と受容』，笠間書院，1994年3月，343頁

ビンラン【紊乱】 惣郷正明・飛田良文「紊乱」『明治のことば辞典』，東京堂出版，1986年12月，494頁

フ

フ【不〜】 小杉商一「打消の接頭辞「不」について」『日本文学論研究』21，国学院大学文学会，1962年6月，88-94頁

野村雅昭「否定の接頭語「無・不・未・非」の用法」『ことばの研究』4，秀英出版，1973年12月，31-50頁

須山名保子「接辞「不」と「無」をめぐって」『学習院大学国語国文学会誌』17，学習院大学国語国文学会，1974年4月，19-28頁

相原林司「接辞「不」と「無」の使い分けに関する一考察」『外国人と日本語』5，筑波大学大学文芸・言語学系外国人に対する日本語教育プロジェクト，1980年3月，48-64頁

奥野浩子「否定接頭辞「無・不・非」の用法についての一考察」『言語』14―6，大修館書店，1985年6月，88-93頁

相原林司「特集・接辞　不〜　無〜　非〜　未〜」『日本語学』5―3，明治書院，1986年3月，67-72頁

吉村弓子「造語成分「不・無・非」」『日本語学』9―12，明治書院，1990年12月，36-44頁

朱京偉『近代日中新語の創出と交流―人文科学と自然科学の専門語を中心に』，白帝社，2003年10月，63頁

フアン【不安】 劉克申「「懸念」「心配」「不安」の異同について」『日本語研究論集在中華人民共和国日本語研修センター紀要』4，1985年7月

フウ【風】 一海知義『風』〈一語の辞典〉，三省堂，1996年10月

フウ【〜風】 荒川清秀「特集・接辞　〜性　〜式　〜風」『日本語学』5―3，明治書院，1986年3月，85-91頁

フウイン【封印】 渡辺萬蔵「封印」『現行法律語の史的考察』，萬理閣書房，1930年12月，68頁

フウカ【風化】 惣郷正明・飛田良文「風化」『明治のことば辞典』，東京堂出版，1986年12月，495頁

木村秀次「「風化」の語誌」『国際経営・文化研究』11―1，国際コミュニケーション学会，2006年11月，194-178頁

フウガ【風雅】 長江信行「風雅」『ことばコンセプト事典』，第一法規出版，1992年12月，1480-1495頁

フウキン【風琴】 朱京偉『近代日中新語の創出と交流―人文科学と自然科学の専門語を中心に』，白帝社，2003年10月，221頁

フウケイ【風景】 羅国忠「「風景」「景色」「眺め」「光景」「見はらし」について」『教育国語』83，むぎ書房，1985年3月，38-43頁

国広哲弥編「風景」『ことばの意味3』，平凡社，2003年3月，265-267頁

木岡伸夫「風景概念の基本構成」『関西大学文学論集』55―2，関西大学，2005年10月，1-26頁

フウサ【封鎖】 佐藤亨「『西学考略』の語彙」『幕末・明治初期語彙の研究』，桜楓社，1986年2月，238-239頁

フウシ【風刺】 田中建彦「風刺」『ことばコンセプト事典』，第一法規出版，1992年12月，1462-1469頁

フウシガ【諷刺画】 惣郷正明・飛田良文「諷刺画」『明治のことば辞典』，東京堂出版，1986年12月，496頁

フウシャ【風車】 富田仁「風車」『舶来事物起源事典』，名著普及会，1987年12月，313頁

フウセン【風船】 日置昌一「風船の話」『ものしり事典』芸能娯楽篇下，河出書房，1952年11月，46-47頁

樺島忠雄・飛田良文・米川明彦「風船」『明治大正新語俗語辞典』，東京堂出版，1984年5月，265-266頁

惣郷正明・飛田良文「風船」『明治のことば辞典』，東京堂出版，1986年12月，496-497頁

フウゾク【風俗】 吉田裕清「「公序良俗」」『翻訳語としての日本の法律用語』，中央大学出版局，2004年11月，152-155頁

井上章一他「風俗」『性の用語集』講談社現代新書，講談社，2004年12月，91-110頁

フウチョウ【風潮】 佐藤亨「『経済小学』の訳語」『幕末・明治初期語彙の研究』，桜楓社，1986年2月，333-334頁

山田忠雄「風潮」『私の語誌』1，三省堂，1996年10月，130-284頁

フウド【風土】 塚田六郎「風土概念と風土理論の基礎づけ その一―〈和辻博士と「風土」〉」『日本文学風土学会紀事』3，日本文学風土学会，1970年11月，25-39頁

中田佳昭「風土」『ことばコンセプト事典』，第一法規出版，1992年12月，1470-1479頁

フウリュウ【風流】 小川環樹「風流の語義の変化」『国語国文』20―8，京都大学国語学国文学研究室，1951年11月，48-60頁

星川清孝「晋代における「風流」の理念の成立過程について続」『茨城大学文理学部紀要人文科学』2，茨城大学文理学部，1952年2月，93-104頁

遠藤嘉基「「風流」論」『訓点資料と訓点語の研究』，中央図書，1952年3月，109-123頁

田中俊一「風流と「をかし」」『日本文芸研究』10―1，関西学院大学日本文学会，1958年3月，21-40頁

岡松和夫「「風流」の語義についての覚え書」『古典と現代』32，古典と現代の会，1970年5月，37-41頁

犬塚旦「みやび攷」『王朝美的語詞の研究』，笠間書院，1973年9月，291-313頁

惣郷正明「別章・和英辞書でことばを考える」『辞書とことば』，南雲堂，1982年5月，203-198頁

長江信行「風流」『ことばコンセプト事典』，第一法規出版，1992年12月，1480-1495頁

フカイシスウ【不快指数】 坪井忠二「不快指数」『言語生活』121，筑摩書房，1961年10月，20頁

フカコウリョク【不可抗力】 樺島忠雄・飛田良文・米川明彦「不可抗力」『明治大正新語俗語辞典』，東京堂出版，1984年5月，268頁

惣郷正明・飛田良文「不可抗力」『明治のことば辞典』，東京堂出版，1986年12月，497-498頁

フカシギロン【不可思議論】 惣郷正明・飛田良文「不可思議論」『明治のことば辞典』，東京堂出版，1986年12月，498頁

フカチ【不可知】 惣郷正明・飛田良文「不可知」『明治のことば辞典』，東京堂出版，1986年12月，498頁

フカノウ【不可能】 惣郷正明・飛田良文「不可能」『明治のことば辞典』，東京堂出版，1986年12月，498頁

ブキミ【不気味・無気味】 文化庁「「不気味」か「無気味」か」『言葉に関する問答集』，大蔵省印刷局，1995年3月，1頁

文化庁「「不気味」か「無気味」か」『言葉に関する問答集』，大蔵省印刷局，1995年3月，1頁

フクイン【福音】 樺島忠雄・飛田良文・米川明彦「福音」『明治大正新語俗語辞典』，東京堂出版，1984年5月，268頁

佐藤亨「『大美聯邦志略』の語彙」『幕末・明治初期語彙の研究』，桜楓社，1986年2月，95頁

惣郷正明・飛田良文「福音」『明治のことば辞典』，東京堂出版，1986年12月，498-499頁

フクエキ【服役】 佐藤亨「『智環啓蒙塾課初歩』の訳語」『近世語彙の研究』，桜楓社，1983年6月，56-57頁

フクギョウ【副業】 樺島忠雄・飛田良文・米川明彦「副業」『明治大正新語俗語辞典』，東京堂出版，1984年5月，268-269頁

フクゲン【復元】 文化庁「「復元」と「復原」の使い分け」『言葉に関する問答集』，大蔵省印刷局，1995年3月，88-89頁

フクシ【福祉】 佐藤亨「『智環啓蒙塾課初歩』の訳語」『近世語彙の研究』，桜楓社，1983年6月，50-51頁

フクシャ【複写】 惣郷正明・飛田良文「複写」『明治のことば辞典』，東京堂出版，1986年12月，499頁

フクシャシ【複写紙】 惣郷正明・飛田良文「複写紙」『明治のことば辞典』，東京堂出版，1986年12月，499頁

フクシュウ【復讐】 今里智晃「復讐」『ことばコンセプト事典』，第一法規出版，1992年12月，1496-1503頁

フクセイ【複製】 惣郷正明・飛田良文「複製」『明治のことば辞典』，東京堂出版，1986年12月，499-500頁

フクホン【副本】 渡辺萬蔵「副本」『現行法律語の史的考察』，萬理閣書房，1930年12月，21頁

フクマク【腹膜】 杉本つとむ「連載；近代訳語を検証する 51　輸尿管，尿道，輸精管，膣，鼓膜，蝸牛殻，三半規管，腹膜，脂肪，粘膜」『国文学　解釈と鑑賞』72—11，至文堂，2007年11月，207-211頁

フクリュウ【腹立】 伊原信一「和製漢語「腹立フクリフ」の語史—腹立から立腹へ」『国語国文学研究』26，熊本大学文学国語国文学会，1990年9月，1-12頁

中山緑朗「古記録語彙の研究H—鎌倉時代『民経記』に見る」『学苑』615，昭和女子大学近代文化研究所，1991年1月，97-107頁

フケイ【父兄】 塩田丸男「父兄」『死語読本』，白水社，1994年7月，210頁

フゴウ【不合】 山内洋一郎「漢語「不合」の語史について」『鎌倉時代語研究』23，武蔵野書院，2000年10月，211-220頁

フコクキョウヘイ【富国強兵】 金栄作「朝鮮朝末期の西欧受容と伝播様相に関する実証研究」『日韓共同研究叢書16「文明」「開化」「平和」』，慶応義塾大学出版会，2006年3月，83-97頁

김영호「근대 한국의 부국강병 개념(近代韓国における富国強兵概念)」『근대한국의 사회과학 개념 형성사(近代韓国における社会科学関連概念の形成史)』，創批，2009年4月，149-172頁

ブコツ【無骨】 中山緑朗「古記録語彙の研究１—鎌倉時代『民経記』に見る」『学苑』615，昭和女子大学近代文化研究所，1991年1月，97-107頁

フシ【不死】 平松哲司「不死」『ことばコンセプト事典』，第一法規出版，1992年12月，1504-1513頁

フシギ【不思議】 十束順子「太平記にあらわれた「不思議」の語に関する考察」『緑岡詞林』6，青山学院大学，1972年3月，18-33頁

谷垣射伊太雄「太平記における「不思議」の一解釈」『解釈』19—10，解釈学会，1973年10月，19-25頁

浅野敏彦「漢語の類義語—奇怪・奇特・奇異・不思議」『同志社国文学』12，同志社大学国文学会，1977年3月，141-154頁

十束順子「太平記にあらわれた「不思議」の語に関する考察」『緑岡詞林』6，青山学院日文院生の会，1982年3月，18-33頁

中川公美子「島崎藤村の語彙「不思議」の用法」『青須我波良』27，帝塚山短期大学日本文芸研究室，1984年6月，47-55頁

フジユウ【不自由】 佐藤亨「自由，不自由，自在，自主」『講座日本語の語彙 ⑩』，明治

書院，1983年4月，212-217頁
フジョ【巫女】 山田俊雄「巫女」『詞苑間歩』下，三省堂，1999年9月，355-358頁
ブショ【部署】 惣郷正明・飛田良文「部署」『明治のことば辞典』，東京堂出版，1986年12月，500-501頁
フショク【腐食】 高野繁男「『百科全書』の訳語」『近代漢語の研究―日本語の造語法・訳語法』，明治書院，2004年11月，141頁
寺島慶一「「錆」と「腐食」の語史 表面処理用語の語源散策」『防錆管理』51―4，日本防錆技術協会，2007年4月，197-203頁
フシン【普請】 野澤勝夫「漢字の履歴―普請」『月刊しにか』13―8，大修館書店，2002年7月，71頁
フジン【婦人】 塩沢美代子「女・女子・女性・婦人」『言語生活』261，筑摩書房，1973年6月，84-87頁
武井和美「「婦人」「女」「女性」」『NHK放送研究と調査』39―11，NHK，1989年11月，49頁
漆田和代「「婦人」「女」「女性」：女の一般呼称考」『おんなと日本語』，有信堂高文社，1993年1月，123-158頁
壬生幸子「古事記の「女人」―用事意識の一考察」『国文目白』33，日本女子大学国語国文学会，1994年1月，85-93頁
菊池慶子「〈研究ノート〉女性名称の歴史的変遷「婦人」「女性」「女」についての覚書」『聖和』32，聖和学園短期大学，1995年3月，105-119頁
京極興一「「女性」の語誌」『近代日本語の研究―表記・表現』，東宛社，1998年5月，296-323頁
金子真理子「短報 地方紙における大正時代の「婦人」の語の使用について」『人間生活科学研究』42，人間生活科学研究，2006年3月，99-101頁
フジンモンダイ【婦人問題】 惣郷正明・飛田良文「婦人問題」『明治のことば辞典』，東京堂出版，1986年12月，501頁
塩田丸男「婦人」『死語読本』，白水社，1994年7月，211-212頁
フゼイ【風情】 小野正弘「「風情」の語史 接辞化と中立的意味のマイナス化」『国文鶴見』32，鶴見大学，1997年12月，51-71頁
フゾク【付属】 文化庁「「附属」か「付属」か」『言葉に関する問答集』，大蔵省印刷局，1995年3月，2頁
フダン【普段・不断】 田島優「意味文化に伴う表記の問題―和製漢語の一生成過程」『愛知県立大文学部論集国文学科』38，愛知県立大文学部，1990年2月，115-126頁
文化庁「「不断」か「普段」か」『言葉に関する問答集』，大蔵省印刷局，1995年3月，80-81頁
ブダン【武断】 惣郷正明・飛田良文「武断」『明治のことば辞典』，東京堂出版，1986年12月，501頁
ブダンセイジ【武断政治】 惣郷正明・飛田良文「武断政治」『明治のことば辞典』，東京堂出版，1986年12月，501-502頁
ブチョウ【部長】 佐藤亨「『六合叢談』の語彙」『幕末・明治初期語彙の研究』，桜楓社，1986年2月，144-145頁
フチン【浮沈】 山田俊雄「浮沈」『詞苑間歩』下，三省堂，1999年9月，261-264頁
フツウ【普通】 進藤咲子「「普通」と「通俗」」『近代語研究』6，近代語研究会，1980年6月，489-518頁
進藤咲子「「普通」と「通俗」」『明治時代語の研究；語彙と文章』，明治書院，1981年11月，2-24頁
惣郷正明・飛田良文「普通」『明治のことば辞典』，東京堂出版，1986年12月，502-503頁
西原千博「堀辰雄試解　1―〈特殊〉と〈普通〉」『静岡英和女学院短期大学紀要』19，静岡英和女学院短期大学，1987年2月，25-34頁
佐藤茂「普通と普通語と　このごろ思ひしこと若干」『国語国文学』30，福井大学，1991年3月，1-17頁

陳力衛「「普通」と「一般」」『和製漢語の形成と展開』，汲古書院，2001年2月，355頁
小笠原拓・船寄俊雄「近代国語科成立期における「普通」概念の検討」『神戸大学発達科学部研究紀要』9—1，神戸大学発達科学部，2001年9月，65-76頁
高橋圭介「類義語「普通」と「一般」の意味分析」『日本語教育』122，日本語教育学会，2004年7月，22-31頁
Federico Masini「普通」*The Formation of Modern Chinese Lexicon and its Evolution toward a National Language*(李廷宰訳)，소명出版，2005年11月，272頁
フツウガク【普通学】 惣郷正明・飛田良文「普通学」『明治のことば辞典』，東京堂出版，1986年12月，503-504頁
フツウセンキョ【普通選挙】 惣郷正明・飛田良文「普通選挙」『明治のことば辞典』，東京堂出版，1986年12月，504頁
ブッカ【物貨】 高野繁男「『百科全書』の訳語」『近代漢語の研究—日本語の造語法・訳語法』，明治書院，2004年11月，108頁
フッカツ【復活】 気仙友恵「日本正教会邦訳聖書の国語学的位置付け—天使復活を中心に」『玉藻』26，フェリス女学院大学国文学会，1991年3月，65-78頁
ブツギ【物議】 惣郷正明・飛田良文「物議」『明治のことば辞典』，東京堂出版，1986年12月，504-505頁
ブッケン【物件】 渡辺萬蔵「物件」『現行法律語の史的考察』，萬理閣書房，1930年12月，107頁
佐藤喜代治「物件」『日本の漢語』，角川書店，1979年10月，434-436頁
惣郷正明・飛田良文「物件」『明治のことば辞典』，東京堂出版，1986年12月，505-506頁
鄭英淑「物件」『津田真道の訳語研究』，国際基督教大学提出博士論文，2004年9月，213-225頁
フッコウ【復興】 槌田満文「復興」『明治大正新語・流行語』，角川書店，1983年6月，256-257頁
ブッシツ【物質】 高野繁男「『哲学字彙』の訳語」『近代漢語の研究—日本語の造語法・訳語法』，明治書院，2004年11月，67頁
Federico Masini「物質」*The Formation of Modern Chinese Lexicon and its Evolution toward a National Language*(李廷宰訳)，소명出版，2005年11月，266頁
佐藤亨「物質」『現代に生きる幕末・明治初期漢語辞典』，明治書院，2007年6月，733-734頁
ブッシツシュギ【物質主義】 樺島忠雄・飛田良文・米川明彦「物質主義」『明治大正新語俗語辞典』，東京堂出版，1984年5月，270-271頁
佐藤亨「物質主義」『現代に生きる幕末・明治初期漢語辞典』，明治書院，2007年6月，733頁
ブッシツテキ【物質的】 惣郷正明・飛田良文「物質的」『明治のことば辞典』，東京堂出版，1986年12月，506頁
ブッショク【物色】 惣郷正明・飛田良文「物色」『明治のことば辞典』，東京堂出版，1986年12月，506-507頁
フッソ【弗素】 竹本喜一・金岡喜久子「元素名のルーツを訪ねる」『化学語源ものがたり』，東京化学同人，1986年3月，6頁
ブッソウ【物騒】 岩淵悦太郎「物騒と出張」『語源散策』，毎日新聞社，1974年10月，161-163頁
ブッタイ【物体】 佐藤亨『近世語彙の研究』，桜楓社，1983年6月，32頁
フッテン【沸点】 斎藤静「沸点」『日本語に及ぼしたオランダ語の影響』，篠崎書林，1967年8月，111-112頁
惣郷正明・飛田良文「沸点」『明治のことば辞典』，東京堂出版，1986年12月，507頁
沈国威『近代日中語彙交流史—新漢語の生成と受容』，笠間書院，1994年3月，343-344

頁
ブツリ【物理】 鈴木修次「「心理」と「物理」」『文明のことば』，文化評論出版，1981年3月，173-209頁
佐藤亨『近世語彙の研究』，桜楓社，1983年6月，200頁
樺島忠雄・飛田良文・米川明彦「物理」『明治大正新語俗語辞典』，東京堂出版，1984年5月，271頁
惣郷正明・飛田良文「物理」『明治のことば辞典』，東京堂出版，1986年12月，507頁
沈国威『近代日中語彙交流史―新漢語の生成と受容』，笠間書院，1994年3月，92頁
中村国光「科学史入門：日本における「物理」という述語の形成過程」『科学史研究』第228号，日本科学史学会，2003年冬，218-222頁
馮天瑜『新語探源』，中華書局，2004年10月，602-607頁
冯天瑜「侨词来归与近代中日文化互动—以「卫生」「物理」「小说」」(逆輸入の用語と近代中日の文化交渉―「衛生」「物理」「小説」を例に)『武汉大学学报哲学社会科学版』2005年1期，2005年1月，15-21頁
徐水生「哲学概念の訳語創出と転用」『近代日本の知識人と中国哲学』，東方書店，2008年10月，46-49頁
ブツリガク【物理学】 石井研堂「物理学の述語」『増補改訂　明治事物起源』上巻，春陽堂書店，1944年11月，569頁
杉本つとむ「近代語の形成―訳語をとおしてみた」『国語と国文学』1967年4月特集号，東京大学国語国文学会，1967年4月，11-22頁
惣郷正明・飛田良文「物理学」『明治のことば辞典』，東京堂出版，1986年12月，508頁
田本健一「物理学」『ことばコンセプト事典』，第一法規出版，1992年12月，1514-1523頁
Zhang Rongmei「日本における‘物理学’という訳語の形成：日中両国文化及び訳語の交流を中心とする」『社会環境研究』2，金沢大学，1997年3月，83-95頁
杉本つとむ「明治初期，〈窮理学〉と〈物理学〉」『近代日本語の成立と発展』，八坂書房，1999年5月，332-339頁
周程「福沢諭吉の科学概念―窮理学・物理学・数理学を中心にして」『科学史研究』第211号，日本科学史学会，1999年秋，154-164頁
陳力衛「中国への逆輸入」『和製漢語の形成と展開』，汲古書院，2001年2月，281頁
高野繁男「『百科全書』の訳語「科学」「天文学」「物理学」による2」『神奈川大学言語研究』24，神奈川大学言語研究センター，2003年3月，33-54頁
Federico Masini「物理学」*The Formation of Modern Chinese Lexicon and its Evolution toward a National Language*(李廷宰訳)，소명出版，2005年11月，162頁
冯天瑾「“物理学”之辨析」(中国における「物理学」という用語について)『语义的文化变迁』，武汉大学出版社，2007年10月，456-461頁
ブトウカイ【舞踏会】 湯本豪一「舞踏会」『図説明治事物起源事典』，柏書房，1996年11月，196-197頁
フドウサン【不動産】 石井研堂「動産不動産の語」『増補改訂　明治事物起源』上巻，春陽堂書店，1944年11月，187頁
沈国威『近代日中語彙交流史―新漢語の生成と受容』，笠間書院，1994年3月，19頁
Federico Masini「不動産」*The Formation of Modern Chinese Lexicon and its Evolution toward a National Language*(李廷宰訳)，소명出版，2005年11月，273頁
ブドウシュ【葡萄酒】 斎藤静「葡萄酒」『日本語に及ぼしたオランダ語の影響』，篠崎書林，1967年8月，277-278頁
安達巌「葡萄酒」『日本食物文化の起源』，自由国民社，1981年5月，280-281頁
湯本豪一「葡萄酒」『図説明治事物起源事典』，柏書房，1996年11月，298-299頁

ブトウビョウ【舞踏病】 杉本つとむ「近代訳語を検証する 13　子宮衝逆・舞踏病」『国文学　解釈と鑑賞』69—9，至文堂，2004年9月，172–177頁

フトン【蒲団】 郡千寿子「「蒲団」をめぐって—漢字表記とその背景」『国語文字史の研究』5，和泉書院，2000年5月，107–125頁

フハイ【腐敗】 佐藤亨『近世語彙の歴史的研究』，桜楓社，1980年10月，352頁

フビン【不憫】 松尾聡「中古語「ふびんあり」の語意」『中古語「ふびんあり」の語意』，笠間書院，2001年3月，3–163頁

フビン【不便】 田島優「不便考—同表記衝突」『愛知県立大学文学部論集国文学科』37，愛知県立大文学部，1989年2月，95–111頁

田島優「大鏡の「不便」・「ふひん」—古本系を中心として」『名古屋大学国語国文学』65，名古屋大学国語国文学会，1989年12月，41–53頁

橋本博幸「平安和文作品におけるフビン—「不便」と「ビンナシ便無し」の意味」『文芸研究』123，日本文芸研究会，1990年1月，33–42頁

大谷伊都子・斎藤由美子「中世における「フビン」不便について—「ビンナシ」便なし」との比較から」『梅花短大国語国文』6，梅花短期大学国語国文学会，1993年10月，11–24頁

田島優「『大鏡』の「不便」・「ふひん」」『近代漢字表記語の研究』，和泉書院，1998年11月，199–216頁

フフク【不服】 佐藤亨『近世語彙の研究』，桜楓社，1983年6月，173頁

フヘン【普遍】 岩谷光雅「普遍・個別」『ことばコンセプト事典』，第一法規出版，1992年12月，1524–1531頁

フヘンセイ【普遍性】 惣郷正明・飛田良文「普遍性」『明治のことば辞典』，東京堂出版，1986年12月，508頁

フヘンテキ【普遍的】 惣郷正明・飛田良文「普遍的」『明治のことば辞典』，東京堂出版，1986年12月，508頁

フホウコウイ【不法行為】 吉田裕清「「公序良俗」」『翻訳語としての日本の法律用語』，中央大学出版局，2004年11月，157–168頁

フヨウ【不用】 文化庁「「不用」と「不要」の使い分け」『言葉に関する問答集』，大蔵省印刷局，1995年3月，73–74頁

ブヨウ【舞踊】 韓慧里「무용이란 무엇인가? 辭典에 나타난 舞踊의 概念과 定義」(「舞踊」とは何—辞書に現れた舞踊の概念とその定着)『舞踊學會論文集』11，大韓舞踊學會，1989年11月，191–207頁

フランク【仏郎機】 春山行夫「近代用語の系統 3」『言語生活』187，筑摩書房，1966年8月，76–81頁

フランス【仏蘭西】 春山行夫「近代用語の系統　11」『言語生活』190，筑摩書房，1967年7月，74–79頁

フリョウ【不良】 塩田丸男「不良」『死語読本』，白水社，1994年7月，215–217頁

フリョウショウネン【不良少年】 樺島忠雄・飛田良文・米川明彦「不良少年」『明治大正新語俗語辞典』，東京堂出版，1984年5月，274–275頁

山田俊雄「不良少年」『詞苑間歩』下，三省堂，1999年9月，158–161頁

ブン【分】 斎藤静「分」『日本語に及ぼしたオランダ語の影響』，篠崎書林，1967年8月，159–160頁

内田慶市「近代中国語における「時」の表現に関するノート」『或問』16，近代東西言語文化接触研究会，2009年7月，158–159頁

フンイキ【雰囲気】 樺島忠雄・飛田良文・米川明彦「雰囲気」『明治大正新語俗語辞典』，東京堂出版，1984年5月，276–277頁

惣郷正明・飛田良文「雰囲気」『明治のことば辞典』，東京堂出版，1986年12月，510–511頁

前田富祺監修「雰囲気」『日本語語源大辞典』，

小学館，2005年4月，985頁

ブンカ【文化】 唐木順三「文化という言葉」『言語生活』4，筑摩書房，1952年1月，70–72頁

佐藤喜代治「漢語の源流—『万法精理』の訳語について(三)」『国語語彙史の歴史的研究』，明治書院，1971年11月，357頁

鈴木修次「「文化」と「文明」」『文明のことば』，文化評論出版，1981年3月，33–68頁

一海知義「文化」『漢語の知識』，岩波書店，1981年7月，39–43頁

濱口恵俊「日本文明と日本文化」『比較文明』1，比較文明学会，1985年1月，179–192頁

惣郷正明・飛田良文「文化」『明治のことば辞典』，東京堂出版，1986年12月，511–512頁

森一貫「大正期の「文化」概念：「文化主義」をめぐって」『日本文化史研究』12，帝塚山大学，1990年1月，93–112頁

佐藤洋子「「文明」と「文化」の変容」『早稲田大学日本語教育研究センター紀要』3，早稲田大学日本語教育センター，1991年3月，45–73頁

福田逸「文化」『ことばコンセプト事典』，第一法規出版，1992年12月，1532–1545頁

柳父章「「文明」の由来」『文化』〈一語の辞典〉，三省堂，1995年12月

김영철「文化概念의 教育学的解釈」(文化概念の教育学的解釈)『教育人類学研究』1—1，韓国教育人類学会，1998年7月，1–19頁

三浦徹明「日本語としての「文化」「文明」の語義・概念—中国語・英語などとの比較のもとに」『拓殖大学日本語紀要』13，拓殖大学日本文化研究所，2003年3月，145–153頁

馮天瑜『新語探源』，中華書局，2004年10月，565–572頁

杉本つとむ「文化」『語源海』，東京書籍，2005年3月，539–540頁

前田富祺監修「文化」『日本語語源大辞典』，小学館，2005年4月，987頁

黄兴涛「晚清民初现代“文明”和“文化”概念的形成及其历史实践」(清末民国初期における「文明」「文化」概念の形成とその歴史的実践)『近代史研究』2006年第06期，中国社会科学院近代史研究所，2006年6月，1–35頁

佐藤亨「文化」『現代に生きる幕末・明治初期漢語辞典』，明治書院，2007年6月，739頁

黄兴涛「晚清民初现代“文明”和“文化”概念的形成及其历史实践」(清末民国初期における「文明」「文化」概念の形成とその歴史的実践)『语义的文化变迁』，武汉大学出版社，2007年10月，174–229頁

原知章「文化概念を再考する—文化経済学，文化心理学，文化人類学の対話を通して」『文化経済学』6，文化経済学会，2008年3月，3–11頁

金采洙「문화와 과정학」(文化と過程学)『글로벌 문화이론 과정학』(グローバル文化理論過程学)，高麗大出版部，2009年3月，459–559頁

ブンカザイ【文化財】 日本地学研究会「「文化財」の由来」『月刊文化財』43，文化庁文化財保護部，1967年4月，4–6頁

ブンカジュウタク【文化住宅】 槌田満文「文化住宅」『明治大正風俗語典』，角川書店，1979年11月，90–91頁

樺島忠雄・飛田良文・米川明彦「文化住宅」『明治大正新語俗語辞典』，東京堂出版，1984年5月，279頁

大泉志郎・大塚栄寿・永沢道雄「文化住宅」『現代死語事典』，朝日ソノラマ，1993年11月，310–311頁

ブンカ【文科】 Federico Masini「文科」*The Formation of Modern Chinese Lexicon and its Evolution toward a National Language*(李廷宰訳)，소명出版，2005年11月，161頁

ブンカイ【分解】 惣郷正明・飛田良文「分解」『明治のことば辞典』，東京堂出版，1986年12月，512頁

高野繁男「『哲学字彙』の訳語」『近代漢語の研

究―日本語の造語法・訳語法』，明治書院，2004年11月，63頁

ブンガク【文学】 渡辺萬蔵「文学」『現行法律語の史的考察』，萬理閣書房，1930年12月，141頁

和田繁二郎「明治初期に於ける「文学」の概念」『立命館大学人文科学研究所紀要』13，立命館大学人文科学研究所，1963年3月，93-118頁

加藤周一「文学の概念についての仮説」『文学』32―5，岩波書店，1964年5月，37-50頁

趙東一「開化期 文學의 개념과 特性」(韓国開化期の文学概念とその特徴)『국어국문학』68・69，國語國文學會韓國，1975年9月，314-317頁

千葉宣一「進化論と文学」『近代文学 1 黎明期の近代文学』三好行雄編，有斐閣，1978年3月，208頁

鈴木修次「漢語の短落語」『漢語と日本人』，みすず書房，1978年9月，271頁

大野透「「文学」なる語をめぐって―翻訳語の再検討」『精華女子短大紀要』8，精華女子短大学，1980年3月，27-35頁

杉本令美「文学の概念について―西尾実と加藤周一の場合」『国語教育研究』26―上，朝倉書店，1980年11月，341-350頁

鈴木修次「「政治と「文学」」『文明のことば』，文化評論出版，1981年3月，98-137頁

磯田光一「鹿鳴館の系譜―訳語「文学」の誕生」『文学界』35―8，冬至書房新社，1981年8月，152-165頁

永嶋大典「英和辞書の訳語―明治前期の文学用語をめぐって」『講座日本語の語彙 ⑥』，明治書院，1982年2月，46頁

横井博「文学，文章，文芸」『講座日本語の語彙 ⑪』，明治書院，1983年6月，180-184頁

鈴木修次「「文学」の訳語の誕生と日・中文学」『中国文学の比較文学的研究』古田敬一編，汲古書院，1986年3月

惣郷正明・飛田良文「文学」『明治のことば辞典』，東京堂出版，1986年12月，512-514頁

興膳宏『中国の文学理論』，筑摩書房，1988年9月，452頁

平野和彦「文学」『ことばコンセプト事典』，第一法規出版，1992年12月，1546-1559頁

鈴木貞美「日本における「歴史」の歴史」『日本研究』35，国際日本文化研究センター，1997年5月，379-382頁

黄鍾淵「문학이라는 譯語：『문학이란 何오』혹은 한국 근대 문학론의 성립에 관한 고찰」(文学という訳語―『文学とは何ぞや』または韓国の近代文学論に成立についての一考察)『東岳語文論集』32，東岳語文學會，1997年12月，457-480頁

李征「中国・日本の近代における「文学」という翻訳語の成立―清末上海滞在のイギリス人宣教師エドキンスによる「希臘為西国文学之祖」の執筆をめぐって―」『比較文学』40，日本比較文学会，1998年3月，7-20頁

鈴木貞美『日本の「文学」概念』，作品社，1998年10月，431頁

張厚泉「漢字漢語についての一考察―「文学」という近代漢語の意味形成」『言語と交流』2，言語と交流研究会，1999年3月，109-125頁

鈴木貞美「『日本文学』という概念及び古典評価の変遷―万葉，源氏，芭蕉をめぐって」『文学における近代；転換期の諸相』井波律子・井上章一編，国際日本文化研究センター，2001年3月，13-45頁

木村一「漢字の履歴―文学」『月刊しにか』13―8，大修館書店，2002年7月，72頁

森田宇一「近代日本における文学概念の定着」『日本における「芸術」概念の誕生と死』，研究報告書平成11―14年度科学研究費補助金，2003年3月，25-46頁

김동식「개화기의 문학 개념에 관하여」(開化期の文学概念について)『国際語文』29，国際語文学会，2003年12月，89-117頁

馮天瑜『新語探源』，中華書局，2004年10月，362-362頁

김현주「근대 개념어 연구의 동향과 성과」(近代概念についての研究動向及びその成果)『상허학보』19，상허학회，2007年2月，205-241頁

中島敏夫「關于"文學"的概念改訂稿」『文明21』20，愛知大学国際コミュニケーション学会，2008年3月，1-20頁

ブンガクシ【文学士】 石井研堂「文学士の始」『増補改訂　明治事物起源』上巻，春陽堂書店，1944年11月，657-657頁

ブンギョウ【分業】 進藤咲子「小幡篤次郎の英氏経済論の訳語」『明治時代語の研究；語彙と文章』，明治書院，1981年11月，103-104頁

惣郷正明・飛田良文「分業」『明治のことば辞典』，東京堂出版，1986年12月，514-515頁

高野繁男「『百科全書』の訳語」『近代漢語の研究—日本語の造語法・訳語法』，明治書院，2004年11月，108頁

ブンゲイ【文芸】 横井博「文学，文章，文芸」『講座日本語の語彙 ⑪』，明治書院，1983年6月，180-184頁

惣郷正明・飛田良文「文芸」『明治のことば辞典』，東京堂出版，1986年12月，515頁

ブンゲイガク【文芸学】 森谷宇一「「日本文芸学」について」『芸術学の日本近代—その歴史と展望』，研究報告書平成12—13年度科学研究費補助金，2003年3月，37-46頁

ブンケン【文献】 平沢東貫「「文献」考」『山形女子短期大学紀要』1，山形女子短期大学，1967年3月，12-19頁

ブンゲン【分限】 小野正弘「近世における「ブンゲン」と「プゲン」二重形における中立およびプラスの意味」『国語語彙史の研究』10，和泉書院，1989年12月，345-370頁

ブンコ【文庫】 新村出「語源をさぐる2」『新村出全集4』，筑摩書房，1971年9月，390-398頁

桜井豪人「翻訳語としての「文庫」と「写字台」—絵入り単語集を利用した翻訳語研究の一例として」『人文コミュニケーション学科論集』3，茨城大学人文学部，2007年9月，1-12頁

杉本つとむ「連載；近代訳語を検証する50　図書館，文庫，植民地，民主主義，内閣」『国文学　解釈と鑑賞』72—10，至文堂，2007年10月，213-221頁

ブンコバン【文庫版】 鈴木徳三「小型版・文庫本の呼称沿革考前」『大妻女子大学文学部紀要』18，大妻女子大文学部，1986年3月，1-15頁

ブンコボン【文庫本】 紀田順一郎「文庫本」『近代事物起源事典』，東京堂出版，1992年9月，215-216頁

ブンゴウ【文豪】 橋浦兵一「「文豪」・その文章」『作家の育てたことば　近代文学の表題語』，南雲堂，1985年5月，80-97頁

ブンサン【分散】 竹本喜一・金岡喜久子「化学のことばいろいろ」『化学語源ものがたり』，東京化学同人，1986年3月，145頁

浅野敏彦「漢語『分散』について—戦時下の一漢語」『国語語彙史の研究』18，和泉書院，1999年3月，285-297頁

ブンシ【分子】 斎藤静「分子」『日本語に及ぼしたオランダ語の影響』，篠崎書林，1967年8月，160-161頁

樺島忠雄・飛田良文・米川明彦「分子」『明治大正新語俗語辞典』，東京堂出版，1984年5月，280頁

菅原国香・中村国光・板倉聖宣「atomの訳語の形成過程」『科学史研究』第157号，日本科学史学会，1986年5月，34-45頁

惣郷正明・飛田良文「分子」『明治のことば辞典』，東京堂出版，1986年12月，515-516頁

竹本喜一・金岡喜久子「化学のことばア・ラ・カルト」『化学語源ものがたり』part2，東京化学同人，1990年4月，54頁

杉本つとむ「連載；近代訳語を検証する 30　光線・分子／焼点・焦点」『国文学　解釈と鑑賞』71—2，至文堂，2006年2月，185-189

頁
ブンシュウ【文集】 神鷹徳治「「文集」は「もんじゅう」か「ぶんしゅう」か(上)・(下)」『高校通信東書国語』290，東京書籍，1989年2月，20-23頁
ブンショウ【文章】 一海知義「文章」『漢語の知識』，岩波書店，1981年7月，44-47頁
横井博「文学，文章，文芸」『講座日本語の語彙 ⑪』，明治書院，1983年6月，180-184頁
ブンジン【文人】 小西甚一「文人とは何か」『言語と文芸』912，おうふう，1967年3月，34-42頁
フンスイ【噴水】 佐藤亨『近世語彙の研究』，桜楓社，1983年6月，128頁
ブンセキ【分析】 惣郷正明・飛田良文「分析」『明治のことば辞典』，東京堂出版，1986年12月，516-517頁
フンソウ【紛争】 佐藤亨「『万国公法』の語彙」『幕末・明治初期語彙の研究』，桜楓社，1986年2月，188-189頁
ブンタイ【文体】 永嶋大典「英和辞書の訳語―明治前期の文学用語をめぐって」『講座日本語の語彙 ⑥』，明治書院，1982年2月，49頁
中村明「「文体」概念の変遷―近代的文体論の成立まで」『辻村敏樹教授古希記念　日本語史の諸問題』，明治書院，1992年3月，526-542頁
ブンタイ【分隊】 佐藤亨「『玉石志林』の語彙(二)」『幕末・明治初期語彙の研究』，桜楓社，1986年2月，316-317頁
ブンテン【文典】 惣郷正明・飛田良文「文典」『明治のことば辞典』，東京堂出版，1986年12月，517-518頁
フンド【憤怒】 梶原滉太郎「ことばの相談室「憤怒」は「ふんど」か「ふんぬ」か」『言語生活』297，筑摩書房，1976年6月，92-93頁
ブンパイ【分配】 渡辺萬蔵「分配」『現行法律語の史的考察』，萬理閣書房，1930年12月，170頁
ブンピツ【分泌】 惣郷正明・飛田良文「分泌」『明治のことば辞典』，東京堂出版，1986年12月，518-519頁
兪鳴蒙「訳語「分泌」と「滲出」の成立について」『国語語彙史の研究』17，和泉書院，1998年10月，235-259頁
ブンブツ【文物】 惣郷正明・飛田良文「文物」『明治のことば辞典』，東京堂出版，1986年12月，519頁
ブンベン【分娩】 佐藤亨「「分娩」という語の定着」『近世語彙の歴史的研究』，桜楓社，1980年10月，402-423頁
ブンポウ【文法】 佐藤亨「「文法」の語誌」『佐藤喜代治教授退官記念　国語学論集』，桜楓社，1976年6月，419-439頁
馮天瑜『新語探源』，中華書局，2004年10月，371頁
Federico Masini「文法」*The Formation of Modern Chinese Lexicon and its Evolution toward a National Language*(李廷宰訳)，소명出版，2005年11月，264頁
邹振环「翻译大师笔下的英文文法书―严复与『英文汉诂』」(翻訳大家の厳復と英語文法本『英文漢詁』の編纂)『复旦学(报社会科学版)』2007年第03期，2007年3月，51-60頁
佐藤亨「文法」『現代に生きる幕末・明治初期漢語辞典』，明治書院，2007年6月，743-744頁
ブンミャク【文脈】 平林文雄「「国家」「想像」，そして「文脈」―語誌研究ノート」『群馬県立女子大学国文学研究』3，群馬県立女子大，1983年3月，11-29頁
平林文雄「文脈，文理，修辞学」『講座日本語の語彙 ⑪』，明治書院，1983年6月，185-190頁
平林文雄「訳語・語誌研究9　文脈」『国語学研究論考』，和泉書院，1985年5月，91-108頁
ブンミン【文民】 上原行雄「civilの概念と訳語に関する覚え書」『一橋大学社会科学古典資料センター年報』7，一橋大学社会科学

古典資料センター，1987年3月，5-8頁
ブンメイ【文明】 鈴木修次「「文化」と「文明」」『文明のことば』，文化評論出版，1981年3月，33-68頁
濱口恵俊「日本文明と日本文化」『比較文明』1，比較文明学会，1985年1月，179-192頁
惣郷正明・飛田良文「文明」『明治のことば辞典』，東京堂出版，1986年12月，520-521頁
佐藤洋子「「文明」と「文化」の変容」『早稲田大学日本語教育研究センター紀要』3，早稲田大学日本語教育センター，1991年3月，45-73頁
福田逸「文明」『ことばコンセプト事典』，第一法規出版，1992年12月，1560-1569頁
柳父章「「文明」の由来」『文化』〈一語の辞典〉，三省堂，1995年12月
柳父章「「文明」概念の見直しから」『比較文明』16，比較文明学会，2000年3月，19-239頁
沈国威「『文明』と『野蛮』の話」『泊園』39，関西大学泊園文庫，2000年3月，3-29頁
三浦徹明「日本語としての「文化」「文明」の語義・概念—中国語・英語などとの比較のもとに」『拓殖大学日本語紀要』13，拓殖大学日本文化研究所，2003年3月，145-153頁
馮天瑜『新語探源』，中華書局，2004年10月，565-572頁
黄兴涛「晚清民初现代“文明”和“文化”概念的形成及其历史实践」(清末民国初期における「文明」「文化」概念の形成とその歴史的実践)『近代史研究』2006年第6期，中国社会科学院近代史研究所，2006年6月，1-35頁
黄兴涛「晚清民初现代“文明”和“文化”概念的形成及其历史实践」(清末民国初期における「文明」「文化」概念の形成とその歴史的実践)『语义的文化变迁』，武汉大学出版社，2007年10月，174-229頁
김진숙「『독립신문』・『매일신문』에 수용된 문명／야만 담론의 의미 층위」(『独立新聞』・『毎日新聞』に受容された文明と野蛮)『近代啓蒙期 知識概念의 受容과 그 変容』，소명출판，2008年6月，59-95頁
황수영「대립개념과 보완 개념을 통해 추적한 문명개념의 변천과정」(対立概念及び補完概念を通して見た文明概念の変遷過程)『概念과 疎通』2，翰林大翰林科學院，2008年12月，5-31頁
河英善「근대 한국의 문명 개념 도입사(近代韓国の文明概念導入史)」『근대한국의 사회과학 개념 형성사(近代韓国における社会科学関連概念の形成史)』，創批，2009年4月，36-65頁
ブンメイカイカ【文明開化】 久世善男「文明開化」『言葉のなづけ親—翻訳に見る文明開化』，朝日ソノラマ，1975年11月，183-187頁
槌田満文「文明開化」『明治大正新語・流行語』，角川書店，1983年6月，26-28頁
惣郷正明・飛田良文「文明開化」『明治のことば辞典』，東京堂出版，1986年12月，522頁
牧原憲夫「文明開化論」『岩波講座日本通史』，岩波書店，1994年1月，249-290頁
米川明彦「文明開化」『明治・大正・昭和の新語・流行語辞典』，三省堂，2002年1月，7頁
金栄作「朝鮮朝末期の西欧受容と伝播様相に関する実証研究」『日韓共同研究叢書16「文明」「開化」「平和」』，慶応義塾大学出版会，2006年3月，66-76頁
ブンメイロン【文明論】 함동주「근대일본의 문명론과 그 이중성—청일전쟁까지를 중심으로」(近代日本の文明論とその二重性—日清戦争までを中心に)『近代啓蒙期 知識概念의 受容과 그 変容』(近代啓蒙期における知識概念の受容とその変容)，소명出版，2008年6月，363-392頁
ブンリ【文理】 平林文雄「文脈，文理，修辞学」『講座日本語の語彙 ⑪』，明治書院，1983年6月，185-190頁
ブンレツ【分裂】 佐藤亨『近世語彙の歴史的研究』，桜楓社，1980年10月，360-361頁

へ

ヘイガイ【弊害】 高野繁男「『百科全書』の訳語」『近代漢語の研究―日本語の造語法・訳語法』，明治書院，2004年11月，109頁

ヘイガッコウ【兵学校】 佐藤亨「兵学校」『現代に生きる幕末・明治初期漢語辞典』，明治書院，2007年6月，746頁

ヘイキ【平気】 佐藤亨「平気，自若」『講座日本語の語彙 ⑪』，明治書院，1983年6月，191-194頁

ヘイキ【併記】 文化庁「「併記」か「並記」か」『言葉に関する問答集』，大蔵省印刷局，1995年3月，108-109頁

ヘイコウ【平行】 佐藤亨「『玉石志林』の語彙(一)」『幕末・明治初期語彙の研究』，桜楓社，1986年2月，283-285頁

文化庁「「平行」と「並行」の使い分け」『言葉に関する問答集』，大蔵省印刷局，1995年3月，48頁

ヘイコウ【閉口】 佐藤亨「閉口，開口，屈服」『講座日本語の語彙 ⑪』，明治書院，1983年6月，195-199頁

ヘイゴウ【併合】 米川明彦「併合」『明治・大正・昭和の新語・流行語辞典』，三省堂，2002年1月，90-91頁

ベイコク【米国】 荒尾禎秀「米国，亜米利加，米利堅，亜国」『講座日本語の語彙 ⑪』，明治書院，1983年6月，199-203頁

吉沢洋美「日本語の表記の変遷についての考察1」『帝京国文学』1，帝京大学国語国文学会，1994年9月，229-238頁

孫建軍「「米国」の成立」『国際基督教大学博士論文』，国際基督教大学，2003年1月，97-125頁

佐藤亨「米国」『現代に生きる幕末・明治初期漢語辞典』，明治書院，2007年6月，747頁

ヘイサ【閉鎖】 松井利彦「第5章　漢語辞書のことば」『近代漢語辞書の成立と展開』，笠間書院，1990年11月，360頁

ヘイセイ【平成】 戸川芳郎「「平成」ということ(上)」『UP』203，東京大学出版会　UP係，1989年9月，1-5頁

戸川芳郎「「平成」ということ(中)」『UP』204，東京大学出版会　UP係，1989年10月，11-15頁

戸川芳郎「「平成」ということ(下)」『UP』205，東京大学出版会　UP係，1989年11月，28-33頁

戸川芳郎「「平成」ということ(下の下)」『UP』206，東京大学出版会　UP係，1989年12月，22-29頁

戸川芳郎「元号「平成」」攷『二松学舎大学大学院紀要』11，二松学舎大学大学院，1997年3月，329-375頁

ヘイタイ【兵隊】 湯本豪一「兵隊」『図説明治事物起源事典』，柏書房，1996年11月，350-351頁

ヘイボン【平凡】 橋浦兵一「平凡」『講座日本語の語彙 ⑥』，明治書院，1982年2月，223-232頁

ヘイミン【平民】 渡辺萬蔵「平民」『現行法律語の史的考察』，萬理閣書房，1930年12月，129頁

石井研堂「平民の称の始」『増補改訂　明治事物起源』上巻，春陽堂書店，1944年11月，107-108頁

佐藤亨「『泰西国法論』の訳語」『幕末・明治初期語彙の研究』，桜楓社，1986年2月，358-359頁

惣郷正明・飛田良文「平民」『明治のことば辞典』，東京堂出版，1986年12月，522頁

塩田丸男「平民」『死語読本』，白水社，1994年7月，224-226頁

ヘイメン【平面】 佐藤亨『近世語彙の研究』，桜楓社，1983年6月，29頁

ヘイメンズ【平面図】 惣郷正明・飛田良文「平面図」『明治のことば辞典』，東京堂出

版，1986年12月，523頁

ヘイワ【平和】 惣郷正明・飛田良文「平和」『明治のことば辞典』，東京堂出版，1986年12月，523-524頁

高野繁男「『哲学字彙』の訳語」『近代漢語の研究―日本語の造語法・訳語法』，明治書院，2004年11月，63頁

張寅性「近代韓国の平和観念―「東洋平和」の理想と現実」『日韓共同研究叢書11　韓国・日本・「西洋」』，慶応義塾大学出版会，2005年3月，43-86頁

河英善「근대 한국의 평화 개념 도입사(近代韓国における平和概念導入史)」『근대한국의 사회과학 개념 형성사(近代韓国における社会科学関連概念の形成史)』，創批，2009年4月，207-248頁

ページ【頁】 広田栄太郎「「頁」「弗」講義」『近代訳語考』，東京堂出版，1969年8月，213-242頁

惣郷正明・飛田良文「頁」『明治のことば辞典』，東京堂出版，1986年12月，524頁

ベッピン【別品・別嬪】 石井久雄「別品・別嬪」『講座日本語の語彙 ⑪』，明治書院，1983年6月，208-212頁

米川明彦「近代語彙考証9 別品とシャン」『日本語学』2―12，明治書院，1983年12月，116-119頁

荒俣宏「別品」『事物珍起源』，東洋文庫，1989年10月，138-139頁

前田富祺監修「別品」『日本語語源大辞典』，小学館，2005年4月，993頁

ヘンアツキ【変圧器】 惣郷正明・飛田良文「変圧器」『明治のことば辞典』，東京堂出版，1986年12月，526頁

ヘンカク【変革】 佐藤亨『近世語彙の研究』，桜楓社，1983年6月，204頁

ベンギ【便宜】 李慶祥「「便利」「便宜」「利便」について」『日本語教育研究論纂』1，1983年8月，66-87頁

鄭萍「漢語「便宜」について―和漢語彙の交流の観点を中心に」『国語語彙史の研究』12，和泉書院，1992年7月，83-102頁

趙暁妮「便宜」『国語国文学』46，福井大学言語文化学会，2007年3月，44-32頁

ベンキョウ【勉強】 岩淵悦太郎「遠慮　勉強　馳走」『語源散策』，毎日新聞社，1974年10月，33-34頁

一海知義「勉強」『漢語の知識』，岩波書店，1981年7月，2-8頁

阪下圭八「勉強・勉勉強強及格了」『歴史のなかの言葉』，朝日新聞社，1989年6月，186-187頁

坂本浩一「近代漢語の一考察―洋学資料における「勉強」の用例から」『文芸と思想』60，福岡女子大学，1996年2月，139-151頁

山田俊雄「勉強」『詞苑間歩』下，三省堂，1999年9月，282-285頁

木村一「漢字の履歴―勉強」『月刊しにか』13―8，大修館書店，2002年7月，72頁

深澤助雄「「勉強」という訳語について」『人文科学研究』123，新潟大学人文学部，2008年10月，29-59頁

ベンゴシ【弁護士】 渡辺萬蔵「弁護士」『現行法律語の史的考察』，萬理閣書房，1930年12月，270頁

石井研堂「弁護士の始」『増補改訂　明治事物起源』上巻，春陽堂書店，1944年11月，206-207頁

紀田順一郎「弁護士」『近代事物起源事典』，東京堂出版，1992年9月，218-219頁

沈国威『近代日中語彙交流史―新漢語の生成と受容』，笠間書院，1994年3月，60頁

Federico Masini「弁護士」*The Formation of Modern Chinese Lexicon and its Evolution toward a National Language*(李廷宰訳)，소명出版，2005年11月，163頁

ヘンジ【返事】 佐藤宣男「返事・返辞」『講座日本語の語彙 ⑪』，明治書院，1983年6月，222-225頁

ベンシ【弁士】 惣郷正明・飛田良文「弁士」

『明治のことば辞典』，東京堂出版，1986年12月，526-527頁

ヘンシュウ【編集】 「放送用語としての「編集」及び「編成」について」『放送資料』16，日本民間放送連盟放送研究所，1964年，1-28頁

文化庁「「編集」と「編修」の使い分け」『言葉に関する問答集』，大蔵省印刷局，1995年3月，74-75頁

ヘンシュウキョウ【偏執狂】 沈国威『近代日中語彙交流史—新漢語の生成と受容』，笠間書院，1994年3月，345頁

ベンショウホウ【弁証法】 樺島忠雄・飛田良文・米川明彦「弁証法」『明治大正新語俗語辞典』，東京堂出版，1984年5月，284-285頁

惣郷正明・飛田良文「弁証法」『明治のことば辞典』，東京堂出版，1986年12月，527-528頁

今里智晃「弁証法」『ことばコンセプト事典』，第一法規出版，1992年12月，1570-1575頁

ヘンセイ【編成】 佐藤亨「『泰西国法論』の訳語」『幕末・明治初期語彙の研究』，桜楓社，1986年2月，433-434頁

文化庁「「編成」と「編制」の使い分け」『言葉に関する問答集』，大蔵省印刷局，1995年3月，49-50頁

ヘンセイ【編制】 惣郷正明・飛田良文「編制」『明治のことば辞典』，東京堂出版，1986年12月，528頁

ヘンソク【変則】 惣郷正明・飛田良文「変則」『明治のことば辞典』，東京堂出版，1986年12月，528-529頁

ヘンタイ【変態】 沈国威『近代日中語彙交流史—新漢語の生成と受容』，笠間書院，1994年3月，345-346頁

ベントウ【弁当】 加藤秀俊・熊倉功夫「弁当」『外国語になった日本語の事典』，岩波書店，1999年7月，213-217頁

杉本つとむ「弁当」『語源海』，東京書籍，2005年3月，547-548頁

ベントウ【便当】 鈴木博「抄物語彙考」『国文学攷』21，広島大学国語国文学会，1959年7月，33-41頁

ヘントウセン【扁桃腺】 杉本つとむ「扁桃腺」『語源海』，東京書籍，2005年3月，548頁

王敏東「「扁桃腺」ということばの成立について」『国語語彙史の研究』24，和泉書院，2005年3月，151-166頁

杉本つとむ「扁桃腺」『語源海』，東京書籍，2005年3月，548頁

沈国威「蘭学の訳語と新漢語の創出」『19世紀中国語の諸相』，雄松堂出版，2007年3月，243頁

杉本つとむ「連載；近代訳語を検証する 43 腺，膵臓，盲腸，扁桃腺，口蓋」『国文学解釈と鑑賞』72—3，至文堂，2007年3月，168-174頁

ベンリ【便利】 李慶祥「「便利」「便宜」「利便」について」『日本語教育研究論纂』1，1983年8月，66-87頁

ホ

ホアン【保安】 惣郷正明・飛田良文「保安」『明治のことば辞典』，東京堂出版，1986年12月，529頁

ホアンケイサツ【保安警察】 惣郷正明・飛田良文「保安警察」『明治のことば辞典』，東京堂出版，1986年12月，529-530頁

ホアンジョウレイ【保安条例】 石井研堂「保安条例の始」『増補改訂　明治事物起源』上巻，春陽堂書店，1944年11月，207-209頁

槌田満文「保安条例」『明治大正新語・流行語』，角川書店，1983年6月，95-97頁

湯本豪一「保安条例」『図説明治事物起源事典』，柏書房，1996年11月，78-79頁

ホイク【保育】 高橋巌「教育，教訓，養育，保育」『講座日本語の語彙 ⑨』，明治書院，1983年1月，309-311頁

国吉栄「「保育」という語をめぐっての歴史的考察」『日本保育学会大会研究論文集』36，日本保育学会，1983年5月，34-35頁

国吉栄「「保育」という語の成立に関する一考察：幼稚園草創期を再検討する試みの一環として」『日本保育学会大会研究論文集』48，日本保育学会，1995年5月，2-3頁

佐藤亨「保育」『現代に生きる幕末・明治初期漢語辞典』，明治書院，2007年6月，755頁

ホイクエン・――ショ【保育園・保育所】 高橋巌「幼稚園，託児所，保育園，保育所」『講座日本語の語彙 ⑨』，明治書院，1983年1月，309-311頁

高橋巌「幼稚園，託児所，保育園，保育所」『講座日本語の語彙 ⑪』，明治書院，1983年6月，328-331頁

ホウ【法】 松下貞三「「のり」から「法」へ」『漢語受容史の研究』，和泉書院，1987年10月，140-173頁

小林公司「法」『ことばコンセプト事典』，第一法規出版，1992年12月，1576-1583頁

吉田裕清「「法」と「権利」」『翻訳語としての日本の法律用語』，中央大学出版局，2004年11月，1-18頁

ホウ【～法】 朱京偉『近代日中新語の創出と交流―人文科学と自然科学の専門語を中心に』，白帝社，2003年10月，72頁

陳生保「～法」『中国と日本―言葉・文学・文化』，麗沢大学出版会，2005年5月，23頁

ホウアン【法案】 高野繁男「『明六雑誌』の語彙」『近代漢語の研究―日本語の造語法・訳語法』，明治書院，2004年11月，178頁

ホウイガク【法医学】 渡辺萬蔵「法医学」『現行法律語の史的考察』，萬理閣書房，1930年12月，246頁

石井研堂「法医学の始」『増補改訂　明治事物起源』上巻，春陽堂書店，1944年11月，562-563頁

ホウイン【法院】 佐藤亨「『万国公法』の語彙」『幕末・明治初期語彙の研究』，桜楓社，1986年2月，191-192頁

ボウエキ【貿易】 渡辺萬蔵「貿易」『現行法律語の史的考察』，萬理閣書房，1930年12月，68頁

進藤咲子「小幡篤次郎の英氏経済論の訳語」『明治時代語の研究；語彙と文章』，明治書院，1981年11月，81-82頁

佐藤亨『近世語彙の研究』，桜楓社，1983年6月，113頁

浅野敏彦「貿易と交易　明治初期における漢語の革新」『大阪成蹊女子短期大学研究紀要』24，大阪成蹊女子短期大学，1987年3月，97-106頁

浅野敏彦「特集；近・現代語の語源―「貿易」」『日本語学』12―7，明治書院，1993年6月，39-45頁

浅野敏彦「「貿易」と「交易」」『国語史の中の漢語』，和泉書院，1998年2月，127-144頁

前田富祺監修「貿易」『日本語語源大辞典』，小学館，2005年4月，999頁

ボウエキフウ【貿易風】 荒川清秀「「貿易風」語源考」『愛知大学文学論叢』105，愛知大学文学会，1994年3月，17-38頁

荒川清秀「日中で違いが生じた地理学用語―「貿易風」語源考」『近代日中学術用語の形成と伝播―地理学用語を中心に』，白帝社，1997年1月，191-208頁

荒川清秀「『六合叢談』の地理学用語」『『六合叢談』の学際的研究』，白帝社，1999年11月，49-71頁

杉本つとむ「近代訳語を検証する 8　望遠鏡・顕微鏡」『国文学　解釈と鑑賞』69―4，至文堂，2004年4月，203-210頁

荒川清秀「日中学术用语的创制和传播―以地理学用语为主」（日中学術用語の創生と伝播―地理学用語を中心に）『语义的文化变迁』，武汉大学出版社，2007年10月，95-96頁

ボウエンキョウ【望遠鏡】 斎藤静「望遠鏡」『日本語に及ぼしたオランダ語の影響』，篠崎書林，1967年8月，249-250頁
佐藤亨「『智環啓蒙塾課初歩』の訳語」『近世語彙の研究』，桜楓社，1983年6月，33-36頁
谷口知子「「望遠鏡」の語法について」『或問』1，近代東西言語文化接触研究会，2000年10月，17-34頁
杉本つとむ「近代訳語を検証する８　望遠鏡・顕微鏡」『国文学　解釈と鑑賞』69―4，至文堂，2004年4月，203-210頁
杉本つとむ「望遠鏡」『語源海』，東京書籍，2005年3月，548-549頁
佐藤亨「望遠鏡」『現代に生きる幕末・明治初期漢語辞典』，明治書院，2007年6月，756頁

ホウオウ【法王】 春山行夫「近代用語の系統7」『言語生活』186，筑摩書房，1967年3月，52頁

ホウオン【報恩】 金英順「『平家物語』にみる「孝養」と「報恩」―中世の語史から」『立教大学大学院日本文学論叢』6，立教大学大学院文学研究科日本文学専攻，2006年8月，123-142頁

ホウガク【法学】 渡辺萬蔵「法学」『現行法律語の史的考察』，萬理閣書房，1930年12月，247頁
石井研堂「法学の語の始」『増補改訂　明治事物起源』上巻，春陽堂書店，1944年11月，565頁
高野繁男「『明六雑誌』の和製漢語」『『明六雑誌』とその周辺』神奈川大学人文学研究所編，お茶の水書房，2004年3月，183頁
鄭英淑「法学」『津田真道の訳語研究』，国際基督教大学提出博士論文，2004年9月，226-244頁
馮天瑜『新語探源』，中華書局，2004年10月，404-405頁
鄭英淑「譯語'法學'の成立について」『日語日文學研究』51―1，韓国日語日文学会，2004年11月，61-76頁

ホウケン【封建】 冯天瑜「汉译佛教词语的确立」(漢訳仏教語の確立)『湖北大学学报哲学社会科学版』2003年2期，湖北大学学报编辑部，2003年2月，80-85頁
馮天瑜『新語探源』，中華書局，2004年10月，579-586頁
冯天瑜「近代日本"封建"概念的形成及中国历史分期的提出」(近代日本における「封建」概念の形成及び中国歴史の時代区分の提出)『华中师范大学学报人文社会科学版』2007年3期，华中师范大学学报自然科学版编辑部，2007年3月，70-77頁
孙秋云「"封建"的建构与解构―《"封建"考论》读后」(中国における「封建」という概念の移り変わりについて)『语义的文化变迁』，武汉大学出版社，2007年10月，444-449頁
张绪山「拨开近百年"封建"概念的迷雾―《"封建"考论》读后」(100年間続いた「封建」という概念の混乱を正す正論―《"封建"考论》を読んで)『语义的文化变迁』，武汉大学出版社，2007年10月，422-440頁
陈家琪「概念辨析的意义―《"封建"考论》读后」(「封建」という概念についての検討―《"封建"考论》を読んで)『语义的文化变迁』，武汉大学出版社，2007年10月，441-443頁
冯天瑜「清末民初学人"封建观"论析」(清末民初における学者の「封建論」についての論説)『江汉论坛』2008年2期，编辑部邮箱，2008年2月，87-93頁

ホウケンシャカイ【封建社会】 冯天瑜「"封建"概念辨析」(「封建」という概念についての考察)『社会科学战线』2006年5期，吉林省社会科学院，2006年5月，251-255頁
冯天瑜「日本明治时期"新汉语"的创制与入华」(日本明治期の「新漢語」の創出と中国への移入)『中国科技术语』2007年1期，杂志社，2007年1月，55-59頁
冯天瑜「日本明治时期"新汉语"的创制与入华(续)」(日本明治期の「新漢語」の創出と中国

への移入(続))『中国科技术语』2007年1期，杂志社，2007年2月，57-59頁
冯天瑜「近代新语的创制及其功用—《新语探源》后的思考」(近代新語の創出とその役割—『新語探源』刊行後の思考)『中国科技术语』2007年1期，杂志社，2007年3月，18-22頁
冯天瑜「近代中国人对新语入华的“迎”与“拒”」(日本語借用語に対する近代中国人の「受容」と「拒否」)『湖北大学学报哲学社会科学版』2007年3期，湖北大学学报编辑部，2007年3月，1-8頁
胡治洪「“封建社会”重辨与儒家思想再认—《“封建”考论》读后」(「封建社会」の再分析と儒家思想の再認識)『语义的文化变迁』，武汉大学出版社，2007年10月，450-455頁
冯天瑜「中国「封建社会」再认识」(中国の「封建社会」についての再認識)『史学月刊』2008年3期，河南省历史学会，2008年3月，5-8頁
ホウケンセイド【封建制度】 渡辺萬蔵「封建制度」『現行法律語の史的考察』，萬理閣書房，1930年12月，41頁
ホウゲン【方言】 W.グロータース「「方言」という言葉の起り」『言語の世界』1—2，言語研究学会，1983年，1頁
安田敏朗「方言」『国語と方言のあいだ』，人文書院，1999年5月，11-335頁
ボウケン【冒険】 広田栄太郎「「冒険」という語「探検」という語」『近代訳語考』，東京堂出版，1969年8月，263-280頁
惣郷正明・飛田良文「冒険」『明治のことば辞典』，東京堂出版，1986年12月，531頁
飛田良文「冒険」『明治生まれの日本語』，淡交社，2002年5月，135-143頁
前田富祺監修「冒険」『日本語語源大辞典』，小学館，2005年4月，1001頁
ホウゴ【邦語】 京極興一「「国語」「邦語」「日本語」について—近世から明治前期に至る」『国語学』146，国語学会，1986年9月，1-12頁
京極興一「「国語」の語誌」『「国語」とは何か』，東苑社，1993年2月，24-50頁
古田東朔「国語意識の発生」『日本語論』2—6，山本書房，1994年6月，24-29頁
ホウコウ【方向】 佐藤亨『近世語彙の研究』，桜楓社，1983年6月，98頁
惣郷正明・飛田良文「方向」『明治のことば辞典』，東京堂出版，1986年12月，532-533頁
ホウゴウ【抱合】 惣郷正明・飛田良文「抱合」『明治のことば辞典』，東京堂出版，1986年12月，533頁
ホウコク【報告】 佐藤亨「『西洋事情』の語彙」『幕末・明治初期語彙の研究』，桜楓社，1986年2月，409-410頁
ホウシ【奉仕】 惣郷正明・飛田良文「奉仕」『明治のことば辞典』，東京堂出版，1986年12月，533-534頁
ボウシ【帽子】 石井研堂「帽子の始」『増補改訂　明治事物起源』下巻，春陽堂書店，1944年12月，1354-1357頁
湯本豪一「帽子」『図説明治事物起源事典』，柏書房，1996年11月，270-271頁
前田富祺監修「帽子」『日本語語源大辞典』，小学館，2005年4月，1003頁
ボウジャクブジン【傍若無人】 桜井欽一「日本語漫歩」『日本語』10—1，国語を愛する会，1970年1月，16-18頁
ホウシャノウ【放射能】 惣郷正明・飛田良文「放射能」『明治のことば辞典』，東京堂出版，1986年12月，534頁
高野繁男「『百科全書』の訳語」『近代漢語の研究—日本語の造語法・訳語法』，明治書院，2004年11月，112頁
ホウシン【方針】 佐藤亨「主義，趣意，主意，主張，方針，イズム」『講座日本語の語彙 ⑩』，明治書院，1983年4月，218-222頁
ホウジン【法人】 渡辺萬蔵「法人」『現行法律語の史的考察』，萬理閣書房，1930年12月，36頁
石井研堂「法人」『増補改訂　明治事物起源』上

巻，春陽堂書店，1944年11月，200頁
吉田裕清「「組合」と「社会」」『翻訳語としての日本の法律用語』，中央大学出版局，2004年11月，132-137頁
梁镛「汉语民法术语的生成与衍变」(中国語における民法用語の生成と変遷)『语义的文化变迁』，武汉大学出版社，2007年10月，377-378頁
ボウズ【坊主】 田島毓堂「坊，坊主，坊や，坊ちゃん，僧坊」『講座日本語の語彙 ⑪』，明治書院，1983年6月，225-230頁
梅垣実「坊主」『語源随筆　猫も杓子も』，創拓社，1989年12月，45-48頁
ボウセキ【紡績】 富田仁「紡績」『舶来事物起源事典』，名著普及会，1987年12月，330-331頁
ホウソウ【放送】 久世善男「放送」『言葉のなづけ親—翻訳に見る文明開化』，朝日ソノラマ，1975年11月，188-190頁
米川明彦「放送」『明治・大正・昭和の新語・流行語辞典』，三省堂，2002年1月，121頁
前田富祺監修「放送」『日本語語源大辞典』，小学館，2005年4月，1005頁
ホウタイ【繃帯・縛帯・包帯】 斎藤静「繃帯」『日本語に及ぼしたオランダ語の影響』，篠崎書林，1967年8月，277頁
鈴木修次「外来語としての中国語」『漢語と日本人』，みすず書房，1978年9月，28-29頁
陳力衛「中国への逆輸入」『和製漢語の形成と展開』，汲古書院，2001年2月，278-281頁
杉本つとむ「包帯」『語源海』，東京書籍，2005年3月，550頁
杉本つとむ「連載；近代訳語を検証する 34　手術・繃帯・縛帯，包帯」『国文学　解釈と鑑賞』71—6，至文堂，2006年6月，197-203頁
佐藤亨「包帯」『現代に生きる幕末・明治初期漢語辞典』，明治書院，2007年6月，763頁
ホウダイ【砲台】 佐藤亨『近世語彙の研究』，桜楓社，1983年6月，264頁
ホウチ【報知】 佐藤亨「『地球説略』の語彙」『幕末・明治初期語彙の研究』，桜楓社，1986年2月，119頁
ホウチャク【逢着】 佐藤喜代治「逢着」『日本の漢語』，角川書店，1979年10月，393頁
ボウチョウ【膨張】 文化庁「「膨張」か「膨脹」か」『言葉に関する問答集』，大蔵省印刷局，1995年3月，129-130頁
ホウテイ【法廷】 Federico Masini「法廷」*The Formation of Modern Chinese Lexicon and its Evolution toward a National Language*(李廷宰訳)，소명出版，2005年11月，166頁
ホウテイカジツ【法廷果実】 渡辺萬蔵「法廷果実」『現行法律語の史的考察』，萬理閣書房，1930年12月，36頁
ホウテイシキ【方程式】 大矢真一「〈特集　数学とことば〉数学用語の由来—「幾何」から「方程式」まで—」『ことばの宇宙』1—3，東京言語研究所ラボ教育センター，1966年8月，20-27頁
ホウドウ【報道】 今里智晃「情報・報道」『ことばコンセプト事典』，第一法規出版，1992年12月，722-729頁
ボウドウ【暴動】 惣郷正明・飛田良文「暴動」『明治のことば辞典』，東京堂出版，1986年12月，534-535頁
ボウネンカイ【忘年会】 佐藤武義「忘年会」『日本語の語源』，明治書院，2003年1月，50-51頁
園田英弘「忘年会」『忘年会』文春新書540，文藝春秋，2006年11月，7-206頁
ボウフウ【暴風】 郡千寿子「「暴風」から「疾風」へ—表記と語義の相関性」『国語語彙史の研究』25，和泉書院，2006年3月，125-140頁
ホウベン【方便】 吉田金彦「遊仙窟和訓の一特質」『国語国文』27—2，京都大学国語学国文学研究室，1958年2月，24-32頁
中村元編「方便」『仏教語源散策』，東京書籍，

1977年4月，184-187頁
野澤勝夫「漢字の履歴—方便」『月刊しにか』13—8，大修館書店，2002年7月，73頁
ホウホウ【方法】 Federico Masini「方法」*The Formation of Modern Chinese Lexicon and its Evolution toward a National Language*(李廷宰訳)，소명出版，2005年11月，166頁
ホウホウロン【方法論】 惣郷正明・飛田良文「方法論」『明治のことば辞典』，東京堂出版，1986年12月，535頁
ホウマン【豊満】 佐藤亨「『地球説略』の語彙」『幕末・明治初期語彙の研究』，桜楓社，1986年2月，121頁
ボウメイ【亡命】 ロマン・ロゼンバウム「戦後文学における「亡命」という概念について—大江健三郎を中心に」『繍』11，1999年3月，175-180頁
編集部「亡命」『月刊しにか』13—8，大修館書店，2002年7月，75頁
ボウメイシャ【亡命者】 大家重夫「〈亡命者〉と〈難民〉」『法苑』47，1982年4月
ホウメン【方面】 橘幸男「辞書の説明はいかにあるべきか」『実用現代国語』，1978年2月，24-26頁
惣郷正明・飛田良文「方面」『明治のことば辞典』，東京堂出版，1986年12月，535-536頁
ホウリガク【法理学】 穂積陳重「法理学」『法窓夜話』岩波文庫，岩波書店，1980年1月，174-175頁
ホウリツ【法律】 渡辺萬蔵「法律」『現行法律語の史的考察』，萬理閣書房，1930年12月，247頁
梁镛「汉语民法术语的生成与衍变」(中国語における民法用語の生成と変遷)『语义的文化变迁』，武汉大学出版社，2007年10月，369-371頁
ホウリツコウイ【法律行為】 吉田裕清「「法律行為」」『翻訳語としての日本の法律用語』，中央大学出版局，2004年11月，57-71頁
ホウリョウ【方量】 福島邦道「四方なる石」『国語学』46，国語学会，1961年9月，80-81頁
ボキ【簿記】 西川孝治郎「簿記という語ができるまで」『産業經理』13—6，産業経理協会，1953年6月，109-111頁
西川孝治郎「簿記の語源」『企業会計』10—1，中央経済社，1958年1月，123-128頁
西川孝治郎「簿記の語源について」『三田商学研究』7—2，慶応義塾大学商学会，1964年6月，33-45頁
惣郷正明・飛田良文「簿記」『明治のことば辞典』，東京堂出版，1986年12月，538頁
富田仁「簿記」『舶来事物起源事典』，名著普及会，1987年12月，337-339頁
池田進「我が国最初の簿記帳　福沢諭吉訳『帳合之法』」『滋賀大学附属図書館情報図書館だより』9，滋賀大学附属図書館情報図書館，1991年4月，7頁
湯本豪一「簿記」『図説明治事物起源事典』，柏書房，1996年11月，352-353頁
佐藤亨「簿記」『現代に生きる幕末・明治初期漢語辞典』，明治書院，2007年6月，768頁
ボキガク【簿記学】 石井研堂「簿記学の始」『増補改訂　明治事物起源』上巻，春陽堂書店，1944年11月，574-575頁
惣郷正明・飛田良文「簿記学」『明治のことば辞典』，東京堂出版，1986年12月，538頁
ボキホウ【簿記法】 惣郷正明・飛田良文「簿記法」『明治のことば辞典』，東京堂出版，1986年12月，538-539頁
ボクシ【牧師】 佐藤亨「『大美聯邦志略』の語彙」『幕末・明治初期語彙の研究』，桜楓社，1986年2月，85-86頁
佐藤亨「『徳国学校論略』の語彙」『幕末・明治初期語彙の研究』，桜楓社，1986年2月，212-214頁
惣郷正明・飛田良文「牧師」『明治のことば辞典』，東京堂出版，1986年12月，539-540頁

佐藤亨「牧師」『現代に生きる幕末・明治初期漢語辞典』，明治書院，2007年6月，769頁

ボクジョウ【牧場】 佐藤亨『近世語彙の研究』，桜楓社，1983年6月，184頁

ホクセン【北鮮】 斎藤力「広辞苑の「北鮮」の項の誤り―投書社への回答」『朝鮮研究』94，日本朝鮮研究所，1970年5月，58-61頁

川崎勲「広辞苑の「北鮮」「鮮人」の項の誤りについて」『朝鮮研究』124，日本朝鮮研究所，1973年3月，11-15頁

ホケン【保健】 樺島忠雄・飛田良文・米川明彦「保健」『明治大正新語俗語辞典』，東京堂出版，1984年5月，290頁

沈国威『近代日中語彙交流史―新漢語の生成と受容』，笠間書院，1994年3月，346-347頁

南谷直利・北野与一「「保健」の語誌的研究」『北陸大学紀要』23，北陸大学，2000年3月，321-337頁

高野繁男「『明六雑誌』の語彙」『近代漢語の研究―日本語の造語法・訳語法』，明治書院，2004年11月，185頁

佐藤亨「保健」『現代に生きる幕末・明治初期漢語辞典』，明治書院，2007年6月，771頁

ホケン【保険】 渡辺萬蔵「保険」『現行法律語の史的考察』，萬理閣書房，1930年12月，186頁

石井研堂「保険の始」『増補改訂　明治事物起源』下巻，春陽堂書店，1944年12月，891-899頁

広田栄太郎「訳語あれこれ」『近代訳語考』，東京堂出版，1969年8月，305-326頁

斎藤毅「保険ということばについて」『明治のことば』，講談社，1977年11月，273-281頁

樺島忠雄・飛田良文・米川明彦「保険」『明治大正新語俗語辞典』，東京堂出版，1984年5月，290-291頁

惣郷正明・飛田良文「保険」『明治のことば辞典』，東京堂出版，1986年12月，540-541頁

富田仁「保険」『舶来事物起源事典』，名著普及会，1987年12月，339-341頁

湯本豪一「保険」『図説明治事物起源事典』，柏書房，1996年11月，354-355頁

周振鹤「"保险"―词的由来(「保険」の由来)」『世纪』世纪雑誌発行部(上海)，1998年4月，57頁

孫建軍「『増訂華英通語』における「領事」「保険」「陪審」」『アジア文化研究』27，国際基督教大学アジア文化研究所，2001年3月，185-195頁

高野繁男「『明六雑誌』の和製漢語」『『明六雑誌』とその周辺』神奈川大学人文学研究所編，お茶の水書房，2004年3月，195頁

馮天瑜『新語探源』，中華書局，2004年10月，372-373頁

高野繁男「『百科全書』の訳語」『近代漢語の研究―日本語の造語法・訳語法』，明治書院，2004年11月，109頁

崔粛京「中国と日本の語彙交流の一側面―経済用語「銀行・保険・資本」を中心として」『富士大学紀要』39―1，富士大学学術研究会，2006年8月，105-138頁

ホゴ【反故】 安場元弘「反古」『講座日本語の語彙 ⑪』，明治書院，1983年6月，231-234頁

ホゴ【保護】 佐藤喜代治『国語語彙の歴史的研究』，明治書院，1971年11月，324頁

佐藤亨『近世語彙の研究』，桜楓社，1983年6月，224頁

ボコウ【母校】 三宅武郎「「母校」の意味について」『国語教室』9，大修館書店，1959年10月

日本語倶楽部編『語源面白すぎる雑学知識　4　身近にありすぎて知らない日本語　なぜ出身校は"父校ではなく"，母校になった？』，青春出版社，1993年2月

馮天瑜『新語探源』，中華書局，2004年10月，401頁

ボコク【母国】 山田俊雄「母国という敬称」『詞苑間歩』上，三省堂，1999年9月，19-23

頁
ボサツ【菩薩】 宇井伯寿「菩薩・仏の音訳について」『日本学士院紀要』7—3，日本学士院，1949年11月，147-160頁
ホジ【保持】 佐藤亨『近世語彙の研究』，桜楓社，1983年6月，76頁
ホシャク【保釈】 Federico Masini「保釈」*The Formation of Modern Chinese Lexicon and its Evolution toward a National Language*(李廷宰訳)，소명出版，2005年11月，166頁
ホシュ【保守】 惣郷正明・飛田良文「保守」『明治のことば辞典』，東京堂出版，1986年12月，541-542頁
陳力衛「新漢語の構成」『和製漢語の形成と展開』，汲古書院，2001年2月，277-278頁
佐藤亨「保守」『現代に生きる幕末・明治初期漢語辞典』，明治書院，2007年6月，773頁
ホシュシュギ【保守主義】 樺島忠雄・飛田良文・米川明彦「保守主義」『明治大正新語俗語辞典』，東京堂出版，1984年5月，290-291頁
ホショウ【保証】 吉田裕清「「担保」」『翻訳語としての日本の法律用語』，中央大学出版局，2004年11月，93-96頁
ホショウ【保障】 佐藤喜代治「漢語の源流—『万法精理』の訳語について(一)」『国語語彙史の歴史的研究』，明治書院，1971年11月，328頁
文化庁「「保障」と「保証」の使い分け」『言葉に関する問答集』，大蔵省印刷局，1995年3月，119-120頁
吉田裕清「「担保」」『翻訳語としての日本の法律用語』，中央大学出版局，2004年11月，94-99頁
Federico Masini「保　障　」*The Formation of Modern Chinese Lexicon and its Evolution toward a National Language*(李廷宰訳)，소명出版，2005年11月，158頁
ホショウ【補償】 「補償と賠陳」『ことば』8—25，現代日本語研究会，1954年
長野賢「補償と報償」『にっぽん語考現学』，明治書院，1965年9月，87-89頁
文化庁「「補償」と「保奨」の使い分け」『言葉に関する問答集』，大蔵省印刷局，1995年3月，136-137頁
ホゼン【保全】 惣郷正明・飛田良文「保全」『明治のことば辞典』，東京堂出版，1986年12月，542-543頁
ホゾン【保存】 佐藤亨「『泰西国法論』の訳語」『幕末・明治初期語彙の研究』，桜楓社，1986年2月，374頁
ホチョウキ【補聴器】 富田仁「補聴器」『舶来事物起源事典』，名著普及会，1987年12月，342頁
ホツイ【発意】 飛田良文「相談室「妄想・発足・発意」」『言語生活』204，筑摩書房，1968年9月，76頁
ホッキ【発起】 佐藤喜代治「発起」『日本の漢語』，角川書店，1979年10月，239頁
ホッキョクケン【北極圏】 荒川清秀「『六合叢談』の地理学用語」『『六合叢談』の学際的研究』，白帝社，1999年11月，49-71頁
ホッサ【発作】 佐藤喜代治「発作」『日本の漢語』，角川書店，1979年10月，238頁
ボッシュウ【没収】 渡辺萬蔵「没収」『現行法律語の史的考察』，萬理閣書房，1930年12月，271頁
惣郷正明・飛田良文「没収」『明治のことば辞典』，東京堂出版，1986年12月，545頁
ホッソク【発足】 飛田良文「相談室「妄想・発足・発意」」『言語生活』204，筑摩書房，1968年9月，75-76頁
佐藤喜代治「発足」『日本の漢語』，角川書店，1979年10月，240頁
風間力三「ホッソクとハッソク」『講座正しい日本語2』，明治書院，1998年1月，183-196頁
ホッタン【発端】 佐藤喜代治「発端」『日本の漢語』，角川書店，1979年10月，240頁

ボツニュウ【没入】 佐藤亨「『西洋事情』の語彙」『幕末・明治初期語彙の研究』，桜楓社，1986年2月，410-412頁

ホツネツ【発熱】 佐藤喜代治「発熱」『日本の漢語』，角川書店，1979年10月，238頁

ホドウ【歩道】 惣郷正明・飛田良文「歩道」『明治のことば辞典』，東京堂出版，1986年12月，546-546頁

ホドウ【鋪道】 惣郷正明・飛田良文「鋪道」『明治のことば辞典』，東京堂出版，1986年12月，546頁

ホンアン【翻案】 渋谷達紀「翻案の概念」『民商法雑誌』137，有斐閣，2007年10月，1-27頁

ホンコク【翻刻】 惣郷正明・飛田良文「翻刻」『明治のことば辞典』，東京堂出版，1986年12月，547-548頁

ホンコン【香港】 荒川清秀「「香港」は和製漢語か」『近代日中学術用語の形成と伝播―地理学用語を中心に』，白帝社，1997年10月，280-286頁

荒川清秀「外国地名の意訳―「剣橋」「牛津」「聖林」「桑港」」『文明21』第5号，愛知大学国際コミュニケーション学会，2000年11月，95-114頁

ボンサイ【盆栽】 加藤秀俊・熊倉功夫「盆栽」『外国語になった日本語の事典』，岩波書店，1999年7月，225-229頁

ホントウ【本当】 田島優「意読的表記から字音的表記へ―和製漢語の一生成過程」『国語文字史の研究』1，和泉書院，1992年9月，251-268頁

米谷隆史「本当」『日本語学』12―6，明治書院，1993年6月，86-90頁

ホンノウ【本能】 樺島忠雄・飛田良文・米川明彦「本能」『明治大正新語俗語辞典』，東京堂出版，1984年5月，292-293頁

惣郷正明・飛田良文「本能」『明治のことば辞典』，東京堂出版，1986年12月，548-549頁

沈国威『近代日中語彙交流史―新漢語の生成と受容』，笠間書院，1994年3月，347-348頁

高野繁男「『明六雑誌』の和製漢語」『『明六雑誌』とその周辺』神奈川大学人文学研究所編，お茶の水書房，2004年3月，198頁

高野繁男「『明六雑誌』の語彙」『近代漢語の研究―日本語の造語法・訳語法』，明治書院，2004年11月，187頁

ボンノウ【煩悩】 早島鏡正「煩悩」『仏教のことば』奈良康明編，日本放送出版協会，1978年10月，68-97頁

ホンヤク【翻訳】 渡辺萬蔵「翻訳」『現行法律語の史的考察』，萬理閣書房，1930年12月，19頁

永嶋大典「英和辞書の訳語―明治前期の文学用語をめぐって」『講座日本語の語彙 ⑥』，明治書院，1982年2月，49頁

大野透「「翻訳」考」『国語学』139，国語学会，1984年12月，132-121頁

惣郷正明・飛田良文「翻訳」『明治のことば辞典』，東京堂出版，1986年12月，549-550頁

沈国威「蘭学の訳語と新漢語の創出」『19世紀中国語の諸相』，雄松堂出版，2007年3月，230頁

ボンヨウ【凡庸】 惣郷正明・飛田良文「凡庸」『明治のことば辞典』，東京堂出版，1986年12月，550-551頁

マ

まい【舞】 滝沢恵美子「舞・踊り」『ことばコンセプト事典』，第一法規出版，1992年12月，1584-1591頁

まきあげキ【巻揚機】 沈国威『近代日中語彙交流史―新漢語の生成と受容』，笠間書院，1994年3月，114頁

まきタバコ【巻煙草】 石井研堂「巻煙草の始」『増補改訂　明治事物起源』下巻，春陽堂書店，1944年12月，1402-1403頁

石井研堂「巻煙草の製造」『増補改訂　明治事物起源』下巻，春陽堂書店，1944年12月，1057-1059頁
マク【膜】 竹本喜一・金岡喜久子「化学のことばいろいろ」『化学語源ものがたり』，東京化学同人，1986年3月，141頁
まくらぎ【枕木】 惣郷正明・飛田良文「枕木」『明治のことば辞典』，東京堂出版，1986年12月，552頁
塩田丸男「枕木」『死語読本』，白水社，1994年7月，234頁
マサツ【摩擦】 惣郷正明・飛田良文「摩擦」『明治のことば辞典』，東京堂出版，1986年12月，552-553頁
マスイ【麻酔】 小川鼎三「麻酔とインド大麻」『医学用語の起り』，東京書籍，1983年1月，140-147頁
松木明知「「麻酔」の語史学的研究」『日本医史学雑誌』29—3，日本医史学会，1983年7月，304-314頁
松木明知「麻酔科学史研究最近の知見 21—「麻酔」の語史学的研究」『麻酔』32—8，克誠堂出版，1983年8月，1012-1017頁
まちあい【待合】 塩田丸男「待合」『死語読本』，白水社，1994年7月，235-237頁
マッチ【燐寸】 広田栄太郎「「燐寸」成立考」『近代訳語考』，東京堂出版，1969年8月，189-211頁
惣郷正明・飛田良文「燐寸」『明治のことば辞典』，東京堂出版，1986年12月，553-554頁
杉本つとむ「近代訳語を検証する 46　燐寸マッチ／発燭燐・燐枝・摺附木・ハヤツケギ／引光奴 ツケギ」『国文学　解釈と鑑賞』72—6，至文堂，2007年6月，196-202頁
マホウビン【魔法瓶】 惣郷正明・飛田良文「魔法瓶」『明治のことば辞典』，東京堂出版，1986年12月，554頁
マメツ【磨滅・摩滅】 天沼寧「研摩・·研磨摩滅・·磨滅」『大妻国文』19，大妻女子大学国文学会，1988年3月，1-18頁
マヤク【麻薬】 張志淵「麻薬」『萬國事物紀原歴史』，皇城新聞社，1909年8月，107頁
マンガ【漫画】 伊藤逸平「漫画という言葉」『言語生活』50，筑摩書房，1955年11月，17-27頁
惣郷正明・飛田良文「漫画」『明治のことば辞典』，東京堂出版，1986年12月，554-555頁
紀田順一郎「漫画」『近代事物起源事典』，東京堂出版，1992年9月，226-228頁
加藤秀俊・熊倉功夫「漫画」『外国語になった日本語の事典』，岩波書店，1999年7月，230-234頁
伊藤雅光「特集；日本語の輸出—英語圏における日本の漫画・アニメ用語集の構造と基本用語の特徴」『日本語学』22—12，明治書院，2003年11月，66-74頁
馮天瑜『新語探源』，中華書局，2004年10月，395-396頁
マンジュウ【饅頭】 安達巌「饅頭」『日本食物文化の起源』，自由国民社，1981年5月，245-246頁
マンダン【漫談】 樺島忠雄・飛田良文・米川明彦「漫談」『明治大正新語俗語辞典』，東京堂出版，1984年5月，294頁
稲垣吉彦・吉沢典男監修「漫談」『昭和ことば史60年』，講談社，1985年10月，255頁
マンテンカ【満天下】 佐藤亨「『経済小学』の訳語」『幕末・明治初期語彙の研究』，桜楓社，1986年2月，352-353頁
マンネンヒツ【万年筆】 石井研堂「万年筆」『増補改訂　明治事物起源』下巻，春陽堂書店，1944年12月，1491-1492頁
久世善男「万年筆」『言葉のなづけ親—翻訳に見る文明開化』，朝日ソノラマ，1975年11月，191-195頁
惣郷正明・飛田良文「万年筆」『明治のことば辞典』，東京堂出版，1986年12月，556頁
富田仁「万年筆」『舶来事物起源事典』，名著普及会，1987年12月，356-358頁
紀田順一郎「万年筆」『近代事物起源事典』，東

京堂出版，1992年9月，228-229頁
湯本豪一「ペン・万年筆」『図説明治事物起源事典』，柏書房，1996年11月，198-199頁
朝倉治彦・安藤菊二・樋口秀雄・丸山信「万年筆」『新装版　事物起源辞典衣食住編』，東京堂出版，2001年9月，368-369頁
前田富祺監修「万年筆」『日本語語源大辞典』，小学館，2005年4月，1049頁

マンピツ【漫筆】 新村出「語源漫筆序説」『国語国文』15―8，京都大学国語学国文学研究室，1946年9月，44-48頁
新村出「語源漫筆(一)」『国語国文』15―11，京都大学国語学国文学研究室，1946年12月，69-71頁

マンヨウ【万葉】 山口博「「万葉」という歌集の名」『日語学習与研究』39，対外経済貿易大学『日語学習与研究』編集部，1986年11月，107頁

ミ

ミ～【未～】 相原林司「特集・接辞　不～　無～　非～　未～」『日本語学』5―3，明治書院，1986年3月，67-72頁
朱京偉『近代日中新語の創出と交流―人文科学と自然科学の専門語を中心に』，白帝社，2003年10月，63頁

ミカク【味覚】 樺島忠雄・飛田良文・米川明彦「味覚」『明治大正新語俗語辞典』，東京堂出版，1984年5月，295頁
惣郷正明・飛田良文「味覚」『明治のことば辞典』，東京堂出版，1986年12月，556-557頁

ミセイネンシャ【未成年者】 樺島忠雄・飛田良文・米川明彦「未成年者」『明治大正新語俗語辞典』，東京堂出版，1984年5月，295頁

ミソ【味噌】 安達巌「味噌」『日本食物文化の起源』，自由国民社，1981年5月，196-198頁

ミチスウ【未知数】 樺島忠雄・飛田良文・米川明彦「未知数」『明治大正新語俗語辞典』，東京堂出版，1984年5月，295-296頁
惣郷正明・飛田良文「未知数」『明治のことば辞典』，東京堂出版，1986年12月，557頁

ミツゲツ【蜜月】 広田栄太郎「「恋愛」「蜜月」「新婚旅行」」『近代訳語考』，東京堂出版，1969年8月，29-48頁

ミツゲツリョコウ【蜜月旅行】 樺島忠雄・飛田良文・米川明彦「蜜月旅行」『明治大正新語俗語辞典』，東京堂出版，1984年5月，296頁

ミッシツ【密室】 佐藤亨「『玉石志林』の語彙(二)」『幕末・明治初期語彙の研究』，桜楓社，1986年2月，294頁

ミッセツ【密接】 惣郷正明・飛田良文「密接」『明治のことば辞典』，東京堂出版，1986年12月，557-558頁

ミツド【密度】 惣郷正明・飛田良文「密度」『明治のことば辞典』，東京堂出版，1986年12月，558頁
中村邦光「江戸時代の日本における「密度」の概念」『計量史研究』30―1，日本計量史学会，2008年3月，29-37頁

ミツヤク【密約】 佐藤亨「『玉石志林』の語彙(二)」『幕末・明治初期語彙の研究』，桜楓社，1986年2月，293-294頁

ミツリン【密林】 佐藤亨『近世語彙の研究』，桜楓社，1983年6月，174頁

みなみカイキセン【南回帰線】 荒川清秀「『六合叢談』の地理学用語」『『六合叢談』の学際的研究』，白帝社，1999年11月，49-71頁

みブン【身分】 渡辺萬蔵「身分」『現行法律語の史的考察』，萬理閣書房，1930年12月，170頁
沈国威『近代日中語彙交流史―新漢語の生成と受容』，笠間書院，1994年3月，135頁

ミボウジン【未亡人】 松井栄一「未亡人」

『国語辞典にない語』，南雲堂，1983年4月，91-92頁
ミホン【見本】 惣郷正明・飛田良文「見本」『明治のことば辞典』，東京堂出版，1986年12月，558-559頁
ミョウジョウ【明星】 草下英明「星の名前の話—ほしはスバル・ひこぼし・明星」『ことばの宇宙』5，東京言語研究所ラボ教育センター，1966年5月，29-36頁
ミライ【未来】 中川正之「未来」『漢語からみえる世界と世間』，岩波書店，2005年5月，8-9頁
ミリョク【魅力】 滝沢恵美子「魅力」『ことばコンセプト事典』，第一法規出版，1992年12月，1602-1609頁
高野繁男「『明六雑誌』の和製漢語」『『明六雑誌』とその周辺』神奈川大学人文学研究所編，お茶の水書房，2004年3月，198頁
高野繁男「『明六雑誌』の語彙」『近代漢語の研究—日本語の造語法・訳語法』，明治書院，2004年11月，187頁
前田富祺監修「魅力」『日本語語源大辞典』，小学館，2005年4月，1067頁
ミレン【未練】 陳力衛「近代における二手漢語の語構成の一問題—その出典例とのかかわりをめぐって」『文教大学国文』23，文教大学国文学会，1994年3月，42-50頁
ミンカ【民歌】 钟少华「试论民俗学科词语概念的近代阐述」(民俗学の諸概念についての近代的解釈)『民俗研究』2002年04期，山东大学，2002年4月，5-18頁
ミンカイ【民会】 石井研堂「民会の始」『増補改訂　明治事物起源』上巻，春陽堂書店，1944年11月，215頁
ミンケン【民権】 石井研堂「民権の新語の始」『増補改訂　明治事物起源』上巻，春陽堂書店，1944年11月，215頁
佐藤亨「『泰西国法論』の訳語」『幕末・明治初期語彙の研究』，桜楓社，1986年2月，389頁
惣郷正明・飛田良文「民権」『明治のことば辞典』，東京堂出版，1986年12月，559-560頁
沈国威『近代日中語彙交流史—新漢語の生成と受容』，笠間書院，1994年3月，122頁
孫建軍「「民権」の成立」『国際基督教大学博士論文』，国際基督教大学，2003年1月，173-187頁
柳父章「翻訳語「権」」『翻訳とはなにか』，法政大学出版局，2003年5月，96-101頁
Federico Masini「民権」*The Formation of Modern Chinese Lexicon and its Evolution toward a National Language*(李廷宰訳)，소명出版，2005年11月，267頁
佐藤亨「民権」『現代に生きる幕末・明治初期漢語辞典』，明治書院，2007年6月，787頁
전동현「대한제국시기 중국 양계초를 통한 근대적 민권개념의 수용—한국언론의 신민新民과 애국愛國 이해」(大韓帝国時期梁啓超を通して受容した民権概念)『近代啓蒙期知識概念의 受容과 그 変容』，소명出版，2008年6月，393-435頁
ミンジソショウ【民事訴訟】 佐藤亨「民事」『現代に生きる幕末・明治初期漢語辞典』，明治書院，2007年6月，787頁
ミンジソショウホウ【民事訴訟法】 渡辺萬蔵「民事訴訟法」『現行法律語の史的考察』，萬理閣書房，1930年12月，171頁
ミンシュ【民主】 前尾繁三郎「政治学語源考 3—民主」『再建』9—9，再建編集局，1955年1月，44-52頁
新村出「語源をさぐる 2—民主という語」『新村出全集4』，筑摩書房，1971年9月，383-389頁
橋浦兵一「採語録抄」『作家の育てたことば　近代文学の表題語』，南雲堂，1985年5月，227-233頁
鄭英淑「民主」『津田真道の訳語研究』，国際基督教大学提出博士論文，2004年9月，265-280頁
馮天瑜『新語探源』，中華書局，2004年10月，

367-368頁
前田富祺監修「民主」『日本語語源大辞典』，小学館，2005年4月，1069頁
朱京偉「明治期における社会主義用語の形成」『19世紀中国語の諸相』，雄松堂出版，2007年3月，208頁
佐藤亨「民主」『現代に生きる幕末・明治初期漢語辞典』，明治書院，2007年6月，788頁
杉本つとむ「近代訳語を検証する 50　図書館・文庫／植民地／民主(本)主義／内閣」『国文学　解釈と鑑賞』72—10，至文堂，2007年10月，213-221頁
川尻文彦「「民主」與democracy—中日之間的概念関連與中国」(「民主」とdemocracy—日中における概念の関連性について)『新史学』第二巻概念・文法・方法，中華書局，2008年5月，76-96頁
千葉謙悟「中国における「聯邦」—語誌および関連訳語をめぐって」『漢字文化圏諸言語の近代語彙の形成—創出と共有—』，関西大学出版部，2008年9月，231-236頁
ミンシュカ【民主化】 稲垣吉彦・吉沢典男監修「民主化」『昭和ことば史60年』，講談社，1985年10月，88-89頁
ミンシュコク【民主国】 惣郷正明・飛田良文「民主国」『明治のことば辞典』，東京堂出版，1986年12月，560頁
ミンシュシュギ【民主主義】 前尾繁三郎「民主主義という言葉」『言語生活』84，筑摩書房，1958年9月，52-54頁
樺島忠雄・飛田良文・米川明彦「民主主義」『明治大正新語俗語辞典』，東京堂出版，1984年5月，299頁
冯天瑜「近代民主主义的民族文化渊源」(近代民主主義の民族的文化的源流)『近代史研究』1994年04期，中国社科院近代史研究所，1994年4月，31-46頁
権보드래「번역어의 성립과 근대—'국가' '민주주의' '자연' '예술' 을 중심으로」(翻訳語の成立と近代—「国家」「民主主義」「自然」「芸術」を中心に)『文学과 境界』2，文学과 境界社，2001年8月，380-396頁
Federico Masini「民主主義」*The Formation of Modern Chinese Lexicon and its Evolution toward a National Language*(李廷宰訳)，소명出版，2005年11月，89頁
杉本つとむ「連載；近代訳語を検証する 50　図書館，文庫，植民地，民主主義，内閣」『国文学　解釈と鑑賞』72—10，至文堂，2007年10月，213-221頁
김용직「근대 한국의 민주주의 개념—『독립신문』을 중심으로」(近代韓国の民主主義概念)『근대한국의 사회과학 개념 형성사』(近代韓国における社会科学関連概念の形成史)，創批，2009年4月，289-319頁
ミンシュウゲイジュツ【民衆芸術】 钟少华「试论民俗学科词语概念的近代阐述」(民俗学の諸概念についての近代的解釈)『民俗研究』2002年04期，山东大学，2002年4月，5-18頁
ミンシン【民心】 佐藤亨「『経済小学』の訳語」『幕末・明治初期語彙の研究』，桜楓社，1986年2月，334-335頁
ミンゾク【民俗】 小松和彦「「たましい」という名の記憶装置—「民俗」という概念をめぐるラフ・スケッチ」『記憶する民俗社会』49，人文書院，2000年9月，7-55頁
钟少华「试论民俗学科词语概念的近代阐述」(民俗学の諸概念についての近代的解釈)『学术研究』2002年6期，广东省社会科学界联合会，2002年4月，5-18頁
ミンゾクガク【民俗学】 钟少华「试论民俗学科词语概念的近代阐述」(民俗学の諸概念についての近代的解釈)『学术研究』2002年6期，广东省社会科学界联合会，2002年4月，5-18頁
ミンゾク【民族】 이태영「共産主義의 民族概念」(共産主義の「民族」概念)『北韓』21，北韓研究所，1973年9月，148-155頁
黄性模「北韓에서의 民族概念分析」(北朝鮮で

使われる民族の概念について)『北韓』100, 北韓研究所, 1980年4月, 52-61頁
小野昌「人種・民族」『ことばコンセプト事典』, 第一法規出版, 1992年12月, 788-799頁
김정민「북한이 주장하는 민족개념은 무엇인가」(北朝鮮が主張している民族概念とは？)『北韓』339, 北韓研究所, 2000年3月, 64-79頁
黄兴涛「「民族」一词究竟何时在中文里出现?」(「民族」はいつ中国語に現れたか)『浙江学刊』2002年 第01期, 杂志社, 2002年1月, 168-170頁
余志清「中国における「民族」概念：その理論と実践：民族識別作業を中心として」『比較民俗研究』18, 筑波大学比較民俗研究会, 2002年11月, 132-137頁
馮天瑜『新語探源』, 中華書局, 2004年10月, 396-397頁
조홍식「민족의 개념에 관한 정치사회학적 고찰」(「民族」の概念についての政治社会学的考察)『韓国政治学会報』39—3, 韓国政治学会, 2005年9月, 129-145頁
与那覇潤「戦前期琉球弧における「民族」概念の展開—その「起源」を語る学知を中心に」『沖縄文化研究』32, 法政大学沖縄文化研究所, 2006年3月, 1-53頁
佐藤亨「民族」『現代に生きる幕末・明治初期漢語辞典』, 明治書院, 2007年6月, 789頁
徐杰舜「“民族”：一个历史文化语义学的个案」『语义的文化变迁』, 武汉大学出版社, 2007年10月, 493-505頁
柴田隆行・棚沢直子・王亜新「「国家」と「民族」—翻訳語研究 1」『理想』680, 理想社, 2008年3月, 173-187頁
朴賛勝「한국에서의 민족 개념의 형성」(韓国における「民族」概念の形成)『개념과 소통』, 翰林大学翰林科学院, 2008年6月, 79-120頁
정선태「『독립신문』의 조선・조선인론—근대계몽기 민족 담론의 형성과 관련하여」(『独立新聞』における朝鮮・朝鮮人論—近代啓蒙期の民族概念の形成と関連して)『近代啓蒙期 知識概念의 受容과 그 変容』, 소명출판, 2008年6月, 167-191頁
고유경「문화민족과 국가민족 사이에서—통일 이전 독일 민족형성의 길」(文化民族と国家民族のあいだ—統一以前のドイツ民族形成の道)『近代啓蒙期 知識概念의 受容과 그 変容』, 소명出版, 2008年6月, 331-361頁
姜東國「근대 한국의 국민/인종/민족 개념(近代韓国における「国民」「人種」「民族」概念)」『근대한국의 사회과학 개념 형성사(近代韓国における社会科学関連概念の形成史)』, 創批, 2009年4月, 249-288頁

ミンポウ【民法】 渡辺萬蔵「民法」『現行法律語の史的考察』, 萬理閣書房, 1930年12月, 172頁
石井研堂「民法」『増補改訂　明治事物起源』上巻, 春陽堂書店, 1944年11月, 211-213頁
広田栄太郎『近代訳語考』, 東京堂出版, 1969年8月, 318頁
久世善男「民法」『言葉のなづけ親—翻訳に見る文明開化』, 朝日ソノラマ, 1975年11月, 196-199頁
穂積陳重「民法」『法窓夜話』岩波文庫, 岩波書店, 1980年1月, 180頁
金田一春彦編「民法」『ことばの生い立ち』, 講談社, 1988年2月, 154頁
高野繁男「『明六雑誌』の和製漢語」『『明六雑誌』とその周辺』神奈川大学人文学研究所編, お茶の水書房, 2004年3月, 186-187頁
鄭英淑「民法」『津田真道の訳語研究』, 国際基督教大学提出博士論文, 2004年9月, 179-196頁
高野繁男「『哲学字彙』の訳語」『近代漢語の研究—日本語の造語法・訳語法』, 明治書院, 2004年11月, 66頁
鄭英淑「訳語「民法」の成立について」『日語日文學研究』55—1, 韓国日語日文学会, 2005

年11月，485-500頁
Federico Masini「民法」*The Formation of Modern Chinese Lexicon and its Evolution toward a National Language*(李廷宰訳)，소명出版，2005年11月，166頁
佐藤亨「民法」『現代に生きる幕末・明治初期漢語辞典』，明治書院，2007年6月，789頁
梁镛「汉语民法术语的生成与衍变」(中国語における民法用語の生成と変遷)『语义的文化变迁』，武汉大学出版社，2007年10月，363-383頁
ミンポンシュギ【民本主義】　槌田満文「民本主義」『明治大正新語・流行語』，角川書店，1983年6月，227-229頁
ミンヨウ【民謡】　永嶋大典「英和辞書の訳語—明治前期の文学用語をめぐって」『講座日本語の語彙 ⑥』，明治書院，1982年2月，51頁
김혜정「민요의 개념과 범주에 대한 음악학적 논의」(「民謡」の概念と範疇についての音楽学的議論)『韓國民謠學』7，韓国民謡学会，1999年11月，23-48頁
钟少华「试论民俗学科词语概念的近代阐述」(民俗学の諸概念についての近代的解釈)『民俗研究』2002年04期，山东大学，2002年4月，5-18頁

ム

ム【無】　野村雅昭「否定の接頭語「無・不・未・非」の用法」『ことばの研究』4，秀英出版，1973年12月，31-50頁
須山名保子「接辞「不」と「無」をめぐって」『学習院大学国語国文学会誌』17，学習院大学国語国文学会，1974年4月，19-28頁
安本美典「特集「無」—「無」をめぐる話」『数理科学』18—1，サイエンス社，1980年1月，47-50頁
相原林司「接辞「不」と「無」の使い分けに関する一考察」『外国人と日本語』5，1980年3月，48-64頁
奥野浩子「否定接頭辞「無・不・非」の用法についての一考察」『言語』14—6，大修館書店，1985年6月，88-93頁
相原林司「特集・接辞　不〜　無〜　非〜　未〜」『日本語学』5—3，明治書院，1986年3月，67-72頁
吉村弓子「造語成分「不・無・非」」『日本語学』9—12，明治書院，1990年12月，36-44頁
丹野真「無」『ことばコンセプト事典』，第一法規出版，1992年12月，1624-1631頁
朱京偉『近代日中新語の創出と交流—人文科学と自然科学の専門語を中心に』，白帝社，2003年10月，63頁
ムアク【無悪】　蜂谷清人「漢字講座余滴「無悪さがなし」をめぐって」『日本語学』8—1，明治書院，1989年1月，99-104頁
ムイシキ【無意識】　樺島忠雄・飛田良文・米川明彦「無意識」『明治大正新語俗語辞典』，東京堂出版，1984年5月，299-300頁
惣郷正明・飛田良文「無意識」『明治のことば辞典』，東京堂出版，1986年12月，560頁
ムイミ【無意味】　惣郷正明・飛田良文「無意味」『明治のことば辞典』，東京堂出版，1986年12月，560-561頁
ムガ【無我】　中村元編「無我」『仏教語源散策』，東京書籍，1977年4月，19-21頁
水野弘元「無我」『仏教のことば　放送ライブラリー23』，日本放送出版協会，1978年10月，98-114頁
ムカンシン【無関心】　惣郷正明・飛田良文「無関心」『明治のことば辞典』，東京堂出版，1986年12月，561頁
ムキ【無機】　Federico Masini「無機」*The Formation of Modern Chinese Lexicon and its Evolution toward a National Language*(李廷宰訳)，소명出版，2005年11月，263頁

ムゲン【無限】 平松哲司「無限」『ことばコンセプト事典』，第一法規出版，1992年12月，1632-1641頁

ムザン【無残・無惨・無慚】 藤井信男「平家物語の一考察―「無慚」の語を中心として」『国語と国文学』25―7，東京大学国語国文学会，1958年7月，42-55頁

佐藤喜代治「無残」『日本の漢語』，角川書店，1979年10月，298-300頁

竹浪聡「無残・無慚」『講座日本語の語彙 ⑪』，明治書院，1983年6月，249-253頁

ムジュツ【無術】 今野和枝「「術なし」をめぐる文章史的考察」『日本文学ノート』17，宮城学院女子大学日本文学会，1982年2月，92-103頁

ムジュン【矛盾】 林少陽「「矛盾」という概念 近代中国と近代日本の文脈において」『Language, Information, Text』14―1，東京大学大学院総合文化研究科言語情報科学専攻，2007年3月，69-107頁

ムジョウ【無常】 増谷文雄「無常」『仏教のことば　放送ライブラリー23』，日本放送出版協会，1978年10月，122-147頁

鈴木則郎「無常」『講座日本語の語彙 ⑪』，明治書院，1983年6月，254-260頁

宮脇正孝「無常」『ことばコンセプト事典』，第一法規出版，1992年12月，1642-1651頁

中村元編著「無常」『仏教語源散策』，東京書籍，1998年7月，11-13頁

ムジン【無尽】 渡辺萬蔵「無尽」『現行法律語の史的考察』，萬理閣書房，1930年12月，179頁

ムシンケイ【無神経】 惣郷正明・飛田良文「無神経」『明治のことば辞典』，東京堂出版，1986年12月，561頁

ムセイ【夢精】 杉本つとむ「近代訳語を検証する 11 失禁・大便秘結・夢精」『国文学解釈と鑑賞』69―7，至文堂，2004年7月，219-223頁

ムセイフ【無政府】 惣郷正明・飛田良文「無政府」『明治のことば辞典』，東京堂出版，1986年12月，561頁

ムセイフシュギ【無政府主義】 樺島忠雄・飛田良文・米川明彦「無政府主義」『明治大正新語俗語辞典』，東京堂出版，1984年5月，301頁

ムセイフトウ【無政府党】 惣郷正明・飛田良文「無政府党」『明治のことば辞典』，東京堂出版，1986年12月，561頁

ムダ【無駄】 岩淵悦太郎「無駄」『語源散策』，毎日新聞社，1974年10月，117-119頁

ムネン【無念】 小野正弘「「無念」の語史を通して」『日本近代語研究』4飛田良文博士古稀記念，ひつじ書房，2005年6月，17-30頁

ムノウリョクシャ【無能力者】 惣郷正明・飛田良文「無能力者」『明治のことば辞典』，東京堂出版，1986年12月，561-562頁

ムリ【無理】 佐藤武義「無理」『講座日本語の語彙 ⑪』，明治書院，1983年6月，261-265頁

ムリョウダイスウ【無量大数】 児山敬一「大数・無量大数といふことば」『文学論藻』14，東洋大学国語国文学会，1959年6月，27-43頁

メ

メイカク【明確】 松井利彦「「簡単」「明確」の周辺」『国語国文』50―5，京都大学国語学国文学研究室，1981年5月，39-55頁

メイキュウ【迷宮】 樺島忠雄・飛田良文・米川明彦「迷宮」『明治大正新語俗語辞典』，東京堂出版，1984年5月，301-302頁

メイシ【名詞】 高野繁男「『百科全書』の訳語」『近代漢語の研究―日本語の造語法・訳語法』，明治書院，2004年11月，124頁

メイシ【名士】 惣郷正明・飛田良文「名士」『明治のことば辞典』，東京堂出版，1986年12月，562頁

メイシ【名刺】 石井研堂「名刺の始」『増補改訂　明治事物起源』下巻，春陽堂書店，1944年12月，1504-1505頁
佐藤亨「『六合叢談』の語彙」『幕末・明治初期語彙の研究』，桜楓社，1986年2月，145-146頁
富田仁「名刺」『舶来事物起源事典』，名著普及会，1987年12月，360頁
紀田順一郎「名刺」『近代事物起源事典』，東京堂出版，1992年9月，231-233頁
湯本豪一「名刺」『図説明治事物起源事典』，柏書房，1996年11月，312-313頁
メイソウ【瞑想】 惣郷正明・飛田良文「瞑想」『明治のことば辞典』，東京堂出版，1986年12月，562頁
メイダイ【命題】 矢野健太郎「数学の新用語100—命題」『数学セミナー』9—13，日本評論社，1970年12月，146-148頁
鈴木修次「「命題」「演繹」「帰納」」『日本漢語と中国—漢字文化圏の近代化』，中央公論社，1981年9月，106-123頁
樺島忠雄・飛田良文・米川明彦「命題」『明治大正新語俗語辞典』，東京堂出版，1984年5月，302頁
惣郷正明・飛田良文「命題」『明治のことば辞典』，東京堂出版，1986年12月，562-563頁
高野繁男「『哲学字彙』の訳語」『近代漢語の研究—日本語の造語法・訳語法』，明治書院，2004年11月，71頁
佐藤亨「命題」『現代に生きる幕末・明治初期漢語辞典』，明治書院，2007年6月，795-796頁
メイメイ【命名】 遠藤好英「現代における「命名」の語誌」『日本文学ノート』30，宮城学院女子大学日本文学会，1995年1月，181-195頁
メイヨ【名誉】 佐藤亨『近世語彙の歴史的研究』，桜楓社，1980年10月，44頁
メイワク【迷惑】 新村出「「迷惑」といふ語」『新村出全集4』，筑摩書房，1971年9月，407頁
大塚光信「対訳寸感」『国語国文』52—10，京都大学国語学国文学研究室，1983年10月，44-51頁
福島邦道「「迷惑」考—対訳による」『国語国文』52—2，京都大学国語学国文学研究室，1983年2月，46-58頁
大塚光信「迷惑」『国語国文』59—7，京都大学国語学国文学研究室，1990年7月，38-46頁
堀口和吉「「迷惑」考」『山辺道』40，天理大学国語国文学会，1996年3月，92-103頁
松尾聡「迷惑」『日本語遊覧』，笠間書院，2000年1月，80-83頁
木村一「漢字の履歴—迷惑」『月刊しにか』13-8，大修館書店，2002年7月，73頁
めがね【眼鏡】 湯本豪一「眼鏡」『図説明治事物起源事典』，柏書房，1996年11月，272-273頁
メッキ【鍍金】 寺島慶一「めっきの語源 表面処理用語の語源散策」『防錆管理』51—4，日本防錆技術協会，2007年3月，173-176頁
メンエキ【免疫】 樺島忠雄・飛田良文・米川明彦「免疫」『明治大正新語俗語辞典』，東京堂出版，1984年5月，303頁
沈国威『近代日中語彙交流史—新漢語の生成と受容』，笠間書院，1994年3月，348-349頁
メンドウ【面倒】 阪倉篤義「面倒」『日本語の語源』，講談社，1978年7月，34-35頁
石井みち江「面倒」『講座日本語の語彙 ⑪』，明治書院，1983年6月，270-274頁
松本修「面倒ははなはだめんどうなり」『日本語論』2—9，山本書房，1994年9月，42-55頁
メンボク【面目】 中村元編「面目」『続仏教語源散策』，東京書籍，1977年12月，211-214頁

モ

モウアイン【盲唖院】 石井研堂「日本最初の盲唖院」『増補改訂　明治事物起源』上巻, 春陽堂書店, 1944年11月, 556-557頁

モウアジン【盲唖人】 石井研堂「日本最初の盲唖人」『増補改訂　明治事物起源』上巻, 春陽堂書店, 1944年11月, 556-557頁

モウコハン【蒙古斑】 三輪貞爾「「モウコ斑」と「モウコ症」—人種・医学・ことば」『言語生活』191, 筑摩書房, 1967年8月, 74-82頁

西村大志「身体の名づけにみる学術と民俗—「蒙古斑」をめぐって」『表現における越境と混淆』19, 国際日本文化研究センター, 2005年9月, 77-95頁

モウサイカン【毛細管】 惣郷正明・飛田良文「毛細管」『明治のことば辞典』, 東京堂出版, 1986年12月, 563-564頁

モウサイカンゲンショウ【毛細管現象】 惣郷正明・飛田良文「毛細管現象」『明治のことば辞典』, 東京堂出版, 1986年12月, 564頁

モウソウ【妄想・妄走】 飛田良文「相談室「妄想・発足・発意」」『言語生活』204, 筑摩書房, 1968年9月, 75-77頁

宮本忠雄「ことばのことば—妄走から妄想へ」『言語』9—9, 大修館書店, 1980年9月, 47頁

石井みち江「妄想」『講座日本語の語彙 ⑪』, 明治書院, 1983年6月, 275-279頁

惣郷正明・飛田良文「妄想」『明治のことば辞典』, 東京堂出版, 1986年12月, 564-565頁

矢部彰「「妄想」考」『文芸と批評』6—7, 文芸と批評の会, 1988年3月, 42-73頁

矢部彰「妄想」『国文学』43—1, 学燈社, 1998年1月, 100-101頁

山田俊雄「妄想と莫妄想」『詞苑間歩』上, 三省堂, 1999年9月, 72-75頁

モウチョウ【盲腸】 斎藤静「盲腸」『日本語に及ぼしたオランダ語の影響』, 篠崎書林, 1967年8月, 21-22頁

杉本つとむ「盲腸」『語源海』, 東京書籍, 2005年3月, 602-603頁

杉本つとむ「近代訳語を検証する 43　腺／膵臓・盲腸・扁桃腺・口蓋」『国文学　解釈と鑑賞』72—3, 至文堂, 2007年3月, 168-174頁

モウテン【盲点】 惣郷正明・飛田良文「盲点」『明治のことば辞典』, 東京堂出版, 1986年12月, 565頁

モウフ【毛布】 佐藤亨「『西洋事情』の語彙」『幕末・明治初期語彙の研究』, 桜楓社, 1986年2月, 419-420頁

田島優「「ケット」から「毛布」へ」『近代漢字表記語の研究』, 和泉書院, 1998年11月, 256-263頁

前田富祺監修「毛布」『日本語語源大辞典』, 小学館, 2005年4月, 1095頁

モウマイ【蒙昧】 遠藤仁「「蒙昧」の語史」『宮城教育大学国語国文』22, 宮城教育大学国語国文学会, 1994年12月, 1-10頁

モウマク【網膜】 斎藤静「網膜」『日本語に及ぼしたオランダ語の影響』, 篠崎書林, 1967年8月, 166-167頁

杉本つとむ「連載；近代訳語を検証する 52　鞏膜, 角膜, 結膜, 網膜, 虹彩, 葡萄膜」『国文学　解釈と鑑賞』72—12, 至文堂, 2007年12月, 188-192頁

モクザイ【木材】 村田安穂「「材木」と「木材」の両語をめぐって—日中文化交渉史のひとこま」『桜美林大・短大紀要』8, 桜美林大学・桜美林短期大学, 1968年2月, 73-84頁

モクシ【黙示】 惣郷正明・飛田良文「黙示」『明治のことば辞典』, 東京堂出版, 1986年12月, 565-566頁

高野繁男「『明六雑誌』の語彙」『近代漢語の研

究―日本語の造語法・訳語法』，明治書院，2004年11月，188頁

モクセイ【木製】 佐藤亨「『西洋事情』の語彙」『幕末・明治初期語彙の研究』，桜楓社，1986年2月，428–429頁

モクタン【木炭】 佐藤亨「『智環啓蒙塾課初歩』の訳語」『近世語彙の研究』，桜楓社，1983年6月，51–52頁

モクテキ【目的】 佐藤辰二「「目的」の語源とその定着」『日本語学』14―2，明治書院，1995年2月，61–73頁

陳力衛「中国への逆輸入」『和製漢語の形成と展開』，汲古書院，2001年2月，281頁

モクヒョウ【目標】 田島優「和製漢語化に伴う和語の漢字表記への影響―「目標」から「日印」へ」『日本語論究』4，名古屋ことばのつどい編集委員会，1995年9月，105–130頁

田島優「和製漢語化に伴う和語の漢字表記への影響―「目標」から「日印」へ」『近代漢字表記語の研究』，和泉書院，1998年11月，217–245頁

モクモク【黙々】 陳贇「「黙々と」の意義変遷」『国語国文』76―3，京都大学，2007年3月，1018頁

モクヨウび【木曜日】 松村明「明治初年における曜日の呼称」『近代語研究』10，近代語研究会，1990年10月，509–529頁

モケイ【模型】 惣郷正明・飛田良文「模型」『明治のことば辞典』，東京堂出版，1986年12月，566–567頁

モジ【文字】 今里智晃「文字」『ことばコンセプト事典』，第一法規出版，1992年12月，1652–1661頁

阿辻哲次『文字』〈一語の辞典〉，三省堂，1998年1月

モチロン【勿論】 林巨樹「「もちろん」その他―漢字のかな書きについて」『立正大学国語国文』4，立正大学国語国文学会，1964年8月

モホウ【模倣】 中田佳昭「模倣」『ことばコンセプト事典』，第一法規出版，1992年12月，1662–1673頁

モンカセイ【門下生】 劉凡夫「〈学ぶ人〉を表す語彙に関する史的考察」『日本語の歴史地理構造』，明治書院，1997年8月，249–267頁

モンク【文句】 久世光彦「文句」『ニホンゴキトク』，講談社，1996年9月，238–242頁

モンショウ【紋章】 下谷和幸「紋章」『ことばコンセプト事典』，第一法規出版，1992年12月，1674–1683頁

モンダイ【問題】 陳生保「～問題」『中国と日本―言葉・文学・文化』，麗沢大学出版会，2005年5月，24頁

モンドウ【問答】 田島毓堂「挨拶，応答，問答」『講座日本語の語彙 ⑨』，明治書院，1983年1月，1–5頁

モンブショウ【文部省】 石井研堂「文部省の始」『増補改訂　明治事物起源』上巻，春陽堂書店，1944年11月，221頁

モンモウ【文盲】 陳力衛「「文盲」考「蚊虻」との関係を中心に」『日本近代語研究』1，ひつじ書房，1991年10月，501–518頁

陳力衛「「文盲」考」『和製漢語の形成と展開』，汲古書院，2001年2月，135–155頁

ヤ

ヤカイ【夜会】 石井研堂「夜会の始」『増補改訂　明治事物起源』上巻，春陽堂書店，1944年11月，125頁

惣郷正明・飛田良文「夜会」『明治のことば辞典』，東京堂出版，1986年12月，568–569頁

ヤガク【夜学】 惣郷正明・飛田良文「夜学」『明治のことば辞典』，東京堂出版，1986年12月，569頁

ヤキュウ【野球】 石井研堂「野球の始」『増補改訂　明治事物起源』下巻，春陽堂書店，1944年12月，1250–1252頁

広瀬謙三「野球用語」『言語生活』109，筑摩書房，1960年10月，34-37頁
藤原義江「人とことば　3　野球・新国劇・オペラ」『言語生活』234，筑摩書房，1971年3月，88-95頁
久世善男「野球」『言葉のなづけ親―翻訳に見る文明開化』，朝日ソノラマ，1975年11月，200-203頁
梶原滉太郎「野球，ベースボール」『講座日本語の語彙 ⑪』，明治書院，1983年6月，311-318頁
槌田満文「野球」『明治大正新語・流行語』，角川書店，1983年6月，153-155頁
樺島忠雄・飛田良文・米川明彦「野球」『明治大正新語俗語辞典』，東京堂出版，1984年5月，308-309頁
惣郷正明・飛田良文「野球」『明治のことば辞典』，東京堂出版，1986年12月，570頁
富田仁「野球」『舶来事物起源事典』，名著普及会，1987年12月，369-370頁
阪倉篤義「〈歳時閑談〉基球・底球・野球」『文学』57―8，岩波書店，1989年8月，110-111頁
紀田順一郎「野球」『近代事物起源事典』，東京堂出版，1992年9月，235-236頁
湯本豪一「野球」『図説明治事物起源事典』，柏書房，1996年11月，256-251頁
米川明彦「野球」『明治・大正・昭和の新語・流行語辞典』，三省堂，2002年1月，58-59頁
前田富祺監修「野球」『日本語語源大辞典』，小学館，2005年4月，1115頁
ヤク【訳】 大野透「「翻訳」考」『国語学』139，国語学会，1984年12月，132-121頁
ヤクイン【役員】 惣郷正明・飛田良文「役員」『明治のことば辞典』，東京堂出版，1986年12月，570-571頁
ヤクガイ【厄害】 佐藤喜代治『国語語彙の歴史的研究』，明治書院，1971年11月，267頁
ヤクシャ【役者】 門野泉「役者」『ことばコンセプト事典』，第一法規出版，1992年12月，1684-1691頁
ヤクショ【訳書】 惣郷正明・飛田良文「訳書」『明治のことば辞典』，東京堂出版，1986年12月，571頁
ヤクソク【約束】 佐藤喜代治「漢語の源流―『万法精理』の訳語について(一)」『国語語彙史の歴史的研究』，明治書院，1971年11月，316頁
ヤクブソク【役不足】 新野直哉「〝役不足〟の「誤用」について―対義的方向への意味変化の一例として」『国語学』175，国語学会，1993年12月，26-38頁
新野直哉「続・〝役不足〟の「誤用」について」『日本近代語研究』4，ひつじ書房，2005年6月，73-83頁
ヤシャ【夜叉】 中村元「夜叉」『仏教用語散策』，東京書籍，1977年4月，131-134頁
ヤセイ【野生】 文化庁「「野生」と「野性」の使い分け」『言葉に関する問答集』，大蔵省印刷局，1995年3月，50頁
ヤセイテキ【野生的】 樺島忠雄・飛田良文・米川明彦「野生的」『明治大正新語俗語辞典』，東京堂出版，1984年5月，309頁
ヤゼン【夜前】 遠藤好英「平安時代の記録語の性格―「夜前」をめぐって」『国語学』100，国語学会，1975年3月，36-47頁
ヤッキョク【薬局】 佐藤亨「『大美聯邦志略』の語彙」『幕末・明治初期語彙の研究』，桜楓社，1986年2月，87頁
ヤバン【野蛮】 惣郷正明・飛田良文「野蛮」『明治のことば辞典』，東京堂出版，1986年12月，572-573頁
丹野真「野蛮」『ことばコンセプト事典』，第一法規出版，1992年12月，1692-1701頁
김진숙「『독립신문』・『매일신문』에 수용된 문명／야만 담론의 의미 층위」(『独立新聞』・『毎日新聞』に受容された文明と野蛮)『近代啓蒙期 知識概念의 受容과 그 変容』，

소명출판，2008年6月，59–95頁

ヤモウ【夜盲】 斎藤静「夜盲」『日本語に及ぼしたオランダ語の影響』，篠崎書林，1967年8月，164–165頁

ヤモウショウ【夜盲症】 沈国威「蘭学の訳語と新漢語の創出」『19世紀中国語の諸相』，雄松堂出版，2007年3月，243頁

ユ

ユイゴン【遺言】 渡辺萬蔵「遺言」『現行法律語の史的考察』，萬理閣書房，1930年12月，70頁

前田富祺監修「遺言」『日本語語源大辞典』，小学館，2005年4月，1137頁

ユイシンロン【唯心論】 樺島忠雄・飛田良文・米川明彦「唯心論」『明治大正新語俗語辞典』，東京堂出版，1984年5月，311–312頁

惣郷正明・飛田良文「唯心論」『明治のことば辞典』，東京堂出版，1986年12月，573–574頁

馮天瑜『新語探源』，中華書局，2004年10月，360頁

ユイブツロン【唯物論】 樺島忠雄・飛田良文・米川明彦「唯物論」『明治大正新語俗語辞典』，東京堂出版，1984年5月，312頁

惣郷正明・飛田良文「唯物論」『明治のことば辞典』，東京堂出版，1986年12月，574頁

高野繁男「『哲学字彙』の訳語」『近代漢語の研究—日本語の造語法・訳語法』，明治書院，2004年11月，76頁

佐藤亨「唯物論」『現代に生きる幕末・明治初期漢語辞典』，明治書院，2007年6月，805頁

ユイリロン【唯理論】 惣郷正明・飛田良文「唯理論」『明治のことば辞典』，東京堂出版，1986年12月，574頁

ユウ～【有～】 陳力衛「現代中国語における和製漢語の受容」『和製漢語の形成と展開』，汲古書院，2001年2月，370頁

ユウウツ【憂鬱】 池田弥三郎「ことばのことば—ゆううつ」『言語』6—6，大修館書店，1977年6月，19頁

ユウエン【遊園】 惣郷正明・飛田良文「遊園」『明治のことば辞典』，東京堂出版，1986年12月，574–575頁

ユウエンチ【遊園地】 樺島忠雄・飛田良文・米川明彦「遊園地」『明治大正新語俗語辞典』，東京堂出版，1984年5月，312–313頁

ユウガ【優雅】 丹野真「優雅」『ことばコンセプト事典』，第一法規出版，1992年12月，1702–1709頁

ユウカイ【誘拐】 野元菊雄「「拉致」と「誘拐」」『法学教室』46，有斐閣，1984年7月

ユウカク【遊郭】 大泉志郎・大塚栄寿・永沢道雄「遊郭」『現代死語事典』，朝日ソノラマ，1993年11月，347–349頁

ユウカン【夕刊】 石井研堂「夕刊の始」『増補改訂　明治事物起源』上巻，春陽堂書店，1944年11月，650頁

ユウキ【有機】 斎藤静「有機」『日本語に及ぼしたオランダ語の影響』，篠崎書林，1967年8月，189頁

高野繁男「『哲学字彙』の訳語」『近代漢語の研究—日本語の造語法・訳語法』，明治書院，2004年11月，75頁

ユウキタイ【有機体】 斎藤静「有機体」『日本語に及ぼしたオランダ語の影響』，篠崎書林，1967年8月，34頁

惣郷正明・飛田良文「有機体」『明治のことば辞典』，東京堂出版，1986年12月，575頁

ユウゲン【幽玄】 梅野きみ子「「幽玄」の源流」『後藤重郎教授定年退官記念国語国文学論集』，名古屋大出版会，1984年4月，15–32頁

武田元治「「幽玄」用例注釈Ⅲ　俊成の用例について」『大妻女子大文学部紀要』22，大妻

女子大文学部，1990年3月，57–76頁
柿崎敬彦「幽玄」『ことばコンセプト事典』，第一法規出版，1992年12月，1710–1717頁
武田元治「「幽玄」の変遷」『大妻国文』25，大妻女子大学国文学会，1994年3月，37–55頁
ユウシ【有志】 惣郷正明「志士・有志から壮士へ」『日本語開化物語』，朝日新聞社，1988年8月，32–34頁
ユウシ【勇士】 三國一朗「勇士」『戦中用語集』，岩波書店，1985年8月，76–77頁
ユウジ【有事】 編集部「有事」『月刊しにか』13—8，大修館書店，2002年7月，75頁
朝日新聞校閲部「有事」『まっとうな日本語』，朝日新聞社，2005年9月，95–96頁
ユウシュウ【優秀】 田中牧郎「漢語「優秀」の定着と語彙形成—主体を表す語の分析を通して」『雑誌太陽による確立期現代語の研究』国立国語研究所報告，博文館新社，2005年3月，114–141頁
ユウジョウ【友情】 金井ケイ「友情」『ことばコンセプト事典』，第一法規出版，1992年12月，1718–1725頁
ユウショウレッパイ【優勝劣敗】 広田栄太郎「訳語あれこれ」『近代訳語考』，東京堂出版，1969年8月，305–324頁
米川明彦「近代語彙考証6 進化論」『日本語学』2—9，明治書院，1983年9月，116–117頁
樺島忠雄・飛田良文・米川明彦「優勝劣敗」『明治大正新語俗語辞典』，東京堂出版，1984年5月，313–314頁
惣郷正明・飛田良文「優勝劣敗」『明治のことば辞典』，東京堂出版，1986年12月，575–576頁
金田一春彦編「優勝劣敗」『ことばの生い立ち』，講談社，1988年2月，151頁
ユウスウ【有数】 田中牧郎「漢語「優秀」の定着と語彙形成—主体を表す語の分析を通して」『雑誌太陽による確立期現代語の研究』国立国語研究所報告，博文館新社，2005年3月，114–141頁
ユウセイ【郵政】 佐藤亨「『西学考略』の語彙」『幕末・明治初期語彙の研究』，桜楓社，1986年2月，241頁
Federico Masini「郵政」*The Formation of Modern Chinese Lexicon and its Evolution toward a National Language*（李廷宰訳），소명出版，2005年11月，166頁
ユウセイ【遊星】 横田順弥「明治時代は謎だらけ!!—「遊星」か「惑星」か？」『日本古書通信』62—9，日本古書通信社，1997年9月，12–15頁
橋本万平「遊星と惑星」『日本古書通信』62—11，日本古書通信社，1997年11月
杉本つとむ「連載；近代訳語を検証する 40 地動説／惑星＝遊星 衛星」『国文学 解釈と鑑賞』71—12，至文堂，2006年12月，187–195頁
ユウゼイ【遊説】 惣郷正明・飛田良文「遊説」『明治のことば辞典』，東京堂出版，1986年12月，576–577頁
ユウセイガク【優生学】 樺島忠雄・飛田良文・米川明彦「優生学」『明治大正新語俗語辞典』，東京堂出版，1984年5月，314頁
ユウドウジンモン【誘導尋問】 長野賢「誘導尋問」『にっぽん語考現学』，明治書院，1965年9月，286–290頁
ユウビン【郵便】 渡辺萬蔵「郵便」『現行法律語の史的考察』，萬理閣書房，1930年12月，221–222頁
石井研堂「郵便の始」『増補改訂 明治事物起源』下巻，春陽堂書店，1944年12月，750–770頁
広田栄太郎「訳語あれこれ」『近代訳語考』，東京堂出版，1969年8月，313–314頁
久世善男「郵便」『言葉のなづけ親—翻訳に見る文明開化』，朝日ソノラマ，1975年11月，204–206頁
樺島忠雄・飛田良文・米川明彦「郵便」『明治大正新語俗語辞典』，東京堂出版，1984年5月，315頁

佐藤亨「『六合叢談』の語彙」『幕末・明治初期語彙の研究』，桜楓社，1986年2月，155-156頁
惣郷正明・飛田良文「郵便」『明治のことば辞典』，東京堂出版，1986年12月，577頁
金田一春彦編「郵便」『ことばの生い立ち』，講談社，1988年2月，146-148頁
河越龍方・河越圭子「郵便ということばをめぐる人たち」『はがき考雑俎』，私家版，1991年8月，97-142頁
木村秀次「「西洋見聞録」の漢語—政治・施設・郵便などに関する語」『東京成徳短期大学紀要』25，東京成徳短期大学，1992年3月，39-51頁
紀田順一郎「郵便」『近代事物起源事典』，東京堂出版，1992年9月，236-238頁
湯本豪一「郵便」『図説明治事物起源事典』，柏書房，1996年11月，356-357頁
荒川清秀「日本漢語の中国語への流入」『日本語学』17—5，明治書院，1998年5月，39-46頁
米川明彦「郵便」『明治・大正・昭和の新語・流行語辞典』，三省堂，2002年1月，12頁
杉本つとむ「郵便」『語源海』，東京書籍，2005年3月，621頁
杉本つとむ「近代訳語を検証する 20　郵便・カテーテル」『国文学　解釈と鑑賞』70—4，至文堂，2005年4月，205-212頁
菊池良生「中世から近世にかけてのドイツ・オーストラリアの文化史—郵便の誕生」『明治大学人文科学研究所紀要』第58冊，明治大学人文科学研究所，2006年3月，111-128頁
李芝賢「郵便考」『名古屋大学国語国文学』98，名古屋大学国語国文学会，2006年7月，122-105頁
佐藤亨「郵便」『現代に生きる幕末・明治初期漢語辞典』，明治書院，2007年6月，811頁

ユウホジョウ【遊歩場】　惣郷正明・飛田良文「遊歩場」『明治のことば辞典』，東京堂出版，1986年12月，577-578頁

ユウワ【融和】　佐藤亨『近世語彙の研究』，桜楓社，1983年6月，185頁

ユシュツ【輸出】　佐藤亨「輸出」『現代に生きる幕末・明治初期漢語辞典』，明治書院，2007年6月，816頁

ユニュウ【輸入】　佐藤亨『近世語彙の研究』，桜楓社，1983年6月，77頁
佐藤亨「輸入」『現代に生きる幕末・明治初期漢語辞典』，明治書院，2007年6月，817頁

ユライ【由来】　高野繁男「『哲学字彙』の訳語」『近代漢語の研究—日本語の造語法・訳語法』，明治書院，2004年11月，63頁

ヨ

ヨウ【洋】　荒川清秀「「海流」語源考上」『日本語学』11—6，明治書院，1992年6月，94-109頁
池田弥三郎「和・洋」『暮らしの中の日本語』，創拓社，1999年10月，92-95頁

ヨウ～【洋～】　朱京偉『近代日中新語の創出と交流—人文科学と自然科学の専門語を中心に』，白帝社，2003年10月，214頁
孫建軍「和製漢語「洋学」の成立—中国語新語「西学」の成立を兼ねて」『漢字文化圏諸言語の近代語彙の形成—創出と共有—』，関西大学出版部，2009年9月，145-165頁

ヨウイ【用意】　国広哲弥編「用意」『ことばの意味3』，平凡社，2003年3月，268-276頁
今野真二「明治の中の近世—「準備」と「用意」をめぐって」『国語語彙史の研究』25，和泉書院，2005年3月，151-166頁

ヨウイクイン【養育院】　石井研堂「養育院」『増補改訂　明治事物起源』上巻，春陽堂書店，1944年11月，128-129頁
湯本豪一「養育院」『図説明治事物起源事典』，柏書房，1996年11月，414-415頁

ヨウイン【要因】　惣郷正明・飛田良文「要

因」『明治のことば辞典』，東京堂出版，1986年12月，578頁

ヨウエキ【溶液】 佐藤亨「『玉石志林』の語彙(二)」『幕末・明治初期語彙の研究』，桜楓社，1986年2月，303-304頁

ヨウガ【洋画】 樺島忠雄・飛田良文・米川明彦「洋画」『明治大正新語俗語辞典』，東京堂出版，1984年5月，316頁

ヨウガク【幼学】 佐藤亨「『大美聯邦志略』の語彙」『幕末・明治初期語彙の研究』，桜楓社，1986年2月，74-75頁

ヨウガク【洋学】 佐藤昌介「展望　洋学史」『科学史研究』第132号，日本科学史学会，1971年春

惣郷正明・飛田良文「洋学」『明治のことば辞典』，東京堂出版，1986年12月，578-579頁

惣郷正明「蘭学から洋学・英学へ」『学鐙』89―5，丸善，1992年5月，8-13頁

高野繁男「『明六雑誌』の和製漢語」『『明六雑誌』とその周辺』神奈川大学人文学研究所編，お茶の水書房，2004年3月，183頁

高野繁男「『明六雑誌』の語彙」『近代漢語の研究―日本語の造語法・訳語法』，明治書院，2004年11月，175頁

孫建軍「和製漢語「洋学」の成立―中国語新語「西学」の成立を兼ねて」『漢字文化圏諸言語の近代語彙の形成―創出と共有―』，関西大学出版部，2009年9月，145-165頁

ヨウガクシャ【洋学者】 惣郷正明・飛田良文「洋学者」『明治のことば辞典』，東京堂出版，1986年12月，579頁

ヨウガク【洋楽】 湯本豪一「洋楽」『図説明治事物起源事典』，柏書房，1996年11月，258-259頁

ヨウがさ【洋傘】 湯本豪一「洋傘」『図説明治事物起源事典』，柏書房，1996年11月，274-275頁

ヨウカン【羊羹】 鈴木晋一「たべもの噺　7「羊羹」」『月刊百科』239，平凡社，1982年9月，42-43頁

ヨウキン【洋琴】 朱京偉『近代日中新語の創出と交流―人文科学と自然科学の専門語を中心に』，白帝社，2003年10月，219頁

ヨウコウ【洋行】 佐藤亨「『六合叢談』の語彙」『幕末・明治初期語彙の研究』，桜楓社，1986年2月，145-146頁

陳力衛「近代における二字漢語の語構成の一問題―その出典例とのかかわりをめぐって」『文教大学国文』23，文教大学国文学会，1994年3月，42-50頁

佐藤亨「洋行」『現代に生きる幕末・明治初期漢語辞典』，明治書院，2007年6月，832頁

ヨウサイ【要塞】 渡辺萬蔵「要塞」『現行法律語の史的考察』，萬理閣書房，1930年12月，9頁

ヨウジ【幼児】 高橋巌「幼児，新生児，乳児，嬰児，幼児，稚児，小児」『講座日本語の語彙 ⑪』，明治書院，1983年6月，324-327頁

ヨウシキ【様式】 惣郷正明・飛田良文「様式」『明治のことば辞典』，東京堂出版，1986年12月，579-580頁

橋寺知子，川道麟太郎「明治・西洋建築移入期におけるstyleの訳語」『日本建築学会学術講演梗概集』，日本建築学会，1994年9月，1363-1364頁

橋寺知子，川道麟太郎「明治・西洋建築移入期におけるstyleの訳語」『日本建築学会計画系論文集』477，日本建築学会，1995年11月，181-188頁

ヨウシャ【容赦・用捨】 田島優「意味文化に伴う表記の問題―和製漢語の一生成過程」『愛知県立大文学部論集国文学科』38，愛知県立大文学部，1990年2月，115-126頁

ヨウシュ【洋酒】 樺島忠雄・飛田良文・米川明彦「洋酒」『明治大正新語俗語辞典』，東京堂出版，1984年5月，317頁

紀田順一郎「洋酒」『近代事物起源事典』，東京堂出版，1992年9月，238-239頁

ヨウショ【洋書】 佐藤亨「『西洋事情』の語

彙」『幕末・明治初期語彙の研究』，桜楓社，1986年2月，434-435頁

ヨウジョウ【養生】 半沢洋子「衛生，養生，健全」『講座日本語の語彙 ⑨』，明治書院，1983年1月，110-115頁

久世光彦「養生」『ニホンゴキトク』，講談社，1996年9月，108-112頁

阿部安成「養生から衛生へ」『岩波講座近代日本の文化史』4，岩波書店，2002年2月，47-78頁

ヨウセイ【妖精】 惣郷正明・飛田良文「妖精」『明治のことば辞典』，東京堂出版，1986年12月，580頁

惣郷正明「Fairyの訳語が四十も」『日本語開化物語』，朝日新聞社，1988年8月，69-71頁

山田俊雄「ジェンダーについて」『ことば散策』岩波新書，岩波書店，1999年8月，207-212頁

ヨウソ【要素】 佐藤喜代治「要素」『日本の漢語』，角川書店，1979年10月，436-437頁

樺島忠雄・飛田良文・米川明彦「要素」『明治大正新語俗語辞典』，東京堂出版，1984年5月，318頁

惣郷正明・飛田良文「要素」『明治のことば辞典』，東京堂出版，1986年12月，580-581頁

高野繁男「『哲学字彙』の訳語」『近代漢語の研究―日本語の造語法・訳語法』，明治書院，2004年11月，72頁

ヨウチエン【幼稚園】 石井研堂「幼稚園の始」『増補改訂　明治事物起源』上巻，春陽堂書店，1944年11月，441-443頁

久世善男「幼稚園」『言葉のなづけ親―翻訳に見る文明開化』，朝日ソノラマ，1975年11月，207-211頁

高橋巌「幼稚園，託児所，保育園，保育所」『講座日本語の語彙 ⑪』，明治書院，1983年6月，328-331頁

紀田順一郎「幼稚園」『近代事物起源事典』，東京堂出版，1992年9月，240-241頁

沈国威『近代日中語彙交流史―新漢語の生成と受容』，笠間書院，1994年3月，88頁

湯本豪一「幼稚園」『図説明治事物起源事典』，柏書房，1996年11月，392-393頁

米川明彦「幼稚園」『明治・大正・昭和の新語・流行語辞典』，三省堂，2002年1月，23頁

Federico Masini「幼稚園」*The Formation of Modern Chinese Lexicon and its Evolution toward a National Language*（李廷宰訳），소명出版，2005年11月，289頁

ヨウテン【要点】 高野繁男「『百科全書』の訳語」『近代漢語の研究―日本語の造語法・訳語法』，明治書院，2004年11月，118頁

ヨウド【用度】 渡辺萬蔵「用度」『現行法律語の史的考察』，萬理閣書房，1930年12月，21頁

ヨウドウ【揺動】 竹中恵一「中国語と日本語における字順の逆転現象」『日本語学』7―10，明治書院，1988年10月，55-64頁

ヨウニン【容認】 佐藤喜代治「漢語の源流―『万法精理』の訳語について（三）」『国語語彙史の歴史的研究』，明治書院，1971年11月，356頁

ヨウび【曜日】 張志淵「七曜日」『萬國事物紀原歷史』，皇城新聞社，1909年8月，27-28頁

米川明彦「曜日名」『言語生活』370，筑摩書房，1982年10月，70-75頁

遠藤智比古「七曜の訳語考」『英学史研究』21，日本英学史学会，1988年，169-184頁

松村明「明治初年における曜日の呼称」『近代語研究』10，近代語研究会，1990年10月，509-529頁

内田慶市「近代中国語における「曜日」の言い方」『アジア文化交流研究』2，関西大学アジア文化交流研究センター，2007年3月，125-136頁

ヨウビョウイン【養病院】 佐藤亨「訳語研究の一視点―「病院」の成立をめぐって」『文芸研究』100，日本文芸研究会，1982年5月，

99-109頁
佐藤亨『近世語彙の研究』，桜楓社，1983年6月，30頁
ヨウフク【洋服】 惣郷正明・飛田良文「洋服」『明治のことば辞典』，東京堂出版，1986年12月，581頁
富田仁「洋服」『舶来事物起源事典』，名著普及会，1987年12月，375-377頁
紀田順一郎「洋服」『近代事物起源事典』，東京堂出版，1992年9月，241-242頁
湯本豪一「洋服」『図説明治事物起源事典』，柏書房，1996年11月，278-281頁
ヨウヤク【要約】 惣郷正明・飛田良文「要約」『明治のことば辞典』，東京堂出版，1986年12月，581頁
ヨウリョウ【要領】 惣郷正明・飛田良文「要領」『明治のことば辞典』，東京堂出版，1986年12月，581頁
塩田丸男「要領」『死語読本』，白水社，1994年7月，255-256頁
ヨウロウイン【養老院】 大泉志郎・大塚栄寿・永沢道雄「養老院」『続・現代死語事典』，朝日ソノラマ，1995年11月，429-431頁
ヨクアツ【抑圧】 佐藤亨「『米欧回覧実記』の語彙」『幕末・明治初期語彙の研究』，桜楓社，1986年2月，450-451頁
金関猛「フロイト精神分析における「抑圧」という訳語について」『岡山大学文学部紀要』44，岡山大学文学部，2005年12月，1-17頁
ヨクサン【翼賛】 稲垣吉彦・吉沢典男監修「翼賛」『昭和ことば史60年』，講談社，1985年10月，72-73頁
ヨクボウ【欲望】 斎藤豊「欲望」『ことばコンセプト事典』，第一法規出版，1992年12月，1762-1769頁
ヨケイ【余計】 佐藤稔「余計，余慶，余裕，余分」『講座日本語の語彙 ⑪』，明治書院，1983年6月，332-334頁
ヨゲン【予言】 惣郷正明・飛田良文「預言」『明治のことば辞典』，東京堂出版，1986年12月，582-583頁
斎藤豊「予言」『ことばコンセプト事典』，第一法規出版，1992年12月，1770-1777頁
ヨサン【予算】 樺島忠雄・飛田良文・米川明彦「予算」『明治大正新語俗語辞典』，東京堂出版，1984年5月，318-319頁
佐藤亨「予算」『現代に生きる幕末・明治初期漢語辞典』，明治書院，2007年6月，832頁
ヨッキュウ【欲求】 樺島忠雄・飛田良文・米川明彦「欲求」『明治大正新語俗語辞典』，東京堂出版，1984年5月，319頁
ヨトウ【与党】 朝日新聞校閲部「与党・野党」『まっとうな日本語』，朝日新聞社，2005年9月，43-44頁
ヨビ【予備】 佐藤亨『近世語彙の研究』，桜楓社，1983年6月，175頁
ヨビヤク【予備役】 Federico Masini「予備役」*The Formation of Modern Chinese Lexicon and its Evolution toward a National Language*(李廷宰訳)，소명出版，2005年11月，166頁
ヨブン【余分】 佐藤稔「余計，余慶，余裕，余分」『講座日本語の語彙 ⑪』，明治書院，1983年6月，332-334頁
ヨボウ【予防】 佐藤亨「「重訂解体新書」の訳語」『近世語彙の歴史的研究』，桜楓社，1980年10月，316頁
ヨユウ【余裕】 佐藤稔「余計，余慶，余裕，余分」『講座日本語の語彙 ⑪』，明治書院，1983年6月，332-334頁
ヨロン【世論】 松田郁三「「世論」の読みの混乱について」『言語生活』77，筑摩書房，1958年2月，76-80頁
佐藤卓己「「世論の輿論化」に向けて—戦後「世論」の成立史から」『日本世論調査協会報』101，財団法人日本世論調査協会，1983年3月，34-37頁
中田佳昭「世論」『ことばコンセプト事典』，第一法規出版，1992年12月，1778-1789頁

大角希「近代語語誌の研究—「世論」をめぐって」『東京女子大学言語文化研究』4，東京女子大学言語文化研究会，1995年8月

ヨロン【輿論】 渡辺萬蔵「輿論」『現行法律語の史的考察』，萬理閣書房，1930年12月，42頁

柴田武編「相談室」『言語生活』48，筑摩書房，1955年9月，40-41頁

ラ

ラクエン【楽園】 春山行夫「近代用語の系統　7」『言語生活』186，筑摩書房，1967年4月，49-50頁

惣郷正明・飛田良文「楽園」『明治のことば辞典』，東京堂出版，1986年12月，583頁

平松哲司「楽園」『ことばコンセプト事典』，第一法規出版，1992年12月，1790-1799頁

ラクがき【落書】 紀田順一郎「落書」『近代事物起源事典』，東京堂出版，1992年9月，243-244頁

ラクゴシャ【落伍者】 樺島忠雄・飛田良文・米川明彦「落伍者」『明治大正新語俗語辞典』，東京堂出版，1984年5月，320-321頁

佐々木瑞枝「落伍者」『女と男の日本語辞典』下巻，東京堂出版，2003年12月，290-293頁

ラクダイ【落第】 一海知義「落第」『漢語の知識』，岩波書店，1981年7月，9-14頁

ラクタン【落胆】 惣郷正明・飛田良文「落胆」『明治のことば辞典』，東京堂出版，1986年12月，583頁

ラクテンシュギ【楽天主義】 樺島忠雄・飛田良文・米川明彦「楽天主義」『明治大正新語俗語辞典』，東京堂出版，1984年5月，321頁

惣郷正明・飛田良文「楽天主義」『明治のことば辞典』，東京堂出版，1986年12月，583頁

ラシンバン【羅針盤】 佐藤亨「『玉石志林』の語彙（二）」『幕末・明治初期語彙の研究』，桜楓社，1986年2月，304-305頁

佐藤亨「羅針盤」『現代に生きる幕末・明治初期漢語辞典』，明治書院，2007年6月，836頁

ラタイガ【裸体画】 槌田満文「裸体画」『明治大正新語・流行語』，角川書店，1983年6月，121-123頁

樺島忠雄・飛田良文・米川明彦「裸体画」『明治大正新語俗語辞典』，東京堂出版，1984年5月，321-322頁

惣郷正明・飛田良文「裸体画」『明治のことば辞典』，東京堂出版，1986年12月，583-584頁

沈国威『近代日中語彙交流史—新漢語の生成と受容』，笠間書院，1994年3月，349頁

湯本豪一「裸体画」『図説明治事物起源事典』，柏書房，1996年11月，204-205頁

中山昭彦「裸体画・裸体・日本人—明治期〈裸体画論争〉第一幕」『ディスクールの帝国』，新曜社，2000年4月，16-55頁

米川明彦「裸体画」『明治・大正・昭和の新語・流行語辞典』，三省堂，2002年1月，60-61頁

ラチ【拉致】 野元菊雄「「拉致」と「誘拐」」『法学教室』46，有斐閣，1984年7月

朝日新聞校閲部「拉致」『まっとうな日本語』，朝日新聞社，2005年9月，61-62頁

ラッカセイ【落花生】 安達巖「落花生」『日本食物文化の起源』，自由国民社，1981年5月，308-309頁

山田俊雄「落花生」『詞苑間歩』下，三省堂，1999年9月，202-205頁

井上久子「落花生・ピーナッツ・南京豆の商品について—その異同に関する一考察」『棲伽林学報』4，棲伽林，2001年3月，848-837頁

ランガク【蘭学】 惣郷正明・飛田良文「蘭学」『明治のことば辞典』，東京堂出版，1986年12月，585頁

ランプ【洋燈】 槌田満文「洋燈」『明治大正風俗語典』, 角川書店, 1979年11月, 109–112頁

ランボウ【乱暴】 高野繁男「『哲学字彙』の訳語」『近代漢語の研究—日本語の造語法・訳語法』, 明治書院, 2004年11月, 63頁

ランニュウ【乱入】 杦浦勝「「乱入」について—語にみる中世意識の展開」『大阪工業高専紀要』5, 大阪工業高等専門学校, 1970年10月

ランヨウ【濫用】 文化庁「「濫用」か「乱用」か」『言葉に関する問答集』, 大蔵省印刷局, 1995年3月, 109–110頁

リ

リエキ【利益】 渡辺萬蔵「利益」『現行法律語の史的考察』, 萬理閣書房, 1930年12月, 15頁

リカ【理科】 沈国威『近代日中語彙交流史—新漢語の生成と受容』, 笠間書院, 1994年3月, 114頁

Federico Masini「理科」*The Formation of Modern Chinese Lexicon and its Evolution toward a National Language*(李廷宰訳), 소명出版, 2005年11月, 161頁

佐藤亨「理科」『現代に生きる幕末・明治初期漢語辞典』, 明治書院, 2007年6月, 838頁

杉本つとむ「近代訳語を検証する55 理科・理学・格致 1」『国文学　解釈と鑑賞』73—3, 至文堂, 2008年3月, 204–207頁

杉本つとむ「近代訳語を検証する56 理科・理学 2」『国文学　解釈と鑑賞』73—4, 至文堂, 2008年4月, 188–195頁

杉本つとむ「近代訳語を検証する57 理科・理学・滑車 3」『国文学　解釈と鑑賞』73—5, 至文堂, 2008年5月, 222–229頁

リカイ【理会】 山田俊雄「漢語の理會」『詞苑間歩』上, 三省堂, 1999年9月, 68–72頁

リガク【利学】 惣郷正明・飛田良文「理学」『明治のことば辞典』, 東京堂出版, 1986年12月, 587頁

リガク【理学】 斎藤毅「第10章　哲学語源」『明治のことば』, 講談社, 1977年11月, 337–342頁

鈴木修次「「哲学」と「理学」」『文明のことば』, 文化評論出版, 1981年3月, 138–172頁

佐藤亨「理学」『現代に生きる幕末・明治初期漢語辞典』, 明治書院, 1983年6月, 838–839頁

惣郷正明・飛田良文「理学」『明治のことば辞典』, 東京堂出版, 1986年12月, 587–588頁

リキガク【力学】 板倉聖宣・中村邦光「力学に関する基本的な述語の形成過程」『科学史研究』第96号, 日本科学史学会, 1979年冬, 193–205頁

惣郷正明・飛田良文「力学」『明治のことば辞典』, 東京堂出版, 1986年12月, 588–589頁

リクグン【陸軍】 佐藤亨「『智環啓蒙塾課初歩』の訳語」『近世語彙の研究』, 桜楓社, 1983年6月, 54–55頁

佐藤亨「『徳国学校論略』の語彙」『幕末・明治初期語彙の研究』, 桜楓社, 1986年2月, 209–210頁

佐藤亨「陸軍」『現代に生きる幕末・明治初期漢語辞典』, 明治書院, 2007年6月, 839–840頁

リクグンシカンガッコウ【陸軍士官学校】 石井研堂「陸軍士官学校」『増補改訂明治事物起源』下巻, 春陽堂書店, 1944年12月, 1088頁

Federico Masini「陸軍士官学校」*The Formation of Modern Chinese Lexicon and its Evolution toward a National Language*(李廷宰訳), 소명出版, 2005年11月, 166頁

リクジョウキョウギ【陸上競技】 久世善男「陸上競技」『言葉のなづけ親—翻訳に見る文明開化』, 朝日ソノラマ, 1975年11月, 212–214頁

リクセン【陸戦】 佐藤亨「『徳国学校論略』の語彙」『幕末・明治初期語彙の研究』，桜楓社，1986年2月，209-210頁

リコウ【利口】 佐藤亨「「リコン」と「リコウ」について」『国語学研究』8，東北大文学部『国語学研究』刊行会，1968年8月，51-61頁

岩淵悦太郎『語源散策』，毎日新聞社，1974年10月，175-177頁

佐藤喜代治「頼山陽の書簡に見える漢語について」『国語語彙の歴史的研究』，明治書院，1981年11月，253-254頁

リコウ【履行】 渡辺萬蔵「履行」『現行法律語の史的考察』，萬理閣書房，1930年12月，15頁

リコシュギ【利己主義】 樺島忠雄・飛田良文・米川明彦「利己主義」『明治大正新語俗語辞典』，東京堂出版，1984年5月，324-325頁

惣郷正明・飛田良文「利己主義」『明治のことば辞典』，東京堂出版，1986年12月，588-589頁

リコン【離婚】 渡辺萬蔵「離婚」『現行法律語の史的考察』，萬理閣書房，1930年12月，168頁

佐藤亨「『万国公法』の語彙」『幕末・明治初期語彙の研究』，桜楓社，1986年2月，182頁

リザイ【理財】 佐藤亨「『泰西国法論』の訳語」『幕末・明治初期語彙の研究』，桜楓社，1986年2月，374-375頁

佐藤亨「理財」『現代に生きる幕末・明治初期漢語辞典』，明治書院，2007年6月，841頁

リザイガク【理財学】 石井研堂「精神学科の訳語」『増補改訂　明治事物起源』上巻，春陽堂書店，1944年11月，519-521頁

森下澄男「専修学校の"理財科講義"および"専修学校理財学会"について—明治24年10月～同37年」『専修商学論集』23，専修商学論集編集委員会，1977年3月，1026頁

惣郷正明・飛田良文「理財学」『明治のことば辞典』，東京堂出版，1986年12月，589頁

佐藤亨「理財学」『現代に生きる幕末・明治初期漢語辞典』，明治書院，2007年6月，841頁

李憲昶「漢字文化圏におけるPolitical EconomyとEconomicsの翻訳」『漢字文化圏諸言語の近代語彙の形成—創出と共有—』，関西大学出版部，2008年9月，167-211頁

リジ【理事】 惣郷正明・飛田良文「理事」『明治のことば辞典』，東京堂出版，1986年12月，589-590頁

リシュウ【履修】 文化庁「「履修」か「履習」か」『言葉に関する問答集』，大蔵省印刷局，1995年3月，41頁

リジュン【利潤】 進藤咲子「小幡篤次郎の英氏経済論の訳語」『明治時代語の研究；語彙と文章』，明治書院，1981年11月，86-87頁

リセイ【理性】 進藤咲子「知性・理性・感性」『高校通信国語』49，東京書籍，1966年12月，4-7頁

金基坤「理性概念의 研究Ⅰ」(「理性」概念の研究 1)『人文論叢』24—1，釜山大學校，1983年12月，549-571頁

樺島忠雄・飛田良文・米川明彦「理性」『明治大正新語俗語辞典』，東京堂出版，1984年5月，325頁

惣郷正明・飛田良文「理性」『明治のことば辞典』，東京堂出版，1986年12月，590-591頁

장시연「이성의 개념」(理性の概念)『教育哲学』6，韓国教育哲学会，1988年11月，63-71頁

山田洸「理性」『言葉の思想史』，花伝社，1989年4月，173-196頁

薬師僖佑子「理性」『ことばコンセプト事典』，第一法規出版，1992年12月，1800-1807頁

有田和夫「近代西欧思想概念の解釈」『近代のかたち』，研文出版，2004年9月，37-53頁

佐藤亨「理性」『現代に生きる幕末・明治初期漢語辞典』，明治書院，2007年6月，842頁

徐水生「哲学概念の訳語創出と転用」『近代日本の知識人と中国哲学』，東方書店，2008年10月，44-45頁

リソウ【理想】 樺島忠雄・飛田良文・米川明彦「理想」『明治大正新語俗語辞典』，東京堂出版，1984年5月，325-326頁

惣郷正明・飛田良文「理想」『明治のことば辞典』，東京堂出版，1986年12月，591-592頁

坂井健「観念としての「理想想」―鷗外「審美論」における訳語の問題を中心に」『日本語と日本文学』16，筑波大学国語国文学会，1992年2月，1012頁

門野泉「理想」『ことばコンセプト事典』，第一法規出版，1992年12月，1808-1815頁

前田富祺監修「理想」『日本語語源大辞典』，小学館，2005年4月，1165頁

佐藤亨「理想」『現代に生きる幕末・明治初期漢語辞典』，明治書院，2007年6月，842頁

リソクセイゲン【利息制限】 渡辺萬蔵「利息制限」『現行法律語の史的考察』，萬理閣書房，1930年12月，272頁

リツ【～率】 朱京偉『近代日中新語の創出と交流―人文科学と自然科学の専門語を中心に』，白帝社，2003年10月，93頁

陳生保「～率」『中国と日本―言葉・文学・文化』，麗沢大学出版会，2005年5月，23頁

リッケン【立憲】 惣郷正明・飛田良文「立憲」『明治のことば辞典』，東京堂出版，1986年12月，592-593頁

高野繁男「『明六雑誌』の和製漢語」『『明六雑誌』とその周辺』神奈川大学人文学研究所編，お茶の水書房，2004年3月，187頁

高野繁男「『哲学字彙』の訳語」『近代漢語の研究―日本語の造語法・訳語法』，明治書院，2004年11月，76頁

リッケンセイタイ【立憲政体】 惣郷正明・飛田良文「立憲政体」『明治のことば辞典』，東京堂出版，1986年12月，593頁

リッショク【立食】 惣郷正明・飛田良文「立食」『明治のことば辞典』，東京堂出版，1986年12月，593-594頁

リップク【立腹】 伊原信一「和製漢語「腹立フクリフ」の語史―腹立から立腹へ」『国語国文学研究』26，熊本大学国語国文学会，1990年9月，1-12頁

リッポウ【立法】 鈴木修次「「三権分立」にまつわる用語」『日本漢語と中国―漢字文化圏の近代化』，中央公論社，1981年9月，28-29頁

佐藤亨「立法」『現代に生きる幕末・明治初期漢語辞典』，明治書院，2007年6月，844-845頁

リッポウコン【立方根】 惣郷正明・飛田良文「立方根」『明治のことば辞典』，東京堂出版，1986年12月，594頁

リハツ【理髪】 下野雅昭「散髪，斬髪，断髪，理髪，整髪」『講座日本語の語彙 ⑩』，明治書院，1983年4月，148-155頁

リベン【利便】 李慶祥「「便利」「便宜」「利便」について」『日本語教育研究論纂』1，1983年8月，66-87頁

リヤク【利益】 中村元編著「利益」『仏教語源散策』，東京書籍，1998年7月，155-157頁

リャクダツ【掠奪】 吉川明日香「字順の相反する二字漢語―「掠奪―奪掠」「現出―出現」について」『雑誌太陽による確立期現代語の研究』，博文館新社，2005年3月，143-155頁

リユウ【理由】 高野繁男「『百科全書』の訳語」『近代漢語の研究―日本語の造語法・訳語法』，明治書院，2004年11月，104頁

佐藤亨「理由」『現代に生きる幕末・明治初期漢語辞典』，明治書院，2007年6月，846-847頁

リュウガクセイ【留学生】 Federico Masini「留学生」*The Formation of Modern Chinese Lexicon and its Evolution toward a National Language*(李廷宰訳)，소명出版，2005年11月，287頁

リュウコウ【流行】 久松潜一「古典と言葉―不易と流行」『日本語』6―2，国語を愛する会，1966年2月，2-6頁
一海知義「流行」『漢語の知識』，岩波書店，1981年7月，202-205頁
リュウコウカ【流行歌】 佐竹秀雄「和語，名づけ，流行歌」『言語生活』359，筑摩書房，1981年11月，46-52頁
米川明彦「近代語彙考証11 流行歌と歌謡曲」『日本語学』3―2，明治書院，1984年2月，128-131頁
樺島忠雄・飛田良文・米川明彦「流行歌」『明治大正新語俗語辞典』，東京堂出版，1984年5月，326頁
佐藤武義「流行歌」『日本語の語源』，明治書院，2003年1月，44-45頁
リュウコウセイカンボウ【流行性感冒】 王敏東「研究ノート「インフルエンザ」及び「流行性感冒」の語誌；19世紀末における日中語彙の交流例として」『日本学刊』10，香港日本語教育研究会，2006年6月，81-91頁
リュウサン【硫酸】 斎藤静「硫酸」『日本語に及ぼしたオランダ語の影響』，篠崎書林，1967年8月，289頁
リュウサンテツ【硫酸鉄】 斎藤静「硫酸鉄」『日本語に及ぼしたオランダ語の影響』，篠崎書林，1967年8月，78-79頁
リュウサンドウ【硫酸銅】 斎藤静「硫酸銅」『日本語に及ぼしたオランダ語の影響』，篠崎書林，1967年8月，286頁
リュウザン【流産】 木戸光子「新聞の政治記事におけるステレオタイプの表現―「流産」「陣痛」「難産」の使用について」『文芸言語研究言語篇』33，筑波大学文芸・言語学系，1998年3月，47-64頁
リュウシ【粒子】 菅原国香・板倉聖宣「atomの訳語の形成過程」『科学史研究』第158号，日本科学史学会，1986年5月，34-45頁
竹本喜一・金岡喜久子「化学のことばア・ラ・カルト」『化学語源ものがたり』part2，東京化学同人，1990年4月，55頁
リュウセイ【流星】 高橋永行「「流星」の語史」『山形県立米沢女子短期大学附属生活文化研究所報告』28，山形県立米沢女子短期大学附属生活文化研究所，2001年3月，17-28頁
リュウセンケイ【流線型】 稲垣吉彦・吉沢典男監修「流線型」『昭和ことば史60年』，講談社，1985年10月，26-27頁
リュウタイ【流体】 斎藤静「流体」『日本語に及ぼしたオランダ語の影響』，篠崎書林，1967年8月，269-270頁
リュウツウ【流通】 進藤咲子「小幡篤次郎の英氏経済論の訳語」『明治時代語の研究；語彙と文章』，明治書院，1981年11月，100-101頁
惣郷正明・飛田良文「流通」『明治のことば辞典』，東京堂出版，1986年12月，594-596頁
リョウ【料】 野村雅昭「ことばの相談室　代・賃・費・料のつかいわけ」『言語生活』282，筑摩書房，1975年3月，90-91頁
リョウ【～料】 木村英樹「特集・接辞―料―代―賃―費丁金―拝観料・たばこ代・家賃・医療費・入学金」『日本語学』5―3，明治書院，1986年3月，97-104頁
王敏東・張静ラン「費用を表わす合成語について―〈代〉〈賃〉〈費〉〈料〉の場合」『国語文字史の研究』7，和泉書院，2003年11月，205-222頁
リョウ【量】 斎藤豊「質・量」『ことばコンセプト事典』，第一法規出版，1992年12月，640-647頁
リョウイン【両院】 佐藤亨「『六合叢談』の語彙」『幕末・明治初期語彙の研究』，桜楓社，1986年2月，135-136頁
リョウジ【領事】 石井研堂「領事の始」『増補改訂　明治事物起源』上巻，春陽堂書店，1944年11月，343頁
佐藤亨「『西学考略』の語彙」『幕末・明治初期

語彙の研究』，桜楓社，1986年2月，245-246頁
孫建軍「『増訂華英通語』における「領事」「保険」「陪審」」『アジア文化研究』27，国際基督教大学，2001年3月，185-195頁
リョウジカン【領事館】 石井研堂「領事館の始」『増補改訂　明治事物起源』上巻，春陽堂書店，1944年11月，343-344頁
佐藤亨「『玉石志林』の語彙(二)」『幕末・明治初期語彙の研究』，桜楓社，1986年2月，312-313頁
佐藤亨「『六合叢談』の語彙」『幕末・明治初期語彙の研究』，桜楓社，1986年2月，154-155頁
佐藤亨「『西学考略』の語彙」『幕末・明治初期語彙の研究』，桜楓社，1986年2月，245-246頁
佐藤亨「領事館」『現代に生きる幕末・明治初期漢語辞典』，明治書院，2007年6月，850頁
リョウジ【療治】 佐藤亨「近世の漢語についての一考察―「療治」と「治療」をめぐって」『国語学』106，国語学会，1976年9月，1-13頁
リョウシキ【良識】 広田栄太郎「明治の「常識」大正の「良識」」『近代訳語考』，東京堂出版，1969年8月，175-188頁
杉本つとむ「近代訳語を検証する 26　科学・体系／コモン・センス・良識」『国文学　解釈と鑑賞』70―10，至文堂，2005年10月，225-233頁
リョウシュウ【領袖】 惣郷正明・飛田良文「領袖」『明治のことば辞典』，東京堂出版，1986年12月，596-597頁
リョウショウ【領掌】 浅野敏彦「領掌」『国語史の中の漢語』，和泉書院，1998年2月，217-235頁
リョウシン【良心】 木村秀次「漢語「良心」考―『西国立志論』をめぐって」『日本語学』18―10，明治書院，1999年9月，84-97頁
木村秀次「漢字の履歴―良心」『月刊しにか』13―8，大修館書店，2002年7月，74頁
リョウド【領土】 渡辺萬蔵「領土」『現行法律語の史的考察』，萬理閣書房，1930年12月，107頁
リョウヨウ【療養】 青木純一・北野与一「「療養」の語誌的研究」『東横学園女子短期大学紀要』42，東横学園女子短期大学紀要編集委員会，2008年2月，69-82頁
リョウリ【料理】 安達巌「料理」『日本食物文化の起源』，自由国民社，1981年5月，194-195頁
松尾良樹「平安朝漢文学と唐代口語」『国文学解釈と鑑賞』55―10，至文堂，1990年10月，26-44頁
沈国威『近代日中語彙交流史―新漢語の生成と受容』，笠間書院，1994年3月，100頁
欒竹民「漢語の意味変化について―「料理」を中心に」『訓点語と訓点資料』100，訓点語学会，1997年9月，1-20頁
木村秀次「漢字の履歴―料理」『月刊しにか』13―8，大修館書店，2002年7月，74頁
小池清治・清地ゆき子「現代中国における外来語としての日本語「料理」について」『宇都宮大学国際学部研究論集』16，宇都宮大学国際学部，2003年10月，79-87頁
真柳誠「ことばの日中キャッチボール：料理の語源と敦煌医書」『日中医学』20―4，日中医学協会，2005年11月，24-26頁
橋本美和子「日中同形語の食文化史的考察１―「料理」と〝料理〟」『千里山文学論集』76，関西大学大学院文学研究科院生協議会，2006年9月，25-51頁
リョガイ【慮外】 欒竹民「「慮外」の意味変化について」『日本と中国ことばの梯』佐治圭三教授古稀記念論文集，くろしお出版，2000年6月，67-80頁
リョカン【旅館】 中村邦夫「ホテル，旅籠屋，宿屋，旅館」『講座日本語の語彙 ⑪』，明治書院，1983年6月，235-239頁

リョク【～力】 朱京偉『近代日中新語の創出と交流—人文科学と自然科学の専門語を中心に』，白帝社，2003年10月，70頁
陳生保「～力」『中国と日本—言葉・文学・文化』，麗沢大学出版会，2005年5月，22頁
リョクサク【力作】 惣郷正明・飛田良文「力作」『明治のことば辞典』，東京堂出版，1986年12月，597-598頁
リョクズ【緑豆】 安達巌「緑豆」『日本食物文化の起源』，自由国民社，1981年5月，45-46頁
リョケン【旅券】 惣郷正明・飛田良文「旅券」『明治のことば辞典』，東京堂出版，1986年12月，598頁
リョコウ【旅行】 阪下圭八「旅と旅行」『歴史のなかの言葉』，朝日新聞社，1989年6月，12-13頁
内藤錦樹「旅行」『ことばコンセプト事典』，第一法規出版，1992年12月，1074-1081頁
大泉高士「雑誌『旅』に見る「旅行」と「女性」—明治三〇年代における「良妻賢母」思想とツーリズムの接点について」『国語国文研究』117，北海道大学国語国文学会，2000年12月，30-46頁
佐藤武義「旅行」『日本語の語源』，明治書院，2003年1月，46-47頁
高野繁男「『哲学字彙』の訳語」『近代漢語の研究—日本語の造語法・訳語法』，明治書院，2004年11月，63頁
石塚令子「「旅行」の語誌について：江戸時代末期から明治時代を中心に」『恵泉アカデミア』11，恵泉女学園大学社会・人文学会，2006年12月，5-23頁
リロン【理論】 鈴木修次「禅文化とまつわる漢語」『漢語と日本人』，みすず書房，1978年9月，60-61頁
樺島忠雄・飛田良文・米川明彦「理論」『明治大正新語俗語辞典』，東京堂出版，1984年5月，327-328頁
リロンテキ【理論的】 惣郷正明・飛田良文「理論的」『明治のことば辞典』，東京堂出版，1986年12月，598頁
リンゴ【林檎】 安達巌「林檎」『日本食物文化の起源』，自由国民社，1981年5月，161-163頁
久世光彦「林檎」『ニホンゴキトク』，講談社，1996年9月，213-217頁
周錦樟「林檎考」『アカデミア　文学・語学編』79，南山大学，2006年1月，157-169頁
孫遜「りんごの歴史—近代日本語訳聖書を手がかりに」『和漢語文研究』6，京都府立大学国中文学会，2008年11月，88-74頁
リンサン【燐酸】 斎藤静「硫酸鉄」『日本語に及ぼしたオランダ語の影響』，篠崎書林，1967年8月，196頁
リンジン【隣人】 鈴木範久「日本語を変えた聖書語」『聖書の日本語』，岩波書店，2006年2月，213-214頁
リンネ【輪廻】 中村元編「輪廻」『仏教語源散策』，東京書籍，1977年4月，23-24頁
下谷和幸「輪廻」『ことばコンセプト事典』，第一法規出版，1992年12月，1816-1825頁
リンパ【淋巴】 小川鼎三「リンパと淋巴」『医学用語の起り』，東京書籍，1983年1月，52-54頁
リンパセン【淋巴腺】 杉本つとむ「五　訳語の起源と検証」『日本語講座9　外国語と日本語』，桜楓社，1980年3月，138-147頁
リンパ【琳派】 陳生保「琳派」『中国と日本—言葉・文学・文化』，麗沢大学出版会，2005年5月，24頁
リンリ【倫理】 浅井茂紀「倫理学の語源について—倫理の漢字と西周」『千葉商大論叢A，一般教養篇』11—2，千葉商科大学国府台学会，1973年10月，51-86頁
中村邦夫「道徳，倫理，道義，モラル」『講座日本語の語彙 ⑪』，明治書院，1983年6月，47-51頁
子安宣邦「漢字論—不可避の他者　近代「倫理」概念の成立とその行方」『思想』912，岩

波書店，2000年6月，4-24頁
有田和夫「近代西欧思想概念の解釈」『近代のかたち』，研文出版，2004年9月，16-36頁
黄兴涛，曾建立「清末新式学堂的伦理教育与伦理教科书探论—兼论现代伦理学学科在中国的兴起」(清末の新式学堂における倫理教育と倫理教科書についての考察—中国の近代倫理学科の始まり)『清史研究』2008年第1期，人民大学清史研究所，2008年1月，51-72頁

リンリガク【倫理学】 石井研堂「精神学科の訳語」『増補改訂　明治事物起源』下巻，春陽堂書店，1944年11月，519-521頁
広田栄太郎「訳語あれこれ」『近代訳語考』，東京堂出版，1969年8月，305-326頁
永松健生「明治前期におけるPhilosophy—ethicsの受容」『湘北紀要』1，湘北短期大学，1977年3月，1-11頁
中村邦夫「道徳，倫理，道義，モラル」『講座日本語の語彙 ⑪』，明治書院，1983年6月，47-51頁
惣郷正明・飛田良文「倫理学」『明治のことば辞典』，東京堂出版，1986年12月，598-599頁
金田一春彦編「倫理学」『ことばの生い立ち』，講談社，1988年2月，141頁
荒川清秀「日本漢語の中国語への流入」『日本語学』17—5，明治書院，1998年5月，39-46頁
子安宣邦「翻訳語としての近代漢語」『漢字論』，岩波書店，2003年5月，103-132頁
馮天瑜『新語探源』，中華書局，2004年10月，354-355頁
Federico Masini「倫理学」*The Formation of Modern Chinese Lexicon and its Evolution toward a National Language*(李廷宰訳)，소명出版，2005年11月，163頁

ル・レ

ルイカ【類化】 惣郷正明・飛田良文「類化」『明治のことば辞典』，東京堂出版，1986年12月，599頁

ルイカン【涙管】 斎藤静「涙管」『日本語に及ぼしたオランダ語の影響』，篠崎書林，1967年8月，252-253頁
沈国威「蘭学の訳語と新漢語の創出」『19世紀中国語の諸相』，雄松堂出版，2007年3月，243頁

ルイケイ【類型】 樺島忠雄・飛田良文・米川明彦「類型」『明治大正新語俗語辞典』，東京堂出版，1984年5月，329頁
惣郷正明・飛田良文「類型」『明治のことば辞典』，東京堂出版，1986年12月，599頁

ルイシンセイ【累進制】 渡辺萬蔵「累進制」『現行法律語の史的考察』，萬理閣書房，1930年12月，43頁

ルイシンゼイ【累進税】 渡辺昇一「累進税」『ことばコンセプト事典』，第一法規出版，1992年12月，864-879頁

ルイスイ【類推】 米田潔弘「類推」『ことばコンセプト事典』，第一法規出版，1992年12月，1826-1837頁

ルイセン【涙腺】 斎藤静「涙腺」『日本語に及ぼしたオランダ語の影響』，篠崎書林，1967年8月，251-252頁
沈国威「蘭学の訳語と新漢語の創出」『19世紀中国語の諸相』，雄松堂出版，2007年3月，243頁

ルイハン【累犯】 渡辺萬蔵「累犯」『現行法律語の史的考察』，萬理閣書房，1930年12月，252頁

ルス【留守】 岩淵悦太郎「ルスにする」『語源散策』，毎日新聞社，1974年10月，177-179頁

レイ【零】 中原尚道「零の訓」『言語』12—11，

大修館書店，1983年11月，18-19頁
杉本つとむ「近代訳語を検証する28　零(レイ)／ゼロ・リトマス試験紙」『国文学　解釈と鑑賞』70—12，至文堂，2005年12月，171-177頁
レイカ【零下】 佐藤亨「『玉石志林』の語彙(二)」『幕末・明治初期語彙の研究』，桜楓社，1986年2月，317-318頁
レイガイ【例外】 高野繁男「『百科全書』の訳語」『近代漢語の研究—日本語の造語法・訳語法』，明治書院，2004年11月，109頁
レイカン【霊感】 惣郷正明・飛田良文「霊感」『明治のことば辞典』，東京堂出版，1986年12月，599-600頁
レイキャク【冷却】 高野繁男「『百科全書』の訳語」『近代漢語の研究—日本語の造語法・訳語法』，明治書院，2004年11月，141頁
レイケツドウブツ【冷血動物】 ロゲルニスト「温血動物と冷血動物」『言語』7—1，大修館書店，1978年1月，43頁
レイジョウ【令状】 惣郷正明・飛田良文「令状」『明治のことば辞典』，東京堂出版，1986年12月，600-601頁
レイゾウコ【冷蔵庫】 安達巌「冷蔵庫」『日本食物文化の起源』，自由国民社，1981年5月，452頁
富田仁「冷蔵庫」『舶来事物起源事典』，名著普及会，1987年12月，383頁
湯本豪一「冷蔵庫」『図説明治事物起源事典』，柏書房，1996年11月，208-209頁
朝倉治彦・安藤菊二・樋口秀雄・丸山信「冷蔵庫」『新装版　事物起源辞典衣食住編』，東京堂出版，2001年9月，401-402頁
レイハイドウ【礼拝堂】 佐藤亨「『智環啓蒙塾課初歩』の訳語」『近世語彙の研究』，桜楓社，1983年6月，40-41頁
レイハイび【礼拝日】 佐藤亨「『大美聯邦志略』の語彙」『幕末・明治初期語彙の研究』，桜楓社，1986年2月，96頁
レキシ【歴史】 木下一雄「歴史の意味について」『歴史教育評論』1，全国歴史教育研究会，1951年1月，25-30頁
丹野真「歴史」『ことばコンセプト事典』，第一法規出版，1992年12月，1838-1849頁
馮天瑜『新語探源』，中華書局，2004年10月，364頁
Federico Masini「歴史」*The Formation of Modern Chinese Lexicon and its Evolution toward a National Language*(李廷宰訳)，소명出版，2005年11月，165頁
鈴木貞美「日本における「歴史」の歴史」『日本研究』35，国際日本文化研究センター，2007年5月，357-403頁
彭忠德「从“史”到“历史”」(「史」から「歴史」へ)『语义的文化变迁』，武汉大学出版社，2007年10月，538-549頁
レキシガク【歴史学】 周振鹤「历史学：在人文与科学之间?」(歴史学は人文科学と自然科学の間に位置する学問だろうか)『复旦学报社会科学版』2002年第05期，复旦大学，2002年5月，41-58頁
レキシテツガク【歴史哲学】 钟少华「历史哲学谈薮」(「歴史哲学」考)『史学理论研究』2002年2期，中国社会科学院世界历史研究所，2002年2月，98-106頁
レツ【烈】 松井利彦「近代漢字と近代漢語」『国語語彙史の研究』12，和泉書院，1992年7月，133-154頁
レッコク【列国】 惣郷正明・飛田良文「列国」『明治のことば辞典』，東京堂出版，1986年12月，601頁
レッシャ【列車】 惣郷正明・飛田良文「列車」『明治のことば辞典』，東京堂出版，1986年12月，601-602頁
レモン【檸檬】 楚翠生「漢語往来55「檸檬」「哇」考」『高校通信東書国語』283，東京書籍，1988年6月，22-23頁
山田俊雄「檸檬」『詞苑間歩』下，三省堂，1999年9月，296-299頁

レンアイ【恋愛】 金基錫「戀愛라는건무엇인가 一」(恋愛とは何か１)『女性』4—6，朝鮮日報社出版部，1939年6月，538頁
金基錫「戀愛라는건무엇인가 二」(恋愛とは何か 2)『女性』4—7，朝鮮日報社出版部，1939年7月，60頁
広田栄太郎「「恋愛」「蜜月」「新婚旅行」」『近代訳語考』，東京堂出版，1969年8月，29-48頁
柳父章「恋愛」『翻訳語成立事情』，岩波書店，1982年4月，87-105頁
樺島忠雄・飛田良文・米川明彦「恋愛」『明治大正新語俗語辞典』，東京堂出版，1984年5月，331頁
惣郷正明・飛田良文「恋愛」『明治のことば辞典』，東京堂出版，1986年12月，602頁
西槇偉「1920年代中国における恋愛観の受容と日本—『婦人雑誌』を中心に」『比較文学研究』64，東大比較文学会，1993年12月，71-90頁
平石典子「観念としての恋愛と接吻—三木露風「接吻の後に」試論」『比較文学研究』69，東大比較文学会，1996年12月，85-97頁
呉佩珍「明治中期における「恋愛」概念の探究—北村透谷の『宿魂鏡』を軸として」『日本文化研究』12，筑波大学，2001年3月，10-122頁
山田偉『Critical Writing』2，東京大学教養学部教養教育開発機構，2001年11月，9-18頁
飛田良文「恋愛」『明治生まれの日本語』，淡交社，2002年5月，99-107頁
권보드래「연애라는 말」(「恋愛」という語)『연애의 시대』(恋愛の時代)，현실문화연구，2003年11月，12-18頁
寒河江実「明治の語彙「恋愛」について」『桜文論叢』66，日本大学，2006年2月，1-22頁
欒殿武「明治・大正期の中国留学生の恋愛と性セクシュアリティ—生活誌の一断面をめぐって」『日本近代文学と性』，千葉大学社会文化科学研究科研究プロジェクト報告書，2007年3月，23-33頁
佐藤亨「恋愛」『現代に生きる幕末・明治初期漢語辞典』，明治書院，2007年6月，857頁
レンガ【煉瓦】 久世善男「煉瓦」『言葉のなづけ親—翻訳に見る文明開化』，朝日ソノラマ，1975年11月，215-218頁
湯本豪一「煉瓦」『図説明治事物起源事典』，柏書房，1996年11月，418-419頁
レンケイ【連係】 文化庁「「連係」と「連携」の使い分け」『言葉に関する問答集』，大蔵省印刷局，1995年3月，87-88頁
レンシュウ【練習】 南谷直利・北野与一「「稽古」及び「練習」の語誌的研究」『北陸大学紀要』26，北陸大学学術委員会，2003年3月，251-264頁
レンショ【連署】 渡辺萬蔵「連署」『現行法律語の史的考察』，萬理閣書房，1930年12月，43頁
レンソウ【連想】 樺島忠雄・飛田良文・米川明彦「連想」『明治大正新語俗語辞典』，東京堂出版，1984年5月，331-332頁
惣郷正明・飛田良文「連想」『明治のことば辞典』，東京堂出版，1986年12月，602-603頁
レンタン【練炭】 朝倉治彦・安藤菊二・樋口秀雄・丸山信「練炭」『新装版　事物起源辞典衣食住編』，東京堂出版，2001年9月，404-405頁
レンパツ【連発】 佐藤亨『近世語彙の研究』，桜楓社，1983年6月，187頁
レンボ【恋慕】 芹沢剛「「恋慕」における恋愛感情の成立—「したふ」との交渉」『日本文芸研究』40—4，関西学院大日本文学会，1989年1月，64-76頁
レンポウ【聯邦】 佐藤亨「『大美聯邦志略』の語彙」『幕末・明治初期語彙の研究』，桜楓社，1986年2月，96-97頁
佐藤亨「聯邦」『現代に生きる幕末・明治初期漢語辞典』，明治書院，2007年6月，860-861頁
千葉謙悟「中国における「聯邦」—語誌および

関連訳語をめぐって」『漢字文化圏諸言語の近代語彙の形成―創出と共有―』，関西大学出版部，2008年9月，213-243頁

レンポウセイフ【連邦政府】 谷口知子「『海国図志・四洲志』に見られる新概念の翻訳―原書との対照を通して」『或問』14，近代東西言語文化接触研究会，2008年7月，95頁

レンラク【連絡】 Federico Masini「連絡」*The Formation of Modern Chinese Lexicon and its Evolution toward a National Language*（李廷宰訳），소명出版，2005年11月，166頁

ロ

ロウエイ【朗詠】 青柳隆志「「朗詠」という語について―中国詩文から『和漢朗詠集』へ」『中古文学』，中古文学会，1991年5月，61-70頁

ロウク【労苦】 佐藤亨『近世語彙の研究』，桜楓社，1983年6月，331頁

ロウサク【労作】 高野繁男「『百科全書』の訳語」『近代漢語の研究―日本語の造語法・訳語法』，明治書院，2004年11月，109頁

ロウソク【蠟燭】 前田富祺「語彙の変遷」『岩波講座　日本語　9』，岩波書店，1977年6月，133-172頁

ロウドウ【労働・労動】 佐藤亨『近世語彙の研究』，桜楓社，1983年6月，205頁

惣郷正明・飛田良文「労働」『明治のことば辞典』，東京堂出版，1986年12月，603-604頁

陳生保「労働」『中国と日本―言葉・文学・文化』，麗沢大学出版会，2005年5月，24頁

ロウドウくみあい【労働組合】 石井研堂「労働組合の始」『増補改訂　明治事物起源』上巻，春陽堂書店，1944年11月，226-227頁

惣郷正明・飛田良文「労働組合」『明治のことば辞典』，東京堂出版，1986年12月，604-605頁

ロウドウシャ【労働者】 樺島忠雄・飛田良文・米川明彦「労働者」『明治大正新語俗語辞典』，東京堂出版，1984年5月，332-333頁

惣郷正明・飛田良文「労働者」『明治のことば辞典』，東京堂出版，1986年12月，605-606頁

ロウニン【浪人】 一海知義「浪人」『漢語の知識』，岩波書店，1981年7月，15-17頁

ローマン【浪漫】 陳生保「浪漫」『中国と日本―言葉・文学・文化』，麗沢大学出版会，2005年5月，24頁

ローマンシュギ【浪漫主義】 吉田精一「近代日本の系譜―2―浪漫主義」『芸苑』5―8，芸苑社，1948年8月，20-24頁

秋山博愛「浪漫主義の概念」『史泉』2，関西大学史学・地理学会，1953年7月，9-23頁

笹淵友一「浪漫主義」『国文学』13―8，学燈社，1968年6月，23-27頁

重松泰雄「浪漫主義」『国文学　解釈と鑑賞』34―7，至文堂，1969年7月，17-21頁

井上英明「死語としての「浪漫主義」：十九世紀フランスの「7月王政」Monarachie de Juillet1830―48の素描―第一稿」『明星大学研究紀要』5，明星大学，1997年3月，33-53頁

毛庆「“浪漫主义”：一个创造方法概念的演进历史及我们的反思」（「浪漫主義」という用語の創出とその変遷及び反省）『语义的文化变迁』，武汉大学出版社，2007年10月，584-597頁

ロウレイ【老齢】 赤平恵里「新語「老齢」の誕生と定着―中国語老齢化社会普及の要因を探って」『芸文研究』92，慶應義塾大学芸文学会，2007年3月，169-147頁

ロクメイカン【鹿鳴館】 今村忠純「『鹿鳴館』についてのメモ」『国文学　解釈と鑑賞』57―9，至文堂，1992年9月，116-121頁

湯本豪一「鹿鳴館」『図説明治事物起源事典』，柏書房，1996年11月，422-423頁

ロッポウゼンショ【六法全書】　山田俊雄「六法全書」『詞苑間歩』上，三省堂，1999年9月，388-391頁

ロジ【路地】　文化庁「「路地」と「露地」」『言葉に関する問答集』，大蔵省印刷局，1995年3月，222-223頁

ロン【〜論】　朱京偉『近代日中新語の創出と交流—人文科学と自然科学の専門語を中心に』，白帝社，2003年10月，64頁

ロンギ【論議】　佐藤喜代治『日本の漢語』，角川書店，1979年10月，247頁

ロンショウ【論証】　惣郷正明・飛田良文「論証」『明治のことば辞典』，東京堂出版，1986年12月，607頁

ロンソウ【論争】　竹中憲一「中国語と日本語における字順の逆転現象」『日本語学』7—10，明治書院，1988年10月，55-64頁

ロンダイ【論題】　高野繁男「『百科全書』の訳語」『近代漢語の研究—日本語の造語法・訳語法』，明治書院，2004年11月，119頁

ロンリ【論理】　樺島忠雄・飛田良文・米川明彦「論理」『明治大正新語俗語辞典』，東京堂出版，1984年5月，335-336頁

佐藤亨「『万国公法』の語彙」『幕末・明治初期語彙の研究』，桜楓社，1986年2月，178-179頁

惣郷正明・飛田良文「論理」『明治のことば辞典』，東京堂出版，1986年12月，607-608頁

ロンリガク【論理学】　石井研堂「論理学の始」『増補改訂　明治事物起源』上巻，春陽堂書店，1944年11月，582-583頁

広田栄太郎「訳語あれこれ」『近代訳語考』，東京堂出版，1969年8月，305-326頁

高野繁男「明治初期の翻訳漢語—論理学による」『人文学研究所報』11，神奈川大学人文学研究所，1977年6月，55-64頁

鈴木修次「ロンリガクへの期待と命名」『日本漢語と中国—漢字文化圏の近代化』，中央公論社，1981年9月，95-123頁

鈴木修次「「論理学」への期待と真理」『日本漢語と中国—漢字文化圏の近代化』，中央公論社，1981年9月，95-106頁

惣郷正明・飛田良文「論理学」『明治のことば辞典』，東京堂出版，1986年12月，608頁

金田一春彦編「論理学」『ことばの生い立ち』，講談社，1988年2月，141頁

馮天瑜『新語探源』，中華書局，2004年1月，405-408頁

朱京偉「明治初期以降の哲学と論理学の新出語」『日本語科学』18，国立国語研究所，2005年10月，71-93頁

佐藤亨「論理学」『現代に生きる幕末・明治初期漢語辞典』，明治書院，2007年6月，865頁

ワ

ワ【和】　池田弥三郎「和・洋」『暮らしの中の日本語』，創拓社，1999年10月，92-95頁

ワイキョク【歪曲】　惣郷正明・飛田良文「歪曲」『明治のことば辞典』，東京堂出版，1986年12月，608頁

ワカイ【和解】　渡辺萬蔵「和解」『現行法律語の史的考察』，萬理閣書房，1930年12月，253頁

大野透「「翻訳」考」『国語学』139，国語学会，1984年12月，132-121頁

ワガク【和学】　内野吾郎「国文学名義考—和学から国文芸学へ」『日本文学論究』34，国学院大学国語国文学会，1974年11月，1-11頁

ワカンコンコウブン【和漢混淆文】　見坊豪紀「「和漢混淆文」という名称の起源」『ことばの研究』1，国立国語研究所，1959年2月，303-314頁

ワギ【和議】　渡辺萬蔵「和議」『現行法律語の史的考察』，萬里閣書房，1930年12月，

15頁
ワクセイ【惑星】 横田順弥「明治時代は謎だらけ!!—「遊星」か「惑星」か？」『日本古書通信』62—9，日本古書通信社，1997年9月，12-15頁
橋本万平「遊星と惑星」『日本古書通信』62—11，日本古書通信社，1997年11月
荒川清秀「『六合叢談』の地理学用語」『『六合叢談』の学際的研究』，白帝社，1999年11月，49-71頁
前田富祺監修「惑星」『日本語語源大辞典』，小学館，2005年4月，1175頁
杉本つとむ「連載；近代訳語を検証する40　地動説　惑星＝遊星　衛星」『国文学　解釈と鑑賞』71—12，至文堂，2006年12月，187-195頁
ワコンヨウサイ【和魂洋才】 宮城公子「「和魂洋才」—日本の近代化における論理的主体の可能性と現実」『日本史研究』72，日本史研究会，1964年5月，38-61頁
今井泰子「和魂洋才・和魂漢才—やまとだましひ(下)」『文学』43—7，岩波書店，1978年7月，101-113頁
今井泰子「和魂洋才・和魂漢才—やまとだましひ(上)」『文学』43—9，岩波書店，1978年9月，29-42頁
李廷挙・暢素梅「「中体西用」と「和魂洋才」の比較」『日中文化交流史叢書』8，大修館書店，1998年3月，338-366頁
ワホウ【話法】 高野繁男「『百科全書』の訳語」『近代漢語の研究—日本語の造語法・訳語法』，明治書院，2004年11月，119頁
ワンキョク【彎曲】 松井利彦「第2章　翻訳語辞書の世界」『近代漢語辞書の成立と展開』，笠間書院，1990年11月，70頁

主要採録文献一覧

次に挙げる文献は、近代漢語語彙研究文献を調査する時、調査の対象となった主なものである。それぞれの文献は、研究書と辞典（事典）類に分けて挙げることにする。但し、論文集や雑誌などは数が多く、ここでは紙面の関係上、掲載しないことにする。

【研究書】

浅野敏彦『国語史の中の漢語』和泉書院　1998年2月
安達巌『日本食物文化の起源』自由国民社　1981年5月
荒川清秀『近代日中学術用語の形成と伝播』白帝社　1997年10月
有田和夫『近代のかたち』研文出版　2004年9月
池田弥三郎『暮らしの中の日本語』創拓社　1999年10月
石田雄『近代日本の政治文化と言語象徴』東大出版会　1983年9月
石綿敏雄『外来語と英語の谷間』秋山書店　1983年9月
一海知義『漢語の知識』岩波書店　1981年7月
井上章一『性の用語集』講談社　2004年12月
岩淵悦太郎『語源散策』毎日新聞社　1974年10月
内田慶市・沈国威編『19世紀中国語の諸相』雄松堂出版　2007年3月
梅垣実『語源随筆　猫も杓子も』創拓社　1989年12月
加藤秀俊・熊倉功夫『外国語になった日本語の事典』岩波書店　1999年7月
加藤正信『日本語の歴史地理構造』明治書院　1997年8月
神奈川大学人文学研究所編『『明六雑誌』とその周辺』お茶の水書房　2004年3月
河越龍方・河越圭子『はがき考雑俎』私家版　1991年8月
京極興一『「国語」とは何か』東苑社　1993年2月
京極興一『近代日本語の研究―表記・表現』東宛社　1998年5月

金田一春彦編『ことばの生い立ち』講談社　1988年12月
近代語研究会『近代語研究』1-14　近代語研究会　1965年9月～2008年10月
久世善男『言葉のなづけ親―翻訳に見る文明開化』朝日ソノラマ　1975年11月
久世善男『ニホンゴキトク』講談社　1996年9月
久保忠夫『三十五のことばに関する七つの章』大修館書店　1992年4月
倉島正長『日本語から日本が見える』東京新聞出版局　2004年11月
国語語彙史研究会『国語語彙史の研究』1-26　和泉書院　1980年5月～2007年3月
国語文字史研究会『国語文字史の研究』1-8　和泉書院　1992年9月～2005年3月
小森陽一『日本語の近代』岩波書店　2000年8月
子安宣邦『漢字論』岩波書店　2003年5月
斉藤静『日本語に及ぼしたオランダ語の影響』篠崎書林　1967年8月
斉藤毅『明治のことば』講談社　1977年11月
佐藤喜代治編『講座国語史3』大修館書店　1971年9月
佐藤喜代治『国語語彙の歴史的研究』明治書院　1971年11月
佐藤喜代治『日本の漢語』角川書店　1979年10月
佐藤喜代治編『講座日本語の語彙９　語誌１』明治書院　1983年1月
佐藤喜代治編『講座日本語の語彙10　語誌２』明治書院　1983年4月
佐藤喜代治編『講座日本語の語彙11　語誌３』明治書院　1983年6月
佐藤武義『今昔物語集の語彙と語法』明治書院　1984年5月
佐藤亨『近世語彙の歴史的研究』桜楓社　1980年10月
佐藤亨『近世語彙の研究』桜楓社　1983年6月
佐藤亨『幕末・明治初期語彙の研究』桜楓社　1986年2月
佐藤亨『国語語彙の史的研究』桜楓社　1999年5月
塩田丸男『死語読本』白水社　1994年7月
朱京偉『近代日中新語の創出と交流』白帝社　2003年10月
沈国威『近代日中語彙交流史―新漢語の生成と受容』笠間書院　1994年3月
沈国威編著『『六合叢談』の学際的研究』白帝社　1999年11月
沈国威編著『漢字文化圏諸言語の近代語彙の形成―創出と共有』関西大学出版部　2008年9月

進藤咲子『明治時代語の研究;語彙と文章』明治書院　1981年11月
新村出『新村出全集』筑摩書房　1971年9月
杉本つとむ『日本語講座6　外国語と日本語』桜楓社　1980年3月
杉本つとむ『語源の文化誌』創拓社　1990年7月
杉本つとむ『気になる日本語の気になる語源』東京書籍　2006年12月
鈴木修次『漢語と日本人』みすず書房　1978年9月
鈴木修次『文明のことば』文化評論出版　1981年3月
鈴木修次『日本漢語と中国―漢字文化圏の近代化』中央公論社　1981年9月
惣郷正明『日本語開化物語』朝日新聞社　1988年8月
孫建軍『日本語彙の近代』国際基督教大学提出博士論文　2003年1月
高野繁男『明六雑誌』とその周辺』お茶の水書房　2004年3月
高野繁男『近代漢語の研究―日本語の造語法・訳語法』明治書院　2004年11月
高松政雄『日本漢字音論考』風間書房　1993年6月
竹本喜一・金岡喜久子『化学語源ものがたり』東京化学同人　1986年3月
田島優『近代漢字表記語の研究』和泉書院　1998年11月
陳生保『中国と日本―言葉・文学・文化』麗沢大学出版会　2005年5月
陳力衛『和製漢語の形成と展開』汲古書院　2001年3月
鄭英淑『津田真道の訳語研究』国際基督教大学提出博士論文　2004年10月
長野賢『にっぽん語考現学』明治書院　1965年9月
飛田良文編『英米外来語の世界』南雲堂　1981年10月
飛田良文『東京語成立史の研究』東京堂出版　1992年8月
飛田良文『明治生まれの日本語』淡交社　2002年5月
広田栄太郎『近代訳語考』東京堂出版　1969年8月
平林文雄『国語学研究論考』和泉書院　1985年5月
福島邦道『語史と方言』笠間書院　1988年12月
文化庁『言葉に関する問答集』大蔵省印刷局　1995年3月
穂積陳重『法窓夜話』(岩波文庫)岩波書店　1980年1月
前田富祺『国語語彙史研究』明治書院　1985年10月
松井栄一『国語辞典にない語』南雲堂　1983年4月

松井利彦『近代漢語辞書の成立と展開』笠間書院　1990年11月

松尾聡『日本語遊覧』笠間書院　2000年1月

松下貞三『漢語受容史の研究』和泉書院　1987年10月

森岡健二『改訂 近代語の成立』明治書院　1991年10月

森田良行『基礎日本語』1-3　角川書店　1977年10月～1984年10月

柳父章『翻訳語成立事情』岩波書店　1982年4月

柳父章『翻訳とはなにか』法政大学出版局　2003年5月

山田洸『言葉の思想史』花伝社　1989年4月

山田忠雄『私の語誌』1-3　三省堂　1996年10月～1997年3月

山田俊雄『詞苑間歩』上・下　三省堂　1999年9月

山田孝雄『国語の中における漢語の研究』宝文館　1940年2月

吉田裕清『翻訳語としての日本の法律用語』中央大学出版局　2004年11月

渡辺萬蔵『現行法律語の史的考察』萬理閣書房　1930年12月

イ・ヨンスク（이연숙）『国語という思想』岩波書店　1996年12月

권보드래『연애의시대（恋愛の時代）』현실문화연구　2003年11月

金采洙『글로벌문화이론과정학（グロバール文化理論と過程学）』高麗大出版部　2009年3月

李基俊『韓末西欧経済学導入史研究』一潮閣　1985年2月

高麗大学校出版部『한국경제학의발달과고려대학교』（韓国における経済学の発達と高麗大学）2005年12月

梨花女子大学校韓国文化研究院『近代啓蒙期知識概念의受容과그変容』（近代啓蒙期における知識概念の受容と変容）소명출판　2008年6月

하영선외『근대한국의사회과학개념형성사』（近代韓国における社会科学関連概念の形成史）創批　2009年4月

馮天瑜『新語探源』中華書局　2004年10月

『语义的文化变迁』武汉大学出版社　2007年10月

Federico Masini *The Formation Mordern Chinese Lexiconand In Evolution Toward a National Language*（이정재역）소명출판　2005年11月

【辞典（事典）類】

1. 語彙の由来や概念　意味などを説明したもの

朝日新聞校閲部著『まっとうな日本語』朝日新聞社　2005年9月
稲垣吉彦・吉沢典男監修『昭和ことば史60年』講談社　1985年10月
大泉志郎・大塚栄寿・永沢道雄著『現代死語事典』朝日ソノラマ　1993年11月
大泉志郎・大塚栄寿・永沢道雄著『続・現代死語事典』朝日ソノラマ　1995年11月
石塚正英・柴田隆行監修『哲学・思想翻訳語事典』論創社　2003年1月
加藤秀俊・熊倉功夫編『外国語になった日本語の事典』岩波書店　1999年7月
樺島忠夫・飛田良文・米川明彦編『明治大正 新語俗語辞典』東京堂出版　1984年5月
佐藤武義著『日本語の語源』明治書院　2003年1月
佐藤亨著『現代に生きる 幕末・明治初期漢語辞典』明治書院　2007年6月
佐々木瑞枝著『女と男の日本語辞典』上巻　東京堂出版　2000年6月
惣郷正明・飛田良文編『明治のことば辞典』東京堂出版　1986年12月
槌田満文著『明治大正の新語・流行語』角川書店　1983年6月
槌田満文著『明治大正風俗語典』角川書店　1979年11月
中村元編著『仏教語源散策』東京書籍　1977年4月
中村元編著『続仏教語源散策』東京書籍　1977年12月
三國一朗著『戦中用語集』岩波書店　1985年8月
森田良行著『基礎日本語辞典』角川書店　1989年6月
米川明彦編『新語と流行語』南雲堂　1989年11月
米川明彦編『明治・大正・昭和の新語・流行語辞典』三省堂　2002年10月
『ことばコンセプト事典』第一法規出版株式会社　1992年12月

2. 事物起源類

安達巌著『日本食物文化の起源』自由国民社　1981年5月
朝倉治彦・安藤菊二・樋口秀雄・丸山信編『新装版　事物起源辞典（衣食住編）』東京堂出版　2001年9月
荒俣宏編『事物珍起源』（東洋文庫）平凡社　1989年10月
石井研堂著『増補改訂 明治事物起源』上巻・下巻　春陽堂書店　1944年11月

小川鼎三著『医学用語の起り』東京書籍　1983年1月
紀田順一郎著『近代事物起源事典』東京堂出版　1992年9月
湯本豪一著『図説明治事物起源事典』柏書房　1996年11月
張志淵著『萬國事物紀原歴史』皇城新聞社（ソウル）　1909年8月

3．語源辞典類

岩淵悦太郎著『語源散策』毎日新聞社　1974年10月
杉本つとむ著『語源海』東京書籍　2005年3月
中村元編著『仏教語源散策』(第2版) 東京書籍　1998年7月
前田富祺監修『日本語源大辞典』小学館　2005年4月

索　　引

（事項索引、書名・人名索引）

事項索引

［あ行］

［か行］

[さ行]

[た行]

[な行]

[は行]

［ま行］

［や行］

［ら行］

［わ行］

書名・人名索引

［あ行］

［か行］

［さ行］

［た行］

［な行］

編者略歴
1949年生まれ。1987年3月大阪大学大学院文学研究科を卒業し、現在高麗大学日語日文学科教授。学術博士。
専門は日本語学。近代日本語の語彙の成立問題や漢字文化圏内の語彙の交流などを研究している。また語彙の研究にコーパスを利用する方法なども研究しており、実際日韓対訳コーパスを作って公開している（http://transkj.com）。著書に『和英語林集成 初版再版三版対照総索引』1–3（共編）『西遊見聞研究シリーズ 2 語彙索引(共編)』など。論文としては、「개화기 외교 현장에서의 통역 문제–1883년 派美 사절단의 예를 중심으로–(韓国開化期における外交現場での通訳問題)」(『日本語学研究』25、韓国日本語学会、2009.9)、「近代における日韓両語の接触と受容について」(『国語学』54–3、国語学会、2003.7）など多数。

近代漢語研究文献目録

2010年２月20日　初版印刷
2010年２月28日　初版発行

編者
李　漢燮（イ・ハンソップ）

発行者
松 林 孝 至

印刷・製本
東京リスマチック株式会社

発行所
株式会社　東京堂出版
〒101-0051 東京都千代田区神田神保町1-17
電話03-3233-3741　振替00130-7-270

ISBN978-4-490-20687-6　C3081